Georg Karl Wolfram

Urkunden und Akten der Stadt Strassburg

Mit Unterstützung der Landes- und der Stadtverwaltung (Erste Abteilung)

Georg Karl Wolfram

Urkunden und Akten der Stadt Strassburg
Mit Unterstützung der Landes- und der Stadtverwaltung (Erste Abteilung)

ISBN/EAN: 9783743602281

Hergestellt in Europa, USA, Kanada, Australien, Japan

Cover: Foto ©ninafisch / pixelio.de

Weitere Bücher finden Sie auf **www.hansebooks.com**

URKUNDEN UND AKTEN

DER

STADT STRASSBURG

HERAUSGEGEBEN

MIT UNTERSTÜTZUNG DER LANDES- UND DER STADTVERWALTUNG.

ERSTE ABTHEILUNG

URKUNDENBUCH DER STADT STRASSBURG.

STRASSBURG

UNIVERSITÄTS-BUCHDRUCKEREI VON J. H. ED. HEITZ (HEITZ & MÜNDEL).

1886.

URKUNDENBUCH

DER

STADT STRASSBURG.

ZWEITER BAND

POLITISCHE URKUNDEN VON 1266 BIS 1332

BEARBEITET

VON

WILHELM WIEGAND.

...

STRASSBURG

VERLAG VON KARL J. TRÜBNER.

1886.

EINLEITUNG.

Ueber den Zeitraum, welchen dieser Band umschließt, wie über die Stoff-
theilung und das ihm zufallende Material ist in der Einleitung des dritten Bandes
bereits das Erforderliche bemerkt worden. Für die Kenntniß der politischen
Beziehungen, welche Straßburg mit dem Reich, der Curie und den benachbarten
Gewalten verbanden, und für die Beurtheilung des Einflusses, welchen die geistlichen Körperschaften auf das städtische Leben nahmen, bilden die hier vereinigten
Urkunden eine besonders ergiebig fließende Quelle. So sind die Akten über den
großen Streit der Predigerbrüder mit der Stadt aus den Jahren 1287—1290 hier
zum ersten Male vollständig gegeben und für die Fehden, Verträge und Bündnisse
Straßburgs, die das Gebiet vom Mittelrhein bis zum Fuß der Alpen umspannen,
sind nicht minder zahlreiche urkundliche Belege mitgetheilt.

Von den Grundsätzen der Textbehandlung, wie sie für den ersten Band auf-
gestellt wurden, ist nicht abgewichen, nur die Siegel haben eine eingehendere
Berücksichtigung erfahren. Die archivalische Ausbeute indeß war ungleich reicher.
Stellte sich dort noch das Zahlenverhältniß der ungedruckten Stücke zu den
gedruckten etwa wie 9 : 11, so hat sich dasselbe hier zu 9 : 4 verschoben; bildeten
dort die Fälle, in denen jede handschriftliche Vorlage fehlte und frühere Drucke
zu Grunde gelegt werden mußten, nahezu den sechsten Theil des ganzen Materials,
so haben sie sich hier auf den dreißigsten Theil vermindert. Von den 530 Urkunden des Bandes, zu denen noch 112 in den Anmerkungen untergebrachte hinzu-
treten, waren bisher 368 noch nicht veröffentlicht, auch von den 162 schon früher
gedruckten Stücken konnten 61 nach besserer Vorlage, zumeist nach dem Original
mitgetheilt werden. Das oft gepriesene glückliche Geschick, das die Straßburger
Archive bewahrt hat, offenbart sich auch hier. Es war bei 472 Stücken möglich,
noch auf das Original zurückzugehen. 77 Urkunden sind in Regestenform gegeben
worden, vor Allem die zahlreichen Ablaßbriefe für die Straßburger Kirchen.

Für diesen Band haben in erster Linie das Straßburger Stadt-Archiv, das Bezirks-Archiv des Unter-Elsaß und das Thomas-Archiv beigesteuert, bedeutend weniger lieferten das Hospital- und Frauenhaus-Archiv. Von den auswärtigen Archiven sind das Reichs-Archiv zu München, das General-Landes-Archiv zu Karlsruhe, das Fürstlich-Fürstenbergische Archiv zu Donaueschingen, die Cantons-Archive von Bern, St. Gallen, Luzern und Zürich, die städtischen Archive von Colmar, Frankfurt, Freiburg, Hagenau, Luzern, Speyer und Worms mit kleinern Beiträgen betheiligt, ebenso die Universitäts-Bibliothek zu Heidelberg. Den Vorständen und Beamten aller dieser Institute sowie der Kaiserlichen Universitäts- und Landes-Bibliothek spreche ich für die allzeit bereitwillige Unterstützung meiner Arbeit meinen besten Dank aus.

Nur zum Theil war es möglich, den in der Bibliothek des Benedictiner-Stifts zu Melk a/Donau wiedergefundenen Codex des Straßburger Domcapitels, der von verschiedenen Händen des 13ten und 14ten Jahrhunderts geschrieben, von Grandidier als liber regulae citirt wird und den ich an anderm Orte ausführlicher zu beschreiben gedenke, für diesen Band noch auszunutzen, für die Nachträge dagegen wird er die werthvollste Quelle bilden. Dem Bibliothekar H. Pater Staufer fühle ich mich für die freundliche selbstlose Art, in der er den Codex und seine Abschrift desselben unserm Unternehmen zur Verfügung stellte, zu besonders herzlichem Dank verpflichtet, nicht minder den ehemaligen und jetzigen Mitarbeitern der Commission, den Herren Dr. Baltzer, Schulte und Wolfram, die mir theils bei den Vorarbeiten, theils bei der Drucklegung vielfache und ersprießliche Hilfe geleistet haben.

Wenn dieser Band später erscheint, als zu erwarten stand, so tragen inzwischen übernommene Amtsverpflichtungen an der Verzögerung Schuld. Der vierte Band wird dagegen bald folgen. Er bringt die stadtrechtlichen Aufzeichnungen aus der Zeit von 1266—1332, die Nachträge zu den Bänden I-III und die Personen- und Sachregister für die Bände II-IV, deren Zusammenfassung wegen ihres gleichartigen Inhalts aus der gleichen Zeitperiode vortheilhaft erschien.

Straßburg, Pfingsten 1886.

WILHELM WIEGAND.

POLITISCHE URKUNDEN.

1. *Die Augustiner verpflichten sich, einem Schiedsspruch über ihr Verhältniß zum St. Thomascapitel sich unbedingt zu unterwerfen. 1266 December 17.*

Nos prior ceterique fratres heremitarum ordinis sancti Augustini extra muros Argentinensis civitatis commorantes notum esse volumus presentibus et posteris, quod cum intrassemus parrochiam sancte Aurelie extra muros civitatis prefate, pertinentem in temporalibus ad ecclesiam sancti Thome Argentinensem, et ex hoc orta esset questio inter capitulum ejusdem ecclesie et nos, tandem ut quieti nostre consulamus messemque domini quantum in nobis est in pace peragamus, tres viros providos et discretos de capitulo predicto, decanum videlicet, dominum Johannem dictum Notarium et magistrum Conradum dictum Liethrechi arbitros elegimus et mediatores, promittentes per stipulacionem sollempnem nos ratum et gratum habituros, facturos et recepturos ac observaturos, quidquid per eosdem in consciencia ipsorum pronuuciatum fuerit ac ordinatum[1]. et ad omnia et singula, que iidem ordinaverint ac statuerint, fideliter et sine dolo observanda obligamus nos et successores nostros presenti scripto, juramento prioris nostri in animas nostras super hoc prestito de nostra voluntate et mandato adicientes[a], ut si contra ea, que ordinata et statuta fuerint ab eisdem, venire presumpserimus, volumus, ut non obstantibus ipsis[b] privilegiis quibuscunque, quibus nos quoad presens negocium renunciamus, dominus noster et venerabilis pater episcopus Argentinensis in nos ferat excommunicationis sentenciam et nichilominus demoliri faciat, quidquid in domo nostra predicta post denunciacionem novi operis nobis factam ex parte capituli predicti extitit superedificatum, et alias procedat per se vel per alios contra nos, quemadmodum coram judice domini custodis Argentinensis foret procedendum. renunciamus quoque in hac parte omni juris beneficio communi vel privato et principaliter in integrum restitucionis beneficio et litteris in hac causa impetratis seu in posterum a nobis vel quocunque alio impetrandis, eciamsi motu proprio domini pape in hoc negocio collate nobis fuerint vel concesse. ego prior de voluntate et consensu fratrum meorum predictorum tactis sacrosanctis ewangeliis juro me ipsosque fratres presentes et futuros

a) *T et T I judicientes.*   b) *T I nostris.*

---

[1] *Vergl. nr. 23 und Ch. Schmidt Hist. du chap. de s. Thom p. 245.*

ratum habituros omnia et singula prenotata. prior quoque et priores, qui pro tempore fuerint ab ipsis fratribus seu quocunque alio monasterio ipsorum fratrum institutus vel instituti, mox cum instituti fuerint, de predictis observandis corporale facient juramentum in animas fratrum et suam. et in evidenciam premissorum presentes litteras sigillo venerabilis patris et domini nostri episcopi Argentinensis et [a] nostro capitulo eidem[a] tradimus consignatas faciemusque et procurabimus omnia et singula supradicta et que ab ipsis mediatoribus ordinata fuerint et statuta communiter vel divisim ac in scriptis redacta, per nostri ordinis provincialem[b] confirmari sigilloque ejusdem communiri.   actum et datum anno domini 1266, 16 kalendas januarii.

T aus Straßb. Thom. A. Registrande A fol. 9. [10]

T 1 coll. ibid Registrande D fol. 33 cop. mb. sec. XIV. Das Blatt hat durch Feuer stark gelitten.

2. *Bischof Heinrich von Straßburg beurkundet, daß sich die Reuerbrüder mit dem Capitel von Jung St. Peter über ihre Niederlassung im Pfarrsprengel desselben vereinbart haben. 1267 Januar 18.* [15]

Nos . . H[einricus] dei gratia Argentinensis episcopus universis Christi fidelibus tam presentibus quam futuris hujus littere inspectoribus volumus esse notum, quod cum . . prior et fratres de penitentia Jesu Christi oratorium in parrochia ecclesie sancti Petri extra muros Argentinenses construendi[1] desiderium habuissent, tranquillitati sue animarumque saluti prospicientes, ut in dicta parrochia sine prejudicio . . [20] custodis et capituli sancti Petri predicti stare possint et debeant, cum eisdem . . custode et capitulo accedente nostro consensu et auctoritate amicabiliter convenerunt in hunc modum, quod iidem prior et fratres nunc in parrochia prefata oratorium erigentes eorumque successores in posterum medietatem omnium oblationum in oratorio prefato provenientium sive in cypo sive in pixide seu eciam manuum receptione, si forte [25] continget eos in posterum manu recipere, dabunt in perpetuum custodi, qui pro tempore fuerit, et capitulo supradicto, quibus custodi scilicet et capitulo eadem portio cedet libere et absolute. preterea iidem prior et fratres nullum de parrochianis ecclesie sancti Petri recipient ad sepulturam. insuper si prefatos fratres superedificando contigerit occupare possessiones dicto custodi decimales sive aliqua predia [30] prefate parrochie conparaverint vel jam conpararunt, hoc facient ita, quod ipsi custodi, qui pro tempore fuerit, in hujusmodi decimis nullum prejudicium generetur; sed hujusmodi decime solvende de possessionibus sic conparatis ab eis vel eciam conparandis estimabuntur et solventur ad arbitrium boni viri. dabunt eciam custodi, qui pro tempore fuerit, medietatem omnium eorum tam in magnis quam in parvis, que [35]

a) *T rep. eidem.*   b) *T vincialem*

---

[1] *Aus einer Dorsualnotiz dieser Urkunde, von einer Hand des 14. Jahrh. geschrieben, die besagt : fundacio oratorii fratrum de penitentia Jesu Christi, quod est ecclesia omnium sanctorum, geht hervor, daß daraus später das Bethaus Allerheiligen entstand. Vergl. Grandidier Oeuvr. inéd. IV, 101.*

ipsis occasione testamentorum legatorum remediorum vel aliorum quocunque modo
obvenient in parrochia dicte ecclesie sancti Petri et de parrochianis ecclesie memorate.
ad horum itaque observationem articulorum omnium et singulorum nos humilis prior
frater Jacobus et fratres domus prefate nos presenti scripto fideliter et legaliter
5 obligamus renunciantes pro nobis nostrisque successoribus universis in omnibus jam
dictis omni juris auxilio communi vel privato et specialiter in integrum restitutionis
beneficio et litteris inpetratis in contrarium ac in posterum a quocunque inpetrandis.
et si inpetrate fuerint vel motu proprio a sede apostolica vel legato sedis ejusdem
vel aliunde nobis concesse fuerint, nos prior et fratres et provincialis noster
10 nequaquam eis utemur. et si a nobis priore et fratribus seu quocunque alio successore nostro vel eciam a provinciali nostro quicquam in contrarium factum fuerit,
extunc eo ipso persone nostre sunt suspense et locus noster interdictus, quas penas
sponte elegimus in nos et eligimus per presentes nos usque ad satisfactionem condignam et debitam ligaturas. in quibus si per annum quod absit extiterimus pertinaces,
15 extunc oratorium nostrum constructum jam et quicquid superedificatum fuerit, ad monitionem decani ecclesie sancti Petri, qui pro tempore fuerit, per nosmet ipsos infra octo
dies demolietur, nobis autem id facere negligentibus per capitulum demolietur prenotatum. in omnibus suprascriptis subicimus nos prior et fratres jurisdictioni domini
nostri episcopi Argentinensis et ejus, qui pro tempore regimen obtinuerit ecclesie
20 Argentinensis. et quantum ad omnia et singula suprascripta renunciamus omnibus
privilegiis exemptionis et aliis nobis concessis a sede apostolica seu aliunde vel in
posterum concedendis. nos frater Jacobus prior et fratres domus antedicte tactis
sacrosanctis ewangeliis omnia et singula suprascripta juramento nos nostrosque
successores in posterum servaturos et observaturos promittimus taliter, quod nobis
25 priore nunc cedente vel decedente, quicunque in posterum dicti loci prior fuerit.
id ipsum pro se et fratribus domus jurabit se servaturum ut est pretactum. nos
eciam prepositus decanus et capitulum necnon custos ecclesie predicte promittimus sine
dolo et fraude, quod omnia et singula premissa dictis fratribus eorumque successoribus
servabimus bona fide, nos et nostros successores ad hec presentibus obligantes. et
30 in evidentiam ac plenam probationem premissorum presens est littera conscripta ac
venerabilis patris ac domini nostri episcopi Argentinensis et capituli dicte ecclesie
sancti Petri necnon provincialis ac prioris et conventus dictorum fratrum sigillorum
munimine roborata. nos H[einricus] dei gratia episcopus predictus in testimonium
premissorum, quia coram nobis et nostra auctoritate acta sunt, sigillum nostrum
35 una cum sigillis predictis duximus presentibus appendendum. anno domini 1267,
15 kalendas februarii.

*B aus Straßb. Dez.-A. G fasc. 4713 or. mb. c. 5 sig. pend. quorum 3 delapsa. Erhalten
sind die Siegel vom Prior und Convent der Reuerbrüder.*

3. *Bischof Heinrich und die Stadt Straßburg verbürgen sich Reinmar Schaub und Genossen für einen bis zum Ablauf der Osterwoche während Waffenstillstand mit Nicolaus Zorn und seinem Anhang. 1267 Februar 1.*

Wir Heinrich von gottes gnaden der bischof von Strazburg, Johannes der meistere, der rat unde die gemeinde von Strazburg tûnt kunt allen den, die disen brief gesehent oder gehôreut. daz wir ein fride hant gegeben vnr hern Niclawesun den Zorn und siue brüdere und vur alle ir friuut und alle Strazburgere hern Reimare Schôbe und sinen brûderen und allen irn friunden und allen hern Reimars sunes friunden uzsewendig den Biergesseren alleine vons nu der liehtmes unce ůzgander ohsterwochen noch hiure also: swie dirre fride an hern Reinnare Schôbe oder siuen brûderen oder keime sinen friunde oder sins sunes friuude uzsewendig den Biergessereu gebrochen wurt von hern Zorne oder sinen brûderen oder keime sinen friunde oder von keime Strazburgere, das sin wir schuldig abe zu tûnne, sweune wir dez gemânt werdent in den nehisten siben nahten von hern Reimare Schôbe oder sinen brûderen. were aber doz ein missehel wurde, daz her Reimar Schôb und siue brûdere oder ir friunt jehent, daz dirre fride gebrochen were und her Zorn und sine friund jehent, daz er niht gebrochen were, derubere ist kosen unsere herre bischof Heinrich von Strazburg und her Burcart Murnhart und her Rûdolf von Vegersheim. swa die drie kiesent oder zwene undere in, daz der fride gebrochen si, da sol mans besseren. gat aber under den drien dukeinre abe, da sol man ein anderen nemen an sine stat, der also gemeine si als er. daz aber dis stete blibe, derumbe henken wir unsere ingesigele an disen brief zeime urkunde. dis bischach von gottes geburte tusent Jar zweihuundert und siben und sehcig jar an der liehtmes abende [1].

S aus Straßb. St. A. AA art. 1395 or. mb. c. 2 sig. pend. quorum 1 delapa. Das noch hängende Straßburger Rathssiegel ist zerbrochen

4. *Rudolf und sein Bruder, Herren von Fleckenstein, verpflichten sich der Stadt Straßburg gegenüber zum Ersatz des Schadens, den Walther Kallesche und seine Söhne ihr während des Waffenstillstandes zufügen möchten. 1267 April 6.*

Viris laudabilibus dignisque omni honore amicis suis karissimis magistro consulibus universisque civibus Argentinensibus Ruodolfus et frater domini de Fleckinstein obsequiosam ad omnia voluutatem cum continua dilectione. super eo quod trenge ad quatuordecim dies post diem pasce inter vos ex uua parte et virum nobilem [a] W[alterum] Kalteschinn et suos filios ex altera parte sunt facte [2], vos cire volumus,

a) S nobilem.

[1] In einer Urkunde von gleichem Wortlaut, 1267 Januar 27 (an deme nehisten tunrestage vor der liehtmes) verbürgen sich Bischof Heinrich, Burchard von Hohenstein, Burchard Murnhard und Gunther der Burggraf von Usthofen Nicolaus Zorn, seinen Brüdern, Freunden und allen Straßburgern für den Waffenstillstand. Straßb. St. A. ibid. or. mb. c. 5 sig. pend., quorum 4 delapsa.

[2] Vergl. UB. I, 456 nr. 603. Der dort bis zur Hylarienoctav laufende Waffenstillstand währte wohl bis zum 20. Januar 1267, da die Urkunde ein Jahr später zu setzen sein dürfte.

quod omne dampnum, quod dictus Kaltesch vel sui filii infra dictum terminum et
factas *a* treugas vobis intulerint, vobis emendabimus. ad quod nos per presens obligamus. datum feria quarta ante palmas anno domini 1267.

S aus Straßb. St. A. Verschl Canzlei-Gew. Corp. K lad. 17 or. mb. c. sig pend. Von der
Legende des Reitersiegels nach erkennbar S . . . . od . . i de VI . . . . ein.

5. *Burchard von Geroldseck verbürgt sich für den Waffenstillstand zwischen*
den Straßburger Bürgern und Konrad von Hausbergen. 1267 April 11.

Noverint universi, quod nos Burcardus dominus de Gerollsecke presenti scripto
promittimus, nos treugas inter Reinboldum dictum Liebenceller, Sifridum dictum
Kegelin et universos cives Argentinenses ex una parte et dominum Cünradum militem
de Hnzbergen suosque fautores universos ex parte statutas altera inviolabiliter pro
ipso domino Cunrado cunctisque suis fautoribus usque ad quatuordecim dies post
pascha proximum observare. et si quid contra dictos cives medio tempore ex parte
altera fuerit in contrarium attemplatum, hoc promittimus emendare presentibus sigillo
nostro in testimonium roboratis. datum anno domini 1267 in crastino palmarum.

M aus München. R. A. Habel-Stift. or. mb. c. sig. pend. laeso.

April 10

6. *Das Cistercienserkloster Hohenforst verzichtet der Stadt Straßburg gegenüber*
auf allen Schadenersatz. 1267 Juni 21.

Nos abbas et conventus Alte Silve Tullensis dyocesis ordinis Cisterciensis notum
facimus omnibus presentem litteram inspecturis, quod nos omne dampnum, quod
sustinuimus in guerra generali in tempore venerabilis domini episcopi Argentinensis
Walteri bone memorie in provincia Alsatie, relaxavimus et relaxamus civibus Argentinensibus ad ipsorum peticionem. renuntiamus etiam omnibus actionibus, quas
habere possemus vel possumus in cives predictos occasione dampni nobis illati scilicet de viginti tribus carratis vini in villa Dorolfesheim et de exustione curie in
Achenheim[1]. et hoc fecimus ex consensu et bona voluntate venerabilis domini abbatis
Theoloci, sub cujus regimine sumus et protectione. in cujus rei testimonium presentem litteram sigillo nostro et sigillo reverendi patris nostri abbatis Theoloci antedicti
predictis civibus tradidimus communitam. datum et actum die sancti Albani martyris anno domini 1267.

S aus Straßb. St. A. AA art. 1395 or. mb. c. 2 sig. pend.

7. *Otto von Ochsenstein quittirt der Stadt Straßburg über Zahlung von ge-*
schuldetem Silber und Ersatz seiner verlorenen Pferde. 1267 Juni 24.

Ich Otto von Ohsenstein tû kunt allen den, die disen brief gesehent oder gehôrent, daz ich vurgihe ôffeuliche an disen brieve, daz mich die burgere von Straz-

a) S factas übergeschrieben von gleicher Hand.

---

[1] *Vergl. Mon. Germ. SS. XVII, 108.*

burg gütliche gewert hant alles dez silbers, daz sie mir schuldig warent umbe das,
daz ich in irre helfe was in deme urluge, das bischof Waltere mit in hette[1]. ich
gibe öch, daz sie mir vergolten hant alle die ros, die ich in irre helfe verloren habe,
und la sie lidig bede umbe das silbere und öch umbe die ros. daz aber dis iemerne
wêrlich si, derumbe henk ich min ingesigele an disen brief zeime urkunde.   dis
bischuch von gottes geburte tusent jar zweihundert und siben und sehcig jor omme
sunegiht tage.

S aus Strußb. St. A. AA art. 1394 *or. mb. c. sig. pend.*
Gedruckt aus dem Briefbuch A *fol.* 59 b *ibid. in der Alsatia 1876 S.* 253.

8. *Wernherus* Moguntine sedis archiepiscopus sacri imperii per Germaniam archicancellarius omnibus fidelibus per provinciam Maguntinam constitutis, qui fratribus heremitis ordinis sancti Augustini ad consummacionem edificiorum suorum in Argentina manum porrexerint adjutricem ac nichilominus eis, qui in festivitatibus beate
virginis et sancti Augustini ad eorum ecclesiam accesserint, quadraginta dies de
injuncta penitencia relaxat; item ratificat indulgencias suffraganeorum benefactoribus datas. «cupientes quoslibet in Christo». datum Maguntie anno domini 1267,
6 idus julii. *1267 Juli 10 Mainz.*

T aus Straßb. Thom. A. Augustiner lad. 10 *or. mb. c. sig. pend. Erwähnt in UB. I,*
463 Anm. 2.

9. *Arnold Kind und Hartmann von Erstein beurkunden einen mit der Stadt*
Straßburg geschlossenen bis Mariä Himmelfahrt laufenden Waffenstillstand. 1267
Juli 18.

Ego Arnoldus Puer et ego Hartmannus de Ersthein milites notum facimus universis, nos treugas fecisse cum . . magistro consulibus et universis civibus Argen-
August 13 tinensibus abhinc usque ad assumptionem beate virginis et per totam illam diem
presentis anni per nos et nostros inviolabiliter observandas.   datum et actum anno
domini 1267 feria 2 post Margarete.

S aus Straßb. St. A. Verschl. Canzlei-Gew. Corp. K lad 17 *or mb c.* 2 *sig. pend., quorum*
1 delaps. Erhalten das Siegel Arnold Kinds.

10. *Konrad von Lichtenberg Sänger des Straßburger Domcapitels verbürgt sich*
für den zwischen den Herren von Ettendorf und der Stadt Straßburg bis Mariä
Geburt laufenden Waffenstillstand. 1267 Juli 25.

Nos *Conradus* de Lietenberc cantor ecclesie Argentinensis universis presencium
inspectoribus volumus esse notum, quod nos inter viros nobiles Fridericum et Eber-

---

[1] *Vergl. die Quittungen UB. I, 111 nr.* 539 *und 436 nr.* 572.

hardum dominos de Eteudorf et suos ex una et universitatem civium Argentinensium
ex parte altera inviolabiliter[a] treugas abhinc usque ad nativitatem beate virginis
presentis anni et per totam illam diem observabimus. et si quid medio tempore per
dictos nobiles vel suos in contrarium fuerit attemptatum, hoc civibus antedictis pro-
5 mittimus emendare, sigillum nostrum presenti scripto in testimonium appendentes.
actum et datum anno domini 1267 in festo beati Jacobi apostoli.

S aus Straßb. St. A. AA art. 1386 or. mb c. sig perd.

11. *Walther Kaltesche schließt für sich und seinen Anhang Frieden mit der
Stadt Straßburg. 1267 August 12.*

10　　　Ich Walther der Kaltesche tů kunt allen den, die disen brief gesehent oder gehôrent, daz ich vůr mich und mine sůne und vůr hern Růdolphen von Überche-
lingen und hern Otten von Růmersheim und vůr alle mine frůnt uszewendig den
Pforren bin versůnet lůterliche mit den burgern algemeyne von Strozburg. und hant
die burgere und ich iewederthalben varn verlân, swas schaden wir iewedersite en-
15 ander hettent getân. und ensol ich noch mine frůnt uszewendig den Pforren den
burgern von Strozburg umbe dise getât niemer leit noch schaden getân. ich lasze
och die bůrgen lidig, die gegen mir haft warent umbe daz schif, daz ich uf hette
gehebet. und daz diz stete blibe, derumbe ist mins herren ingesigel von Fleckenstein
an disen brief gehencket zeime urkůnde und begnůget mich dez wol. diz geschach
20 von gottes gebůrte tusent jar zweihundert jar und syben und sehtzig jar an dem
fritag vor der erren mes[b].

S aus Straßb. St. A Briefbuch A fol. 255ᵃ.

12. *Die Stadt Lüttich ersucht die Stadt Straßburg um die Auslieferung des
Nachlasses eines Lütticher Bürgers. 1267 September 7.*

25　　　Prudentibus viris et suis plurimum dilectis magistris judicibus et dominis civitatis Argentine magistri villicus scabini jurati et totum commune civitatis Leodiensis
cum dilectione salutem. cum quidam concivis noster Leodiensis Egidius quondam
dictus Werikeaz apud vos decesserit, cujus bona que secum habebat penes vos dici-
mini sequestrasse in hoc sagaciter operantes, ut ipsa bona redderetis ei cui debentur.
30 tenore presencium litterarum duximus vos rogandos, ut bona ipsa secure et sine
difficultate qualibet deliberetis Theoderico filio Theoderici de sancto Mauro vel Johanni
dicto le Flamenk scituri certissime, quod convocatis coram nobis heredibus dicti
Egidii ipsi bona predicta libere quittaverint coram nobis, ut si ea alteri predictorum
deliberaveritis, inde quitti et liberi eritis in perpetuum bona fide. et ut litteris
35 presentibus fidem adhibeatis pleniorem. ipsas litteras sigillo civitatis nostre Leodiensis

a) *S inviolabiliter übergeschrieben von gleicher Hand.* b) *S au dem fritag vor der erren mes ist von
einer spätern Hand etwa um 1500 hinzugefügt.*

duximus roborandas. datum Leodii anno domini 1267 in vigilia nativitatis beate Marie virginis.

M aus München. R. A. Habel-Stift. or. mb. c. sig. pend. mutil.

13. *Die Stadt Rheinau schließt mit der Stadt Straßburg einen Vertrag über Belangung von Schuldnern. 1267 September 23.*

Nos .. scultetus consules et universitas civium in Rinaugia notum facimus universis, quod nos cum .. magistro consulibus et universitate civium Argentinensium convenimus in hunc modum, quod nec nos ipsorum concives nec ipsi nostros concives aliquatenus occupabimus super debitis quibuscunque, nisi tunc aliquis sit principalis debitor vel de manu sua fidejusserit pro altero vel in altera civitatum querelanti fuerit justicia denegata. in quibus tribus casibus occupationes esse licitas decernimus et censemus. ad testimonium autem premissorum prefotis civibus Argentineusibus sigillo nostro presentes litteras tradimus communitas, quas a festo beati Michahelis nunc instanti elapso biennio nullas vires volumus obtinere.   datum feria 6 proxima ante festum beati Michahelis predictum anuo domini 1267.

S aus Straßb. St. A. Verschl. Canzlei-Gew. Corp. K lad. 16 or. mb c. sig. pend. Ziemlich erhaltenes Siegel der Stadt Rheinau.
Gedruckt aus dem Briefbuch A fol. 227 b ibid. bei Wencker Appar. et instr. archiv. p. 182 nr. 2 = Laguille pr. p. 46; Schöpflin Als. dipl. I, 458 nr. 641.

14. *Gernand Burggraf von Wörth verzichtet der Stadt Straßburg gegenüber auf alle Forderungen betreffend den Tod und die Gefangennahme seiner Verwandten. 1267 October 9.*

Nos Gernandus burgravius Werdensis universis ac singulis notum facimus, quod nos omni actioni ac inpeticioni nobis coupetenti contra cives Argentinenses de morte dilecti fratris nostri Johaunis ab ipsis in conflictu interfecti [1] et de captivitate Bertoldi, qua dicti Argentinenses ipsum detinuere captivum [2], renunciavimus excluso omni malo ingenio, puro corde relinquentes ipsos super predictis liberos et solutos ita, quod quantum ad personam nostram ipsis civibus super isto [a] formidandum non est aliquid vel timendum. promittimus eciam absque omni malo ingenio, quod ipsis nunquam super facto hujusmodi malum aliquod procurabimus aut procurari faciemus. in quorum omnium protestacionem sigillum nostrum presentibus est appensum. datum anno domini 1267 in die beati Dyonisii et sociorum ejus.

S aus Straßb. St. A. AA art 1394 or. mb. c. sig. pend. Gut erhaltenes dreieckiges Siegel mit der Legende s. Gernandi burcgravii Werdensis.
Gedruckt aus dem Briefbuch A fol. 246 a ibid. bei Wencker Appar. et instr. p. 176 nr. 17 = Schöpflin Als. dipl. I, 457 nr. 641 im Regest mit dem falschen Datum April 8.

a) *S super isto auf Rasur.*

---

[1] *Vergl. Mon. Germ. SS. XVII, 111. Die Grabinschrift des zu Stephansfelde beigesetzten Johannes theilt Schöpflin Als. illustr. II, 525 not. m mit.*

[2] *Vergl. nr. 15.*

September 23

15. *Bischof Heinrich von Straßburg beurkundet die von Berthold von Würth mit der Stadt Straßburg vereinbarte Sühne. 1267 December 20.*

Wir Heinrich von gottes gnaden der bischof von Strazburg tûnt kunt allen den, die disen brief gesehent oder gehôrent, daz Bertholt von Werde mit den burgeren
s algemeine von Strazburg luterliche ist versûnet umbe daz, daz sie in gevangen hettent und daz sin brûdere selige Johannes in deme strite sinen lib verlôz in deme urluge, das bischof Walthere mit den burgeren von Strazburg hette. dise sûne het er und mit ime Bertholt von Wittersheim, Johannes sin sun, Wolf- helm unde Gotzo von Stille, Rûdolf von Wittersheim, Reinfrid von Hochvelden,
10 Johannes sin brûdere, Hug von Brûmat, Gotzo von Brûmat, Johannes von Lampertheim, Symund und Otto von Hochvelden gesworn stete zu habenne iemerme ane geverde. were aber daz dise sûne gebrochen wurde von Bertholde oder von keime sinen friunde und das kuntlich were, so sulnt sich sehzse die ersten unter disen zwelven, swenne so sie von der burgere wege gemânt werdent, zû
15 Zabern oder zû Erstheim in entwurten nach rehter giselschefte niemer druz zu kummenne, ê das widertan und gebessirt wurt, da mitte die sûne gebrochen wurt. wurt aber ein missehel, obe dise sûne gebrochen were oder ungebrochen were, awes denne Wolfhelm von Stille und Anshelm der Vurste von Bertholdes wege und Gozelin von sant Thomane unde Rûlenderlin von der burgere wege uberein kumment, dez
20 sol man gevolgig sin. were daz die missehillent, swederthalb denne Symund von Geroltsecke unsere brûder gevellit, den sol man volgen. daz aber dis stete blibe, derumbe ist unsere ingesigele mit dez sengeres insigele von Liehtenberc und mit dez ingesigele von Fleckenstein an disen brief gehenket zeine urkunde. wir Bertholt von Werde und die zwelve, die da obenan genemmet sint, vurjehent, daz wir stete
25 hant bi gesworenem eide, swas an disen brieve stat, und bignûget uns der ingesigele, die an disen brief sint gehenket zeime urkunde. dis bischach von gottes geburte lusent jar zwei hundert jar und siben und sehzig jar an sant Thomans abende.

8 aus Straßb. St. A. AA art. 1994 or. mb. c. 3 sig pend. laesis.

16 *Pabst Clemens IV bestätigt dem Straßburger St. Stephanskloster die auf*
30 *16 festgesetzte Normalzahl seiner Schwestern. 1268 März 25 Viterbo.*

Clemens episcopus servus servorum dei dilectis in Christo filiabus . . abbatisse et conventui monasterii sancti Stephani Argentinensis ordinis sancti Augustini salutem et apostolicam benedictionem. in ecclesiis et monasteriis determinatus esse debet numerus personarum, ne provisione careat superflua multitudo vel ex paucitate
35 debitum deo servitium subtrahatur. eapropter dilecte in Christo filie vestris justis postulationibus grato concurrentes assensu sextum decimum canonicorum numerum per nos consideratis monasterii vestri facultatibus in monasterio ipso, venerabilis fratris nostri . . Argentinensis episcopi ad id accedente consensu, deliberatione

provida institutum, prout in litteris super hoc confectis" plenius asseritis contineri ',
auctoritate apostolica confirmamus et presentis scripti patrocinio communimus
statuentes, ut idem monasterium hujusmodi numero de cetero sit contentum, nisi
adeo ejus excreverint facultates, quod merito illum exigant augmentari, mandato
sedis apostolice semper salvo. nulli ergo omnino hominum liceat hanc paginam nostre
confirmationis et constitutionis infringere vel ei ausu temerario contraire. si quis
autem hoc attemptare presumpserit, indignationem omnipotentis dei et beatorum
Petri et Pauli apostolorum ejus se noverit incursurum. datum Viterbii 8 kalendas
aprilis pontificatus nostri anno quarto.

B aus Straßb. Bes. A. H fasc. 2622 or. mb. Bulle an Seidenschnur. Kostenvermerk unter dem
Bug links : — — (2 grossi), darunter in kleiner Schrift Jac[obus] Romanus mit einem
unlesbaren Zeichen vorher, schwerlich recepit; oben rechts in der Ecke durchstrichen
LV; auf dem Buge in der Mitte ganz verwischt : Paulus . . . . ; rechts auf dem Bug
ein nicht mehr leserlicher Vermerk, wie es scheint mit m beginnend und c aufhörend.
Auf der Rückseite : Paulus Interampnensis.
Gedruckt darnach bei Schöpflin Als. dipl. I, 462 nr. 653 mit dem falschen Jahrsdatum
1269. — Potthast Reg. pontif. nr. 20298.

17. *Die Bischöfe von Straßburg und Speier, die Grafen von Leiningen, die*
Herren von Bolanden und Fleckenstein vereinbaren sich mit der Stadt Straßburg
über die Einnahme von Selz. 1268 Mai 4 im Lager vor Selz.

Nos Henricus et Henricus dei gratia Argentinensis et Spirensis episcopi.
E[mecho] et F[ridericus] de Liningen comites, Wernherus de Bonlandia, *Fridericus*
de Flekenstein universis et singulis volumus esse notum, quod super obsidione facienda et habenda circa opidum de Selse taliter deliberato consilio et provida deliberatione convenimus cum universitate civium Argentinensium, ut si dictum opidum nobis quocunque modo subpeditabimus vel capiemus, extunc ipsum funditus
destruemus². super qua conventione et promisso inviolabiliter observando nos E[mecho]
comes prefatus de Liningen ᶜ et nos Wernherus de Bonlandia ac *Fridericus* de Flekenstein ex parte nostri et prefati domini nostri episcopi Spirensis sub debito juramenti a nobis corporaliter prestiti promisimus et promittimus observare inviolabiliter,
omni dolo et fraude penitus circumscriptis. et hoc ipsum in eadem forma nobis vice
versa Nicolaus dictus Zorn et Johannes ultra Bruscam milites Argentinenses sub
juramento ab ipsis corporaliter prestito missi ad hoc ab ipsis civibus Argentinensibus observare inviolabiliter promiserunt. in cujus rei testimonium nos episcopi,
E[mecho] et F[ridericus] comites, *Wernherus* de Bonlandia, *Fridericus* de Flekenstein, universitas Argentinensis prescripti sigilla nostra duximus presentibus appen-

a) *super — confec auf Rasur.*   b) *ut in S t ausgerissen.*   c) *N t stellt prefatus hinter Liningen.*

---

¹ *Vergl. UB. I, 287 nr. 378 u. 421 nr. 555.*
² *Ueber die Kämpfe um Selz vergl. nr. 30 Anmerk. 1.*

denda.   actum et datum in castris aute Selsam in crastino inventionis sancte crucis
anno domini 1268.

S aus Straßb. St. A. AA art. 1395 or mb. c 7 sig. pend. lacuis, quorum 4 delapsa.
S 1 coll. ibid. or. mb. c 7 sig. pend., quorum 3 delapsa. Gut erhaltenes Siegel Friedrichs
von Fleckenstein.
Gedruckt aus dem Briefbuch A fol. 252 ibid. bei Wencker Appar. et instr. archiv. p. 178
nr. 2 = Laguille pr. p. 14 ; Schopflin Als. dipl. I, 460 nr. 617. — Böhmer R. Reichs-
sachen nr. 97.

18. *Ablaßbrief Albrechts des ehemaligen Bischofs von Regensburg für die*
Straßburger Reuerbrüder. 1268 Juni 15 Straßburg.

Albertus dei gratia quondam Ratisponensis episcopus dilectis sibi in Christo priori
et fratribus Argentinensibus ordinis fratrum de penitentia Jesu Christi salutem et
sinceram in domino caritatem.   licet is, de cujus munere venit, ut sibi a fidelibus
suis digne ac laudabiliter serviatur, de habundantia pietatis sue, que merita suppli-
cum excedit, et vota bene servientibus multa majora tribuat quam valeant promereri, nichilominus tamen volentes reddere domino populum acceptabilem, fideles
Christi ad complacendum ei quasi quibusdam illectivis premiis indulgentiis scilicet
et remissionibus invitamus, ut exinde redantur divine gratie aptiores. cupientes
igitur, ut ecclesia domus vestre, in qua anno domini 1268 in festo beatorum martirum Viti et Modesti, accedente consensu venerabilis domini episcopi Argentinensis,   *Juni 15*
altare consecravimus ad honorem beate virginis, congruis honoribus frequentetur,
omnibus vere penitentibus et confessis, qui ad ecclesiam ipsam a die dedicationis,
quam in dominica festum beati Johannis baptiste proximo antecedente ordinavimus   *Juni 24*
celebrandam, singulis diebus per mensem ac singulis dominicis revolutis mensibus per
annum necnon et in anniversariis dedicationis altaris ejusdem perpetuo et in festivitatibus
gloriose virginis Marie, quam decet pre ceteris sanctis dignis obsequiis venerari, causa
devotionis accesserint, de omnipotentis dei misericordia et beatorum Petri et Pauli
apostolorum ejus auctoritate confisi annum et quadraginta dies, omnibus quoque,
qui vobis quolibet tempore ad edificia vestra ac vite necessaria manum porrexerint
adjutricem, quadraginta dies de injunctis sibi penitenciis misericorditer relaxamus.
datum in loco et tempore supradictis.[1]

B aus Straßb. Bez. A G fasc. 6197 or. mb. c sig. pend.

19. *Der Vogt und die Bürger von Basel gewähren den Straßburgern sichres*
Geleit bis Mittfasten. 1269 Februar 5 Basel.

Nos B[urkardus] advocatus dictus Vicedominus, H[einricus] magister civium
dictus Monachus consules et universitas civium Basiliensium promittimus vobis

---

[1] *Auch für das Straßburger St. Katherinenkloster gibt Albert einen ähnlichen Indulgensbrief*
(quadraginta dies criminum et annum venialium) 1268 Juli 7 Straßburg. or. mb. c. sig. pend. i. Straßb.
Hosp. A. lad. 12b fasc. 14.

domini consules et cives Argentinenses, quod cives vestri et eorum nuncii tam in rebus quam personis de omnibus nostratibus securi debent esse in veniendo ad nos, stando et redeundo usque ad instantem medium quadragesimam, ut idem a vobis circa nos fiat et littere consimiles transmittantur.   datum Basilee anno domini 1269 nonis februarii.

S aus Straßb. St. A. Briefbuch A fol. 241 *b mit der Ueberschrift des vogtes und der stat von Basel trostunge gegen den von Strasburg.*

Gedruckt darnach bei Schöpflin Als. dipl. I, 461 nr. 650 = Trouillat Mon. de Bâle II, 188 nr. 111.

20. *König Richard fordert die Stadt Straßburg auf, den Landfrieden zu be-* schwören *und alle unrechtmäßigen Zölle und Abgaben aufzuheben. 1269 Mai 12 Frankfurt.*

„Ricardus dei gracia Romanorum rex semper augustus universis civibus Argentinensibus dilectis fidelibus suis graciam suam et omne bonum.   fidelitati vestre districte precipimus et mandamus, quatenus exemplo multorum principum comitum eciam magnatum nobilium et baronum et aliarum plurium civitatum generalem pacem[1] in civitate Argentinensi communi voto jurantes ac nobis ad observacionem predicte pacis una cum aliis fideliter et viriliter inherentes, thelonia seu vectigalia sive pedagia vel conductus et exaccionem specialiter, que ungelt vulgariter nuncupatur, infra octo dies a suscepcione presencium in vestro districtu illa videlicet, que inconsueta et injusta existunt, penitus deponatis, ne permittatis de cetero ab aliquo transeuncium extorqueri, ne si, quod absit, in hac parte secus feceritis, ab hujusmodi pace de jure possitis secludi et excludi.   datum Franckenfort 12 die maji, indiccione 12, regni nostri anno 13.

S. aus Straßb. St. A. Briefbuch A fol. 223 *b mit der Ueberschrift das künig Rycart den von Strazburg gebotten het, daz sie einen lantfriden swern süllent und unrehte zölle und ungelt abetribent.*

Gedruckt darnach bei Schopflin Als. dipl. I, 463 nr. 654 = Mon. Germ. LL. II, 382. — Böhmer-Ficker Reg. Imp. V nr. 5458.

21. *Wildgraf Emich, Ludwig und Symund von Frönsburg und Werner von Windstein versprechen dem Bischof und den Bürgern von Straßburg, nach Uebergabe der Burg Windstein an dieselben gegen Friedrich von Windstein Beistand leisten. 1269 August 27.*

Nos Emecho comes silvester, Ludewicus et Symundus nepotes de Friundesberc et Wernherus de Winestein presentibus publice protestamur et promittimus, quod postquam venerabili domino nostro H[einrico] dei gratia episcopo Argentinensi ac

---

[1] *Erneuerung des Rheinischen Landfriedens auf dem nach Jubilate abgehaltenen Reichstag.*

civibus suis Argentinensibus castrum de Winestein fuerit presentatum, nos predicto domino episcopo et civibus Argentinensibus et quibuscunque se conformantibus eisdem occasione discordie, quam habent contra F[ridericum] de Winestein, favore et auxilio usque ad finem ejusdem discordie fideliter assistemus. in cujus rei testimonium sigilla nostra presentibus sunt appensa.   actum et datum anno domini 1269 feria 3 post festum beati Bartholomei apostoli.

S aus Straßb. St. A. AA art. 1385 or. mb. c. 1 sig. pend.
Gedruckt aus dem Briefbuch A fol. 220 b ibid. bei Schopflin Als. dipl. I, 465 nr. 654. Batt Eigenthum zu Hagenau II, 56 nach unbekannter Vorlage. — Goerz Mittelrh. Reg. III, 556 nr. 2459.

22. Heinricus episcopus Argentinensis omnibus abbatibus prioribus et prelatis per suam dyocesim constitutis notum facit, de voluntate et licentia ipsius fratres heremitas ordinis sancti Augustini verbum dei populo predicare et confessiones audire, prout in indulto sedis apostolice continetur, non obstante interdicto, quod nuper ab ipso in synodo generali dyocesis editum sit. « universitatem vestram scire ». datum Argentine anno domini 1270 feria 6 ante festum Hylarii [1]. *1270 Januar 10 Straßburg.*

T aus Straßb. Thom. A. Augustiner lad. 10 or. mb c. sig. pend

23. *Das St. Thomascapitel trifft mit den Augustinern einen neuen Vergleich über ihr gegenseitiges Verhältniß. 1270 August 8 Straßburg.*

Nos.. prepositus, decanus totumque capitulum ecclesie sancti Thome Argentinensis notum facimus presentium inspectoribus universis, quod cum olim inter nos nomine capituli nostri ex una, priorem et fratres ordinis sancti Augustini fratrum heremitarum extra muros Argentinenses ex altera parte de consensu et voluntate communi amicabilis intercesserit compositio super eo, quod iidem fratres in parrochia sancte Aurelie ad nostrum capitulum spectante oratorium erigere conabantur, prout in littera super hoc confecta plenius continetur [2], dictique fratres eandem compositionem seu ordinationem gravem sibi et perquam duram reputantes ad nos super relevando seu mitigando eandem sepius habuere recursus, nos vero paci et tranquillitati animarumque suarum saluti operam adhibere cupientes et, ut absque prejudicio nostro et ecclesie nostre in prefata parrochia sancte Aurelie stare possint et tenere perpetuo oratorium in eadem, subscripte compositionis formam una cum predictis fratribus concorditer amplectimur, que talis est : dabunt enim nobis* pre-

a) *T nobis nachträglich wohl von gleicher Hand hinzugefügt*

---

[1] C[onradus] de Talmaßigen archidiaconus majoris ecclesie Argentinensis omnes clericos per archidiaconatus sui terminos constitutos rogat, ut fratres supradictos verbo et opere coram parrochianis promovere studeant. *1270 Januar 13* (idus januarii) or. mb. c. sig. pend. delapso ebenda.

[2] *Vergl. nr. 1.*

dicti prior et fratres, qui nunc sunt et pro tempore oratorium ibidem tenuerint,
medietatem omnium oblationum provenientium in altaribus monasterii sui predicti
inter missarum sollempnia sive ante missam sive post usque ad finem missarum,
dum tamen occasione missarum ibidem offerantur, dolo et fraude cessante omnino,
nobisque et ecclesie nostre cedet cadem portio libere et absolute. ac circa conservationem earundem oblationum singulis annis inperpetuum servabunt dicti prior et
fratres bona fide consilium et preceptum decani ecclesie nostre, qui nunc est et pro
tempore fuerit in ecclesia memorata, nec tamen super hoc juramentum a prelibatis
fratribus extorquebit. item de omnibus prediis seu possessionibus habitis et habendis
ipsi ecclesie sancte Aurelie decimalibus, quocunque titulo ad dictos fratres pervenerint, decimas dabunt absque ulla contradictione ecclesie prelibate, de nutrimentis
animalium decimis dumtaxat exceptis. nullum etiam de parrochianis ecclesie sancte
Aurelie ad sepulturam recipient nisi de voluntate et consensu perpetui vicarii ecclesie
memorate. cedent igitur inposterum ipsis fratribus absque ulla divisione nobis vel
vicario ecclesie sancte Aurelie predicte faciendu universa provenientia eisdem ex
testamentis, legatis, donationibus sive ex aliis quibuscunque causis, et que ad fabricam vel ad ornatum oratorii seu ob quascunque pias causas ipsis relicta fuerint
vel concessa. preterea si predictos fratres aliis personis locum predictum, in quo
nunc sunt, cum suis attinentiis presentibus et futuris vendere, donare aut permu-
tare contigerit, persone subintrantes omni jure gaudebunt, quod alienationis tempore
habuerint iidem fratres, absque nostra et vicarii nostri predicti qualibet contradictione. in restaurationem vero omnium dampnorum, que occasione dictorum fratrum
poterimus sustinere, dederunt iidem fratres nobis et ecclesie nostre triginta sex
marcas argenti. quam pecuniam confitemur nos ab eisdem recepisse et in usus
ecclesie nostre conversam esse. renuntiuverunt quoque et presentibus renuntiant
prior et fratres predicti pro se et omnibus suis successoribus omni juris auxilio communi et privato, beneficio restitutionis in integrum et generaliter omni exemptioni
seu defensioni, per quas venire possent contra presens factum seu instrumentum.
et ad majorem nostri et ecclesie nostre securitatem dictus prior de mandato et
voluntate fratrum suorum juravit corporaliter in animam suam et fratrum eorundem
ad sancta dei ewangelia ac promisit, quod nunquam contra hujusmodi ordinacionem
quicquam inpetrabit vel impetrare procurabit. et si alique littere impetrate sint vel
fuerint a quocumque vel etiam motu proprio a sede apostolica vel legatis ejusdem
concesse, dicti prior et fratres, magistri ordinis et provincialis, qui nunc sint et pro
tempore fuerint, ipsis nequaquam utentur. et si ab ipsis priore et fratribus seu
quocunque alio successore corum vel etiam a magistris ordinis vel provinciali in
contrarium factum fuerit, extunc oratorium predictum in parrochia sancte Aurelie
per ipsos constructum jam et quicquid superedificatum fuerit ad monitionem reverendi in Christo patris ac domini nostri episcopi vel ejus, qui pro tempore episcopus
fuerit, infra octo dies demolietur per ipsos fratres, ipsisque id facere negligentibus
per capitulum demolietur. in omnibus suprascriptis subicient se iidem fratres et prior
cum omnibus successoribus suis jurisdictioni domini nostri episcopi Argentinensis et
ejus, qui pro tempore regimen obtinuerit ecclesie Argentinensis. et quantum ad

presens negotium renuntiaverunt et renuntiant omnibus privilegiis exemptiouis ipsis a sede apostolica vel undecunque concessis et concedendis. nos vero prepositus, decanus et capitulum sancti Thome predicti ex una, prior et fratres predicti ex altera confitemur omnia suprascripta juste et rationabiliter inter nos acta fore, obligantes nos mutuo insolidum et omnes successores nostros ad omnia suprascripta fideliter observanda. in cujus rei testimonium et perpetuam memoriam sigillo venerabilis patris nostri episcopi antedicti, magistri ordinis, provincialis eorundem necnon prioris domus predicte presens instrumentum est consignatum. nos Heinricus dei gratia episcopus Argentinensis prelibatus ad premissorum probationem perpetuam sigillum nostrum presenti scripto appendi fecimus de voluntate et consensu et ad petitionem partium predictarum. actum et datum Argentine anno domini 1270.

T aus Straßb. Thom. A. Docum. hist. lad. 11 or. mb. c. 4 sig. pend.

Ebenda Augustiner lad 10 or. mb. c 2 sig. pend. mit dem Datum des 8. August.

Gedruckt nach T bei Ch. Schmidt Hist. du chap. de s. Thom. p. 321 nr. 44.

24. *Konrad von Lichtenberg, Sänger des Straßburger Domcapitels, sichert der Stadt Straßburg zu, daß ihr von der Stadt Hagenau keine Feindseligkeiten widerfahren sollen und daß er die Freilassung ihres Bürgers, des Bäckers Konrad bewirken werde [1263—1270].*

C[onradus] dominus de Lichtinberc cantor majoris ecclesie Argentinensis amicis suis specialibus et dilectis G. magistro consulibus et universis civibus Argentinensibus sincere dilectionis affectum et paratam ad obsequia voluntatem. licet civitati Hagenoensi non presideremus, ob dilectionem tamen vestram et ob tanta nobis exhibita servicia vobis et concivibus vestris mala aliqua inferri ex ea non pateremur. et quanvis quidam Cunradum pistorem concivem vestrum ex illa insecutum et captivum suspicantur, nulla siquidem debetis credere racione scientes, quod ejus liberationem[1] summopere intendimus et vobis solutum remittere laboravimus cum effectu.

[in verso] magistro [consulibus et] civibus Argentinensibus.

S aus Straßb. St. A. AA art. 1396 or. mb. lit. clausa c. sig. inverso impr. delapso. Die Adresse auf der Rückseite stark verwischt. Konrad von Lichtenberg ist in den Jahren 1263—1272 als Sänger des Domcapitels nachweisbar. Da die Sigle G für die bekannten Bürgermeister der Jahre 1271 u. 72 nicht passt, so ist 1270 als Endtermin gesetzt. G ist vielleicht mit Gozelino aufzulösen und dürfte die Urkunde dann in die Jahre 1263 oder 65 gehören.

25. *Schreiben Bischof Heinrichs von Straßburg an die Stadt Straßburg über die Verlängerung ihres Waffenstillstands mit Hugo von Rathsamhausen u. A. [1264—1270] September 21 Egisheim.*

H[einricus] dei gratia episcopus Argentinensis dilectis fidelibus suis C[unoni] dicto Suner magistro consulibus et universitati civium in Argentina salutem cum

a) S liberatione.

affectu sincero. licet modica sit nobis familiaritas cum Hugone milite de Racen-
husen, attamen pro treugis inter vos et ipsum factis ulterius prorogandis, prout nobis
scripsistis, volumus et intendimus fideliter laborare[a], vos incontinenti scire facientes,
quidquid potuerimus optinere, non sustinentes vos in nostris villis aliquatenus molestari ; alias autem in villis, que nostro non subsunt dominio, defendere non possumus, nisi secum vellemus bellum notorium inchoare. insuper vina collecta, prout
nobis innotuit, sunt deducta. ceterum sciatis, quod ad vos quantocitius potuerimus
veniemus. datum in castro Egensheim in festo Mathei ewangeliste.

[in verso] C[unoni] magistro consulibus
et universitati civium in Argentina.   10

*S aus Straßb. St. A. Vord. Dreizehn. Gew. Corp. A lad. 3 a or. mb. lit. clausa c. sig. in
verso impr. delapso. Da in den bekannten Bürgermeisterlisten der Jahre 1263 und 1271
bis 73 Kuno Suner nicht erscheint, so muß dieser Brief in die mittleren Jahre der
Amtszeit Bischof Heinrichs fallen, etwa 1264—1270, vielleicht noch vor 1266, da Hugo
von Rathsamhausen in den allgemeinen Frieden der Geroldsecker mit der Stadt Straßburg* 15
aufgenommen war [1].

26. *In einem Vergleich des Bischofs Heinrich und des Domcapitels von Straßburg mit den Herren von Lichtenberg, Ludwig und Rudolf den Vögten der Stadt
Straßburg, dem Sänger des Domcapitels u. A. machen diese geltend, daß ihnen
jene verpflichtet seien:* in ducentis marcis argenti, quas idem dominus Waltherus   20
quondam episcopus ipsis promisit se daturum pro eo, quod ipsi in equis et armaturis
se pararent in ipsius adjutorium contra cives Argentinenses, item in ducentis marcis
argenti, quas idem dominus Waltherus quondam episcopus ipsis nobilibus promisit
pro quatuordecim equis ipsis ante civitatem Argentinensem in guerra generali inter-
fectis[1], item in centum marcis argenti et nongentis quartalibus tritici et siliginis,   25
que dicti nobiles Nicolao dicto Zorn civi Argentinensi pro dicto domino Walthero
quondam episcopo persolverunt, item in pretio duorum equorum, quos ipsi amiserunt
in secundo conflictu habito ante civitatem Argentinensem[3]. actum 8 kalendas aprilis
anno domini 1272. *März 25.*

Aus Schöpflin Als. dipl. I, 470 nr. 668 (ex libro salico cap. maj. Arg.).   30

27. *Die Stadt Löwen bittet die Stadt Straßburg, die Hinterlassenschaft Gott-
frids Gobelen aus Köln an ihren Bürger Wilhelm auszuliefern. 1272 September 17.*

. . Viris honestis et ubique reverendis R[einboldo] dicto Turant magistro consulibus et communitati civium Argentinensium villicus, scabini jurati et communitas

a) *S labore.*   35

---

[1] *Vergl. UB. I, 463 nr. 615.*
[2] *In dem Treffen in der Aurelienvorstadt um 14. resp. 15. Juli 1261. Vergl. Mon. Germ. SS. XVII,
106 u. Wiegand Bellum Waltherianum S. 63.*
[3] *In der Schlacht bei Hausbergen am 8. März 1262.*

opidi Lovaniensis salutem et quicquid possunt obsequii et honoris.   honestati vestre significamus veraciter, quod bona illa, que apud vos relicta sunt post obitum God[efredi] dicti Gobelen de Colonia ibidem defuncti. sunt Conegundis vidue Lovaniensis relicte Johannis de Hozeden· opidani nostri et Willelmi ejus generi latoris
5 presencium, quoniam idem God[efredus] eorum famulus ac nuncius erat et quicquid ipse tractabat vel agebat, hoc ex parte ipsorum erat et ad opus eorum. quapropter vestram deprecamur honestatem omni quo possumus affectu, quatenus eidem Willelmo bona predicta tradi faciatis et exhiberi scientes indubitanter. quod quicquid de premissis eidem Willelmo factum extiterit, inde ex parte socrus sue matrone predicte
10 bona apud nos habebitur warandia. in cujus rei securitatem presentes litteras vobis transmittimus sigillo opidi nostri patenter roboratas[b], per quas petimus ipsum Willelmum taliter a vobis in hoc negocio expediri amore nostri, qualiter vestro concivi in casu consimili si acciderit apud nos fieri velletis amore vestri, ut vobis ad condignas teneamur gratiarum actiones.   datum anno domini 1272 in die beati
15 Lamperti martyris.

S aus Straßb. St. A. Briefbuch A fol. 222 *mit der Ueberschrift daz die von Strasburg einem sins erbes helfen sóllent.*

28. Sühnevertrag der Städte Straßburg und Hagenau. 1272 October 29.

Wir Marcuz der meistere der rat unde die gemeinde von Strazburg tůnt kunt
20 allen den, die disen brief gesehent oder gehörent, daz wir vir alle unsere burgere unde mit nammen vir hern Hugen von Vegersheim und olle sine helfere iu diseme urliuge sint ubereinkummen eime steten sůne mit den burgeren algemeine von Hugenowe. und swaz schaden uns von in geschehen ist in diseme urliuge, den lán wir liuterliche varn unde gelobent dise sůne stête zu habenne ane alle geverde.
25 daz aber dis stête blibe, derumbe ist unsere stete ingesigele an disen brief gehenket zeime urkunde. dis geschach an deme summeztage vor aller heiligen mes, da von gots geburte warent tusent jar zweihundert jar unde zwei unde sibencig jar.

M aus München. R A. Habel-Stift. or. mb. c. sig. pend. lueso [1].

29. Die Stadt Gengenbach quittirt der Stadt Straßburg über Zahlung von Schulden. 1273 October 23.

Wir Bertholde der schultheisse, die geswornen und[d] die burgere algemeine von Gengenbach tůnt kunt allen den, die disen brief gesehent oder gehörent, daz wir die

a) Ueber den a in Hozeden ein Strich.   b, S roboratis   c) Berthold auf Rasur.   d) Das Wort und zeigt hier wie im ganzen Stück zwei gekreuzte Haken über un. Sollte der eine vielleicht ein Vokalzeichen für u sein?

35

---

[1] *Das von der Stadt Hagenau ausgestellte gleichlautende Exemplar dieses Sühnevertrags findet sich im Straßb. St. A. Verschl. Canalei-Gew. Corp. K lad. 15 or. mb. c. sig pend.*

gemeinde der burgere von Strazburg lidig lazsent und lidig sagent drizsig schillinge
und viercig pfunde Strazburgere und aller schulde, die die selbe gemeinde von
Strazburg uns schuldig was uncc an disen tag hiute, und jehent, daz uns von der
gemeinde von Strazburg gar vergolten ist, swas sie uns schuldig was. wir gelobent
öch, daz wir umbe alle vorgenante schulde die burgere von Strazburg gemeinliche   5
noch sunderlingen niemer anegesprechen noch bikumberen sulnt mit gerihte noch
ane gerihte. und daz dis stête blibe, derumbe ist unsere ingesigel an disen brief
gehenket zeime urkunde.   dis geschach an deme mantage nach sante Gallen tage,
da von gots geburte warent tusent jar zweihundert jar und driu und sibencig jar.

        S aus Straßb. St. A. Verschl. Canzlei-Gew. Corp. K lad. 17 or. mb. c. sig. pend. Gut   10
        erhaltenes Siegel des Schultheißen von Gengenbach.

30. *Markgraf Rudolf von Baden schreibt an die Stadt Straßburg, er werde
trotz der Zerstörung von Selz den vereinbarten Waffenstillstand halten, erwarte
aber Schadenersatz. [1269—1274] Februar Liebeneck.*

Rûd[olfus] dei gracia marchio de Baden R. magistro civium consulibus ac uni-   15
versis civibus Argentinensibus servicium cum salute.   licet inter treugas, quas
affinis noster dilectus E[mecho] illuster comes de Liningen inter nos et vos observandas
statuit, nostrum opidum Selse per vestros homines rapinis et incendiis sit distrac-
tum, ipsas treugas volumus, prout honorem nostrum condecet, sicut promisimus.
firmiter observare confidentes de vobis, quod ad omnem injuriam sive dampnum nobis   20
illatum satisfactionem nobis debitam porrigatis.   datum in castro Liebenecke feria
Februar 9 sexta post[a] octavam purificacionis beate virginis.

        S aus Straßb. St. A. Briefbuch A fol. 252 b mit der Ueberschrift : die trostunge zwischent
        dem marggrafen von Baden und den von Strazburg.
        Gedruckt darnach bei Wencker Appar. et instr. archiv. p. 179 ← Laguille pr. p. 45 =   25
        Schöpflin Hist. Zaring. Bad. V, 250 nr. 148. Was die Datirung anbetrifft, vergl. die
        Anmerkung[1]. Die Sigle R ist wahrscheinlich mit Reinboldo aufzulösen.

        a) S post post.

[1] Es ist nicht leicht, aus den wenigen urkundlichen Angaben den Verlauf der Kämpfe um Selz in
den Jahren 1268 bis 1274 zu erkennen und die Stücke nr. 30 und nr. 31 chronologisch richtig ein-   30
zureihen. Jedenfalls waren die Straßburger in dieser Zeit zweimal mit Selz beschäftigt. Einmal, wie sich
aus nr. 17 ergibt, im Mai 1268, im Verein mit den Bischofen von Speier und Straßburg, den Grafen
von Leiningen, den Herren von Bolanden und Fleckenstein, zum zweiten Mal, wie aus nr. 35 hervorgeht, im Winter 1273/74, diesmal im Auftrag König Rudolfs und in Gemeinschaft wieder mit den
Grafen von Leiningen, ferner den Grafen von Zweibrücken, den Herren von Bolanden und Fleckenstein.   35
Entweder ist nun die Belagerung von Selz im Jahr 1268 vergeblich gewesen und dasselbe ist erst im
Winter 1273/74 gebrochen worden, als gleichzeitig König Rudolf die Festen des Markgrafen Mühlburg,
Grützingen und Durlach nahm. Vergl. Ellenhardi Chronicon Mon. Germ. SS. XVII, 124. Oder Selz
ist zweimal zerstört worden, 1268/69 und 1273/74. Dann würde anzunehmen sein, daß Graf Emich von
Leiningen sich von dem ersten Bunde loste, einen Waffenstillstand vermittelte, während dessen die   40
Straßburger Selz plünderten und brannten, und schließlich die Stadt als Pfand an sich nahm. Selz
müsste dann wieder in den Besitz der Markgrafen gekommen und erst im Winter 1273/74 vollständig
geschleift worden sein, woran sich dann der Leininger Graf merkwürdiger Weise wieder betheiligt hätte.
Schwerlich geht man fehl, wenn man nr. 30 und nr. 31 in die Jahre 1269—1274 setzt, so daß sie vor
den 29. Juli 1274 fallen. Stälin Wirtemberg. Gesch. III, 18 u. 34 läßt Selz 1268 bezwungen und sofort   45
ausgeplündert werden, die Schleifung der Festungswerke aber erst später auf König Rudolfs Befehl
erfolgen. Kopp Gesch. d. Eidgen. Bünde, I, 1, 64 scheint nur eine Zerstörung von Selz anzunehmen.

31. *Graf Emich von Leiningen theilt dem Bischof von Straßburg mit, daß er die Stadt Selz vom Markgrafen von Baden als Pfand übernommen habe.* [1269—1274].

Venerabili domino suo et precordiali domino suo episcopo Argentinensi *Emecho* comes de Liningin debite fidelitatis obsequium semper prumptum. noverit vestra
5 pietas me memorie reduxisse, quod vos, dominus meus Spirensis et dominus de Fleckenstein muros et fossata civitatis Selsensis destruere et complanare promisistis et deinde domos et homines ibidem residentes defendere et tueri. nec defendistis, immo ipsam civitatem funditus destruere permisistis. et quia videbatur michi, quod ipsam minime curaretis, ad peticionem militis de Bannacker racione cujusdam
10 pecunie a marchione sibi persolvende eam[a] suscepi nomine pignoris hoc modo ipsam promittens defendere[b] et tueri. non credebam hoc vestre gracie displicere ; sed si, quod absit, erga vos in hac parte aliquid adtemptavi, ad vos breviter veniam et omnia sinistre adtemptata revocabo et emendabo totaliter juxta vestre beneplacitum voluntatis.

S aus Straßb. St. A. AA art. 1395 or. mb. lit. clausa c. sig. inverso impr.
15 *Gedruckt aus dem Briefbuch A fol. 243 a ibid. bei Wencker Appar. et instr. archiv. p. 178 = Schöpflin, Hist. Zaring Bad V, 249 nr. 147, der das Stück in's Jahr 1268 setzt. Die Datirung anlangend vergl. nr. 30 Anm. 1.*

32. *König Rudolf beurkundet, daß die zwischen dem Bischof von Straßburg und dem Herzog von Lothringen geschlossene Sühne auch für die mit jenem gefangenen*
20 *Straßburger Bürger u. A. Kraft haben soll und droht den Störern mit der Acht. 1274 Juni 27 Hagenau.*

Rudolphus dei gratia Romanorum rex semper augustus Romani imperii fidelibus universis, ad quorum notitiam presentes littere pervenerint, gratiam suam et omne bonum. cum dissentionum seu discordiarum materia, que inter venerabilem Argen-
25 tinensem episcopum ex una et illustrem ducem Lotharingie principes nostros dilectos ex parte altera ex occasione captivitatis ipsius episcopi, tunc in minori officio constituti, et quorumdam aliorum sibi adherentium vertebatur, per que varia et diversa hincinde poterant provenire pericula, spiritus sancti gratia in ipsorum principum recipiente se cordibus, per vere unionis et concordie viam concorditer sit sopita, prout fida
30 relatione eorum, qui[c] dicte compositionis et concordie mediatores extiterant, evid n-tius cognovimus, Rulenderlinus[d], Reinboldus [dictus Puer][e], Petrus Ripelini[f], Hartmudus de Sciltikeim[g], Lucas, Erbo filius Johannis ultra Brussam, Otto de Phettensheim cives Argentinenses, Hugo de Valtenheim, Monachus de Berstetin, Ulricus de Lapide, Erbo Kesseler de Geizpolzheim[h], Johannes de Berverstein,
35 Richer de Utenheim[i] dilecti nostri fideles in supradicti ducis vinculis constituti

a) S eum abgeschrieben. b) S defundere. c) C que. d) C Rulendelinus. e) C Reinboldus des Gurre. f) C Ripolini. g) C Hartmundus de Childencheim. h) C Hessel er de Geirboscheim. i) C Richer de Utenheim, vielleicht ist Reimar zu lesen.

---

1 Wenn diese Conjectur nicht richtig ist, so ist er vielleicht identisch mit jenem Reinold dit Zuser
40 de Strasbourg, qui avec autres chevaliers et écuyers donne quittance à Ferry duc de Lorraine et à Henri de Blâmont pour le fait de leur capture à Hateignys. 1274 August. H. Lepage Catalogue des actes de Ferry. III p. 91 nr. 233 (aus der Collection de Lorraine, 14 f 23. Bibliothèque nationale).

pro se et omnibus suis familiaribus et amicis compositionem hujusmodi in singulis
..uis articulis, prout iu litteris predictorum nostrorum principum super hoc confectis
et hinc inde traditis sunt expressi plenius [1], observabunt. si quis autem supradictorum
per se vel per alios familiares et amicos contra dictam compositionem, prout noscitur esse conscripta, veniens suprascriptum ducem in se vel in suis turbare seu   5
molestare presumpserit, ipso facto secundum quod in se poenam hujusmodi coram
nobis suis amicis mediantibus receperunt, proscriptionis[a] sententie subjacebit, nosque
ipsum violatorem compositionis hujusmodi tanquam proscriptum auimadversione
debita feriemus.   datum Hagenowe[b] 5 kalendas julii, anno domini 1274, indic-
tioue 2, regni nostri anno primo.   10

*C aus Dom Calmet Histoire de Lorraine, Preuven II, 506 (ex cartul. Bar.) mit stark ver-
dorbenen Orts- und Personennamen. — Böhmer R. Rud. nr. 94.*

33. *Diemo von Bretten schließt mit der Stadt Straßburg seiner Gefangennahme
wegen eine Sühne, für die er ihr zwanzig genannte Bürgen stellt. 1274 Juli 6.*

Ich Diemo von Bretheim tů kunt allen den, die disen brief gesehent oder   15
gehörent, daz ich versůnet bin liuterliche mit den burgern gemeinliche von Strazburg und mit nammen mit hern Murkise, Huge Wiriche und mit allen iren friunden
und allen den, die mit in an dirre getat worent. mit den bin ich versůnet umbe
das, daz sie mich gevangen hettent. und han dise sůne gesworn vir mich und alle
mine friund iemerme stěte ze habenne gegen den vorgenanten burgern und allen   20
iren friunden und gelobe bi deme selben eide, das ich noch keinere minere friunde in
umbe dise getat niemer leit noch schaden noch laster sol getůn noch schaffen getan,
und das ich mit nammen niemer selbe noch mit keime herren noch mit niemanne
uffen irn schaden kummen sol noch wider sie helfen sol in keime urliuge. herumbe
han ich in ze burgen gegeben unverscheidenliche mine herren und mage hern   25
Bertholden von Remmichingen, hern Cůnraten den vůt sinen brůder, hern Hugen den
vůt von Welnhusen, hern Albrehten sinen brůder, hern Emmeharten von Ilsvelt, hern
Friderichen den Muller von Ihelingen, hern Wernhern den Muller, hern Peturn von
Stöfenberg, hern Brunen dez Terandes sun, hern Reinharten von Hevingen, hern
Albrehten den Kesseler, hern Cůnraten von Malmesheim, hern Ůlrichen von Steine,   30
Burcarten den Rodere[1], Reinharten und Ůlrichen mine brůdere[3], Růlin und Ebelin
Kolben, Erkenbolten von Schowenburg und Hermannen Vese von Kunegesbach[4]. dise

a) C praescriptionis.   b) C Haguenau.

----

[1] *Der Sühnevertrag zwischen Bischof Konrad von Straßburg und Herzog Friedrich von Lothringen
wurde 1274 Juni 7 zu Lyon geschlossen. or. mb. c. 5 sig. pend. delaps. i. Straßb. Bez. A. G fasc. 62;
gedruckt bei Schöpflin Als dipl. II, 5 nr. 694 (ex libro salico cap. maj. Argent.).*
    [2] *An der Stelle von Burchard Röders Siegel hängt ein Siegel mit der Legende: s. Alberti advocati
de Bernecc.*
    [3] *Nach den Siegellegenden Reinhard von der Nuwenburg und Ulricus de Novocastro.*
    [4] *Vor Hermanns von Königsbach Siegel hängt ein Siegel mit der Legende: s. Diemonis advocati
de Vaihingen.*

hant mit mir dise sûne gesworn stéle ze habenne iemerme vir mich uud alle
mine friund also, were das ich oder ieman dise sûne brêche, das kuntlich were,
so sulnt sie in deme nehisten manode, so sie drumbe gemanet werdent, schaffen
das das widertan und gebessert werde, oder sulnt sich in deme selben manode entwurten nach rehtere giselschefte zû Hagenowe oder zû Offenburg in niemer dannan
ze kummene, ê das widertan und gebessert wird, damitte die sûne gebrochen wirt.
wurd aber ein missehel, obe die sûne gebrochen were oder ungebrochen, so sol her
Schidelin von Stöffenberg und her Marcus uffe den eit sich entwurten in den
uehisten siben nahten, so sie gemanet werdent, zû Hagenowe oder zû Lare in niemer
dannan ze kummenne, sie enkumment uberein. und swie sie sprechent uffe den
eit, die sûne si gebrochen, so sulnt die burgen drumbe leisten, als da obenan
geschriben stat. werdent sie aber missehellende, so sulnt sie niemer dannan kummen,
si enkumment uberein oder kûsent aber mittenander einen obeman. swederthalb der
gevellet, des sol man hedesite gevolgig sin. were ôch das her Marcus stûrbe, so
sulnt die burgere von Strazburg einen andern geben an sine stat ane geverde. sturb
aber her Schidelin, so sulnt die vorgenanten der vôt von Reminichingen Bertholt
und her Cûnrat sin brûdere und her Ilug der vôt von Welnhusen und Albreht sin
brûder sie alle viere oder swelhe under in lebent einen andern geben an hern
Schidelins stat ôch ane geverde. were aber das ich uffen Strazburgere schaden
kôme unwissende, tûn ich derumbe min reht, so sint dez mine burgen lidig. wolt
aber ich dez rehtes drumbe niht tûn, so sulnt siez abetûn und sulnt drumbe
leisten. wir die vorgenanten burgen jehent, das wir burgen sint, als da oben an
geschriben stat, und gelobent bi geswornem eide. den wir getan hant, dise sûne
stete ze habenne iemerme vir alle unsere friund und vir alle Diemen friunde und
ôch drumbe ze leistenne ane alle geverde unde verrihent uns alles rehtez geist-
lichez und weltlichez von den babiste von keisern unde von kunegen, damitte wir
dis eidez und dirre gelubede lidig môhtent werden. herumbe han wir erworben,
daz unserre herren dez marcgraven von Baden und dez graven ingesigele von Zweinbrucken mit uusern ingesigeln an disen brief sint gehenket zeime urkunde.   dis
geschach an deme frietage nach sant Ûlrichez tage, da von guts geburte warent
zwelfhundert jar und vieri und sibeucig jar.

*U aus Heidelb. Univers. Bibl. 1 nr. 182 or. mb. c. 32 mg. pend. partim laesis, quorum
9 delapsa.*

Gedruckt aus dem Briefbuch A fol. 249 a *im Strassb. St. A. bei Wencker Coll. arch p 147.
— Regest nach U i. d. Zeitschr. f. Gesch d. Oberrh. XXIV, 164.*

34. *Fehdebrief Graf Simons von Eberstein an die Stadt Strassburg* [1268—1274].

Symon comes de Eberstein universis consulibus et civibus Argentinensibus
noticiam subscriptorum. cum nos et R[ûdolfus] marchio de Baden simus conjuncti

auxilio et cousilio, nos propter eum vos per omnia diffidamus vobis nostram inimi-
citiam* presentibus demandantes.

[*in verso*] consulibus et civibus
Argentinensibus.

S aus Straßb. St. A. Verschl. Canzlei-Gew. Corp. K lad. 17 *or. mb. lit. clausa c. sig. in*
verso impr. Gut erhaltenes Siegel mit der Legende : s. Symonis comitis de Eberstein et
de Zweinbrucken. *Das Stück ist jedenfalls vor* 69 *zu setzen, auch nr. 35 muß es wohl*
vorausgehen.

35. *Markgraf Rudolf von Baden erklärt, Allen, welche an der Zerstörung*
seiner Festen Selz und Seldenau mitgewirkt haben, vergeben zu haben und sich ferner
mit ihnen vor König Rudolf vergleichen zu wollen. 1274 *Juli* 29.

Nos Rud[olfus] dei gracia marchio de Baden ad universorum noticiam volumus
pervenire publice profitentes, quod nos universis ad devastacionem municionum nostrarum
Selse et Seldenowe cooperantibus, qui ex jussu et mandato serenissimi domini nostri
Rud[olfi] Romanorum regis ad hoc venerunt, videlicet E[mechoni] et Fr[iderico]
comitibus de Liningen, H[einrico] comiti et filiis suis W[alramo] et E[berhardo] comitibus de Geminopoute, domino Ph[ilippo] de Bolandia, domino H[einrico] de Fleckenstein b, Hundi, H. fratri suo, Store Symoni civibus Argentinensibus ac toti civitati
nunc et in posterum de hujusmodi commisso, de quo predictum est, firmam recon-
ciliationem dedimus promittentes nichilominus in hiis scriptis, quod nos, si quid
contra quemquam a tempore creationis serenissimi domini nostri R[udolfi] Romanorum
regis indebite attemptavimus, coram eodem domino nostro rege, cum requisiti fuerimus, universis justiciam faciemus ita, quod et ipsi nobis justiciam ibidem de eis,
si quam contra ipsos nobis proponere competit, e converso facere sint parati.   datum
anno domini 1274 dominica proxima post festum sancti Jacobi apostoli. in cujus facti
evidenciam nostro sigillo roboravimus presens scriptum.

S aus Straßb. St. A. FF *or. mb. c. sig. pend. delapso.*
Gedruckt aus dem Briefbuch A fol. 62 a *ibid. bei Wencker Appar. et instr. arch. p.* 180
mit einigen Abweichungen, die es unsicher lassen, ob nicht das Or. vorgelegen ; Schöpflin
Hist. Zaring. Bad. V, 256 *nr.* 153 *; Zeitschr. f. Gesch. d. Oberrh. XV,* 395. *Vergl.*
nr. 30 *Anmerk.* 1.

36. *König Rudolf bestätigt die Sühne Diemos von Bretten mit der Stadt*
Straßburg. 1274 *August* 28 *Straßburg im Haus der Herrn von Klingen.*

Wir Rudolf von gots gnaden der Römische kunig tünt kunt allen den, die disen
brief gesehent oder gehörent, das Diemo von Bretheim vor uns verjehen het, das
er mit den burgeren von Strozburg algemeine liuterliche versûnet ist umbe das, das
sie in gevangen hettent[1]. dise sûne het er gesworn stête ze habenne iemerme ane

a) *S* inimiciam.   b) *S* wiederholt 11. de Fleckenstein, *ebenso der Wencker'sche Druck.*

[1] *Vergl. nr.* 33

geverde und het bi deme selben eide vor uns gelobet, das er keime herren noch
niemanne anderes niemer sol gehelfen in keime urliuge wider die burgere von Strasburg und daz er in niemer leit noch schaden noch laster sol getûn noch schaffen
getan umbe dise getat. das aber dis stête blibe, derumbe ist durch sine bette
unsere ingesigele an disen brief gehenket zeime urkunde. dis geschach zû Strasburg uffen der herren huse von Clingen [1] an deme ciztage vor sant Adolfez tage
in deme ersten jare unseres richez.

S aus Straßb. St. A. Verschl. Canzlei-Gew. Corp. K lad. 15 or. mb. c. sig. pend.
Gedruckt aus dem Briefbuch A fol. 221 [b] ibid. bei Wencker Coll. arch. p. 148. — Böhmer
R. Rud. nr. 93 mit dem irrthümlichen Datum Juni 12.

37. *Die Benedictinerabtei Altorf gibt das ihr mit dem Straßburger Dreieinig-
keitskloster zugefallene Patronatsrecht der Straßburger Kirche von Alt St-Peter
dem Bischof von Straßburg zurück. 1274 October 4.*

Reverendo in Christo patri ac domino.. dei gratia Argentinensi episcopo divina
permissione abbas et conventus monasterii de Altorf ordinis sancti Benedicti Argentinensis dyocesis quicquid possunt reverencie et honoris. cum bone memorie venerabilis dominus Berhtoldus quondam episcopus et capitulum ecclesie Argentinensis
ecclesiam sancti Petri senioris cum jure patronatus ipsius in Argentina monasterio
sancte Trinitatis extra muros Argentinenses nostro monasterio nunc unito [a] ad sus-
tentacionem fratrum predicti monasterii liberaliter contulerint [2] propter deum, et ex
collatione hujusmodi nullum possimus commodum [requirere] [a], cum lites graves
super dicta ecclesia sancti Petri et jure patronatus ipsius nobis insurgere videamus,
per quas monasterium nostrum enormiter ledi posset, ideo ne [quoddam] dispendium
senciamus, [immo] dubium est nobis posse aliquod compendium ob[venire] [b], nos diligenti tractatu habito de consilio honestorum predictam ecclesiam sancti Petri cum
jure patronatus ipsius vobis et ecclesie Argentinensi restituendam esse decrevimus
et restituimus pleno jure et cum omni integritate, qua jus patronatus hujusmodi et
dictam ecclesiam in monasterium sancte Trinitatis predictum prefati episcopus et
capitulum Argentinensis ecclesie transtulerunt, reddentes et tradentes dicte ecclesie
Argentinensi omne jus, quod in dicta ecclesia sancti Petri senioris et jure patronatus
ipsius habuimus vel habere [potuimus], ratam habentes ordinacionem, quam de dicta
ecclesia duxeritis faciendam. datum anno domini 1274 feria 5 post festum beati
Michahelis. et in hujus rei testimonium presentes litteras vobis et ecclesie Argentinensi predicte tradimus sigillorum nostrorum munimine roboratas.

B aus Straßb. Bez. A. H fasc. 2 or. mb. c. sig. pend. delapso. Die Schrift ist stark verwischt.
Gedruckt darnach bei Grandidier Oeuvr. inéd. III, 216 nr. 73.

a) *Grandidier reperire.* b) *Grandidier om.* [immo] — ob[venire]. *Der Satz gehört dem Sinn nach vor* ideo.

[1] Vergl. Straßb. Gassen- u. Häusernamen i. Mittelalter S. 121.
[2] Seit 1264. Vergl. UB. I, 415 nr. 548.
[3] Vergl. UB. I, 201 nr. 259.

38. *Gottfrid Abt von Neuburg schreibt an die Stadt Straßburg, er bitte um freies Geleit, um sich wegen der ungerecht gegen ihn erhobenen Klagen zu verantworten.* [1252—1275] *Januar.*

Honorabilibus dominis et in Christo plurimum diligendis G. proconsuli ceterisque consulibus et magistratibus ac universitati civitatis Argentinensis frater G[otfridus] dictus abbas Novicastri quicquid potest servitii vel honoris. cum ad nos pervenerit ex relatu quorundam, quod nos vestram indignationem incurrerimus et offensam, universitatis piam providentiam ac providam pietatem omni devotione qua possumus exoramus, quatinus ad nostram purgationem vobis verbotenus declarandam et ad satisfactionem debitam exhibendam super hiis, que nobis forsitan imponuntur, liberum 10 et securum accessum ad vos nobis dignemini provida deliberatione conferre. et nos ubicumque nostram innocentiam non valemus sufficienter ostendere, parati sumus omni prorsus emendationi, quam vos ipsi decreveritis vel audetis imponere, sub-
Januar 13   jacere. bene valete.   datum feria tercia proxima post octavam epiphanie.

S aus Straßb. St. A. Verschl. Canzlei-Gew. Corp. K lad. 17 or. mb. c. sig. pend. laeso. Das 15 Stück gehört dem Schrift-Character nach in die zweite Hälfte des 13. Jahrhunderts. Gottfrid ist als Abt von Neuburg nachweisbar von 1252 bis 1280. Da für die zeit 1275 bekannten Bürgermeister die Sigle G nicht passt, so ist dies Jahr als Endtermin gesetzt. G ist vielleicht mit Gozelino aufzulösen und dürfte die Urkunde dann wohl in die Jahre 1262, 63 oder 65 gehören. 20

39. *Die Stadt Basel schließt mit der Stadt Straßburg in Erwartung eines dauerhaften friedlichen Ausgleichs einen bis zur Osteroctav laufenden Waffenstillstand.* 1275 *Januar 18 Basel.*

Viris honorandis prudentibus et discretis . . magistro et consulibus Argentinensibus . . magister et consules Basilienses salutem obsequium et amorem.   cupientes 25 omnes questionum articulos inter vos et cives vestros ex una et nos et civitatem nostram motos ex parte altera fine amicabili terminari et vobiscum in veram et perpetuam ex affectu amiciciam reformari, treugas* fideles sine dolo quolibet observandas vobiscum et cum omnibus civibus Argentinensibus ex parte nostri et omnium,
April 11   qui nostro districtui sunt subjecti, usque ad octavam pasche proximam presentibus 30 confirmamus, transmittentes vestre circumspeccioni has patentes litteras super confirmatione earundem treugarum confectas universitatis nostre sigilli munimine roboratas.   datum in consilio nostro Basilee anno domini 1275, 15 kalendas februarii.

S aus Straßb. St. A. Verschl. Canzlei-Gew. Corp. K lad. 17 or. mb. c. sig. pend. delapso.

---

a) S in treugas ist u dem e mit anderer, hellerer Tinte übergeschrieben.   35

40. *Bischof Konrad von Straßburg fordert den Clerus seiner Diöcese zur eifrigen Unterstützung des Straßburger Münsterbaus auf und macht eine Reihe von Ablaßbewilligungen dafür bekannt. 1275 Januar 28.*

Cûnradus dei gratia Argentinensis episcopus universis abbatibus prioribus prepositis decanis plebanis et viceplebanis ceterisque ecclesiarum rectoribus Argentinensis dyocesis, ad quos presens scriptum pervenerit, salutem in eo, qui nos sanguine suo lavit. ordinata karitas, etsi omnium indigenciis pro posse condolent, succurrit illis tamen propensius ac miseretur et subvenit efficacius, quos sibi videt astrictos familiaritatis seu coherencie alicujus vinculo speciali. hinc est quod, licet omnium ecclesiarum nobis subjectarum promocioni debeamus intendere, majori tamen, in qua intelligimur et ipsa in nobis, pre ceteris tenemur prospicere, ut in materialibus et in spiritualibus[a] grata nostris temporibus recipiat[b] incrementa. cum igitur fabrica matricis ecclesie nostre Argentinensis laudabiliter utique sit inchoata et propter defectum consumacionis ejus seu longo annorum spacio expectare nimis contingat, si de suis tantum facultatibus debeat consumari, de maturo consilio prelatorum nostrorum acceleracioni sue digne duximus providendum. sane dilectissimi nobis in Christo, quos divina potencia sub baculo nostre dicionis esse voluit, attentissime rogamus vos et sub attestacione divini judicii ac in virtute sancte obediencie attentius commonemus. quatenus latores presencium nostros speciales nuncios super premisso negocio promovendo deputatos, cum ad vos pervenerint a vestris subditis beneficia petituri, sine contradicione et vexacione qualibet recipientes vestros parrochianos in confessionibus et in publico ad tam piam intencionem exequendam, ut elemosinas suas erogent. attentis monicionibus vestris fideliter inducendo et dictum negocium in personis propriis juxta quod ab eisdem nunciis informati fueritis, studeatis efficaciter promovere, ipsos nuncios in vestra hospicia, ne de facili ab aliquibus molestari aut infamari contingat, recipiatis eisque in victualibus tamquam vobis ipsis conpetentibus honeste provideatis, expensas tamen eorundem moderando. scimus enim, quod de fidelitate vestra et devocione sancta, quam erga nos et ecclesiam nostram vos habere speramus, in hoc vestre[c] dilectionis et obediencie certum experimentum capiemus. volumus eciam et precipimus, ut ecclesia nostra Argentinensis mater vestra nove regeneracionis et salutis per vestram exhortacionem promoveatur hoc modo videlicet, ut in testamentis omnium moriencium subditorum vestrorum seu vivorum donacionem et legacionem pro remediis animarum suarum primo recipiat fructuosam, et ut partem aliquam dicta ecclesia se gaudeat habituram[d]. salva porcione canonica parrochialium ecclesiarum institutis editis declarata. unusquisque eciam vestrum in ecclesiis vestris duos de parrochianis vestris magis fideles et ydoneos horum beneficiorum collectores instituat, qui beneficia collata integre recipiant et ea sine diminucione qualibet ad diem et horam, quem lator presencium vobis assignaverit, si vos in personis propriis interesse non potueritis, ad manus conservatorum

---

a) F spiritalibus. b) F recipiunt. c) F vere d) F add. expresse nominetur. Dies fehlt in den gleichlautenden Indulgenzbriefen und gibt hier keinen Sinn.

super hoc negocio electorum latori presencium [presentare] * non omittant, si quis autem vestrum huic mandato nostro rebellis aut contumax exstiterit, ex ipsa culpa secundum delicti meritum se noverit graviter puniendum, insuper coram nobis vel judicibus super hoc negocio a nobis constitutis die et loco sibi per latorem presencium prefixo conpareat responsurus. vobis eciam sacerdotibus mandantes precipimus, quatenus istud 5
negocium singulis diebus dominicis et festis diligenter et efficaciter promovere studeatis. illos vero, qui istud negocium exemplo verbo et opere minus diligenter, quam debuerint, fuerint executi, vos judices super hoc negocio nostra auctoritate constituti animadversione puniatis. si quis vero plebanorum aut sacerdotum huic mandato nostro obviare aut contradicere presumpserit, quod absit quod nec credere possumus. pre- 10
cipimus, ut coram nobis vel judicibus prelibatis, videlicet domino M[arquardo] scholastico et archidiacono et domino E[berhardo] de Entringen archidiacono dicte fabrice provisore ad diem et horam, quam lator presencium sibi assignaverit, citatus conpareat auctoritate pescencium de tali et tanta inobediencia responsurus. ipsos vero nuncios ac negocium sub dei et sue sanctissime genitricis Marie et nostram protec- 15
tionem suscipimus specialem. et quicunque eos verbo vel opere videlicet molestare aut aliqualiter in suis negociis inpedire presumpserit. si laycus fuerit, statim se noverit excommunicacionis sententiam incurrisse. si clericus, quod absit. sciat, se auctoritate presencium ad presenciam judicum predictorum peremptorie esse citatum. indulgemus eciam, ut, si alique ecclesie a nobis vel archidiaconis nostris fuerint 20
interdicte, duobus aut tribus diebus dominicis ac festis, in quibus istud negocium fuerit promovendum, excommunicatis et nominatim interdictis exclusis divina ibi officia celebrentur et verbum exhortacionis ad populum ad promocionem negocii efficacius proponatur. salvis sententiis negocio generalis ecclesie promulgatis. inhibemus eciam vobis plebanis et vicariis sub pena suspensionis, ne aliquas peticiones 25
vel petitores aliquos, sive sint regulares sive seculares, sub quacunque forma verborum litteras nostras portaverint. admittatis nec in vestris ecclesiis aut cappellis pro requirendis elemosinis petere vel predicare sollempniter permittatis, quoadusque negocium matricis ecclesie efficacius conpleatur, ut ex hoc vestra obediencia matrici ecclesie exhibita, a qua siquidem recipitis promocionem ordinis et honoris, coram 30
deo et hominibus appareat fructuosa. statuimus eciam et concedimus cum consensu archidiaconorum nostrorum, ut omnes, qui fraternitatem beate Marie virginis receperint et ad elemosinas singulis annis reddendas se obligaverint, si ecclesie, ad quas pertinent, fuerint interdicte a nobis vel archidiaconis nostris ipsosque mori contigerit, nisi excommunicati ac nominatim interdicti seu publici usurarii fuerint, eis 35
sepultura ecclesiastica non negetur. ad hec karrinas jam indictas vel eciam indicendas propter urgentem ipsius fabrice necessitatem de bonorum consilio in penam pecuniariam duximus commutandum. noverint igitur universi, nos a sede apostolica ad salutem omnium benefactorum largam indulgenciam obtinuisse. dominus papa pietatis studio moreque paterno omnibus vere contritis et confessis, qui manum porrexerint ad- 40
jutricem et suas largiti fuerint elemosinas ad opus prefatum, annum et quadraginta

---

a) F om. presentare. Ergänzt aus den gleichlautenden Indulgenzen.

dies criminalium misericorditer relaxat, insuper frater H[ugo] cardinalis sancte Sabine
centum dies¹, dominus P[etrus] legatus sexaginta ² dies, dominus G[regorius] legatus
Aquinensis episcopus quadraginta dies, dominus metropolitanus quadraginta dies,
dominus episcopus Spirensis quadraginta dies, dominus episcopus Constanciensis
quadraginta dies, dominus episcopus Basiliensis quadraginta dies, quas indulgencias
sedes apostolica usque ad consummacionem dicti operis confirmavit. nos vero de
omnipotentis dei misericordia et sue gloriose genitricis virginis Marie suffragio confidentes omnibus, qui ad opus prefatum manum porrexerint adjutricem, quadraginta
dies criminalium et unum annum venialium relaxamus. insuper peccata oblita, vota
fracta, si ad ea redierint, offensas patrum et matrum sine manuum injectione violenta, penitencias oblitas et negligenter factas, transgressiones fidei et juramentorum,
que ex levitate animi ac ex iracundia processerunt, misericorditer relaxamus. preterea,
si qui subditorum vestrorum per rapinam vel usuram ac per furtum seu alio modo
res male acquisitas tenent, si personas, quibus earum restitucio debetur, ignoraverint
easque juxta consilia suorum sacerdotum ecclesie matrici erogaverint, super hiis eos
coram deo reddimus absolutos et inde vos ecclesiarum rectores testes esse volumus
et responsores. volumus ᵇ eciam et precipimus, ut quilibet sacerdos in nostra dyocesi, sive regularis sive secularis sit, pro omnibus ecclesie nostre benefactoribus vivis
et defunctis singulis septimanis tres missas celebret, feria secunda pro defunctis,
feria quinta pro peccatis, sabato in honorem beate Marie virginis. preterea eis damus
omnium oracionum. que fiunt vel fient in dyocesi Argentinensi, participacionem. et
vobis sacerdotibus in hoc negocio fideliter laborantibus, quicquid ex torpore vel
negliencia in divino officio omisistis, dum bene contriti et confessi fueritis, misericorditer condonamus.   datum anno domini 1275 in octava Angnetis ³.

F aus Straßb. Frauenh. A. Donationsbuch 2 fol. 196ᵃ - 197ᵇ *cop. chart. geschrieben von
Johannes Wissze cellerarius fabrice ecclesie Argentinensis feria 6 post festum ascen-
sionis domini a. d 1408. Mai 21.*
Gedruckt darnach bei Kraus Kunst u. Alterthum i Elsaß-Lothringen I. 359.

41. *Bischof Konrad von Straßburg fordert auf, unrechtmäßiges Eigenthum, das
nicht mehr zurückerstattet werden kann, an die Straßburger Münsterfabrik abzuführen. 1275 Januar 28 Straßburg.*

Cônradus dei gracia Argentinensis episcopus omnibus prelatis et ecclesiarum rectoribus sive aliis auditoribus ᶜ per suam civitatem et dyocesim de sua licencia vel

a) *F volumus.*   b) *F volumus.*   c) *vielleicht sacerdotibus.*

¹ *Vergl. UB. I, 285 nr. 371*   ² *Vergl. UB I. 285 Anmerk. 1.*
³ *Einen nahezu gleichlautenden Ablaßbrief zu Gunsten des Straßburger Münsterbaues erläßt
Bischof Emicho von Worms 1297, in dem er zugleich alle andern für den Münsterbau bewilligten
Ablässe auch für den Bereich seiner Diöcese bestätigt. Es fehlen darin die besonders eingesetzten
Richter und der Passus von S. 26 Z. 31 bis S. 27 Z. 6. Dafür heißt es precipimus insuper vobis
sacerdotibus sub pena suspensionis officii vestri, ne aliquam porcionem de elemosinis conquisitis ab
eisdem nunciis extorquere vel recipere presumatis nisi illam, quam vobis porrexerint de sua propria
voluntate. Genau identisch mit diesem Indulgenzbriefe Emichos ist derjenige des Bischofs Friedrich
von Speier 1300 April 15 Beide im Frauenh A Donationsbuch 2 f. 201-204.*

rectorum ecclesiarum [constitutis]ᵃ salutem in Christo Jhesu. cum secundum eloquium divinum non dimittatur peccatum, nisi restituatur ablatum, mandamus firmiter precipientes, ut omnes subditos vestros monentis et inducere studeatis, ut male ab eisdem accepta et male retenta, ad quorum tenentur restitucionem, in foro penitentioli restituant eis, a quibus eadem receperunt sive quibus eadem debentur, vel eorum heredibus aut eorum procuratoribus. qui si inveniri non poterunt diligenter exspectati et requisiti, ne ex hoc animarum suarum salutem periclitari contingat, de capituliᵇ nostri consilio statuimus et mandamus firmiter precipientes, ut omnia hujusmodi restituenda ad fabricam nostre ecclesie Argentinensis eadem cessante fraude dentur et assignentur, ut saltim saluti eorum, quibus hujusmodi res restituende fuerunt, consulatur et subveniatur hoc modo sicque occurratur fraudi, que in nostra civitate et dyocesi circa hujusmodi restituciones consuevit admitti. nos enim in omnes, qui aliter circa hujusmodi restituciones quicquam ordinare presumpserint vel aliter ordinata receperint, presenti scripto sentenciam ferimus excommunicacionis. datum Argentine anno domini 1275 in octava Angnetis.

F aus Franenh. A. Donationsbuch 2 fol. 198ᵃ *cop. chart. d a. 1406.*
Gedruckt darnach bei Kraus Kunst u. Alterthum i. Elsaß-Lothringen I, 362

42. *Bischof Konrad von Straßburg verheißt Allen, welche zu Gunsten des Straßburger Münsterbaues die große Glocke läuten lassen werden, Ablaß. 1275 Januar 28.*

Cunradus dei gracia episcopus Argentinensis universis presencium inspectoribus seu auditoribus salutem in domino. quia opus ecclesie Argentinensis sicut flores maji variis ornatibus consurgens in altum oculos aspiciencium magis et magis allicit et eisdem dulcibus oblectaminibus alludit, ideo cordi nobis inest, ut idem opus, quocunque conpetenti modo possumus, ut perfectionem debitam consequatur, promovere fideliter studeamus. omnibus igitur, quibus major campana in subsidium dicti operis ex eorum electione et voluntate pulsata fuerit, quadraginta dies, hiis vero, qui audientes sonum campane oracionem suam pro salute anime defuncte fuderint, viginti dies injuncte sibi penitencie de omnipotentis dei et gloriose virginis Marie confisi misericordia relaxamus. datum anno domini 1275 in octava Angnetis.[1]

F aus Straßb. Frauenh. A. Donationsbuch 2 fol. 198ᵃ *cop. chart. d. a. 1406.*
Gedruckt darnach bei Kraus Kunst u. Alterthum i. Elsaß-Lothringen I, 362. — Strobel Gesch. d. Els. II, 96 Anmerk. 2 aus Wencker Chron. macr. I, 150, wohl nach gleicher Vorlage.

a) F confessiones.   b] F capitulo.

[1] Diesen Ablaßbrief, wie denjenigen sub nr. 43 wiederholen genau mit denselben Worten die Bischofe Friedrich I und Johann II von Straßburg 1303 December 10 und 1351 Juli 11 Cop. ebenda i. Donationsbuch 2 fol. 199 a u. 200 a.

43. *Ablaßbrief Bischof Konrads von Straßburg zu Gunsten des heiligen Kreuzes des Straßburger Münsters. 1275 Januar 28.*

Cûnradus dei gracia episcopus Argentinensis universis Christi fidelibus, ad quos presentes littere pervenerint, salutem in domino. cum sicut nostre dyocesis et aliis
5 Christi constat fidelibus, crux gloriosa, crux adoranda ecclesie Argentinensis sanctorum reliquiis predita tantis a longe retroactis temporibus virtutum ac miraculorum effectibus sit experta, quod quandocunque populus Argentinensis eandem sanctam crucem pro serenitate aeris seu fluviorum inundacione reprimenda aut pro grandinibus aut tempestatibus mitigandis sive pro aliis necessitatibus quibuscunque reve-
10 renter deposuerit ipsamque deportans cum devocione ymnis et canticis adorationibus adeo gratam postularit, statim placata ira altissimi a domino cuncta[a] se impetrasse letetur, dignum est, ut eadem sancta crux in laudem Christi a populo christiano devocionibus, oracionibus et elemosinarum subsidiis veneretur, presertim cum beneficia illic impensa ad promocionem fabrice ecclesie Argentinensis salubriter et utiliter
15 convertantur. universos igitur vos et singulos rogandos duximus et fideliter commonendos, quatenus illius intuitu, qui bonorum est omnium retributor, specialiter ad hunc sanctum thesaurum, quem sibi deus pre ceteris elegisse videtur, prout veritatis cottidiana patet experiencia, manum velitis porrigere adjutricem, ut per hec et alia bona, que domino inspirante feceritis, ad eterna possitis felicitatis gaudia pervenire.
20 nos enim de dei omnipotentis ac ipsius gloriose virginis misericordia necnon omnium sanctorum confidentes meritis omnibus, qui ad predictam sanctam crucem manum caritativam porrexerint, quadraginta[b] dies injuncte sibi penitencie misericorditer relaxamus preter alias sedis apostolice ac legatorum ejus, archiepiscoporum et episcoporum indulgencias, quas ad hec per beneficia, que fecerint, nichilominus consecuntur.
25 datum anno domini 1275 in octava Augustis.

F aus Straßb. Frauenh. A. Donationsbuch 2 fol 197[b] *cop. chart d. a. 1406*
Gedruckt darnach bei Kraus Kunst u. Alterthum i. Elsaß-Lothringen I, 361.

44. *Die Stadt Colmar vereinbart mit der Stadt Straßburg gegenseitige Sicherheit ihrer Bürger bis zum Ablauf der Osterwoche. 1275 Januar 29.*

30 Wir Sifrit von Gundoltshein der schultheize der rât und die burger gemeinliche
von Colmere tûn kunt allen den, die disen brief gesehent oder gehorent, daz wir
mit den burgern allen gemeinliche von Strazbure sint uberein komen, daz hinnan
unze nu ûzgander osterwochen ir burgere zû uns und unser burgere zû in varen *April 29*
sulnt und man da zwischent dekeine pfendunge noch bekumberunge dewederthalb
35 gegen einander tûn sol. diz geschach an deme zistage vor der liehtmes, da von
gots geburte warent tusent jar zweihundert jar und funfe und sibenzic jar.

S aus Straßb. St. A. Verschl. Canzlei-Gew. Corp. K lad. 17 *or. mb. c. sig. pend. Gut
erhaltenes gelbes Wachssiegel.*

a) *F* cuuta   b) *F hatte ursprünglich* l. *dies wurde durchstrichen und* xl *darüber gesetzt.*

45. Graf Albert von Hohenberg verpflichtet sich, der Stadt Straßburg jeden Schaden, den ihr Heinrich Kaltwile und Genossen zufügen möchten, zu ersetzen. 1275 Mai 22.

Noverint universi presentis cedule inspectores, quod nos Albertus comes de Hohenberg promittimus et ad hoc nos presentibus sollempniter obligamus, quod si 5 Heinricus Kaltwile vel aliquis amicorum suorum umquam civibus Argentinensibus dampnum vel molestiam intulerint in personis seu rebus vel inferri procuraverint pro eo, quod iidem cives ipsum tenuerant captivatum, nos ipsos cives de hoc absolvemus et indempnes reddere promittimus per presentes sigillo nostro in testimonium communitas.   datum anno domini 1275 in vigilia asscensionis domini.   10

S aus Straßb. St. A. Verschl. Canzlei-Gew. Corp. K lad. 16 or. mb. c. sig. pend Gut erhaltenes Reitersiegel mit der Legende s. Alberti comitis de Hohenberc.

46. Vertrag der Stadt Straßburg mit dem Armbruster Berthold Erlin. 1275 Juni 23.

Wir Johans jensite Brüsch der meister der rat und die gemeinde von Strazburg 15 tünt kunt allen den, die disen brief gesehent oder gehörent, daz wir mit Bertholte Erline alsus sint übereinkomen, daz er unserre stette jergliches mit siner kost geben sol fünf güti kreplige armbrust. und swas er anderre armbrust gemachet, die er verköffen wil, die sol er unserre stette von erst bieten. ist das wirre bedörfent, wir sulnt sie ime gelten, alse sie wert sint ûn geverde. bedörfen wirre niht, so sol er sie 20 verköffen, da ez ime füget; doch sol er keinem unsern offen viende kein armbrust geben zü köffenne. er sol öch keime lantherren helfen wenne mit unserm urlobe. er sol uns öch unsre armbrust. swaz ie drane bristet, wider machen mit der stette kost. sweune so wir öch gemeinliche uz ziehent, so sol er mit unserm kost mit uns varn und süln wir gelten, swas er denne gezüges bedarf zü sime antwercke. wir 25 sülnt öch ime jerglichs geben von der stette wegen zwelf pfunde pfenninge, ie zûr fronevasten drü pfunt. der sol man ime geben nûndehalbes vomme holtzmerckete und vierdehalbes von der stette güte. swenne aber der holtzmerckel gerwe ledig wirt, so sol er dise zwelf pfunde gerwe nemen vomme holtzmerckel. der hof zû Wasenecke in dem begriffe, alse meister Bere dinne was, der höret in öch une, er sie 30 dinne oder nût. daz aber diz stete blibe. darumbe [ist] unsere stette ingesigel an disen brief gehencket zeime urkünde.   diz geschach an dem sûnegiht abende, da von gottes gebürte warent tusent jar zwei hundert jar und fünfe und sybentzig jar. haran warent der rat von Strazburg gemeinliche.

S aus Straßb. St. A. Briefbuch A fol. 185 mit der Ueberschrift der stette armbrusters 35 reht und sin gelt.
Gedruckt darnach i. d. Zeitschr. f. Gesch. d. Oberrh. VI. 49 und i. d. Alsatia 1876. S. 265.

47. König Rudolf nimmt die Stadt Straßburg in seinen besondern Schutz und bestätigt ihr alle früher bewilligten Freiheiten und Privilegien. 1275 December 8 Hagenau.

:In nomine sancte et individue trinitatis. Rudolfus divina favente clemencia
Romanorum rex semper augustus. : augustialis pietas inmensa clemencia eorum
conmodis et honoribus hilariori vultu consuevit intendere, quos in suis obsequiis pia
et prompta voluntate desudare cognovit experientia cerciori. inde est quod nos
advertentes, quam sincero affectu civitas Argentina serviciis nostris se exposuit et
qualiter per evidentissima obsequiorum suorum merita regalis majestatis sibi specialem
induxit graciam et favorem, ad conmunem utilitatem civitatis Argentine pariterque
honorem in evum promovendum graciosum favorem nostrum duximus concedendum.
ut exemplo retributionis ejus, quam pro serviciis suis memorate civitati concessimus,
alie quoque civitates inperii proniori voluntate ad nostra servitia fervencius animentur.
notum sit igitur omnibus tam presentibus quam futuris, quod nos ad instar imperatorum et regum Romanorum predecessorum nostrorum sepedictam civitatem Argentinam cum omnibus ejus incolis sub specialem defensionis nostre graciam recipientes
de liberalitate nostri culminis ipsi civitati indulgemus et in evum confirmamus. ut
ubicunque ipsius civitatis burgenses per totam provinciam Alsacie proprietates aliquas
sive quascunque possessiones habuerint, nulli licitum sit de hiis proprietatibus sive
possessionibus vel eciam hominibus eorum servicium aliquod accipere aut exigere
vel eciam cujusquam precarie sive exactionis onus eis inponere. quoniam nos dictam
civitatem cum omnibus ejus pertinenciis tam intus quam extra ad speciale obsequium
inperii decrevimus reservare. preterea constituimus tradidimus et auctoritate regia
consensuque principum nostrorum confirmavimus institutum et jus quoddam. quod
cives iidem habuerunt a divis augustis predecessoribus nostris Lothario et Philippo
Romanorum regibus memorie recolende¹, ut numquam in loco aliquo per personam
aliquam ecclesiasticam vel secularem eorum aliquis inpediatur aut molestetur vel in
judicium trahatur extra civitatem vel prorsus cogatur ab aliquo pro sua proprietate
seu possessione ibi cuiquam respondere, sed si aliquis adversus aliquem eorum
aliquid questionis habuerit, infra civitatem coram ipsius civitatis judicibus eum
inpetat ibique ei respondeat et satisfaciat. presertim eadem auctoritate regali concedimus et indulgemus, quod mercatores ipsorum per aquarum discursus cum mercimoniis suis euntes, quocunque locorum navigia perveniant, si quo casu contingente
rupta fuerint vel ad terram pervenerint, ne periculum naufragii cum rerum suarum
dimersione perpessi aliquod in bonis suis idcirco dispendium sustineant vel jacturam,
sed tam navigia quam navigantium bona illis reserventur, ad quos spectabant, antequam navigium hujusmodi periculum incurrisset, sublata penitus omni consuetudine
locorum. volumus itaque fideles nostros cives Argentinenses consistere in omni jure
et honore atque constitutione, sicut a divis Romanorum regibus et inperatoribus
nostris predecessoribus eorum fuerunt temporibus sublimati, statuentes et edicto regio

---

1 *Vergl. UB I. 61 nr. 78; 119 nr. 143.*

districte precipientes, quatenus nulli umquam hominum sublimi vel humili ecclesiastico vel seculari hanc nostre donationis seu confirmationis paginam licitum sit infringere vel ei ausu temerario contraire. quod si quis presumpserit, triginta libras auri conponat, quarum medietas camere nostre, reliqua vero passis injuriam persolvatur. ut autem presens concessio et confirmatio robur obtineat perpetuo valiturum,   5
presentem paginam conscribi et sigillo nostre celsitudinis fecimus roborari. testes hujus rei sunt venerabilis dominus Wernherus archiepiscopus Maguntinus, Fridericus Spirensis episcopus. Heinricus Basiliensis episcopus, Philippus dux Carintie, Fridericus burcgravius de Nûrenberg[a], Emicho de Liningen et Eberhardus de Katzenelnbogen comites. Gotzo de Hohenloch, Waltherus de Clingen, Philippus de Valkenstein,   10
Philippus de Bonlandia. Bruno de Hornberg[b], Cûnradus de Tûn, Cûnradus de Landesberg[c], Burcardus et Peregrinus de Wangen et alii quam plures.

: Signum Rudolfi Romanorum regis invictissimi ⁝ (M.)

Acta sunt hec anno dominice incarnationis millesimo ducentesimo septuagesimo quinto, sexto idus decembris, indictione quarta, regni nostri anno tercio.   15

Datum apud Hagenoiam presentibus testibus suprascriptis.

S aus Straßb. St. A. AA art. 1 nr. 18 or mb. c. sig. pend
S 1 coll. ibid. or. mb. c. sig. pend. delapso Links schon unter dem Bug stehen die Worte
    Rûdolfus rex manu, von einer gleichzeitigen Hand geschrieben, die jedoch von der
      mea scripsi des Textes verschieden ist. Auch zeigen sie hellere Tinte.   20
Gedruckt aus dem Briefbuch A fol. 16 b ibid. bei Schöpflin Als. dipl. II, 10 nr 701. —
    Böhmer R. Rud. nr. 215.

48. Henricus Treverorum archiepiscopus omnibus fidelibus contritis et confessis, qui oratorium fratrum heremitarum sancti Augustini Argentine in festis dedicationum ac patronorum per octavas cum devotione visitaverint vel manum adjutricem ad opus   25
eorum porrexerint, accedente consensu diocesani quadraginta dies de injuncta penitencia relaxat. «devotionis pietas ac sancte religionis.» datum in Treveri anno domini 1276 in vigilia annunciationis virginis Marie. *1276 März 24 Trier.*

T aus Straßb. Thom. A. lad. Augustiner 10 or. mb. c. sig. pend. delapso.

49. *Pabst Innocenz V gibt dem Erzbischof von Trier den Auftrag, er möge*   30
die nachtheiligen Folgen, welche sich aus der eidlichen Verpflichtung des Bischofs
und Domcapitels von Straßburg betreffend die Besetzung des Schultheißen- und Rich-
teramts daselbst ergeben haben, zu bewilligen suchen. 1276 Mai 7 Rom im Lateran.

Innocentius episcopus servus servorum dei venerabili fratri .. archiepiscopo Treverensi salutem et apostolicam benedictionem. ad audientiam nostram pervenit,   35
quod cum olim in civitate Argentinensi burgraviatus scultetatus et quorundam aliorum civitatis ejusdem judiciorum officia ad collationem venerabilis fratris nostri .. Argen-

a. S t Nûrenberc.   b; S t Hornberc.   c} S t Landesberc.

lineosis episcopi spectantia consuevissent per episcopos Argentinenses, qui fuere pro tempore, ad suam et eorum conferri vitam, quibus eadem conferebantur, bone memorie H[einricus] Argentinensis episcopus credens per hoc Argentinensis ecclesie condicionem facere meliorem, ne hujusmodi officia de cetero taliter conferrentur ad
5 vitam, una cum capitulo suo statuit et tam ipse quam idem capitulum de non veniendo contra nec super hoc a sede apostolica vel aliunde litteras impetrando seu impetratis utendo vel eas ratas habendo prestiterunt corporaliter juramentum[1]. verum felicis recordationis Clemens papa predecessor noster intellecto, quod propter hoc . magister consules et universitas civitatis predicte contra bone memorie V[altherum] Argen-
10 tinensem episcopum totumque clerum civitatis et diocesis Argentinensium quamplurimum concitati ecclesiis et personis ecclesiasticis earundem civitatis et diocesis dampna gravia intulerant, et quod propter hujusmodi discordiam preter id, quod quasi tota predicta diocesis irreparabiliter destructa erat, multi nobiles et alii fuerant miserabiliter interfecti, quodque verisimiliter timebatur, nisi per juramenti relaxa-
15 tionem predicti festinum apponeretur remedium, pejora posse prioribus evenire, venerabilibus fratribus nostris Alberto quondam Ratisponensi et bone memorie Spirensi episcopis suis dedit litteris in mandatis, ut consideratis diligenter circumstantiis universis, que circa hec essent attendende, facerent in hac parte auctoritate dicti predecessoris, que salubri pacifico et tranquillo statui cleri et ecclesie ac civium
20 predictorum aliarumque personarum partium illarum secundum deum nosceret expedire, contradictores per censuram ecclesiasticam appellatione postposita compescendo. et licet hujusmodi littere dicto predecessore adhuc vivente prefatis Ratisponensi et Spirensi episcopis fuerint presentate, per eas tamen ante ipsius predecessoris obitum nullus, prout asseritur, habitus est processus, propter quod felicis recordationis . .
25 G[regorius] predecessor noster tibi super hoc suas litteras destinavit: sed eodem predecessore G[regorio] morte prevento, tibi non fuerunt eedem littere presentate. nos itaque de circumspectione tua gerentes in domino fiduciam pleniorem fraternitati tue per apostolica scripta mandamus, quatinus, si est ita, super hoc auctoritate nostra procedas juxta predictarum directarum prefatis Ratisponensi et Spirensi epis-
30 copis ejusdem predecessoris nostri G[regorii] continentiam litterarum.   datum Laterani nonis maji pontificatus nostri anno primo.

S aus Straßb. St. A. AA art. 1396 or. mb. c. bulla pend. delapa Es sieht aus, als ob die Bulle ausgerissen worden wäre. Kastenvermerk unter dem Bug links V; tiefer steht f mit einigen darauf folgenden verwischten und durchgestrichenen Buchstaben, etwa raim; auf
35 dem Bug rechts n p; oben links in der Ecke mit dunklerer Tinte als der Text düp. p. Vic. Dorsualvermerk von zwei Kreuzen eingefasst Epternacum.
Gedruckt aus dem Briefbuch A fol. 55a ibid. bei Schöpflin Als. dipl 11, 13 nr 706. — Potthast Reg. pontif. nr. 21123.

50. König Rudolf beurkundet, daß der Markgraf Rudolf von Baden Frieden
40 mit der Stadt Straßburg geschlossen hat. 1276 Juni 30 Hagenau.

Wir Rûdolf von gots gnaden der Römische kunig tûnt kunt allen den, die disen brief gesehent oder gehörent. das Rûdolf der marcgrave von Baden und die

---
[1] Vergl. UB. 1, 329 nr. 436.

burgere von Strazburg algemeinliche vor uns sint mittenander lûterliche versûnet,
der marcgrave vir sich und vir alle die sine und die burgere vir sich alle gemeinliche, und hant die sûne vor uns gelobet stête ze habenne iewedersite ane alle
gevêrde und ane argen list. und swas der marcgrave von Baden oder sine liute den
burgeren von Strazburg schuldig sint worden von irre hant, das sulnt sie in gelten	5
oder sulnt in aber drumbe rehte rede halten; damitte ist dise sûne ungebrochen.
swa ôch sine rittere und sine anbahtliute den marcgraven bisagent duheinre schulde,
da sie bi sint gewesen, die sol er gelten. er sol ôch sine rittere und anbahtliute an
die man ziuhet solich machen, das sie uffe den eit drumbe sagent. swa sie aber niht
bi sint gewesen, da sol der marcgrave rehte rede halten den, die in anesprechent.	10
swas ôch der marcgrave von Baden den burgeren von Strazburg unce har schaden
getan het, vir den schaden allen sol er in geben ahzig und hundert mark silberes
luteres und lôtiges des gewiges von Strazburg zû disen cilen: zû sante Walpurge
mes, die nu zeme nehisten kummet, sehzig mark und danach zeme zwelften tage
nach den nehisten wihennahten ôch sehzig mark und die dritten sehzig mark zû	15
den anderen wihennahten ôch zeme zwelften tage. herumbe het er in ze burgen
gegeben unversscheidenliche graven Heinrichen von Vurstenberc, Heinrichen den
marcgraven von Hahcberc, grave Symmunden den jungen von Zweinbrucken und
Hermannen sinen sun den jungen marcgraven von Baden also: were das dis silbere
zû duheime cile, als da vor bischeiden ist, versessen wurde, das ez den bûrgeren	20
von Strazburg von deme vorgenanten marcgraven von Baden niht vergolten wurde,
so sulnt sich dise burgen in den nehisten viercehen nahten, so si drumbe von der
burgere wegen von Strazburg gemanet werdent, entwurten nach rehter giselschefte
ze Strazburg in; oder ieder man der sol vir sich legen einen ersammen rittere und
einen edelen kneht ze Strazburg in niemer dannan ze kummenne, ê das silbere werde	25
vergolten den vorgenanten burgeren von Strazburg, das in denne versessen ist und
derumbe die burgen denne gemanet werdent. daz aber dise sûne stête blibe, derumbe
ist unsere ingesigele an disen brief gehenket. wir grave Heinrich von Vurstenberc,
Heinrich der marcgrave von Hahcberc, Symmunt der grave von Zweinbrucken und
Herman der junge von Baden jehent dez, das wir burgen sint, als da vor geschriben	30
stat, und gelobent ze leistenne ane alle gevêrde als an disen brieve bischeiden ist.
herumbe sint ôch unsere ingesigele an disen brief gehenket, das es wâr si und
stête blibe.	dis geschach zû Hagenouwe an deme cistage nach sante Johannis mes
in deme dritten jare unseres riches und da von gots geburte warent tusent jar zwei
hundert jar und sehzi und sibenzig jar. heraue werent der herzoge Ludewig von	35
Peiern, Friderich der herzoge von Lutringen, grave Emicho und grave Friderich
von Liningen, Friderich der burcgrave von Nûrenberc und Walthere von Clingen.

*S aus Straßb. St. A. Verschl. Canzlei-Gew. Corp. K lad. 16 or. mb. c. 5 sig. pend. delapsis.
Gedruckt aus dem Briefbuch A fol. 146 a, ibid. bei Wencker Coll. archiv. p. 53 = Fürsten-
berg Urk. B. I, 252 nr. 512 i. Regest. — Böhmer R. Rud. nr. 260.*	40

51. *Pabst Johann XXI beauftragt den Bischof von Basel, das St. Johanneskloster zu Straßburg gegen Belästigungen zu schützen. 1276 October 13 Viterbo.*

Johannes episcopus [1] servus servorum dei venerabili fratri . . episcopo Basiliensi salutem et apostolicam benedictionem. qui non solum sua verum etiam semetipsos
5 salubriter abnegantes carnem suam cum vitiis et concupiscentiis crucifigunt in castris claustralibus se claudendo, sunt non immerito gratis attollendi favoribus et congruis presidiis muniendi, ut eo devotius, quo quietius domino famulantes, sibi per vite meritum et aliis proficiant per exemplum. cum itaque dilecte in Christo filie . . priorissa et conventus sororum inclusarum monasterii sancti Johannis Argentinensis
10 ordinis sancti Augustini secundum instituta et sub cura fratrum ordinis predicatorum viventes, [sicut] nobis significare curarunt, ipse ac monasterium supradictum a nonnullis, qui nomen domini recipere in vacuum non formidant, multipliciter molestentur, nos et earundem priorisse et sororum providere quieti et molestantium malitiis obviare volentes fraternitati tue per apostolica scripta mandamus, quatinus eisdem
15 priorisse et sororibus defensionis presidio efficaciter assistens non permitas eas contra indulta privilegiorum sedis apostolice ab aliquibus indebite molestari, molestatores hujusmodi per censuram ecclesiasticam appellatione postposita compescendo, attentius provisurus, ne de hiis, que cause cognitionem exigunt vel que indulta hujusmodi non contingunt, te ullatenus intromittas [a]. nos enim, si secus presumpseris, tam pre-
20 sentes litteras quam etiam processum, quem per te ipsarum auctoritate haberi contigerit, omnino carere viribus ac nullius fore decernimus firmitatis. hujusmodi ergo mandatum nostrum sic prudenter et fideliter exequaris, ut ejus fines quomodolibet non excedas, presentibus post triennium minime valituris.   datum Viterbii 3 idus octobris pontificatus nostri anno primo.

25 *H aus Straßb. Hosp. A. lad. 90 or. mb. Bulle an Hanfschnur. Kostenvermerk unter dem Bug links . . mit Haken über den zweiten Punkt, darunter Jac[obus] Romanus. Schreibervermerk auf dem Bug rechts Sy. Bar. Oben in der Mitte an reeimal durchstrichen, das n weit auseinandergezogen. Dorsualvermerk im doppelt gezogenen viereckigen Rahmen mit Kreuz darüber N. Waldini. Eine zweite Dorsualnotiz ist ganz ausradirt.*

30 **52.** *König Rudolf theilt der Stadt Straßburg den auf ihre Anfrage gefällten Rechtsspruch der Fürsten mit, daß derjenige, welcher sich zum Einlager oder zur Schuldzahlung verpflichtet habe und dieser Verpflichtung nicht nachkomme, überall gerichtlich belangt werden könne. 1277 Februar 22 Wien.*

Rudolfus dei gracia Romanorum rex semper augustus prudentibus viris magistro
35 consulibus et universis civibus Argentinensibus dilectis fidelibus suis graciam suam et omne bonum.   anno domini 1277 indictione quinta, feria secunda ante Mathye apostoli *Februar 22* ad vestre fidelitatis instanciam ab infrascriptis principibus quesivimus in sentencia,

a) *B rep. intromittas.*

---

[1] *Johann XXI nach der Bulle.*

utrum is, qui se ducione fidei vel juramento corporaliter prestito vel patentibus suis litteris ad obstagium vel solucionem alicujus debiti ad certum terminum obligavit nec in ipso termino adimplevit, ad quod taliter se astrinxit, de jure posset ubicunque etiam deprehensus per judicium occupari. et sentenciatum extitit communiter ab omnibus, quod is, qui modo predicto ad solucionem debiti vel obstagium obligatus promisso non paruit, valeat ubicunque inveniatur auctoritate judiciaria conveniri. in cujus sentencie evidens testimonium has patentes nostras litteras vobis duximus transmittendas. principes autem, per quos dicta sentencia extitit promulgata, sunt venerabiles H[einricus] Tridentinus, L[eo] Ratisponensis, . . Seccoviensis et . . Chymensis ecclesiarum episcopi et alii quam plures. datum Wienne anno et die predictis, regni vero nostri anno quarto.

S aus Straßb. St. A. FF or. mb. c. sig. pend. partim læso.
Gedruckt aus dem Briefbuch A fol. 226 b ibid. bei Wencker Appar et instr archiv. p. 185
= Mon. Germ. LL. II, 412. — Böhmer R. Rud. nr. 331.

53. *König Rudolf verbietet seinen Amtleuten im Elsaß, von den dort gelegenen Gütern Straßburger Bürger Abgaben zu erheben. 1277 Februar 26 Wien.*

Rûd[olfus] dei gracia Romanorum rex semper augustus dilectis fidelibus suis Conrado Wernhero, Cûnoni de Bergheim ceterisque officialis suis per Alsaciam gratiam suam et omne bonum. cum nos dilectos fideles nostros cives Argentinenses, qui erga nos fidei lumine rutilant clarioris, sicut experti cognoscimus, tam placidis astringamus amplexibus, ita quod pro ipsorum commodis ampliandis et indempnitatibus precavendis assurgere nos delectet, fidelitati vestre hoc regali edicto damus firmiter in mandatis precise volentes, quatenus nullas precarias ammodo de bonis ipsorum civium per Alsaciam contra privilegiorum suorum tenorem exigere aliqualiter presumatis, precarias eciam, quas hactenus de bonis extorsistis, eisdem civibus plenarie refundendo. datum Wienne 4 kalendas marcii regni nostri anno 4.

S aus Straßb. St. A. Briefbuch A fol. 146 b mit der Ueberschrift daz künig Rûdolf sinen amptlûten in Elsaz gebot, daz sie von der von Strasburg gütern nit bete nemen solten.
Gedruckt darnach bei Wencker Disqu. de uasburg. p. 5 . Lünig XIV, 1, 731; Schöpflin Als. dipl. II, 4 nr. 692 nach einem unbekannten Codex im Straßb. St. A. mit der irrtümlichen Datierung Wienne 6 kalendas martii regni nostri anno primo 1274 Februar 24. Das Privileg ist nicht wiederholt, wie Schöpflin meint, sondern mit dem obigen identisch — Böhmer R. Rud. nr. 336.

54. *Der päbstliche Caplan und Auditor Gerard beurkundet, daß von den Procuratoren der Stadt Straßburg Einwand erhoben worden sei gegen einen päbstlichen Erlaß an den Abt von Altorf zum Schutz der Straßburger Kirche und daß sich beide Parteien darüber verglichen haben. 1277 Februar 27 Viterbo.*

Omnibus presentes litteras inspecturis Gerardus magister scolarum ecclesie Parmensis domini pape capellanus et ipsius litterarum contradictarum auditor salutem in domino. noveritis, quod, cum Lutholdus de Reinchem clericus procurator vene-

rabilis patris .. dei gratia episcopi Argentinensis pro ipso impetraret litteras apostolicas sub hac forma : Johannes episcopus et cetera dilecto filio abbati monasterii
de Altorf Argentinensis diocesis salutem et cetera. quia refrigescente caritate multorum adeo iniquitas habundavit, ut non solum non habeant ad ecclesias et per-
5 sonas ecclesiasticas reverenciam propter deum, verum eciam ipsum in eis apertissime
persequantur, expedit, ut nos, quibus earum cura et sollicitudo incumbunt, hujusmodi persecutorum conatibus obviemus. cum igitur, sicut ex parte venerabilis fratris
nostri .. episcopi et dilectorum filiorum prepositi decani et capituli Argentinensium
fuit propositum coram nobis, iidem a nonnullis, qui nomen domini in vacuum reci-
10 pere non formidant, molestias multiplices paciantur, nos volentes et ipsorum episcopi
prepositi decani et capituli providere quieti et perversorum conatibus obviare discretioni tue per apostolica scripta mandamus, quatenus eisdem episcopo preposito decano
et capitulo presidio eficacis defensionis assistens non permitas *, eos contra indulta
privilegiorum sedis apostolice ab aliquibus indebite molestari, molestatores et cetera,
15 attentius provisurus, ne de hiis, que cause cognitionem exigunt et que indulta hujusmodi non contingunt, te aliquatenus intromitas. nos enim, si secus presumpseris, tam
presentes litteras quam earum processum, quem per te illarum auctoritate haberi
contigerit, omnino carere juribus ac nullius fore decernimus firmitatis. hujusmodi
ergo mandatum nostrum sic prudenter et fideliter exequaris, ut ejus fines quomodo-
20 libet non excedas, presentibus post triennium minime valituris. datum Viterbii
idus februarii pontificatus nostri anno primo. eisdem litteris magister Paulus canonicus Tudertinus et Rodulphus b de Valva procuratores civium Argentinensium pro
ipsis in audientia publica contradixerunt. quas tandem ea condicione absolverunt,
quod super litibus motis inter dictos episcopum et capitulum ex parte una et prefatos
25 cives ex altera nullum predictis civibus seu universitati eorundem per predictas
litteras apostolicas prejudicium generetur. quod pars altera promisit firmiter coram
nobis. in cujus rei testimonium presentes litteras fieri fecimus et audientie contradictarum sigillo muniri. datum Viterbii 3 kalendas marcii pontificatus domini
Johannis pape vicesimi primi anno primo.

S *aus Straßb. St. A. AA* art. 1396 *or. mb. lit pat. Von einem Siegel ist Nichts zu bemerken,
der untere Rand des Stücks sieht wie abgeschnitten aus. Ruckvermerk von gleichzeitiger
Hand, wie es scheint cautio pro civitate Argentinensi*

55. Johannes XXI papa abbati monasterii Marpacensis Basiliensis dyocesis
mandat, quatenus priori et conventui monasterii sancti Arbogasti extra muros Argentinenses ordinis sancti Augustini adversus predonum raptorum et invasorum
audaciam efficaci presidio defensionis assistens non permittat, ipsos in personis et
bonis suis molestari, molestatores hujusmodi per censuram ecclesiasticam appellatione
postposita compescat et hujusmodi mandatum post triennium minime valiturum sa-

a) S permutans.   b) S über dem ersten u in Rodulphus zwei Punktchen

pienter et fideliter exequatur. «quia mundo preposito in maligno». datum Viterbii
2 kalendas aprilis pontificatus nostri anno primo. *1277 März 31 Viterbo.*

*B aus Straßb. Bez. A. G fasc. 1700 cop. chart. sec. XV aus dem Privilegienbuch von
St. Arbogast fol. 12. Daß nur Pabst Johann XXI diese Urkunde erlassen haben kann,
geht aus der Datierung hervor.*

56. Cônradus episcopus Argentinensis fratribus heremitis ordinis sancti Augustini licentiatur, ut in sua dyocesi verbum dei predicent et in stationibus suis fidelibus
indulgentiam quadraginta dierum dare possint. «in generalem Christi fidelium».
datum anno domini 1277, 16 kalendas junii. *1277 Mai 17.*

T aus Straßb. Thom. A. Augustiner lad. 10 or. mb. c. sig. pend. laeso.

57. *Bürgermeister und Rath der Stadt Basel beurkunden, daß ihr Mitbürger
Burchard Mordere der Stadt Straßburg über Zahlung einer Schuld quittirt habe.
1277 Juni 23 Basel.*

Burcardus dictus de Argentina magister civium et consules Basilienses notum
facimus universis et publice protestamur, Burcardum dictum Mordere nostrum concivem dimisisse universos cives Argentinenses et singulos absolutos et quittos de
omni debito, videlicet quindecim librarum denariorum Argentinensium, in quibus
sibi dicta universitas civitatis Argentinensis fuerat racionabiliter obligata, confitens se
easdem quindecim libras a predictis civibus Argentinensibus integraliter recepisse
tam per se quam per Bertholdum de Almswilre, cui de eadem summa per dictos
cives Argentinenses tredecim libre denariorum Argentinensium predicti Burcardi nomine sunt integraliter assignate. in quorum testimonium sigillum nostrum presenti
cedule est appensum. datum Basilee in vigilia Johannis baptiste anno domini 1277.

S aus Straßb. St. A. Verschl. Canzlei-Gew. Corp. K lad. 17. or. mb. c. sig. pend. delapso.

58. *Graf Friedrich von Leiningen, von König Rudolf gesetzter Landrichter,
bittet die Stadt Straßburg, ihre Boten mit Vollmacht zu einem nach Mainz auf Mittwoch nach Mariä Himmelfahrt anberaumten Tage in Sachen des Landfriedens zu
senden. 1277 August 11.*

Fr[idericus] comes de Liningen judex provincialis a serenissimo domino R[udolfo]
Romanorum rege constitutus viris prudentibus et discretis amicis suis sincere dilectis
magistro consulibus ac universis civibus Argentinensibus quicquid potest obsequii et
honoris. cum vos precipue necessarios habeamus super confirmacione sancte pacis
generalis, rogamus et petimus vestram providenciam, quatenus nuncios vestros cum
pleno mandato ad diem collocatam a venerabili domino nostro archiepiscopo Moguntino
August 18 et civibus[b] civitatum, videlicet proxima feria quarta post assumpcionem gloriose vir-

a) *S nos.* b) *S civium.*

ginis destinare velitis apud Maguntiam nobiscum disponendo de sancta pace supradicta. nos enim vos assecuramus litteris presentibus veniendo et redeundo in rebus et personis. datum anno domini 1277 in crastino Laurencii martyris.

S aus Straßb. St. A. Briefbuch A fol. 253 b.

Gedruckt darnach bei *Wencker Appar. et instr. archiv. p. 186 nr. 21 = Laguille pr. p. 38 = Schaab Gesch. d. Rhein. Städteb. II, 62. — Böhmer H. Reichssachen nr. 127.*

59. Frater Incelerius ordinis heremitarum sancti Augustini Buduensis episcopus omnibus penitentibus, qui ad ecclesiam fratrum de penitentia Jesu Christi in Argentina in festo sancti Johannis apostoli et ewangeliste, sancti Johannis baptiste et omnium apostolorum, sancti Stephani prothomartyris, sancti Laurencii et omnium martyrum, sancte Katherine virginis, sancte Margarete et omnium virginum, sancti Nycolai episcopi, sancti Augustini et omnium confessorum, in honore quorum anno 1277 in vigilia assumpcionis beate virginis Marie accedente consensu C[onradi] Argentinensis episcopi fratribus duo altaria consecravit, et in quatuor festivitatibus virginis *August 14* Marie et in nativitate domini, in resurrexione domini, in ascensione domini, in die pentecostes, in festo omnium sanctorum sive in dedicatione ac anniversario dedicationis et per octavas eorundem cum devotione accesserint, quadraginta dies criminalium et annum venialium de utroque altari, omnibus quoque, qui fratribus ad edificia ac vite necessaria manum porrexerint adjutricem, quadraginta dies de injunctis penitenciis relaxat. «loca sanctorum». datum Argentine anno domini 1277 in vigilia assumptionis gloriose virginis Marie. *1277 August 14 Straßburg.*

B aus Straßb. Bez. A. G fasc. 6197 or. mb. c. sig. pend. laces. Siegel des Straßburger *Augustinerpriors. Auf der Rückseite von gleicher Hand :* indulgentia episcopi Buduensis.

60. *Beschluß des Straßburger Domcapitels über die zum Lampertheimer Stiftsgut gehörigen Güter in Scherweiler. 1277 August 17.*

Nos prepositus decanus et capitulum ecclesie Argentinensis notum facimus presencium inspectoribus universis, quod nos bona, que communitatis nostre dicuntur, et bona spectancia ad mansurnam dictam de Lampertheim sita in villa et banno de Scherwilre pluribus retro temporibus tenuimus et usumfructum eorum percepimus indistincte. quia vero ex hoc oriri posset questio et dubitatio, que bona ad futurum mansurnarium debeant pertinere, ideo nos indicto ad hoc capitulo speciali presentibus omnibus et consencientibus, qui voluerunt et potuerunt commode interesse, provida deliberatione habita statuendum duximus et ordinandum, quod ad dictam mansurnam bona in littera antiqua specificata, quam habemus, pertineant et ad alia nequaquam mansurnarius, qui fuerit pro tempore, debeat extendere manus suas nec quidquam juris sibi in aliis usurpare, excepta parte bonorum, que phlenzere vulgariter nuncupantur, in dicto banno de Scherwilre sitorum, quam dictus mansurnarius habere debet secundum quod eadem pars per divisionem de jussu et mandato nostro factam ipsi mansurnario est deputata et signaculis lapidum jam distincta.

preterea ad tollendum scrupulum questionis future statuimus et ordinavimus consensu concordi, quod domus lapidea in villa predicta sita, que cujus curie sola adherent nostre vel mansurne predicte, a nostra memoria est elapsum, solutis a nobis viginti libris denariorum dicto mansurnario penes nos vel receptis ab ipso viginti libris, penes eum perpetuo debeat remanere. et habebit mansurnarius predictus optionem re-   5 cipiendi vel solvendi pecuniam antedictam. jurabit eciam mansurnarius predictus incontinenti post electionem factam de ipso, quod dictas viginti libras nobis assignabit infra mensem post sui ereacionem, si dictam domum voluerit retinere. in cujus rei testimonium sigillum capituli presentibus est appensum.   actum et datum anno domini 1277 feria tercia post asumpcionem beate virginis.   10

R aus Straßb. Bez. A. G fasc. 2719 or. mb. c. sig. pend.

61. *Bischof Inzelerius von Budua beurkundet, daß er den Grundstein zur Kirche der Straßburger Augustiner gelegt, ihren Altar und Friedhof geweiht habe, und verheißt Ablaß Allen, welche die Kirche unterstützen werden. 1277 August 19 Straßburg.*

Frater Inzelerius dei gratia Buduensis episcopus ordinis fratrum heremitarum 15 sancti Augustini universis Christi fidelibus presentem paginam inspecturis salutem in omnium salvatore.   sanctorum meritis inclita gaudia non dubiamus consequi, si Christi pauperibus, in quibus idem se honorari ac sperni confitetur, secundum nostram facultatem grata beneficiorum subsidia impendamus ipsos in vinculo karitatis confoventes. hujus rei gratia notum fieri cupimus universis et singulis presentium 20 per tenorem, quod nos fratribus heremitis ordinis sancti Augustini Argentinensis ci-
August 9
vitatis et diocesis accedente dyocesani in vigilia beati Laurentii primarium lapidem sue fundationis posuimus, in die vero ipsius altare publicum cum cymiterio insequenti die dedicavimus in honore gloriosissimi corporis et sanguinis domini nostri Jesu Christi, beate Marie et beati Augustini patris nostri et aliorum plurimorum sanc- 25
September 14
torum, statuentes dedicationem ejusdem altaris in exaltatione sancte crucis singulis annis celebrandam, et omnibus ibidem causa devotionis convenientibus ac manum porrigentibus adjutricem pie contritis et confessis quadraginta dies criminalium et annum venialium de injuncta sibi penitencia misericorditer relaxantes. addimus etiam primo anno ipsos fratres visitantibus una dominica in mense gratiam indulgentie 30 prelibate. sane quia sepedictos fratres extreme paupertatis titulus adornat coram deo, cui in eisdem reverentia exhibenda est, quem imitantur, cunctis in nativitate domini et epyphania, resurrectione ejus, ascensione domini ac pentecosten, quatuor festivitatibus beate Marie virginis, beati Augustini et per octavas eorum cum festo loci et patroni, sicut a nobis humiliter ab ipsis est supplicatum, 40 dies criminalium 35 et annum venialium, ut prescriptum est, in domino relaxamus. in argumentum igitur facti presens scriptum ipsis fratribus contulimus sigilli nostri robore communitum. datum Argentine 14 kalendas septembris anno domini 1277 b.

T aus Straßb. Thom. A. Augustiner lad. 10 or. mb. c. sig. pend. laeso.

a) *offenbar zu ergänzen consensu.*   b) *T anno domini 1277 von anderer Hand mit hellerer Tinte hinzugefügt.*   40

62. *Bischof Konrad und das Domcapitel von Straßburg beschließen, daß das Lampertheimer Gut künftig dem Capitel allein zugehören und dem Probst dafür eine Entschädigung zugemessen werden soll. 1277 September 30.*

Cônradus dei gracia episcopus, Fridericus prepositus, Bertholdus decanus et
capitulum ecclesie Argentinensis notum facimus presentium inspectoribus universis,
quod propter communem utilitatem ecclesie nostre predicte statuendum duximus et
ordinandum. quod . . capitulum dicte ecclesie nostre fructus mansurne dicte de
Lampertheim de cetero percipere debeat et quod ipsa mausurna cum omnibus pertinenciis suis ad capitulum nostrum perpetuo debeat pertinere et prebendas
canonicis et prebendariis ministrare. quia vero prepositure ecclesie nostre
ex ordinacione hujusmodi aliquid prejudicii generatur, ideo de communi consensu in duos de nostris concanonicis, videlicet Hermanum custodem et Johannem
cellerarium ecclesie nostre, conpromisimus sub hac forma, quod iidem statuant et
ordinent reconpensationem conpetentem preposito seu dicte prepositure faciendam
de beneficiis, quorum collatio seu presentatio ad mansurnarium olim dictam mansurnam tenentem pertinere consuevit. vel alio modo in locum diminutionis juris,
quam dicta prepositura seu prepositus Argentinensis per ordinationem nostram
suprascriptam poterit sustinere. si vero dicti duo nostri concanonici in unam formam nequierint concordare, elegimus concorditer dominum Eberhardum de Entringen nostrum concanonicum pro medio bona fide communiter promittentes. quod
ratam habebimus et inviolabiliter observabimus ordinationem, quam duo ex predictis
tribus arbitris super reconpensatione exhibenda preposito vel prepositure Argenti-
uensi duxerint faciendam vel etiam statuendam. in cujus rei testimonium sigilla
nostra presentibus sunt appensa.   actum et datum anno domini 1277 feria quinta
proxima post festum beati Michahelis archangeli.

B aus Straßb. Bez. A. G fasc. 2719 or. mb c. 4 sig pend partim lacus

63. *Fehdebrief Graf Sigeberts von Wörth an die Stadt Straßburg [vor 1278].*

S[ygebertus] comes de Werde discretis et providis magistro et consulibus ac
universis civibus Argentinensibus salutem et obsequium. ut tenetur.   quia domini
de Lantsperc et alii quam plures fautores nostri tantas perturbationes ac gravamina,
quas dominus Libinceller concivis vester Waltram dicto Hunt inferre non desinit
nec expavescit. nobis sunt conquesti, de quo animus noster condolet et movetur,
idcirco noveritis. quod nos oportet quamvis inviti cum nostris suffraganeis et viris
jugum belli subire.

S aus St. St A. Verschl. Canzlei-Gew. Corp. K lad. 17 or mb. lit clausa c. sig. inversa
impr deleto Dem Schriftcharacter nach fällt das Stück in die zweite Hälfte des 13. Jahrhunderts; jedenfalls ist es vor 1278, das Todesjahr Graf Sigeberts[1] zu setzen. Für
eine nähere Zeitbestimmung fehlen die Anhaltspunkte.

---

[1] Das Todesjahr geben die Annal Colm maj an (Mon. Germ. SS. XVII. 20 b).

64. *Beschluß des St. Thomascapitels über die Anstheilung der aus Seelgerät-stiftungen fliessenden Unterstützungen. 1278 Januar.*

Temporalis facti memoria solet nonnunquam literali testimonio commendari, ne cursu temporis aut posterorum calumpnia valeat aboleri. noverint igitur universi presentes litteras inspecturi, quod nos Fr[idericus] prepositus, decanus[a] totumque 5 capitulum ecclesie sancti Thome Argentinensis ad tollendum et abolendum inter nos omnia dubietationis scrupulum circa remedia ecclesie nostre a fidelibus collata in anniversariis eorundem et festis chori distribuenda cum consensu et voluntate nostri omnium et singulorum statuimus et ordinamus, ut, quandocumque seu quociescumque in choro ecclesie nostre predicte divina per interdictum generale vel speciale 10 seu quocumque alio casu suspensa fuerint, remedia predicta, sive ad anniversaria sive ad festa chori pertineant. interim maneant in suspenso nec dividantur inter nos, sed reserventur, quousque divina hujusmodi fuerint resumpta, et tunc omni die ad hoc congruo vigilia et missa pro singulis defunctorum secundum ordinem juxta voluntatem defuncti, cujus tunc memoria agitur, peragatur et remedia ejusdem de- 15 functi dumtaxat pro voluntate legantis ea dividantur. de festis autem volumus et statuimus, ut saltem pro singulis festis neglectis singule misse debite secundum ordinem celebrentur et similiter remedia juxta voluntatem conferentis ea dividantur, quousque tam anniversaria quam festa omnia neglecta fuerint plene peracta. et hujusmodi statutum, a nobis singulis datione fidei loco juramenti firmatum, juran- 20 dum de cetero ab omnibus futuris canonicis inter alia statuta ecclesie nostre presen-tibus connumeramus. in cujus rei testimonium sigillum capituli nostri una cum sigillo curie Argentinensis presentibus est appensum. nos vero judex curie predicte ad preces predictorum prepositi et capituli presentes litteras sigillo curie predicte in testimonium predictorum fecimus communiri. actum mense januario anno domini 1278. 25

T aus Straßb. Thom. A. Docum. hist. Ind. 2 (Statuta) or. mb. c. 2 sig. pend

65. *Beschluß des St. Thomascapitels über die Anschaffung von seidenen Chor-mänteln. 1278 Januar.*

Consuevit humana providentia gesta sua scripture testimonio commendare, ne vetustate temporis aut posterorum calumpnia valeat aboleri. noverint igitur presentes 30 et posteri hujus littere tenorem inspecturi, quod nos Fr[idericus] prepositus, decanus[b] totumque capitulum ecclesie sancti Thome Argentinensis volentes, qua possumus et debemus, industria providere, ne ecclesia nostra predicta in posterum defectum seu carentiam in cappis sericis seu purpureis ad ornatum divini cultus necessariis inde-center sustineat, cum frequenti auxilio subventionis indigeat, que frequentia usus et 35 temporis cursus naturaliter consumit, statuimus et ordinamus inviolabiliter obser-vandum, ut, quicumque de cetero receptus fuerit canonicus in ecclesia nostra pre-dicta, quam cito fructus de prebenda sua perceperit et installatus seu emancipatus

fuerit, cappam sericam seu purpuream, qua decenter utatur in festis ecclesie nostre, sibi faciat valeutem ad minus tres marcas argenti. que apud ecclesiam semper remaneat. et si in hoc facto idem canonicus negligens aut remissus fuerit, liceat decano, qui pro tempore fuerit, primos proventus prebende sue predicte sine omni
5 contradictione ipsius vel cujusquam recipere usque ad summam predictam trium marcarum, conservandam et convertendam dumtaxat in usus cappe hujusmodi comparande, ut sic ecclesia ex nostra provisione incrementum ornamentorum potius quam ex neglicentia detrimentum recipiat. hujusmodi autem statutum ab omnibus futuris canonicis inter alia statuta nostre ecclesie jurandum connumeramus. et ut
10 firmum et inviolabile permaneat, sigillum capituli nostri una cum sigillo curie Argentinensis presentibus est appensum. nos vero judex curie predicte ad preces predictorum prepositi et capituli presentes litteras sigillo curie predicte in testimonium predictorum fecimus communiri. actum mense januario anno domini 1278.

15 *T aus Straßb. Thom. A. Docum. hist. lad. 2 (Statuta) or. mb. c. 2 sig. pend.*

Gedruckt darnach bei Ch. Schmidt Hist. du chap. de s Thom. p. 324 nr. 46. Heitz Die St. Thomaskirche von Straßb. S. 97 in deutscher Uebertragung aus Ecclesia colleg s. Thome etc. macpt.

66. *Peter Esel, Bürger von Metz, spricht die Stadt Straßburg von jeder Verpflichtung frei. 1278 Februar 3.*

20 Noverint universi tam presentes quam posteri hujus littere inspectores, quod ego Petrus dictus Asinus civis Metensis decem libras denariorum Metensium et si quid amplius est et omne dampnum, quod supererevit, ad cujus pecunie et dampni solutionem universitas civium Argentinensium ex mutuo michi fuerat obligata, remitto sponte et liberaliter, non coactus, pure et simpliciter pro me meisque heredibus uni-
25 versis, renuncians omni actioni michi competenti super eisdem sorte et dampnis contra universos et singulos cives Argentinenses. protestor et fratrem meum Philippum et ejus consocium debita et dampna, in quibus eisdem dicta tenebatur universitas, similiter remisisse. in cujus rei probacionem sigillum meum presenti cedule est appensum. actum anno 1278 in crastino purificacionis.

30 *S aus Straßb. St. A Verschl. Canzlei-Gew. Corp. K lad. 17 or. mb. c. ng pend. delapso.*

67. *Bischof Konrad von Straßburg befreit das Kloster Herrenalb und seine Angehörigen vom Zolle zu Straßburg. 1278 Februar 10 Malsch.*

Cunradus dei gratia Argentinensis episcopus notum fieri cupimus omnibus presens scriptum intuentibus, quod nos absolvimus in perpetuum monasterium in Alba Cis-
35 terciensis ordinis Spirensis diocesis, abbatem et monachos ejusdem loci ac universas personas ibidem professas in grangiis sive curiis suis vel ubicumque commorantes cum omnibus bonis et universis rebus dicto monasterio grangiis sive curiis suis pertinentibus ab omni theloneo, quod nobis ex eis de civitate nostra Argentinensi vel

nostris successoribus posset provenire, ut autem hec nostra donatio abbati et monachis nunc ibidem degentibus omnibusque successoribus suis sit valitura, presens scriptum nostro sigillo sollempniter est communitum. actum et datum anno domini 1278, 1 idus februarii apud Muls.

Aus d. Zeitschr. f. Gesch. d. Oberrh. II, 114 nach dem Or. im Württemb. St.-A. zu Stuttgart. s

68. *Ludwig Pfalzgraf bei Rhein, die Grafen von Hohenberg, Katzenellenbogen und Leiningen, sowie siebzehn genannte Städte, darunter Straßburg, schließen einen Landfrieden auf zwei Jahre, dessen Kosten ein Zoll zu Mainz und Boppard bestreiten soll. 1278 Juni 24 Hagenau.*

In nomine domini amen. Ludewicus dei gracia comes palatinus Reni dux 10 Bauwarie, Albertus de Hohenberc, Eberhardus de Kazzenelnbogen, Fridericus de Liningin comites, Moguntinenses, Argentinenses, Basilienses, Wormatienses, Spirenses, Columbarienses, Slezestasienses, Hagenaugenses, Wizenburgenses, Openheimenses, Pinginenses, Wisalienses, Bobardienses, Frakenfordienses, Geilenhusenses, Frideburgenses, Wetslorgenses cives ad noticiam universorum litteris presentibus volumus 15 pervenire, quod nos attendentes et considerantes inconstanciam rerum humanarum apud civitatem Hagenaugiam convenimus ibidem propter honorem dei et gloriose virginis, matris sue, necnon ob reverenciam sacri imperii pacem sanctam et generalem clara fide et unanimi* consensu conpromisimus a festo penthecostes nunc preterito per biennium contra quoslibet violatores sancte pacis ac dolo sue malicie ipsam 20 insectantes conservare et gubernare viribus et posse, in quantum valemus, procedere eciam manu valida nobis favente divina clemencia contra omnes, qui thelonia inconsueta et iniusta super alveum Reni recipere volunt, hoc adiecto, quod omnes sive religiosi sive seculares in Reno descendentes et ascendentes de rebus suis, secundum quod taxavimus et statuimus communi consilio, apud Maguntiam et Bobardiam[b] sum- 25 mam proporcionaliter sue pecunie in subsidium et in defensionem pacis ministrabunt, ut eo potencialiter et liberaliter ipsos in corpore et rebus ac pacem predictam defensore valeamus. cives vero rebelles et inobedientes hiis statutis et compromissis a sancta pace et nostra defensione penitus eicimus et excludimus. dampna, si qua incurrunt et ipsis provenire inde poterunt, per nos nec nostro adjutorio vindicabuntur. 30 in testimonium et robor omnium premissorum presentibus nostra sigilla sunt appensa. actum et datum Hagenaugie[c] anno domini 1278 die beati Johannis baptiste.

S aus Strußb. St. A. Gew. u. d Pfalz lad 48,49 or. mb. c. 21 sig. pend. partim mutilatis, quorum 5 delapsa. Abgefallen sind die Siegel von Mainz, Straßburg, Worms, Speier und Bingen. 35

Gedruckt aus dem Briefbuch A fol. 111[b] ibid. bei Weneker Appar. et instr. archiv. p. 186 nr. 22 . Böhmer Cod. dipl. Manofrancof. p. 185 Schaab Gesch. d. rhein. Stadteb. 2. 62 = Trouillat Mon. de Bâle II, 293 nr. 229. — Speierer UB. S. 97 nr. 131 i. Regest; Böhmer R Reichssachen nr. 131.

a) S hunanimi das h durch zwei untergesetzte Punkte gelöscht. b) S Bobardiam c) S Hagena mit Abkür- 40 zungsstrich.

69. *Graf Simon von Eberstein schließt Frieden mit der Stadt Straßburg. 1278 Juli 30.*

Nos Symou dei gracia comes de Eberstein notum facimus universis tam presentibus quam futuris, quod omnem discordiam rancorem et inimiciciam, quam habuimus
5 hucusque cum magistro consulibus et universitate civium Argentinensium,[1] relaxamus et remittimus puro corde promittentes, quod dictos cives Argentinenses nec universaliter nec singulariter occasione inimicicie predicte seu pro hujusmodi causa et facto non vexabimus aut gravabimus nec vexari aut gravari procurabimus quoquo modo, sed pocius composicionem hujusmodi nos et nostri complices sine dolo et fraude
10 ratam et firmam tenebimus et tenere promittimus per presentes. si autem ex vero et justo debito aliquibus civibus Argentinensibus obligati sumus, hoc composicionem hujusmodi non langit nec eidem est inclusum; sed pro tali debito eis justam servare debemus racionem. in cujus rei probacionem sigillum nostrum presentibus est appensum. actum et datum anno 1278 sabbato post Jacobi apostoli.

15   *S aus Straßb St. A Briefbuch A fol. 50 b mit der Ueberschrift daz grafe Symon von Eberstein versöhnet wart mit der stat zů Straßburg.*

70. *Bischof Konrad von Straßburg gibt dem Abt von Schuttern den Auftrag, die Straßburger Dominikaner gegen ungerechte Bedrückung zu schirmen. 1279 Juli 26 Straßburg.*

20   Cůnradus dei gratia Argentinensis episcopus viro religioso et discreto .. abbati de Schuttern salutem in domino sempiternam. quamvis karissimi nobis in Christo fratres ordinis predicatorum conventus Argentinensis studeant officium suum adeo laudabiliter exequi, quod apud omnes possunt stabilem benivolentiam promereri, non desunt tamen, ut accepimus, aliqui nostre diocesis clerici et laici, qui presumptione
25 dampnabili ipsorum quietem inquietant multipliciter et perturbant. plebani namque et cappellani ac vicarii ecclesiarum, ut asserunt, non sinunt ipsos aliquando uti privilegiis et graciis seu indulgentiis ipsis a sede apostolica et a nobis ac antecessoribus nostris concessis, in tantam prorumpentes audaciam, ut excommunicationis sententias fulminent vel se laturos comminentur in subditos proprios, ut sic ipsos
30 a devotione eorundem ac salubri familiaritate revocent et restringant. aliqui vero elemosinas, ut dicitur, ipsis fratribus in ultimis voluntatibus morientium deputatas vel aliter donatione inter vivos vel causa mortis collatas detinent nec legata ipsis procedere sinunt, successionis titulum vel quid aliud frivolum pretendentes. nolentes igitur dictos fratres, quorum meritis et operibus fructuosis nostra plerumque onera
35 in actionibus spiritualibus subleventur. et quorum supplicationibus beneficia nobis celitus a patre luminum descendentia procurantur. indebite molestari discretioni vestre, de qua gerimus in domino fiduciam pleniorem, injungimus dantes firmiter in

---

[1] *Vergl. nr. 34.*

mundatis, quatenus ipsos fratres habeatis pro dei amore et nostra reverentia vobis propensius commendatos non sinentes, eos premissarum vel aliarum injuriarum molestias sustinere, sed magis eos, de quibus ad vos querelam detulerint, clericos et laicos in vestra presentia statuendos ad satisfactionem plenariam auctoritate, quam super hoc vobis presentibus in hiis scriptis conferimus, inducatis, contumaces quoslibet censura ecclesiastica percellentes.   datum Argentine anno domini 1279, 7 kalendas augusti.

T aus Straßb. Thom. A. Dominic. lad. 3 or. mb. c. sig pend.

71. *Das Straßburger Domcapitel macht die Summe der zu Gunsten des Münsterbaues bewilligten Indulgenzen bekannt. 1279 November 14 Straßburg.*

Reverendis in Christo patribus et dominis dei gracia archiepiscopis episcopis abbatibus prioribus prepositis decanis plebanis viceplebanis aliisque ecclesiarum rectoribus, ad quos presentes littere pervenerint, decanus totumque capitulum ecclesie Argentinensis oraciones in domino Jesu Christo.   per diversas mundi partes tam indigene quam advene nuncii transeuntes, nisi cantelam adhibeant, in rebus dampna et in personis frequencius injurias paciuntur. cum igitur ecclesia Argentinensis a sede apostolica et ipsius legalis ac a reverendo patre et domino archiepiscopo Maguntino[a] necnon ab aliis reverendis patribus episcopis litteras indulgenciarum obtinuerit et habeat pro sua fabrica reformanda, que si casu inopinabili perderentur, forte ipsa ecclesia nunquam vel nullatenus recuperaret tantum dampnum, tamen ne circa indulgencias ipsius ecclesie Argentinensis macula suspicionis [intimari possit], [b] summam indulgenciarum sub testimonio decani et nostri capituli conscriptam vobis et aliis Christi fidelibus duximus tenore presencium transmittendam.   que videlicet indulgencia talis est: sedes apostolica et legati ejus ac reverendus pater et dominus archiepiscopus Maguntinus predictus cum quinque suffraganeis suis singulis diebus, in quibus ipsi ecclesie Argentinensi subvenitur, quatuordecim annos cum carrenis relaxant. pro fraternitate autem et benefactoribus ipsius ecclesie quilibet sacerdos predicte diocesis Argentinensis quolibet septimana duas missas celebrat[c], unam pro vivis et aliam pro defunctis. summa annorum quatuordecim cum centum et quadraginta carrenis, summa vero missarum quolibet anno plus quam octoginta milia missarum. ut autem ad hec plena fides ab omnibus adhibeatur, sigilla decani nostri et capituli ecclesie Argentinensis predicte presentibus sunt appensa.   datum Argentine anno domini 1279 feria 3 post festum beati Martini confessoris.

F aus Straßb. Frauenh. A. Donationsbuch 2 fol. 219, cop. chart. sec. XV.

72. Cünradus Argentinensis episcopus omnibus penitentibus, qui ad ecclesiam fratrum de penitentia Jesu Christi in Argentina in quatuor festivitatibus virginis Marie, in festo sancti Johannis apostoli et ewangeliste, sancti Johannis baptiste et omnium

a) *F mit schwarzerer Tinte über das durchstrichene Argent übergeschrieben.*   b) *F inculari.*
c) *F celebrant.*

apostolorum, sancti Stephani, sancti Laurencii et omnium martyrum, in festo sancte
Katherine, sancte Margarete et omnium virginum, sancti Nicolay episcopi, sancti
Augustini et omnium confessorum, in honore quorum fratres tria altaria habent
consecrata, et in nativitate domini, in resurrectione domini, in ascensione domini,
5 in die pentecostes, in festo omnium sanctorum sive in dedicatione ac anniversario
dedicationis et per octavas eorum cum devotione accesserint, quadraginta dies criminalium et annum venialium, omnibus quoque, qui fratribus ad edificia ac vite necessaria manum porrexerint adjutricem, quadraginta dies de injunctis penitenciis relaxat.
«loca sanctorum». datum Argentine anno domini 1279 in palacio nostro. *1279*
10 *Straßburg in der bischöflichen Pfalz.*

73. *Vertrag des Bischofs Konrad von Straßburg mit dem St. Arbogastkloster
über gegenseitigen Erlaß von Abgaben. 1280 Januar 23.*

15 Humana providencia gesta hominum decrevit racionabiliter literis stabilire, ut
eorum testimonio oblivionis tersa nebula cesset scrupulus et veritate cognita posteris
litigiose tollatur materia questionis. hinc est quod, cum nos C[onradus] dei gracia
episcopus Argentinensis de bonis episcopalibus sitis in bannis Strazburg, Kuniges-
hoven et Schiltenkein solveremus et solvere deberemus ab antiquo jure .. priori et
20 conventui monasterii sancti Arbogasti extra muros Argentinenses redditus annuos,
qui dicuntur der niunde[1], et iidem prior et conventus vice versa nobis et ecclesie
nostre Argentinensi de bonis ipsorum in bannis Biscovesheim Höhheim et Wiheres-
heim sitis et in curiam nostram Biscovesheim spectantibus annuatim decem et novem
quartalia mensuralis* annone et decem unceas denariorum Argentinensium solvere
25 tenerentur, nos provida deliberacione prehabita, accedente voluntate et consensu capituli nostri Argentinensis, cum prefatis .. priore et conventu monasterii sancti Arbogasti convenimus et pertractavimus in hunc modum, quod ipsi bona nostra pre-
tacta de redditibus, qui dicuntur der niunde, simpliciter absolverunt et absoluta in
perpetuum dimiserunt. nos autem vice versa bona eorum prefata a censu pretacto, qui
30 hucusque nostre de eisdem bonis debebatur ecclesie, absolvimus et in evum dimittimus absoluta, confitentes nos et nostram ecclesiam Argentinensem in eisdem bonis
eorum de cetero nullum jus habere nec habere debere. et si quod jus nobis in eisdem competeret, hoc presentibus resignamus expresse, provide pensantes, hinc inde
bona utraque sic absolvi et absoluta dimitti utrique ecclesiarum predictarum magis
35 expedire, quam quod alternatim ad hujusmodi forent prestaciones sibi invicem obli-
gate. in qua quidem alterna absolucione recognoscimus nos utrimque nullatenus fore
defraudatos. nos .. prior et conventus monasterii sancti Arbogasti antedicti absolvi-

a) *verbessert von späterer Hand in* mensurnalis.

[1] *Vergl UB. I, 74 nr. 93.*

mus et absoluta dimittimus bona supradicta episcopalia a redditibus, qui dicuntur
der munde, coulitentes nos et nostrum monasterium in eisdem bonis deinceps nullum
jus habere nec habere debere. et si quod jus nobis in eisdem competeret, hoc presentibus resignamus expresse. renunciamus etiam hinc inde tam nos . . episcopus et
capitulum Argentinenses quam etiam . . prior et conventus sancti Arbogasti supra- 5
dicti restitucioni in integrum et omni juris auxilio canonici et civilis cunctisque defensionibus et excepcionibus et literis seu privilegiis a sede apostolica vel aliunde
inpetratis et inpetrandis, quibus ad presens et in posterum venire et juvari possemus
in judicio et exstra contra premissa omnia vel aliqua ex eis. que quidem absque
omni cavillacione et sine dolo promittimus nos utrimque inviolabiliter observaturos. 10
iu cujus rei probacionem et memoriam perpetuam prefati domini episcopi et capituli
Argentinensium, . . prioris et conventus sancti Arbogasti sigilla presentibus sunt appensa.　datum anno domini 1280 feria tercia ante conversionem beati Pauli.

B aus Straßb. Bez. A. G fasc. 114 or. mb c. 4 sig prnd. laesis, quorum 1 delaps. Auf der
Rückseite von nahezu gleichzeitiger Hand litera permutacionis facta cum domino epis- 15
copo et preposito sancti Arbogasti et ejus conventu super quibusdam rebus, darunter
CCXLVIII R[egistrata] et coll[acionata] wohl von späterer Hand.

Regest i. UB. III, 43 nr. 127 nach dem Copialbuch v. St. Arbogast ibid. G fasc. 1700.

74. *König Rudolf weist die Zöllner zu Frankfurt an, die gegenseitige Zoll-*
freiheit der Straßburger und Frankfurter Bürger zu achten. 1280 März 15 Wien. 20

Rudolfus dei gratia Romanorum rex semper augustus dilectis suis fidelibus theloneariis in Frankenvurt gratiam suam et omne bonum.　cum ex antique consuetudinis observantia usque ad hec tempora sit perductum, quod cives in Frankenfürt
in Argentina et econverso cives Argentinenses in Frankenfört nullum dare theloneum
consueverunt, nos hujusmodi consuetudinem inter civitates predictas hactenus ob- 25
servatam nostris temporibus immutari nolentes fidelitati vestre injungimus et mandamus, quatinus dictos cives Argentinenses sine thelonei requisicione cujuslibet libere
permittatis transire, ut et ipsi vice reciproca cives Frankenfurdenses ab omni theloneo liberos et solutos dimittant. in hoc enim nullum vobis in jure vestro prejudicium
generatur.　datum Wienne idus martii regni nostri anno 7. 30
　[in verso] universis theloneariis in Frankenfürt dilectis
　　　nostris fidelibus.

F aus Frankfurter St. A. or. mb. lit. clausa c. sig interno impr. mutil.
Gedruckt bei Böhmer Cod. dipl. Moenofrancof. p. 197, nach nicht zu bestimmender Vorlage.
— Böhmer R. Rud. nr. 526. 35

75. *Bischof Konrad und die Stadt Straßburg melden der Stadt Frankfurt,*
daß sie gemäß dem Privileg König Rudolfs von den Bürgern derselben keinen Zoll
fordern werden und dasselbe auch von ihr erwarten. 1280 Mai 29.

Conradus dei gratia episcopus Argentinensis, Hartmütus de Schiltenkeim magister,
consules et universitas civium Argentinensium viris prudentibus et honorandis 40

Heinrico sculteto, scabinis, consulibus et universitati civium Frankenvordensium
salutem cum bona in omnibus voluntate. gratiam serenissimi domini nostri
Rûdolfi Romanorum regis vobis et civibus Argentinensibus super theloneo¹ factam
reverenter suscipientes ac eam gratam et ratam tenere volentes, inantea a vobis et
5 a vestris concivibus nullum prorsus theloneum requiremus ita videlicet, quod et vos
a nobis et a nostris concivibus inantea nullum omnino theloneum requiratis. in
cujus rei testimonium et firmitatem perpetuam sigilla nostra episcopi et civitatis
Argentinensis presentibus duximus appendenda. actum anno domini 1280, 4 kalendas junii.

10   *F aus Frankfurter St. A. or mb. c 2 sig. pend*
      Gedruckt darnach bei Böhmer Cod dipl Moenofrancof p. 200; Lünig XIII, 560 nr 11
      nach unbekannter Vorlage.

76. *Die Stadt Frankfurt schreibt der Stadt Straßburg, daß sie gemäß dem*
Pritileg König Rudolfs von den Bürgern derselben keinen Zoll fordern werde und
15 *dasselbe auch von ihr erwarte. 1280 Mai 29.*

Honorandis viris prudentibus et discretis .. magistratui consulibus et universis
civibus Argentinensibus Heinricus scultetus, scabini, consules et universitos civium
Frankenvordensium cum affectu sincero paratam ad obsequia voluntatem. gratiam
serenissimi domini nostri domini Rudolfi Romanorum regis vobis et nobis super
20 thelouio factam gratulanti ᵃ animo suscipientes ac eam gratam et ratam tenere
volentes, inantea a vobis et a vestris concivibus nullum prorsus thelonium requiremus
ita videlicet, quod et vos a nobis et a nostris concivibus inantea nullum omnino
thelonium requiratis. in cujus rei testimonium et firmitatem perpetuam sigillum civitatis Frankenvordensis presentibus duximus appendendum. actum anno domini
25 1280, 4 kalendas junii.

      S aus Straßb. St. A Verschl Canzlei-Gew Corp. K Ind. 16 or mb. c. sig. pend. partim
      mutil.
      Gedruckt aus dem Briefbuch A fol. 196 b, ibid. bei Schöpflin Als. dipl II, 27 nr. 738 mit
      der falsch gelesenen Datirung 1284 Juni 1; Böhmer Cod. dipl Moenofrancof. p. 200.

30 77. Frater Inzelerius ordinis heremitarum sancti Augustini Buduensis episcopus,
cum fratres heremite sancti Augustini Argentine extra muros residentes absque
subsidio et elemosina non valeant sustentari, omnibus contritis et confessis dictis
fratribus manum adjutricem porrigentibus sive locum ipsorum devote visitantibus
in festivitatibus nativitatis domini, epyphanie, cene domini, pasce, ascensionis, penthe-
35 costes, dedicationis loci, ecclesie et altarium proprii vocabuli, in quatuor festivitatibus

      a) *S gratulenti.*

      ¹ *Vergl. nr. 74*
      Str. II.   7

beate Marie virginis, Johannis baptiste, apostolorum Petri et Pauli, in utroque festo
sancti Augustini et sancti Michahelis et in die omnium sanctorum et per omnes
octavas predictarum festivitatum, dummodo consensus accesserit dyocesani, ad unum-
quodque altare 100 dies venialium et quadraginta criminalium de injuncta penitentia relaxat. «cum a vobis petitur.» datum Neurenberch anno domini 1280.
1280 [Nürnberg].

T *aus Straßb Thom. A.* Augustiner lad. 10 *or. mb. c. sig. pend. laeso.*

78. *Albrecht Kage schreibt an die Stadt Straßburg, er stehe mit ihrem Bürger
Zorn in Fehde, wünsche aber mit ihr Frieden zu halten.* [1266—1280].

Ich Albreth der Kage unbute deme rate von Strazburg und dem meistire und
der gemeinde min dienest. da si der Zorn von Strazburg, der habe mir hůte
widirseith. nu hete ich mit der stad von Strazburg ein gůte sůne und habe ôch die
noch hůte dis dages gerne stete. ubir daz so bitte ich uch den meistir und den rath
und die gemeinde, daz ir mich des versicherent, daz mir von Strazburg nieman nůth
endů, er widirsage mir ê. ubir daz swaz mich der meistir und her Reinbolt der
Liebencellere drôstet, daruf habe ich mich. und mich und her Zornen mit enander
lant began, wand ich nieman ger zů důnde wan ime. ubir daz herre her meistir
und der rat und die gemeinde wissent, obe irs in nith versichereut, daz ir uch ôch
hůten sulent vor mir und die stad gemeinliche.

[*in verso*] magistro consulibus et universitati
civium Argentinensium.

S *aus Straßb. St. A.* Verschl. Canzlei-Gew. Corp. K *lad.* 23 b *or. mb. lit. clausa c. sig. in
verso impr. laeso. Der Brief gehört seiner Schrift nach in die zweite Hälfte des 13ten
Jahrhunderts und dürfte seinem Inhalt nach in die Zeit nach dem Bellum Waltherianum zu setzen sein, etwa in die Jahre 1266—1280. Vielleicht steht er mit nr. 3 von
1267 Februar 1 im Zusammenhang.* [1]

79. *Die Stadt Breisach schreibt an die Stadt Straßburg, sie habe ihren Bürger
Konrad zu Rhein bezogen, gegen Zahlung von fünfzehn Mark Silber die Güter
zwei genannter Straßburger Bürger ausliefern zu wollen, außerdem gebe sie Frist
bis Mariä Himmelfahrt.* [1270—1280].

Honorandis viris .. magistro burgensium consulibus et ceteris civibus Argentinensibus H. scultetus et burgenses de Brisaco quicquid potest sui possibilitas
famulatus. noverit vestra providentia, quod ob dilectionem, quam erga vos gessimus
et gerimus specialem, Conradum dictum de Reno concivem nostrum induximus, licet
ad hoc magna accesserit difficultas, quod, si quindecim marcas argenti apud Brisacum

---

[1] *Die Notiz der Annal. Colmar. maj. zum Jahr 1292: scultetus Argentinensis et Zorno cum suis
congregati armis invadere voluerunt familiam Kagenegk et Herbonon propter verba quedam injuriosa
[Mon. Germ. SS XVII, 219] dürfte schwerlich hierauf zu beziehen sein.*

sibi feceritis exhiberi, extunc continuo bona concivium vestrorum H. Tolewegge et
H. dicti Sterne vobis remitti libere faciemus. et sicut petistis, inducias usque ad festum
assumptionis beate virginis proxime venturum de residuo indulgemus.   quare   August 14
presentes litteras patentes nostre universitatis sigillo signatas vobis duximus
5 transmittendas.

*S aus Straßb. St. A. Verschl. Canzlei-Gew. Corp. K Lad. 17 or. mb. ltl. pat. c. sig. inverso
impr. laeso. Das Stück gehört seiner Schrift nach in die zweite Hälfte des 13ten Jahrhunderts und durfte etwa in die Jahre 1270—80 zu setzen sein. Die Sigle H ist mit
Henricus oder Hildebrandus aufzulösen, ersterer ist 1274 [1], letzterer 1277 [2] als Schultheiß
urkundlich nachweisbar. In diesen Jahren erscheint auch wiederholt Konrad zu Rhein [3].*

80. *Bischof Konrad von Straßburg ermahnt den Ordensmeister der Dominikaner Johannes, die Seelsorge des Straßburger Reuerinnenklosters zu übernehmen.*
1281 Februar 17.

Religioso discreto et venerabili viro fratri Johanni magistro ordinis fratrum
15 predicatorum [4] Conradus dei gratia Argentinensis episcopus quicquid potest reverentie
cum sincere plenitudine voluntatis.   cum dilecte in Christo filie . . priorissa et
sorores penitentes extra muros Argentinenses, que, ut publicis probatur testimoniis,
ad ordinem sororum sancti Sixti de urbe per sedem apostolicam sub beati Augustini
regula sunt recepte, olim quoque per memorie recolende venerabilem patrem Hugonem
20 tituli sancte Sabine presbyterum cardinalem tunc apostolice sedis legatum . . priori
et conventui domus Argentinensis ordinis vestri commisse exstiterant ab eisdem
gubernande sicque apparet evidenter, ut eedem sorores ratione regule constitutionis
et commissionis predicti legati spectent ac pertineant ad vestram ac fratrum vestri
ordinis custodiam et regimen speciale, nunc, prout diligenti inquisitione indagavimus
25 secundum nostri exigentiam officii, sint omni solatio consilii et auxilii spiritualis et
temporalis penitus destitute, proinde quod is, qui subjectionem et gubernationem sibi
vendicat in eisdem, in remotis est partibus constitutus, que quidem sorores magis
necesse habent cottidiano sublevari auxilio per rectoris presentis sollicitudinem, quam
quod absentis gubernatoris solacium sine spe remedii inaniter prestolentur, nos, prout
30 nostrum requirit officium, hujusmodi earum incommoditatibus, dampnis et periculis
salubre adhibere remedium cupientes. ut deinceps divinis serviciis vacare liberioribus
valeant animis, vestram providenciam in domino duximus fiducialiter exortandam,
quatenus pro dei et nostra reverentia curam predictarum sororum vobis assumere et
eas velitis sub vestri ordinis titulo collocare, fratribus vestri ordinis domus Argenti-
35 nensis ipsas committendo et mandando, ut eisdem sororibus sollicitudinem talem
impendant in spiritualibus et temporalibus, qualem claustris sororum vestrarum circa

1 *Roemann u. Ens Geschichte der Stadt Breisach S. 166.*
2 *Schöpflin Als. dipl. II, 14 nr. 710.*
3 *Vergl. Zeitschr. f. Gesch. d. Oberrh. XIII, 49; Roemann u. Ens, Schöpflin l. c.*
40 4 *Johannes de Vercellis, vergl. Mon. Germ. SS. XVII, 211.*

Argentinam vel alibi impendere consueverunt, preces nostras in hac parte sic favorabiliter admittentes, quod proinde totum ordinem vestrum amplecti debeamus ampliori
gratia et favore summusque opilio pro ovium suarum errantium in caulas celestes
introductione vobis in celis debeat condignis premiis respondere.   datum anno domini 1281 feria secunda post Valentini.

*T aus Straßb. Thom. A. Dominic. lad. 3 or. mb c. sig pend Auf der Rückseite von wenig
spaeterer Hand magistro ordinis predic[atorum] und der Ziffervermerk III. Diese Nume-
rirung ist, weil sie ziemlich gleichzeitig erfolgt zu sein scheint, für die Einreihung der
nr. 85—88 von Bedeutung.*

    81. *Bischof Konrad von Straßburg fordert die Straßburger Dominikaner auf,
sogleich die Pflege des Reuerinnenklosters zu übernehmen. 1281 Februar 22
Straßburg.*

    Cûnradus dei gratia Argentinensis episcopus dilectis in Christo . . priori . . suppriori
ac fratribus ordinis predicatorum conventus Argentinensis salutem in domino sempiternam.   licet nuper reverendum virum fratrem Jo[hannem] magistrum ordinis vestri
requisiverimus per litteras speciales[1], quatenus curam sibi dilectarum in Christo . . priorisse et sororum monasterii sancte Marie Magdalene extra muros Argentinenses assu-
meret et ipsas per vos et fratres alios vestri ordinis gubernaret, nos tamen veriti, quod
occupatio sua moram induceret, que vergeret in dispendium animarum, placuit nobis
cito negotio adhibere remedium oportunum. discrecionem igitur vestram monemus
et hortamur in domino ac in augmentum vobis injungimus meritorum, quatenus
dictarum . . priorisse et sororum vobis regimen assumatis et illam ipsis auctoritate
presentium curam et sollicitudinem inpendatis, quam aliis claustris feminarum vestro
ordini commissarum inpendere consuevistis, non obstante contradictione prepositi
earundem, cujus supplere defectum et neglicentiam volumus ex debito pastoralis oflicii
in hac parte. sentencias insuper excommunicationis seu interdicti necnon precepta,
si quas vel si qua tulerit idem prepositus in prefatas . . priorissam et sorores cappellanos conversos aut conversas earundem, necnon institutiones et destitutiones ab
ipso factas seu faciendas decrevimus non tenere, cum nondum nobis constiterit, ut
constare debet, quod in nostra diocesi talem possit jurisdictionem in religiosas personas et ecclesiasticas exercere. memoratis ad hec . . priorisse et sororibus districte
mandamus, quatenus vobis tanquam salutis ipsarum adjutoribus et suarum patribus
animarum reverenter obediant et intendant. in hujus rei testimonium presentem
paginam sigilli nostri munimine roboramus.   datum Argentine anno domini 1281,
8 kalendas marcii.

T aus Straßb. Thom. A. Dominic. lad. 3 or. mb. c. sig. pend. Auf dem Rücken Vermerk IV.

---

[1] *Vergl. nr. 80.*

82. *Das Reuerinnenkloster zu Straßburg appellirt gegen die Anmaßungen seines Probstes Witicho an den heiligen Stuhl und beauftragt den Cleriker Gerung mit dieser Appellation. 1281 März 15.*

Nos priorissa et conventus sororum ecclesie sancte Marie Magdalene extra muros Argentinenses universis presens scriptum visuris notum esse cupimus, quod cum olim melioris vite frugem et compendia captaremus, regulam et ordinem sororum sancti Syxti de urbe petivimus et obtinuimus a sanctissimo patre ac domino Gregorio tunc sedi apostolice presidente[1]. porro cum sorores ipse, sicut urbi et orbi notum esse potest, per fratres ordinis predicatorum regantur immo disponente sede cadem ab inicio regerentur, venerabilis dominus bone memorie Hugo frater ordinis memorati cardinalis existens, cum legationis officio in Alemania fungeretur, nos cure predictorum fratrum sollicite commendavit[a] justa motus videlicet ratione, quatenus, cum sororum ipsarum ordinem et regulam servaremus, consimili quoque fratrum ipsorum patrocinio gauderemus. fateri autem oportet et testimonium reddere veritati, quod antedictis fratribus nos in vita plantantibus doctrina rigantibus amplius cepissemus deo auspice incrementum, si non intercessisset rerum occasio variarum. nam inter cetera dominus Witicho[3], qui se gessit pro preposito penitentium, se de nobis intromisit juxta quod sibi placuit gubernandis. ac nos ea, que circa nos fiebant, diligencius advertentes, cum sub languido capite menbrorum foret sanitas desperata, ad vocem propheticam excitate super vias nostras stetimus, de semitis antiquis interrogavimus nec aliud nobis clamor consciencie respondebat, nisi quod ad locum, unde exissent fulmina, remearent. manum igitur mittentes ad forcia rebus et signis, actu et habitu relinquentes stirpem inutilem, olive pulcre fructifere memorati ordinis forcius inseri et uniri perfectius desideravimus sacre per hoc auctionis et pinguedinis consorcio fruiture. verum quia humani generis inimicus invidie stimulo[b] agitatus quandoque ut[b] sagitta volans per diem, aliquando ut negocium in tenebris perambulans pietatis operibus adversatur, nos ad convenientis cautele presidium duximus festinandum. ne igitur obstrictiorem vivendi modum nunc electum a nobis, quo, ut speramus, secundum deum creatum novum hominem induimus, dictus prepositus, cujus fugere debere conversacionem et gubernacionem in multis experiencia facti nos edocuit et vitare, nobis non citatis vel legittime non vocatis, deffensionibus eciam et excepcionibus contra litteras, quarum auctoritate idem sibi jurisdictionem in nos usurpare presumit, et contra personam suam nobis competentibus non auditis, quas coram eo nos velle proponere protestamur loco et tempore competenti, dictis eciam litteris, quas non vidimus, nobis non ostensis, quarum copiam petimus, cum nunquam eam habuerimus, vel alias juris ordine pretermisso contra nos vel aliquam ex nobis seu monasterium nostrum ullas suspensionis excommunicacionis vel interdicti sentencias

a) *T* stimulus.   b) *ursprunglich aut, das a radiert oder corrigirt.*

[1] *Vergl. UB. I, 163 Anmerk. 1.*

[2] *In den Jahren 1251—1253. Eine darauf bezügliche Urkunde ist nicht erhalten.*

[3] *Derselbe erscheint 1256 März 1 in einer Urkunde des Reuerinnenkonvents als Zeuge. Vergl. UB. I, 298 nr. 397.*

fulminet vel aliquit statuat in nostri prejudicium vel gravamen, quod tamen facere
non potest nec debet, cum in nos idem jurisdictionem nullam habeat ex eo, quod
officio suo dudum renunciavit et per consequens jurisdictioni, si quam in nos aliquando
habuisset, nostrumque vel alium ordinem non sit professus et ideo magister esse non
possit, qui subesse non novit, juxta canonicas sanctiones, sedem apostolicam presen-   5
tibus appellamus dantes potestatem Gerungo clerico exibitori presencium, premissa
legendi proponendi et petendi et dictam sedem pro nobis et nostro nomine appellandi
in scriptis et eciam viva voce et apostolos petendi, ratum habiture, quicquid idem
fecerit in hac parte. in cujus rei testimonium sigilla presencium cum sigillo nostro
appendi petimus ad presentes. ego Gerungus predictus protestor excepciones conpe- 10
tentes predictis dominabus contra personam dicti . . prepositi et contra litteras, quarum
auctoritate idem prepositus jurisdictionem in dictas dominas sibi usurpare presumit,
et contra jurisdictionem, si quam habere se dicit, me velle proponere coram preposito
memorato. et ne idem contra dictas dominas vel earum aliquam aut in monasterium
ipsarum ullas sentencias fulminet excommunicationis suspensionis vel interdicti vel 15
aliquid statuat in earum prejudicium vel gravamen, eis non citatis vel alias non
vocatis legittime et excepcionibus ipsis conpetentibus contra dictum . . prepositum et
litteras, si quas habet, quas dico esse veritate tacita inpetratas et falsitate suggesta,
non auditis vel non admissis seu alias juris ordine non servato, sedem apostolicam
nomine dictarum dominarum et pro ipsis appello et apostolos peto, protestans me 20
velle dictam appellationem innovare coram eo. cum primum adeundi ipsum comode
habere potero facultatem. nos judex curie Argentinensis et . . nos judices curiarum
dominorum . . prepositi . . cantoris et M[arquardi] scolastici et . . thesaurarii archidiaconorum ecclesie Argentinensis huic appellationi confitemur nos interfuisse et ad
ejus probacionem sigilla predictarum curiarum presentibus duximus appendenda. 25
actum et datum anno domini 1281 sabbato ante dominicam, qua cantatur Occuli.

T aus Straßb. Thom. A. Dominic. lad. 3 or. mb. c. 6 sig pend., quorum 4 delapsa.

83. *Der Prior von Romainmotier löst das Straßburger Domcapitel, das von
seinen Einkünften aus der Basler Diöcese den Kreuzzugszehnten entrichtet hat, von
allen Strafen, in die es wegen Säumigkeit verfallen sein möchte. 1281 October.*   30

. . Prior Romani monasterii Lausanensis diocesis universis presentium inspectoribus salutem.   cum honorabiles viri capitulum majoris ecclesie Argentinensis
de redditibus suis in Basiliensi diocesi sitis de decima transmarina satisfecerint
collectoribus ejusdem decime in dicta diocesi constitutis. sicut nobis per ipsorum
literas constitit evidenter [1], nos auctoritate apostolica nobis in hac parte commissa 35

---

[1] Decanus majoris ecclesie et S[tephanus] prior sancti Albani Basiliensis collectores decime
transmarine per Basiliensem diocesim constituti recognoscunt, se a Diethero sacerdote prebendario
Argentinensi ex parte capituli Argentinensis 18 marcas argenti recepisse nomine decime transmarine.
Basel 1281 October 4. cop. ch. sec. XVI i. Straßb. Bez. A. G 3466 fol. 79ᵇ.

senlenliss excommunicationis el interdicli, si quas incurrerunt occasione predicte
decime debito tempore non solute, presentibus relaxamus el super irregularitate, si
quam contraxerunt, cadem auctoritale apostolica dispensamus.   datum anno domini
1281 mense octobri.

5   *B aus Straßb. Ber. A. O fasc. 2718 or. mb. c. sig. pend. laraw.*

84. *König Rudolf bestätigt dem Straßburger Hospital das von König Konrad III
ertheilte Privileg. 1281 November 10 Straßburg.*

Rudolfus' dei gracia Romanorum rex semper augustus omnibus imperpetuum.
tantus est fervor amoris et caritatis sinceritas, qui erga Christi pauperes nostris
10 excanduerunt in cordibus, quod nos caritatem hujusmodi in effectu restringere non
valentes ipsam libenter pro nostre salutis augmento ad laudem illius, qui tribuit
omnibus habundanter, devotis fidelibus impartimur. noverint igitur presentis etatis
homines et future, nos vidisse privilegium inclite recordacionis quondam Conradi
regis secundi, predecessoris nostri, pauperibus hospitalis civitatis Argentinensis
15 traditum et concessum sub hac forma : [*folgt UB. I Nr. 94*].

Nos itaque predicti regis Conradi inherentes vestigiis et erga pauperes hospitalis
predicti, quos in ergastulo paupertatis continua captivat egestas, quodam humane
caritatis instinctu misericordiam restringere nescientes predictum privilegium in
omnibus et singulis suis articulis, prout superius est expressum, auctoritate regia
20 innovamus, confirmamus et presentis scripti patrocinio communimus. nulli ergo
omnino hominum liceat [b] hanc paginam nostre innovacionis et confirmacionis infringere aut ei in aliquo ausu temerario contraire. quod qui facere presumpserit, gravem
nostre majestatis offensam se noverit incurrisse. in cujus rei testimonium presens
scriptum conscribi et majestatis nostre sigillo jussimus communiri. testes hujus rei
25 sunt venerabiles Conradus Argentinensis, Heinricus Basiliensis et Conradus Tullensis
episcopi ; spectabiles viri Hartmannus de Habspurch et Chiburch, Heinricus de Vurstin-
berch, Henricus de Vriburch, Fridericus de Liningen, Johannes de Spanheim et
Guntherus de Suartzburch comites ; Otto de Olsinstein, Conradus Wernheri de
Hadstat, fratres de Rapoltstein, Cono de Bercheim et quamplures alii. signum
30 domini Rudolfi regis Romanorum invictissimi   (M.)

Datum Argentine 4 idus novembris indictione 10 anno domini 1281, regni vero
nostri anno nono.   .

*H aus Straßb. Hosp. A led. 1 nr 3 or. mb c. sig. pend. Weißen Wachssiegel an roth-
 seidenen Schnüren.*
35   *Regest mit Zeugenangabe darnach i. Zeitschr. f. Gesch. d. Oberrh XI, 293.*

85. Cônradus episcopus Argentinensis mandat sub pena excommunicationis,
qualenus super assumpto habitu nemo priorisse et sororibus monasterii sancte Marie

---

a) *Rudolfus in Majestela geschrieben mit weiten Abständen.*   b) *Der obere Strich von a und das t auf
Rasur corrigirt.*

Magdalene extra muros Argentinensis molestus sit, nec ex ipsis una cum deponere vel
mutare audent. tunicis et scapularibus albis, palliis vero nigris eas uti jubet.
«gaudemus in domino quod in valle.»   datum Argentine anno domini 1281.
1281 Straßburg.

T aus Straßb. Thom A. Dominic. Ind. 3 or. mb. c. sig. pend. laeso. *Dormelcermerk* VI.

86. *Bischof Kourad von Straßburg fordert die Reuerinnen auf, gegen unruhige
und aufrührerische Schwestern streng vorzugehn, und stellt ihnen dafür die Hilfe
seines Officials zur Verfügung. 1281 Straßburg.*

Cûnradus dei gratia Argentinensis episcopus devotis in Christo.. priorisse et
sororibus monasterii sancte Marie Magdalene ordinis sancti Augustini secundum
instituta sororum sancti Sixti de urbe viventibus extra muros Argentinenses salutis
et gratie continuum incrementum.   intelleximus. quod vobis ad frugem melioris
vite tendentibus et assumpto novo homine, qui secundum deum creatus est, meliora
karismata emulantibus quedam reniti ceperunt sanctitatis proposito detestabili et,
que pudorem non decet femineum. pertinacia resistentes. hinc contigit aliquas
abscedere et excusso jugo regularis discipline tanquam pullos onagri liberas se
putare. quedam vero bona repetentes, que ab ipsis vel earum parentibus vestro
collata monasterio annis plurimis possedistis pacifice, dampnationem Ananie et
Saphire non verentur; relique vero inter vos herentes querelis, murmurationibus,
dolis et machinationibus dura cervice, tanquam deo respondeant: scientiam viarum
tuarum nolumus, vos multipliciter inquietant. sicque factum est, ut parabola implea-
tur ewangelica, prudentibus videlicet virginibus oleum in vasis suis sumentibus.
fatue virgines in sponsi non parentur adventum, sed foris stantes in celestibus
nuptiis nesciantur. cum igitur juxta officii nostri censuram omnia de regno dei
scandala tollere debeamus. id ipsum, quod vobis vestra precipit regula, injungimus
et mandamus: hoc est, ut unanimes habitetis in domo et vobis cor unum et una
anima sit in deo. auctoritate quoque presentium firmiter prohibemus. ne sorores
illas, que recedentes a vobis vestrum consortium contempserunt, recipiatis de cetero
sine nostra licentia speciali nec aliqua bona restituatis, assignetis vel concedatis
aliquibus personis, que relicto vestro monasterio ad aliam transire volunt religionem
vel in seculo remanere. de illis vero, que inter vos manentes et habitum dissimilem
deferentes modis variis vos perturbant, taliter ordinamus. quod videlicet infra septem
dies a noticia presentium, cum in vestro capitulo lecte erunt, majori et saniori parti
congregationis vestre habitu et moribus se conforment. alioquin vos.. priorissa
rebelles in edibus discipline recludite vel de claustro expellite, sicut memorata jubet
regula, ne contagione pestifera plures pereant. et si horum aliquid, quod ad correctionem temeritatis vel conservationis honestatis pertinet, vires vestras excedit, ad
officialem sive judicem curie nostre fiducialiter recurratis. ipsum enim vobis et
vestro monasterio specialem deputamus in hiis scriptis et decernimus defensorem.
quatenus ad requisitionem vestram interdicti et excommunicationis sententias ferat

iu rebelles et publicari in parrochiis faciat, invocato ad hoc, si necesse fuerit, auxilio bracii secularis. si que vero ansu temerario, postquam a vobis fortassis recesserint, in civitate vel in diocesi nostra latere voluerint seu infrunito animo in publicum se jactare, has per officialem memoratum et per plebanos necnon per cappellanos locorum tanquam apostatas denunciari precipimus et expelli. datum Argentine anno domini 1281.

T aus Straßb. Thom. A. Dominic. lad. 3 or. mb. c. sig pend. Dorsualvermerk VII.

87. Conradus dei gratia Argentinensis episcopus priorisse et sororibus monasterii sancte Marie Magdalene extra muros Argentinenses mandat, quatenus constituciones suas constitucionibus a magistro ordinis fratrum predicatorum, cui ab Alexandro papa quarto concessum est, ut constituciones monialium ordinis sancti Augustini secundum statuta ipsorum fratrum vivencium ad uniformitatem reduceret et corrigeret, correctis conformet et, si ipse magister successivis temporibus aliquid de ipsis corrigere, addere vel mutare voluerit, eandem correctionem devote accipiant. «bene dixit legislator». datum Argentine anno domini 1281. *1281 Straßburg.*

T aus Straßb. Thom. A. Dominic. lad. 3 cop. cedm mb c sig pend. ausgestellt rom index curie preposili ecclesie Argentinensis 1286 November 28 Straßburg¹.

88. *Bischof Konrad von Straßburg bewilligt dem Reuerinnenkloster, daß es dieselben Rechte und Privilegien genieße wie die sieben Straßburger Frauenklöster. 1281 Straßburg.*

Cônradus dei gratia Argentinensis episcopus devotis in Christo .. priorisse et sororibus monasterii sancte Marie Magdalene extra muros Argentinenses salutis et gratie continuum incrementum. cum et plantare sacram religionem et plantatam fovere modis omnibus teneamur, id studiis probatur impleri competentibus, si persone deo dedite virga directionis a noxiis retrahantur excessibus et ad viciniora saluti quasi quibusdam premiis invitentur. sane ex parte vestra fuit expositum, quod per negligentium eorum, qui curam vestri pro tempore habuerunt, admodum paucis vel nullis gaudetis privilegiis, que tamen benignitate solita Romani pontifices vel locorum antistites piis collegiis concedere consueverunt. ex quo non solum honestati vestre deperit, immo et utilitati decerpitur, quando tam a clericis quam a laicis conceditur aliis, quod vobis jure vel injuria denegatur. memores igitur, quod ex credita nobis amministratione vos tanquam novale florigerum fructiferam ad culturam reparavimus et auctore ipso, cujus pater agricola est, domino Jesu Christo olive pulcre et uberi surculum quantum licuit inserere preparavimus, vos cure et diligentie .. prioris fratrum ordinis predicatorum ac ipsorum, qui vices ejusdem gerent pro tempore, necnon successoribus eorundem cum succedentibus

---

¹ *Diese Vidimatio umfasst außerdem nr. 86 und nr. 88, die obige Urkunde steht in der Mitte zwischen beiden, hatte also wohl den Vermerk VIII.*

vobis fidelissime commendantes, maxime cum beati Augustini regulam profiteamini
et instituta sororum sancti Sixti servetis, que sub predictorum fratrum presidio
gubernantur, unde ne vos aliis religiosis feminis nostram civitatem sacro claustrorum septenario cingentibus inferiores videamini, que cum ipsis in dei puro ministerio
actus et habitus curritis passu pari idem bravium apprehendere cupientes, omnia 5
privilegia, que sorores claustrorum predictorum, videlicet sanctorum Marci Elizabeth Agnetis Katerine Nicholai Margarete Johannis extra muros Argentinenses
habent vel habebunt in posterum per se vel unionis causa seu speciali gratia per
ordinem fratrum eorumdem, sive illa concessa sint a sede apostolica seu per ejusdem
sedis legatos vel per locorum ordinarios, sive etiam ab eisdem ipsis in posterum 10
concedantur, vobis concedimus et conferimus presentium per tenorem volentes, quod
eisdem privilegiis indulgentiis et graciis utamini intra fines nostre civitatis et
diocesis sive ad agendum sive ad excipiendum vel aliter, sub quocumque tenore
edita sint, contradictione qualibet non obstante.   datum Argentine anno domini 1281.

T aus Straßb. Thom. A. Dominic. lad. 3 or mb. c. sig pend. Dorsualcrmerk VIIII   15

89. Frater Albertus ordinis fratrum minorum dei gracia episcopus insule sancte
Marie omnibus vere penitentibus et confessis, qui ad ecclesiam sanctimonialium ordinis fratrum predicatorum Argentine apud sanctam Katherinam in dedicatione et in
anniversario dedicationis ipsius sive altarium et patronorum et in quatuor festis
precipuis beate Marie virginis et beati Augustini et beati Dominici et beati Petri 20
martyris causa devotionis accesserint, quadraginta dies criminalium de injuncta eis
penitentia, accedente consensu Cûnradi Argentinensis episcopi, misericorditer relaxat
prohibens, ut presentes littere extra per questionarios non ferantur. «loco sanctorum
omnium.»   datum Argentine anno domini 1282 in sabbato ante festum trinitatis in
generali capitulo nostri ordinis Argentine tunc temporis celebrato.[1] *1282 Mai 23* 25
Straßburg.

H aus Straßb. Hosp. A. lad. 125 fasc. 15 or. mb. c. sig. pend.

90. Cûnradus episcopus Argentinensis archipresbytero vel ejus vices gerenti in
Slezstat mandat, ut quosdam clericos et laicos diocesis, qui priorem et fratres ordinis
predicatorum conventus Argentinensis verbis et factis offendere non vereantur, ad 30
presentiam suam evocet, fratribus per censuram ecclesiasticam justicie complementum
exhibiturus. «ex conquestione dilectorum.»   datum in Tabechesteine anno domini
1282 in vigilia Jacobi apostoli. *1282 Juli 24 Dachstein.*

T aus Straßb. Thom. A. Dominic. lad. 3 or mb. c. sig. pend.

91. Cûnradus episcopus Argentinensis omnibus vere penitentibus, qui ad eccle- 35
siam sancti Stephani in Argentina in dedicatione et in anniversario dedicationis altaris
super leteuario ecclesie predicte et per octo dies subsequentes, item in festis patro-

[1] Vergl. Annal. Colmar. maj. (Mon. Germ. SS. XVII. 209)

norum altaris predicti, item in sex festis nativitatis beati Stephani prothomartyris
et inventionis ipsius, beate Athale virginis, sancte Barbare virginis et martyris, beate
Odylie virginis atque dedicationis ecclesie sancti Stephani supradicte causa devotionis
accesserint, quadraginta dies criminalium et unum annum venialium de injuncta eis
penitentia relaxat. «loca sanctorum omnium.»   datum Argentine anno domini 1282.
1282 Straßburg.

B *aus Straßb. Bez. A H fasc.* 2617 *or. mb. c. sig. pend. delapso.*

92. *Die Franciskaner zu Straßburg verpflichten sich der Stadt gegenuber,*
keinerlei Erbschleicherei zu treiben. 1283 *Juli* 9.

Wir brûder Dietherich der provincial der minrebrûdere ordens über Tûtschelant
und brûder Syfrit der gardian und die sammenunge der minrebrûdere des huses zû
Strazburg tûnt kunt allen den, die disen brief gesehent oder gehôrent, daz wir, wie
die ersamen herren der meister der rat und die burgere von Strazburg gemeinliche
vor uns durch ir zuht selber verjehen hant, daz wir sie noch nie beswertent noch
erzurndent mit sôlichen sachen, alse hie nidenan geschriben stânt, doch durch ir
liebi und durch ir bete und durch ir frúntschaft globen wir in getruweliche und
ân alle geverde, daz wir noch nieman, der under uns ist, pfaffe oder leye erben sol
uz unserm closter an die welt weder eygin noch erbe noch kein gût, daz die burger
von Strazburg anhôret. so globen wir in ôch, daz wir nieman underwiset süllent
noch schaffen underwiset an sinem totbette, daz uns burger oder burgerin zu Strazburg ir eygen oder ir erbe gebent oder besetzent, also daz die rehten erben damit
verderbet und enterbet sint. wir globent ôch, daz wir kein gût eigin noch erbe, daz
die burgere oder burgerin von Strazburg anhôrt und uns besetzet oder gegeben wirt,
also verkôffen süllent oder verandern mit der gedinge, daz es da nach wider an uns
oder an anders ieman von unsern wegen gevalle, wenne daz wirs schaffen süllent
verkôffen ân alle geverde, und daz wir mit allen dingen liepliche und gütliche mit
in lebent, wande ôch sie und ir vordern uns und unserm orden ie gütliche und
frúntliche hant getân und allerwege tûnt von iren guâden. so globen wir in mit
gûten truwen, daz wir ir frúnde, die burgere sint zû Strazburg, die under ahtzehen
jaren sint, so verre so wir mit gotte iemer mügent, niht empfôhen wellent in unsern
orden, und wellent uns hôten, daz wir sie daran nit beswerent, so verre so wir
iemer mit gotte und mit unsers ordens ere mügent, ez ensie denne der nehsten
frúnde gût wille. daz diz war sie und stete blibe, darumbe sint unsere ingesigele
dez vorgenanten provincials und dez huses zû Strazburg an disen brief gehencket
zû einem urkúnde.   dis geschach an dem fritdage nach Ûlrici, da von gottes
gebúrte warent tusent jar zweihundert jar und drú und ahtzig jare.

S *aus Straßb. St. A Briefbuch A fol.* 37ᵇ *mit der Ueberschrift:* daz die barfûszen durch
iren gûten willen und mûtwillekliche sich verbunden hant, alle die stúcke zû haltende,
die die stat an sie vorderte, wande sie der stat und den burgern damit willen wolten.
Gedruckt ebendarnach bei Schöpflin Als. dipl. II, 27 *nr* 737 *und Hegel D. St. Chron* IX,
972 *im Auszug.*

93. *Die Franciskaner zu Straßburg beurkunden ihre Verpflichtungen der Stadt gegenüber betreffend Erbschleicherei. 1283 [Juli 9].*

Nos frater Theodericus fratrum minorum Alemanie provincialis minister et servus, frater Sifridus gardianus totusque conventus domus Argentinensis notum facimus universis, ad quos pervenerit noticia subscriptorum, quod nos venerabilibus in s Christo dominis.. magistro consulibus ac universitati civitatis Argentinensis predicte dedimus litteras de verbo ad verbum tenorem hujusmodi continentes [1] : nos frater Theodericus minister et servus fratrum minorum Alamanie et frater Sifridus gardianus totusque conventus fratrum minorum in Argentina notum facimus universis presentes litteras inspecturis, quod, licet honorabiles domini.. magister et consules 10 ac universitas civitatis Argentinensis a nobis nunquam molestati vel offensi fuerint in articulis infrascriptis, prout etiam ipsi ob eorum meram honestatem et urbanitatem recognoverunt conmuniter coram nobis ac publice sunt professi, nos tamen ob eorum amiciciam et favorem ac instanciam seriosam ipsis promittimus et promisimus bona fide, omni dolo et fraude circumscriptis penitus et exclusis, 15 quod nos vel fratres nostri aliqui, sive sint clerici sive layci, ab aliquo cive Argentinensi nobis quacumque consanguinitatis linea attinente nunquam petemus sive de mobilibus sive de inmobilibus jure successionis hereditariam portionem. item promisimus et promittimus per presentes, quod nunquam per nos vel per alios civem aliquem Argentinensem virum vel mulierem in lecto egritudinis constitutum indu- 20 cemus vel induci procurabimus, ut omnia bona sua mobilia et inmobilia pro anime sue remedio nobis leget, ita quod heredes sui legitimi portione legitima penitus defraudentur. promisimus eciam et promittimus, quod, si aliquis civis Argentinensis possessionem inmobilem aut domum aliquam usibus seu necessitati fratrum deputaverit, nos possessionem illam aut domum vendi procurabimus absolute et simpliciter 25 absque omni condicione et pacto tali videlicet, quod post mortem ementis ad nos vel quemcumque nomine nostro iterum revertatur. porro ut dictorum dominorum favor et gratia, quam nobis multis retroactis temporibus magnis et variis beneficiis multipliciter ostenderunt, erga nos inviolabiliter perseveret et pax inter nos et ipsos in perpetuum conservetur, promisimus et promittimus dominis memoratis, quod nun- 30 quam aliquem juvenem [a] filium [b] alicujus civis Argentinensis infra decimum octavum etatis sue annum, quantum cum deo possumus, et salva nostri ordinis honestate ad ordinem nostrum recipiemus nec de parentum seu consauguineorum suorum proximorum beneplacito et assensu [2]. in hujus rei testimonium et perpetuam firmitatem

a) *S juv auf Rasur.*   b) *S die letzten vier Striche des filium auf Rasur.* 35

---

[1] *Die folgende Urkunde ist die lateinische Version von nr. 92. Es lässt sich jetzt nicht mehr entscheiden, ob der ursprüngliche Text der Verpflichtung, welche die Franciskaner der Stadt gegenüber eingingen, deutsch oder lateinisch war. Für das erste spricht das genaue Datum, das hier fehlt, eine gewisse Freiheit des Ausdrucks und ferner das in nr. 120 inserirte Stück, bei dem allerdings auch das Datum mangelt. Deßhalb sind beide Versionen gegeben, die deutsche freilich in der Sprache des aus- 40 gehenden 14. Jahrhunderts.*

[2] *Ist die Form des Ausdrucks nur ungeschickt oder ist hier das Gegentheil von der deutschen Fassung gemeynt?*

sigilla nostra, mei scilicet prefati ministri et conventus fratrum minorum in Argentina presentibus sunt appensa.   datum anno 1283.

*S aus Straßb. St. A. Vord. Dreizehn. Gew. lad. 4N or. mb c. 2 sig pend. Zwei gut erhaltene
ovale Siegel, das erste mit der Legende s ministri minorum fratrum Alemanie und der
Umschrift mi pater non mea voluntas, sed tua fiat, darunter quer apostoli dormientes;
das zweite mit der Legende s. fratrum minorum de Argentina*

*Im Straßb. Thom. A Dominic. lad. 4 2 eidim. mb. c sig. pend delapa. ausgestellt von
Meister und Rath der Stadt Straßburg 1287 Mai 28.*

*Die Urkunde ist jedenfalls um 9. Juli 1283 oder sehr bald nachher ausgestellt worden.
Vergl. nr. 93.*

94. Sifridus archiepiscopus Coloniensis archipresbitero in Muscerh mandat, ut
viceplebanum in Mollesheim, qui contra fratres predicatores Argentinenses infestum
se habuerit, ad responsionem querimonie citet. «ex conquestione dilectorum».
datum Colonie sequenti die beati Francisci anno domini 1283. *1283 October 5 Köln.*

T aus Straßb. Thom. A. Dominic. lad. 3 or. mb. c. sig. pend. delapsa.

95. Frater Johannes Lettoviensis episcopus ordinis domus Theutonice, cum
fratres heremitarum ordinis sancti Augustini in Argentina ecclesiam et alia eis
competentia edificia edificare inceperint, omnibus vere penitentibus et confessis, qui
eis manum adjutricem porrexerint seu locum ipsorum visitaverint in festivitatibus
beate virginis Marie, in festo corporis Christi, in festis quoque dedicationum et
beati Augustini ac per octavas eorundem, quadraginta dies de injuncta eis penitentia relaxat, dummodo consensus dyocesani accedat. «quoniam ut sit apostolus».
datum in Brisaco anno domini 1284 in festo beati Augustini episcopi. *1284 August
28 Breisach.*

T aus Straßb. Thom. A. Augustiner lad. 10 or. mb. c. sig. pend. mutil.[1]

96. *Indulgenzbrief Bischof Konrads von Toul, in dem er beurkundet, daß er
den Kirchhof des St. Katherinenklosters zu Straßburg geweiht und den Weihtag
des Klosters auf den Sonntag nach Kreuzerhöhung verlegt habe. 1284 October 31
Straßburg.*

Frater Cûnradus ordinis fratrum minorum dei gracia Tullensis ecclesie episcopus universis presentem litteram inspecturis salutem in domino Jesu Christo.

1 *Ebenda befinden sich im Original zwei gleichlautende Indulgenzbriefe für die Straßburger Augustiner, beide auf gleichem Pergament und, wie es scheint, von einer Hand geschrieben. Dieselben sind
ausgestellt von Bischof Heinrich von Trient und Bischof Konrad von Toul 1287 April 10 (feria b ante
dominicam Quasimodogeniti) für Alle diejenigen, welche der Kirche hilfreiche Hand leisten oder dieselbe an den Marienfesten, Kirchweihen, Weihnachten. Ostern, Pfingsten, Allerheiligen, Fronleichnam
(in festo preciosi corporis Christi), an den Festen des heiligen Augustin und den besondern Festen der
Kirche besuchen werden.*

universitati vestre notum esse volumus, nos cymiterium sanctimonialium in Christo
devotarum monasterii sancte Katerine sub cura fratrum ordinis predicatorum extra
muros Argentinenses degencium de mandato et beneplacito venerabilis domini Cûnradi Argentinensis episcopi, in cujus dyocesi constitute sunt, anno ab incarnacione
October 31 domini 1284 in vigilia omnium sanctorum consecrasse et anniversarium diem dedi- s
cacionis ejusdem monasterii de mandato litterarum ejusdem venerabilis domini dyocesani in alium diem magis congruum, scilicet in dominicum proximam post festum
September 11 exaltacionis saucte crucis sequentem ad devotam peticionem dictarum sanctimonialium transtulisse. ut autem ipsum monasterium in anniversario festo dedicacionis et
November 25 in festo sancte Katerine ibidem patrone et per octabas dictorum festorum devocius 10
a Christi fidelibus visitetur, omnibus vere penitentibus et confessis, qui ad ipsum
causa devocionis tunc accesserint, nos de omnipotentis dei confisi misericordia et
de beneplacito ejusdem dyocesani annum et karrinam misericorditer impertimur.
datum Argentine anno domini 1284 in vigilia omnium sanctorum.

H aus Straßb. Hosp. A. lad. 125 fasc. 25 or mb. c. sig. pend. mutil. 15

97. *König Rudolf schreibt dem Landgrafen des Niederelsaß, daß er nicht
befugt sei, die Bürger von Straßburg gerichtlich zu belangen. 1284 November 2
vor Waldeck.*

Rûdolfus dei gracia Romanorum rex semper augustus nobili viro lantgravio
Alsacie inferioris fideli suo dilecto graciam suam et omne bonum.   strennui et 20
prudentes viri cives Argentinenses fideles nostri dilecti querelose nobis suis litteris
intimarunt, quod tu tua volens uti jurisdictioue ipsos cives Argentinenses in causis
et questionibus sibi motis coram te proscribis et proscripcionis seutenciis implicas
et involvis. in quo scias te injuriari eisdem, cum sic et in tantum liberali* sint
predicti cives Argentinenses, quod nullius lantgravii proscripcionis sentencie debeant 25
subjacere.   datum ante Waldecke 4 nonas novembris regni nostri anno 12.

*S aus Straßb. St. A. Briefbuch A fol. 146^b mit der Ueberschrift daz der lantgrafe in
Elsaz von den burgern von Strasburg nit rihten sol.*
*Gedruckt darnach bei Wencker Coll. arch. p. 60 und Schöpflin Als. dipl. II, 28 nr. 740.
— Böhmer R. Rud. nr. 803.* 30

98. *Bischof Heinrich von Regensburg gibt dem Prior und Subprior der Straßburger Dominikaner den Auftrag, die Straßburger Bürger Rudolf und Heinrich
Lenzelin, welche für ihre Gewaltthat gegen das St. Margarethenkloster volle Genugthuung gegeben, von dem Bannspruch zu lösen. 1284 Regensburg.*

Heinricus dei gracia Ratisponensis ecclesie episcopus viris religiosis. . priori vel 35
subpriori fratrum ordinis predicatorum domus Argentinensis salutem in domino

a; S libertati.

sempiternam. quia, prout nobis relatum est, Rudolfus et Heinricus dicti Lenzelin cives Argentinenses pro violencia commissa in claustro sororum sancte Margarete extra muros Argentinenses plene satisfecerunt, conveniens est, ut absolutionem a sentencia excommunicationis, quam per hujusmodi violenciam incurrerant, ad peti-
5 cionum suarum instanciam consequantur. vobis igitur auctoritate sedis apostolice, qua fungimur in hac parte, conservatores videlicet privilegiorum vestri ordinis constituti, committimus per presentes, quatenus dictis Rudolfo et Heinrico et aliis, si qui indigent hujusmodi gratia in hoc facto, injuncta eis penitencia competenti absolucionis beneficium inpendatis. datum Ratispone anno domini 1284.

10 *T aus Straßb. Thom. A. Dominic. lad. 3 or. mb c. sig. pend.*

99. *Herzog Friedrich von Lothringen verzichtet der Stadt Straßburg gegenüber auf alle Forderungen bezüglich der Einnahme des Ochsensteins u. A. 1285 Mai 2.*

Nos Fridericus dei gratia dux Luthoringie notum facimus universis tam presentibus quam futuris, quod nos sponte et liberaliter omnia dampna et gravamina
15 nostris fidelibus Dietrico, Hessoni, Anshelmo et Gotzoni advocatis de Wasselnheim in expugnatione castri de Ohsenstein[1] et quecunque alia dampna eisdem nostris fidelibus illata usque in diem hodiernam per cives Argentinenses, pro nobis et omnibus nostris in perpetuum heredibus relaxamus et remittimus puro corde promittentes pro nobis et nostris heredibus, quod propter hujusmodi dampna predictis civibus
20 Argentinensibus nullum umquam dampnum aut molestiam inferemus aut inferri aliquatenus faciemus. in cujus rei testimonium sigillum nostrum presentibus est appensum. datum in vigilia asscensionis domini anno 1285.

S aus Straßb. St. A. Gew. u. d. Pfalz lad. 198 or. mb. c. sig. pend.
Gedruckt aus dem Briefbuch A fol. 100 ᵃ ibid. bei Schöpflin Als. dipl. II. 32 nr. 746.

25 **100.** *Die Vögte von Wasselnheim verzichten der Stadt Straßburg gegenüber auf jeden Schadenersatz in der Fehde zwischen ihnen einer-, und dem Bischof von Straßburg wie dem Landvogt andrerseits. 1285 Mai 2.*

Wir Dietrich, Hesso und Anshelm der Heidene und Gotzelnau die vöte von Wasselnheim tünt kunt allen den, die disen brief gesehent oder gehörent, daz wir
30 vur uns und vur alle unser erben varn lout mit luteren hercen allen den schaden und alle die biswerde, die uns widervarn ist an deme huse ze Ohsenstein, und swa er uns anderswa geschehen ist unce an disen tag hüte von den burgeren von Strazburg gemeinliche oder sunderlingen in deme urlüge, das uferstanden ist zwischent unsereme herren bischof Conrate von Strazburg und deme lantvöte einsite
35 und uns andersite, und gelobent in unverscheidenliche, das wir umbe die getat und

[1] *Vergl. Annal. Colmar. maj. (Mon. Germ. SS. XVII, 211).*

umbe solichen schaden, als uns ze Ohsenstein an deme huse und anderswa widervarn ist von den burgeren von Strazburg, weder wir noch unser erben den burgeren
von Strazburg leit noch schaden sulnt getûn noch schaffen getan. daz dis war si
und stete blibe, derumbe geben wir in disen brief versigelt mit unseren ingesigeln
zeime urkunde.　dis geschach an deme schön nön abende, da von gots geburte　5
warent tusent jar zweihundert jar und vunfi und ahzig jar.

*S aus Straßb. St. A. AA art. 1396 or. mb. c. 4 sig. pend., quorum 2 delapt. Erhalten die
Siegel der beiden Wasselnheimer Vögte Hesso und Anselm. Es ist ein fünfter Siegel-
schnitt vorhanden; doch befindet sich an diesem nicht auf der Rückseite das sonst
stehende R[egistrata].*　10

101. *Pabst Honorius IV befiehlt dem Bischof von Straßburg, dem Dekan der
Speierer und dem Sänger der Haslacher Kirche, daß sie die Klage des Straßburger
St. Elisabethklosters, es werde von der Stadt unrechtmäßig verhindert, sich inner-
halb der Stadtmauern zu verlegen, untersuchen sollen. 1285 September 1 Tivoli.*

Honorius episcopus servus servorum dei venerabili a fratri . . episcopo Argen-　15
tinensi et dilectis filiis . . decano Spirensis ac . . cantori Hasilacensis Argentinensis
diocesis ecclesiarum salutem et apostolicam benedictionem.　dilecte in Christo
filie . . priorissa et conventus monasterii sancte Elisabeth extra muros civitatis Argentinensis ordinis sancti Augustini secundum instituta fratrum ordinis predicatorum
viventes nobis conquerendo monstrarunt, quod, cum ipse, que propter inundationes　20
aquarum illuc confluentium et alias incomoditates multiplices nequeunt in loco ipso
morari, ad quendam fundum suum, quem infra dictam civitatem obtinent, velint
obtenta super hoc diocesani licentia se transferre, cives Argentinenses eas, prout
sibi licet, quominus se b illuc transferre valeant, contra justitiam impedire presumunt c.
quare pro parte ipsarum humiliter petebatur a nobis, ut providere sibi super hoc　25
de oportuna exhibitione justitie curaremus. quocirca discretioni vestre per apostolica
scripta mandamus, quatinus vocatis, qui fuerint evocandi, et auditis hinc inde propositis, quod justum fuerit, appellatione postposita decernatis facientes, quod decreveritis, per censuram ecclesiasticam firmiter observari. proviso, ne in universitatem
civitatis predicte excommunicationis vel interdicti sententiam proferatis, nisi a nobis　30
super hoc mandatum receperitis speciale. testes autem, qui fuerint nominati, si se
gratia, odio vel timore subtraxerint, censura simili appellatione cessante cogatis
veritati testimonium perhibere. quodsi non omnes hiis exequendis potueritis interesse,
tu frater episcope cum eorum altero ea nichilominus exequaris.　datum Tiburc
kalendis septembris pontificatus nostri anno primo.　35

*H aus Straßb. Hosp. A. lad. 90 fasc. G or. mb. Bulle an Hanfschnur. Oben in der Ecke
rechts An zweimal schräg durchstrichen; unter dem Bug links Kontenvermerk - - - -;
auf dem Bug rechts Sy. Voñ (?) Ruckvermerk in Doppelrahmen mit Kreuz darüber
Nic[olaus] Waldini.*

a) *H venerali.*　b) *eas — se auf Rasur, mit blasserer Dinte auf einen Raum für etwa zwei Worte　40
gedrängt, von denen nur noch einige s-Striche sichtbar sind, wohl gleichzeitige Correctur.*

---

1 *Vergl. die ähnliche Klage des St. Katherinenklosters im Jahr 1265, UB. I, 455 nr. 602.*

102. Fridericus Senogaliensis, Bernardus Visentinus, Angelus Melfitensis [1], Tholomeus Sandonensis, Valdebrunus Aveloniensis et Glaviniocensis [2] et Johannes Avellinus episcopi cupientes, ut monasterium sanctimonialium sancte Elyzabeth ordinis predicatorum in Argentina congruis honoribus frequentetur, omnibus vere penitentibus et

5 confessis, qui ad monasterium ipsum causa devotionis accesserint et ad fabricam ejusdem manum porrexerint adjutricem, singuli singulas quadragenas annis singulis de injuncta penitencia misericorditer relaxant, dummodo voluntas dyocesani accesserit. «licet is de cujus munere.» datum Tybure kalendis septembris anno nativitatis domini 1285, pontificatus domini nostri Honorii pape quarti anno primo. *1285*

10 *September 1 Tiroli.*

H aus Straßb. Hosp. A. lad. 90 fasc. 4 or. mb. c. 5 rg. pend.

103. *Pabst Honorius IV trägt dem Dekan der Kirche von St. German zu Speier auf, dem Straßburger St. Marxkloster wieder zum Besitz seiner unrechtmäßig entfremdeten Güter zu verhelfen. 1285 September 22 Tiroli.*

15 Honorius episcopus servus servorum dei dilecto filio.. decano ecclesie de sancto Germano Spirensis diocesis salutem et apostolicam benedictionem. ad audientiam nostram pervenit, quod tam dilecte in Christo filie.. priorissa et conventus monasterii sancti Marci extra muros Argentinenses ordinis sancti Augustini secundum instituta et sub cura fratrum ordinis predicatorum viventes quam olie, que in dicto monasterio

20 precesserunt, easdem decimas terras possessiones redditus domos casalia vineas prata molendina jura jurisdictiones et quedam alia bona ejusdem monasterii datis super hoc litteris, interpositis juramentis, factis renuntiationibus et penis adjectis in gravem ejusdem monasterii lesionem nonnullis et clericis et laicis, aliquibus eorum ad vitam, quibusdam vero ad non modicum tempus et aliis perpetuo ad firmum vel

25 sub censu annuo concesserunt, quorum aliqui super hiis confirmationis litteras in forma communi a sede apostolica impetrasse dicuntur. nos itaque volentes eidem monasterio super hoc paterna sollicitudine providere, discretioni tue per apostolica scripta mandamus, quatinus ea, que de bonis ejusdem monasterii per concessiones hujusmodi allienata invenaris illicite vel distracta, non obstantibus litteris penis

30 juramentis renuntiacionibus et confirmacionibus supradictis, ad jus et proprietatem ipsius monasterii legitime revocare procures, contradictores per censuram ecclesiasticam appellatione postposita compescendo. testes autem, qui fuerint nominati, si se gratia odio vel timore subtraxerint. censura simili appellatione cessante compellas veritati testimonium perhibere. datum Tibure 10 kalendas octobris pontificatus nostri anno

35 primo [3].

H aus Straßb. Hosp. A. lad. 89 fasc. 13 or. mb. Hulle an Hanfschnur. Links unterm Bug Kostenvermerk . ., darunter — O. laud[onensis]. Auf dem Bug rechts h pd mit Abkürzungsstrich durch d. Auf dem Rücken in doppeltem Rahmen u. Waldini.

[1] *Nach der Siegellegende* Melfetensis, *wohl Bischof von Molfetta*

40 [2] *Nach der Siegellegende :* Glavinicensis.

[3] *Genau dasselbe, nur in knapperer Fassung ordnet ein zweites Breve des Pabstes Honorius IV*

104. Honorius papa IV mandat preposito ecclesie Ilonagensis, qualinus ea, que de bonis monasterii sancte Katerine extra muros Argentinenses ordinis sancti Augustini sub cura fratrum ordinis predicatorum viventis alienata invenerit illicite vel distracta, ad jus et proprietatem legitime revocare procuret, contradictores per censuram ecclesiasticam appellatione postposita conpescendo. «dilectarum in Christo 5 liliarum.» datum Tibure kalendis octobris pontificatus nostri anno primo. *1285 October 1 Tivoli.*

II aus Straßb. Hosp. A. lad. 12b fasc. 12 or. mb. Bulle an Hanfschnur. Oben rechts in der Ecke der Vermerk an zweimal schräg durchstrichen; auf dem Bug rechts Jac de Rät. Auf der Rückseite im Doppelrahmen mit Kreuz darüber der Vermerk n. Waldini. 10

105. *Werner von der Mosel, Bürger von Speier, bekennt von der Stadt Straßburg vollen Schadenersatz für ein Schiff erhalten zu haben. 1285 November 16.*

Noverint universi tam presentes quam posteri, quod ego Wernherus civis Spirensis dictus de Mosella pro me et omnibus meis heredibus remitto omnem actionem michi conpetentem et conpetituram contra universitatem et singularitatem 15 civium Argentinensium pro nave magna michi per eos perdita et pro dampnis et negligenciis, que michi occasione ejusdem navis perdite emerserunt, quoniam iidem cives michi eandem navem integraliter persolverunt cum decem et octo libris denariorum Argentinensium. quas michi pro eadem nave et dampnis universis per ipsos. cives confiteor assignatas. in cujus rei testimonium sigillum civitatis Spirensis pre- 20 senti scripto meis precibus est appensum. datum anno domini 1285 feria sexta post Martini.

S aus Straßb. St. A. Verschl. Canzlei-Gew. Corp. K lad. 17 or. mb. c. sig. pend.

106. Frater Roinaldus archiepiscopus Messanensis, frater Waldebrunus Avelonensis episcopus, Bernardus Vizentinus episcopus, frater Romanus Croensis episcopus, 25 Obertus Astensis episcopus, Rodericus Segobiensis episcopus, frater Petrus Dragonariensis episcopus, Perronus Lorinensis episcopus, Fredolinus Aniciencis episcopus, Leo Calamonensis episcopus cupientes, ut ecclesia sororum inclusarum sancti Marci ewangeliste secundum regulam sancti Augustini et constituciones fratrum predicatorum vivencium in Argentina congruis honoribus veneretur, omnibus vere peniten- 30 tibus et confessis, qui ad ipsam ecclesiam causa devocionis in diebus subscriptis,

---

an. 1285 October 1 Tivoli. Straßb. Hosp. A. lad. 89 fasc. 18 or. mb. Bulle an Hanfschnur. Oben in der Ecke rechts durchstrichen an, auf dem Bug rechts Jac. de Rät. Rückvermerk im doppelten Rahmen mit Kreuz darüber n. Waldini.

Den gleichen Wortlaut wie nr. 103 und dieselbe Datirung haben zwei Breve desselben Pabstes für 35 das Kloster St. Elisabeth, gerichtet an den Scholasticus von St. Thomas zu Straßburg, und für das Kloster St. Johannes gerichtet an den Abt von Maurmünster. Beide im Straßb. Hosp. A. lad. 90 fasc. 5 und fasc. 17 sind Originale mit Bulle an Hanfschnur, haben denselben Kontenvermerk links unterm Bug, dieselben Vermerke rechts auf dem Bug und auf dem Rücken wie nr. 103. Nur das Breve für St. Johannes hat allein oben rechts in der Ecke zweimal schräg durchstrichen An. 40

videlicet festivitatum gloriose virginis Marie, sancti Marci ewangeliste, beati Petri martiris et beati Dominici et Augustini confessorum, dedicationis ecclesie prefate et altarium[a] accesserint, singuli singulas quadragenas de injunctis penitenciis, dummodo dyocesani consensus accesserit, relaxant. «licet is de cujus munere.» datum Rome
5 anno domini 1285, pontificatus domini Honorii pape quarti anno primo. *1285 Rom.*

H aus Straßb. Hosp. A. lad. 80 fasc. 30 or. mb. c. 10 sig. pend.

107. *Hugo von Spangen schließt mit der Stadt Straßburg eine Sühne. 1286 April 23.*

Ich Hug von Spangen tů kunt allen den, die disen brief gesehent oder gehôrent.
10 daz ich mit den burgeren von Strazburg gemeinliche bin lûterliche vesûnet umb alle vorderunge, die ich gegen in môhte han von mins vatere wegen. dise sûne han ich gesworn vur mich unde vur minen brûder unde vur alle mine friunt stete ze habenne iemerme unde gelobe, daz ich den burgeren von Strazburg umbe dise getat niemer leit noch schaden noch laster sol getûn noch schaffen getan. herumbe han
15 wir Johannes der lantgrave ze Elsaz durch sine bette unsere ingesigele an disen brief gehenket zeime urkunde. dis geschach an sante Gerien tage, da von gots geburte warent zwelf huundert jar unde sehzi und ahzig jar.

S aus Straßb. St. A. Verschl. Canzlei-Uew. Corp. K lad. 15 or. mb. lit. pat. s. sig. Der untere Rand der Urkunde ist verschnitten.

20 **108.** Frater Reynaldus archiepiscopus Messanensis, episcopi[b] Rodericus Segobiensis, frater Romanus Croensis, Fredolinus Aniciensis, Peronus Lariuensis, Raymundus Marsiliensis, Leo Calamonensis, Egidius Turciburensis, frater Romanus Alifanus, Bernhardus Vincentinus, frater Waldebrunus Avellonensis, Petrus Wibergensis cupientes, sororum inclusarum ordinis sancti Augustini secundum constitutiones
25 fratrum predicatorum vivencium ecclesias in provincia Theutonie congruis honoribus venerari, omnibus penitentibus et confessis, qui jam dictas ecclesias in festis subscriptis, videlicet in festo sancte Trinitatis, in singulis festivitatibus beate virginis, Johannis baptiste, Petri et Pauli apostolorum, Johaunis apostoli et ewangeliste, Petri martiris, Augustini, Nycolai et Dominici confessorum, Marie
30 Magdalene, Katherine virginis et martyris et in die consecrationis ecclesiarum vel altarium ipsarum et in anniversariis et in festis patronorum ecclesie et per octavas earundem causa devocionis accesserint sive manum porrexerint adjutricem, singuli singulas quadraginta dierum indulgencias de injunctis penitenciis, dummodo metropolitani vel dyocesani consensus accesserit, misericorditer relaxant. «licet is de cujus
35 munere». datum Rome anno domini 1286 pontificatus domini Honorii pape quarti anno primo. *1286 [vor Mai 20] Rom.*

H aus Straßb. Hosp. A. lad. 125 fasc. 16 inserirt der Bestätigungsurkunde Bischof Konrads für das St. Katherinenkloster 1286 Juli 15 (in die sancte Margarete) Straßburg. or. mb. c. sig. pend.

40 a) *H altariorum.* b) *H stellt vor episcopi Messauensis.*

109. Frater Heinricus Maguntine ecclesie archiepiscopus sacri imperii per Germaniam archicancellarius, cum, sicut in persona propria prospexit, ad conplendam fabricam Argentinensis ecclesie quam plurimum sumptuosam fidelium subsidiis indiget adjuvari, omnibus vere penitentibus et confessis, qui pias elemosinas et caritatis subsidia dicte fabrice erogaverint, quadraginta dies de injuncta eis penitencia relaxat. «quoniam ut ait apostolus». datum Argentine anno domini 1286, 2 kalendas augusti. *1286 Juli 31 Straßburg.*

F aus Straßb. Frauenh. A. Donationsbuch 2 fol. 210ᵃ cop. chart. sec. XV.

110. *Kuno von Bergheim der alte schwört der Stadt Straßburg den Eid als Außbürger. 1286 August 27.*

Ich Cûne von Bercheim der alte ein burgere von Strasburg dû kund allen den, die disen brief geschent oder gehôrent lesen, daz ich han gesworn deme meistire unde deme rate von Strosburg, daz ich sol sitzen mit hûse ze Strasburg alse ein reht burgere, swenne so su mich manent oder gemanit wurde von iren wegen. unde swenne su mich dez irlaut, so sol ich dûse sitzen. ich gelobe och, daz ich in sol beholfen sin unde su sol in mine vestinen lazsen, swenne es in not dût zû urlugende. unde sulent su mir och beholfen sin da widere alse einnime burgere, swenne ez mir not dût unde reht habe. dis gelobe ich bi deme eide, den ich han drumbe getan. unde daz diz war si unde stete blibe, so han ich Cûne der vorgenante von Bercheim min ingesigel gehenkit an disen brief. * diz geschach da von gottes geburte was tusent jar zweihundert jar unde sehze unde ahtzig jar an dem zisdage nach sancte Simphoriani.

S aus Straßb. St. A. Vord. Dreizehn. Gew. lad. 112 or. mb. e. sig. pend. delapso. Die wechselnde Form des z, welche die Urkunde characterisirt, ist nicht wiedergegeben. Gedruckt aus dem Briefbuch A fol. 253ᵃ ibid. bei Wencker Diss. de pfallburg. p. 123 und Hegel D. St. Chron. IX, 1035. dem ich mich bezüglich der Datirung anschließe.

111. Johannes Tusculanus episcopus apostolice sedis legatus, cum magister et consules civium civitatis ac magistri fabrice ecclesie beate Marie Argentinensis, sicut insinuare curarunt, ecclesiam ipsam jam dudum nobili structura inceptam proponant consumare opere sumptuoso et ad ipsius consumacionem operis fidelium suffragia noscantur plurimum oportuna, omnibus vere penitentibus et confessis, qui ad opus hujusmodi pias elemosinas et grata caritatis subsidia erogaverint, quadraginta dies de injuncta eis penitencia relaxat litterasque per questionarios mitti inhibet, eas, si secus actum fuerit, carere viribus decernens. «quoniam ut ait apostolus.» datum Argentine 8 idus novembris pontificatus domini Honorii pape quarti anno secundo. *1286 November 6 Straßburg.*

F aus Straßb. Frauenh. A. Donationsbuch 2 fol. 216ᵇ cop. chart. sec. XV.

a) S add. gehenkit.

112. *Der päbstliche Legat Johannes bestätigt alle der Straßburger Münster-fabrik bewilligten Indulgenzen. 1286 November 6 Straßburg.*

Johannes miseracione divina Tusculanus episcopus apostolice sedis legatus dilectis in Christo magistro et consulibus civium et magistris fabrice ecclesie sancte
5 Marie Argentinensis salutem in domino.   cupientes, ut fabrica ecclesie vestre Argentinensis, quam dudum cepistis edificare opere plurimum sumptuoso, celerem dante domino consequatur effectum, indulgencias a venerabilibus in Christo patribus archiepiscopis et episcopis infra nostre legacionis terminos constitutis ad consumacionem ipsius operis manum porrigentibus adjutricem provide picque concessas auctoritate presen-
10 cium confirmamus et presentis scripti patrocinio communimus. nulli ergo omnino hominum liceat, hanc paginam nostre confirmacionis infringere vel ei ausu temerario contraire. si quis autem hoc attemptare presumpserit, indignacionem omnipotentis dei et beatorum Petri et Pauli apostolorum ejus se noverit incursurum.   datum Argentine 8 idus novembris pontificatus domini Honorii pape quarti anno secundo.

15 *F aus Straßb. Frauenh. A. Donationsbuch 2 fol. 217ª cop. chart. sec. XV.*

113. *Der päbstliche Legat Johannes bewilligt der Stadt Straßburg, daß der ihr zuständige Frühaltar im Münster nur von einem Interdictsspruch betroffen werden kann, der diese Indulgenz ausdrücklich erwähnt. 1286 November 7 Straßburg.*

20 Johannes miseratione divina Tusculanus episcopus apostolice sedis legatus dilectis in Christo . . magistro consulibus et universitati civium Argentinensium salutem in domino sempiternam.   multe ac sincere devotionis affectus, quam ad sacrosantam Romanam ecclesiam geritis, nos inducit, ut petitionibus vestris beningnum prestantes assensum eas, quantum cum deo et honestate possimus, ad
25 exauditionis gratiam admittamus ª. nos igitur vestris devotis supplicationibus inclinati auctoritate vobis, qua fungimur, indulgemus, ut in altari civitatis vestre in ecclesia beate Marie Argentinensi, quod altare dicitur mane altare et ad collationem civium dicitur pertinere, auctoritate litterarum nostrarum vel delegatorum nostrorum divina offitia suspendi vel interdici nequeant absque mandato nostro speciali faciente plenum
30 et expressam de indulto hujusmodi mentionem ¹. nulli ergo omnino hominum liceat, hanc paginam nostre concessionis infringere vel [ei] ᵇ ausu temerario contraire. si quis autem hoc attemptare presumpserit, indignationem omnipotentis dei et beatorum Petri et Pauli apostolorum ejus se noverit incursurum.   datum Argentine 7 idus novenbris pontificatus domini Honorii pape quarti anno secundo.

35 *S aus Straßb. St. A. GG or. mb. c. sig. pend. Links unten am Bug . X. Auf dem Rücken der, wie es scheint, von gleicher Hand wie im Text längsseitig geschriebene Vermerk: det[ur] magistro Yringo.*
Gedruckt aus dem Briefbuch A fol. 9ᵇ ibid. bei Wencker Coll. arch. p. 471 nr. 3.

a) *Hier wie noch bei andern Worten z. B. litterarum hat u das Aussehen von ci.*   b] *S Loch im Pergament.*

¹ *Dieselbe Indulgenz wurde der Stadt schon 1253 Juli 31 vom Cardinallegaten Hugo bewilligt. Vergl. UB. I, 278 nr. 365.*

114. *Der päbstliche Legat Johannes fordert die Stadt Straßburg auf, von den Gewaltthätigkeiten gegen die Dominikaner daselbst abzustehen und ihnen binnen drei Tagen nach Empfang der Aufforderung ausreichende Genugthuung zu geben, widrigenfalls er sie mit dem Interdict belegen werde.* 1287 Mai 14 Metz.

Johannes miseratione divina Tusculanus episcopus apostolice sedis legatus nobilibus viris .. magistro consulibus et universitati civitatis Argentinensis salutem in domino. nostro nuper auditui horribilis et piis detestanda mentibus de vobis est oblata querela, quam referentes horrescimus, et non immerito, qui partium Alamannie curam gerimus fidelium animarum, si conquestio veritatis fulciatur suffragio, in nostris precordiis perturbamur, cernentes proch dolor inimicum humani generis sic in discordie cultura proficere, ut fideles provocet tam dire tam aspere contra fidei professores. siquidem eadem querela continebat, quod vos, qui semper inter alios partium istarum fideles erga deum et ecclesiam Christi sanguine dedicatam operum laudabilium exhibitione in puritate fidei claruistis, ad tantam prorupistis furoris audaciam, quod viros sancte religionis priorem et conventum Argentinenses predicatorum ordinis, quem ordinem universalis ecclesia, cujus in partibus istis vices gerimus, prosequitur affectibus intimis pro eo, quod inter ceteras sacras religiones deo et apostolice sedi devotas claret devotione conspicua, viros producens beate vite cultores catholice fidei et ipsius assiduos professores, eorundem sedis et ordinis reverentia pretermissa, immaniter pertractantes, violenter domos ipsorum fratrum cum securibus et horrendis clamoribus invasistis frangendo ipsius domus ostia aliasque fratribus ipsis multiplices injurias irrogando et, quod est immanius, ipsos, ut dicitur, undique reclusistis, ne ad ipsos pateat fidelibus accessus et eis omnino prohibeatur egressus, ea sola occasione, quod ipsi prior et fratres noluerunt, prout nec debuerunt nec debent a nobis in virtute sancte obedientie et sub pena excommunicationis districte prohibiti, vobis promittere, ut de omnibus donatis vel legatis eisdem fratribus coram vobis agerent et responderent in jure et sine parentum consensu novicium nullum reciperent, domos etiam quoquomodo eis traditas venderent quodque nullius testamentum ordinandum reciperent sine consensu propinquorum quatuor morientis[1]. attendat itaque vestra fidelitas, si debuit ex hoc tanta laxari sevicia, ut sic vestre fidei claritas excandessceret in fidei professores. hoc igitur omnino grave gerentes et preterire silentio nequeuntes, universitatem vestram monemus rogamus et ortamur, vobis qua fungimur auctoritate precipientes expresse, quatenus a detentione fratrum, a molestiis et gravaminibus hujusmodi absque mora cessantes omnino super premissis infra trium dierum spacium sufficientem emendam predictis fratribus faciatis. quod triduum a die, quo per venerabilem patrem Argentinensem episcopum vel per alium seu alios, quem vel quos ad hoc duxerit depu-

---

[1] Vergl. über diese Vorgänge wie über den Verlauf des Streites die kurzen Notizen in den Annales Colmar. maj. (Mon. Germ. SS. XVII, 211, 215), in den Notae histor. Argent. (Böhmer Fontes rer. germ. III, 117) und bei Königshofen (D. St. Chron. IX, 734). Eine Darstellung des Processes nach archivalischem Material gibt Ch. Schmidt i. Bull de la société p. l. conserv. des monum. hist. d'Alsace IX, 2, 178—193.

landos, ad premissa facienda fueritis requisiti, volumus computari, alioquin, si nostrum mandatum neglexeritis adimplere, extunc ut exnunc vos et civitatem vestram ecclesiastico supponimus interdicto dantes eidem episcopo per nostras litteras in mandatis, ut ipse extunc nostram sentenciam publicet vel per alium seu alios faciat publicari et
5 eandem ab omnibus districtius observari, volentes nichilominus, ut idem episcopus in posteritatem eorum, qui in premissis injuriis principales fuerunt aut dederunt consilium auxilium vel manifestum favorem, usque in terciam generationem sententiam perpetue privationis et exclusionis a dignitatibus et beneficiis ecclesiasticis sicut eque sic juste nostra auctoritate promulget, si, ut predictum est, mandatis nostris
10 inobedientes exstiteritis vel rebelles, ut et vos et alii pena docente discatis a tantis excessibus in posterum abstinere. datum Metis 2 idus maji, per obitum felicis recordationis domini Honorii pape quarti [1] apostolica sede vacante.

8 mu Straßb. St. A. Vord Dreizehn. Gew. lad. 71 nr. 11 eidem. mb. c. 2 sig. prod. loenis
ausgestellt von Marquardus decanus et Johannes de Erenberg cellerarius, archidiaconi
15 *Argentinenses, 1287 Juni 13 (feria 6 ante Viti Modesti et Crescentie).*

115. *Der päbstliche Legat Johannes gibt dem Bischof von Straßburg den Auf-trag, die Stadt Straßburg zu ermahnen, sie möge von den Gewaltthätigkeiten gegen die Dominikaner abstehen und dieselben entschädigen, im Falle der Säumniß aber gegen dieselbe das Interdict auszusprechen. 1287 Mai 14 Metz.*

20 Johannes miseratione divina Tusculanus episcopus apostolice sedis legatus venerabili in Christo patri., dei gratia episcopo Argentinensi salutem in domino. nostro nuper auditui [weiter wie in nr. 114 bis quatuor morientis mutatis mutandis]. attendat vestra paternitas, si debuit ex hoc tanta laxari sevicia, ut fideles sic excandescerent in fidei professores. hoc igitur gerentes omnino grave et preterire
25 silentio nequeuntes, paternitatem vestram monemus rogamus et hortamur attente, vobis qua fungimur, sub pena suspensionis, quam in vos in hiis scriptis ferimus, si nostrum mandatum neglexeritis adimplere, auctoritate districte mandantes, quatenus consules et universitatem civium Argentinensium per vos vel alios, quos duxeritis deputandos, quos exnunc nostros facimus commissarios et nuncios speciales,
30 vobis eosdem ad hoc exequendum potestate compellendi per censuram ecclesiasticam tributa, moneatis et inducatis attente, ut ab hujusmodi detentione, molestiis et injuriis ac gravaminibus dictorum fratrum absque more dispendio cessent quodque super premissis infra triduum a tempore vestre monitionis facte eisdem fratribus sufficientem prestent emendam. alioquin in dictos cives et ipsam civitatem, quos
35 et quam volumus extunc ut exnunc ecclesiastico interdicto subjacere, si nostrum mandatum neglexerint adimplere, sententiam interdicti per nos latam publicetis et facialis eandem ab omnibus districtius observari, penam nichilominus privationis et exclusionis a beneficiis et dignitatibus ecclesiasticis in eos, qui ab eis, qui princi-

[1] *Pabst Honorius IV starb 1287 April 3.*

pales in eisdem injuriis fuerunt et eis dederunt consilium et auxilium vel manifestum
favorem, usque in tertiam generationem descenderint, nostra auctoritate tam juste
quam equanimiter promulgantes, ut et ipsi et alii pena docente discant a tantis
excessibus abstinere, si, ut predictum est, infra triduum a vestra monitione computandum predictis fratribus non satisfecerint competenter. datum Metis 2 idus
maji, per obitum felicis recordationis domini Honorii pape quarti apostolica sede
vacante.

*S aus Straßb. St. A. Vord. Dreizehn. Gew. lad. 71 nr. 8 rüdw. mb. c. 2 sig. pend., quorum
1 delaps. ausgestellt von Marquardus decanus et Johannes de Erenberg. archidiaconi
Argentinensen, 1287 Juni 13. Auf der Rückseite der Vermerk: tenor processus legati
directi domino episcopo Argentinensi wohl von gleichzeitiger Hand, die auch die Dorsualnotiz von nr. 117 schrieb.*

116. *Der päbstliche Legat Johannes theilt den Straßburger Dominikanern die
von ihm in ihrer Klagesache gegen die Stadt getroffenen Maßregeln mit und verbietet ihnen unter Strafe des Banns, auf die Forderungen der Bürgerschaft
irgendwie einzugehn. 1287 Mai 14 Metz.*

Johannes miseratione divina Tusculanus episcopus apostolice sedis legatus religiosis viris . . priori et conventui fratrum ordinis predicatorum in Argentina salutem
in domino. nostro nuper auditui [*weiter wie in nr. 114 bis* quatuor morientis
mutatis mutandis]. hoc igitur omnino grave gerentes et preterire silentio nequeuntes
universitati et consulibus nostris damus litteris in mandatis [1], ut ab hujusmodi cessent
molestiis et de injuriis vobis illatis per eos sufficientem prestent emendam, dantes
nichilominus venerabili patri . . Argentinensi episcopo per nostras litteras in mandatis [2],
ut ipsos ad hoc per se vel per alios per sententiam interdicti et alias ipsorum teme-
ritati congruentes compellat, videlicet ut posteritatem eorum, qui in predictis injuriis
principales fuerunt aut dederunt consilium, auxilium vel manifestum favorem, usque
in terciam generationem a beneficiis et dignitatibus ecclesiasticis nostra auctoritate
sicut severe sic juste perpetuo removeat et excludat. volumus autem et vobis in
virtute sancte obedientie ac sub pena excommunicationis, quam in singulos vestrum
ferimus in hiis scriptis, qui mandatum nostrum neglexerint adimplere, districte precipiendo mandamus, quatinus condiciones et pacta premissa, propter que vos taliter
concluserunt, nullatenus admittatis, cum ea non solum sint contra vestra privilegia
set etiam contra communem ecclesiasticam libertatem. datum Metis 2 idus
maji, per obitum felicis recordationis domini Honorii pape quarti apostolica sede
vacante.

T aus Straßb. Thom. A. Dominic. lad. 4 or. mb. c. sig. pend.

---

[1] *Vergl. nr. 114*   [2] *Vergl. nr. 115.*

117. *Bischof Konrad von Straßburg ermahnt gemäß dem ihm vom päbstlichen Legaten ertheilten Auftrag die Stadt Straßburg, von den Gewaltthätigkeiten gegen die Dominikaner abzustehn und denselben eine ausreichende Genugthuung zu gewähren, widrigenfalls er über sie das Interdict verhängen werde. 1287 Mai 24.*

Nos Conradus dei gratia episcopus Argentinensis, executor a venerabili patre domino Johanne Tusculano episcopo apostolice sedis legato deputatus, secundum formam nobis traditam a venerabili patre domino Johanne Tusculano episcopo apostolice sedis legato antedicto[1] monemus consules et universitatem civitatis Argentinensis, quatenus a venerabilium virorum . . prioris et fratrum predicatorum in domo civitatis Argentinensis detentione, molestiis et injuriis ac gravaminibus eorundem fratrum absque more dispendio cessent, quodque super premissis infra triduum a presenti die nostre monitionis nunc facte eisdem fratribus sufficientem prestent emendam, alioquin nos in dictos cives et ipsam civitatem, quam prenominatus dominus legatus extunc ut exunc vult ecclesiastico interdicto subjacere, si nostrum immo predicti domini legati mandatum neglexerint adimplere, sententiam interdicti per eundem dominum legatum latam publicamus et precipimus auctoritate nobis in hac parte commissa eandem ab omnibus districtius observari, penam nichilominus privationis et exclusionis a beneficiis et dignitatibus ecclesiasticis in eos, qui ab eis, qui principales in eisdem injuriis fuerunt et eis dederunt consilium et auxilium vel manifestum favorem, usque in terciam generacionem descenderint, auctoritate sepefati domini legati tam juste quam equanimiter promulgantes, ut et ipsi et alii pena docente discant a tantis excessibus abstinere, si, ut predictum est, infra triduum a nostra monitione computandum non satisfecerint competenter. actum 0 kalendas junii anno domini 1287.

S aus Straßb. St. A Vord. Dreizehn. Gew. lad. 71 nr. 0 vidim. mb. c 2 ng pergd ausgestellt von Marquardus decanus et Johannes de Erenberg cellerarius, archidiaconi Argentinenses. 1287 Juni 13, mit dem Rückvermerk wohl von gleichzeitiger Hand monitio facta per dominum episcopum Argentinensem contra cives.

118. *Bischof Heinrich von Regensburg, vom päbstlichen Stuhl gesetzter Vertreter der Dominikaner in Deutschland, gibt dem Dekan und dem Scholastikus von St. Thomas den Auftrag, Meister und Rath der Stadt Straßburg von diesem und vom vergangenen Jahre aufzufordern, daß sie den Dominikanern für die ihnen zugefügten Unbilden genügende Entschädigung gewähren, widrigenfalls sie einzeln in den Bann zu thun. 1287 Mai 24 Regensburg.*

Heinricus dei gratia Ratisponensis ecclesie episcopus, conservator privilegiorum fratrum ordinis predicatorum per Theotuniam et judex contra gravamina et injurias ipsorum a sede apostolica constitutus, viris discretis . . decano et scolastico ecclesie sancti Thome in Argentina salutem in domino sempiternam. conquesti sunt nobis lamentabiliter prior et conventus ordinis predicatorum civitatis Argentinensis, quod

[1] *Vergl nr. 115.*

magistri civium et consules tam presentis anni quam preteriti civitatis prefate, quorum nomina sunt infrascripta, contra ipsos pauperes et inermes tumultu et manu
hostili temere insurrexerunt ac portas domus sue et officinarum hostia securibus
invaserunt. [interna]ᵃ quoque ferociter lacerantes sic furoris sui inpudica vehementia
terruerunt, quod vitam suam perdidisse omnes pariter putaverunt, nec hiis contenti   5
omnes portas fractas et apertas sic tabulis ligneis et fortibus obstruxerunt, quod
ipsis egredi non valentibus ita quod domus eorum in carcerem est redacta. quare
cum nos hujusmodi injurias et molestias tam enormes necnon lamentabiles non
debeamus clausis oculis et surda aure pertransire, auctoritate apostolica premissa
precipiendo mandamus sub pena suspensionis late sententie, quam ferimus per   10
presentes, sex dierum admonitione premissa, si non feceritis, quod mandamus,
quatinus. si predicte injurie seu molestie in civitate Argentinensi sunt notorie ac
manifeste, moneatis magistros civium necnon consules civitatis memorate infrascriptos,   ·
quod infra decem dies priori et fratribus antefatis de injuriis et molestiis illatis
emendam prestent condignam et sufficienter satisfaciant, prout tenentur, alioquin   15
ipsos in singulis ecclesiis civitatis vestre untedicte auctoritate nostra immo pocius
apostolica excommunicatos publice nuntietis, quin propter premissas injurias et molestias canonem late sententie incurrerunt. nomina autem civium et consulum istius
anni sunt hec: Nycolaus dictus Zorn, Burchardus Reinbóldelin, Erbo dictus Stubinwek, Rûlin dictus Ripili, Cunzo dictus Bróger et filius ejusdem, Erbo de Schil   20
tinchein, Waldener sic dictus, Philer, Hûgo dictus Ripili, Tùrant dictus, Reinboldus
frater Cûnradi dictus Sûze, Johannes junior dictus Zolner. Cûno de Kagenekke,
Johannes de Kageuekke patruus ejus. preteriti autem anni magistri et consules sunt
Nycolaus dictus Wizegeiz, Symon dictus Heizel, Hartmannus dictus de Schiltinchein,
Johannes de Eggevorsheim, Nycolaus Zorn senior, Johannes de Blûmenawe senior,   25
Sûner dictus, Gozzo dictus Bonamic. Nycolaus de Kagenekk senior, Reimboldeli
sic dictus, Tauris dictus, Schilt dictus, Reinboldus Stubiuwek, Tûminheim dictus.
Petrus dictus Neschart, Otto filius Ripilini senior ¹ et omnes consentientes et cooperantes. datum in Rat[ispona] anno domini 1287 in vigilia pentecostes. reddite
litteras cum appensione sigillorum vestrorum in testimonium executionis per vos   30
facte et, si ambo interesse nequiveritis, alter ex vobis nichilominus exequatur.

        T aus Straßb. Thom. A. Dominic. lad. 4 or. mb. c. sig. pend.

119. *Johannes. Procurator der Stadt Straßburg, legt gegen das vom päbstlichen Legaten in ihrer Streitsache mit den Dominikanern gefällte und vom Bischof
von Straßburg veröffentlichte Urtheil zur letztern Verwahrung ein und appellirt*   35
an den päbstlichen Stuhl. 1287 Mai 25.

     Coram vobis venerabili patre et domino episcopo Argentinensi excipiendo proposui et propono ego Johannes procurator honorabilium virorum magistri consulum

     a) *T latertam unverständlich*

---

¹ *Ueber diese zum Theil entstellten Namen von Straßburger Rathsmitgliedern vergl. UB. III, 117*   40

et universitatis civitatis Argentinensis procuratorio nomine eorundem et pro ipsis,
quod venerabilis pater dominus Johannes episcopus Tusculanus sedis apostolice [a]
legatus ipsis nuper per suas litteras intimavit [1] suo auditui horribilem, ut ejus
verbis utar. et piis detestandam mentibus de prefatis magistro consulibus et uni-
5 versitate oblatam querelam, se de ipsa perturbari pretendens, si conquestio veritatis
suffragio fulciretur, inter alia continentem, quod prefati magister consules et universitas civitatis Argentinensis predicte ad tantam proruperint furoris audaciam, quod
viros religiosos.. priorem et conventum Argentinenses predicatorum ordinis, apostolice
sedis et dicti ordinis reverentia pretermissa, inmaniter pertractantes violenter domos
10 ipsorum fratrum cum securibus et horrendis clamoribus invaserint, frangendo ipsius
domus ostia aliasque fratribus ipsis multiplices injurias irrogando et ipsos undique [b]
recludendo, ne ad ipsos fidelibus accessus pateat et eis omnino prohibeatur egressus,
ea sola occasione, quod ipsi.. prior et fratres noluerunt prefatis magistro consulibus
et universitati [c] promittere, ut [d] de omnibus donatis vel [e] legatis eisdem fratribus
15 coram prefatis [f] magistro consulibus et universitate agerent et responderent in jure
et sine parentum consensu novicium nullum reciperent, domos etiam quoquo modo
eis traditas venderent, quodque nullius testamentum ordinandum reciperent sine
consensu propinquorum quatuor morientis. et licet idem dominus apostolice sedis
legatus in principio earundem suarum litterarum se perturbari sub condicione scrip-
20 serit, si conquestio, ut predictum est, veritatis suffragio fulciatur. quod etiam alias
subintelligi debet, si nullatenus hoc scripsisset, idem tamen dominus legatus se hoc
grave gerere pretendens et preterire silentio se nequire, predictis magistro consulibus et universitati civitatis Argentinensis predicte in eisdem suis litteris absolute
precepit expresse, quatenus a detentione fratrum, u molestiis et gravaminibus hujus-
25 modi absque mora cessantes omnino super premissis infra trinm dierum spacium
sufficientem emendam predictis fratribus faciant. quod triduum a die, quo per vos
dominum episcopum Argentiuensem vel per alium seu alios, quem vel quos ad hoc
duxeritis deputandos. ad premissa facienda predicti magister consules et universitas
fuerint requisiti, voluit computari. alioquin, si predicti domini legati mandatum
30 neglexerint adimplere, idem dominus legatus, quamvis res aliter [g] se habeat, quam
in predicti domini legati litteris continetur, et quamvis dicta conquestio veritatis
suffragio non juvetur, predictis magistro consulibus et universitate non vocatis, non
citatis, non auditis, non confessis, in aliquo non monitis, legittime nou convictis,
nullo instante actore, defensionibus quoque ipsorum exceptionibus et juribus non
35 auditis, cum contra hec prefatis magistro consulibus et universitati predicte et
subscripte et alie exceptiones et defensiones [h] legittime competant, prout ipsi et ego
ipsorum nomine nos offerimus probaturos et ad probandum cum instantia petimus
nos [i] admitti, causa nou congnita et juris ordine pretermisso, extunc ipsos magistrum

a) S t et T apostolice sedis.   b) S t et T om undique.   c) S universitate.   d) S om. ut   e) T et
f) S t et T predictis   g) S t et T se aliter.   h T defensiones et exceptiones.   i) T nos
40   petimus.

1 Vergl. nr. 114.

consules et universitatem et civitatem ipsorum ecclesiastico supposuit interdicto, dans
vobis domino Argentinensi episcopo per suas litteras in mandatis[1], ut vos extunc
suam senteuciam publicetis vel per alium faciatis seu alius publicari et eandem
ab omnibus districtius observari, volens nichilominus idem dominus legatus, ut vos
in posteritatem[a] eorum, qui in premissis injuriis principales fuerunt aut dederunt
consilium auxilium vel manifestum favorem, usque in terciam generationem sententiam perpetue privationis et exclusionis a dignitatibus et beneficiis ecclesiasticis
sicut eque sic juste sua auctoritate promulgetis, si, ut predictum est, mandatis
suis inobedientes extiterint vel rebelles. quia vero in lege scriptum est, jus reddentem
neque statim excandescere adversus eos, quos malos putat, neque precibus
calumitosorum illacrimari oportere, sed causa cognita prius veritatem inquirere
debere, quam transeat ad vindictam, ut probatur ff. de of. presidis l.[2] observandum
cum multis similibus, cumque scriptum sit in jure, quod, quamvis non congnitio sed
sola executio demandetur, de veritate tamen precum inquiri oportet, ut, si fraus
interveniat, de omni negocio congnoscatur, ut probatur C. si contra jus vel utilitatem publicam vel per menducium fuerit aliquid postulatum vel inpetratum[b][3], etsi
non congnitio, que lex canonizata est et posita XXV q. II, et si non congnitio et
re vera fraus in[c] falsa narratione dictarum litterarum domini legati intervenerit,
cum, ut predictum est, dicta conquestio veritatis suffragio non juvetur, que premissa
omnia vel aliqua ex eis sufficientia et necessaria probare coram vobis et alibi, ubi
necesse fuerit, et ostendere sum paratus et me obtuli et offero probaturum et ad
probandum peto et petii me admitti, cum etiam jure caveatur, quod si sententia
etiam per dominum papam prolata precipiatur per aliquem executioni[d] mandari, si
fraus intervenerit id est intervenisse allegetur, non est facultas executori de toto
negotio congnoscendi, sed deferri questiones, que incidunt, ad sedem apostolicam
oportet et est interim per executorem supersedendum, ut probatur expresse extra
de sen. et re. jud. c[e]., de cetero probatur etiam hoc idem expressissime ff. de
judiciis l. si pretor § Marcellus[5], probatur hoc idem ff. de re jud. l. a divo pio
§ si super rebus[6], et extra de crimine fal. c. super eo[7], et de of. deleg. c. si
quando[8], et C. si ex falsis instrumentis l.[9] judicati et multis aliis juribus, idcirco
ego Johannes predictus procuratorio nomine magistri consulum et universitatis predicte et pro ipsis petii et peto a vobis venerabili patre domino[e] Argentinensi

a) S + posteritate.   b) S + add. I   c) T et.   d) T executorem.   e) S + om. domino.

[1] Vergl. nr. 115.
[2] L. 19 § 1 D. de of. praes. (1, 18)
[3] C. 4 C. si contra jus (1, 22).
[4] C. 5 X. de sent. et re jud. (2, 27).
[5] L. 76 D. de jud. (5, 1).
[6] L. 15 D. de re jud. (42, 1). Der im Text bezeichnete Paragraph ist nicht zu finden
[7] C. 2 X. de crim. falsi (5, 20).
[8] C. 8 X. de of. jud. del. (1, 29).
[9] C. 4 C. si ex falsis instr. (7, 58).

episcopo humiliter et devote, quatenus in dicto negocio vel prius congnoscatis, si veritas in predicta narratione subsistat, quam ad execntionem dicti negocii procedatis, vel saltim predictum negocium, cum nondum discussum sit, superiori discuciendum deferatis et medio tempore in eodem supersedere velitis, cum hoc de jure facere debeatis per jura preallegata, prout superius est ostensum, maxime cum de predicto negocio partibus presentibus vel per contumaciam absentibus de causa congnitum non sit ab aliquo, et maxime cum dicta sententia, prefatis magistro consulibus et universitate non vocatis, non citatis, non auditis, non confessis, in aliquo non monitis, legittime non convictis, defensionibus quoque ipsorum et exceptionibus prescriptis et aliis ipsis conpetentibus et aliis* juribus non auditis, causa non congnita et contra juris ordinem sit prolata et juris ordine pretermisso, et sic dicta sententia prefati domini legati nulla sit per consequens ipso jure. peto etiam et petii michi uomine predictorum magistri consulum et universitatis edi a vobis copiam mandati predicti domini legati vobis ab eodem directi super negocio antedicto, et terminum conpetentem assignari per vos ad deliberandum super eodem mandato, testimouium super hiis dominorum presentium invocando. et quia vos premissa vel aliquod ex eis sufficiens vel aliqua et probationem super eis vel aliquo ipsorum et petitionem meam admittere denegastis, et ad monitionem predictam et publicationem interdicti ac promulgationem pene privationis et exclusionis supradicte, lines et modum mandati predicti excedendo et forma ipsius non servata, sine cause congnitione, copia ipsius mandati michi non facta et juris ordine pretermisso processistis die etiam in favorem dei feriata videlicet dominica penthecostes, ideo ego Johannes predictus sentiens predictos magistrum consules et universitatem et me nomine ipsorum gravatos indebite a vobis domino episcopo supradicto, nomine ipsorum et pro ipsis omnibus et singulis, item nomine** parrochialium ecclesiarum*** et clericorum ipsarum, plebanorum et viceplebanorum eorundem****, cappellarum et cappellanorum et generaliter clericorum omnium et singulorum civitatis Argentinensis tam infra civitatem eandem quam in suburbiis ipsius extra muros ejusdem civitatis consistentium et michi et prefatis magistro consulibus et universitati predictis adherere et in hanc appellationem consentire et ea tueri volentium nomine et pro ipsis, et a sententia hujus prefati domini legati jam prolata sub forma prescripta occasione hujusmodi, item ne sententie interdicti excommunicationis aut suspensionis, si que per prefatum dominum legatum vel alium quempiam in prefatos magistrum consules et universitatem vel civitatem Argentinensem aut personas***** ecclesias plebanos viceplebanos cappellas cappellanos et clericos autedictos aut singulos de civitate vel universitate predicta occasione hujusmodi proferentur, ipsos ligent vel ligare possint, sedem apostolicam in hiis scriptis appello vel ad eum, ad quem de jure est appellandum, et apostolos sepe et sepius cum instantia peto, prefatos magistrum consules universitatem et civitatem Argentinensem predictam et singulos de universitate vel civitate predicta, ecclesias****** plebanos viceplebanos cappellas et cappellanos et generaliter omnes et singulos clericos antedictos civitatis

---

a) *S t et T. om. aliis* b) *T add. cathedralis conventualium et* c) *S t et T add. canonicorum et*
d) *S t earum.* e) *S t et T add. canonicos.* f) *S t et T add. canonicos.*

Argentinensis ejusdem necnon personas et res ipsorum protectioni sedis apostolice supponendo. nos., prepositus decanus cantor scolasticus et capitulum sancti Thome nosque decanus scolasticus portarius cellerarius et capitulum sancti Petri ecclesiarum Argentinensium premissa omnia proponi et peti et appellationem predictam in modum prescriptum in scriptis legi recitari et interponi audivimus per Johannem [5] generum Erlini, procuratorem predictum habentem ad hoc procuratorium sufficiens et mandatum a magistro consulibus et universitate predicta, coram domino nostro episcopo Argentinensi* predicto inmediate post monitionem publicationem et fulminationem supradictam factam a domino Argentinensi episcopo supradicto. et in evidentiam et testimonium premissorum sigilla ecclesiarum nostrarum una cum [10] sigillo civitatis Argentinensis presentibus sunt appensa.   actum dominica pentecostes anno domini 1287.

S aus Straßb. St. A. Vord. Dreizehn. Gew. lad. 71 or. mb. c. 3 sig pend., quorum 2 delapsa
S 1 coll. ibid. or. mb. c. 3 sig. pend., quorum 1 delaps. mit dem wohl gleichzeitigen Rück-
termerk: appellatio prima coram domino episcopo Argentinensi interposita [15]
T coll aus Straßb. Thom. A. Dominic. lad. 4 or. mb. c. 3 sig. pend. delapsis.
Erwähnt mit kurzem Auszug bei Schöpflin Als. dipl. II. 38 not. u.

120. *Durch den Rath der Stadt Zürich veranlaßte Abschrift eines Rundschreibens der Stadt Straßburg über die Entstehung ihres Streits mit den Dominikanern. 1287 Mai 26.* [20]

Allen, die disen brief sehent alde hôrent lesen, kûnden wir der rât von Zürich, der namen hie nach geschriben sint, daz wir der burger brief von Strazburg sahen ganzen unvelschen und in allen weg unverwertseilelen und mit ir offen ingesigil besigilten, als hie nach geschriben stât. und daz wir und unsir nakomen uns har nach, ob ein semelich sache uns anegienge, deste baz gerichten kûnin, so han [25] wir mit unsir burger gunst willeklih offenlich und alleklich disen brief abe heizen geschriben und mit unsir burger ingesigel offenlich besigilt zi einie steten und ze einie ewigen urkúnde.

Dien erberren und dien wisen und dien bescheidenen deme râte und dien burgerren gemeinlich von Basil, von Cholmur, von Sletzstat, von Rinowe, von Rufach [30] und darnach allen dien stetten, da dirre brief gêbget wirt. enbietent Niclauwes der junge Zorn der meister, der..rat und die burger gemeinlich von Strazburg ir willigen diênst mit ganzer frúntschaft.   ez beschehent manigû dink von rechten sachen erberlich und redelich, dû man in frômeden landen verkeret, wande man ir ursprunk nicht rechte vernomen hat. darumbe so bitten wir iwer bescheidenheit, [35] daz ir dur unsirn dienest dise rede vernement und iuch lazent leit sin, daz uns die haut beswert, dien wir dike wol han getan. ir herren. da wuren die barvûzen und die bredier in ein gewonheit komen, daz si wolten erben uzzer dien klöstern in die welt. und swa ein richer man oder ein richû vrowe an ir tode lagen, da

*) S 1 Argentinensi episcopo.

[40]

liefen si hin und uberretten den, daz er in gab allis sin gůt, und wurden denne
also alle sin erben enterbet und verderbet. die kamen danne für uns schriende und
klagende von in, daz sie interbet weren. der chlage kam mangů für uns. sie ver-
kôfent ôch dú eigen, daz si abir an si wider vallen solten nach des tode, der si
5 danne kôfte. des achteten wir, daz unsir stat kurzlich alle ir eigen were worden.
§ si emphiengen ôch in ir orden richer lůte kint, dú undir achzehen jaren waren,
une ir frůnde willen und wissende, das ecth in daz gůt wurde, davon wir ôch dikke
beswert wurden und uns manigů klage von in vúrkam. do dis lange und lange
gestůnt und wir es nicht me geliden môchten von der manigvalten klage der
10 burger, do giengen wir zů dien bredieren und baten si, daz si sich also hielten,
daz solichů klage von unsirn burgern nicht me für uns kême. do sprachen si und
gelobten uns, swaz brieven uns* die barvůzen harubir gebin, daz es nicht mer
geschehe, die wolten ôch si uns darubir geben. wir kamen zu dien barvůzen
und leiten in dise rede vúr. die antwůrten alsus: ir herren. des uns da můtent,
15 daz wir iuch verloben suln, des suln wir von unsirs ordens regele zi rechte selbe
nicht tůn. wêre joch, daz ir uns niemer darumbe gebetint, so ist ez uns selben
verbotten. daz wir ez nicht tůn suln. do sprachen wir: ir herren. des selben machent
uns ein brief, als er iuch dunke, daz er iu und uns rechte stande. den brief den
machten si selbe, als wir iuch die abschrift senden von worte zi worte. do wir mit
20 dem brieve zi den bredeierren kamen, do baten si uns, daz wir in die abschrift
gebin. darnach kam darzů ir provincial und machten uns ein zil nach dem undirn
und hant unsir also geschimphet damitte, daz ez zi vil was, wol vier jar nach ein
andirn. nu ze jungest kam abir ein klage von in, daz si einer vrowen erbezal hetten
emphůrit dien rechten erben. darumbe baten wir si abir, daz si uns den brief geben,
25 als uns die barvůzen hatten geben und als si uns gelobt hatten. do sprachen si in
einer hohen wise, sie liezein in è die helse abstozen mit tůn, è si daz iemer ge-
tetin. daz můt uns, daz uns als geistlich lůte abegiengen des, daz si uns lobten
zi tůnne. da vůren wir zů und wolten uf unsir stat almeinde vor ir torn gebuwen
han. da liefen unsir vrowen zů und slůgen unsir knechte mit bengeln und mit
30 schufelen, daz einre an den tôt geslagen wart. darumbe wurden wir deste zorniger
und wolten in ir tor uz dem anger han gehebt. dis han wir iuch geschribeu und
bitten iuch, swa wir iwers rates und iwer gunst zi dirre sache bedurfen, daz ir
uns da frúntlich tůnt, als wir iuch getrůwen und als wir iuch tetin, ob iuch
nôtrede angienge. wir bitten iuch, ist daz si iuch icht andirs han gesagit von uns,
35 daz ir des nicht gelôbent und uns iwern willen wider schribent und ratent, wie
wir und ander stette vor in genesen. wir bitten iuch ôch, ob wir in dirre sache
richter werden gewinnende, die iuch gewant sin, daz ir uns gegen dien gůt sint,
daz si uns genedig sin an únsirme rechte, als wir iuch tetin, swa iuch dekein
kumber angienge.

40 Ouch han wir der rât an disem brief heizen geschriben die abschrift, die brůdir
Dietrich, der provincial der minre brůdir ordins uber Tůschlant ist, und brůdir
Sigefrit der cardian und dú samenunge desselben ordens des hus von Strasburg

gaben dem.. meister.. dem rate und dien burgern gemeinlich von Strozburg. du abschrift ist olsus¹: die ersamen herren.. der meister.. der rât und die burger von Strozburg hant gemeinliche vor uns dur ir zucht selbe verjehen, daz wir sie noch nit beswarten noch erzurnden mit solichen suchen, als hie nidenan geschriben stât. doch durª unsir liebi und dur unsir bette und dur ir früntschaft geloben wir in getrúlich und âne alle geverde, daz wir noch nieman, der undir uns ist, phaffen odir leien erben sol uz unsirme klostere an die welt wedir eigen noch erbe noch kein gût, daz die burger von Strasburg anhôret. § so geloben wir in ôch, daz wir nieman undirwisen suln noch schaffen underwisende an sime todebette, daz uns burger aldir burgerin zi Strozburg ir eigen oder ir erbe geben odir besetzen also, daz die rechten erben damitte verderbet odir enterbet sin. § wir geloben ôch, daz wir kein gût eigen alde erbe, daz die burger alde burgerin von Strezburg anhôrit und uns besetzit oder gegeben wirt, also verkôfen alde verwandeln suln mit gedinge, daz ez da nach wider an uns oder an andirs iemen von unsirn wegen gevalle, wan daz wir schaffen suln, daz es verkôfet werde ane alle geverde und daz wir mit allen dingen lieblich und gûtlich mit in leben, wande ôch si und ir vordern uns und unsirme ordern ie gûtlich und frúntlich hant getan und allewege tûnt von ir gnaden. so geloben wir in mit gûten trúwen, daz wir ir frúnde, die burger sint zi Strezburg, die undir achzehen jaren sint, so verre so wir mit gotte iemer mugen, nicht emphahen wellen in unsirn orden, und wellen uns hûten, daz wir si daran nicht besweren. so verre wir iemer mit gotte und mit unsirs ordens eren mugen, ez si danne der nesten frúnde gût wille

Des rates namen sint her Burchart von Hottingen, her Rûdolf von Beggenhoven, her Chûn von Tûbelnstein, her Heinrich Vinko und her Jacob vor der mezie rittere, Rûdolf der Mûlner, her Rûdolf der Kriek, her Uolrich der Trûber, her Peter Wolfleibscho, her Uolrich im gewelbe, her Heinrich Stôri und her Johans Pilgrin burger. dirre brief wart abegeschriben, do von gottis geburt waren zwelf hundert und in dem siben und achzigesten jare, an dem mentage nach sant Urbanes tage, do dú indictio was dú xv.

Z aus Züricher Staats-Archie nr. 36 or. mb. c. sig. pend. Dorsualvermerk von einer Hand des 15. Jahrh.: ein brief des abgeschrifft uns von der statt Strassburg genant von der predier wegen irr ingrifs halb. Die im Stück gesetzten Paragraphenzeichen und Zeilenabsätze sind an entsprechender Stelle wiedergegeben.

121. *Der päbstliche Legat Johannes gibt dem Bischof von Straßburg den Auftrag, Meister und Rath der Stadt Straßburg vom vergangenen und diesem Jahr aufzufordern, daß sie binnen zehn Tagen die Dominikaner mit voller Entschädigung in die Stadt zurückführen, widrigenfalls sie dem Banne verfallen würden; auch solle er auf strenge Beobachtung des Interdicts dringen. 1287 Juni 9 Metz.*

Johannes miseratione divina Tusculanus episcopus apostolice sedis legatus venerabili in Christo patri dei gratia episcopo Argentinensi salutem in domino. cum

---

a) Z rep. dur.

multiplicata sit iniquitas adeo superborum. quod quasi equam maledictionis bibentes viros sancte contemplationi deditos persequi non desistant, multiplicari debet humilium equitas contra illos, ut sapientia vincens maliciam virgam peccatorum super sortem justorum minime derelinquat. sane publico et notorio referente clamore ad
5 audienciam nostram pervenit, quod diebus istis magister consules et universitas civium Argentinensium illo suadente, qui continue[a] circuit querens quem devoret, in statu terrene prosperitatis positi ferali quadam atrocitate facti sunt sacrosancte dei[b] ecclesie onerosi suorumque persecutores fidelium, conantes in dei servos et fidei professores jurisdictionem sibi temere vendicare, etsi nulla sit eis super illos potestatis
10 jurisdictio attributa, incarceracione et ignominiis[c] afficientes eosdem tanquam immisericordes afflictis, humanitatis obliti et quod invite[d] referimus, tanquam fidei contemptores. dum venerandum conventum fratrum predicatorum sue civitatis, qui eos et fideles alios non minus orationibus quam predicationibus in salutis eterne semitas dirigebant, pro eo quod mandatis ipsorum, prout nec debebant nec poterant, minime
15 paruerunt, incluserunt, ut dicitur, et demum eos non sine gravi ecclesie dei ac nostra injuria, fidelium scandalo, animarum detrimento suarum et infamia personarum exire dispersos civitatem ipsorum fame ac pestilencia coegerunt, non secuti racionis judicium set proprie arbitrium temeritatis. quocirca paternitatem vestram monemus sub pena suspensionis, quam in vos ferimus in hiis scriptis, si hujus mandati nostri
20 fueritis contemptores, vobis precipientes districte, quatenus per vos vel[e] per alium seu alios in civitate Argentina magistros et consules civitatis predicte tam anni preteriti quam presentis ex parte nostra publice monentis, ut iufra decendium a tempore hujusmodi monitionis[f] continue conputandum memoratum conventum cum satisfactione integra in civitatem predictam in locum suum revocare procurent. alioquin si
25 vestram immo nostram pocius ammonitionem infra dictum terminum contempserint adimplere, exnunc prout extunc in dictos magistros et consules sententiam excommunicationis proferimus in hiis scriptis, illis consulibus anni preteriti dumtaxat exceptis, qui coram vobis de premissis excessibus declarati fuerint innocentes. sub eadem etiam districtione vobis precipimus, quatenus per vos vel per alium seu alios
30 in civitate Argentina in locis, in quibus expedire videbitis, publice monitionis proponatis edictum, ne quis predictis magistro et consulibus in tam horrendis injuriis aut facinorosis statulis ad tuendum vel fovendum injurias easdem editis vel edendis consilium auxilium vel favorem impendat, vel eis in hujusmodi obstinata pertinacitate persistentibus presumat quomodolibet obedire. item ne quis clericus vel sacerdos
35 durante interdicti sententia, quam in civitatem predictam nuper duximus proferendam, in civitate ipsa seu suburbiis vel in sancto Arbogasto vel in aliis appendiciis civitatis, in quibus etiam locis interdictum hujusmodi servari[g] jubemus, divina officia celebrare aut sepulturam seu sacramenta ecclesiastica exhibere presumat, penitentiis moriencium et baptismate parvulorum dumtaxat exceptis. item ne quis[h] clericum vel sacerdotem
40 aliquem infra loca superius interdicta in ecclesia sua evocare, recipere vel admittere

---

a) *T* i cottidie.   b) *T* i om. dei.   c) *T* ignomiis.   d) *T* i invite.   e) *T* i seu.   f) *T* i ammonicionis.   g) *T* i observari.   h) *T* i om. quis.

ad divina officia celebranda presumat. item ne quis a quoquam clerico vel sacerdote suasu dyabolico inibi forsan celebrare presumente divina officia audire aut ecclesiastica sacramenta recipere* audeat ullo modo; alioquin in omnes et singulos, qui spretis monitionibus nostris premissis per vos seu alios proponendis^b aliquam premissarum contrafacere presumpserint, exnunc prout^c extunc excommunicationis sententiam pro- ⁵ ferimus in hiis scriptis auctoritate, qua fungimur, et sub eadem pena nichilominus^d qua supra vobis precipientes, quatenus omnes et singulos, qui sue salutis inmemores in predictas sententias inciderint vel aliquam predictarum^e, magistros quoque^f et consules supradictos, si sententiam excommunicationis per nos latam ob causam premissam incurrerint, per vos vel per alium seu alios excommunicatos denuncietis ₁₀ in ecclesiis vestre dyocesis, in quibus vobis aptum visum fuerit, nominatim diebus dominicis et festivis, facientes eosdem ab omnibus arcius evitari. et quia crescente malitia crescere debet et pena, eos, qui timore dei postposito in sententias predictas inciderint, sacerdotes quidem et clericos in ecclesiastice cohercionis contemptum et suarum periculum animarum divina celebrare dampnabiliter presumentes, si per ₁₅ decendium, postquam excommunicationis sententiam incurrerint, continue computandum in sua pertinacia duxerint persistendum, extunc per vos nostra auctoritate privari jubemus beneficiis et dignitatibus ecclesiasticis et inhabiles reddi ad similia in futurum beneficia consequenda. volentes nichilominus et vobis precipientes expresse, quatinus ad captivationem talium tam in civitate quam extra per vos vel per alium ₂₀ seu alios detis operam efficacem. ad cohercionem vero magistrorum et consulum predictorum vobis injungimus, ut in locis quibuslibet, ad que predicti magistri et consules ac alii nominatim excommunicati declinaverint, quamdiu ibidem steterint, et post recessum eorum per triduum a divinis cessare officiis nostra auctoritate per vos vel per alium seu alios faciatis, si, ut premissum est, per decendium, postquam ₂₅ excommunicationis sentenciam incurrerint, continue conputandum in sua pertinacia duxerint persistendum. litteras quoque nostras, quas predictis magistris et consulibus pro eorum revocatione scribimus¹, vobis transmittimus presentandas mandantes, quatenus eas predictis civibus presentari fideliter faciatis et legi. volumus insuper, ut tam fratres minores quam sorores sancte Clare Argentinensis civitatis ex parte ₃₀ nostra moneatis et inducatis attente, ut sentencias nostras occasione tercie regule non enervent. datum Metis 5 idus junii, per obitum felicis recordationis domini Honorii pape quarti apostolica sede vacante.

T aus Straßb. Thom. A. Dominic. lad. 4 inserirt der Urkunde Bischof Konrads von Straßburg 1297 Juni 26. Vergl. nr. 123 auch bezüglich der Varianten. ₃₅

a) T i add. aut.   b) T et T i add. vel.   c) T pro   d) T nicbominus.   e) T i premissarum.
f) T i que.

¹ Vergl. nr. 114.

122. *Notariatsbescheinigung über die vor dem päbstlichen Legaten Johannes durch den Procurator der Stadt Straßburg Johannes Erlin eingelegte erneuerte Appellation an den päbstlichen Stuhl, betreffend den Streit mit den Dominikanern. 1287 Juni 10 Metz.*

In nomine domini amen. coram venerabili patre domino Johanne dei gratia Tusculano episcopo apostolice sedis legato et in presencia ejusdem et mei notarii infrascripti ac testium subscriptorum magister Johannes gener Erlini civis Argentinensis, notarius et procurator honorabilium virorum magistri consulum et universitatis civitatis Argentinensis ejusdem, nomine eorundem et pro ipsis habens ad hec mandatum sufficiens a me notario visum et lectum, in scriptis proposuit et recitavit, appellavit in scriptis, appellationes ratificavit, innovavit in scriptis et confirmavit et apostolos instanter petiit de verbo ad verbum, prout inferius continetur: in nomine domini amen. coram vobis venerabili patre domino Johanne episcopo Tusculano apostolice sedis legato propono ego Johannes gener Erlini civis Argentinensis, procurator honorabilium virorum magistri consulum et universitatis civitatis Argentinensis, nomine eorundem et pro ipsis, quod vos ipsis nuper per vestras litteras intimastis vestro auditui horribilem, ut vestris verbis utar, et piis detestandem mentibus de prefatis magistro consulibus et universitate oblatam querelam [weiter wie in nr. 119 mutatis mutandis bis ad vindictam.] idcirco ego Johannes procurator magistri consulum et universitatis civitatis Argentinensis predictus procuratorio nomine eorundem et pro ipsis, ex premissis prefatos magistrum consules et universitatem sentiens gravari et gravatos esse indebite a vobis, meo et predictorum magistri consulum et universitatis et singulorum de universitate ac civitate Argentinensi predicta nomine, item kathedralis et conventualium ecclesiarum parochialium et canonicorum et clericorum ipsarum, plebanorum et viceplebanorum eorundem, capellarum et cappellanorum et generaliter clericorum omnium et singulorum civitatis Argentinensis predicte tam infra civitatem eandem quam in suburbiis ipsius extra muros ejusdem civitatis consistencium et michi et prefatis magistro consulibus et universitati predictis adherere et in hanc appellationem consentire et ea tueri volencium nomine et pro ipsis, et ne vestra sentenlia hujusmodi interdicti jam prolata seu comminata sub forma prescripta occasione hujusmodi, item ne sententie interdicti excommunicationis aut suspensionis, si que per vos vel alium quempiam in prefatos magistrum consules et universitatem vel civitatem Argentinensem aut personas canonicos ecclesias plebanos seu viceplebanos cappellas cappellanos et clericos antedictos aut singulos de universitate vel civitate predicta occasione hujusmodi proferentur, ipsos ligent vel ligare possint, ad sedem apostolicam in hiis scriptis appello et apostolos sepe et sepius cum instancia peto, prefatos magistrum consules universitatem et civitatem Argentinensem predictam et singulos de universitate et civitate predicta, ecclesias canonicos plebanos viceplebanos cappellas et cappellanos et generaliter omnes et singulos clericos antedictos civitatis Argentinensis ejusdem necnon personas et res ipsorum protectioni sedis apostolice supponendo, protestans, quod per appellationem hujusmodi ab appellatione seu appellationibus prius coram domino

Argentinensi episcopo interpositis [1] magistri consulum et universitatis et singulorum
de universitate necnon kathedralis conventualium et parochialium ecclesiarum,
canonicorum et clericorum ipsarum, plebanorum et viceplebanorum earundem, cappellarum et coppellanorum et generaliter clericorum omnium et singulorum civitatis
Argentinensis predictorum nomine et pro ipsis recedere non intendo nec volo, sed   5
eam et eas ratifico innovo et confirmo, testimonium super hiis omnium presencium
invocando.   actum Metis in cappella venerabilis patris domini episcopi Metensis,
sub anno domini 1287, indictione 15, die 10 intrante mense junii, ad hec vocatis
specialiter et rogatis testibus, videlicet honorabilibus viris magistris Tirrico domini
Waltheri majoris, Symone domini Bartholdi et Widrico domini Lodewici archidia-   10
conorum ecclesie Metensis officialibus et aliis quam pluribus.

(S. N.) [a] Ego Petrus de Donorio Ferrariensis diocesis publicus auctoritate Ravenatis
ecclesie notarius, tunc temporis venerabilis patris domini Johannis Tusculani episcopi
apostolice sedis legati grossarius, ad hec omnia vocatus interfui et rogatus scribere
scripsi meoque signo consueto signavi.   15

Nos Tiericus domini Waltheri majoris, Symon domini Bertholdi et Widricus
domini Lodewici curiarum archidiaconorum ecclesie Metensis officiales, premissis
omnibus interffuimus et audivimus proponi recitari et appellari in scriptis appellationes,
ratificari innovari confirmari et apostolos peti instanter in scriptis in modum prescriptum et prout superius continetur, coram venerabili patre domino Johanne Tusculano   20
episcopo apostolice sedis legato supradicto per magistrum Johannem generum Erlini
civis Argentinensis, notarium et procuratorem honorabilium virorum magistri
consulum et universitatis civitatis Argentinensis ejusdem, nomine eorundem et pro
ipsis habentem ad premissa mandatum sufficiens visum et lectum a nobis officialibus
antedictis, et in evidenciam et testimonium premissorum nos in testes ad hec vocati   25
specialiter et rogati sigilla curiarum predictorum dominorum nostrorum archidiaconorum Metensis ecclesie ad peticionem prefati procuratoris duximus presentibus
appendenda.   actum anno die et loco prescriptis.

S aus Straßb. St. A. Vord. Dreizehn. Gew. lad. 71 or. mb. c. 3 sig. pend. delapsis. Auf
der Rückseite Vermerk von gleichzeitiger Hand innovacio appellacionis facta coram   30
legato.

123. *Bischof Konrad von Straßburg befiehlt dem Clerus seiner Diöcese, das*
Mandat des päbstlichen Legaten vom 9. Juni gegen die Straßburger Bürger sogleich
zur Ausführung zu bringen. [1287] *Juni 26 Dachstein.*

Cûnradus dei gratia Argentinensis episcopus venerabilibus dominis abbatibus   35
prepositis prioribus ordinum sancti Benedicti, sancti Augustini et aliorum quorum-

a) *Der Notariatszeichen ist eine ellipsenförmige Scheibe, oben in eine Spitze mit strahlender kleiner Kugel*
auslaufend, unten auf drei senkrechten Stäben ruhend, welche an ihrem untern Ende auf einem Kreis
stehen. Die Scheibe zeigt eine Tintenfüllung, welche in der Mitte zwei Ellipsen übereinander weiss lässt.

cunque, archidyaconis archipresbyteris decanis ac ecclesiarum rectoribus plebanis
incuratis et vicariis universis per Argentinensem dyocesim constitutis salutem in
domino sempiternam.   noveritis nos venerabilis patris et domini Johannis Tusculani
episcopi cardinalis sedis apostolice per Alamaniam[a] legati recepisse litteras non can-
cellatas, non abolitas nec in aliqua parte viciatas in hec verba: [folgt nr. 121].
cum itaque nos cum omni precum instancia supplicaverimus humillime domino legato
antedicto, ut ipse dignaretur nos absolvere ab execucione hujusmodi mandati contra
nostros cives Argentinenses antedictos, et prenominatus dominus noster legatus
petitioni nostre condescenderit quantum ad execucionem mandati presentis iutra
civitatem Argentinensem, firmiter et districte nobis nichilominus precipiens, ut mandatum ipsius contra cives nostros antedictos extra civitatem Argentinensem execucioni
mandare nullatenus obmitteremus, vos singulos et universos monemus sub pena
suspensionis, quam in vos exnunc prout extunc ferimus in hiis scriptis, si hujus
mandati nostri immo verius supranominati domini legati fueritis contemptores, vobis
districte precipientes, quod[b] quilibet vestrum publice in ecclesiis, quibus preest,
mandatum dicti domini legati[c] secundum tenorem autentici nobis ab ipso directi,
cujus transscriptum sub nostro sigillo presentibus interseri fecimus, absque more
periculo execucioni plenissime demandetis. in signum execucionis mandati hujusmodi
sigilla vestra presentibus appendentes reddite litteras sub pena superius annotata.
datum in Tabchinstein[d] 6 kalendas [julii][e].

*T aus Straßb. Thom. A. Dominic. lad. 4 or. mb. c. 6 sig. pend. laesis. Erkennbar auf der
Legende des einen Siegels preposili hospitalis .. des zweiten plebani
T 1 coll. ibid. or. mb. c. 7 sig. pend. laesis. Auf der Legende des einen Siegels erkennbar
Rudolfi ar ...
Ueber die Datirung des Stucks laßt die inserirte Urkunde, das Mandat des pabstlichen
Legaten vom 9. Juni, keinen Zweifel.*

124. *Anselm von Rappoltstein, Kuno von Bergheim, Heinrich von Andlau und
Werner von Landsberg geloben der Stadt Straßburg Sicherheit für den Tag ihres
Ein- und Ausrittes. 1287 August 14.*

Wir Anshelm von Rapoltstein, Cûno von Bercheim, Heinrich von Andelahe und
Wernhere von Landesberg tûnt kunt allen den, die disen brief gesehent oder gehörent,
daz wir alle viere mittenander gelobent dem meistere und deme rate von Strazburg,
das wir noch unsere gesinde niemanne duhein schaden tûnt von der stat Strazburg
weder drûz noch drin des tages, so wir drûz oder drin geritent. beschehes aber,
das sin wir schuldig unverscheidenliche ze widertûnne ane alle geverde. widerteten
wirs niht, swenne denne wir drie Cûno von Bercheim, Heinrich von Andelahe und
Wernher von Landesberg von des meisteres wegen von Strazburg mit botten oder
mit brieven drumbe gemanet werdent ze huse oder ze hove, so suln wir uns in den
nehisten ahte tagen drumbe ze Strazburg in entwurten noch rehtere giselschefte

a) T 1 Allamanniam.   b) T 1 quatenus.   c) T 1 add. vice nostra.   d) T 1 Tabchenstein.   e) T et
T 1 junii offenbar verschrieben.

niemer lidig ze werdenne, wirn hobent es widertân ane alle geverde. und swenne
wir den burgeren von Strazburg oder sie uns dis viercehen naht vor widerbietent,
so ist dis abe. herumbe sint unser ingesigele an disen brief gehenket zeime urkunde,
das es stete blibe.   dis geschach an deme dunrestage vor der erren mes, da von
gots geburte worent tusent jor zweihundert jor und sibein und ahzig jer.

S aus Straßb. St. A. Verschl. Canzlei-Gew. Corp. K lad. 23 ᵇ or. mb. c. 4 sig. pend. Von
den Legenden der Siegel noch Einzelnen zu erkennen, z. B. auf dem zweiten : Canonis
de Berkei[m] quonda[m] lantvog . . .

125. *Der päbstliche Legat Johannes fordert den Clerus der Straßburger Diö-*
cese und seines Legationsbezirks auf, die gegen die Straßburger Bürger gefällten
Interdicts- und Bannsentenzen aufs strengste durchzuführen, und verschärft die-
selben. 1287 September 5 Neufchâteau.

Johannes miseratione divina Tusculanus episcopus apostolice sedis legatus discretis viris abbatibus archidiaconis archipresbyteris decanis plebanis ac aliarum ecclesiarum rectoribus incuratis et vicariis universis per Argentinensem diocesim necnon
omnibus et singulis infra nostre legationis terminos constitutis, ad quos littere presentes pervenerint, salutem in domino.   cum nos propter manifestas et adeo notorias
injurias, que nulla poterant tergiversatione celari, olim per magistros et consules
tam presentis quam preteriti anni et quosdam alios cives Argentinenses sancte
contemplationis vite viris religiosis dilectis in Christo nobis . . priori et conventui
fratrum predicatorum domus Argentinensis dei timore postposito irrogatas in magistros consules et cives predictos ac omnes illos, qui eisdem in hujusmodi injuriis
ad fovendum et tuendum easdem consilium auxilium vel favorem impenderent vel
ipsis in ea obstinata pertinacitate persistentibus quomodolibet obedire presumerent,
excommunicationis et in civitatem ipsorum interdicti sententias duxerimus proferen-
das, mandaverimus quoque ac fecerimus ipsos excommunicatos publice nunciari, aliasque sententias contra injuriatores hujusmodi duxerimus promulgandas, discreccionem
et universitatem vestram monemus attente nichilominus iterato vobis et cuique vestrum
sub excommunicationis pena *, quam in vos et vestrum quemlibet exnunc prout extunc
ferimus in hiis scriptis, si in hujusmodi nostri exccutione mandati negligentes
fueritis vel remissi, quatinus omnes et singulos supradictos et specialiter excommunicatos nominatim denunciatos in ecclesiis vestris coram populo, campanis pulsatis,
candelis accensis, diebus dominicis et festivis usque ad satisfactionem condignam
excommunicatos publice nuncietis, facientes eosdem ab omnibus artius evitari, necnon
in locis quibuslibet, ad que predicti magistri et consules ac alii nominatim excommunicati vel aliquis ipsorum declinaverint, quamdiu ibidem steterint, et post recessum eorum per triduum cessetis a divinis ac sententias alias per nos contra predictos
latas exequi publicare ac inviolabiliter observare curetis. et quia predicti magistri
et consules et nominatim excommunicati tamquam obstinati sententias nostras diu sus-

a) Zu ergänzen precipientes oder mandantes.

tinuerunt animis penitus induratis, et crescente contumacia crescere debeat et pena, participantes colonos inquilinos mercennarios et bona tenentes predictorum civium omnium et singulorum nominatim et canonica monitione premissa, ut ab ipsorum participatione desistant, quos a divinis excludimus per presentes, exclusos publice
5 nuncietis. ad hec cum magistris consulibus et universitati civium predictorum olim, ut dicitur, de speciali gratia duxerimus concedendum, ut in altari ecclesie cathedralis seu in altari, quod dicitur altare civium vel matutinale virginis gloriose, tempore interdicti possent divina facere celebrari,[1] dummodo causam interdicto non darent, ac ipsi occasionem et causam manifestam dederint interdicto nec prerogativa indul-
10 gentiarum legatorum sedis apostolice gaudere debeant, qui gloriantes in malitiis ut aquam maledictionem bibentes corum mandatis parere renuunt et contempnunt, concessiones gratias et indulgentias predictas et quascumque alias in ecclesia et altaribus quibuscumque olim per bone memorie predecessores nostros in partibus Alamannuie prefate sedis legatos magistris consulibus et universitati predicte concessas tenore
15 presentium revocamus cassamus frivolas et irritas nunciamus, sub anathematis interminatione inhibentes expresse, ne quis clericus vel sacerdos interdicto durante in civitate predicta in ecclesia vel altaribus antedictis divina celebrare presumat, ac mandantes vobis sub pena predicta, ut revocatas cassas irritas et inanes publice nuncietis indulgentias memoratas. ceterum cum quidam Mathias nomine canonicus
20 sancti Stephani Argentinensis, prout accepimus, diabolica procul dubio et fantastica quadam suggestione seductus se a sede predicta conservatorem seu judicem eisdem civibus asserens deputatum, sententias nostras de facto, cum de jure nequiret, decreverit irritas et inanes ac in priorem et fratres predictos presumpserit excommunicationis sententias perperam promulgare, mandans et faciens eosdem excommunicatos
25 publice nunciari, vobis et cuilibet vestrum sub eadem pena qua supra[a] districte mandamus, ut[b] ejusdem Mathie sententias de facto prolatas vel ferendas in posterum, si sententie dici possunt, quas, prout de jure nulle sunt, cassamus et nullius fore decernimus firmitatis, exequi quomodolibet presumatis. sed easdem nullas et irritas publice inter missarum sollempnia coram populo nuncietis, Mathiam vero eundem
30 et nuncios, qui scienter litteras suorum processuum detulerunt, tamquam fautores sceleris perpetrati in priorem et fratres predictos, quia[c] ex nostris processibus excommunicationis sententiam incurrerunt, excommunicatos publice nuncietis et faciatis ab omnibus artius evitari, capientes ipsos auctoritate nostra ac usque ad condignam satisfactionem captivos detinentes eosdem, invocato ad hoc si opus fuerit auxilio
35 brachii secularis. quod si aliquis vel aliqui ex vobis ad fratrum dictorum instantiam requisiti in publicatione executione ac aggravatione predictorum mandatorum et processuum nostrorum contra cives predictos necnon revocatione sententiarum dicti Mathie negligentes fuerint et remissi, discretis viris . . abbati in Novillari ordinis sancti Benedicti . . preposito ecclesie in Yttenwilr[d] et . . scolastico sancti Germani

40 a) *T om.* qua supra.   b) *T nec.*   c) *S qui.*   d) *T Ytenwiler.*

---

[1] *Vergl. nr. 113.*

extra muros Spirenses Argentinensis et Spirensis diocesium nostris damus litteris in
mandatis[1], quod eum vel eos ex vobis, qui adimplere contempserint omnia et singula supradicta, per se vel per alium aut[a] alios excommunicatum seu excommunicatos publice nuncient vel faciant per censuram ecclesiasticam nunciari et nichilominus
peremptorie ad nostram citent presentiam, ut vicesima die proxima non feriata post
citationis ipsorum edictum compareant coram nobis per se vel per procuratores legi-
timos, quare nostris mandatis parere negligant, ostensuri et alias audituri ac recepturi,
quod ordo dictaverit rationis. alioquin contra eos ad privationem beneficiorum et
alias, quantum suadebit justitia, procedemus, eorum contumacia vel absentia non
obstante. datum apud Novum Castrum Tullensis diocesis nonis septembris anno
domini 1287, apostolica sede vacante.

> *S aus Straßb. St. A Vord Dreizehn. Gew* lad. 71 *or. mb. c. sig. pend. Auf dem Bug*
> *rechts* R. de Fractis (?); *Rückvermerk* processus contra Argentinenses.
> *T coll. aus Straßb. Thom. A.* Dominic. lad. 4 *vidim. mb. c. sig. pend., ausgestellt vom*
> *Bischof Symon von Worms 1287* (in die b. Thome apostoli) *December 21 Worms.*
> *Ebenda* Dominic. lad. 5 *vidim. mb c. sig. pend., ausgestellt von den judices s.* Moguntine
> sedis *1288 März 10 Mainz.*
> *Stückweise gedruckt aus dem* Briefbuch A fol. 36 b *; Straßb. St. A. bei Schöpflin Als*
> *dipl. II, 38 nr 756.*

126. Johannes Tusculanus episcopus apostolice sedis legatus abbati in Novillari
ordinis sancti Benedicti, preposito in Intenwilre ac scolastico sancti Germani extra
muros Spirenses nuntiat, quod in magistros et consules tam presentis quam preteriti
anni et quosdam alios cives Argentinenses eorumque fautores propter manifestas
injurias priori et conventui fratrum ordinis predicatorum domus Argentinensis irrogatas sententiam excommunicationis promulgaverit et omnibus clericis per Argentinensem diocesim necnon infra legationis sue terminos constitutis mandaverit, ut
eosdem in ecclesiis suis excommunicatos denuntient et ut sententias per Mathiam
canonicum sancti Stephani Argentinensis in fratres predicatores predictos latas tamquam inanes revocent eumque excommunicatum denuntient. legatus eisdem sub pena
excommunicationis mandat, quatenus omnes, qui in executione premissorum negligentes fuerint vel remissi, ad denuntiationem fratrum dicti ordinis excommunicatos
publice nuntient et ab omnibus artius evitari faciant citantes eosdem, ut die vigesima
proxima non feriata post citationis edictum coram ipso legato compareant. alioquin
contra eos ad privacionem beneficiorum et alias procedet legatus. nomina citatorum
et dies citationis legato intimentur fideliter. «cum nos propter manifestas.» datum
apud Novum Castrum nonis septembris anno domini 1287, apostolica sede vacante.
1287 September 5 Neufchâteau.

> *T aus Straßb. Thom. A.* Dominic. lad. 4 *or. mb c. sig. pend.*

a) *T add.* per.

_____

[1] *Vergl nr. 126.*

127. *Der päbstliche Legat Johannes trägt dem Archipresbyter in Neuweiler auf, mehrere genannte Geistliche, welche die von ihm gegen die Bürger von Straßburg gefällten Interdicts- und Bannsentenzen für ungiltig erklärt haben, zur Verantwortung vor ihm zu laden. 1287 September 5 Neufchâteau.*

Johannes miseratione divina Tusculanus episcopus apostolice sedis legatus discreto viro. . archipresbytero in Novillari Argentinensis diocesis salutem in domino. cum Wernerus in Swindrasheim, Gotzo in Zabernia, . . in Lampertheim et Sifridus in Mitelburne ecclesiarum vicarii ad instantiam et mandatum Mathie canonici sancti Stephani Argentinensis, qui, prout accepimus, diabolica procul dubio et fantastica quadam suggestione seductus, qui se a predicta sede conservatorem et judicem magistris consulibus et universitati civium Argentinensium asserit deputatum, excommunicationis et interdicti sententias contra predictos magistros et consules necnon quosdam cives Argentinenses ac civitatem ipsorum per nos latas et processus nostros in suis ecclesiis publice irritas denuntiaverint et inanes, dictosque magistros consules ac cives vel aliquem occasione ipsarum ligatos non esse nec posse ligari aliquibus nostris excommunicationis vel interdicti sententiis publice asseruerint in nostre jurisdictionis elusionem ac sedis predicte contemptum, nichilominus priorem[a] et fratres ordinis predicatorum quondam domus Argentinensis excommunicatos publice nuntiando, discretionem tuam monemus attente nichilominus tibi sub excommunicationis pena[b], quam in te exnunc prout extunc ferimus in hiis scriptis, si in nostri executione mandati ad fratrum dicti ordinis instantiam requisitus negligens fueris et remissus, quatinus infra triduum a receptione presentium predictos perhemptorie cites ex parte nostra, ut die vigesima proxima non feriata post tuc citationis edictum per se vel per procuratores ydoneos sufficienter et peremptorie compareant coram nobis suam, si poterunt, super hoc innocentiam ostensuri et alias audituri et recepturi, quod ordo dictaverit rationis; alioquin contra eos ad privationem beneficiorum et alias, quantum suadebit justitia, procedemus, ipsorum contumacia vel absentia non obstante. diem autem et nomina citatorum nobis tuis litteris non differas intimare. datum apud Novum Castrum Tullensis diocesis nonis septembris anno domini 1287, apostolica sede vacante.

T aus Straßb. Thom. A. Dominic. Iad. 4 'or. mb. c. sig. pend.

128. *Der päbstliche Legat Johannes zieht die den Straßburger Frauenklöstern bewilligte Erlaubniß zurück, einmal in der Woche in einem der Klöster während des Interdicts Gottesdienst zu halten. 1287 October 29 Clairvaux.*

Johannes miseratione divina Tusculanus episcopus apostolice sedis legatus . . priorisse sancti Marci ceterisque priorissis et conventibus sororum extra muros civitatis Argentinensis sub cura et regimine fratrum predicatorum degentibus salutem in domino. cum nos ut dicitur olim personis aliquibus de gratia speciali duxerimus

a) *In beiden Wörtern sind die Buchstaben zum Theil durch ein Loch vernichtet.* b) *Zu ergänzen inundantes.*

concedendum, quod semel in septimana in uno claustrorum vestrorum possent clausis
januis divinis officiis interesse et recipere eucaristie sacramentum, quia per tales
gratias solvitur nervus ecclesiastice discipline et aliis, quibus non conceditur gratia
consimilis, scandalum generatur, omnes dictas gratias et indulgentias seu licentias
cassamus irritamus et presentibus revocamus mandantes et inhibentes vobis, ne ⁵
deinceps occasione dicte licencie ad divina aliquem admittatis. ceterum, si cuiquam
auctoritatem concessimus personas de civitate Argentinensi absolvendi, quia nostras
sentencias non servarunt, licentias et concessiones easdem auctoritate, qua fungimur,
revocamus.   datum apud monasterium Clarevallis Lingonensis diocesis 4 kalendas
novembris anno domini 1287, apostolica sede vacante.   ¹⁰

   T aus Straßb. Thom. A. Dominic. Ind. 4 or. mb. c. sig pend

129. Johannes Tusculanus episcopus sedis apostolice legatus archiepiscopis et
episcopis universis infra legationis sue terminos mandat sub pena suspensionis, ut
sentetias excommunicationis in magistros consules et quosdam cives Argentinenses
necnon in Mathiam nomine canonicum sancti Stephani Argentinensis et interdicti ¹⁵
in civitatem eorum latas exequi publicare aggravare et inviolabiliter observare curent.
«cum nos propter manifestas.»   datum apud monasterium Clarevallis Lingonensis
diocesis 2 nonas novembris anno domini 1287, apostolica sede vacante. *1287 November 4 Clairvaux.*

   T aus Straßb. Thom. A. Dominic. lad. 4 or. mb. c. sig. pend. ²⁰
   *Ebenda Dominic. lad. 5 ridim. mb. c. sig. pend., ausgestellt von Bischof Peter von Basel
   1288 Februar 18 Basel.*

130. *Der päbstliche Legat Johannes ermahnt die deutschen Bischöfe, das über
die Stadt Straßburg verhängte Interdict namentlich gegen die Reuerbrüder und
Reuerinnen, welche dasselbe mißachten, streng durchzuführen. 1287 November 26 ²⁵
Clairvaux.*

Johannes miseratione divina Tusculanus episcopus apostolice sedis legatus venerabilibus in Christo patribus . . archiepiscopis et episcopis universis infra partes
Alamanie constitutis, ad quos presentes pervenerint, salutem in domino.   cum nuper
propter facinus in karissimos nobis fratres predicatores domus Argentinensis a ma- ³⁰
gistris et[a] civibus Argentinensibus perpetratum civitatem ipsorum inter alias graves
et aggravatas sentencias interdicto ecclesiastico subderemus[b], nostre sentenie quidam
multipliciter illuserunt. nam fratres et sorores de penitentia vel, ut superinducto
utamur vocabulo, de tertia regula plus solito se apud fratres minores, quorum non
magis interest quam aliorum, ingessere divinis et persuasibilibus humane sapientie ³⁵
verbis tamquam cujusdam exemptionis[c] spe plurimos sibi atrahere studuerunt. pro-
fecto quibus hujusmodi temeritatis audatiam magis quam vobis et vestre negligentie
imputemus? nam cum esset aliquando a vobis in vestros subditos lata excommuni-

   a) *T magistris et zum Theil auf Rasur.*   b) *T subderemus auf Rasur an Stelle eines längern Wortes.*
   c) *T exemptionis auf Rasur.*   ⁴⁰

cationis et interdicti sententia, premisse persone apud dictos fratres minores et apud
sanctam Claram vel alibi non sunt veriti audire divina et ecclesiastica suscipere
sacramenta, unde factum est, ut jam in multis partibus Theuthonie soluto magis ac
magis nervo ecclesiastice discipline pravi mucronem pontificum, quo piacula resecari
consueverant, nesciant formidare, quum enervatam comperiunt cum facilitate detestabili claudicare. espergiscimini* igitur, quorum est satagere, ne vineam domini sabahot
vulpes demoliantur parvule, providentes, ne malis per moras longiores convalescen-
tibus adhibeatur sera et inefficax medicina : set cito remedium conveniens apponentes
non paciamini a prefatis personis auctoritatis vestre sententias violari. ecce enim nos
fratres et sorores de penitentia sive de tercia regula, quorum habet concessio, sicut
vidimus sub sigillo curie Argentinensis, quod tempore generalisᵇ interdicti possunt
in locis privilegiatis audire divina et ecclesiastica recipere sacramenta, adjecto nisi
causam interdicto darent vel id ipsis contingat specialiter interdici in civitate Argentinensi expresse ac nominatim, specialiter interdiximus constituentes et precipientes
firmiter sub pena excommunicationis, ne quis eorum durante interdicto nostro et
causa civium Argentinensium cum fratribus predicatoribus presumat audire divina
vel ecclesiastica suscipere sacramenta. universitati igitur vestre sub pena excommunicationis late in hiis scriptis precipimus, quatinus premissam sententiam ubique, sicut
oportunum videbitur, ad requisitionem ipsorum fratrum predicatorum publicetis et
eodem modo contra tales etiam vestras sententias inantea defendatis nichil hesitantes,
quia privilegium meretur amittere, qui concessa sibi abutitur potestate. datum apud
monasterium Clarevallis Lingonensis diocesis 6 kalendas decembris anno domini 1287,
apostolica sede vacante.

T aus Straßb. Thom. A. Dominic. lad. 4 or. sub. c. sig. pend

Gedruckt bei Sbaralea Bullar. Francisc. III, 599 [ex Rom. tabular. ordinis praedicat ,
ohne Adresse und Datum.

131. *Der päbstliche Legat Johannes ermahnt die Franciskaner von Straßburg,
Schlettstadt, Hagenau und Offenburg, das über die Stadt Straßburg verhangte
Interdict strenger zu beobachten und namentlich die Reverchender und Reverianen
von jeder gottesdienstlichen Handlung auszuschließen. 1287 [November 26]
Clairvaux.*

Johannes miseratione divina Tusculanus episcopus apostolice sedis legatus religiosis viris dilectis nobis in Christo . . guardianis et conventibus Argentinensi, Slez-
statensi, Hagenowensi, Offenburgensi ordinis fratrum minorum salutem in domino.
non sine gravi dolore cordis accepimus, vos fratribus predicatoribus adeo fore molestos
pariter et infestos, quod cum pressuras civium Argentinensium evadere vel saltem
equo tollerare animo potuissent, de vestris predicationibus publicis et familiaribus
cum adversariis ipsorum consiliis adipisci nequiverunt hactenus justicie complementum,
persuadentibus enim vobis, ut dicitur, vel ex vobis aliquibus, quod sentencie nostre
contra ipsos cives late nullius vel parvi forent ponderis et quod licite pseudosacer-

a, T die Silben loci auf Rasur.   b) T generalis auf Rasur.

dotum in Argentina celebrancium, cum sint interdicti et per nos excommunicati,
possit populus insipiens audire divina. ex verbis enim hujusmodi involutis et expressis
seu circumlocutionibus talibus ecclesie Romane et nobis illatum est obprobrium,
ceteris periculum et plurimis scandalum procuratum. adhuc nempe dictos fratres non
erubescitis concidere vulnere super vulnus, cum in ecclesias vestras in nostrarum   5
sentenciarum prejudicium introducitis de tercia regula promiscui sexus multitudinem,
ibidem et apud sanctam Claram ac alibi prebentes ecclesiastica sacramenta, hanc
regulam et ex ea regulares, cum ad vos non pertineat, nisi minister fratrum minorum
et minister fratrum de penitentia idem numero dici possint. superveniente calamitate
fratrum predicatorum instancius et constancius predicastis, vix compositis, ne dicamus,   10
clausis hostiis celebrastis, ac si de illorum fletu vobis ridere liceat, qui flere cum
flentibus gaudere cum gaudentibus debuistis. an excidere a memoria potuit, quod in
primo sollempui edicto prohibuimus loci episcopo de nostro mandato exequente, ne
vos vel sorores sancte Clare nostrum violaretis quomodolibet interdictum[1]. porro hec
non solum fratrum predictorum nova, set antiqua querella noscitur prelatorum, quod   15
per ministros et fratres ac sorores predictas de penitentia, usitato vel ut ficto sermone
« de tercia regula » dicamus, solvitur undique nervus ecclesiastice discipline. quapropter
huic morbo tam generale quam efficax remedium adhibentes juxta tenorem privilegii
ipsorum fratrum de penitentia et sororum, quod sub sigillo curie Argentinensis perspeximus, ubi dicitur: nisi causam dederitis interdicto vel id vobis contingat[a] speci-   20
aliter interdici, ipsos fratres et sorores de penitencia sive de tercia regula durante
interdicti nostri sententia contra cives memoratos specialiter et expresse interdicimus
et sub pena excommunicationis, quam monitione decem dierum premissa, exnunc
prout extunc ferimus in hiis scriptis, prohibemus districte predictos fratres et sorores
de penitencia, ne quispiam sive apud vos sive alibi presumat audire divina vel eccle-   25
siastica recipere sacramenta, nisi salutis proprie contemptores velint sibi judicium
manducare. ceterum sedulitate paterna circumspectionis vestre prudentiam commonemus, quatenus attendentes, quod vos una cum fratrum predicatorum ordine tamquam
duo luminaria divina sapiencia in lucem gentium destinavit, non sinatis vobis lumen
opprimi a potestatibus tenebrarum, sed eadem fides et compassio vos probet esse   30
germanos, ut tollatur scandalum cum obprobrio dicentium : isti declinantes in obligationes alios cupierunt in necessitate, ut consueta uterentur cum favore plebejo
libertate. datum apud monasterium Clarevallense Lingonensis diocesis 6[b] decembris
anno domini 1287, apostolica sede vacante.

T aus Straßb. Thom. A. Dominic. lad 4 or. mb. c. sig. pend. Die Schrift des Stucks ist   35
hier und da durch Wasser beschädigt und ausgelaufen. Für die Datirung November
26 spricht der Inhalt des Stucks im Zusammenhang mit nr. 130 mehr als für das
Datum December 8, das ebenfalls in Betracht kommen könnte.

Gedruckt bei Sbaralea Bullar. Francisc. III, 597 (ex Rom. tabular. ordinis praedicat.)
ohne Datumsangabe.   40

a) *T* contitigat.   b) *T* kalendas *wohl vergessen.*

---

[1] *Vergl. nr. 125.*

132. *Der pabstliche Legat Johannes fordert die deutschen Bischöfe auf, gegen die Straßburger Bürger, falls sie auf ihren Feindseligkeiten gegen die Dominikaner beharren, die weltliche Macht zu Hilfe zu rufen, und untersagt besonders mehreren Städten, ferner Handelsverkehr mit denselben zu pflegen. 1287 December 8 Clairvaux.*

Johannes miseratione divina Tusculanus episcopus apostolice sedis legatus venerabilibus in Christo patribus .. archiepiscopis et episcopis per partes Alamanie constitutis, ad quos presentes pervenerint, salutem et sincerum in domino caritatem. cum circa consules et cives Argentinenses multa remedia temptaverimus, ut salutis sue non essent prodigi, set pre oculis habentes judicium magni dei ab injuria fratrum ordinis predicatorum Argentinensium desisterent et post sententiarum a nobis in ipsos latarum aculeos resipiscerent, nec profecerimus eo, quod post expulsionem ipsorum fratrum adhuc a tergo dispersos insaciabiliter persequuntur edendo statuta ut dicitur, et proponendo edicta ac pollicendo promissa, quatinus dicti fratres captivitatem personarum, atrocitates vulnerum aut mortis exterminium paciantur, paternitatis igitur vestre constanciam monemus et ortamur[a] in domino et nichilominus vobis omnibus et cuilibet vestrum sub pena suspensionis, quam in vos et vestrum quemlibet ferimus exnunc prout extunc in hiis scriptis, si hujusmodi nostrum mandatum neglexeritis adimplere, districte precipimus, quatinus, cum a fratribus premissis fueritis requisiti, quindecim dierum monitione premissa, nisi dicti consules et cives hujusmodi statuta deleverint, edicta retractaverint et, quecumque in ipsorum fratrum injurias machinati sunt, emendaverint ac de illatis injuriis satisfecerint competenter, aut si domum jam dictorum fratrum, quam sub protectione sedis apostolice dudum[b] specialiter suscepimus, destruxerint, contra ipsos invocetis auxilium brachii secularis, precipientes in virtute obedientie et in remissionem peccaminum injungentes principibus ducibus marchionibus lantgraviis comitibus baronibus militibus judicibus consulibus et aliis, qui ex dispensatione divina non sine causa gladium portant, quatinus corroborato virtutis brachio et accensi zelo, quo etiam usque ad mortem fidelis quisque pro justicia non immerito agonizat, adversus consules et cives predictos consurgere non formident, bona ipsorum tam diu auctoritate presentium capientes et detinentes, donec ipsis fratribus satisfaciant de preteritis in eos excessibus et de non inferendis in futurum prestent ydoneam cautionem. licet itaque cum excommunicatis communicare non liceat, set hiis generaliter omnibus juris auctoritas interdicat, quia tamen plus timeri solet, quod specialius inhibetur, nos cum eisdem magistris et civibus Argentinensibus tot excommunicationum sententiis innodatis universis et singulis Christi fidelibus et specialiter Basiliensis, Vriburgensis, Columbariensis, Slezstatensis, Spirensis, Warmaciensis, Maguntinensis et Coloniensis civitatum et opidorum civibus universis et singulis interdicimus conmercium omne spontaneum ita, quod ipsis nec ab eisdem civibus Argentinensibus emere aut ipsis aliquid vendere liceat vel aliquem cum eis contractum seu quamcunque obligationem inire. porro ad executionem presentium mandatorum universos vos et singulos teneri volumus ita, quod in

a) T f hortamur. b) T f om. dudum c) T f om. Christi fidelibus et specialiter Basiliensis et rip. interdicimus commercium omne spontaneum.

executione sub pena predicta alter alterum non expectet, quin etiam ad ea, que aliis
in hoc negotio facienda mandaveritis, noveritis similiter vos teneri. datum apud
monasterium Clarevallis Lingonensis diocesis 6 idus decembris anno domini 1287,
apostolica sede vacante.

T aus Straßb. Thom. A. Dominic. lad. 4 or. mb. c. sig. pend.
T 1 coll. ibid. or. mb. c. sig pend.

133. *Der päbstliche Legat Johannes gestattet den Dominikanern von Straßburg,
sich innerhalb der Straßburger Diöcese nach ihrem Belieben niederzulassen, und
droht Allen, welche sie daran hindern würden, mit Bann und Interdict. 1287
December 8 Clairvaux.*

Johannes miseratione divina Tusculanus episcopus apostolice sedis legatus dilectis
nobis in Christo..priori et fratribus quondam domus Argentinensis salutem in
domino. licet de domo vestra, in qua sedulum domino consuevistis inpendere
famulatum, vis civium vos ejecerit importuna, nolumus tamen, quod finaliter sic
Argentinensem diocesim relinquatis, quominus devoti vestri optato in consiliis et
confessionibus solatio potiantur. scimus enim, quod subducta luce tenebra terram et
caligo didicit populos opperire et relegatis pastoribus hujus aeris lupus caulis ovium
invigilat, deficientibus quoque vere fidei predicatoribus, hereses haut dubium pullu-
labunt. quapropter, non obstante contradictione cujusquam, in diocesi predicta et
aliis vicinis oppidis secundum quod oportunum judicaveritis, de consilio..prioris
provincialis vestri vobis parate convenientes vestro proposito mansiones, in quibusdam cum altari portatili sine juris prejudicio alieni celebrantes, in quibusdam tanquam
ab apostolica sede missi pariter et vocati oratoria et officinas alias erigentes. quicumque vero vos receperint et foverint tanquam dei domesticos et amicos, pax et
benedictio super illos. qui autem vos expulserint vel ejecerint maxime timore civium
Argentinensium vel favore, nisi infra octo dies vos revocaverint cum honore, quam
diu absentes fueritis[a], loca eorum extunc maneant et sint auctoritate presentium
supposita interdicto, et consules locorum eorundem hoc agentes seu consentientes
excommunicationis sententiam incurrant, quam extunc prout extunc in eos ferimus
in hiis scriptis. cooperatione enim et favore dampnabili communicant in crimine
criminosis. nulli ergo omnino hominum liceat hanc paginam nostre ordinationis concessionis et vocationis infringere vel ei ausu temerario contraire. si quis autem hoc
attemptare presumpserit, indignationem omnipotentis dei et beatorum Petri et Pauli
apostolorum ejus se noverit incursurum. datum apud monasterium Clarevallis
Lingonensis diocesis 6 idus decembris anno domini 1287, apostolica sede vacante.

T aus Straßb. Thom. A. Dominic. lad. 4 or. mb. c. sig. pend.
T 1 coll. ibid. or. mb. c. sig. pend.

a) *T 1 add. quia sunt divinis indigui auf Kußer.*

134. Frater Heinricus sancte Maguntine sedis archiepiscopus sacri imperii per Germaniam archicancellarius universis abbatibus archydiaconis prepositis archypresbyteris decanis plebanis ac aliarum ecclesiarum rectoribus incuratis et vicariis per Spirensem diocesim constitutis auctoritate mandati domini Johannis Tusculani episcopi legati, cujus tenor est insertus [1], sub pena suspensionis mandat, quatinus omnes sententias contra cives Argentinenses et Mathiam canonicum ac alios latas exequi publicare aggravare et observare curent. «noveritis nos recepisse.» datum in Heilbrunne anno domini 1287 in die beate Lucie virginis. *1287 December 13 Heilbronn.*

T aus Straßb. Thom. A. Dominic Iad. 4 or. mb. c. sig. pend.

135. *Anselm von Rappoltstein und Kuno von Bergheim klagen der Stadt Straßburg, daß ihr Bürger Heyde von Wasselnheim das Geleit gebrochen habe, und bitten um Abhilfe. [1287—1288].*

Den erbern herren dem meistere und dem rate von Strazburg embút ich Anshelm von Rapoltstein und Cûne von Bergheim der alte alles liep und allez gút. wir klagent úch, daz der Heydene von Wasselnheim uwer burger in dem geleite, daz ir uns gabent vúr úch und vúr alle uwere burgere, uns nû gelaget hette uf der strasze, da wir nû von úch schiedent. wellent ir daz misselôben, so sendent uwere ersamen botten her uf zû uns, den geben wir gût geleite und machent ez kúntlich und werlich, daz irs wol glôbent, und bittent úch, daz ir uns diz abelegent von uweren burgere iemer durch unseren dienst.

S aus Straßb. St. A Briefbuch A fol. 218 a, mit der Ueberschrift daz der von Rapoltzsteine den von Strazburg het geklaget abe dem Heyden von Wasselnheim. Das Stuck ist wohl mit den nr. 134 u. 137 in Zusammenhang zu setzen und durfte daher in die Jahre 1287 oder 88 gehören.

136. *Kuno von Bergheim erbietet sich der Stadt Straßburg zur Zeugenaussage. [1287—1288].*

Viris prudentibus magistro et consulibus civitatis Argentinensis Cûno de Bergheim senior eorum concivis servicii et honoris quicquid potest. vestre prudencie significo per presentes, quod quam primum coram vobis comparere potero, quod offero me probaturum testimonium veritati cum tribus vel quatuor personis ydoneis, quod curia, super qua Betzemannus Staupf coram vobis est tractus in causam, quod eandem curiam detinet seu possidet tytulo ypothece et eam jam decem annis et amplius ita possedit pacifice et quiete. et si michi inducias ad hoc, quod coram vobis comparere possim perhibiturus testimonium predictum, denegaveritis[a], rogo,

a) S denagaveritis

[1] Vergl. nr. 129.

ut duos de consilio ad me destinetis, qui testimonium hujusmodi nomine vestro recipiant et vobis de hoc referant veritatem rei geste. valeat vestra salus.

*S aus Straßb. St. A. Briefbuch A fol. 100 b mit der Ueberschrift Cûnen von Bergheim
gezügnâme und sin sagen in einer sachen. Mit Rücksicht darauf, daß sich Kuno von
Bergheim als concivis bezeichnet, ist das Stück jedenfalls nach 1286 August 27 zu* [5]
*setzen, vergl. nr. 110. Da ferner von Waffenstillstand die Rede ist, so gehört es wohl
in die Jahre 1287 und 88, vergl nr. 124. 135 und nr. 137.*

137. *Anselm von Rappoltstein und Kuno von Bergheim bewilligen der Stadt
Straßburg und den Vögten von Wasselnheim einen kurzen Waffenstillstand. 1288
Januar 13.* [10]

Ich Anshelm von Rapoltstein und ich Cûne von Berckeim der alte tûnt kunt
allen den, die disen brief sehent oder gehorent lesen, daz wir gent ein fride und
eine trostunge. . dem meistere deme rate und der gemeinde von Strazburg[a] und den
Januar 13 vogeten von Wasselnheim allen hinnant unze an den mendag nach sante Glerins
mêz und den tûg allen, ze varende ze deme tage ze Slezstat uf und abe und swar [15]
sie wellent ane angest libez und gûtez, fur uns und fur Heinrichen von Andela und
fur Wernhern von Landesberg und fur. . den Waffeler von Eckerich und fur alle
unsere helfere und fur allez unser gesinde getruweliche und ane geverde. und daz
sie wol sicher und ane angest sin, derumbe hant wir in disen brief geben besigelt
mit unseren ingesigeln zu urkunde. diz geschach und dirre brief wart geben an [20]
sante Glerins tûg dez vorgenanten, do von gots geburte warent tusent jar zweihundert jar und ahte jar und ahtzic jar.

S aus Straßb. St. A. Verschl. Canzlei-Gew. Corp. K lad. 23 b or. mb. c. 2 sig. pend. mutil.

138. *Erzbischof Heinrich von Mainz fordert den Clerus der Diöcesen Mainz
und Speier auf, die Ausführung der Strafmandate gegen die Bürger von Straßburg* [25]
bis auf Weiteres zu verlagen. 1288 Februar 13 Mainz.

Frater Heinricus dei gracia sancte Maguntine sedis archiepiscopus sacri imperii
per Germaniam archicancellarius universis abbatibus archidiaconis prepositis archipresbyteris decanis plebanis et aliarum ecclesiarum rectoribus incuratis et vicariis
per Maguntinam et Spirensem civitates et dyoceses constitutis, ad quos presentes [30]
littere pervenerint, salutem in domino. ut inter honorabiles viros priorem et fratres
ordinis predicatorum domus Argentinensis ex parte una et magistrum consules et
universitatem civium civitatis ejusdem ex parte altera bonum pacis et concordie
reparetur, ad exhortacionem sollicitam serenissimi domini nostri regis Romanorum

a) Strasburg auf der blckerter Stelle. [35]

illustris [1], ac etiam contemplacione earundem partium, quarum utrumque zelamur honores, disponimus deo propicio interponere partes nostras, cum temporis se obtulerit aptitudo, et quia efficacius et salubrius ejusdem pacis provenire effectum speramus optatum, si dicti . . magister consules et cives per execucionem [a] mandatorum, que
5 contra ipsos recepimus a reverendo patre domino Johanne episcopo Tusculano apostolice sedis legato, dissimulacione senserint sibi deferri, execucionem mandatorum ipsorum, quam contra eosdem magistrum consules et cives necnon Mathiam canonicum ecclesie sancti Stephani Argentinensis et alios occasione ipsorum vobis nuper injunximus faciendam, propter bonum pacis in suspenso volumus vos habere, quo-
10 usque aliud per nostras litteras vobis dederimus in mandatis.   datum Maguntie idus februarii anno domini 1288.

S aus Straßb. St. A. Briefbach A fol. 43 a *mit der Ueberschrift daz der erzbischof von Mencze dez bischofs Tusculän banne ufgezogen het gegen den von Straxburg von der prediger wegen, nncze daz er anderwarbe sine briefe darumbe git.*

15   **139.** Reinbolo Eystetensis episcopus [1], privilegiorum fratrum ordinis predicatorum judex conservator per dominum Honorium papam quartum constitutus, mandat archipresbyteris in Bromat, in Novillari, in Kirchheim et in Barre Argentinensis dyocesis sub pena excommunicationis, quatenus litteras ipsius, quas fratres ordinis memorati conventus Argentinensis iis assignaverint, per nuncium suum ad clericos sibi subditos
20 sine more dispendio dirigant et, cum hoc fecerint, ipsi sub sigillis suis litteris fidelibus intiment. «cum nos sanctissimi».   datum Eysteten 12 kalendas marcii anno domini 1288. *Februar 18 Eichstädt.*

T aus Straßb. Thom. A Dominic. lad. b *or. mb. c sig pend.*

140. Coram officialibus curiarum dominorum prepositi, decani, thesaurarii, Alberti
25 de Steineburnen, Johannis de Erenberg, Heinrici de Liehtenberg et Johannis de Ochsenstein archidiaconorum ecclesie Argentinensis Cûnradus dictus de Wasserstelz canonicus ecclesie Argentinensis, procurator totius cleri civitatis et dyocesis Argen-

a) *S* execucionum.

------

[1] *Von König Rudolf berichten die Annal. Colmar maj. zum Jahr 1288 April 1:* Rex Ruodolphus
30 et episcopus Argentinensis et cives Argentinenses et domini terre in Columbaria pacis foedera juraverunt; insuper inter fratres predicatores et cives Argentinenses componere voluissent (*Mon. Germ. SS. XVII, 215*). In *dasselbe Jahr, nicht zu 1286, ist wohl eine von Colmar aus datirte Urkunde ohne Zeitangabe zu setzen, in welcher der Provinzial der Dominikaner die Brüder zu Bern an des Königs Verdienste um den Orden erinnert mit den Worten:* item cum indignationem civium Argentinensium
35 pateremur, in opidis suis nos sustinuit sustineri ac benignius sustentari. *Vergl. Winkelmann Acta imp. ined. II, 746 nr. 1067.*
   [1] *Derselbe befiehlt dem Probst des Hospitals zu Hagenau vom Orden der Prämonstratenser unter Strafe des Bannes, den in Hagenau weilenden Priester Nikolaus, welcher auf Bitten der Straßburger Dominikaner von ihm citirt, suspendirt und excommunizirt ist, an allen Sonn- und Feiertagen feierlich
40 als einen gebannten zu erklären. Dasselbe soll unter gleicher Strafe in der Pfarre St. Georg geschehen or. mb. c. sig. pend. ohne Datum, wohl in das Jahr 1288 gehörend i. Straßb. Thom A.* Dominic lad. 5.

tinensis, contra mandatum Johannis Tusculani episcopi apostolice sedis legati, datum apud Novum Castrum Tullensis dyocesis 5 idus septembris anno 1287, quo archiepiscopo Maguntino et episcopis suffraganeis ejus pro suis procurationibus secundi anni legationis [1] mille et quingentas marcas argenti ad pondus Coloniense imposuit, ad sedem apostolicam appellat. «cum venerabilis in Christo.» actum anno domini 5 1288 idus martii. *März 15.*

B aus Straßb. Bez. A. G fasc. 3465 cop. ch. sec. XVI i Copialbuch des Straßb. Domcapitels fol. 126 - 30.

141. *Rudolf der Meister und die Brüder vom Hospital zu Straßburg beurkunden die Privilegien desselben. 1288 April 16.* 10

Universis Christi fidelibus tam presentibus quam futuris presentis littere inspectoribus seu auditoribus frater Rudolfus humilis minister et collegium fratrum hospitalis sancti Leonhardi in Argentina orationes devotas in domino cum noticia subscriptorum. scire cupimus universos et presentibus protestamur, nos seu nostram domum hospitalis Argentinensis inter cetera esse a divo Conrado quondam Romanorum 15 rege glorioso[2] necnon a felicis recordationis quondam Argentinensi episcopo[3] esse privilegiatos in hunc modum, quod videlicet omnia bona, que inpresentiarum habemus aut inposterum justis rationibus acquirere poterimus, et predicta domus nostra sub tali regie potestatis privilegio immunitate perhenni est, et sunt roborata et munita et taliter confirmata, quod nulla ecclesiastica secularisve persona jus aut potestatem 20 habeat, omnibus bonis nostris, que ad hospitalem domum pertinent, vias publicas et usum aque et pascuorum interdicendi. item felicis recordationis episcopus prenominatus nobis indulsit et nostre domui precipiens in verbo dei et auctoritate beatorum apostolorum Petri et Pauli et domini pape Honorii sub anathematis vinculo confirmavit, ne quisquam bona hospitalis nostri Argentinensis sibi usurpare vel distrahere 25 audeat vel in alium quam in usum pauperum expendere presumat. in hujus autem veritatis testimonium sigillum sancti Leonhardi hospitalis Argentinensis presentibus est appensum. datum anno domini 1288, feria sexta ante Georgii.

C aus Colmar. Hosp. A. HH 11 or. mb. c. sig. pend. delapso.
Gedruckt darnach i. Revue d'Alsace II, 240. 30

142. *Die Pfleger des Straßburger Hospitals beurkunden Rechte und Freiheiten desselben. 1288 April 16.*

Wir Lucas von Eckeversheim und Hug Ripelin rittere und pflegere des spittals ze Strazburg tünt kunt allen den, die disen brief geschent oder gehörent, das der

---

[1] *Für das erste Jahr der Legation hatte der Bischof von Straßburg 200 Mark Silber gezahlt.* 35
*Darüber liegt die Quittung vor, ausgestellt von Petrus de Gunlengia canonicus basilice principis apostolorum ac camerarius Johannis Tusculani episcopi. Straßburg 1286 November 7. cop. ch. sec. XVI
i Straßb. Bez. A G fasc. 3466 fol. 87a.*

[2] *Vergl. UB I, 75 nr. 94.*

[3] *Bischof Heinrich von Veringen im Jahr 1280, vergl. UB. I, 151 nr. 187.*

spittal ze Strazburg von des meisteres und des rates gnaden von Strazburg ist von
alter her kummen in dirre gewonheite, das man in die stete het gehalten durch got
und dur rehte liebi und durch friuntschaft: swenne ieman den anderen ze tode
slûg oder in wundete, das man deme numme nachvolgete denne unce an des
5 spittals tor, ob er entran in den spittal. § ist ôch daz deme schultheissen oder den
rihteren duhein gevangene entran in den spittal, der nachvolgen was ôch nuwen
unce an des spittals dôr. hinin entâtent sie kein getwang. § was ôch das ieman sin
gůt vlôhte in den spittal, das enfronde kein rihter dinne. § die des spittals brüdere
sint, die enbiclaget nieman vor weltlicheme gerihte. herumbe han wir unser inge-
10 sigele an disen brief gehenket zeime urkunde. dis geschach, da von gots gebürte
wârent tusent jar zweihundert jar und ehtewi und ahzig jar, an deme frietage vor
sante Geryen tage.

C *aus Colmar. Hosp. A. A fasc. 7 or. mb. c. 3 sig. pend. partim laesis. Erhalten das*
Ripelin'sche Siegel Dorsualvermerk von einer Hand des 14 Jahrh. littera pro libertate
15 *hospitalis pauperum in Columbaria 1. Die im Stück gesetzten Paragraphenzeichen sind*
wiedergegeben.
Gedruckt darnach bei Schopflin Als. dipl. II, 40 nr. 759.

143. *Pabst Nicolaus IV gibt dem Probst von St. German zu Speier den Auf-*
trag, er möge alle diejenigen, welche dem Straßburger Frauenkloster St. Marx
20 *Zins und Abgaben vorenthalten, zur Zahlung zwingen. 1288 April 22 Rom*
St. Peter.

Nicolaus [2] episcopus servus servorum dei dilecto filio . . preposito ecclesie sancti
Germani extra muros Spirenses salutem et apostolicam benedictionem. querelam
dilectarum in Christo filiarum . . priorisse et conventus monasterii sancti Marchi extra
25 muros Argentinenses ordinis sancti Augustini secundum institute et sub cura fratrum
predicatorum viventium recepimus continentem, quod nonnulli clerici et ecclesiastice
persone tam religiosi quam seculares etiam in dignitatibus et personatibus constitute
ac barones, milites et laici Basiliensis Argentinensis et Spirensis civitatum et dio-
cesum, qui terras domos possessiones et alia bona immobilia sub annuo censu vel
30 redditu a monasterio ipso tenent, hujusmodi censum seu redditum eis contra justitiam
exhibere non curant, quamquam terrarum domorum possessionum et aliorum bonorum premissorum possessionem pacificam habeant et fructus integre percipiant
eorundem, propter quod prefatis priorisse et conventui grave imminet prejudicium

1 *Beide Urkunden nr. 141 und nr. 142 sind darauf zurückzuführen, daß König Rudolf in einem*
35 *Privileg für das Colmarer Armenspital von 1288 April 2 erklärt: omnes libertates jura et privilegia*
concedimus, que hospitali pauperum apud Argentinam a nostris antecessoribus et a quibuscumque
aliis sunt tradita et concessa. or. mb. c. sig. pend. i. Colmar. Hosp. A. Gedruckt darnach bei Schöpflin
Als. dipl. II, 39 nr. 757. — Bohmer R. Rud. nr. 951.

2 *Nach der Bulle Niculaus IV.*

et eidem monasterio non modicum detrimentum[1]. cum autem pro parte ipsarum
priorisse et conventus ad nostram providenciam super hoc habitus sit recursus, discretioni tue per apostolica scripta mandamus, quatinus, si est ita, dictos clericos,
personas ecclesiasticas, barones milites et laicos ad exhibendum prefatum censum
et redditum priorisse et conventui memoratis integre, ut tenentur, monitione premissa,
per censuram ecclesiasticam, appellatione remota, previa ratione conpellas proviso,
ne in terras dictorum baronum excommunicationis vel interdicti sentenciam proferas,
nisi super hoc a nobis mandatum receperis speciale. testes autem, qui fuerint nominati, si se gratia odio vel timore subtraxerint, censura simili appellatione cessante
conpellas veritati testimonium perhibere.   datum Rome apud sanctum Petrum 10
kalendas maji pontificatus nostri anno primo.

*H aus Straßb. Hosp. A. lad. 89 fasc. 14 or. mb. Bulle an Hanfschnur. Kostenvermerk
unten links - - mit Haken über dem letzten Strich, darunter mehrere unverständliche
Zeichen, etwa ilb pet; auf dem Bug rechts f. R. Oben rechts in der Ecke c zweimal
durchstrichen, ebenso etwas tiefer cor. Dorsualvermerk im doppelten Rahmen N. Waldini,
etwas tiefer unter Bogen und Strichen R.*

144. Plebanus de Geypolzheim Argentinensis dyocesis nuntiat episcopo Eysten-
densi, se secundum mandatum episcopi receptum 5 kalendas maji decanos sancti
Petri et sancti Thome Argentine ad presentiam episcopi publice inter missarum
sollempnia citasse, ut die tricesima a die citationis apud illum comparerent. «paternitati vestre notum facio.»   datum in Geyspolzheim anno domini 1288, 5 kalendas
maji. *1288 April 27 Geispolsheim.*

T aus Straßb. Thom. A. Dominic. lad. 5 or. mb. c. sig. pend.

145. *Matthias Canonicus von St. Stephan zu Straßburg fordert den Pfarrclerus
von Eichstädt auf, er möge den Bischof von Eichstädt unter Strafandrohung veranlaßen, von seinen Vorladungen Straßburger Geistlicher und andern Uebergriffen
abzustehen. 1288 Mai 11.*

Mathias canonicus ecclesie sancti Stephani Argentinensis judex conservator
auctoritate sedis apostolice deputatus reverendo domino decano majoris ecclesie et
rectori sive plebano et viceplebano ecclesie parrochialis sancte Marie Eystedensis
necnon aliarum ecclesiarum parrochialium Eystedensium plebanis viceplebanis seu
rectoribus universis, quibus littere presentes exhibite fuerint, salutem in domino.

___

[1] *Einen bestimmten Fall der Art berührt das Breve Papsts Bonifaz VIII 1295 Februar 13
Lateran, in dem er den Scholasticus von St. Thomas anweist, eine Klage des St. Marxklosters zu
untersuchen, quod Waltherus de Girbade miles ac universitas, majores et sculteti ville de Baldeburne
Argentinensis diocesis super terris debitis possessionibus et rebus aliis injuriantur eisdem. Straßb.
Hosp. A. lad. 89 fasc. 16 or. mb. Bulle an Hanfschnur. Auf dem Bug rechts h p. Dorsualvermerk im
Doppelrahmen N. Waldini, darunter von anderer Hand frater Petrus de Basilea.*

venerabilis pater dominus episcopus Eystedensis, conservatorem se asserens privilegiorum fratrum predicatorum per Theutoniam a sede apostolica constitutum, honorabiles dominos decanos sancti Thome et sancti Petri ecclesiarum Argentinensium, conservatores privilegiorum civitatis Argentinensis a sede apostolica delegatos, pro
5 eo, quod iidem decani fratres predicatores conmittendo vices suas nobis contra indulta privilegiorum eorundem fratrum excommunicari, ut idem dominus episcopus asserit, indebite procuraverunt, suam potestatem conservatoriam, si quam habet, contra et supra jus amplians et extendens moneri mandavit, ut infra decendium a recepcione litterarum prefati domini episcopi monitoriarum dictis fratribus de illatis,
10 ut dicitur, injuriis satisfaciant conpetenter; alioquin dictus dominus episcopus eosdem dominos decanos citari mandavit, ut tricesima die a tempore publicationis litterarum suarum monitoriarum earundem comparere debeant coram ipso domino episcopo in Eysteten audituri et recepturi, quod dictaverit ordo juris, et suam innocentiam ostensuri. nonnullos quoque viceplebanos parrochialium ecclesiarum sive clericos
15 Argentinensis dyocesis pro eo, quod mandata nostra et processus auctoritate apostolica a nobis emissos exequi curaverunt, idem dominus episcopus ad suam presenciam indebite evocari mandavit, prout in litteris prefati domini episcopi vidimus contineri. et sicut nobis est per facti evidenciam patefactum, sicque jurisdictio nostra, qua nescimus auctoritate, ex parte ejusdem domini episcopi injuste turbata est hactenus
20 multipliciter et turbatur perperam et inique. ceterum cum non sit dubium, nos in quoscunque nostram jurisdictionem seu processuum nostrorum execucionem impedientes posse animadvertere juxta canonicas sanciones, idcirco volentes freno justicie predictarum transgressionum injurias cohibere, discretioni vestre, qua fungimur auctoritate, sub pena excommunicationis sententic, quam in vos, trium dierum monicione
25 premissa, scripto presenti ferimus, si non feceritis, quod mandamus, districte precipimus, quatenus diligenter prefatum dominum episcopum moneatis, ut a citationibus et presumptionibus hujusmodi desistat inantea et ut revocet, quicquid in nostre jurisdictionis elusionem seu prejudicium attemptavit, et quod super revocatione hujusmodi suas patentes litteras suo sigillo signatas nobis transmittat non obmittat infra
30 octo dies a receptione presencium numerandos, quodque de cetero similia non attemptet; alioquin extunc prefatum dominum episcopum, quem extunc prout exnunc pro manifesta injuria et offensa hujusmodi ab ingressu ecclesie et a sacerdotali ministerio salva sua reverencia et ab officio suspendimus in hiis scriptis, suspensum ab hiis coram clero et populo Eystedeusi in vestris ecclesiis intra missarum sollempnia
35 publice nuncietis, intimantes eidem domino episcopo, quod, si a presumptionibus hujusmodi non destiterit, nos censura ecclesiastica contra ipsum severius procedemus. et quia propter viarum discrimina periculosum est, predictas conservatorias litteras sedis apostolice vobis in vera substantia destinari, tenorem ipsarum vobis sub sigillo curie Argentinensis duximus dirigendum, ipsas vobis sub vera bulla in civitate
40 Argentina, cum a vobis requisiti fueritis, ostensuri. in executione quoque mandati nostri hujusmodi alter alterum non expectet. datum et actum feria 6 ante festum

a. T perfecta.

pentecostes anno domini 1288. r[eddite] litteras sub pena predicta sigillorum vestrorum appensione signatas in testimonium mandati nostri hujusmodi per vos legittime executi.

T aus Straßb. Thom. A. Dominic. lad. ö or. mb. c. sig. pend. Außerdem sind am untern Rande des Stücks drei Pergamentstreifen so abgeschnitten, daß sie zum Anheften des Siegels dienen sollten; doch findet sich von letztern keine Spur.   5

146. Johannes sancti Thome et Nycolaus sancti Petri ecclesiarum Argentinensium decani ab episcopo Eistetensi moniti [1], quia ipsis diverse et varie exceptiones competunt contra monicionem et citacionem episcopique jurisdictionem, ad proponendum hec omnia et allegandum exceptiones necnon ad appellandum magistrum Rudigerum de Ehenheim procuratorem suum constituunt, ratum habituri, quicquid fecerit, 10 et judicatum solvi promittentes pro ipso sub ypotheca rerum suorum. sigilla curie decani et archidyaconi ecclesie Argentinensis appendunt. « intelleximus quod vos asserentes ». datum feria 5 post dominicam pentecostes anno domini 1288. *Mai 20.*

T aus Straßb. Thom. A. Dominic. lad. 5 cap. eid. mb. c sig. pend , ausgestellt von Bischof Reimboto von Eichstädt, zugleich über nr. 147.   15

147. *Rüdiger von Ehnheim appellirt als Vertreter der Dekane von St. Thomas und St. Peter von Straßburg vor dem Bischof von Eichstädt an den päbstlichen Stuhl. 1288 Mai 28 Eichstädt.*

Coram vobis venerabili patre domino episcopo Eistedensi, conservatore privilegiorum fratrum predicatorum per Theutoniam, ut dicitur, a sede apostolica con- 20 stituto, ego magister Rudigerus de Ehenheim, procurator reverendorum dominorum decanorum sancti Thome et sancti Petri ecclesiarum Argentinensium, conservatorum privilegiorum civitatis Argentinensis a sede apostolica delegatorum, cum dominos meos decanos predictos pro eo, quod viros religiosos fratres predicatores committendo vices suas reverendo domino Mathie canonico ecclesie sancti Stephani in 25 Argentina contra indulta privilegiorum suorum excommunicari, ut dicitis, indebite procurarunt, auctoritate vestra monitos intellexerint, ut infra decendium a recepcione literarum vestrarum monitoriarum dictis fratribus de illatis injuriis, ut dicitur, satisfaciant competenter, alioquin eosdem dominos meos decanos predictos citari mandaveritis, ut tricesima die a tempore publicacionis litterarum vestrarum earun- 30 dem comparere debeant coram vobis in Eysteten audituri et recepturi, quod dictaverit ordo juris, et suam innocenciam ostensuri [2], excipiendo propono et dico dictorum dominorum meorum decanorum nomine et pro ipsis [a], quod dicta vestra monicio et citacio calumpniosa est frivola et iniqua, et quod predicti domini decani coram vobis venire non debent vel vobis parere, quodque vos in eosdem dominos decanos anim- 35

a. *T ep. et pro ipsis.*

[1] *Vergl. nr. 144.*

[2] *Vergl. nr. 144.*

advertere non potestis ex eo, quod predicti domini decani conservatores dati a sede
apostolica privilegiorum civitati Argentinensi ejusque civibus et incolis indultorum
conmittendo vices suas domino Mathie canonico ecclesie sancti Stephani predicti hoc
jure fecerunt, cum cuilibet delegato a principe jurisdictio dandi judicem concedatur
5 a jure, ut probatur extra de of. deleg. c. pastoralis[1] et c. quoniam apostolica sedes[2].
igitur conmissio predicta juris permissione facta injuriosa dici non potest notorie
neque vere, nec vos auctoritate conservatoria cognoscere vel vos intromittere
potestis, utrum domini decani predicti hoc de jure vel injuria fecerint. probatur hoc
et notatur expresse per dominum Innocencium super constitucione nova extra de
10 of. deleg. statuimus[3]. notatur etiam hoc idem per dominum Hostiensem in summa
sua[4] de off. deleg. § quibus modis ejus jurisdictio prorogetur versu. item fit proro-
gacio ex vi clausule generalis et cetera. auctoritate enim conservatoria, si quam
habetis, a manifestis injuriis et violenciis tantum potestis defendere eos, quos sedes
apostolica vobis defendendos conmisit, servata forma mandati apostolici, nec ad
15 alia, que judicialem indaginem exigunt, vestram potestis extendere potestatem, ut
probatur in preallegata constitucione nova statuimus. sed et vestra monicio et
citacio nullam facit mencionem de injuria aliqua notoria vel excessu manifesto vel
notorio mencionem. item si predictus dominus Mathias fratribus predicatoribus
aliquam injuriam irrogasset, hoc dominis decanis predictis suo jure functis reputari
20 non posset. sed pocius inputandum foret predicatoribus, qui coram eodem domino
Mathia suum privilegium, si quod habent, nec aliquid aliud allegarunt nec etiam
appellarunt. propter quod sentencia excommunicacionis majoris per eundem dominum
Mathiam prolata contra ipsos ligati sunt fratres predicti maxime ex contemptu. sicque
audiendi non sunt coram vobis nec est eis aliquatenus respondendum. item con-
25 servacionis littere, si que sunt. quarum auctoritate procedere intenditis, vel privilegia fratrum predicatorum de conservacione decanis predictis conmissa vel privilegia
civibus et incolis civitatis Argentinensis concessa[a] nullam faciunt mencionem nec eu
revocant quoquo modo. unde vos de ipsis vel processibus ex eis vel ab eis secutis
judicare vel cognoscere non habetis, sed minorem potestatem[b] vel ad majus equalem.
30 propter quod iterum in decanis predictis animadvertere non potestis, cum non
habeatis imperium par in parem, item quia locus Eistetensis predictus ultra terciam
vel quartam dietam a finibus Argentinensis dyocesis distat, item quia mortuo domino
papa mandatore littere conservatorie, si que sunt, quarum auctoritate procedere
intenditis, exspirarunt, re integra existente, item quia iidem domini mei decani
35 coram vobis apud Eysteten venire vel conparere non possunt nec audent propter

a) T concessis.   b) ad« pocius?

---

[1] C. 28 X de off. jud. del. (1,29).
[2] C. 43 X de off. jud. del. (1,29).
[3] Innocentii apparatus super quinque libros decretalium. Argent. 1478 Lib. I fol. 101 b; statuimus ut conservatores.»
[4] Henrici cardinalis Hostiensis Summa aurea, Lugdun. 1588 fol. 55 b. Lib. I, 10.

viarum discrimina et propter metum, qui potest cadere in constantem. peto igitur
a vobis, quatenus in dicto negocio supersedere velitis et quod dominos meos decanos
predictos ab inquietacione hujusmodi absolvere velitis et ulterius non vexare. et ne,
excepcionibus et defensionibus hujusmodi non admissis, contra dominos meos decanos
predictos per vos vel alium quempiam auctoritate vestra, si quam habetis, excom- 5
municationis suspensionis vel interdicti aut alia quevis sentencia proferatur et ammo-
nicione et citacione vestra et gravamine predicto dictis decanis indebite per eas
illato, sedem apostolicam in hiis scriptis appello et apostolos instanter peto, me et
dominos meos decanos predictos et res ipsorum protectioni sedis apostolice supponendo. testimonium quoque super hiis invoco presencium dominorum. 10

> *T aus Straßb. Thom. A. Dominic. lad. 5 cop. mb. vidim. c. sig. pend., ausgestellt vom Bischof*
> *Reimboto von Eichstädt. Ohne Absatz wird an presencium dominorum der für die Fort-*
> *führung des Processes und für die Datirung wichtige Passus angeschlossen: hiis porrectis*
> *per copiam super excepcionibus contra procuratorii formam et personam ejus, qui*
> *se procuratorem asserit, ac replicacionibus datis super excepciouibus propositis, est* 15
> *dies assignata ad interloquendum videlicet crastinum Marie Magdalene et ad proce-*
> *dendum, quantum de jure fuerit procedendum, absencia partis alterius non obstante.*
> *datum in Eistete 5 kalendas junii anno domini 1288.*

148. Reinboto Eystetensis episcopus plebano in Westhoven et plebano in Zallen-
wilre Argentinensis dyocesis sub pena excommunicationis mandat, cum plebanus 20
superioris ecclesie in Westhoven et plebanus in Stozheim, prout frater Petrus de
Monasterio procurator fratrum ordinis predicatorum in provincia Theutonie nuntiavit,
de mandato Mathie canonici sancti Stephani Argentinensis sentencias per Johannem
Tusculanum legatum latas tamquam inanes revocaverint et ipsos fratres excommunicatos nuntiaverint, quod, si premissa vera sint, dictos plebanos moneant, infra octo 25
dies a tempore monicionis fratribus satisfacere: alioquin eosdem publice excommuni-
cabit. littere sigillate in signum mandati executi reddantur. «sua nobis frater
Petrus.» datum in Werdenvels anno domini 1288, 13 kalendas* augusti. *1288*
Juli 20 Werdenfels [1].

> *T aus Straßb. Thom. A. Dominic lad. 5 or. mb. c. sig. pend. Nur das Bischofssiegel* 30
> *hängt an.*

149. *Konrad von Feuchtwangen, Präceptor des Deutsch-Ordens, und Landcomthur*
Berthold von Gepsenstein vereinbaren sich mit dem St. Thomascapitel, die Ent-
scheidung ihres Streits über den Bau eines Deutsch-Ordenshauses im Pfarrsprengel
von St. Aurelien zwei Schiedsrichtern zu übertragen. 1288 Juli 20. 35

Universis presencium inspectoribus frater Cunradus de Föhtwangen preceptor
fratrum hospitalis sancte Marie Theutonicorum Jerosolimitani per Alamanniam necnon

---

> a) *Das Datum ist von demselben Hand mit anderer Tinte als der Text geschrieben.*

> [1] *Unter dem gleichen Datum gibt der Eichstädter Bischof den Archipresbytern in Schlettstadt und*
> *Rheinau den Auftrag, alle Laien und Cleriker, welche nicht aufhören die Straßburger Dominikaner zu* 10
> *bedrücken, auf Aufforderung der letztern vor ihn zur Verantwortung zu citieren or. mb. c. sig pend.*
> *ebenda. Auch hier ist das Datum mit anderer Tinte hinzugefügt.*

frater Hertoldus de Gebizenstein provincialis fratrum Theutonicorum eorundem per
Alsaciam et Burgundiam, item Fr[idericus] prepositus et capitulum ecclesie sancti
Thome Argentinensis salutem et noticiam subscriptorum. scire cupimus universos,
quod mota questione seu dissensione super edificatione seu constructione oratorii
5 facti vel faciendi de novo per fratres nostros domus Argentinensis in curia dicta
der Stubewegehof sita inter limites parrochie sancte Aurelie extra muros Argentinenses[1], quod nos prepositus et capitulum predicti in nostrum prejudicium dicimus
esse factum eo, quod dicta ecclesia sancte Aurelie parrochialis ad nostram ecclesiam
sancti Thome predictam pertinet pleno jure, tandem intervenientibus fide dignis, et
10 ut pax inter nos perpetua et concordia, que nos condecet, permaneat prestante
domino, qui est largitor omnis boni, super dictis questionibus seu dissensionibus
nos commendatores predicti nostro nomine et fratrum nostrorum dictam curiam
inhabitancium pro parte nostra in honorandum virum dominum Hermannum thesaurarium ecclesie Argentinensis compromisimus et compromittimus per presentes. nos
15 vero prepositus et capitulum predicti pro nostra parte in dominum Johannem decanum ecclesie nostre predicte compromisimus et compromittimus per presentes tamquam in arbitros compromissarios, arbitratores et amicabiles compositores ita, quod
iidem dictas questiones seu dissensiones inter nos habitas usque ad festum beati
Martini proximo venturum decidant sine strepitu judicii in scriptis vel sine scriptis,   *November 11*
20 jure vel amice, in presencia nostri commendatorum vel absencia, presentibus tamen
fratribus dictam curiam inhabitantibus vel aliquo ex eis nomine eorundem. placet
etiam nobis partibus hinc et inde, quod tractatus possint habere dicti domini arbitri
seu arbitratores in presencia partium. item placuit nobis partibus predictis, quod si
dictum negocium terminatum non fuerit usque ad terminum predictum, quod ipsi
25 duo facultatem habeant dictum terminum prorogandi, prout eis visum fuerit expedire. nos eciam partes prediete promittimus, quod si aliquem de predictis arbitris
seu arbitratoribus, antequam dictum negocium terminetur, cedere vel decedere, quod
absit, vel abesse plus debito contingeret, quod pars, pro qua[a] hoc fieret, eque
ydoneum pacificum, prout fas est, debeat subrogare, fraude et dolo penitus circum-
30 scriptis. item nos partes predicte scripto presenti et litteris presentibus obligamus
nos et nostros successores ad observandum ordinationem, compositionem et pronunciationem, quam dicti arbitri seu arbitratores jure vel amice duxerint faciendam seu
statuendam, sub periculo cause pro pena posita a nobis hinc et inde, renunciantes
quoad hec pro nobis et nostris successoribus omnibus actionibus exceptionibus
35 consuetudinibus statutis tam publicis quam privatis et specialiter restitutionis in
integrum, et omnibus litteris impetratis vel impetrandis undecunque et a quocunque,
quibus contra ordinationem seu pronunciationem dictorum dominorum arbitrorum
seu arbitratorum factam jure vel amice venire possemus vel juvari ad presens vel
eciam in futurum, de omnibus predictis cerciorati de verbo ad verbum. specialiter

40   a) *T* cujus.

[1] *Vergl. über die Niederlassung der Deutschordensbrüder zu Straßburg im Jahr 1280 Königshofen
i. D. St. Chron. IX, 732*

autem renunciamus juri seu juribus quantum ad omnia et singula premissa dicentibus, generalem renunciationem non valere. in quorum evidentiam nos frater *Cunradus* preceptor et frater *Bertoldus* provincialis predicti nostra sigilla, item nos .. prepositus et capitulum sancti Thome predicti sigillum dicti capituli presentibus duximus apponenda. anno domini 1288 proxima tercia feria ante festum beati   5 Arbogasti.

T aus Straßb Thom. A Docum. hist. tad. 11 or. mb. c. 3 sig. prael
Erwähnt bei Ch. Schmidt Hist. du chap. de St-Thom p. 247.

130. *Pabst Nicolaus IV trägt dem Bischof von Worms auf, die strenge Durchführung der über die Bürger von Straßburg verhängten geistlichen Strafen zu* 10 *übernehmen. 1288 Juli 28 Rieti.*

Nicolaus episcopus servus servorum dei venerabili fratri . . episcopo Warmaciensi salutem et apostolicam benedictionem. detestandi excessus in dilectos filios . . priorem et fratres ordinis predicatorum Argentinenses per . . magistros . . consules et alios cives Argentinenses commissi ᵃ tanto acerbius nostrum animum 15 perturbarunt, quanto enormius dinoscuntur in divine majestatis offensam, derogationem ᵇ ecclesiastice libertatis, turbationem regularis observantie ac suarum animarum dispendium redundare. dicti namque ᶜ prior et fratres gravi nobis conquestione monstrarunt, quod cum iidem magistri consules et cives a priore ac eisdem fratribus petiissent, ut nullum de civitate predicta infra etatis sue annum octavum decimum 20 constitutum absque parentum suorum consensu in ordine predicto reciperent, et quod ad observationem hujusmodi et quorundam aliorum articulorum similium se per suas patentes litteras obligarent, quia prefati prior et fratres attendentes, quod iidem articuli absque dei offensa et gravi prejudicio dicti ordinis ac animarum periculo non poterant observari. eorum in hac parte ᵈ petitioni annuere noluerunt, 25 nominati magistri consules et cives. ad locum predictorum fratrum cum securibus contra eosdem fratres altis vociferando clamoribus hostiliter accedentes, hostia officinarum et claustri ejusdem loci cum ipsis securibus exciderunt nec hiis contenti. tamquam proprie salutis prorsus obliti, dictos priorem et fratres in prefato claustro ausu sacrilego recluserunt, portas ipsius claustri firmissimis obstaculis obserando 30 ita, quod nec ipsis exitus nec aliis patebat ad eos accessus, alias eisdem priori et fratribus graves injurias irrogando. cumque premissa ad venerabilis fratris nostri Johannis Tusculani episcopi tunc in partibus illis apostolice sedis legati notitiam pervenissent, idem legatus sue legationis auctoritate venerabili fratri nostro . . Argentinensi episcopo suis dedit litteris in mandatis ¹, ut, si suffragaretur veritas 35 supradictis, prefatos magistros consules et cives ex parte ipsius legati moneret, quod ab hujusmodi sacrilega dictorum prioris et fratrum artatione post hujusmodi monitionem

a) S comissi.   b) S derogauoiiem.   c) S namque.   d) N eorum in hac parte auf Rasur.

¹ Vergl. nr. 113.

penitus desistentes de hujusmodi injuriis ipsis illatis iufra triduum satisfacerent
competenter, alioquin extunc civitatem predictam ecclesiastico supponeret interdicto.
et licet idem episcopus Argentinensis, postquam sibi plene constitit de premissis,
ad predictam monitionem juxta mandatum ipsius legati faciendam dictis magistris
consulibus et civibus processisset [1] [a], quia tamen iidem [b] magistri consules et cives,
dicta monitione contempta, predictos priorem et fratres post prefatum terminum in
monitione ipsa eis prefixum nullam ipsis satisfactionem de predictis injuriis impendere curaverunt, idem episcopus Argentinensis in civitatem ipsam interdicti sententiam exigente justitia promulgavit. demum autem dicti prior et fratres, quos ex
diutina subtractione victualium fame affectos predicti magistri consules et cives vix
permiserunt predictum locum exire, coacti sunt ab eadem civitate recedere et ad
loca alia se transferre. et cum premissa essent adeo notoria, quod nulla poterant
tergiversatione celari, prefatus episcopus Argentinensis de speciali mandato dicti
legati super hoc sibi facto, quia prefati magistri consules et cives moniti diligenter
dictos priorem et fratres infra competentem terminum eis ab eodem Argentinensi [c]
episcopo assignatum ad locum eorum dicte civitatis revocare ac eis de predictis
injuriis satisfacere contumaciter non curarunt. excommunicationis sententiam, quam
idem legatus propter hoc in eosdem magistros et consules ac in illos, qui dictis
magistris et consulibus in statutis ipsorum editis vel edendis contra libertatem
ecclesiasticam in dictorum prioris et fratrum prejudicium et gravamen consilium
vel auxilium impenderent aut in eisdem quomodolibet obedirent, necnon in sacerdotes, qui in civitate ipsa aut suburbiis seu appenditiis ipsius, durante ipso interdicto,
divina officia celebrarent, necnon et quoslibet alios, qui prefatum interdictum temere
violarent, protulerat, publicavit [d] denuntians nichilominus loca, ad que dicti magistri
consules seu alii propter hoc excommunicati pro tempore declinarent, quamdiu in
ipsis remanerent, et per triduum post eorum recessum fore per eundem legatum
supposita ecclesiastico interdicto. sed cum magistri consules et cives ac sacerdotes
sententias ipsas pertinaciter tolerarent, dictus legatus predictas excommunicationis
et interdicti sententias per locorum ordinarios et alios prelatos ac rectores ecclesiarum regni Alamannie mandavit sollempniter innovari, et demum prefatis magistris
consulibus civibus et aliis excommunicatis in sua pertinacia perdurantibus, quia ex
aliorum participatione fortius indurescere videbantur, dictus legatus moueri fecit
inquilinos colonos et mercennarios ipsorum, quod ab eorum participatione penitus
abstinerent; alioquin a communione divinorum excludebat eosdem [2]. ac Mathiam
canonicum ecclesie sancti Stephani Argentinensis, qui non sine multa temeritate
predictas sententias ipsius legati mandavit irritas nuntiari, canonica monitione premissa, excommunicationis vinculo innodavit. verum nominati magistri consules atque
cives et nonnulli sacerdotes, qui in dicta civitate divina officia celebrarunt et propter

a) *B* processisset.   b) *N* quia tamen iidem *suf Rasur*.   c) *S* num *his* Argentinensi *suf Rasur*.
d) *T* promulgavit.

[1] *Vergl. nr 117*
[2] *Vergl. nr. 125*

hoc prefatam excommunicationis sententiam incurrerunt, easdem sententias dampnabiliter contempnentes eas per annum et amplius sustinuerunt animis induratis redire
ad mandatum* ecclesie non curantes. quare predicti prior et fratres nobis humiliter
supplicarunt, ut oportunum super hoc remedium adhibere paterna sollicitudine curaremus. quocirca fraternitati tue per apostolica scripta mandamus, quatinus vocatis, 5
qui fuerint evocandi, si tibi de plano et sine strepitu judicii constiterit de premissis.
aliquibus frivolis appellationibus ex parte dictorum magistrorum consulum et civium
ob hujusmodi sententiis et processibus interjectis nequaquam obstantibus, prefatas
excommunicationis et interdicti sententias faciatis auctoritate nostra usque ad satisfactionem condignam appellatione remota inviolabiliter observari, predictos magistros 10
consules et cives ac sacerdotes excommunicatos, prefatam vero civitatem interdicto
suppositam, donec super hiis iidem excommunicati congrue satisfecerint, singulis
diebus dominicis et festivis, pulsatis campanis et candelis accensis, per omnia loca,
in quibus expedire videris, publice nunties et ab aliis nuntiari facias et ab omnibus
artius evitari et alios contra ipsos[b] excommunicatos, si eorum pertinacia exegerit, 15
aggraves manum tuam, invocato nichilominus ad hoc, si necesse fuerit, auxilio
brachii secularis, rescripturus nobis, quicquid super premissis duxeris faciendum.
datum Reate 5 kalendas augusti pontificatus nostri anno primo.

*S aus Straßb. St. A. Vord. Dreizehn. Gew. lad. 71 or. mb. Bulle an Hanfschnur. Links
unterm Bug Kostenvermerk x x; auf dem Bug rechts Jo. Sal. Auf der Rückseite N 20
Waldini; weiter unten quer von andrer, aber gleichzeitiger Hand magistro Johanni de
Angelo et magistro Johanni Engelberti.*

*T coll. i. Straßb. Thom. A. Dominic. lad. 5 or. mb. Bulle an Hanfschnur. Beim Kosten-
vermerk noch R[ecepit] Jo. Sal., darunter f, Aü z(?) Auf dem Bug rechts Schreibervor-
merk T. Per pro. Ab. Sab. Procuratorvermerk derselbe wie bei S.* 25

151. Archipresbyter in Rinowe, plebani in Westhoven et in Geyspolzheim ac
vicarius in Hagenowia notum faciunt, quod inter missarum sollempnia mandatum
episcopi Eystetensis[1] contra Johannem sancti Thome et Nicolaum sancti Petri
ecclesiarum Argentinensium decanos executi sint, sigillo sua appendentes. «quod
nos inter.» datum anno domini 1288 infra octavam assumptionis virginis gloriose. 30
August 16-22.

*T aus Straßb. Thom. A. Dominic. lad. 5 or. mb. c. 4 sig. pend. Von Siegellegenden
erkennbar s. Johannis plebani in Geizhotzheim und s. Hugonis . . . in Hagen.*

152. *Bischof Simon von Worms theilt der Stadt Straßburg mit, er habe sie dem
päbstlichen Befehl gemäß vorladen lassen, und ermahnt sie zum friedlichen Vergleich.* 35
[1288] October 7 Stein.

Sy[mon] dei gratia Wormatiensis episcopus honorabilibus viris et discretis magistro . . consulibus et ceteris civibus Argentinensibus totius boni plenitudinem

a) *T mandata.* b) *S ipsos auf Rasur.*

1 *Von diesem Mandat sind die Anfangsworte* quia Johannes *und der Schluß* mandati nostri fide- 40
liter executi interserirt.

cum salute. cum nos in causa, que inter vos ex parte una et fratres predicatores ex altera vertitur, procedere cupiamus juxta mandatum nobis directum apostolicum [1] super eo nec audeamus subterfugium de hoc querere ullo modo, significandum vobis duximus per presentes, quod, sicut per vestros nuncios vice alia nos rogastis, litteras nostras honorabilibus viris . . scolastico et . . cantori ecclesie sancti Thome Argentinensis misimus, quibus vos citent usque in crastinum Martini. quare vestre discrecioni consulimus et hortamur cum affectu, quatenus medio tempore bonum pacis et concordie attemptetis. et nos ad hoc toto nisu volumus interponere nostras partes. datum apud Lapidem Serigii et Bachi.

[in verso] discretis viris . . magistro et . . consulibus Argentinensibus.

November 11

S aus Straßb. St. A. Vord. Dreizehn. Gew Ind. 71 or. mb. lit. clausa c sig in verso impr. dafic. Die Jahresdatirung des Stucks ergibt sich aus nr. 150.

153. *Pabst Nicolaus IV gibt dem Straßburger St. Stephanskloster die Erlaubniß, während des Interdicts Gottesdienst im Stillen halten zu dürfen. 1288 October 31 Rom St. Maria maggiore.*

Nicolaus episcopus servus servorum dei dilectis in Christo filiabus . . abbatisse et conventui monasterii sancti Stephani Argentinensis ordinis sancti Augustini salutem et apostolicam benedictionem. devotionis vestre precibus inclinati auctoritate vobis presentium indulgemus, ut, cum generale terre fuerit interdictum, liceat vobis clausis januis, non pulsatis campanis, excommunicatis et interdictis exclusis, divina officia audire et per capellanum proprium facere celebrari, dummodo vos aut idem capellanus causam non dederitis interdicto nec id vobis contingat specialiter interdici. nulli ergo omnino hominum liceat hanc paginam nostre concessionis infringere vel ei ausu temerario contraire. si quis autem hoc attemptare presumpserit, indignationem omnipotentis dei et beatorum Petri et Pauli apostolorum ejus se noverit incursurum. datum Rome apud sanctam Mariam majorem 2 kalendas novembris pontificatus nostri anno primo.

B aus Straßb. Bez. A. H fasc. 2622 or. mb. c. b. delapsa. Kustrenvermerk - - darunter Jac böl, auf dem Bug rechts nur ein p erkennbar. Auf der Rückseite Ludewicus Palatrolen.

154. *Die Dominikaner von Straßburg beschließen, um ihre Schulden zu tilgen, Bücher, Paramente u. A. bis zum Werthe von 200 Mark zu veräußern. 1288 December 28 Schlettstadt.*

Omnibus presens scriptum visuris nos fratres ordinis predicatorum conventus Argentinensis, Alradus prior, Thomas et Johannes Abbas vicarii fratrum in Hagnawia et in Slezstat ceterique fratres conventus predicti salutem in domino sempiternam.

[1] *Vergl. nr. 150.*

notum esse cupimus. quod sufficienti deliberacione prehabita de communi consensu fratrum propter debita urgencia contracta et contrahenda dilectis nobis in Christo fratribus Martino librario et Wernhero Coquinario sacriste dedimus in mandatis, quatenus de libris paramentis et calicibus ac rebus aliis distrahant inpignorent aut penitus alienent usque ad summam ducentarum marcarum proviso, quod siue murmure creditoribus satisfiat. ad hanc obligacionem distraccionem volumus eos uti sigillo conventus nostri aut prioris solius seu prioris et conventus simul, fratribus ad hoc minime convocandis. ratum enim habebimus et gratum. quicquid divisim aut conjunctim fecerint vel ordinaverint de premissis. ad pleniorem vero certitudinem predictorum ego prior predictus sigillum meum et nos fratres premissi sigillum nostri conventus duximus presentibus apponendum, postulantes a reverendo patre priore provinciali, quatenus hoc factum, ad quod necessitate et utilitate evidenti inducimur, auctoritate sua communiret. porro in execucione presentis mandati prefatos *Martinum* et *Wernherum* sic fore volumus in solidum constitutos, ut alter eorum vicem alterius obtineat, si grave esset ipsis forsitan convenire. quodsi aliquis premissorum obierit vel[a] exequi nequierit, ego prior vel qui vices meas gesserit, teneatur sine mora alium subrogare. ego frater Hermannus prior provincialis predictus hanc ordinacionem ratam habeo. necessitate fratrum pensata, propter quod sigillum officii nostri apponi presentibus procuravi. datum Slezstat in die inuocentum anno domini 1288.

T aus Straßb. Thom. A. Dominic. lad. 5 or. mb. c. 3 sig. pend. mutil.

155. *Proceßschrift der Dominikaner gegen die Stadt Straßburg.* [*Winter 1288 —1289*].

In nomine domini amen. hee sunt replicationes . . prioris et fratrum predicatorum conventus Argentinensis contra excepciones et rationes propositas pro parte magistri consulum et civium Argentinensium contra eosdem fratres. [*I*] ad primam excepcionem, qua dicitur inter cetera, rescriptum obtentum per ipsos . . priorem et fratres non valere pro eo. quod in eo mentio non habetur de sentencia interdicti lata per legatum in magistros et universitatem et civitatem Argentinenses, respondetur, quod ipsa exceptio non valet pro eo, quod dicti fratres coram vobis non prosecuntur observationem sentencie interdicti prefati promulgate per dictum legatum et super ea non inpetraverunt ad vos aliquod rescriptum, quod vobis [additur][b] presentatum. et quando voluerint prosequi observationem dicte sentencie, tunc liet, quod justum fuerit, maxime cum legatus plures sentencias tulerit ex diversis causis contra predictos aliqualiter, quarum observationem prosequuntur dicti fratres coram vobis, de quibus plenaria mentio lit in rescripto predicto. et predicta sentencia interdicti ex una causa promulgata fuit per ipsum legatum et alie sentencie, quarum observationem prosequuntur dicti fratres, ex altera causa, unde, cum sint se minime contingentes, licite potuerunt inpetrare super predictis sentenciis, quas prosequuntur tacito de dicta sentencia interdicti. et si de dicta sentencia fecissent expressam mentionem, nichilominus iumo magis et cicius et facilius

---

a) *T* propter infirmitatem *ausgestrichen.*   b) *T* super utrumque locum *ausgestrichen.*   c) *S* addu".

dictum rescriptum inpetrassent. preterea esto*, quod ex eadem causa omnes sententie
prolate essent per legatum ; adhuc non tenebantur, nisi voluissent, facere mentionem
de dicta sententia interdicti, cum per predictum rescriptum ejus observationem non
prosequantur coram vobis ad presens, et non sunt omnia de processu exprimenda,
5 sed tantum substantialia, sine quibus rescriptum subsistere non posset. non enim
idcirco minus is, cui ex aliquo rescripto cognitio delata est, judicare potest, quod
ex gestis quedam in precibus obmissa proponuntur. nec obstat decretalis inter
monasterium[1] allegata per partem adversam, quia sic sano debet intelligi intellectu,
in eo videlicet, contra quem processum est, quod, si inpetret rescriptum contra ipsum
10 processum. pro se non valet, nisi de processu et serie et etiam causa fecerit mentionem. et sic intelligitur dicta decretalis inter monasterium, in qua jam erat ad
testium receptionem processum, quod, si expressisset inpetrans, nullas penitus inpe-
trasset litteras. et sic etiam intelligitur decretalis de cohabitatione clericorum et
mulierum super eo[2]. [2] ad secundam exceptionem, qua inter cetera dicunt, rescriptum
15 predictum non valere ex eo, quod dicti . . prior et fratres prevenerunt diligentiam
predictorum magistrorum consulum et civium in inpetrando, et ex eo, quod non
fecerunt mentionem de appellatione ipsorum. quam dicunt se interposuisse a dicta
sententia interdicti legati prefati. respondetur. quod licuit eis prevenire eos in inpetrando. cum terminus appellationi ipsorum prosequende a dicto legato prefixus non
20 fuit nec etiam a fratribus predictis. nec tenebantur fratres predicti de appellatione
predicta aliquam facere mentionem. et sic intelligitur sano intellectu decretalis bone
de confirmatione utili vel inutili[3] et de appellationibus oblate[4]. et sic notant dominus
Innocentius[5] et etiam Ostiensis[6] super eis, licet Bernardus in nota sua[7] videatur
dicere, quod de appellatione partis adverse mentio fieri debeat, et inducat ad suam
25 opinionem fundandam decretalem de rescriptis ex parte*. que non loquitur de appellatione adversarii sed de appellatione propria. ut expresse in textu ibidem dicitur.
preterea esto sine prejudicio, quod dicte decretales bone et oblate intelligerentur.
secundum quod pars adversa eas allegat: adhuc non tenebantur fratres facere
mentionem de dicta appellatione interposita a sententia interdicti dicti legati, cum
30 non agant ipsi fratres ad observationem dicte sententie interdicti legati prefati nec
inpetraverint rescriptum predictum super ea sed super aliis, a quibus non dicunt se
appellasse a legato prefato. et sic, quandocunque super eis voluerunt inpetrare,
potuerunt nec dici possunt in hoc aliquorum diligentiam prevenisse. nec pretextu

a) wohl zu ergänzen sine prejudicio

---

[1] C. 20 X. de sen. et re jud. (2.27).
[2] C. 5 X. de cohab. cler. et mul. (3.2).
[3] C. 3 X. de conf. ut. vel inut. (2.30).
[4] C. 57 X de appell. (2.28).
[5] Innocentii Appar. (Argent. 1478) lib. II fol. 103 «super observacione».
[6] Henrici Host. Summa aurea (Lugduni 1588) lib. II fol. 151 b de appell. rubr. 6.
[7] Bernardi Parmensis Appar. ad decretales Gregorii IX (Henr. Eggestcyn, Straßburg) «prioribus istud intellige.»
[8] C. 12 X. de rescr. (1.3).

appellationis interposite a sentencia interdicti prefata potuit inpediri sentencia aliqua
alia legati precedens vel subsequens appellationem eandem, cum legatus sit ordinarius
iu provincia sibi decreta: unde, si in una causa appelletur ab eo etiam legittime,
nichilominus remanet judex in aliis et tenebit ejus sentencia, nisi iterato appelletur
ab ea. idem est, si ex diversis causis diversas sentencias proferat contra eosdem ad   5
iustantiam partis unius vel ex officio, et hoc jura dicunt expresse. |3| ad tertiam
exceptionem, qua inter cetera dicitur, quod non valet dictum rescriptum pro eo, quod
facti seriem dicti fratres tacuerunt, respondetur, ut supra responsum est ad primam.
preterea admittenda non est, ut jacet* ex eo, quod non narratur in ea, que facti series
tacita fuerit. |4| ad quartam exceptionem, iu qua inter cetera dicitur, rescriptum non   10
valere predictum ex eo, quod continet in constructione sive in latinitate, respondetur,
quod, si diligenter inspiciatur, nullum vitium iu latinitate continet, licet forte aliqua super-
habundent. preterea esto sine prejudicio, quod contineret in latinitate peccatum. adhuc nichilominus valet et fides adhiberi debet eidem, maxime cum vera bulla sit
appensa eidem, que bulla omnem suspicionem tollit, ut in decretali ex parte de fide   15
instrumentorum[1] dicitur et expresse notant Innocencius[2] et Ostiensis[3] et decretalis
illa ad audienciam[4] intelligitur, quando non solum vitium latinitatis erat in eis,
sed etiam alias erant suspecte in filo vel in bulla vel in aliis, ut ex ipsa decretali
expresse habetur, cum dicatur in ea «super absolutione sua litteras cui, ut prima
facie videbatur, apostolicas presentavit.» et illud verbum quoniam, quod ponitur in   20
littera, non est redditum cause tantum false latinitatis, nisi suspicio fuisset predicta,
vel intelligitur decretalis illa, quando nimia falsitas latinitatis et insueta et in multis
locis est in litteris apostolicis. et non constat alias de inpetratione ipsarum vel de
certa scientia pape vel vicecancellarii, et hoc est, quod in ea dicitur «quoniam
manifestam continent» et cetera. nec possunt dicere, quia inpetratum fuerit predictum   25
rescriptum sub forma predicta et transiverit per audientiam publicam et per manus
officialium curie, secundum quod alia rescripta transire consueverunt. cum procuratores ipsorum magistrorum consulum et civium presentes in curia fuerint et in
audientia contradixerint rescripto predicto, in quantum potuerunt, et copiam ipsius
habuerint et sciverint ipsum bullatum. propter que omni suspicione caret. et allega-   30
tione ista utuntur fratres predicti etiam ad id, quod dicunt predicti magistri consules
et cives, dictos fratres eos prevenisse in inpetrando, cum inpetrasse potuissent et
tunc presentes fuissent, si habuissent aliquod rationabile super appellatione aliqua
vel super aliquo alio inpetrandum. quod vero super dicta decretali ad audienciam
notat Bernardus[5], quod ideo latinitas falsa non debet esse in litteris apostolicis,   35
quia per multas manus transeunt, non obstat. quia sepe manus et oculus fallitur officia-

a) *S zweifelhaft ob* jacet *oder* tacet; *vielleicht* patet.

---

[1] C. 11 X. de fide instr. (2.22).
[2] Innoc. Appar. lib. II fol. 64.
[3] Henr. Host. Summa aurea lib. II fol. 123 b de fide instr. rubr. 2.   40
[4] C. 11 X. de reser. (1, 3).
[5] Bernardi Parmensis Appar. «sed rescriptum domini pape transit per multas manus.»

lium et quandoque etiam bonus dormitat Homerus [1], et hanc eandem rationem reddunt dicti Innocentius et Ostiensis super dicta decretali ex parte. [5] ad quintam exceptionem, qua inter cetera dicitur, quod dictum rescriptum non valet pro eo, quod dictis fratribus veritate tacita et falsitate suegesta per fraudem et malitiam ex certa
5 scientia extitit inpetratum, respondetur, quod non valet dicta exceptio pro eo, quod non specificatur in ea, que falsitas fuerit suegesta et que veritas tacita per malitiam et fraudem ipsorum fratrum. [6] ad sextam exceptionem, qua inter cetera dicitur, quod, etsi veritate tacita et falsitate suegesta per fraudem vel malitiam ex certa scientia inpetratum non esset rescriptum predictum, adhuc tamen, cum in eo sit
10 tacita veritas et suegesta falsitas, qua tacita vel expressa rescriptum ipsum nullatenus habuissent ex causis in exceptione ipsa expressis, respondetur quantum ad primam causam, in qua dicitur inter cetera, predictos magistros et cives a predictis fratribus petivisse, ut nullum de civitate predicta infra decimum octavum etatis sue annum constitutum absque parentum suorum consensu ad ordinem suum reciperent, quod
15 non asserunt simpliciter esse verum : ipsam causam quam ad impediendum processum vestrum non valere nec ipsam exceptionem quantum ad ipsam causam admittendam esse pro eo, quod et, si esset ita, ut dicunt, quod non contitetur pars predictorum fratrum, et si sic narrassent, ut dicit pars adversa, petitum fuisse per dictos magistros et cives ab ipsis fratribus, nichilominus rescriptum predictum obtinuissent super
20 observatione sententiarum, quas observari petunt in libello predicto, item pro eo, quod quando excipitur id, quod narratum est in rescripto apostolico, non esse verum, sive id quod substantiale est et narratur in ipso rescripto, per quod sequitur conclusio debita in ipso rescripto vel sequi potest et debet, ut est de prolatione sententiarum dicti legati, quas petunt ipsi fratres observari in libello predicto, et de causa,
25 ex qua prolate fuerunt, sive sit accessorium ipsi narrato vel ipsum colorans, ut est de petitione predicta dictorum civium, non debet obmittere judex propterea, quin secundum traditam sibi formam in causa procedat, cum secundum narrata predicta sibi negocium principaliter committetur. fatuum enim esset dicere reo : talis inpetravit rescriptum contra me super quadam pecunie summa, in qua me sibi in rescripto
30 apostolico teneri asserit, quod verum non est, et ideo rescriptum non valere utpote falsitate expressa inpetratum, et sic inconveniens et contra jus et delusorium sequeretur videlicet, quod, si talis exceptio deberet admitti, maxime in vi dilatorie exceptionis ante litem contestatam actor probare cogeretur intentionem suam, lite non contestata per testes vel instrumenta vel alio modo quocunque legittimo, quod esse non
35 debet nec potest de jure, quia, etsi probaret, probatio hujusmodi nulla esset, utpote lite non contestata facta, ut jura tam civilia quam canonica manifeste declarant. verum lite contestata, si actor narrata in rescripto, per que maxime conclusio sequitur sive petitio ejus, non probaverit, reus, et si nichil probaverit, absolvetur. ad secundam vero causam in ipsa exceptione propositam, qua dicitur inter cetera,
40 dictos fratres suegessisse, eosdem magistros et cives ab ipsis petivisse, quod ad observationem hujus et quorundam aliorum articulorum similium se per suas patentes

---

[1] *Horas de arte poetica* 359

litteras obligarent, et ad tertiam causam, qua inter cetera dicitur, ipsos fratres suegessisse, eosdem articulos absque dei offensa et animarum periculo observari non posse, respondetur, ut supra ad primam causam in eadem exceptione propositam responsum est, ad quartam causam in ipsa exceptione propositam, qua inter cetera dicitur, dictos fratres suegessisse in dicto rescripto, prefatos magistros et cives ad locum eorundem fratrum cum securibus, contra eosdem fratres ultis vociferando clamoribus, hostiliter accessisse et hostia officinarum et claustri ejusdem loci cum eisdem securibus excidisse et hec fuisse notoria, et in qua causa a parte ipsorum magistrorum et civium asseruntur predicta non esse notoria neque vera, respondetur, causam ipsam non valere nec exceptionem predictam quam ad ipsam causam ad- mittendam esse pro eo, quod observationem sententie interdicti late ab episcopo Argentinensi ex predicta causa in dictos cives universitatem et civitatem, de qua fit mentio in ipso rescripto, vel de qua dicti cives in suis rationibus faciunt mentionem, scilicet de sententia interdicti legati prefati, non prosecuntur predicti fratres ad presens, et cum ipsam prosequuntur, si consimiliter exceperint, fiet, quod justitia suadebit. nec enim conpelli possunt ad prosequendum easdem sententias interdicti sive episcopi sive legati, nisi quando voluerint, etiamsi in rescripto ipsis vel altera eorum mentio habeatur, cum nemo invitus agere vel accusare cogatur, maxime cum adhuc satis de tempore habeant ad prosequendum easdem, si ipsis videbitur expedire. et si etiam dicti fratres prosequerentur observationem earundem sententiarum interdicti tam legati quam episcopi, de quibus supra fit mentio, adhuc ex alia causa predicta exceptio non valeret nec admittenda esset pro eo, quod naturam peremptorie saperet et etiam prosecutionis negocii principalis congnitionem contingeret. et ideo ejus objectus nullatenus litis[a] contestationem inpedire vel retardare posset, quam- vis dicant objectores, rescriptum predictum non fuisse obtentum, si predicta, que dictis fratribus obiciunt, fuissent exposita deleganti, ut jura expresse dicunt. ad quintam causam in exceptione ipsa propositam, qua inter cetera dicitur, quod, cum premissa ad predicti legati notitiam pervenissent, idem legatus episcopo Argentinensi suis dedit litteris in mandatis, ut ex parte ipsius legati moneret eosdem magistros et cives, quod ab hujusmodi fratrum arlatione penitus desisterent et de injuriis illatis eisdem fratribus infra triduum satisfacerent conpetenter, alioquin civi- tatem ipsam ecclesiastico supponeret interdicto. item ad sextam causam in eadem exceptione propositam, qua inter cetera dicitur, ipsos fratres suegessisse, eundem episcopum Argentinensem, postquam sibi plene constitit de premissis, ad monitionem ipsam processisse, et quia dicti cives monitionem eandem contempserunt et ipsis fratribus de dictis injuriis non satisfecerunt, idem episcopus in prefatam civitatem interdicti sententiam promulgavit, que etiam a parte ipsorum civium vera esse negantur, respondetur, ut supra ad quartam causam responsum est. ad septimam causam in exceptione ipsa propositam, qua inter cetera dicitur, dictos fratres tacuisse, prefatum legatum ex abrupto et sine citatione et aliqua congnitione predictam inter- dicti sententiam protulisse et predictos[b] cives ob hoc legittime appellasse et in prose- cutione sue appellationis fuisse, respondetur quantum ad primam partem ipsius cause,

a) *S* licet.   b *S* rep. et predictos.

videlicet prolationis sententie interdicti, ut supra respousum est ad quartam causam:
quantum vero ad aliam partem, ubi videlicet dicitur, quod tacuerunt, appellationem
predictam interpositam pro parte ipsorum civium et ipsam pendere, respondetur, ut
supra responsum est ad secuudam exceptionem, in qua plene ostensum est, quod
5 de ipsa appellatione nullam tenebantur facere ureulionem. preterea satis de appellationibus eorum, si quas interposuerunt, in rescripto ipso fit mentio, cum dicatur in
eo «non obstantibus frivolis appellatiouibus civium predictorum»[1]. nec enim tenentur
fratres ipsi appellationes eorundem civium dicere esse legittimas. ad octavam causam
in ipsa exceptione propositam, que inter cetera dicitur, ipsos fratres tacuisse, quod
10 promiserant dare litteras super[a] observatione predictorum articulorum petitorum per
ipsos cives, et ipsos violasse promissionem eandem et propter ipsos articulos per
ipsos fratres ipsis civibus denegatos maximum scandalum in Alamannie partibus esse[b]
exortum, respondetur, quod propter denegationem ipsorum articulorum, esto quod
tales fuissent articuli et sub ea forma petiti, ut narrat pars civium predictorum,
15 non debuit propterea nec potuit aliquod scandalum generari in aliquibus partibus
vel oriri, cum non teneatur quis, nisi velit spoutance, se ad aliquod etiam licitum,
si petatur, per suas litteras obligare, cum satis sit ad observationem licitorum obligatus
a jure, et si etiam se obligasse promisissent, ex illa simplice promissione non erant
obligati ad dandum super hoc aliquas litteras, nisi vellent, immo plus non poterant
20 se ad predictos articulos observandos de jure per suas litteras obligare, maxime cum
esset, etiamsi sub forma predicta petitum esset a fratribus, ut articulos istos con-
cederent, contra jura expresse et in prejudicium tocius ordinis et religiosorum aliorum
et personarum ecclesiasticarum omnium, manifeste et expresse contra ecclesiasticam
libertatem. preterea dicti articuli, ut narrant ipsi cives, non fuerunt per ipsos petiti
25 sub forma, quam narrant, nec ad probandum contrarium sunt admittendi, cum, sive
tales fuerint sive non, sive denegati vel coucessi sive uon, non tamen licuit eis
facere et conmittere in fratribus, que fecerunt. ex quibus pro parte eorum maximum
scandalum est exortum, quod in lesionem fratrum converti non debet, sed pocius
eorundem, propter quorum civium malefacta, et quia deo et ecclesie et ipsis fratribus
30 satisfacere non curarunt, licite, ut processum extitit, procedi potuit contra eos etiam
sine articulis, ut premittitur. prelibatis petitis vel non petitis, concessis vel non concessis, vel si nunquam fuisset de eis aliquid cogitatum: preterea ex sententiis, quas
observari petunt fratres predicti, non dicitur nec etiam ex inpetratione rescripti super
eis observandis obtenti dicitur vel proponitur aliquod scandalum generatum. preterea,
35 etsi diceretur vel verum esset, non tamen propter ipsum scandalum evitandum
esset tanto facinori consentiendum. nec debent permitti in dictis sententiis, quas dicti
fratres observari petunt, ut hucusque manserunt, taliter permanere, sed per aggrava-
tionem et observationem earum et quocunque modo legittimo conpelli, ut de sententiis
ipsis exirent[c] et absolutionem peterent super eisdem. preterea utilius scandalum nasci
40 permittitur, quam malo consentiatur. preterea, si quis scandalizatur ex causa injusta

a) *S* super.   b) *S* est   c) *S* exiret

[1] Vergl. S. 108 Z. 7-8.

et ex bono facto, de talium scandalo curandum non est, ut jura dicunt et veritas etiam
in ewangelio. [7] ad septimam exceptionem, qua inter cetera dicitur, quod respondendum non est libello dictorum fratrum tamquam inepto et obscuro, ex causis in exceptione
ipsa contentis, respondetur quantum ad primam causam, qua dicitur inter cetera,
quod in ipso libello contra magistros, consules et cives Argentinenses agitur nec 5
determinatur, utrum contra omnes cives vel contra aliquos ex eis agatur, cum in
libello debeat exprimi nominatim, quis, a quo vel contra quem vel coram quo judice,
quid petatur, quod ipsa exceptio non procedit quantum ad causam predictam pro eo,
quod in libello ipso exprimuntur satis et bene nomina agentium, nomina illorum,
contra quos agitur, licet in genere, scilicet magistros consules et cives, et nomen judicis 10
et res etiam, super qua agitur, videlicet sententie, quarum observatio et gravatio
fieri petitur, ut in libello ipso plenius continetur, et cause etiam, propter quas sententie ipse prolate fuerunt, que satis sufficiunt. item pro eo, quod in dicto libello
agitur contra illos, secundum quod in rescripto apostolico nominantur. unde, sicut
papa recepit narrationem fratrum, sicut in rescripto ipso continetur. contra magistros 15
consules et cives, sic et judex contra eosdem predictum libellum dictorum fratrum
recipere tenetur et debet. et forte etiam, si persone nominatim specialiter cum cognominibus vel prenominibus eorum exprimerentur, cum sic in rescripto apostolico
non exprimantur, non teneretur talem libellum admittere. item pro eo, quod libellus
editus est contra magistros consules et cives predictos nullum proprio nomine 20
specialiter nominando, sed quod ipsi magistri consules et cives in procuratorio suo
se appellarunt, in quo procuratorio nullus constituens* procuratorem de civibus consulibus vel magistris specialiter proprio nomine nominatur. sed simpliciter dicitur
in eo: magistri consules et cives universi Argentinenses constituunt tales procuratores,
quod procuratorium tamquam sufficiens per interlocutorium judicis est admissum. 25
unde, postquam libellus concordat cum hoc rescripto apostolico et procuratorio eorum,
contra quos inpetratum est, non potest nec debet dici, quod libellus ipse propterea
sit ineptus vel obscurus. ad secundam causam in exceptione ipsa expressam, in qua
inter cetera dicitur, libellum ipsum obscurum esse pro eo, quod in eo dicitur, quod
dicti cives ab ipsis fratribus petiverunt, quod nullum infra decimum octavum annum 30
constitutum reciperent sine parentum suorum consensu et quod ad observationem
hujus et quorundam aliorum similium articulorum se per suas patentes litteras obligarent, et non exprimuntur in eodem libello, qui fuerint hujusmodi similes articuli,
respondetur, quod causa illa non valet pro eo, quod agitur principaliter nec accessorie
vel indirecte de articulis prelibatis, sed tantummodo de observatione sententiarum, 35
de quibus fit mentio in libello predicto. et si etiam, ut supra dictum est, non fieret
mentio aliqua de articulis prelibatis, nichilominus libellus ipse valeret et bonus et
aptus existeret. item pro eo,' quod sufficit, ut predictum est, quod libellus concordet
rescripto apostolico. item pro eo, quod in libello ipso non petitur, aliquid fieri propter
articulos prelibatos. et ideo propter causas predictas non est necessaria aliqua decla- 40
ratio eorundem. ad terciam causam in exceptione propositam, qua inter cetera
asseritur, dictum libellum obscurum pro eo, quod dicti fratres inter cetera petunt,

---

a) in procuratorio his constituens auf Raanr.

dictos magistros consules et cives excommunicatos publice nunciari, donec eisdem
fratribus de injuriis eis illatis congrue satisfecerint, ac non specificatur in eodem
libello modus vel qualitas aut quantitas satisfactionis, respondetur, causam ipsam
quantum ad libellum fratrum ipsorum non valere pro eo, quod in ipso libello non
5 agitur principaliter ad hoc scilicet, ut conpellantur predicti magistri consules et cives
ad satisfaciendum de dictis injuriis fratribus prelibatis, nec etiam ex rescripto predicto
forte agi posset ad hoc per fratres eosdem, cum in ipso non dicatur, quod judex
conpellat eos ad satisfaciendum de injuriis prelibatis, sed quod faciat sententias, de
quibus fit mentio in ipso libello, observari et ipsos denunciari excommunicatos usque
10 ad satisfactionem condignam. modus cujus satisfactionis, qualitas et quantitas exprimetur
tunc primo, cum ad cor reversi et ad sanctam ecclesiam, que mater earum esse deberet,
a prefatis sententiis absolutionem petierint, juxta formam ecclesie a judice conpetenti
vel per ipsum judicem vel per fratres prefatos exprimetur et taxatio subsequetur per
ipsum judicem conpetentem, prout tunc de jure melius visum fuerit expedire. ad
15 quartam et ultimam causam in exceptione ipsa propositam, qua inter cetera dicitur,
libellum ipsum nimium generalem ex eo, quod in eo petitur, eisdem fratribus in
premissis in libello ipso conprehensis omnibus et singulis exhiberi et fieri plenarie
justitie conplementum, et non specificatur qualitas et modus hujus conplementi
plenarie justitie sive forma, respondetur, quod causa ipsa non valet pro eo, quod
20 satis in jure determinatur et certum est, quid juris sit vel fieri debeat in premissis
in libello narratis. secus autem esset, si factum narratum obscure narratum esset
et dubie ita, quod non posset ex eo perpendi, quod justitie conplementum fieri
deberet. preterea ex narratis in ipso libello satis apparet, quod justitie conplementum
fieri debeat super eis. preterea textus est juris dicentis, libellum talem procedere
25 posse et bonum esse.

S' aus Straßb. St A. Vord. Dreizehn. Gew. lad. 71 cop. aut conc. mb. cuncr. Das Stück
scheint für den Prozeß vor dem Bischof von Worms bestimmt zu sein Unter dem wiederholt darin erwähnten rescriptum ist wohl das Mandat Pabst Nicolaus IV von 1288
Juli 28 (vergl. nr 150) zu verstehen. Einen weitern Anhalt für die Datirung gewährt
nr. 156 von 1289 April 16, wo ausdrücklich von dem hier ebenfalls citirten libellus der
Dominikaner und von den exceptiones der Gegenparten die Rede ist. Zwischen diese
beiden Urkunden wird die Prozeßschrift fallen.

156. *Pabst Nicolaus IV ermahnt den Bischof von Worms, die ihm übertragene
Durchführung der über die Stadt Straßburg verhängten Strafen zu beschleunigen.*
35 *1289 April 16 Rom St. Maria maggiore.*

Nicolaus episcopus servus servorum dei venerabili fratri. .episcopo Warmaciensi
salutem et apostolicam benedictionem. . sua nobis dilecti filii. .prior et fratres ordinis
predicatorum Argentinenses petitione monstrarunt, quod nos olim tibi litteras nostras
misimus in hec verba [folgt nr. 150]. verum quia compertum extitit, quod in jam
40 dictis litteris nostris fuit narratum seu appositum per errorem, quod dictus Argentinensis episcopus in prefatam civitatem Argentinensem interdicti sententiam promulgavit, quam re vera non promulgavit, sed latam per predictum legatum, ut debuit,
publicavit. et quod scriptor quedam verba, hec scilicet «predictos priorem et fratres»

superflue scripsit in litteris supradictis [1], tu contra easdem litteras nostras et libellum ex parte dictorum prioris et fratrum porrectum, exceptionibus ab adversa parte propositis [2], in hujusmodi negotio processisti tardius et procedis. sicque ejusdem negotii expeditio plus debito prorogatur in dictorum prioris et fratrum prejudicium et gravamen. quare fuit nobis pro parte ipsorum humiliter supplicatum, ut providere eis super hoc paterna sollicitudine curaremus. nos itaque finem imponi eidem negotio cupientes fraternitati tue per apostolica scripta mandamus, qualinus in predicto negotio, erroribus hujusmodi nequaquam obstantibus. juxta prioris mandati nostri tenorem ac etiam sine figura judicii celeriter procedens. negotium ipsum infra sex menses post receptionem presentium terminare procures, alioquin illud extunc instructum vel non instructum remittas ad apostolice sedis examen, prefixo partibus termino peremptorio competenti, quo per se vel per procuratores ydoneos cum omnibus actis juribus et munimentis predictum negotium contingentibus apostolico se conspectui representent, facture et recepture super hoc apud sedem eandem, quod ordo dictaverit rationis. non obstante, si predictis civibus a dicta sede indultum existat, quod extra civitatem predictam seu certa loca vel fines in causam trahi vel ad judicium evocari non possint per litteras apostolicas. que de indulto hujusmodi plenam et expressam non fecerint mentionem. sine qualibet alia indulgentia dicte sedis, per quam effectus presentium impediri valeat quomodolibet vel differri. diem autem remissionis et prefixionis hujusmodi et quicquid super premissis duxeris faciendum, nobis per tuas litteras harum seriem continentes studeas fideliter intimare. datum Rome apud sanctam Mariam majorem 16 kalendas maji pontificatus nostri anno secundo.

T aus Straßb. Thom. A. Dominic. Ind. 5 or mb. Bulle an Hanfschnur. Kostenvermerk XXV; Schreibervermerk Jac[obus] Viter; Procuratorenvermerk N. Waldini im doppelten Rahmen mit Kreuz darüber. Dorsualnotizen von andern gleichzeitigen Händen: ista littera presentata fuit judici feria secunda p ost festum b. Johannis baptiste a. d. mcclxxx. das schließende Zahlzeichen ist ausgelöscht, wohl IV, 1289 Juni 27 und ferner contra rives Argentinenses de injuriis nobis illatis.

157. *Pabst Nicolaus IV gibt den Dekanen von St. Thomas und St. Peter sowie dem Scholasticus von St. Peter zu Straßburg den Auftrag, die Klage der Mönche von Mauersmünster, daß sie von Matthias, Canonicus von St. Stephan, unrechtmäßig in den Bann gethan worden seien, zu untersuchen. 1289 Juni 13 Rieti.*

Nicolaus episcopus servus servorum dei dilectis filiis . . sancti Thome et . . sancti Petri decanis ac . . scolastico ejusdem sancti Petri Argentinensium ecclesiarum salutem et apostolicam benedictionem. sua nobis . . abbas et conventus Maurimonasterii ordinis sancti Benedicti petitione monstrarunt, quod, licet idem abbas, Fredericus prior, Conradus cantor, Hezzelo custos, Hugo camerarius, Fridericus cellararius,

[1] Vergl. S 107 Z. 6
[2] Vergl. nr. 155

Goswinus dictus de Mollesheim, Nichardus et Johannes dicti de Argentina, Bernardus dictus de Swinhein, Henricus dictus Westerman, Johannes de Westhoven, Conradus dictus de Greis, Hezzelo dictus de Wilre, Reyboldus dictus de Zubernia et Johannes de Erstheim monachi dicti monasterii nullius excommunicationis ac idem conventus
5 suspensionis essent vinculo innodati, tamen Mathias canonicus ecclesie sancti Stephani Argentinensis, procurantibus Marewardo decano et capitulo ecclesie Argentinensis, temeritate propria eosdem abbatem priorem cantorem custodem et monachos excommunicatos ac predictum conventum suspensum nuntiavit et fecit publice nuntiari. quocirca discretioni vestre per apostolica scripta mandamus, quatinus vocatis, qui
10 fuerint evocandi, et auditis hincinde propositis, quod justum fuerit, appellatione postposita decernatis facientes, quod decreveritis, per censuram ecclesiasticam firmiter observari. testes autem, qui fuerint nominati, si se gratia odio vel timore subtraxerint, censura simili appellatione cessante cogatis veritati testimonium perhibere. quodsi non omnes hiis exequendis potueritis interesse, duo vestrum ea nichilominus exe-
15 quantur. datum Reate idus junii pontificatus nostri anno secundo.

B aus Straßb. Bez. A. H fasc 542 or. mb. Bulle an Hanfschnur. Kostencermerk..: auf dem Bug rechts M. de Rocca, oben in der Ecke rechts zweimal durchstrichen C. Rückcermerk Arnoldus de W..l.. Das Weitere ist völlig verwischt.

158. Frater Lethoviensis episcopus ordinis fratrum domus Theutonice omnibus,
20 qui cappellam beate virginis Marie domus fratrum Theutonicorum apud Argentinam corde contriti et ore confessi in dedicatione, quando eam ex debito celebrari contigerit, et in festis beate Marie prenotate, in natali ac translacione sancte Elisabeth et per octavas eorundem festorum causa devocionis frequentaverint, quadraginta dies criminalium et annum venalium de injunctis penitentiis relaxat. «loca sanctorum.»
25 datum Argentine anno domini 1289, 16 kalendas julii. *Juni 16 Straßburg.*

S aus Straßb. St. A. Vord. Dreizehn. Gew. lad. 66 or. mb. c ng pend. mutil.

159. *Bischof Konrad von Straßburg fordert unter Verheißung von Ablaß den Clerus seiner Diöcese auf, die Bauten an der Jung St. Peterskirche zu unterstützen. 1289 October 11.*

30 Conradus dei gratia episcopus Argentinensis universis archipresbiteris plebanis et vicariis per Argentinensem civitatem et dyocesim constitutis, ad quos presentes littere pervenerint, salutem in eo, qui omnium est vera salus. quoniam, ut ait apostolus, omnes stabimus ante tribunal Christi recepturi, prout in corpore gessimus, sive bonum sive malum, oportet nos diem messionis extreme misericordie operibus
35 prevenire ac eternorum intuitu seminare in terris, quod reddente domino cum multiplicato fructu colligere debeamus in celis, firmam spem fiduciamque tenentes, quoniam qui parce seminat, parce et metet, et qui seminat in benedictionibus, de benedictionibus et metet vitam eternam. cum igitur, sicut dilecti in Christo prepositus decanus et capitulum ecclesie sancti Petri Argentinensis nobis exponere

curarunt, quod eorum ecclesia, que a felicis recordationis quondam Leone summo
pontifice in honorem* beati Petri principis apostolorum sollempniter exstitit dedicata
ac maximis indulgentiis quam plurimum adornata, propter nimiam vetustatem ruinam
minetur, ipsique eandem reedificare et ampliare, prout decet et expedit, proponant opere
sumptuoso [1], nec ad [hoc][b] proprie eorum suppetant facultates, universitatem vestram
rogandam duximus et monendam. quatenus subditos vestros moneatis attentius et
inducatis, ut de bonis sibi a deo collatis pias eisdem elemosinas et grata subsidia
conferant et largiantur, ut per hec et alia bona, que domino fecerint inspirante,
ad eterne felicitatis gaudia possint pervenire. nos enim de omnipotentis dei misericordia et Marie beate virginis ac sanctorum apostolorum Petri et Pauli auctoritate
nobis concessa omnibus, qui per se vel per alios ad dictam ecclesiam pro hujusmodi reparatione pias elemosinas et grata subsidia deportanda duxerint vel trans-
mittenda, unum annum et quadraginta dies relaxamus. insuper peccata sine dolo,
vota fracta, si ad ea persolvenda redierint, penitentias oblitas negligenter sine fraude
fractas, transgressiones promissorum fide prestita factas, si denuo complere voluerint,
offensas patrum et matrum sine manuum injectione violenta etiam misericorditer
relaxamus. ipsos vero nuntios ac negotium sepedictum sub beate Marie et sancti
Petri apostoli et nostram protectionem recipimus specialem, excommunicationis vinculo innodantes, qui eos vel negotium antedictum impedire presumpserint aut in
aliquo indebite molestare, et si videritis eos, quod deus avertat, ab aliquibus molestari, vos forti manu et brachio potentie ad suorum liberationem tamquam ad nostram
velociter festinetis ita, ut pro ipsis et cum ipsis in sepedicto negotio promotionem
facientes [c] per hec et alia opera misericordie, que domino feceritis inspirante, non
juditium sed misericordiam consequi valeatis. indulgemus etiam, ut si alique ecclesie
a nobis vel officiali nostro fuerint interdicte, quamdiu negotium supradictum ibidem
fuerit promovendum, excommunicatis et nominatim interdictis exclusis, divina ibi
offitia celebrentur. vobis autem plebanis universis et sacerdotibus predictis mandamus
et precipimus in virtute sancte obedientie sub pena suspensionis, quatenus nuntios
sancti Petri, cum ad vos venerint pro petendis elemosinis, benigne recipiatis et a
vestris subditis cum reliquiis pulsatis campanis recipi faciatis vel ab eis exigere vel
extorquere aliquid presumatis. insuper indulgentie [d] domini pape et aliorum prelatorum, sicut in litteris et privilegiis eorum continetur, cum verbo exhortationis ad
populum proponantur [e]. ipsosque [f] in vestris mansionibus, ut ab infamia caveatur,
honeste recipiatis. si quis autem vestrum huic mandato nostro rebellis aut contumax
exstiterit, quod absit quod nec credere possumus, precipimus, ut coram nobis vel
judicibus nostris super hoc statutis ad diem et horam, quam lator presentium sibi
assignaverit, compareat de tali et tanta inobedientia responsurus. vobis autem sacerdotibus in hoc negotio fideliter laborantibus, quicquid ex torpore negligentia vel
oblivione in divino offitio missis et horis canonicis obmisistis, si vere contriti

---

a) B et honore.   b) B wohl zu ergänzen.   c) B rep. ut.   d) B indulgentie.   e) B cum verbo e
exhortandis ad populum proponatur.   f) gehört zu nuntios und vor der Satz insuper — proponatur.

[1] Vergl. Kraus Kunst u. Alterthum i. Elsaß-Lothringen I. 510.

fueritis, misericorditer condonamus. vobis sub pena suspensionis districtius inhibemus, ut nullus vestrum de elemosinis sic collatis aliquid accipiat. volumus etiam, ut nuncii predicte ecclesie a nuntiis matricis ecclesie civitatis Argentinensis vel ab aliquibus nuntiis futuris non impediantur.   datum anno domini 1289 feria 3 ante
5 festum beati Galli.

        B aus Straßb. Bez. A. G fasc. 4702 or. mb. c. sig. pend. laeso

160. *Erzbischof Gerhard von Mainz beurkundet die Summe der dem Straß-*
burger Münster bewilligten Indulgenzen. 1289 October 26.

    Gerhardus dei gracia sancte Maguntine sedis archiepiscopus sacri imperii per
10 Germaniam archicancellarius universis presentes litteras inspecturis salutem in
domino sempiternam.   noveritis nos litteras non concellatas non abolitas nec in
aliqua sui parte viciatas sigillo curie Argentinensis, ut prima facie appareant,
sigillatas vidisse et legi fecisse summam indulgenciarum ecclesie beate Marie virginis Argentinensi concessarum continentes, videlicet centum et quadraginta carrenas
15 et quatuordecim annos veniulium cum summa missarum eciam, quolibet anno octoginta milia, eisdem litteris inserta. in cujus rei testimonium sigillum nostrum presentibus est appensum.   datum anno domini 1289, 7 kalendas novembris [1].

        F aus Straßb. Frauenh. A. cop. ch. sec. XV i. Donationsbuch 2 fol. 210 b.

161. *Bischof Konrad von Straßburg beauftragt drei Canoniker von St. Leonhard,*
20 *den Custos ihrer Kirche dafür vor ihn zu laden, daß er über die Dominikaner den*
Bann verhängt habe. 1290 Januar 2 Dachstein.

    ..Conradus dei gratia Argentinensis episcopus .. discretis viris .. decano ecclesie
sancti Leonardi [2], Conrado quondam scolastico et Conrado de Kirwilr canonicis ejusdem ecclesie salutem in domino.   mandamus vobis districte precipiendo, quatenus
25 citetis peremptorie .. custodem ecclesie vestre, qui se scribit thesaurarium, ut compareat coram nobis feria quarta proxima in Tapkenstein ostensurus nobis rescriptum   *Januar 4*
apostolicum, cujus auctoritate contra fratres ordinis predicatorum excommunicationis
sententiam fulminavit. in execucione autem hujus nostri mandati alter vestrum alterum
non expectet. reddite litteras sigillatas.   datum in Tapkenstein in crastino circum-
30 cisionis [a] anno domini 1290.

        T aus Straßb. Thom. A. Dominic. lad. 5 or. mb. c. 4 sig. pend. Die angehängten Siegel
        erweisen die Ausführung des Befehls.

    a) *T* circucimonis.

_____

[1] *Ein Vidimus des Bischofs Emicho von Worms über diese Urkunde vom Jahr 1297 findet sich im*
35 *Donationsbuch 2 fol. 204 b.*
[2] *Nach der Siegellegende* Johannes.

        Str. II.   16

162. *Beschluß des St. Peterscapitels über die Aufenthaltsverpflichtung seiner Canoniker. 1290 Januar 3.*

Nos decanus et capitulum ecclesie sancti Petri Argentinensis, accedente[a] consensu expresso domini nostri Egenolphi prepositi, unanimi consensu et voluntate statuimus et ordinamus, quod quilibet canonicus dicte ecclesie teneatur per juramentum in [5] civitate Argentinensi vel banno facere residentiam corporalem, exceptis dumtaxat illis, qui animo discendi ad studium litterarum voluerunt se transferre aut in peregrinationem ire causa devotionis, seu euntibus ad curiam Romanam in negociis seu factis propriis suis promovendis aut necessariis seu honestis, aut vocatis seu ordinatis[b] ad servitia ecclesie Romane vel ejus legatorum vel domini nostri episcopi Argen- [10] tinensis aut ecclesie nostre prelibate, vel etiam metu corporis seu compulsum[c] per aliquam potestatem aliquem contigerit absentem esse aut de licentia decani et capituli sepedicti. in aliis casibus ab istis quilibet canonicus, sicut supratactum est, per juramentum residentiam facit personalem, omni dolo et fraude penitus circumscriptis[d]. illi autem, quos taliter absentes contigerit esse, prebendarum suarum fructus [15] et proventus integre percipiant preterquam distributiones chori, que tantum[e] presentibus in choro ministrari consueverunt. in cujus rei testimonium sigilla nostra presentibus nostris sunt appensa. actum feria 3 post circumcisionem domini anno domini 1200.

B aus Straßb. Bez. A. G fasc. 4903 cop. ch. sec. XVI i. Statutenbuch v. St. Peter fol. 52. [20] *Schlechte Abschrift.*

163. *Bischof Konrad von Straßburg verbietet dem Clerus seiner Diöcese auf Grund eines Mandats des Pabstes Alexander IV, Strafsentenzen gegen die Straßburger Dominikaner zu verkünden oder zur Ausführung zu bringen. 1290 Januar 4 Dachstein.* [25]

Conradus dei gratia Argentinensis episcopus universis .. abbatibus .. prioribus prepositis archidiaconis archipresbyteris necnon aliis ecclesiarum prelatis ac ceteris plebanis, rectoribus incuratis vicariis civitatis et dyocesis Argentinensis, ad quos presentes pervenerint, salutem in domino. noveritis nos sanctissimi patris ac domini Alexandri pape quarti recepisse litteras in hec verba: [folgt UB. I nr. 452]. [30] verum cum nos ex debito officii pastoralis teneamur mandatis apostolicis obedire, vobis universis et singulis districte precipiendo mandamus, quatenus contra .. priorem et fratres de ordine predicatorum Argentinenses nullas suspensionis interdicti aut excommunicationis sententias autoritate litterarum sedis apostolice publicetis aut executioni decetero demandetis, nisi ipse littere apostolice plenam et expressam de [35] indulto hujusmodi et ordine sepedicto faciant mentionem. quodsi contra tenorem hujusmodi adversus fratres predictos aut ipsum priorem sententias aliquas publicastis, eas nuncietis coram populo, quando a fratribus vel eorum nunciis requisiti fueritis, inter mis-

a) B attendentes.   b) B vocati-ordinati.   c) B compulsi.   d) B circumspectis.   e) B tantis.

sarum sollempnia non tenere, presertim cum nos ipsorum fratrum privilegia sub vera
bulla cum filo serico viderimus, quod dicti fratres excommunicari suspendi vel interdici
non possunt per litteras sedis apostolice aut delegatorum seu subdelegatorum sedis ejusdem, nisi eedem littere de ipsorum fratrum ordine et indulto plenam et expressum
5 faciant mentionem. in quorum testimonium sigillum nostrum duximus presentibus
apponendum. in signum autem executionis hujus nostri mandati sigilla vestra presentibus apponatis.   datum in Tapkenstein in octava innocentum anno domini 1290.

*T aus Straßb. Tham. A. Dominic. lad. b or. mb. c. sig. pend. Fur ein zweites Siegel ist
der Einschnitt vorhanden, doch scheint dasselbe nicht angehängt worden zu sein.*

10   **164.** *Bischof Konrad von Straßburg beurkundet die Bedingungen des zwischen
der Stadt und den Dominikanern geschlossenen Vergleichs, nach dem er den
Schiedsspruch fällen soll. 1290 Februar 22 Kloster St. Marx bei Straßburg.*

Conradus dei gratia . . episcopus Argentinensis universis presentes litteras inspecturis rei geste notitiam subtusscripte.   orta discensionis materia inter religiosos
15 viros . . priorem et fratres ordinis predicatorum domus Argentinensis ex parte una et
magistrum consules et universitatem civium Argentinensium ex parte altera super
eo, quod magister consules et universitas civium predictorum a predictis . . priore et
fratribus, ut asserunt, petiverunt, quatenus iidem ª . . prior et fratres jure successionis
non peterent hereditarias portiones de bonis ad civem vel cives Argentinenses perti-
20 nentibus, et quod non inducerent civem Argentinensem quempiam in mortis articulo
constitutum nec induci debeant procurare ad dandum vel legandum ipsis fratribus
bona sua, sic quod per hoc veri eorum heredes portione debita hereditaria defraudentur, item quod nulla bona nullasque possessiones ad aliquem civem Argentinensem
pertinentes eisdem fratribus legatas vel donatas iidem fratres vendere vel alienare
25 debeant eo pacto, quod possessiones hujusmodi ad predictos fratres vel alium quempiam dictorum fratrum nomine post ementis obitum revertantur, sed quod iidem fratres
possessiones easdem procurare debeant vendi simpliciter absque fraude, quodque a
civium Argentinensium infra decem et octo annos constitutorum receptione ad suum
ordinem, in quantum cum deo possent et honore sui ordinis, abstinerent, nisi hoc
30 de bona voluntate fieret proximorum[1], dictus . . prior, accedente consensu voluntate
et auctoritate reverendi in Christo fratris Hermanni ᵇ de Minda . . prioris provincialis
ibidem in nostra presentia constituti, pro se et fratribus dicte domus ex parte una,
et Reimboldus ᶜ miles dictus Stühenweg magister et consules civitatis Argentinensis
pro se et universitate civium civitatis predicte ex parte altera, super articulis supra-
35 scriptis et omni lite et discensionibus quibuscunque occasione predicta usque in
hodiernam diem inter partes predictas habitis hinc et inde in nos compromiserunt et
concorditer convenerunt tamquam in arbitrum seu arbitratorem et amicabilem composi-

a) *T* Idem.   b) *T* Her.   c) *T* Reynboldus.

---

[1] *Vergl. nr. 92 u. 93*

torem, ita videlicet, quod articulis suprascriptis discussis a nobis et examinatis de consilio
peritorum, quicquid de articulis eisdem . . priorem et fratres predictos observare vel
promittere posse vel non posse secundum deum et observantiam sui ordinis et absque
peccato, et super observatione pacis perpetue inter partes predictas inviolabiliter
observande infra duorum mensium spatium ab eo tempore numerandum, quo relaxatio   5
excommunicationum et interdicti senteuliarum occasione discensionis predicte in nonnullos cives Argentinenses et civitatem predictam per venerabilem patrem dominum
Johannem episcopum Tusculanum, in partibus Alemannie olim legatum sedis apostolice, prolatarum et a sede apostolica relaxandarum ad civitatem Argentinensem pervenerit idemque magister et consules Argentinenses de relaxatione eadem certificati   10
fuerint, vel si causis legittimis predicto tempore inpediti decisioni discensionis predicte intendere non possemus, infra mensem a tempore, quo cessabit inpedimentum
nostrum hujusmodi, numerandum, in scriptis judicaverimus decreverimus pronunciaverimus seu arbitrati fuerimus, hoc . . prior et fratres predicti per sacramentum
corporaliter ad sancta dei ewangelia prestitum u . . priore predicto in suam et fratrum   15
conventus dicte domus animas coram nobis, magister vero et consules antedicti pro
se et universitate civium predictorum sub pena quingentarum marcarum argenti puri
et legalis Argentinensis ponderis parti alteri approbanti decretum pronunciationem vel
nostrum arbitrium solvendarum laudare approbare ratificare et emologare hinc inde sollempniter promiserunt, condicto inter partes predictas expresse, ut, postquam . . prior et   20
fratres predicti et magister et consules antedicti decretum pronunciationem et arbitrium
nostrum hujusmodi laudaverint approbaverint ratificaverint seu emologaverint, eum
effectu dicti . . prior et fratres a juramento suo predicto, magister vero consules et universitas civium predictorum ab obligatione et prestatione pene quingentorum marcarum
argenti prescripte sint penitus absoluti, nullis predictis partibus contra prescripta vel   25
aliqua prescriptorum exceptionibus vel defensionibus valituris. est etiam conventum et
actum inter partes predictas, ut, postquam nos super articulis et discensionibus prescriptis
pronunciaverimus seu fuerimus arbitrati, extunc omnes injurie occasione discensionis ᵃ
predicte illate partibus antedictis communiter vel divisim et actiones pro injuriis quibuscunque occasione discensionis predicte contra personas quascunque dictis ᵇ partibus com-   30
petentes communiter vel divisim cessare debeant hinc et inde. item si processu temporis,
postquam super premissis fuerimus arbitrati ᶜ, alique quod absit predictis ᵈ . . priori vel
fratribus dicte domus in rebus vel personis eorum injurie fuerint irrogate, de hiis
debent magister et consules civitatis Argentinensis predicte, qui pro tempore fuerint,
dictis . . priori et fratribus ad solam denunciationem eorundem . . prioris et fratrum   35
vel alterius cujuscunque faciendam ex parte . . prioris et fratrum eorundem magistro
et consulibus antedictis plenariam facere justitiam eam videlicet, quam civibus Argentinensibus facere consueverunt. ut autem compromissum ᵉ hujusmodi et omnia et
singula suprascripta robur perpetuum obtineant firmitatis, presens est instrumentum
inde confectum et sigilli nostri muuimine roboratum. nos frater Hermannus de Minda   40
. . prior provincialis, frater Alradus . . prior totusque conventus fratrum domus

---

a) S f decisionis.   b) S f dictus.   c) S arbitratis.   d) T om. predictis.   e) T compromissi.

Argentinensis ordinis predicatorum, nos quoque Reimboldus[a] miles dictus Stúbenweg[b] magister et consules civitatis Argentinensis confitemur et publice protestamur, premissa omnia et singula coram venerabili patre domino nostro Argentinensi episcopo memorato fore acta. et in eorum testimonium ego frater Hermannus[c] de Minda . . prior provincialis predictus sigillum meum, ego frater Alradus . . prior domus Argentinensis predicte sigillum prioratus domus ejusdem, nos conventus fratrum predicatorum domus Argentinensis predicte sigillum conventus ejusdem, nos quoque Reimboldus[d] dictus Stúbenweg[e] magister et consules civitatis predicte sigillum civitatis ejusdem litteris presentibus appendimus in testimonium prescriptorum. acta sunt hec apud monasterium sororum sancti Marci extra muros Argentinenses anno ab incarnatione domini 1290 feria quarta proxima post dominicam Invocavit.[1]

S aus Straßb. St. A. Vord. Dreizehn. Gew. lad. 71 or. mb. c. 5 sig. pend., quorum 2 delaps. Es fehlen die Siegel des Bischofs und der Stadt.

S 1 coll. ibid. or. mb. c. 5 sig. pend., quorum 4 delaps. Nur das Stadtsiegel erhalten.

T coll. aus Straßb Thom. A. Dominic. lad. 5 or. mb. c. 5 sig. pend. partim laesis. Unter der Datumszeile noch ein p mit drei kranzweis gestellten Punkten.

165. *Bischof Konrad von Straßburg beurkundet, daß der zwischen der Stadt und den Dominikanern geschlossene Vergleich ungiltig werden soll, wenn die Aufhebung des Banns und Interdicts nicht ohne schweren Schaden der Stadt zu erlangen ist. 1290 Februar 22 Kloster St. Marx bei Straßburg.*

Conradus dei gratia . . episcopus Argentinensis universis presentes litteras inspecturis rei geste noticiam sublusscripte[f]. cum super lite et discensionibus, que vertebantur hactenus et vertuntur inter religiosos viros . . priorem et fratres ordinis predicatorum domus Argentinensis ex parte una et magistrum consules et universitatem civium Argentinensium ex parte altera. dictus . . prior, accedente consensu voluntate et auctoritate reverendi in Christo fratris Hermanni de Minda . . prioris provincialis in nostra presentia constituti, pro se et fratribus dicte domus ex parte una et Reimboldus miles dictus Stúbenweg magister et consules civitatis Argentinensis pro se et universitate civium civitatis predicte ex parte altera compromitterent et compromissum esset in nos Conradum dei gratia episcopum antedictum tamquam in arbitrum seu arbitratorem et amicabilem compositorem sub certa forma, prout in litteris super hoc confectis, nostro necnon fratris Hermanni de Minda . . prioris provincialis, fratris Alradi . . prioris et conventus fratrum dicte domus et civium civitatis Argentinensis predictorum sigillis sigillatis plenius continetur[2], in compromisso predicto expresse per partes predictas de consensu parcium

a) *T* Reynboldus.   b) *T* Stúbenweg.   c) *T* Her.   d) *T* Reynboldus.   e) *T* Stúbenweg.
f) *In S sind sowohl das Zeichen für et wie für us beide vermischt.*

---

[1] *Sowohl in nr. 174 wie in nr. 175, wo diese Urkunde als Transsumpt erscheint, lautet das Datum feria quinta proxima p. d. J. (Februar 23), und zwar in allen Ausfertigungen.*
[2] *Vergl. nr. 164.*

eurundem aclum exlilit el conventum coram nobis, ul, si forlassis absque
difficultate el dispendio gravi magistri consulum el civium civilatis ejusdem
relaxalio excommunicalionum el interdicti senteuliurum occasione dissensionis
predicte in nonnullos cives civilatis predicte el civilalem Argenlinensem prediclam
per venerabilem patrem dominum Johannem episcopum Tusculanum, in partibus ₅
Alemannic olim legatum sedis apostolice, prolatarum oblineri non posset, quod
cessante compromisso predicto el omnibus, que in litteris compromissi ejusdem
continentur, eisdemque non obstantibus, si dictis magistro consulibus el civibus
placueril, omnia jura el actiones, exceptiones el defensiones el exercicium eorundem
prediclis partibus hinc el inde debeant esse salva in omnem eventum el modum, ₁₀
quo salva fuerunt partibus antedictis prius, quam in nos fueral compromissum. el
in ejus rei lestimonium presens est instrumentum inde confectum el sigilli nostri
munimine roboratum. nos frater Hermannus de Minda .. prior provincialis, frater
Alradus prior totusque conventus fratrum domus Argenlinensis ordinis predicatorum,
nos quoque Reimboldus miles dictus Stúbenweg magister el consules civitatis ₁₅
Argentinensis confitemur el publice proteslamur, premissa omnia el singula coram
venerabili palre domino nostro Argenlinensi episcopo memorato, ut premittitur, fore
acta. el in eorum lestimonium ego frater Hermannus de Minda .. prior provincialis
prediclus sigillum meum, ego frater Alradus .. prior domus Argentinensis predicte
sigillum prioratus domus ejusdem, nos conventus fratrum predicatorum domus ₂₀
Argentinensis predicte sigillum conventus ejusdem, nos quoque Reimboldus dictus
Stübenweg magister el consules civitatis predicte sigillum civitatis ejusdem litteris
presentibus appendimus in lestimonium prescriptorum. acta sunt hec apud monasterium sororum sancti Marci extra muros Argentinenses anno ab incarnatione domini
1290 feria quarta proxima posl dominicam Invocavit. ₂₅

*S aus Straßb. St. A. Vord. Dreizehn. Gew. lad. 71 or. mb. c. 5 sig. pend. lacris, quorum
2 delapsa.*

---

166. *Die Stadt Straßburg weist ihren Bevollmächtigten am päbstlichen Stuhle
an, darauf zu dringen, daß unter der Aufhebung der gegen sie gefällten Strafsentenzen auch die ihr ergeben gebliebenen Straßburger Geistlichen mitbefaßt ₃₀
werden, widrigenfalls den Proceß weiter zu verfolgen. 1290 [Frühjahr].*

Hugo dictus Ripelin magister el consules civilatis Argentinensis honorabili
viro magistro Johanni Leutonis* canonico sancti Petri Argentinensis fideli eorum
in Romana curia promotori dilectionis plenitudinem cum salute. quod ad curiam
Romanam adeo prospere perrexistis, sicut nobis vestre littere declarabant per ₃₅
Johannem Stamphonis transmisse, gavisi sumus gaudio mangno valde el cum omni
populo civitatis nostre optamus vobis statum prosperum in futurum. ceterum de
negocio, quod habemus cum predicatoribus, litteris vestris perlectis, diligenti tractatu cum multis sapientibus el melioribus nostre civitatis habito, nobis el omnibus

a) Zweifelhaft ob u oder n. Eher scheint mir Leutonis gelesen werden zu müssen. ₄₀

videbatur civitati nostre, ad quam multe alie civitates respiciunt in hac parte,
nobisque mangnum fore dedecus et prejudicium et scandalum in futurum, si vio-
lando promissionem factam per nos de indempnitate qualibet sacerdotibus nostris
ipsos culpam et irregularitatem incidere vel recongnoscere faceremus invitos, ubi
nullam penitus meruerunt, et eos cum suis clericis scolaribus et cooperatoribus in
divinis, qui mangni sunt numeri, mittendo ad curiam pro venia petenda, ubi culpa
nulla precessit, daremus ipsis et toti regioni intelligere, nos hactenus litem et appellationem fovisse iniquam, quam omnes credebant et adhuc non dubitant equam
esse. veremur etiam in hac parte adversariorum astuciam et insidias et curie vora-
citatem, quia, cum notum sit omnibus de relevatione sacerdotum nostro periculo
nos teneri, cessante appellacionis remedio, cum fierent quasi capti, possemus per
ipsos sicut in personis propriis intollerabili dampno affici sive pena.   deliberavimus
ergo consilio unanimi atque fixo, quod, nisi utrumque negocium scilicet nostrum et
sacerdotum quasi uno contextu expediatur et omnes sententie per legatum contra
ipsos sacerdotes et nos nostramque civitatem prolate cum dampno saltim nostro
tollerabili relaxentur, appellationi nostre inniti volumus et eam prosequi in eventum,
ne secus faciendo videamur sceno involvere defensionis clipeum, quo hactenus
dimicavimus cum honore. speramus enim appellationem nostram tueri et ex ea per
vestrum et aliorum fautorum nostrorum auxilium reportare gloriam et honorem. et
sic communis omnium opinio opinatur. et si timeremus de sinistro eventu, vellemus
nichilominus defendi et stare potius. quamdiu poterimus, quam cadere ante ictum,
et hoc honestius reputamus. fidelitatem igitur vestram monitam in se ipsa ex
habundanti monemus attentius et rogamus, ut vel utrumque nostrum scilicet et
sacerdotum negocium expediri procuretis in modum predictum, quod de facili fieret,
sicut presumimus, propter multitudinem parcium, si sineret pars altera vel solummodo consentiret, aut appellationem nostram breviter prosequi inchoetis et pro relaxatione interdicti et excommunicationum pro viribus laboretis.

Premissis itaque vobis scriptis, per nuncium expeditum ad iter supervenerunt
alie littere vestre per Johannem clericum decani quondam sancti Thome nobis
exhibite, in quibus tenorem priorum taliter invenimus auementatum, quod frater
Alradus nollet aliquatenus consentire, quod sententie legati contra nos et civitatem
nostram prolate in curia relaxentur, sed quod tantum earum relaxatio domino nostro
episcopo committatur, ut per eum aut principale ac accessorium terminetur aut
utrumque remaneat inpeditum. de quo non modicum conmovemur opinantes firmiter,
ipsum fratrem Alradum fidem placitis violasse, cum quia conpromissum nostrum
continet de dictis sententiis in curia relaxandis[1], tum quia, ut extra curiam con-
mitteretur nostrum negocium, nunquam prius voluit admittere frater Alradus sed
cooperari promisit, ut revocarentur in curia sententie contra nos et civitatem prolate,
propter quod expensas sustinuimus valde magnas, tum etiam quia promisit factum
sacerdotum nullatenus inpedire. super hiis igitur volumus et rogamus, ut, nisi
possitis obtinere a papa, ut omnium sententiarum contra nos nostramque civitatem

---

[1] Vergl. S. 124 Z. 9 in nr. 164.

et sacerdotes latarum per legatum relaxatio domino Argentinensi episcopo vel alteri conmittatur siue emenda et satisfactione qualibet facienda, cum omnis injurie satisfactio a partibus sit remissa, vel saltim cum emenda modica et decenti in litteris apostolicis declaranda predicatoribus autem nullatenus facienda, litem et appellationem nostram agrediamini et prosequamini sine mora.　nolumus enim sponte vel in dubio nos vel nostros sacerdotes culpe inmerite et periculosis laqueis irretire vel manus incidere alicujus; alioquin contingeret nos fortassis magno affici dispendio et pudore. valete semper.

[in verso] magistro Johanni Leutonis procuratori eorum fidelissimo in curia Romana.

S aus Straßb. St. A. Vord. Dreizehn. Gew. lad. 71 or. mb. lit. clausa c. sig. in verso impr. defic. Der Schluß des Stücks von premissa itaque ab von gleicher Hand geschrieben befindet sich auf einem Pergamentblatt kleinern Formats, das wie ein Transfix befestigt ist. Was die Datirung anbelangt, so weist schon der Name des amtirenden Meisters Hug Ripelin auf das Frühjahr 1290, wo er im April an der Spitze des Raths erscheint, vergl. UB. III, 418. Aber auch der sachliche Zusammenhang verlangt, daß das Stück hinter den Compromiß der Stadt und Dominikaner vom 22. Februar, nr. 164 u. 165, und vor die Mandate des Pabstes vom 12. u. 15. Mai, nr. 167 u. 168, wo die Forderungen der Stadt erfüllt erscheinen, gelegt werde.

167. *Pabst Nicolaus IV gibt dem Bischof Konrad von Straßburg den Auftrag, die gegen die Stadt Straßburg gefällten Strafsentenzen aufzuheben. 1290 Mai 12 Rom St. Maria maggiore.*

Nicolaus episcopus servus servorum dei venerabili fratri C[onrado] episcopo Argentinensi salutem et apostolicam benedictionem.　sua nobis dilecti filii . . prior et conventus fratrum ordinis predicatorum Argentinenses petitione monstrarunt, quod, cum olim inter ipsos ex parte una et magistros consules et universitatem civium civitatis Argentinensis ex altera super diversis articulis et quibusdam injuriis priori et fratribus predictis ab eisdem civibus irrogatis orta esset materia questionis. tandem venerabilis frater noster J[ohannes] Tusculanus episcopus, tunc in illis partibus legationis fungens officio, hujusmodi questionis et injuriarum occasione sue legationis auctoritate civitatem ipsam supposuit ecclesiastico interdicto et in magistros consules et cives prefatos ac in illos, qui cis in predictis injuriis illatis eisdem priori et fratribus consilium vel auxilium impenderent, necnon in sacerdotes, qui in civitate ipsa vel suburbiis ejus, durante ipso interdicto, divina officia celebrarent, ac illos, qui a predictis sacerdotibus audirent divina officia vel reciperent ecclesiastica sacramenta, excommunicationis sententiam promulgavit[a] et hujusmodi excommunicationis et interdicti sententias per locorum ordinarios et alios prelatos et rectores ecclesiarum regni Alamanie mandavit sollempniter publicari. ac demum[b] inquilinos colonos et mercenarios magistrorum consulum et civium predictorum pro eo, quod ipsis magistris consulibus et civibus participare presumebant, a divinis exclusit[1].

a) *S promulgarunt.*　　b) *T om. demum. Auf Rasur Spuren von Buchstaben.*

─────────────

[1] *Vergl. nr. 125.*

tuque prefati legati auctoritate in descendentes usque in terciam generationem ab
illis, qui principales fuerunt* in hujusmodi priori et fratribus predictis illatis injuriis
vel illatoribus dederunt consilium auxilium vel favorem, nisi priori et fratribus prefatis de injuriis predictis infra certum terminum satisfieret, sententiam privationis
5 et amotionis a beneficiis et dignitatibus ecclesiasticis protulisti. verum prefati prior
et fratres tanquam viri pacifici ac dicti magistri consules et cives, cupientes liti-
giorum vitare anfractus ac viam pacis et concordie amplectentes, in te tanquam in
arbitrum arbitratorem et amicabilem compositorem super premissis compromittere
curaverunt[1]. dictique prior et fratres nobis humiliter supplicarunt, ut omnes pre-
10 dictas sententias relaxari misericorditer mandaremus. nos itaque ipsorum supplicationibus inclinati fraternitati tue per apostolica scripta mandamus, quatinus, si
est ita, a prelibatis magistris consulibus et civibus sive ab ipsorum procuratore vel
syndico habente super hoc ab eis speciale mandatum de parendo super hiis mandatis
ecclesie juramento recepto, omnes predictas excommunicationis et interdicti sententias
15 et penas omnesque processus contra magistros consules cives et civitatem predictos
ac audientes divina officia et recipientes sacramenta hujusmodi a presbyteris memoratis per eundem legatum vel alium seu alios ejus mandato vel auctoritate generaliter vel specialiter latas vel habitos seu quascumque alias sententias, quas dicti
magistri consules sive cives occasione questionis et injuriarum hujusmodi incurrerunt,
20 auctoritate nostra per te vel alium seu alios relaxare procures, corpora vero civium
defunctorum, que tempore interdicti predicti in cimiteriis ecclesiasticis sunt sepulta,
dummodo apparuerint penitentie signa in eis, in ipsis cimiteriis remanere permittas.
datum Rome apud sanctam Mariam majorem 4 idus maji pontificatus nostri
anno tercio.

15 *S aus Straßb. St. A. Vord. Dreizehn. Gew. lad. 71 or. mb. Bulle an Hanfschnur. Oben*
rechts R[egistrandum]; links untern Bug völlig schräg liegend X; rechts auf dem Bug
Schreibervermerk verwischt alb. per. Auf dem Rücken oben mit zwei Kreuzen eingefasst
audi benigne, darunter der Registraturvermerk Rescriptum capitulo CLXXV. Ausserdem
ist auf dem Rücken genau auf der Stelle, wo auf der Vorderseite promulgarunt steht,
20 *in kleiner zierlicher Schrift vermerkt promulgavit und an andrer Stelle von gleicher*
Hand corrigatur ista tantum.
S 1 coll. ibid. or. mb. Bulle an Hanfschnur. Weder oben rechts noch unten links ein Ver-
merk zu erkennen, doch ist letztere Stelle Rasur und scheint beschrieben gewesen zu sein.
Auf dem Bug rechts alb. per. Registraturvermerk derselbe wie bei S. Ausserdem mitten
25 *auf dem Rücken in senkrechter Richtung geschrieben littera pro civibus.*
T coll. aus Straßb. Thom. A. Dominic. lad. 5 or. mb. Bulle an Hanfschnur. Oben rechts
R[egistrandum]; Kostenvermerk X, darunter I. Pergam. Auf dem Bug in der Mitte
sehr verwischt asc[ultavit] m. d. Andr.; rechts in der Ecke M. d. Adr. Auf dem Rücken
derselbe Registraturvermerk wie bei S.

40 a) *S fuerunt.*

---

1 *Vergl. nr. 164.*

168. *Pabst Nicolaus IV beauftragt den Guardian der Straßburger Francis-kaner, diejenigen Straßburger Geistlichen, welche während des Interdicts geistliche Handlungen in der Stadt verrichteten, zu absolviren. 1290 Mai 15 Rom St. Maria maggiore.*

Nicolaus episcopus servus servorum dei dilecto filio . . guardiano fratrum   ₅
ordinis minorum Argentinensium salutem et apostolicam benedictionem.   ad audientiam nostram pervenit, quod, cum olim inter . . priorem et conventum ordinis
fratrum predicatorum Argentinensium ex parte una et magistros consules et cives
civitatis Argentinensis super diversis articulis et quibusdam injuriis, quas iidem
prior et conventus a civibus ipsis eis irrogatas esse dicebant, ex altera orta fuisset ₁₀
materia questionis, tandem venerabilis frater noster J[ohannes] Tusculanus episcopus, tunc in illis partibus apostolice sedis legatus, occasione questionis et injuriarum hujusmodi sue legationis auctoritate civitatem ipsam supposuit ecclesiastico
interdicto ac in Mathiam canonicum ecclesie sancti Stephani Argentinensis[1] necnon
et in omnes et singulos sacerdotes et clericos, qui durante interdicto predicto in ₁₅
civitate ipsa vel suburbiis aut* appendentiis[b] ipsius divina offitia celebrarent vel
dictis civibus sepulturam aut alia eis sacramenta ecclesiastica ministrarent, excommunicationis sententiam promulgavit ipsosque mandavit per ordinarios suos excommunicatos publice nuntiari. sane aliqui ex sacerdotibus et clericis civitatis et
suburbiorum predictorum de appellationibus, quas dicti cives propter hoc inter- ₂₀
jecerant ad sedem ipsam, confisi, quidam vero ex sacerdotibus et clericis locorum
ipsorum per simplicitatem et juris ignorantiam in predictis locis adhuc interdictis
divina offitia celebrasse et civibus ipsis sepulturam ac sacramenta hujusmodi
ministrasse ac propterea latam in tales, ut premittitur, per dictum legatum sententiam excommunicationis incurrisse noscuntur. ac hujusmodi sententiis ligati immis- ₂₅
cuerunt se divinis. cum autem, sicut accepimus, pacificatum sit super hujusmodi
questionibus inter partes, nos animarum periculis, quantum cum deo possumus,
precavere volentes discretioni tue per apostolica scripta committimus et mandamus,
quatinus, si est ita, Mathiam sacerdotes et clericos memoratos et eorum quemlibet
a predicta excommunicationis sententia auctoritate nostra per te vel alium aut alios ₃₀
juxta ecclesie formam absolvas et dispenses cum eis et eorum quolibet super irregularitate, si quam sic ligati et in locis ipsis sic interdictis et eisdem civibus
excommunicatis presentibus non tamen in contemptum clavium divina hujusmodi
celebrando forsitan contraxerunt, injuncta eis et eorum singulis propter hoc penitentia competenti, non obstante indulgentia, qua tibi vel fratribus tui ordinis a sede ₃₅
apostolica dicitur esse concessum, ut non tenearis te intromittere de quibuscumque
negotiis, que tibi per sedis ejusdem litteras committuntur, nisi in eis de concessione

---

a) S t iis aut auf Rasur.   b) Vergl. Stadtbeschreibung.

---

[1] Vergl. nr 125 u. 126.

hujusmodi plena et expressa mentio habeatur.   datum Rome apud sanctam Mariam majorem idus maji pontificatus nostri anno tercio.

S aus Straßb. St. A. Vord. Dreizehn. Oew lad 71 or. mb. Bulle an Hanfschnur Kanzleivermerk VIII in der üblichen Form. Auf dem Rücken mit zwei Kreuzen eingefasst audi benigne.

S 1 coll. ibid. or. mb. Bulle an Hanfschnur. Oben rechts R[egistrandum]. Unter dem Kanzleivermerk VIII ziemlich tief stehend R[ecepit] alb. darunter P. Reät durchstrichen. Rechts auf dem Hug Schreibervermerk M. de Adr., in der Mitte ascult[avit]. Auf dem Rücken unter audi benigne der Registraturvermerk Rescriptum capitulo CCI, ferner an genau der Vorderseits entsprechender Stelle in kleiner Schrift die Correctur aut appendicus und von gleicher Hand an anderm Platz corrigatur ista et duplicetur

Gedruckt bei Sbaralea Bullar. Francisc. IV. 150 nr. 260 (ex. Reg. Vat. Pont. epist. 201 anni 3). — Potthast Reg pontif. nr. 23279.

169. *Die Stadt Straßburg theilt dem Bischof Konrad mit, daß sie für den Akt der Aufhebung von Bann und Interdict Hugo Ripelin zu ihrem Vertreter bestimmt habe. 1290 Juni 23 Straßburg.*

Venerabili in Christo patri ac domino domino Conrado dei gratia episcopo Argentinensi magistri consules et universitas civium civitatis Argentiuensis ejusdem reverentiam tam debitam quam devotam.   ad petendum impetrandum et recipiendum relaxationem excommunicationis et interdicti sententiarum et penarum omniumque processuum contra nos et civitatem nostram Argentinensem predictam ac audientes divina officia et recipientes sacramenta ecclesiastica a sacerdotibus, qui in civitate ipsa vel suburbiis ejus, durante interdicto eodem, divina officia celebrarunt, per vos et per venerabilem patrem dominum Johannem episcopum Tusculanum, olim in partibus Alamanie legatum sedis apostolice, vel alium seu alios ejus mandato vel auctoritate generaliter vel specialiter prolatarum vel habitorum vel quarumcunque aliarum sententiarum, si quas nos vel ex nobis aliqui incurrisse noscimur occasione questionis hactenus habite inter nos et . . priorem et conventum fratrum ordinis predicatorum Argentinensium seu injuriarum quarumdam occasione, quas iidem . . prior et conventus sibi a nobis esse asserunt irrogatas, dominum Hugonem dictum Ripelin nostrum constituimus procuratorem seu syndicum specialem, dantes eidem potestatem et mandatum prestandi in animas nostras de parendo super hiis mandatis ecclesie juramentum, si fuerit oportunum, et omnia alia et singula faciendi nostro nomine et pro nobis, que circa premissa fuerint oportuna. et hec vestre paternitati nota facimus litteris presentibus sigillo communitatis nostre in eorum testimonium sigillatis.   actum et datum Argentine 9 kalendas julii anno domini 1290.

T aus Straßb. Thom. A. Dominic. lad. b Transsumpt in der Urkunde Bischof Konrads von 1290 Juni 24. Vergl. nr. 170.

170. *Bischof Konrad von Straßburg hebt alle gegen die Stadt Straßburg in Folge ihres Streits mit den Dominikanern gefällten Strafsentenzen auf. 1290 Juni 24 Straßburg.*

In Christi nomine amen. nos Conradus dei gratia episcopus Argentinensis literas sanctissimi in Christo patris domini Nicolai pape quarti presentatas nobis ex   5
Juni 20 parte dilectorum magistrorum consulum et universitatis civium civitatis Argentinensis 12 kalendas julii anno domini 1290 vidimus et legimus de verbo ad verbum tenorem hujusmodi continentes : [*folgt nr. 167*]. petente itaque Hugone dicto Ripelin milite, procuratore seu syndico magistrorum consulum et universitatis civium predictorum, suo et . . magistrorum consulum et universitatis civium predictorum   10 nomine, predictas excommunicationis et interdicti sententias et penas omnesque processus contra . . magistros consules cives et civitatem predictos ac audientes divina officia et recipientes sacramenta ecclesiastica a presbyteris memoratis per predictum legatum vel alium seu alios ejus mandato et auctoritate generaliter vel specialiter latas vel habitos et quascumque sententias alias, quas dicti . . magistri   15 consules sive cives occasione questionis et injuriarum hujusmodi incurrerunt, per nos auctoritate apostolica relaxari, et corpora civium defunctorum, que tempore interdicti predicti in cimiteriis ecclesiasticis sunt sepulta, dummodo apparuerint penitencie signa in eis, in cimiteriis ipsis remanere permitti, nos itaque volentes mandatis apostolicis obedire, a procuratore vel syndico memorato, habente super hoc a   20 prelibatis . . magistris consulibus et civibus speciale mandatum, de parendo super hiis mandatis ecclesie juramento recepto, omnes predictas excommunicationis et interdicti sententias et penas omnesque processus contra . . magistros consules cives et civitatem predictos ac audientes divina officia et recipientes sacramenta predicta a presbyteris memoratis per predictum legatum vel alium seu alios ejus   25 mandato vel auctoritate generaliter vel specialiter latas vel habitos et quascumque alias sententias, quas dicti . . magistri consules sive cives occasione questionis et injuriarum hujusmodi incurrerunt, auctoritate apostolica nobis in hac parte tradita in hiis scriptis et literis presentibus relaxamus. corpora quoque civium defunctorum, que tempore interdicti predicti in cimiteriis ecclesiasticis sunt sepulta, dummodo   30 apparuerint penitentie signa in eis, in ipsis cimiteriis permittimus permanere. [*folgt nr. 169*]. actum et datum Argentine 8 kalendas julii anno domini 1290.

T aus Straßb. Thom. A. Dominic. lad. b or. mb. c. sig. pend.

171. *Bischof Konrad und Domprobst Friedrich von Straßburg, Graf Friedrich von Leiningen, Markgraf Hermann von Baden sowie Konrad und Johannes von   35 Lichtenberg sichern der Stadt Straßburg ihren Beistand zu, falls Heinrich von Lichtenstein die Urfehde breche. 1290 Juli 18.*

Wir Conrat von gots gnaden der bischof von Strazburg, Friderich der tümprobist, Friderich der grave von Liningen, Herman der maregrave von Baden, Conrat

und Johannes von Lichtenberg tûnt kunt allen den, die disen brief gesehent oder
gehôrent, das wir . . dem meistere und deme rate und den burgeren gemeinliche
von Strazburg gelobet hant getruweliche und ane alle geverde, swie her Heinrich
von Liehtenstein die urvêhte, die er in getan het, iemer gebrichet und in schaden
oder laster getête umbe die getât, das sie in gevangen heltent, swenne sie uns des
vurbringent und uns drumbe gemanent, so suln wir in biholfen und geraten sin
uf in mit gûten truwen und ane alle geverde, swa wir mûgent und da si ez bi-
dôrfent. daz dis war si und stete blibe, derumbe sint unsere ingesigele an disen
brief gehenket zeime urkunde. dis geschach, da von gots geburte warent tusent
jar zweihundert jar und nûncig jar an deme ciztage nach sante Margareden tage.

S aus Straßb. St. A. Verschl. Canslei-Gew. Corp. K lad. 15 or. mb. c. 6 sig. pend. delapsis.

172. *Zweiunddreißig genannte edle Herren der Rheinpfalz versichern der Stadt
Straßburg, daß sie sich zur Feindschaft gegen Heinrich von Lichtenstein eidlich
verpflichtet haben, falls er die der Stadt gegebenen Versprechungen breche. [1290
Juli].*

Nos subnotati nobiles Sifridus ringravius, Wernherus filius suus, Emercho et
Wolframus fratres de Lewinstein, Cûnradus et Kolbo fratres de Warttinberc, Johannes de Lyetinstein, Ph[ilippus] dictus Winter de Alzeia, Heinricus et filius suus
Reinhardus de Honekin, Merbodo de Bylistein, Wolf[ramus] et Sifridus de Lewinstein, Bertolfus de Ebistein, Conradus de Frisinheim, item Hertwinus de Basinheim,
Hermannus et Petrus de Lonisheim, Franko de Bokinowin, Syfridus, David, Wernherus de Linigin, Emercho de Lewinstein, Johannes de Grewilre, Gerhardus
et Sygelo filii H[einrici] de Lytinstein, Th[eodericus] de Dyttilsheim, Wilhelmus
dictus Letto, C[onradus] filius Johannis de Lytinstein, Th[eodericus] de Kyrwilre,
Rudegerus de Randekin recognoscimus et notum facimus universis, quod mediante
Syfrido milite de sancto Albino juravimus esse inimicos et in omni parte esse contrarios Heinrici de Lyttinstein militis ita, quod si violator extiterit, quod absit,
promissionum talium, quas fecerat Argentine pro sua absolucione captivitatis. quod
cum appensione sigillorum nostrorum presentem litteram civibus Argentinensibus
tradimus roboratam.

*S aus Straßb. St. A. Verschl. Canslei-Gew Corp. K lad. 15 or. mb. c. 7 sig. pend., quorum
6 delapsa. Das eine noch hangende Siegel zeigt einen schreitenden Löwen und in der
Legende s. Wolframmi de Leuwensteinne. Das Stuck, dessen Schriftcharakter auf das
ausgehende 13. Jahrhundert weist, ist jedenfalls mit nr. 171 in engstem Zusammenhang
zu bringen und wohl ebenfalls auf 1290 Juli zu datieren. Die darin erwahnten rheinpfälzi-
schen Edlen sind fast sämmtlich für jene Zeit urkundlich nachzuweisen.*

173. Petrus Arborensis archiepiscopus, Guillelmus Callensis et Perronus Larinensis episcopi omnibus penitentibus et confessis, qui causa devocionis et in spiritu
humilitatis ad ecclesiam vel locum quemcunque accesserint, ubi prepositus sancti
Arbogasti extra muros Argentinenses missam solempnem celebraverit aut verbum

dei predicaverit, quadraginta dies de penitenciis relaxant. «juxta psalmiste sacrum eloquium». datum apud Urbemveterem anno domini 1290 pontificatus Nicolai pape quarti anno tercio. *1290 [Februar 22 — Juli 22] Orvieto.*

B aus Straßb. Bes. A. G fasc. 170) cop. ch. sec. XV i. Privilegienbuch von St. Arbogast fol. 3. Die nähere Datirung ergibt der Beginn des Pontificatsjahres und die Bestäti- gungsurkunde Bischof Konrads für diesen Ablaß von 1290 Juli 22 ebenda.

174. *Bischof Konrad von Straßburg fällt in dem Streit zwischen der Stadt Straßburg und den Dominikanern seinen Schiedsspruch dahin, daß dieselben auf die Forderungen der Bürgerschaft nicht eingehen können und dürfen. 1290 Au- gust 11 Kloster St. Marx bei Straßburg.*

In nomine domini amen. suscitata dissensionis materia inter religiosos viros.. priorem et fratres ordinis predicatorum domus in Argentina ex una et magistrum consules et universitatem civium Argentinensium ex parte altera super eo, quod ma- gister consules et universitas civium predictorum a predictis.. priore et fratribus quos- dam articulos petiverunt, dictus.. prior, accedente voluntate consensu et auctoritate reverendi in Christo fratris Hermanni de Minda tunc prioris provincialis, pro se et fratribus dicte domus ex parte una, et Reimboldus miles dictus Stubenwech tunc ma- gister et consules civitatis Argentinensis pro se et universitate civium civitatis pre- dicte ex parte altera super eisdem articulis ac omni lite et dissensionibus quibuscunque in nos Cûnradum dei gracia Argentinensem episcopum compromiserunt et concorditer convenerunt. cujus compromissi forma talis est: *[folgt nr. 164].* nos igitur articulis supradictis discussis a nobis et examinatis de consilio peritorum, quia invenimus,.. priorem et fratres predictos articulos prefatos secundum deum et observanciam ordinis sui et absque peccato observare vel promittere non posse, idcirco deliberacione pre- habita in hiis scriptis decernimus judicamus et arbitrando pronunciamus,.. priorem et fratres antedictos promittere vel observare non posse secundum deum et obser- vancium sui ordinis et absque peccato articulos memoratos,.. priorem et fratres ante- dictos ab inpeticione magistrorum et consulum et universitatis civium predictorum per nostrum arbitrium absolventes. ceterum super omni lite et dissensionibus quibus- cumque occasione predicta usque in diem initi compromissi inter partes predictas habitis hinc et inde pronunciamus et arbitrando decernimus in hiis scriptis, ut omnes lites et dissensiones prescripte inter partes hinc et inde penitus conquiescant, arbi- trando nichilominus decernentes, ut exnunc omnes injurie occasione dissensionis predicte illate partibus antedictis communiter vel divisim et acciones pro injuriis quibuscunque occasione dissensionis predicte contra personas quascunque dictis par- tibus competentes communiter vel divisim cessent penitus hinc et inde. ad hec juxta tenorem compromissi pronunciamus et arbitrando decernimus, perpetuam pacem inter partes predictas inviolabiliter observari. ut autem pax predicta inter partes efficacius observetur, pronunciamus et arbitramur, ut, si processu temporis alique, quod absit, predictis..priori vel fratribus dicte domus in rebus vel personis injurie fuerint irro- gate, de hiis magister et consules civitatis Argentinensis predicte, qui pro tempore

fuerint, dictis.. priori et fratribus ad solam denunciationem eorundem.. prioris et fratrum vel alterius cujuscumque faciendum ex parte prioris et fratrum eorundem magistro et consulibus antedictis plenariam facient justiciam eam videlicet, quam civibus Argentinensibus facere consueverunt. actum et datum apud monasterium sancti
Marcii extra·muros Argentinenses crastino festi beati Laurencii anno ab incarnacione domini 1290.

T aus Straßb. Thom. A Dominic. lad b 2 or wb. c. sig. pend.

175. *Meister und Rath der Stadt Straßburg sowie ihr Notar Johannes Erlin legen gegen den Schiedsspruch Bischof Konrads in ihrem Streit mit den Dominikanern Verwahrung ein. 1290 August 17 und 18 Straßburg.*

Universis presentes litteras inspecturis Nicolaus dictus Zorn miles senior, magister Reimboldus miles dictus Stubenweg necnon consules et universitas civium civitatis Argentinensis noticiam subscriptorum. suscitata discensionis materia inter nos ex una et religiosos viros.. priorem et fratres ordinis predicatorum domus in Argentina ex parte altera super eo, quod nos a predictis.. priore et fratribus quosdam articulos petivimus infrascriptos, et ex aliis certis causis, venerabilis in Christo pater noster dominus Conradus dei gratia Argentinensis episcopus ex compromisso arbiter seu arbitrator et amicabilis compositor concorditer electus a nobis et a priore et fratribus antedictis decrevit judicavit et arbitrando pronunciavit juxta formam inferius annotatam, cujus tenor dinoscitur esse talis : [folgt nr. 174]. idcirco nos magister Reimboldus ac consules et universitas civium Argentinensium antedicti decreto judicio pronunciationi seu arbitrio suprascriptis domini nostri episcopi antedicti stare parere vel obedire aut laudare approbare ratificare vel emologare eadem minime cupientes, ne nobis ex ipsis aliquod prejudicium generetur, eisdem decreto judicio pronunciationi et arbitrio domini episcopi memorati contradicimus ac decretum judicium pronunciationem et arbitrium suprascriptum prefati domini episcopi reclamamus. eisdemque decreto judicio pronunciationi et arbitrio stare parere vel obedire [litteris presentibus recusamus, dantes nichilominus Johanni genero Erlini de sancto Thoma civis Argentinensis nostro notario liberam potestatem et mandatum, decretum judicium pronunciationem et arbitrium domini nostri Argentinensis episcopi suprascripta recusandi reclamandi et contradicendi eisdem nostro nomine et pro nobis, ubi fuerit oportunum, et omnia alia et singula faciendi, que circa premissa fuerint oportuna, promittentes nos ratum habituros et gratum, quicquid idem Johannes egerit in premissis. et hec omnibus, quorum interest vel intererit, nota facimus litteris presentibus sigillo civitatis seu communitatis nostre Argentinensis in eorum testimonium sigillatis. acta sunt hec Argentine in palatio episcopali, nobis more solito congregatis, 16 kalendas septembris anno ab incarnatione domini 1290 [1].

August 17

---

[1] *Diese Urkunde ist auch für sich im Original mit hängendem Stadtsiegel erhalten. Straßb St. A. Vord. Dreizehn. Gew. lad. 71. Im Auszug ist sie nach dem Briefbuch A fol. 37 b ibid. mitgetheilt bei Schöpflin Als. dipl II. 45 nr 769.*

Nos ª judices curiarum domini decani necnon dominorum Johannis de Erenberg
et Johannis de Ohsenstein archidyaconorum ecclesie Argentinensis confitemur et
publice protestamur, nos vidisse audivisse et interfuisse in capitulo fratrum ordinis
predicatorum domus Argentinensis ᵇ, ubi Johannes gener Erlini de sancto Thoma
civis Argentinensis, notarius magistri consulum et universitatis civium civitatis
Argentinensis, litteras vero sigillo civitatis seu communitatis Argentinensis sigillatas in nulla sui parte vitiatas, tenorem suprascriptum de verbo ad verbum
continentes, legit publicavit et recitavit publice . . priori et conventui fratrum
dicte domus ibidem presencialiter constitutis ᶜ et prescripta omnia et singula
audire et intelligere valentibus. dictisque litteris per eundem Johannem publicatis et recitatis publice ᵈ, ut premittitur, et perlectis, prefatus Johannes mox
auctoritate et potestate seu mandato a prefatis magistro Reimboldo milite dicto
Stubenweg ac consulibus et universitate civium civitatis Argentinensis predictis
sibi datis sive traditis in hac parte prescriptis decreto judicio pronunciationi
et arbitrio domini nostri Conradi dei gratia Argentinensis episcopi publice et
in scriptis predictis, . . priore et fratribus modo simili audire et intelligere
valentibus ᵉ ibidem, contradixit ipsamque reclamavit et etiam recusavit et protestatus
est publice, prefatos magistrum Reimboldum dictum Stubenweg necnon consules et
universitatem civitatis Argentinensis predictos decreto judicio pronunciationi et arbitrio antedictis stare vel obedire non velle aliquatenus vel parere nec ipsos eadem
velle laudare approbare ratificare vel emologare tacite vel expresse, nostrum super
hoc specialiter rogatorum et vocatorum et aliorum ibidem presentium testimonium
invocando in hec verba. et ego Johannes gener Erlini de sancto Thoma civis Argentinensis, notarius dominorum magistri consulum et universitatis civium civitatis
Argentinensis predictus, auctoritate et potestate seu mandato a prefatis dominis magistro domino Reimboldo milite dicto Stubenweg necnon consulibus et universitate
civium civitatis Argentinensis predictis michi datis sive traditis in hac parte predictis
decreto judicio pronunciationi et arbitrio prefati domini Argentinensis episcopi con-
tradico ipsumque decretum judicium pronunciationem et arbitrium suprascriptum prefati domini Argentinensis episcopi reclamo litteris presentibus et recuso, protestans
publice coram vobis dominis presentibus, prefatos dominos meos . . magistrum Reimboldum dictum Stubenweg militem necnon consules et universitatem civium civitatis
Argentinensis predictos decreto judicio pronunciationi et arbitrio antedictis prefati
domini Argentinensis episcopi stare vel obedire non velle aliquatenus vel parere nec
ipsos eadem velle laudare approbare ratificare vel emologare tacite vel expresse,
testimonium super hiis dominorum presentium invocando. et in eorum testimonium
nos judices antedicti sigilla curiarum dominorum archidyaconorum prescriptorum

---

a) *order* in S *noch* in S t *Absatz.*   b) S t *statt* in capitulo *etc.* in consistorio sive judicio curie
venerabilis patris domini nostri episcopi Argentinensis.   c) S t *statt* priori *etc.* 16 kalendas septembris paulo ante horam completorii magistro Yringo de Mollesheim ibidem solito judicare et
magistro Ottoni notario dicti consistorii et aliis quam pluribus ibidem presencialiter constitutis.
d) S t *om.* publice.   e) S t *om.* predictis—valentibus.

litteris presentibus duximus appendenda.   acta sunt hec quinto[a] decimo kalendas septembris anno ab incarnatione domini 1290[1].

S aus Straßb St. A. Vord. Dreizehn. Gew lad 71 or mb. c. 3 sig. pend
S 1 coll. ibid. or. mb. c. 3 sig. pend.

176. Frater Bonifacius Bosoniensis ecclesie episcopus ordinis fratrum heremitarum sancti Augustini[2] omnibus vere penitentibus et confessis, qui summe ecclesie parrochiali sancte Marie in Argentina seu per laborem sive per elemosinam manuum adjutricem porrexerint, seu qui locum eundem oraturi accesserint in festis gloriose virginis Marie, dedicacionis, nativitatis domini, resurrectionis domini, penthecostes omniumque sanctorum et in festo sancti salvatoris, in festis quoque specialibus ac per octavas eorundem, quadraginta dies criminalium et annum venialium relaxat, dummodo consensus dyocesani accedat. «cum ad promovenda».   datum anno domini 1290 in festo Luce ewangeliste sancti. *1290 October 18.*

F aus Straßb. Frauenh. A. Donationsbuch 2 fol 207 b cop. ch. sec. XV.

177. Theodericus prior ecclesie sancte Andree Urbevetane, domini pape cappellanus, collector decime vicesime redemptionis votorum et crucis, legatorum et obventionis cujuslibet terre sancte deputatorum subsidio in Treverensi, Maguntina, Coloniensi, Bremensi et Magdeburgensi provinciis ac Caminensi diocesi per sedem apostolicam deputatus, negotia prelibata priori subpriori et lectori fratrum predicatorum Argentinensium committit, quousque revocaverit hoc mandatum. «cum propter multas et varias».   datum Argentine 8 kalendas julii anno domino 1291. *Juni 24 Straßburg.*

T aus Straßb. Thom. A. Dominic. lad. 5 or mb. c. sig. pend Vergl Ch. Schmidt Hist. du chap. de s. Thom p. 20.

178. *Pabst Nicolaus IV beauftragt den Dekan von St. Stephan zu Saarburg, die Klage des Straßburger St. Margarethenklosters gegen den Straßburger Bürger Kuno von Eckartsweiler, falls der Straßburger Official sie noch drei Monate weiter verschleppe, zu untersuchen und zu bescheiden. 1291 November 27 Rom St. Maria maggiore.*

Nicolaus episcopus servus servorum dei dilecto filio . . decano ecclesie sancti Stephani de Sarburg Metensis diocesis salutem et apostolicam benedictionem.   sua

a) *S t sexto*

[1] *Die Versöhnung gegen den bischöflichen Schiedspruch erfolgt in dreifacher Form, zuerst von Seiten des Raths am 17. August in der bischöflichen Pfalz selber, dann am gleichen Tage Abends von dem städtischen Notar Johannes Erlin vor der bischöflichen Curie, zuletzt am 18. August von demselben Bevollmächtigten vor dem Capitel der Dominikaner.*

[2] *Vergl. Annal. Colmar. maj zum Jahr 1291 (Mon. Germ. SS XVII, 218).*

nobis . . priorissa et conventus monasterii monialium saucte Margarete extra muros
Argentinenses per priorissam soliti gubernari peticione monstrarunt, quod, cum ipse
Cunonem dictum de Eckebreteswilre civem Argentinensem coram . . officiali Argentinensi, ad quem de antiqua et approbata ac hactenus pacifice observata consuetudine hujusmodi causarum cognitio in civitate predicta, in qua dictus civis con-   s
sistit, pertinet, super terris debitis possessionibus et rebus aliis non ex delegatione
apostolica traxisset* in causam, dictus officialis detinens causam hujusmodi per
annum et amplius in suspenso in ea procedere non curavit in priorisse et conventus
predictarum prejudicium et gravamen, quamquam per eas non steterit, a quibus
fuit super hoc legitimis temporibus humiliter requisitus. volentes igitur . ut finis 10
litibus imponatur, eidem officiali nostris damus litteris in mandatis, ut, si est ita,
in predicta causa infra tres menses post receptionem litterarum ipsarum previa
ratione procedat. quocirca discretioni tue per apostolica scripta mandamus, quatinus,
si dictus officialis mandatum nostrum infra prescriptum tempus super hoc neglexerit
adimplere, tu extunc causam eandem audias et appellatione remota debito fine de-   15
cidas faciens, quod decreveris, per censuram ecclesiasticam firmiter observari. testes
autem, qui fuerint nominati, si se gratia odio vel timore subtraxerint, censura
simili appellatione cessante compellas veritati testimonium perhibere.   datum Rome
apud sanctam Mariam majorem 5 kalendas decembris pontificatus nostri anno quarto.

*B aus Straßb. Bez. A. H fasc. 3061 or. mb. c. b. pend. delapsa. Kostenvermerk : zwei Punkte   20
mit Haken darüber. Schreibervermerk G aly. Auf der Rückseite Procuratorvermerk mit
vier Strichen eingerahmt : N. Waldini, darüber mit blasserer Tinte und verwischt be de
Warmacia. Ein andrer Vermerk ist stark verwischt, zu erkennen noch Johannes d . . .
math.*

179. *Vergleich des St. Thomascapitels und des St. Margarethenklosters über*   25
den Bezug von Zehnten aus dem St. Aureliensprengel. 1291.

Coram nobis . . judice curie Argentinensis constituti . . prepositus . . decanus
totumque capitulum ecclesie saucti Thome Argentinensis renunciaverunt omnibus
cautionibus prestationibus promissionibus pactis juramentis inter ipsos ex una et . .
priorissam et conventum monasterii saucte Margarete extra muros Argentinenses   30
ex parte altera scripto vel juramento vallatis ita, quod prefati . . prepositus . .
decanus et capitulum ecclesie saucti Thome Argentinensis confessi sunt, se nichil
juris habere occasione ecclesie saucte Aurelie in Argentina quoad priorissam et
conventum monasterii saucte Margarete predicti in omnibus oblationibus mortuariis
legatis funeribus apud dictum monasterium eligentibus sepulturam et in aliis ob-   35
ventionibus monasterii saucte Margarete predicti, nisi eatenus, quatenus predicatores
in Argentina parrochie, quam inhabitant, sunt astricti seu aliis parrochiis, de quibus
tollunt corpora mortuorum apud ipsos eligentium ecclesiasticam sepulturam, et ad
que alia monasteria ejusdem ordinis civitatis Argentinensis circumjacentia parrochiis,

a) B wohl verschrieben für traxisset.   40

quibus inhabitant, sunt astricta[a], salvis tamen censibus jam dudum prestitis et
prestandis . . decano et capitulo predictis a . . priorissa et monasterio antedictis[b].
prefate[c] eciam . . priorissa et conventus monasterii sancte Margarete predicti vice
versa promiserunt, decimas prediales de agris suis omnibus, de quibus jure com-
5 muni decime solvi debent, et specialiter de terris, quas habent sub aratro et cultura
sua et habere poterunt in futurum infra limites parrochie ecclesie sancte Aurelie
predicte, cum integritate persolvere perpetuo singulis annis intra festa assumptionis   *August 15*
videlicet et nativitatis beate virginis ecclesie sancte Aurelie memorate, exceptis hiis,   *September 8*
que infra limites et septa claustri et metas monasterii sui crescunt, adicientes . .
10 priorissa et conventus monasterii sancte Margarete predicti super se penam, ut, si
decimas predictas juxta consuetudinem terre singulis annis termino prescripto . .
preposito . . decano et capitulo ecclesie sancte Thome predicte non solverent, quod
cadant et cadere debeant a jure reddituum septem quartalium siliginis super bonis
suis sitis in villa et banno Wikersheim juxta Achenheim infra specificatis. quos
15 redditus septem videlicet quartalium siliginis predictorum dicte priorissa et conventus . . decano et capitulo predictis obligaverunt et eos quoad dominium et
proprietatem eorundem ad manus decani et capituli predictorum resignaverunt et
dictos redditus sub annuo censu, unius videlicet fertonis cere persolvendi singulis
annis, a . . priorissa et conventu predictis decano et capitulo memoratis receperunt.
20 et nichilominus si in solutione dictarum decimarum terminis prescriptis deficerent
per negligenciam per se vel per alios, penis suprascriptis non astringentur. si vero
se nolle decimas solvere affirmaverint et occasione alicujus privilegii obtenti vel
obtinendi se tueri voluerint et occasione hujusmodi ipsas decimas recusaverint se
prestare, licebit decano et capitulo predictis dictos redditus ad se trahere et de eis
25 disponere, prout eis melius videbitur expedire, monitione tamen unius mensis sollempni a duobus dominis de capitulo facta et premissa ad priorissam et conventum
predictos post dictum festum. et super premissis priorissa et conventus predicte
pro se et successoribus suis universis renunciaverunt exceptioni deceptionis doli
mali in factum et aliis et quod non possent dicere seu allegare, quod premissa
30 fecissent preter consensum suorum superiorum, prioris videlicet provincialis per
Alemanniam generalis necnon prioris fratrum predicatorum domus Argentinensis.
sub quorum jurisdictione regulari persistunt, hujusmodi exceptione eis in nullo suf-
fragante, exceptionibus et defensionibus quibuscunque omnique juris auxilio canonici
et civilis, litteris a sede apostolica vel aliunde impetratis vel impetrandis, sub
35 quacunque forma consistant verborum, jurique dicenti generalem renunciationem
non valere, et generaliter omnibus, quibus veniri posset contra presens instrumentum in judicio vel extra in posterum vel ad presens. [*folgt Güterbeschreibung*].
in cujus rei testimonium sigillum curie Argentinensis ad petitionem hinc inde parcium predictarum una cum sigillis capituli sancti Thome Argentinensis necnon . .
40 priorisse et conventus predictorum presentibus est appensum. nos . . prepositus . .
decanus et capitulum[d] sigillum nostri capituli predicti presentibus in testimonium

---

a) *B* astricti.   b) *B* predictis.   c) *T* prefate.   d. *B add* ecclesie sancti Thome predicte.

premissorum duximus appendendum. nos eciam . priorissa et conventus predicte
sigilla nostra in premissorum omnium evidenciam et plenum testimonium presentibus similiter duximus appendenda.   actum et datum anno domini 1291.

T aus Straßb. Thom. A. Docum. hist. lad. 11 or. mb. c. 4 sig. pend.
B cdt. aus Straßb. Bez. A. H fasc. 3117 or. mb. c. 4 sig pend.
Gedruckt nach T bei Ch. Schmidt Hist. du chap. de s. Thom. p. 335 nr. 52.

180. Nicolaus IV papa episcopo Basiliensi, preposito ecclesie sancti Martini et
priori fratrum predicatorum Columbariensibus Basiliensis diocesis mandat, quatenus
appellationem decani et capituli ecclesie Argentinensis de Claudino nato quondam
Cassoni de Latturre clerico Mediolanensi, qui super receptione sua in canonicum
Argentinensem et provisione prebende litteras apostolicas impetraverit, coram magistro Goffrido de Placentia cappellano ipsius ac palatii auditore causarum ventilatam
nec explanatam diligenter examinent, positiones et responsiones utriusque partis
fideliter redactas ad curiam transmissuri. «sua nobis decanus».   datum Rome apud
sanctam Mariam majorem nonas februarii pontificatus nostri anno quarto. *1292
Februar 5 Rom St. Maria maggiore.*

B aus Straßb. Bez. A. G fasc. 3466 fol. 194 cop. ch. sec. XVI.

181. *Bischof Konrad verpflichtet sich der Stadt Straßburg, ohne ihren Willen
mit Kuno von Bergheim keinen Frieden zu schließen. 1292 Februar 28.*

Wir von gots gnaden bischof Cûnrat von Strazburg globent und hant
globet getruweliche mit disem gegenwertigen briefe unsern lieben frûnden dem
meister und dem rate und der gemeinde von Strazburg, daz wir uns mit Cûnen
von Bergheim dem alten noch mit allen sinen helfern noch mit allen den, die des
urlûges sint oder werdent, niemer gesûnen sullent noch gefriden wanne mit der
burger wille von Strazburg. ôch globen wir in und hant in globet, was krieges die
burger von Strazburg iemer angât von diz selben krieges wegen, den wir hant mit
dem vorgenant von Bergheim und mit sinen helfern, daz wir in da inne vûrder-
liche und getruweliche beholfen sûllent sin. und daz diz war und stete blibe, darumbe so han wir zeine urkûnde unser ingesigel gehenket an disen brief.   diz
geschach an dem fritdage vor Reminiscere, da von gots gebûrte warent tusent jar
zweihundert jar und zwei und nûntzig jar.

*S aus Straßb. St. A. Briefbuch A fol. 117 ª mit der Ueberschrift daz bischof Cûnrat globte
An der von Strazburg wille sich mit dem von Bergheim noch sinen helfern nit zû
sûnende.*

182. *Kuno von Bergheim schwört Bischof Konrad und der Stadt Straßburg
Sühne für allen erlittenen Schaden. 1292 April 3.*

Ich Cûne von Bergheim der alte tûn kunt allen den, die disen brief gesehent
oder gehörent lesen, daz ich gesworn habe vûr mich und alle die minen eine stete

sûne minem herren bischof Cûnrat von Strazburg und allen sinen helfern und mit
nammen den burgern von Strazburg umbe allen den schaden, der mir und den
minen geschach zû Germersheim* obewendig und nidewendig in disem urluge[1].
daz diz wor sie und stete blibe ân allerslahte geverde, darumbe han ich min ingesigel an disen gegenwertigen brief gehenket zû einem steten urkûnde dirre vorgeschriben rede.   diz geschach und wart dirre brief geben an dem grünen dunresdage zû frûgem imbisze, da von gotz gebûrte warent tusent jar zweihundert jar
und zwei und nûnzig.

S aus *Straßb. St. A* Briefbuch A fol. 60 a *mit der Ueberschrift* Cûnen sûne von Bergheim
gegen bischof Cûnrat und der stat zû Strazburg.

183. *Johannes Landgraf zu Elsaß und die Stadt Erstein schließen mit der
Stadt Straßburg eine Sühne um verschiedene Mißhelligkeiten. 1292 Juli 26.*

Wir Johannes der lantgrave ze Elsaz und der schultheisse und die burgere
gemeinliche von Erstheim vür uns und unsere helfere einsite, und wir der meister
und der rât und die burgere von Strazburg gemeinliche und Hagenen wurtin, der
wilemalen des schultheissen kneht waz von Strazburg, andersite tûnt kunt allen
den, die disen brief geseheut oder gehôrent lesen, daz wir mit einander vor unserme
herren deme bischove von Strazburg überein sint komen umbe alle die missehelle,
die wir mit einander hettent von der pfendungen wegen, die Wolvelin zû deme
Riet und Retschilt[b] die burgere von Strazburg und ire helfere dotent, die die von
Erstheim und ire helfere beschuttent, und umbe den dotslag, der an Hagenen des
schultheissen kneht von Strazburg geschehen ist, und umbe die wunden, die Cun-
zeline von Truhterzheim und des schultheissen botte von Strazburg geschehen sint,
und umbe allen den schaden, der den von Strazburg von der selben pfendungen
geschehen ist, und umbe den Hullen von Schaftolzheim den rittere und umbe Durlendere, die ze Strazburg gevangen warent umbe die selbe getat, do han wir beden
site gelobet eine lutere sûne und hant die gelobet mit gûten druwen stete ze
habenne ane alle geverde. und hant der vorgenante Hulle und Durlendere urvehte
gesworn zû den heiligen, daz sû den von Strazburg noch niemanne von irn wegen
umbe die getat niemer leit sulnt getûn. und des zeine steten urkunde dirre vorgeschribenen dinge so het unser herre der bischof von Strazburg sin ingesigele und
wir der lantgreve unser ingesigele[c] und wir die burgere von Erstheim unserre stete
ingesigele und wir der meister und der rat und die burgere von Strazburg unserre
stete ingesigele an disen brief gehenket. wir Cûnrat von gotz gnaden der bischof
von Strazburg, vonde wir hie bi warent, so han wir durch bette des vorgenanten

a) *offenbar verlesen für* Sermersheim   b) *zweifelhaft ob nicht* Rutschilt *zu lesen.*   c) *S* ingesige.

[1] *Vergl. die Notizen über diese Fehde in den Annal. Argentin. Ellenhardi (Mon. Germ. SS. XVII.
103) u. in den Annal. Colmar. maj (ibid. p. 218), aus denen hervorgeht, daß es sich um Sermersheim
bei Benfeld handelt.*

lantgraven und der burgere von Erstheim und der burgere von Strazburg unser
ingesigele zů irn ingesigelen an disen brief gehenket zeime urkůnde aller dirre
vorgeschribenen dinge.   dis geschach an deme samestage nach sante Jacobes dag.
do von gotz geburte warent dusent jar zweihundert jar und zwei und nunzig jar.

S uus Straßb. St. A. FF or. mb. c. 1 sig. pend delapsis.   5

184. *Pfalzgraf Ludwig Herzog von Baiern mahnt die Stadt Straßburg an die Zahlung einer Entschädigungssumme. [1263—1292] August 30 Fürstenberg.*

Lodiriens[1] dei gratia comes palatinus Reni dux Bawarie viris providis et discretis
.. consulibus et universitati civium Argentinensium salutem cum plenitudine omnis
boni.   cum quondam fidelem nostrum Arnoldum patrem Petri de Niwenrode dampni-   10
ficaveritis absque causa in magna pecunie quantitate, et de hoc ex parte vestra et
ipsius Petri ac fratrum suorum postmodum itum fuerit ad arbitros, et iidem de certa
summa pecunie restituenda predictis fratribus fuerint arbitrati, et pars ejusdem
pecunie arbitrate sit soluta et altera sit retenta, discrecionis vestre providentiam
instanter requirimus et attentius commonemus, quatenus et juris intuitu et ob nostri   15
reverentiam aliquem nuncium ydoneum et discretum placeat vobis ad partes istas
destinare ad inquirendum, quantum eis cesserit de ipsa pecunia arbitrata et quantum ex ea remanserit insolutum, et de solucione illius efficaciter ordinare. in quo
juri satisfacietis et fratribus prelibatis et nobis nichilominus grati favoris indicium
ostendetis.   datum in Furstenberch 3 kalendas septembris.   20

S uus Straßb. St. A. Verschl. Canzlei-Gew. Corp. K lad. 17 or. mb. lit. clausa c. sig. in verso
impr. laeso. Die Urkunde ist jedenfalls mit UB. I nr. 528 vom Jahr 1263 in Zusam-
menhang zu bringen und später als diese anzusetzen. Da Herzog Ludwig 1294 Februar 1
stirbt und 1293 zur Datirungszeit des Stücks in Regensburg weilt, so ist 1292 als End-
termin genommen. Möglicherweise fällt die Urkunde in das Jahr 1282, wo Ludwig am
25. August zu Fürstenberg nachweisbar ist[2].

185. *Anselm von Rappoltstein schließt mit der Stadt Straßburg eine Sühne, für die er dreiundzwanzig genannte edle Herrn als Bürgen stellt. 1292 November 3.*

Ich Anshelm von Rapoltstein tůn kunt allen den, die disen brief gesehen oder
gehörent lesen, daz ich uberein bin komen mit den burgern von Strazpurg einer   30
stéten geswor007 sůnen vúr mich und vúr mine kint und vúr minen brůder Heinrichen und vúr alle mine frůnde und binamen vúr mines brůder sun hern Ůlriches
umbe die gevancnisse, do mich her Peter Ripelin vienk von siner swester wegen[3]

───────────

1 *Nach der Siegellegende ergänzt.*
2 *Böhmer Wittelsbachische Regesten S. 41.*   35
3 *Vergl. die Notiz in den Annal. Colmar. maj. zum Jahr 1292:* Hermannus de Rapolstein 2 nonas
junii a civibus Argentinensibus fuit captivatus ad preces pauperculae mulieris. *(Mon. Germ. SS.
XVII, 219).*

und der burger von Strazpurg. und umbe allen den krieg. so ich ie mit in
gewan, so gelob ich bi geswornem eide, den ich getân han, niemer ze tûnde noch
ze helfende noch ze râtende noch ze schaffende wider den burgern von Strazpurg
an keinen dingen noch an keime kriege noch in keime urlûge, daz sû gemeinlich
5 anegat und da sû hôbel des urlûges sint. ich gelobe ôch bi geswornem eide, den
ich getân han, daz disen eit nieman ûbetriben sol noch werben abegetriben von
bâbisten noch von kûnegen noch von keisern noch von geistlichem noch von weltlichem gerihte. geschêhe aber, daz ich dise sûne brêche deheine wis oder von
den minen gebrochen wurde, daz sol ich widertân innewendig ahte tagen oder sol
10 mich antwurten in den selben ahte tagen ich und mine bûrgen nach rehter giselschaft. so wir drumbe gemant werdent ze huse und ze hove oder under ougen, ze
leistende vier wochen ze Strazpurg, unze daz widertan wurt oder gebessert, damite
die sûne gebrochen wurt. were aber daz ez widertan oder gebessert niht wurde in
den vier wochen, so wir drumbe gemant werdent, so sol ich Anshelm schuldig sin
15 und hall umbe daz, damite die sûne gebrochen ist, und umbe tûsent mark silbers
den burgeren von Strazpurg und also lange ze leistende ich und mine bûrgen, unz
ich des mit in uberein kume. were aber daz miner frûnde etelicher bezigen wurde,
daz er dise sûne gebrochen hette, wil der swern zen heilgen, daz er von minen
wegen und umbe dise getât die sûne niht gebrochen habe, so sol ich und mine
20 bûrgen der getât lidig sin. wolte aber er niht swern, alse da vor bescheiden ist,
oder lihte gêhe, daz erz von minen wegen getân hette, so sol ich den burgern von
Strazpurg beholfen sin mit gûten truwen âne geverde und sol in ôch mine veste
uftûn uf den, der dise sûne gebrochen het, unz er daz gebessere. tête ich des niht,
damite sol ich die sûne gebrochen han. ich han ôch gelobt und Heinrich min
25 brûder, daz wir noch nieman von unsern wegen vorn Annen Hessen sêligen wurtin
und ire kint niht irren sulent an dem wingelle ze Hagenach noch an dem korngelle
ze Osthûs, daz wir in hant gegeben ze kôfende. daz dise gelûbde und dise sûne
stête belibe. darumbe gib ich Anshelm der vorgenante in ze bûrgen hern Johannesen
den lantgraven, hern Heinrichen von der Dicke sinen ôheim [1], hern Walthern von
30 Geroltsecke [2], hern Otten von Ohsenstein den lantvogt, hern Burcharten von Horburg, hern Walthern von Richenberg, hern Ûlrichen den lantgraven, hern Ûlrichen
von Rotzenhusen, hern Cûnraten von Landesperg und hern Wernheren sinen sun,
hern Rûdolfen, hern Heinrichen und hern Eberharten von Andelahe [3], hern Cûnen
den alten von Bergheim, hern Hartman und hern Friderichen von Rotzenhusen,
35 hern Cûnraten den Harst von Hadestat, hern Rûdolfen von Slierbach, hern Diethe-
richen von Burcheim, hern Hartmannen von Ersten [4], hern Rûstheim von Ellenwilre.

---

[1] *Das ovale Siegel zeigt einen Geistlichen vorm Pult und die Legende* s. Heinrici de Dic . . . canonici Argentinensis.

[2] *Legende :* s. Waltheri junioris de Geroltsegge.

[3] *Alle drei Siegel der Andlauer zeigen im Wappenschild das Kreuz, nur Heinrich wird in der
Legende als miles bezeichnet.*

[4] *Legende :* s. H. de Erstein judicis in Sletstat.

1292

Petern den Schriber[1] und den Ritter von Sletzstat[2]. ich gelobe ỏch, swie der vorgenanten bürgen deheiner stirbet, daz ich in den nehisten vierzehen tagen, so ich
gemant wurde, einen andern sol geben an des stat, der ime gemêze si, âne geverde
oder einen, den die burger genâment oder einen den besten, den ich denne haben
mag bi dem eide. heruber sint gekosen die vier meistere von Strazpurg, swelhe sú 5
denne sint. swie dise selben vier meistere oder drie von den vieren bi dem eide
ervarnt und sprechent, daz die sûne gebrochen si, so sûlent die bürgen leisten.
alse da vor geschriben stat. beschéhe ỏch, daz got wende, daz die bürgen wurdent
leisten, so sol her Otte von Ohsenstein der lantvogt siuen sun an sine stat legen,
ob in des riches not irrete und niht sin selbes not, und sol daz geschehen âne 10
geverde. und aber her Walther von Geroltsecke sol leisten ze Hagenowe ỏch âne
geverde. were ỏch daz der bürgen deheiner brêche, den sûlent die burger von
Strazpurg pfenden und angrifen, und gât daz weder an geistlich noch an wellich
gerihte noch an den lantfride. daz diz von mir mit gûten truwen stête belibe, darumbe han ich zeime urkûnde min ingesigel gehenket an disen brief und ỏch Hein- 15
rich min brüder daz sine und han ỏch die bürgen gebeten, daz sú ir ingesigele
heran gehenket hant zeiner wurheit alles des. so heran geschriben stat. wir die
vorgenanten bürgen vergehent stête ze habende und ỏch ze leistende mit gûten
truwen und bi dem eide âne alle geverde alles, daz an disem gegenwertigen brieve
von uns geschriben stat. und hant ỏch darumbe unsere ingesigele an disen selben 20
brief gehenket zeime stêten urkûnde aller der dinge, so heran geschriben stat.
dirre brief wart gegeben an dem mêntage nach aller heilgen tag, do von gotes geburt
warent tusent jar zweihundert jar und zwei und nûnzig jar.

S aus Straßb. St. A. Verschl. Canzlei-Gew. Corp. K lad. 21b or. mb. c. 25 sig pend,
quorum I dilaps. Abgefallen das Siegel Kunos von Bergheim. Das Stück zeichnet sich
durch großen Reichthum an verschieden gestalteten Zeichen über den Vokalen aus. Ueber
dem u in sur steht z. B. ein im spitzen Haken oder Bogen verlaufender Circumflex
sehr ähnlich dem Zeichen über e in stete oder a in ane, während über u in frunde und
kunnegen ein Strich in Gravisstellung sich zeigt. Auch ie z. B. in brief, die, vienk
u. s. w. ist mit dem circumflexähnlichen Zeichen versehen.
Gedruckt aus dem Briefbuch A fol 141b ibid. bei Schöpflin Als. dipl. II, 52 nr. 780.

186. König Adolf beauftragt den Landvogt des Elsaß, das Straßburger
Frauenkloster St. Marx in seinem Besitz zu schirmen. 1292 December 10 Hagenau.

Adolfus dei gracia Romanorum rex semper augustus nobili viro . . advocato provinciali per Alsaciam dilecto suo fideli graciam suam et omne bonum.   licet nos, 25
quos divina clemencia ad fastigium regalis solii evocavit, cunctos degentes sub imperio
ex officii nostri debito defensionis nostre presidio defendere teneamur, maxime tamen
harum defensionibus intendere nos delectat, que tanquam humiles ancille Christi
pro statu nostro felici divinam invocant magestatem. volentes igitur religiosarum

[1] Von der Legende des sehr kleinen ovalen Siegels ist nur zu erkennen   . r . . in Sletts 40
[2] Scheint einen Adler im Wappenschild zu führen, Legende unkenntlich.

Christi ancillarum . . priorisse* et sororum de sancto Marco extra muros civitatis
Argentinensis ordinis beati Dominici, quas speciali prerogativa conplectimur, quasque
celebris vite insignit religio, dispendiis precavere, fidelitati tue studiose conmittimus
et mandamus precise volentes, quatenus eas tibi habens fideliter et efficaciter recon-
missas, non permittas eis ab aliquo tam in bonis suis sitis in banno Baldebrunnen [1],
quam eciam testamentis ac aliis possessionibus suis universis aliquus[b] injurias violencias aut molestias irrogari, in hoc nostre celsitudini[c] gratum obsequium inpen-
surus.   datum in Hagenowe quarto ydus decembris indictione 6 anno domini 1292,
regni vero nostri anno primo.

*H aus Straßb. Harp. A lad. 89 fasc. 2 or mb. c. ng pend Wohlerhaltenes gelbes Königs-
siegel an rothen Schnüren. Auf der Ruckseite von einer Hand des 14. Jahrh. rex Adolfus
commisit advocato suo, ut defenderet et subveniret dominabus de sancto Marco.*

187. Münzordnung der Stadt Straßburg. 1292 December 15.

Wir Hug Dauris der meister und der rat von Strazburg tûnt kunt allen den,
die disen brief gesehent und gehôrent lesen. daz wir überein komen sint mit hern
Huge Wyriche userm münszemeister und mit useren husgenoszen und mit allen
usern burgern, daz nieman dehein silber von der hant geben sol. ez sie danne
sôlich silber, daz men damit eigen und erbe weren müge. were aber daz ez vier
pfenninge zû arg were, daz sol ime nût schaden. were ôch daz deheiner userre
burger ander silber von der hant gebe hie oder anderswa, swelre danne userre
burger uf daz silber komet und daz küntlich und werlich mag gemachen, so sol er
daz silber verlorn han, ez sie vil oder lützel. und sol ein vierteil werden dem rate,
ein vierteil dem münszemeister, ein vierteil den husgenoszen allen und ein vierteil
den, die drûber gesworn. und sol ein halbes jar von der stat sin. und were ôch
daz ein silber angegriffen würde. darumbe daz ez nût gût were, würde daz silber
danne gezôget der sehser zweien oder me, die drûber gesworn hant. sprechent danne
der sehser zwene oder me uf iren eyt. daz sie daz silber gesehen hettent und ez
von ime bieszent geben, so sol jenre weder sin silber noch sin ere verlorn han. ôch
sol men wiszen, swaz men silbers zû kôffende git eime wehseler, darumbe sol jenre
nût verlorn han, der ez dem wehseler da git. und diz sint die sehse, die über daz
silber gesetzet sint: Lembelin von Rumoltswilre, Vôltsche und sin sun Jacob, Cûntze
von Zabern, Burckart hern Burckartes sun von Mülnheim und Berhtolt Weckelins
brûder zûm Ryet. und were daz den sehsen ein silber vürkeme und sie daz sprechent
uf iren eyt. daz sie zwûfel hettent, daz daz silber nût vollen gût were, daz silber
sol men wol anderwerbe ufsetzen. und dirre brief sol weren von der nehsten liehte-

a) H proriase.   b) H ac aliis bis ali auf Baaar.   c) H celsitutidai mit geatrichem d.

[1] Wie aus einem Breve Pabst Bonifaz VIII von 1295 Februar 13 Lateran an den Scholasticus
von St. Thomas hervorgeht, hatten Ritter Walther von Girbaden und die Einwohner von Ballbronn
Anspruch auf Güter von St. Marx erhoben, vergl. S. 100 Anm. 1.

1293
Februar 2

mesze, die nû komet. über sebs jar. und daz diz war sie und stete blibe, darumbe
ist unserre stette ingesigel zeime urkúnde an disen brief gehencket.   diz geschach
an dem mentdage nach sant Odiliendage. da men zalte von goltes gebúrte tusent jar
und zweihundert jar und zwei und nûntzig iar. heran warent her Hug Danris, *u. s. w.*
folgt der Rath.   5

S aus Straßb. St. A. Briefbuch A fol. 200 *a mit der Ueberschrift* dirre brief seit über die
münsze.
Gedruckt ebendarnach bei Levrault Essai s. l'anc monn. de Strasb. p. 434.

188. *König Adolf nimmt die Stadt Straßburg in seinen besondern Schutz und
bestätigt ihr alle früher bewilligten Freiheiten und Rechte. 1293 März 17 Speier.*   10

Adolfus dei gracia Romanorum rex semper augustus universis sacri imperii
Romani fidelibus presentes litteras inspecturis imperpetuum.   regalis pietatis immensa
clemencia eorum commodis et honoribus hylari [a] vultu consuevit intendere, quos in
obsequiis imperii pia et prompta voluntate desudasse cognovit experiencia cerciori.
inde est quod nos advertentes, quam sincero affectu civitas Argentinensis serviciis   15
imperii se exposuit et qualiter per evidentissima obsequiorum suorum merita regalis
majestatis sibi specialem induxit graciam et favorem, ad communem utilitatem civitatis Argentinensis pariterque honorem in evum promovendum, graciosum favorem
nostrum duximus concedendum, ut exemplo retribucionis ejus, quam pro serviciis
suis memorate civitati concessimus, alie quoque civitates imperii propiori voluntate   20
ad ipsius imperii servicia fervencius animentur. notum sit igitur omnibus tam presentibus quam futuris, quod sepedictam civitatem Argentinensem cum omnibus
suis [b] incolis sub specialem defensionis nostre graciam recipientes de liberalitate
nostri culminis ipsi civitati indulgemus et in evum confirmamus, ut, ubicunque
ipsius civitatis burgenses per totam provinciam Alsacie proprietates aliquas sive   25
quascunque possessiones habuerint, nulli licitum sit, de hiis proprietatibus sive
possessionibus vel eciam hominibus eorum servicium aliquod accipere aut exigere
vel eciam cujusquam precarie sive exaccionis onus eis imponere, quoniam nos
dictam civitatem cum omnibus pertinenciis ejus [c] tam intus quam extra ad speciale
obsequium imperii decrevimus reservare. preterea constituimus tradidimus et aucto-   30
ritate regali confirmamus [d] institutum et jus quoddam, quod cives iidem habuerunt
u divis regibus Romanorum [e], ut nunquam in loco aliquo per personam aliquam
ecclesiasticam vel secularem eorum aliquis impediatur aut molestetur vel in judicium
trahatur extra civitatem vel prorsus cogatur ab aliquo pro sua proprietate seu possessione ibi cuiquam respondere, sed, si aliquis adversus aliquem eorum aliquid   35
questionis habuerit, infra civitatem coram ipsius civitatis judicibus eum impetat
ibique sibi [f] respondeat et satisfaciat. presertim eadem auctoritate regali concedimus
et indulgemus, quod mercatores ipsorum per aquarum decursus cum mercimoniis

a) *S t* hylariori.   b) *S t* ejus.   c) *S t* ejus pertinenciis.   d) *S t* confirmavimus.   e) *S t* Ro-
man ruim regibus.   f) *S t* ei.   40

suis euntes, quocunque locorum perveniant navigia *, si quo casu contingente rupta fuerint vel ad terram pervenerint, ne periculum naufragii cum rerum suarum dimersione perpessi aliquod in bonis suis idcirco dispendium sustineant vel jacturam, sed tam navigia quam navigancium bona illis reserventur, ad quos spectabant, ante-
5 quam navigium hujusmodi periculum incurrisset, sublata penitus omni consuetudine locorum. volumus itaque fideles nostros cives Argentinenses consistere in omni jure et honore atque constitucione, sicut a divis imperatoribus et regibus predecessoribus nostris eorum fuerunt temporibus sublimati, statuentes et regali edicto districte precipientes, quatenus nulli unquam hominum sublimi vel humili, ecclesiastico vel
10 seculari, hanc nostre donacionis seu confirmacionis paginam infringere sit licitum ᵇ vel ei ausu temerario contraire. quod qui presumpserit, triginta marcas ᶜ auri componat, quarum medietas camere nostre, reliqua vero passis injuriam persolvatur. quod autem presens concessio et confirmacio robur obtineat perpetuo valiturum, presentem paginam conscribi et sigillo nostre celsitudinis fecimus roborari. testes
15 hujus rei sunt venerabiles Cunradus Argentinensis, Petrus Basiliensis episcopi, principes nostri karissimi, Eberhardus de Catzenellembogen, Albertus de Hayerloich, Fridericus de Liningen comites, Otto de Ochsenstein ᵈ, Gerlacus de Bruberg et Heinricus de Fleckenstein nobiles et alii quam plures ᵉ. datum Spyre 16 kalendas aprilis indictione sexta, anno domini millesimo ducentesimo nonagesimo tercio, regni
20 vero nostri anno primo.

S aus Straßb. St. A. AA art. 1 nr. 20 or. mb. c. sig. pend. Gut erhaltenes großes siegelrothes Königssiegel an dunkelrother seidner Schnur.
R 1 coll. ibid. or. mb. c. sig. pend. Siegel gleich beschaffen wie bei S. Das Stück aber ist von andrer Hand geschrieben.
25 Gedruckt aus dem Briefbuch A fol. 17 ᵃ ibid. nur mit Zeugen- und Datumsangabe bei Schöpflin Als. dipl II. 59 nr. 787. — Böhmer R. Ad nr. 107.

189. *Beschluß der drei Straßburger Capitel über Theilnahme und Ausschluß von Gebannten bei dem gemeinsamen Mahle am Weihnachtsfest. 1293 December 12.*

Quoniam prestatio refectionis, que ministrari in festo nativitatis domini et
30 diebus sequentibus duobus in refectorio ecclesie Argentinensis prelatis et canonicis, vicariis et aliis clericis et pueris ejusdem ecclesie et aliarum conventualium ecclesiarum sancti Thome et sancti Petri singulis annis consuevit, interdum fuit inpedita propter sententias excommunicationum latas in aliquam vel aliquas personas ecclesiarum predictarum, ad obviandum inpedimento hujusmodi deinceps nos.. prepositi.. decani
35 et capitula ecclesiarum predictarum statuimus et statuto decrevimus perpetuo servaturo, quod omnes hii, contra quos excommunicationis sententie sive de jure sive de facto inposterum fuerint promulgate, a choro et refectorio se debent absentare, hiis tamen exceptis, qui a capitulo suo non vitantur, nec divina in sui presentia propter eos obmittantur propter excommunicationis sententias, quas latas esse post appellationem legitti-

40 a) S t navigia perveniant. b) S t licitum sit infringere c) S t libras. d) S t Ossenstein.
e) S t plures alii

mam vel intollerabilem errorem aut a non suo judice recognoscit capitulum suum; nec
per observationem hujusmodi debet absentium juri prejudicium aliquod generari nec
ulla exceptio ex hoc adversario suo conpetere, cum ipsi non timore sententiarum,
sed ratione presentis statuti editi ad vitandum turbationem communem se subtrahere
a nostro consorcio teneantur. si qui autem transgressores fuerint et[a] non obstante
statuto predicto in choro vel refectorio in dicto festo nativitatis aut duobus diebus
sequentibus se voluerint inmiscere, eo ipso per . . decanos eorum debent moneri et
eis in virtute obediencie precipi, ut juxta hujusmodi nostrum commune statutum se
subtrahant; alioquin in hiis tribus ecclesiis, si obedire eis noluerint, communione
nostra carebunt necnon fructibus prebendarum suarum et voce in capitulo, donec
ad arbitrium decanorum nostrorum vel duorum ex eis, decano majoris ecclesie
semper in numero existente, satisfecerint conpetenter. qui autem extra nostrum
consorcium fuerint et a sede apostolica vel legatis ejus aut propria auctoritate se
recipi postulaverint, non recipiantur, antequam ipsi vel eorum procuratores habentes
ad hoc mandatum hujusmodi statuta se promittant servaturos. si vero contra omnes
et singulos prelatos et canonicos alicujus capituli de predictis excommunicationis
sententie prolate fuerint, totum hoc capitulum nos vitabit nec quicquam de refectione
predicta est absentibus ministrandum; si autem singuli de capitulo denunciantur,
excepto uno vel duobus, in illo vel in illis totum jus ecclesie refectionis residebit.
hoc quoque statutum servandum est inter nos et a nobis in aliis festis, in quibus
conveniemus, sive in majori ecclesia sive sancti Thome aut in ecclesia sancti Petri.
nos autem . . prepositus . . decanus et capitulum ecclesie Argentinensis, quamvis
propter sententias aliquas contra nos latas in dicto festo nativitatis et duobus diebus
sequentibus interesse non possimus choro vel refectorio, nichilominus aliis duobus
capitulis sancti Thome et sancti Petri, vicariis aliis clericis et pueris tenemur
refectionem debitam exhibere cum omni presentia reverentia ac servicio ministrorum,
ac si presentes essemus; eo etiam adjecto, quod, si propter interdictum generale
vel aliquod inpedimentum commune in festo nativitatis et duobus diebus sequentibus
servire non possemus, quod aliis diebus, quibus conveniemus, scilicet festo pasche
vel pentecostes juxta arbitrium domini nostri . . decani cum omnibus condicionibus,
quibus tenemur, ut predictum est, serviemus, scilicet si cum carnibus, cum carnibus,
si cum piscibus, cum piscibus, et alias, ut serviremus in festo nativitatis domini,
si hujusmodi non esset inpedimentum vel interdictum. promittunt[b] etiam hoc
statutum omnes, qui de cetero in hiis tribus ecclesiis in canonicos et in fratres
recipientur, se inviolabiliter servaturos. in quorum evidenciam sigilla ecclesiarum
nostrarum presentibus sunt appensa. actum sabbato ante festum beate Lucie anno
domini 1203.

T aus Straßb. Thom. A. Statuta lad. 2 or. mb. c. 3 sig. pend.
B coll. Straßb. Bez. A. G fasc. 2719 or. mb. c. 3 sig. pend. laesis.
Gedruckt nach T bei Ch. Schmidt Hist. du chap. de s. Thom. p. 337 nr. 53.

a] *B* om. et.   b] *B* promittent.

190. Frater scolasticus et magister Dietmarus canonicus ecclesie sancti Thome
Argentinensis, arbitri [1] litis inter prepositum Fridericum et decanum capitulumque
sancti Thome super vicario perpetuo instituendo ad vicariam ecclesie sancte Aurelie
extra muros Argentinenses vacantem ex morte Gozonis orte, lite super peticionibus
mutuis hinc et inde legitime contestata [2], prestito juramento de calumpnia seu de
veritate dicenda, receptis testibus, quos utraque pars pro sua intencione producere
voluit, eorum dictis tam principalium quam testium ex ordine publicatis, factis interrogationibus et responsionibus hinc et inde, auditis que utraque pars proponere
voluit, juris ordine in omnibus observato, demum de consensu partium hinc et inde
concluso in causis [3], habito jurisperitorum consilio in causis, quia invenerunt,
intencionem decani et capituli et eorum procuratoris sufficienter esse probatum ex
actis habitis coram ipsis, diffinitive condempnant prepositum, ut ab impedimento
et turbatione in libello decani et capituli seu eorum procuratoris contentis desistat
permittendo illos presentare et conferre vicariam, pronunciantes, presentandum ab
eisdem decano et capitulo perpetuum vicarium ad dictam vicariam vacantem esse
investiendum, sicut hactenus est consuetum, illosque tuendos esse in sua possessione;

---

[1] Der Probst und der Dekan mit dem Capitel von St. Thomas compromittiren in ihrem Streit über
das Besetzungsrecht der Vicarie zu St. Aurelien, Friedrich der Probst auf Friedrich den Scholasticus der
Kirche, Dekan und Capitel auf den Canonicus und Magister Dietmar, und als oberen Schiedsrichter,
falls jene beiden sich nicht einigen, auf Hermann von Thierstein, Thesaurar und Archidiacon der
Straßburger Kirche. 1293 April 2. or. mb. c. 4 sig. pend.

[2] Waltherus clericus procurator decani et capituli sancti Thome fordert die Schiedsrichter auf,
seine Partei gegen Probst Friedrich im Recht zu schützen. porrectus est iste libellus feria 3 ante
Georii April 21. or. mb. c. sig. pend. Darauf führt der Probst die Gründe für sein Verleihungsrecht
an feria 4 ante Georgii April 22. or. mb. c. 2 sig. pend.

[3] Das geschieht 1293 September 26 (sabbato ante Michaelis). Die beiden Schiedsrichter erklären:
porrectis allegationibus quam plurimis ex parte prepositi, cum pars capituli nihil vellet excipere vel
amplius allegare, inter se dicte partes concluserunt. or. mb. c. 2 sig. pend. Bis dahin verläuft der
Proceß nach den erhaltenen Documenten so: Auf die am 22 April eingereichte Beweisschrift des
Probstes bringt der Procurator des Capitels seine Exceptionen an. Mai 2 (sabbato ante dominicam
Vocem jocunditatis) und bittet, die Schiedsrichter möchten erklären, petitioni prepositi non esse respondendum nec ipsum esse audiendum super petitione, donec questio possessorii judicii intentata per
sententiam diffinitivam terminetur. or. mb. c. 2 sig. pend. Die Replicationen des Probstes darauf
werden am 5. Mai eingereicht (feria 3 post dominicam Vocem jocunditatis hora prime) et sabbato
post ascensionem domini hora prime respondebitur. or. mb. c. sig. pend. Diese für den 19. Mai in
Aussicht gestellte Antwort fehlt. Es folgen neue Einwände des Probstes gegen den Vertreter des Capitels,
monet arbitros, quod allegans pro capitulo parum vel nichil responsit immo nec respondere potuit,
porrecte sunt hee rationes feria 5 ante festum pentecostes (Mai 14) hora prime et feria 2 post dominicam, qua cantatur Domine in tua, pronunciabitur super allegatis a partibus hinc et inde. or. mb.
c. sig. pend. delapsa. Dieser für den 25. Mai in Aussicht gestellte Spruch fehlt wiederum. Dagegen fällt
auf den 15. Juni (in die s. Viti et Modesti) ein Receß beider Parteien vor den Schiedsrichtern, in dem
es heißt: quod utraque pars esse debet contenta interrogationibus seu articulis jam exhibitis et
porrectis. prefixa est dies ad publicandum dicta principalium videlicet feria 6 sequenti hora vespe-
rarum. dicta feria continuatur ad sabbatum subsequens (Juni 19 u. 20). or. mb. c. 2 sig. pend. Erhalten sind nun die Fragen und Antworten aus dem Verhör des Capitelprocurators wie des Probstes,
die beide schließen partes deliberabunt usque ad crastinum Johannis (Juni 23) super premissis. 2 or.
mb. c. 2 sig. pend. In den Tagen von Juli 8—14 (feria 4 post octavam Petri et Pauli, feria 3 ante
Margarethe) wird schließlich ein über drei Tage sich erstreckendes Zeugenverhör vorgenommen, dessen
Protokoll noch erhalten ist. or. mb. c. 2 sig. pend. Vergl. über diesen Proceß Ch. Schmidt Hist. du
chap. de s. Thom. p. 230 u. 231.

item quia invenerunt, prepositum in probatione sue intencionis totaliter defecisse,
decanum et capitulum necnon procuratorem ab impeticione prepositi per hanc sententiam diffinitive absolvunt, preposito et suis successoribus super collatione seu
presentacione dicte vicarie perpetuum silentium imponentes. lecta est hec sentencia
per magistrum Dietmarum, de mandato et consensu Friderici scolastici et eo pre- 5
sente, in crastino epiphanie domini hora completorii in horto ante fores capituli
sancti Thome, partibus presentibus et procuratore capituli. actum anno domini
1294. *Januar 7.*

> *T aus Straßb. Thom. A* Ind. VI St. Anrel. or. mb. c. 2 sig. pend. *Ebenda die übrigen 11*
> *auf den Proceß bezüglichen Urkunden* 10

191. *Bischof Konrad und die drei Capitel von Straßburg beschließen, die Ein-*
künfte erledigter Pfründen mit gewissen Ausnahmen vier Jahre hindurch zum
Nutzen des verschuldeten Straßburger Bisthums zu verwenden. 1294 Mai 6.

Nos Conradus dei gratia episcopus, Fridericus prepositus, Marquardus decanus
ac capitulum ecclesie Argentinensis ex affectu sincero, quo sumus astricti ecclesie 15
nostre predicte, ad gravia onera debitorum ipsius ecclesie a retroactis temporibus
ex diversis et urgentibus causis contracta considerationis nostre intuitum convertentes, ut super eisdem ipsi ecclesie salubriter consulatur, accedente consensu
venerabilium in Christo Friderici et Hugonis prepositorum, Johannis et Nicolai
decanorum et capitulorum sancti Thome et sancti Petri ecclesiarum Argentinensium 20
ordinavimus, concessimus et provida deliberatione duximus statuendum, ut a data
Mai 6 presentium litterarum usque ad festum beate Sophie et deinde per quatuor annos
conpletos continue et immediate a dicto festo Sophie sequentes fructus proventus
et obventiones qualescumque omnium et singulorum beneficiorum nostre dyocesis
interim causa et modo quibuscunque vacantium cedant per biennium in [a] subven- 25
tionem ecclesie nostre predicte sub moderatione infrascripta, reservata tamen semper
in singulis beneficiis portione, que cedere consuevit ei vel eis, qui eadem beneficia
officiare consueverint, ne hac occasione debito officio defraudentur. in primis prebende prebendariorum clericorum et laicorum ecclesie nostre et omnium conventualium ecclesiarum seu monasteriorum ac vicarie perpetue civitatis et dyocesis sunt 30
excepte, ut nichil de illis percipiatur occasione predicta. de cellararia quoque et
aliis mansurnis officiis in ecclesia nostra idem quod de vicariis duximus ordinandum.
item de prebendis canonicorum ecclesie nostre et aliarum conventualium ecclesiarum
taliter ordinamus, ut in vacantibus prebendis primus annus juxta cujuslibet ecclesie
consuetudinem cedat defuncto et deinde immediate hec nostra ordinatio locum habeat 35
in eisdem. de feodis quoque, officiis et prelaturis ecclesie nostre majoris, de quibus
prebende canonicis ministrantur, illi, qui ea consequuntur, ante omnia ministrent
canonicis jura sua et de eo, quod supererit, cedet medietas juxta hanc nostram

> a) *T quibuscumque bis in auf Rasur.*

ordinationem in subsidium ecclesie, et reliqua medietas illis, qui feoda officia seu
prelaturas consequuntur easdem, qui eciam suis sumptibus et laboribus fructus
feodi officii seu prelature hujusmodi tenentur colligere, cooperante ipsis domino
episcopo, si fuerit oportunum. de prepositura etiam et custodia ecclesie nostre
5 predicte taliter ordinamus, ut, si eas vel alteram vacare contigerit, fructus earum
cedent in subsidium ecclesie juxta ordinationem predictam, defalcatis juribus canonicorum, que ipsis debebit dominus episcopus ministrare. in quo si negligens fuerit,
consensit ipse dominus episcopus, quod post monitionem quindecim dierum per
nostrum capitulum faciendam in ecclesia nostra predicta cessare possimus propria
10 auctoritate a divinis tam diu, quousque nobis et ecclesie nostre canonicis per ipsum
dominum episcopum de juribus nobis debitis plenarie satisfiat. item si contingat
per sedem apostolicam vel ejus auctoritate beneficiis vacantibus aliqua interim
imponi onera, ordinamus, ut, qui recipiunt fructus de illis, pro ea parte, pro qua
recipiunt, onera ipsis ecclesiis imposita subeant atque solvant. item de officiis pin-
15 cerne porte et cautorie sancti Thome Argentinensis ordinavimus, ut de illis nichil
recipiatur occasione predicta, cum redditus eorum nimis sint exiles. de decanatu
vero et scolastria ipsius ecclesie ordinavimus, ut cedat medietas proventuum eorundem in subsidium ecclesie nostre juxta provisionem nostram predictam et alia
medietas eorundem prelatis. poterit etiam uterque prelatorum portionem, que cedere
20 debebit in subsidium ecclesie nostre, pro quinque libris redimere quovis anno. et
si prepositura ejusdem ecclesie vacare contigerit, cedent juxta predictam ordinationem quolibet anno in subsidium ecclesie nostre viginti marce argenti et non
plus, quas etiam prepositus a capitulo predicto recipere consuevit. item de prepositura ecclesie sancti Petri Argentinensis ordinavimus, ut occasione predicta ultra
25 sedecim marcas quolibet anno non exigatur. de decanatu vero ejusdem ecclesie et
cantoria propter minimos earum redditus nichil exigatur. de custodia quoque ex
predicta ordinatione pars, que cedere deberet custodi, cedet ecclesie nostre predicte; de celleraria autem non ultra quatuor libras nec de scolastria ultra tres
libras nec de officio porte ultra duas libras singulis annis exigi debent occasione
30 predicta. et quia canonici predicte ecclesie vineas et bona prebendarum suarum
habent distinctas, ne illarum cultura negligatur, ordinavimus, ut ab hiis, qui prebendas vacantes interim assequuntur, singule prebende singulis annis redimi valeant
pro sex marcis. prebendam quoque scolastici ejusdem ecclesie, qui nunc est, cum
non sit canonia sed vicaria, sub jure vicariarum censemus, prout superius est
35 expressum. item de abbatiis preposituris et prioratibus monasteriorum qualium-
cunque civitatis et dyocesis taliter ordinavimus, quod de illis vacantibus infra
tempus predictum pro fructibus annorum in subsidium ecclesie nostre cedentium
recipiatur certa summa per dominum episcopum et quinque subscriptos canonicos
vel tres ex eis ad minus taxanda, conditionibus et circumstantiis eorundem monas-
40 teriorum diligenter inspectis. demum ordinavimus concorditer, quod omnes fructus
et obventiones per predictum quadriennium ad subsidium ecclesie nostre ex ordinatione predicta provenientes per subscriptas personas una cum nuntiis domini
episcopi fideliter colligantur, quorum terciam partem pro redemptione bonorum

episcopalium tytulo pignoris obligatorum precise deputavimus et domino nostro
episcopo in subsidium debitorum suorum et onerum duas partes. preterea dominus
noster episcopus predictus bona fide promisit, quod durante quadriennio predicto
clero et monasteriis civitatis et dyocesis sue nullam interim collectam seu exacti-
onem imponat nec recipiat ab eisdem. collectores a nobis deputati ad predicta sunt   5
hii prepositus decanus cellerarius custos et Fridericus de Richenberg archidyaconus ecclesie nostre predicte. et hii eciam omnes vel major pars ex eis id adimple-
bunt, quorum [a], si unus ex eis medio tempore decederet, superstites in locum
decedentis alium de capitulo subrogabunt. et in premissorum evidentiam nos Conradus episcopus supradictus sigillum nostrum et nos Mürquardus decanus et capi-   10
tulum Argentinense sigillum capituli nostri una cum sigillis capitulorum sancti
Thome et sancti Petri ecclesiarum Argentinensium appendi fecimus ad presentes.
nos quoque Fridericus et Hugo prepositi, Johannes et Nicolaus decani et capitula
sancti Thome et sancti Petri ecclesiarum Argentinensium confitemur, omnia et singula suprascripta de consensu nostro unanimi esse facta et ordinata. et ea promit-   15
timus rata habere atque firma. et in hujus rei testimonium sigilla capitulorum
nostrorum presentibus sunt appensa.   actum et datum feria quinta post festum
Phylippi et Jacobi apostolorum anno domini 1294 [1].

T aus Straßb. Thom. A. Docum. hist. lad. 9 or. mb. c. 4 sig. pend.
Gedruckt darnach bei Ch. Schmidt Hist. du chap. de s. Thom. p. 338 nr. 54.   20

192. Rogerus sancti Severini [b] archiepiscopus, frater Leonhardus Peuuensis,
Gwilhelmus Cullensis, Angelus Puteolanus, Robertus Calinensis [c] et Alexander
Cheretiuensis episcopi cupientes, ut monasterium sancti Arbogasti extra muros Argentinenses congruis honoribus frequentetur, omnibus penitentibus et confessis, qui
ad dictum monasterium in festis videlicet nativitatis domini, resurrectionis, ascen-   25
sionis et penthecostes ac in quatuor festivitatibus virginis Marie, singulorum apostolorum, beatorum Üdalrici, Arbogasti, Nicolai et Augustini confessorum, beatarum
Katherine, Margarethe et Cecilie virginum necnon dedicacionis ecclesie ejusdem
monasterii et in anniversario ejusdem diei et per octavas omnium festivitatum predictarum et per singulas quadragesimas causa devocionis accesserint ibidemque   30
divinum officium audierint, necnon ad fabricam ornamenta luminaria seu aliqua
alia monasterii necessaria manus porrexerint adjutrices aut in extremis laborantes
quicquam facultatum suarum legaverint monasterio, singuli singulis singulas dierum
quadragenas et sex carrinas et quadraginta dies de injunctis penitenciis relaxant.
«sanctorum meritis inclita gaudia».   datum Neapoli anno domini 1294, pontificatus   35
Celestini pape quinti anno primo. *1294 [nach August 29] Neapel.*

B aus Straßb. Bes. A. G fasc. 1700 cop. chart. sec. XV aus dem [Privilegienbuch von
St. Arbogast. fol. 4.

a) *T orum.*   b) *wohl verschrieben für sancte Severine.*   c) *wohl Caluensis.*

[1] *Vergl. zum Inhalt des Stücks die darauf bezügliche Bemerkung Königshofens. (D. St. Chron IX, 665.)*   40

193. *Bischof Peter von Basel fordert den König im Interesse des Landfriedens auf, seinen Vogt und die Bürger von Selz von Bedrückungen der Straßburger Bürger abzuhalten. 1294 October 26.*

Serenissimo domino suo domino Romanorum regi semper augusto P[etrus] dei gratia . . episcopus Basiliensis subjectionem debitam et devotam. Rulemannus civis Argentinensis, conquerens dudum undecim conservatoribus pacis generalis de quadam enormi injuria sibi illata a civibus de Selse, obtinuit dudum a dictis undecim concorditer firmam eorundem licentiam et indultum, occupandi cives de Selse predictos pro emenda sue injurie et dampnorum, prout ex dictis et litteris dictorum undecim didici et percepi. dicto ergo Rulemanno ex hoc quendam civem de Selse occupante, advocatus de Rinberg [1] et dictus Rintfleciss vices ejus gerens et cives de Selse absque judicio qualicumque temeritate propterea duos cives Argentinenses capere presumpserunt, quos adhuc non solum in vinculis detinent, sed etiam novum theolonium vinis civium Argentinensium imposuerunt et illos non desinunt extorquere. de qua injuria cives Argentinenses in mei presentia coram dictis undecim pacis judicibus gravem querimoniam deposuerunt, petentes ab illis subsidium et juvamen in aliquo petere aut obtinere[a], propter quod institutio dicte pacis vilipenditur et penitus evanescit[a]. ad preces igitur et instantiam magistri et civium Argentinensium majestati regie supplico quantum possum, quatenus prefatos advocatos et cives vestros de Selse a premissis injuriis dignemini cohibere, cum ipsi in terra nostra singulares et precipui sint auctores, ne inter ipsos cives Argentinenses et cives de Selse horribilis discensionis et guerre flagitium ventiletur et pacis predicte destructio, que toti terre nostre dispendium faciat, oriatur.   actum et datum feria tertia ante festum omnium sanctorum anno domini 1294.

Aus Wencker Appar. et instr. archiv. p. 180 nr. 6 = Trouillat Mon. de Bâle II, 572 nr. 444.

194. Bonaventura Ragusinus archiepiscopus, Petrus Stagni et Curzule, Andreas Liddensis, Ciprianus Bovensis, frater Paulus Melfectensis, Perronus Larinensis, frater Daniel Laquedoniensis, Hubertus Feretranus, Aymardus Lucerie, Franciscus Fanensis, Romanus Croensis, Azo Casertensis, Pasqualis Cassanensis, Jacobus Acernensis [3], frater Michael Albaniensis, Fredericus Spirensis et frater Lambertus Veglensis episcopi cupientes, ut ecclesia sororum sancti Marci ordinis sancti Augustini sub cura et regimine fratrum predicatorum degencium extra muros Argentinenses dignis honoribus frequentetur, omnibus vere penitentibus et confessis, qui

a) *Die Ueberlieferung der Stelle scheint verderbt. Vielleicht zu ergänzen non potuerunt.*

[1] *Landvogt im Speiergau.*
[2] *Der zu Speier 1291 April 8 erneuerte Landfrieden, welcher Ostern 1297 ablief. Vergl. Mon. Germ. LL. II, 456.*
[3] *Nach der Siegellegende Acernensis.*

ad ecclesiam dictarum sororum in festis subscriptis videlicet nativitatis domini,
epiphanie, resureccionis, ascencionis, pentecostes et in quatuor festivitatibus gloriose
virginis Marie et in festo omnium sanctorum, sancti Michaelis archangeli, sancti
Johannis baptiste et quatuor ewangelistarum et precipue sancti Marci ejusdem
ecclesie patroni et in festis sanctorum Laurencii, Vincencii, Stephani et Petri mar- 5
tirum et sanctorum Nicholay, Martini, Augustini, Gregorii et Dominici confessorum
et beatarum Katerine, Margarete, Cecilie, Lucie et Agathe virginum et beate Marie
Magdalene et sancte Elizabet et in omnibus dedicacionibus ejusdem ecclesie et
altarium ibidem constructorum et per octavas omnium festivitatum predictarum
octavas habencium pia devocione accesserint, vel qui ad luminaria ornamenta seu 10
aliqua alia necessaria ipsius ecclesie manus porrexerint adjutrices vel in ultimis
voluntatibus quicquam legaverint ecclesie prelibate, necnon qui pro animabus omnium
illorum, quorum corpora in cimiterio predictarum sororum requiescunt humata, orationem dominicam cum salutacione angelica dixerint mente pia, singuli singulas
dierum quadragenas de injunctis penitenciis, dummodo consensus diocesani ad id 15
accesserit, relaxant. «licet is de cujus munere.»   datum apud sanctum Petrum
anno domini 1295, pontificatus domini Bonifacii pape octavi anno primo. *1295*
[*nach Januar 23*] *Rom St. Peter*[1].

II aus Straßb. Hosp. A. lad. 89 fasc. 31 or. mb. c. 17 sig. pend. Die wohlerhaltnen rothen
Siegel hängen an gelb-rothen Seidenschnüren einzeln oder in Gruppen von zwei bis sieben 20
Stück. Ueber jedem ist auf dem Bug von gleichzeitigen Händen Name und Stand des
Sieglers vermerkt. Auf dem Rücken tief rechts pro fratre Johanne.

195. Andreas Liddensis, Maurus Ameliensis, frater Michael Albaniensis, Aymardus Lucerie, Daniel Laquedoniensis, Paulus Melfectensis, Pasqualis Cassanensis,
Franciscus Senogaliensis, Azo Casertensis et Fredericus Spirensis episcopi cupientes, 25
ut monasterium sancte Katerine monialium prope muros Argentinenses secundum
instituta fratrum predicatorum vivencium congruis honoribus frequentetur, omnibus
vere penitentibus et confessis, qui ad dictum monasterium in festis subscriptis,
videlicet nativitatis domini, resureccionis, ascencionis, pentecostes, in singulis festis
gloriose virginis Marie, in festo omnium sanctorum, sancti Michaelis archangeli, 30
sanctorum Johannis baptiste euangeliste, singulorum apostolorum, sanctorum Laurencii,
Stephani et Petri martirum, beatorum Nicholay, Martini et Dominici confessorum,
beatarum Margarete, Agathe et Cecilie virginum et precipue in festo sancte Katerine ejusdem monasterii patrone, in festo sancte Marie Magdalene, in die dedicacionis monasterii et per octavas predictorum festorum devote[a] accesserint, aut qui 35
ibidem divinum officium audierint vel ad fabricam luminaria ornamenta seu ad
aliqua alia necessaria ipsius monasterii manus porrexerint adjutrices aut in ultimis
voluntatibus quicquam facultatum suarum legaverint, singuli singulas dierum quadra-

a) et — devote auf Rasur.

[1] *Vergl. nr. 106 und nr. 204.*   40

genas de injunctis penitenciis, dummodo consensus diocesani ad id accesserit[1], misericorditer relaxant. «vite perhennis gloria.» datum Rome apud sanctum Petrum anno domini 1295, pontificatus domini Bonifacii pape octavi anno primo. *1295 [nach Januar 23] Rom St. Peter.*

H aus Straßb. Hosp. A. lad. 125 fasc. 17 or. mb. c. 10 sig. pend. Die meist wohlerhaltenen rothen Siegel hängen an roth-gelben Seidenschnuren, über jedem auf dem Bug Vermerk des Sieglers wie bei nr. 194.

196. *Bischof Konrad von Straßburg bestätigt den Franciskanerinnen am Roßmarkt alle ihnen früher bewilligten und namhaft gemachten Indulgenzen. 1295 Februar 26.*

Nos Cônradus dei gratia Argentinensis episcopus notum facimus universis presentes litteras inspecturis, quod nos devotarum in Christo sororum monasterii sancti Francisci in Argentina siti juxta locum, qui dicitur rossemerket, ordinis sancte Clare precibus inclinati omnes indulgentias ipsis et earum monasterio a quibuscunque episcopis seu pontificibus concessas, que nostra confirmatione indigebant, auctoritate ordinaria confirmavimus et ratas habuimus et habemus ac tenore presentium confirmamus. et ut earundem indulgentiarum quantitas seu numerus facilius et conpendiosius posset in noticiam publicam Christi fidelium pervenire, easdem indulgentias universas jussimus presentibus annotari: prefato igitur monasterio inchoato primitus et fundato sub anno domini 1251[2] in honore beati Francisci diversi pontifices seu episcopi processu temporis eidem unum annum et unam karrinam et quingentos et octoginta dies de cottidianis indulgentiis contulerunt. postmodum transactis triginta quatuor annis predicto loco in rebus et personis per divinam clemenciam non modicum sublimato, item tribus altaribus in ecclesia dictarum sororum constructis, scilicet altari majori in honore beati Francisci et sancte Clare et altari minori ad dextram partem versus stratam publicam in honore omnium angelorum et altari minori versus claustrum ad sinistram partem in honore omnium sanctorum, item in festo apostolorum Symonis et Jude et sequenti die ecclesia et choro et altari sito in choro in honore beate virginis Marie per fratrem C[onradum] Tullensem episcopum de nostra speciali licentia consecratis in festo dedicationis ecclesie et chori et duorum altarium majorum, quod post festum pasche in dominica, qua cantatur Misericordia domini, celebratur et per octo dies continuos, indulgentie unius anni et quadringentorum

October 28

---

[1] *Auf einem Transfix bestätigt Bischof Konrad von Straßburg diese Indulgenz und gewährt seinerseits einen Ablaß von 40 Tagen. 1296 December 4 Straßburg. or. mb. c. sig. pend.*

[2] *In demselben Saalbuch ist Folgendes von einer Hand des 14. Jahrhunderts vermerkt: anno domini 1251 constructum est monasterium in foro equorum et in die 3 nonas marcii dedicatum est altare majus in honore beati Francisci et ipso die fuit eciam dominica Invocavit. et postea in die, quo est pridie idus aprilis, clausum est ipsum monasterium honestis et religiosis personis de ordine sancte Clare ad honorem et gloriam omnipotentis dei amen. Es folgt darauf ein Verzeichniß der Ordensschwestern, dessen Ordnungsprincip nicht recht ersichtlich ist, wohl aber, nach späteren Eintragungen zu schließen, auf chronologischer Folge beruht.*

März 5

April 12

dierum et triginta karrinarum prefato monasterio a diversis pontificibus sunt concesse. in dedicatione autem altaris minoris dextri, que celebratur in dominica, qua cantatur Invocavit, et in dedicatione altaris sinistri, que celebratur in proxima dominica post decollationem Johannis baptiste et per continuos octo dies, indulgentie unius anni et quadringentorum dierum prefatis altaribus ab eisdem pontificibus sunt 5 concesse. item sepedicto eciam loco in festis quatuor beate virginis per octo dies continuos et in festo sancte Clare unius anni et quadringentorum dierum et triginta karrinarum, item in festo sancti Francisci et sancti Antonii unius anni et quingentorum dierum et triginta karrinarum per octo dies continuos, item in festis nativitatis domini, pasce et pentecostes et omnium sanctorum et angelorum per octo dies 10 unius anni et octoginta dierum, item in festis omnium apostolorum per octo dies a prefatis pontificibus triginta karrinarum indulgentie sunt collate. datum anno domini 1295, 4 kalendas marcii.

August 29

August 12
October 4
Januar 17

November 1

> *H aus Straßb. Hosp. A. Protoc. nr. 87 St. Clara Saalbuch von einer Hand des 14. Jahr-*
> *hunderts eingetragen auf einer Seite mit zwei Columnen. Die Initialen der einzelnen* 15
> *Absätze und das Datum sind mit rother Tinte geschrieben. Am Schluß ist bemerkt: zů*
> *diesem vorgeschriben ablas gab uns der erber herre bischof Johannes von Strazburg*
> *von einer gewalt vierzig tage.*

197. Conradus episcopus Argentinensis gracias et indulgencias ab Rogero sancti Severini archiepiscopo etc. [*cfr. nr. 192*] ecclesie sancti Arbogasti extra muros 20 Argentineuses concessas ad quatuor festivitates, videlicet pontificis sancti Arbogasti, in dedicacione templi, sancti Augustini et in annunciacione virginis Marie ac per earundem octavas applicat, quia ad festivitates alias nominatas populus cum per undaciones aquarum tum propter alia impedimenta convenire non poterat. « ex parte dilectorum. » datum anno domini 1295 feria 5 post ascensionem domini. *1295* 25 *Mai 19.*

Juli 31

August 28
März 25

> *B aus Straßb. Bes. A. G tauc. 1700 cop. chart. sec. XV aus dem Privilegienbuch von*
> *St. Arbogast fol. 6.*

198. *Bischof Konrad von Straßburg gibt im päbstlichen Auftrage einem Straß-*
burger Cleriker Johannes Dispens betreffend den Makel seiner Geburt. 1295 Sep- 30
tember 28 Dachstein.

C[onradus] dei gracia episcopus Argentinensis [Johanni nato Johannis]ᵃ .... Argentinensi salutem in domino. litteras domini . . pape recepimus in hec verba : Bonifacius episcopus servus servorum dei venerabili fratri . . episcopo Argentinensi salutem et apostolicam benedictionem. accedens ad presenciam nostram [dilectus 35 filius Johannes Johannis] .... Argentinensis nobis humiliter supplicavit, ut cum eo, qui, sicut asserit, ascribi desiderat milicie clericali, super defectu natalium, quem

> a) *Der Name ist hier wie im Folgenden mit Absicht durch Tinte unleserlich gemacht, der Familienname*
> *war nicht mehr zu entziffern.*

patitur de subdyacono genitus et soluta, quod hujusmodi non obstaute defectu possit
ad omnes ordines promoveri et ecclesiasticum beneficium obtinere, eciamsi curam
habeat animarum, dispensare misericorditer curaremus. ad te igitur remittentes
eundem fraternitati tue per apostolica scripta mandamus, quatenus consideratis dili-
5 genter circumstanciis universis, que circa ydoneytatem persone fuerint adtendende,
si paterne non [a] est incontinencie imitator sed bone conversationis et vite, super
quibus tuam intendimus conscienciam onerare, aliasque sibi merita suffragantur ad
dispensationis graciam obtinendam, secum super premissis, postquam fuerit clericali caractere insignitus, auctoritate nostra dispenses, prout secundum deum anime
10 sue saluti videris expedire, ita tamen, quod idem . . scolaris, prout requiret onus
beneficii, quod eum post dispensationem hujusmodi obtinere contigerit, se faciat ad
ordines statutis temporibus promoveri et personaliter resideat in eodem, alioquin
hujusmodi gracia quoad beneficium ipsum nullius penitus sit momenti. datum Laterani nonas februarii pontificatus nostri anno primo [1]. consideratis igitur diligenter
15 circumstanciis universis, que circa ydoneitatem persone tue fuerant attendende, quia
non incontinencie paterne imitatorem sed bone conversationis et vite te esse invenimus, alias quoque tibi merita suffragari ad dispensationis graciam obtinendam, prout
tibi laudabile testimonium perhibetur, tecum super premissis, cum sis clericali caractere
insignitus, auctoritate apostolica in Christi nomine dispensamus ita tamen, quod te,
20 prout requiret onus beneficii, quod te post dispensationem hujusmodi obtinere contigerit, facias ad ordines statutis temporibus promoveri et personaliter resideas in
eodem.   actum et datum Dabichenstein 4 kalendas octobris anno domini 1295.

S aus Straßb. St. A. AA art. 1396 or. mb. c. sig. pend. delapso.

199. *Die päbstlichen Nuntien, Gentilis Erzbischof von Reggio und Reynald*
25 *Bischof von Siena, geben dem bischöflichen Official von Straßburg Johannes Voll-*
macht, die für sie gezahlten Gelder von den einzelnen Kirchen und Klöstern der
Straßburger Diöcese einzutreiben. 1295 November 21 Straßburg.

Frater Gentilis miseratione divina archiepiscopus Reginus et Reynaldus dei gratia
Senensis episcopus domini pape nuntii provido viro magistro Johanni officiali curie
30 Argentinensis salutem in domino.   cum nos pro quibusdam magnis et arduis ecclesie
Romane negotiis de partibus Alamannie redeuntes [2], per civitatem et diocesim Argentinenses transiverimus pernoctando ibidem, a vobis solventibus pro clero civitatis
et diocesis Argentinensis decem et octo libras Allensium pro procuratione nostra pro

a) *S rep.* non

1 *Dieses Breve des Pabstes Bonifaz VIII von 1295 Februar 5 super defectu natalium findet sich
nicht in den bisher erschienenen Registres de Boniface VIII, publ. p. A. Thomas. Es müsste auch eine
der allerersten Urkunden dieses Pabstes gewesen sein. Seine Echtheit scheint mir bedenklich.*
2 *Ueber diese Friedensbotschaft an König Adolf vergl. Kopp Gesch. d. Eidgen. Bünde III, 1, 172 ff.*

tribus diebus, quibus fuimus ibidem, juxta mandatum apostolicum[1] et 20 s[olidos]
Allensium pro una evectione et 12 pro sigillis et scripturis notariorum recepisse
fatemur. et quia onera, que dividuntur in partes, facilius subportantur, ut predictam
summam pecunie cum justis et moderatis expensis ab ecclesiis et monasteriis civitatis
et diocesis Argentinensis exemptis et non exemptis exigere imponere ac recipere val- 5
eatis secundum uniuscujusque monasterii et ecclesie facultates more solito proporcionaliter dividendo, vobis plenam et liberam auctoritatem tenore presentium ducimus
concedendam ita, quod inobedientes et rebelles per censuram ecclesiasticam compel-
latis. in cujus rei testimonium presentes literas nostrorum sigillorum fecimus appensione muniri. datum Argentine anno domini 1295, indictione 9, die 21 novembris. 10

B aus Straßb. Bez. A. G fasc. 3465 fol. 79 a cop. chart. sec. XVI.

200. *Die päbstlichen Nuntien nehmen die dem Domcapitel und bischöflichen
Official von Straßburg für säumige Zahlung angedrohte Bannsentenz zurück. 1295
November 24 [Mülhausen].*

Universis presentes litteras inspecturis frater Gentilis miseratione divina archi- 15
episcopus Reginus et Raynoldus dei gracia Senensis episcopus domini pape nuntii
salutem in domino sempiternam. cum nos auctoritate apostolica, qua fungimur in
hac parte,.. dominis decano preposito et capitulo Argentinensibus et magistro Johanni officiali curie Argentinensis procurationem nostram pro tribus diebus juxta
mandatum apostolicum post aliam procurationem nobis solutam[2] duxerimus per 20
nostras litteras requirendum, credentes in Slecitat diocesis Argentinensis moram trium
dierum propter quedam impedimenta contrahere, alioquin ipsos, si mandatis nostris
non parerent, in scriptis excommunicationis sententia ligabamus, et nos in dicto loco
postmodum moram hujusmodi contingeret non habere nisi per unam diem[a][3], ideo
prefatam sententiam excommunicationis latam contra dictos decanum prepositum et 25
capitulum et officialem predictum, si inobedientes fuissent, tenore presentium totaliter
revocamus. in cujus rei testimonium presentes literas fecimus nostrorum sigillorum
appensione muniri. datum Mlunsen anno domini 1295, indictione 9, die 24 novembris.

*B aus Straßb. Bez. A. G fasc. 2716 or. mb. c. 2 sig. pend. Da die Urkunde auf dem Wege
von Schlettstadt nach Basel ausgestellt ist, so scheint Mülhausen mit dem Mlunsen ge-* 30
meint zu sein.

a) *B nisi-diem übergeschrieben.*

---

[1] *In dem päbstlichen Geleitsbrief für die Nuntien vom 1295 Mai 28 wird den Bischöfen anbe-
fohlen, daß cuilibet diebus singulis in tribus libris turonensium parvorum pro suis et familiarium
suorum necessariis ac de securo conducta necnon in evectionibus oportunis, si suo in via decesse-* 35
*rint vel defecerint, liberaliter providere curent. Vergl. Registres de Boniface VIII p p. Thomas
nr. 873.*

[2] *Vergl. nr. 199.*

[3] *Für den einen Tag haben die päbstlichen Nuntien 6 Pfund vom Straßburger Clerus erhoben und
von Johannes clericus beneficiatus in ecclesia Argentinensi gezahlt erhalten. 1295 November 27 Basel.* 40
cop. ch. sec. XVI i. Straßb. Bez. A. G fasc. 3465 fol. 79 b.

201. *Bischof Konrad von Straßburg verkauft mit Zustimmung des Domcapitels die Münze und das Münzrecht an sieben genannte Straßburger Bürger auf vier Jahre für 120 Mark Silber. 1296 Januar 10.*

Wir Cûnrat von goez gnaden der bischof von Strazburg dûnt kunt allen den,
die disen brief gesehent oder gehorent lesen, daz wir mit gunste willen unde
gehûlle unsers capitels ze Strazburg und durch der stete ere und des landes nucz
so gebe wir und hant gegeben ze kouffende Niclause dem alten Zorn, Huge Wirich
den rittern, Johanse und Burcarte den gebrûdern von Mûlnheim, Goczen und Reinbolte Völschen den gebrûdern und Johannese zû dem Riet burgrave von Strazburg
und irn erben unser mûnse[a] und unser reht, daz wir hant und haben sulent an
der mûnsen zû Strazburg, von nu der liehtmes uber vier jar nach einander ane
underlaz umbe zweinzig und hundert marc silbers luters und lôtiges des geweges
von Strazburg und furgehent, daz uns daz silber ganz und gar furgolten ist von
den vorgenanten personen. und sulnt uns ouch die vorgenanten burger antwurten
ein mûnssemeister; wen sû wellent, den sûlen wir seczen und sûln im geben dise
vier jar allen den gewalt mit alleme[b] rehte, den wir selber solten han hiezwischen
an dirre mûnsen. und sol ouch der die lehen, die von der mûnsen gant, fûr uns
und fûr unser nachkomen furrihten die selben vier jar zû den ziten, so man sû
ze rehte furrihten sol. dette er des niht, sa sulent ez die vorgenanten personen
dûn fur uns. und were daz man uns oder unsern nackumen darumbe pfendete, daz
sulen uns die vorgenanten personen oder ir erben abdûn, und swas schaden wir
nement der pfendunge an alle geverde. ist aber daz ein mûnsmeister, den sû gent,
abegat in dehein wis, sa sulnt sû oder ir erben uns ein andern entwurten und
suln wir dem den selben gewalt geben, den ouch der erste hette, beide wir und
ouch unser nackumen. und swa der mûnsmeister niht betwingen mag, da geb wir
in den gewalt, daz sû im helfent twingen mit unserm gewalt, als wir selbe soltent
dûn ane alle geverde. wir gebent ouch unserm hoveribter ze Strazburg gewalt und
gebietent im mit disem selben brieve ze twingende als reht ist alle, die uswendig
unsern vesten und dorfern gesessen sint, die selbe mûnse ze nemenne. und suln
wir darzû und unser vogte die, die in unsern vesten und dorfern gesessen sint,
ouch twingen dise mûnse ze nemenne, als gewonlich ist. und gelobent in ouch die
mûnse ze Altorf und unser mûnse ze Kestenholz durch alle dise vier jar ab ze tûnne
ane allen irn schaden und auc alle geverde. wir ouch daz capitel von Strazburg
furgehent, daz dise mûnse verkoffet ist mit unserm gûten willen und gehûlle. und
bede wir und unser vorgenanter herre der bischof von Strazburg mit gemeineme
rate bindent uns und unser nackomen des capitels und ouch unsers herren des
bisschofes nachkomen, [ob im][c] hie zwischen iht geschehe, stete ze habenne disen
vorgeschribenne kouf dirre mûnsen in alle wis, als hie vorgeschriben stat ane alle
geverde. daz dis stete blibe und war si, darumbe geben wir disen gegenwertigen
brief den vorschriben personen mit unserm und des capitels von Strazburg inge-

a) S mûse.   b) das urspr̃̃ngliche vollem ist mit andrer Tinte in alleme verbessert.   c) auf durch-
löcherter Rasur.

Februar 2

sigeln besteliget zů eim rehten urkůnde der geschriben dinge. wir ouch die vorgenanten furgehent, daz war ist, swas da oben geschriben stat von uns und disem
brieve, und gelobent es fur uns und unser erben stete ze habenne und ze tůnne
ane alle geverde. und darumb wir Niclaus der alte Zorn und Hug Wirich die vorschriben rittere mit der vorgenanten bürger willen henkent unser ingesigele an 5
disen gegenwertigen brief zů eime urkund der warheit, und damit begnůget ouch
uns die vorgenanten burger. dis geschach an dem zihsdage nah dem zwelften
dage, da man zalte von gocz geburt zwelhundert nůnzig und sehs jar.

S aus Straßb. St. A. AA art. 43 nr 1 cop. mb. coaeva. Das ungleichmäßig geschnittene
Blatt ist stark befleckt. Auf der rechten Hälfte des untern Randes hat eine andre gleich- 10
zeitige Hand vermerkt: Nicholaus de Kagenecke, Bur[cardus] de Mulnb[eim], Petrus de
Durnigen et N. de Boppenh[eim] pro centum et quinquaginta marcis an . . . . anno [1].
In der Lücke nur noch eine Bogenlinie erkennbar.
Gedruckt darnach bei Hegel D. St. Chron. IX, 990, der das Stück irrthümlicher Weise für
ein Original mit Unterschriften hält. 15

202. *Nicolaus der Schultheiß von Straßburg bekennt, daß ihm 300 von dem*
Landvogt geschuldete Mark Silber von den Colmarer Bürgern gezahlt worden sind.
1296 Januar 22.

Ich Clauwes der schulthesse ein ritter von Strazpurg tůn kunt allen den, die
disen brief geschent oder gehorent lesen, daz mir die burger von Colmer hant 20
druhundert marg silbers geben und vergolten fur min herren den lantfoget, die er
mir schuldig waz unz an den schaden, der uffe daz vorgenante silber von sancte
September 29
Januar 21
Michelstag unze vier wochen nach winahten gegangen ist. daz diz war si, darumbe
habe ich min ingesigele an disen brief gehengket. dirre brief wart geben an deme
sunnentage nach sancte Agnesentage, du von gottez geburte warent dusent jar 25
zweihundert jar sehsse und nunzig jar.

C aus Colmar. St. A. CC Reichssteuer or. mb. c. sig. pend. delapso.

203. Johannes dominus de Liechtenberg protestatur, super omnibus actionibus
et causis, quas decanus et capitulum ecclesie Argentinensis contra ipsum habeant,
ab ipso compromissum esse in arbitros, pro parte sua in prepositum et scolasticum, 30
pro parte capituli in Conradum de Wasserstelze et Heinricum de Erenberg canonicos ecclesie Argentinensis, episcopo Argentinensi electo pro medio et communi,
ita videlicet, quod arbitri prefatas actiones et causas amice decidere debeant usque
Mai 13
ad festum pentecostes. «ego Johannes.» datum 3 idus februarii anno domini 1296.
Februar 11. 35

B aus Straßb. Bez. A. G fasc. 3465 nr. 287 cop. ch. sec. XVI.

[1] *Diese Notiz bezieht sich wohl auf den Verkauf der Münze von 1306 November 29. Vergl. nr. 257.*

204. *Bischof Konrad von Straßburg vereinigt auf Bitte des St. Marxklosters alle demselben früher bewilligten und namhaft gemachten Indulgenzen auf vier Festtage und gewährt selbst noch einen Ablaß von 40 Tagen. 1296 Februar 18 Rheinau.*

Conradus dei gratia episcopus Argentinensis universis Christi fidelibus, ad quos presentes littere pervenerint, salutem in domino sempiternam. ex parte religiosarum in Christo dominarum . . priorisse et conventus monasterii sancti Marci extra muros Argentinenses a nobis fuit humiliter petitum, ut indulgentias et gratias eis concessas et factas per sanctissimos patres ac dominos, dominum Innocentium papam quartum[1] ac fratrem Hugonem miseratione divina tituli sancte Sabine presbiterum sancte sedis predicte cardinalem, necnon per fratrem Conr[adum] Tullensis ecclesie episcopum, fratrem Albertum quondam Ratisponensem episcopum, dominum Heinricum episcopum quondam Argentinensem nostrum predecessorem[2], Bonamventuram Ragusinum archiepiscopum, Petrum Stagni et Curezule, Andream Liddensem, Cyprianum Bovensem, fratrem Paulum Melfectensem, Peironum Larinensem, fratrem Danielem Laquedoniensem, Humbertum Feretranensem, Aymandum Lucerie, Franciscum Fanensem, Romanum Croensem, Atzonem Caserteusem, Pasqualem Cassanensem, Jacobum Alcernensem, fratrem Michabelem Albanensem, Fridericum Spirensem, fratrem Lampertum Veglensem[3], fratrem Raynaldum archiepiscopum Massanensem, fratrem Waldebrunum Avelonensem episcopum, Bernardum Vizentinum episcopum, fratrem Romanum Croensem episcopum, Obertum Astensem episcopum, Rodericum Segobiensem episcopum, fratrem Petrum Dragonariensem episcopum, Perronum Larinensem episcopum, Fredolinum Anicieusem episcopum, Leonem Calamonensem episcopos[4] ad quatuor festivitates infrascriptas, dedicationem videlicet templi, que est dominica Oculi, ad festum sancti Marci, ad consecrationem duorum altarium ibidem in dominica Reminiscere ac ad dominicam primam post purificationem unire et applicare vellemus, cum fideles populi propter discrimina viarum ac inundationes aquarum ad dictam ecclesiam propter pluralitatem dierum, in quibus dicte indulgentie occurerunt, convenire non possint[a]. nos adtendentes peticionem dictarum dominarum rationi esse consonam, ex causis antedictis ipsam peticionem presentibus duximus admittendam dictasque indulgentias et gratias eis ac ipsarum monasterio per sanctissimos patres et dominos, dominos Innocentium papam ac Hugonem dicte sedis cardinalem necnon per venerabiles dominos episcopos predictos[b] ex officio pastorali et ex debito dedicationi templi, festo sancti Marci, ad dominicam Reminiscere predictam ac ad dominicam primam post purificationem necnon per eorundem festorum octavas adunamus et in Christi nomine applicamus, gratias et indulgentias

April 15
Februar 1

a) *H possit.*   b) *Zu ergänzen wohl* concessas.

---

[1] *Vergl. UB. I, 226 nr. 295.*
[2] *Die betreffenden Indulgenzen sind nicht erhalten.*
[3] *Vergl. nr 194.*
[4] *Vergl. nr. 106.*

factas per venerabiles patres dominos . . archiepiscopos et episcopos predictos in
nostra ecclesia predicta admittendo ac eisdem nostrum benivolum assensum imper-
ciendo. insuper ex mera et debita liberalitate et auctoritate dyocesana omnibus
Christi fidelibus, qui ad dictum monasterium in dictis festis et per eorundem octavas
causa devotionis accesserint, quadraginta dies de injuncta sibi penitentia misericor- 5
diter in domino relaxamus. in cujus rei testimonium sigillum nostrum presentibus
duximus appendendum. datum in Rinowe sabbato post dominicam Invocavit anno
domini 1296.

H aus Straßb. Hosp. A. lad. 89 fasc. 33 or. mb. c. sig. pend. Am Bug links angenäht ein
Pergamentzettel mit dem Vermerk in gleichzeitiger Bücherschrift: hec sunt indulgencie 10
istius dedicacionis prima die centum anni et centum carrene et per octavam omni
die viginti sex anni et 26 carrene.

205. Prepositus Basiliensis ecclesie provisor a sede apostolica deputatus prepositum decanum et capitulum ecclesie Argentinensis a sentenciis suspensionis et
excommunicationis absolvit, discordia, que inter eos et Hartmannum de Sudowe 15
super receptione in concanonicum faciendo et super prebenda assignanda vertebatur,
amicabiliter sopito. «cum causa sive discordia.» datum Basilee anno domini 1296
feria quinta proxima domini festum pasche. *1296 März 22 oder 29 Basel.*

B aus Straßb. Bez. A. G fasc. 3466 fol. 113 b cop. ch. sec. XVI.

206. *Bischof Konrad von Straßburg bestätigt das Statut des Klosters von* 20
Maursmünster, daß der Hof desselben zu Straßburg nur den Mönchen und Boten,
nicht aber dem Vogte des Klosters zur Herberge dienen und niemals veräußert
werden soll. 1296 Juni 20.

C[onradus] dei gracia episcopus ecclesie Argentinensis universis presencium
inspectoribus salutem in eo, qui est omnium vera salus. scire cupimus universos, 25
ad quos presentes pervenerint littere, quod cum religiosi viri abbas et conventus
Maurimonasterii ordinis sancti Benedicti nostre dyocesis Argentinensis a nobis
humiliter petivissent, ut salubre statutum inter eos editum, habita deliberatione
super hoc diligenti, pro utilitate et comodo ipsorum et eorum monasterii de non
concedenda vel locanda in perpetuum domo sita in curia, quam dicti abbas et con- 30
ventus habent in civitate Argentinensi prope sanctum Petrum juniorem[1], nullius
advocati jurisdictioni sui monasterii subjecta ut libera ab omni advocacia[a], set ex
toto eandem domum cum stabulo et orto ex opposito dicte domus sitis in curia
antedicta usui et habitacioni ipsius abbatis et conventus et eorum nunciis perpetuo
reservarunt et esse voluerunt reservata ita, quod, ut predictum est, usus et habi- 35

a) Etwa confirmaremus zu ergänzen. Die Urkunde fällt ecu hier ab ganz aus der Construction.

---

[1] *Vergl. UB. 1, 86 Anmerk 1.*

tacio eorundem nulli pateant vel patere debeant de cetero, pro causis statuti ponentes
supradicti, quod plures gerentes se pro suis advocatis dicti monasterii, quamvis
juxta statuta Herbipolensia domini Jo[hannis] episcopi Tusculani edita per eundem[1]
uno tantum non pluribus debeant advocato gubernari et defendi, electione habita
5 inter dominos de Geroltzecke ita, quod unus tantum debeat esse advocatus dicti
monasterii electus inter ipsos, qui electus advocatus dicto monasterio personis et
rebus ejusdem prosit et presit, si quandoque ab aliis personis secularibus pregra-
ventur, et ne exempla tam seculares quam religiosos trahant, si dicte domus usus
vel habitacio concederetur advocato vel alii *) eciam eandem domum inhabitare
10 vellent prece vel precio aut eciam violenter, dicentes dicti abbas et conventus, sibi
et eorum nunciis necnon rebus suis in dicta curia multas violencias illatas fuisse
in rebus suis et personis per habitantes in eadem ita, quod sere domus predicte
pluries sint confracte, fenum et pabulum in dicta domo existencia pro comodo
reposita in eadem abbatis et conventus et suorum nunciorum per violenciam sint
15 ablata et eorum familia dictam curiam inhabitans prohibere volens male sit tractata
per manuum injectiones violentas, et quod longe est deterius, abbas et conventus
vel persone dicti monasterii, quando pro suis necessitatibus ad curiam Argentinensem
venerunt, propter inhabitantes dictam curiam compulsi sunt in extraneis domibus
aput alios extraneos tam clericos quam layeos cum suis dampnis et expensis
20 pernoctare contra nervum et statum monachatus indecentis et perambulare vere-
cunde aput personas seculares, quamvis homines diversarum professionum non bene
simul commorentur juxta canonicas sanctiones, pro causa eciam ponentes, ut via
discurrendi et manendi cum secularibus ipsis restringatur, tenorem statuti sui de
verbo ad verbum exponentes in hunc modum : nos abbas et conventus antedicti
25 propter causas prenotatas et alias et maxime, ne is, qui noster est in dicto monasterio advocatus vel successor ejusdem jus inhabitandi dictam nostram curiam, que
omni caret advocato, aliquod jus inhabitandi eandem curiam et specialiter domum
sitam in eadem curia, ortum vel stabulum, quam hactenus nos abbas et conventus
et nostri nuncii inhabitare consuevimus, vel aliquod jus aliud sibi possit vendicare
30 vel per violenciam usurpare vel occupare, habito inter nos diligenti tractatu, eandem
domum ortum et stabulum nostris et nostrorum nunciis usibus presenti scripto in
perpetuum reservamus volentes, ut prefatum statutum inter alia nostri monasterii
statuta et consuetudines juratas et jurandas de cetero juretur, ne contra ipsum
aliquatenus veniatur. nos igitur . . episcopus antedictus, quia peticiones prefatorum
35 abbatis et conventus nobis porrectus super confirmacione statuti supradicti justas
perspeximus et honestas, prefatum statutum in nomine domini nostri Jesu Christi,
sine quo nichil est validum nichil sanctum, scripto presenti confirmamus ex officio
nostro suplentes in hiis scriptis, si quis defectus foret in premissis, injungentes
prefatis abbati et conventui et eorum successoribus in dicto monasterio, ut et ipsi
40 hujusmodi statutum jurent et observent, ne frustratorie propter dictas causas sit

*) B alius.

---

[1] Vergl. Hartzheim Concilia Germaniae III, 730 cap XXII «de advocatis ecclesiarum»

inventum. in quorum evidenciam sigillum nostrum una cum sigillis prefatorum abbatis[1] et conventus et in signum confirmacionis facti statuti supradicti presentibus est appensum. datum feria quarta ante festum beati Johannis baptiste anno domini 1296.

B aus Straßb. Bez. A. II fasc. 6i88 or. mb. c. 3 sig. pend. laesa. Ebenda finden sich auch [5]
genau gleichlautende Copien des 18 Jahrh., die das Datum 1246 angeben und das Statut
von Bischof Heinrich bestätigen lassen, offenbar aus dieser Vorlage entstanden.

207. *Beschluß des St. Thomascapitels über die Aufenthaltsverpflichtung seiner Canoniker. 1296 December 11.*

Prepositus[2] .. decanus totumque capitulum ecclesie sancti Thome Argentinensis [10] omnibus presentes litteras intuentibus salutem in domino. cum inter alias pias sollicitudines nostras illa precipua esse debeat, que nostre ecclesie honestatem prestet et emolumentum. est enim juri et racioni absonum, ne in ecclesia nostra ignotos et peregrinos canonicos habeamus, per quos frequenter debitis defraudatur divinis obsequiis, ad consulendum igitur honestati et profectui dicte ecclesie nostre [15] statuimus concorditer et ordinamus, ut quicunque de cetero recipietur in canonicum predicte ecclesie, cum fuerit in perceptione prebende sue, reputetur absens et non recipiat plus de prebenda sua, quam absens recipere solet, donec incipiat personaliter habere residenciam in dicta ecclesia vel saltem in civitate Argentina et illam continuet per annum integrum, servata disciplina debita ecclesie sancti Thome pre- [20] dicte. quod si non continuaverit, absens manet, quousque iterum reincipiat et continuet per annum. nec ad studium nec in peregrinatione ire licebit ei nec eciam ad curiam Romanam vel quocunque alias nisi in causa propria, que eciam talis et tanta debet esse, quod merito presenciam sui requirat. et qui contra hoc fecerit, censabitur absens et tanquam absens prebendam suam recipiat. volumus eciam et [25] statuimus, quod, quicunque absens canonicus cesserit vel decesserit, non plus de anno gratie sue cedat ei, quam, dum vixit absens, recipere consuevit. et hec statuta inter alia statuta ecclesie nostre jurata et juranda a recipiendis canonicis inposterum connumeramus. in cujus rei testimonium sigillum domini prepositi nostri una cum sigillo capituli nostri presentibus est appensum. actum feria tercia post festum beati [30] Nicolai anno domini 1296.

T aus Straßb. Thom. A. Statuta lad. 2 or. mb. c. 2 sig. pend.
Gedruckt darnach bei Ch. Schmidt Hist. du chap. de s. Thom. p. 340 nr. 55

---

[1] *Nach der Legende des Siegels Conradus.*
[2] *Nach der Siegellegende Fridericus.*   [35]

208. *Pabst Bonifa: VIII gibt dem Bischof von Straßburg Vollmacht, der Bitte der Straßburger Sackbrüder, die sich zu großer Armuth wegen in das Prämonstratenser Kloster Allerheiligen aufnehmen lassen wollen, nach gehöriger Untersuchung zu willfahren. 1297 Juni 28 Orvieto.*

Bonifatius episcopus servus servorum dei venerabili fratri . . episcopo Argentinensi salutem et apostolicam benedictionem. sua nobis dilecti filii fratres ordinis saccitarum Argentinenses petitione monstrarunt, quod ipsi, qui fore septem tantum numero dinoscuntur, adeo premuntur onere paupertatis et ad tantam despectionem hominum devenerunt, quod eorum vita nonnisi penalis et misera dinoscatur, cum nec de propriis bonis nec etiam de elemosinis, que ipsis a Christi fidelibus largiuntur, nequeant sustentari. propter quod et ut melius proficiant ad salutem, desiderant ad aliquem de approbatis ordinibus[1] convolare. cum autem ipsi fratres nonnisi capellam et unicam domum luteas habere se asserant, et dilecti filii . . prepositus et conventus monasterii de omnibus sanctis Premonstratensis ordinis Argentinensis diocesis eos in ipsorum ordine in canonicos et in fratres cum hujusmodi capella et domo pietatis intuitu recipere sint parati, predicti fratres nobis humiliter supplicarunt, ut ipsis transeundi cum eisdem capella et domo ad predictos prepositum et conventum et eorum ordinem concedere licentiam dignaremur. nos igitur predictorum fratrum supplicationibus inclinati, quia tu de facto et facti circumstantiis habere poteris notitiam pleniorem. fraternitati tue per apostolica scripta mandamus, quatinus, si prefati fratres nonnisi capellam et unicam domum luteas habeant in bonis inmobilibus, ut pretendunt, transeundi cum capella et domo predictis ad eosdem prepositum et conventum et eorum ordinem supradictum concedas eis auctoritate nostra liberam facultatem, rescripturus nobis fideliter, quicquid super hoc duxeris faciendum. datum apud Urbem veterem 4 kalendas julii pontificatus nostri anno tertio[2].

B aus Straßb. Bez. A. G fasc. 6197 or. mb. Bulle an Hanfschnur. Auf dem Bug rechts Schreibervermerk Jo. Piper. Kostenvermerk V. darunter H Pad. Oben in der Mitte das Theanän per N. de Vico. darunter durchgestrichen suppl in dät, daneben von anderer Hand fuit. Ganz unten in der Ecke links verkehrt geschrieben: bh h. Auf der Rückseite † frater Conradus omnium sanctorum †.

209. *Beschluß des St. Thomascapitels über die Feier gewisser Feste durch Procession, Messen u. A. 1298 Februar 21.*

Prepositus . . decanus totumque capitulum ecclesie sancti Thome Argentinensis notum facimus universis presentes litteras inspecturis. quod, cum Gerdrudis mulier

---

[1] *Die Sackbrüder waren ein Orden, auf den die Constitution 23 Pabst Gregors X vom Lyoner Concil 1274 Anwendung fand. Vergl. Mansi Concil. coll. tom. XXIV, 97 und Raynald Ann. XIV. 226. Daß sie aufgehoben wurden, berichten die Ellenhardschen Annales Argentinenses. (Mon. Germ. SS. XVII, 103.)*

[2] *Dem päbstlichen Mandat gemäß gestattet Bischof Konrad die Aufnahme der Sackbrüder in das Kloster Allerheiligen. 1297 December 14 (crastino b. Lucie virginis) or. mb. c. sig. pend. obenda.*

de Brisoco bone memorie in remedium anime sue domum lapideam suam in civitate Argentinensi sitam in parrochia sancti Petri senioris inter pontes solventem septem libras denariorum Argentinensium cum omni suo jure nobis et ecclesie nostre donaverit et Friderico dicto de Friesenheim prebendario nostre ecclesie commiserit ordinacionem dicte domus pro salute anime sue in nostra ecclesia faciendam, nos ad 5 voluntatem ejusdem Friderici volentes augere cultum divinum in ecclesia nostra predicta ad laudem omnipotentis dei et beate virginis genitricis ejusdem volumus et communi consensu nostri capituli statuimus per presentes, ut in diebus sancte pasche, sancte ascensionis, pentecostes, assumptionis et nativitatis beate virginis post processionem peractam ad majorem ecclesiam redire debeamus in chorum ecclesie nostre 10 cum processione ordinata, cum vexillis et cruce, sicut illuc inimus, ad vitandum insolencias hactenus habitas ex processione non ordinata. et in illis quinque festis sollempniter celebrare debemus missam illius festi, quas missas sacerdos et ministri [intitulati]* per ebdomodam celebrare tenentur. et in qualibet missa festorum predictorum viginti solidi denariorum Argentinensium usualium in choro nostro presentibus 15 tam canonicis et vicariis in missa, ut consuetum est, dividantur. si vero episcopus, qui pro tempore fuerit, in predictis festis vel aliquo predictorum in majori ecclesia celebraverit et propter hoc nos ibidem manere contingat usque post ewangelium, predicta festa omni eodem modo, ut predictum est, agantur in octavis suis. et in anniversario dicte Gerdrudis due libre denariorum predictorum, videlicet decem solidi 20 in vigilia et triginta solidi in missa pro defunctis, presentibus et sepulcrum ejus visitantibus similiter, ut consuetum est, dividantur. quas septem libras nostrum capitulum de suo annis singulis ministrabit. in quorum evidenciam omnium premissorum sigilla nostri prepositi et capituli presentibus sunt appensa. datum et actum anno domini 1298 feria 6 ante Mathie apostoli. 25

*August 8
September 15*

T aus Straßb. Thom. A. Registrande A fol. 177 b. Die Urkunde ist später durchstrichen worden.
Erwähnt bei Ch. Schmidt Hist. du chap. de s. Thom. p. 123

210. *Bischof Konrad von Straßburg gewährt der Stadt Straßburg auf ihre Bitte, daß die jetzt bei ihr geschlagene Münze auf eine bestimmte Reihe von Jahren* 30 *in Geltung bleibe. 1298 März 4.*

Conradus dei gratia episcopus Argentinensis dilectis suis fidelibus magistro consulibus ac universitati civium Argentinensium salutem et sincere dilectionis affectum. petitionem vestram recepimus continentem, quod ob servitium vestrum nobis et ecclesie nostre Argentinensi impensum et impendendum monetam nostram, que nunc cuditur 35 et usitatur in civitate Argentinensi, permittere dignaremur uti et cudi ad tempus aliquale. nos vero, inspecta vestra petitione, propter vestrum gratum et acceptum

a) T intitulati.

servitium nobis et ecclesie nostre Argentinensi impensum per vos et adhuc, ut speramus, impendendum, et ut tota patria et dyocesis preces vestras nobis porrectos
sibi sentiat profuisse. et ob vestrum et tocius patrie comodum et honorem volumus
et scripto presenti ordinamus de consilio et consensu venerabilium dominorum nos-
5 trorum Friderici prepositi, Friderici decani totiusque capituli ecclesie nostre Argentinensis pro nobis et omnibus nostris successoribus, quod dicta moneta usitetur et
cudatur a festo purificationis beate virginis proxime preterito ad duos annos et deinde ~Februar 2~
ad octo annos continuos inmediate sequentes et sic pro ratione, ut, si aliqui occasione
monete nostre predicte vel alterius cujuscunque nostre monete sunt gravati, ex
10 hujusmodi nostra liberalitate letentur. in premissorum evidenciam sigillum nostrum
appendi mandavimus ad presentes. nos etiam Fridericus prepositus, Fridericus
decanus totumque capitulum ecclesie Argentinensis, communi inter nos habito tractatu, quia premissa expedire vidimus ecclesie nostre predicte et patrie, idcirco premissis pro nobis et nostris successoribus benivolum nostrum adhibemus assensum.
15 et in ejus rei testimonium sigillum capituli nostri presentibus duximus appendendum.
actum et datum tercia feria post dominicam Reminiscere anno domini 1298 [1].

S aus Straßb. St. A AA art. 43 nr. 2 or. mb. c. 2 sig. pend.
Gedruckt aus dem Briefbuch A fol. 195ᵃ ibid. bei Schöpflin Als. dipl II, 68 nr. 806;
Lerrault Essai s Canc, monn p 436.

20 **211.** *Herzog Albrecht von Oesterreich gelobt der Stadt Straßburg bis Michaelis
allen Schaden zu ersetzen, wie ihn zwei von ihm ernannte Bürger und der Bischof
von Straßburg abschätzen werden. 1298 Mai 10 oder 15 bei Straßburg.*

Wir Albreht von gotz gnaden herzoge ze Österrich und ze Styre dûnt kunt
allen den, die disen brief sehent oder hôrent lesen, das wir unsern lieben und sun-
25 derlichen frúnden dem burgermeister dem rate und den burgern gemeinliche von ~September 29~
Strasburg schuldig sint und gelobet hant ze geltende hinnan unz ze sancte Michels
mes, die nû ze nehest kunt, allen den schaden, der in gemeinliche oder sunderliche
von uns und von unsern helfern in alle wis geschehen ist. und hant gesetzet an
Nicolawesen Zorn den schultheisen von Strasburg und an Reinbolden hern Rein-
30 boldelins von Strasburg, das die zwene und mit in unser herre der bischof Conrat
von Strasburg oder ein ritter, den er darzû schiket, ervarn sulnt mit gûten trûwen
hinnen zû dem vorgenanten zil, swenne es in fûget, was des schaden si. und swas
sû oder zwene[a] under in sprechent, das des schaden si, den geloben wir ze geltende
zû dem vorgenanten zil mit gûten trûwen ane alle geverde. gienge ôch der drier
35 deheiner da zwischent abe, das got wende, so suln wir ein andern burger von der

a) sû oder zwene auf Rasur.

[1] *Diese Urkunde wird empfangen und besiegelt durch* Johannes *dictus Schilt magister et consules
Argentinenses 1298 März 6, cop. ch. see XVII i. Straßb, Brz. A. G fasc. 482.*

stat nemen an sine stat ane geverde. und des zů eime urkunde ist unser ingesigel
an disen brief gehenket. der wart gegeben zů der Růslachen [1] bi Strasburg an
saucte Sophien dag, da man zalte von gotz geburt zwelfhundert nůnzig und ahte jar.

S aus Straßb. St. A. Verschl. Canzlei-Gew. Suppl. lit. F or. mb. c. sig. pend. delapso.
Bezüglich des Datum ist der nur in der Straßburger Diöcese übliche Festtag, der
10. Mai, ebenso zulässig wie der 15.
Gedruckt aus dem Briefbuch A fol. 220° *ibid. bei Schöpflin Als. dipl. II, 68 nr. 807. —*
Böhmer R. Reichssachen nr. 233.

212. *Rudolf der Spiser von Kiburg erklärt der Stadt Straßburg, er wolle Alles*
halten, was für ihn sein Herr der Herzog mit ihr beredet habe, und bittet um
sichres Geleit. [vor 1298 Juli].

Den erbern herren dem meister und dem rat von Strazburg enbút ich Rud[olf]
der Spiser von Kyburg, das ich [a] wil stête han als, das min herre der herzog beret
hat enzwischen úch unt der stat an einer site unt gegen mir an der ander site also,
das ir mir iuwern brief sendent, das ich unt min helfer vor úch unt vor úwern
helfern varen sicherlich libes unt gůtes an alle geverde unt das die úwern varen
öch sicherlich vor mir unt vor minen helfern an alle geverde. daruf laz ich Hartman von Schônô lidig der 30 mark, darumb er búrge ist, unt das Niblung von Lôb-
gazzen öch lidig unt lere si also, das ir mir sendent úwern offen brief, das ich sicher
var an alle geverde. wan ich mines ingesigels nůt bi mir han, so han ich [b] gebetten
den erberen herren her Cûnrat Wernher von Hatstat úwern burger, wan ich vor
im verjehen han dis [c] alles stet ze habenne, das er mit sinen ingesigel disem brief
versigel. ich her Cûnrat Wernher von Hatstat han durh bette Rud[olfs] des Spisers
disem brief besigelt, wan er der vorgescriben dinge vor mir verjehen hat.

S aus Straßb. St. A. Verschl. Canzlei-Gew. Corp. K lad. 15 or. mb. lit. pat. c. sig. in verso impr.
delcto. Der Schriftcharacter des Stücks weist nach der Wende des 13. zum 14. Jahr-
hundert. Rudolf der Spiser wie die übrigen darin erwähnten Personen sind in den 90er
Jahren urkundlich nachzuweisen. Unter dem Herzog ist wohl Albrecht von Oesterreich
zu verstehen und muß demnach die Urkunde vor Juli 1298, vor dessen Königswahl fallen.

213. *Heinrich der alte und der junge von Fleckenstein sowie Heinrich von*
Ingenheim verbürgen sich der Stadt Straßburg für die Freilassung Hugos von
Ingenheim bis Mariä Himmelfahrt um 150 Mark Silber. 1298 Mai 30.

Wir Heinrich der alte und Heinrich der junge herren von Fleckenstein und
Heinrich ein êdelkneht [d] von Ingenheim tunt kunt allen den, die disen brief gesehent oder

a) *das ich von gleicher Hand über der Zeile nachgetragen.* b) *ich nachgetragen.* c) *dis nachgetragen.*
d) *S knht.*

[1] *Die Localität war nicht näher zu bestimmen; ich vermuthe, daß sie auf der Nordseite der Stadt,*
etwa im Schiltigheimer Bann sich befand. Der Name ist nach Analogie von Hirtzlach, Saullach u. s. w.
gebildet und bezeichnet wohl zunächst ein Gewässer.

gehorent lesen, daz wir Hugen von Ingenheim einen edeln kneht, den der meister
der rat und die burgere von Strazburg hant gevangen und viengent in ein ûffen
ûrloige, ûsgenûmen hant von dem meister und dem rate von Strazburg uns unserre
vrouwen mes der erren, die nû ze nehst komet, vur anderhalp hundert marg
⁵ silbers luters und lôtiges dez gewes von Strazburg. und sint ouch vur daz unver-
scheidenliche burger worden also, daz sich der vorgenante Hûg wider in die gevengnisse entwirten sule zû dem vorgenanten zile. dez het ouch der selbe Hûg gesworn an den heiligen, daz er sich wider in die gevengnisse entwurten sule zû dem selben zile. er enmûge denne niht vurbaz gemûte han, und daz ouch er dozwissent den
¹⁰ burgeren und der stat von Strazburg dekeinen schaden sule tun noch schaffen gethan. were ouch daz er oder sine frûnt oder helfere den burgeren von Strazburg schaden thetent oder schûffent gethan mit iemanne von sinen wegen oder sich niht enwolte wider in die gevengnisse entwurten zû dem vorgenanten zile, so sulen wir die vorgenanten burgen, swenne wir von dem meistere und dem rate von Strazburg
¹⁵ oder von iren botten gemant werdent zû hus oder ze hove oder munt wider munde. uns entwûrten bi dem eide, den wir unseren herren hant gethan, in die stat zû Strazburg nach rehter giselschefte mit der bescheidenheide, als hie nach gescriben stat, und sulent die giselschaft also lange leisten und halten, unz daz die . . . . . ᵃ
anderhalp hundert marg silbers dem meister und dem rate von Strazburg werdent
²⁰ vergolten und unz der schade, der den vorgenanten burgeren von sinen wegen geschehen ist, wirt abgethan und ouch unz daz eine stete und gewenliche sûne wirt gemacht zwissent Huge und sinen frunden und den burgeren und der stat von Strazburg. were ouch daz der gevangen vor dem zile sturbe, so sulen wir uns aber entwurten in die stat zû Strazburg nach rehter giselschefte also lange, unz daz eine
²⁵ stehte und gewenliche sûne wirt gemacht zwissent dez toten frunden und den burgeren von Strazburg. wir ouch Heinrich der alte und Heinrich der junge herren von Fleckenstein die vorgenantene burgen hant beret, ob uns die giselschaft niht enfûgete ze leistende mit unsers selbes liben, daz ieweder unser zwene ersame lantrittere, die dez harnesches pflegent, vur uns legen sulent in die giselschaft, die ouch
³⁰ allez dez sulent sin gebunden, daz da vor gescriben stat. were ouch, daz got wende, daz unser deheiner der vorgenantene burgen vor dem zile abegienge, so sulen wir die anderen einen also gûten an dez toten stat geben in den ahte tagen, so wir gemant werdent von dem meistere und dem rate von Strazburg oder von iren botten ze hus und ze hove ane geverde, oder daz wir die vorgenantene giselschaft halten
³⁵ sulent, unz daz wir den brehsten abe gelegent. brehchen wir ouch die giselschefte oder deheine under in, so binden wir uns darzû, daz wir dem meister dem rate und der stat von Strazburg bi dem eide allen den schaden, den sie dez hant oder gevahent, sulent abetun und gelobent den abe ze tunde ane alle geverde. und sulent uns unser libe und unser gut, swa sie daz befinden môgent, angrifen und pfenden
⁴⁰ und sulent darzû reht han. und ensol daz gan an dekeinen lantfriden noch an dekein gerihte. gebe ouch der meister und der rat von Strazburg dem gevangen vurbaz gemûte ᵇ, alle die wile daz daz gemûte wert, so sulen wir die vorge-

---

a) *Hinter die folgt eine et ca 2 cm. lange unbeschriebene Rasur.*   b) *S add gelant.*

nantene burgen haft sin ullez dez da vor gescriben stat ane alle geverde. daz diz war und stete si, darumbe han wir die vorgenanteue herren von Fleckenstein unsere ingesigele an disen brief gehenket zû eim urkunde. wand ouch ich[a] Heinrich von Ingenheim eigens ingesigels niht han, da von begnuget mich wol mit der vorgenanten herren ingesigele. diz geschag an dem fritage in der pfingestwochen, do man von gotz geburte zelte zwelfhundert und ahte und nunzig jar.

S aus Straßb. St. A. Verschl. Canzlei-Gew. Corp. K Ind. 17 *or. mb. c. 2 sig. pend.*

214. *Bischof Konrad von Straßburg beurkundet, daß sich die Wilhelmiten mit der Kirche von St. Stephan über ihre Niederlassung im Pfarrsprengel derselben vereinbart haben. 1298 Juli 1.*

Nos Cônradus dei gratia Argentinensis episcopus notum facimus presencium inspectoribus universis. quod, cum orta esset dissensio inter virum discretum decanum sancti Thome rectorem ecclesie sancti Stephani in Argentina ex una, priorem et fratres vallis sancte Marie ordinis sancti Willehelmi ex altera super eo, quod iidem fratres in parrochia sancti Stephani predicti oratorium erigere conabantur, talis tandem nostro accedente consensu inter eos amicabilis intervenit composicio, quod decano rectori ecclesie sancti Stephani predicto vel rectori, qui ibidem pro tempore fuerit, dabunt omni festo quatuor temporum duas libras denariorum Argentinensium usualium absque omni protractione, fraude et dolo penitus circumscriptis. item de omnibus prediis seu possessionibus habitis et habendis ipsi ecclesie sancti Stephani jam decimalibus vel que in posterum decimales[b] fieri possent, quocunque titulo ad eosdem fratres pervenerint, decimas dabunt absque ulla protractione rectori ecclesie memorate. nec aliquod jus in eadem ecclesia sancti Stephani et ecclesie sancte crucis confitendi predicandi aut missam dicendi, nisi a viceplebano vocati, aut subditis et parrochialibus eucaristiam aut unctionem extremam in eorum oratorio vel extra dandi potestatem sibi usurpabunt, reservata eis tamen potestate predicandi in eorum oratorio et confitendi, exceptis certis temporibus, videlicet in festis omnium sanctorum, nativitatis domini, festo pasce et pentecostes, in quibus subditi dicte ecclesie sancti Stephani confiteri tenentur suo proprio sacerdoti. quos tunc non audient nec communicabunt in aliquo tempore sine licencia viceplebani, sed eos ad ecclesiam suam remittent, excepta sua familia. et si contingerit aliquem de subditis et parrochialibus ipsius ecclesie apud eos sepulturam eligere, illum non recipient, antequam viceplebano loci de omni jure, quod dicte ecclesie ocasione funeris predicti competit aut conpetere posset, plenarie sit satisfactum. renuncioverunt etiam et presentibus renunciant prior et fratres predicti pro se et omnibus suis successoribus omni juris auxilio communi et privato, beneficio restitucionis in integrum et generaliter omnibus excepcionibus defensionibus et privilegiis eorum, per que venire possent contra presens factum vel instrumentum, et specialiter juri dicenti generalem renunciacionem non valere. et ad majorem securitatem

November 1

a) ich *abergeschrieben von gleicher Hand.* b) *B* decimabiles.

ecclesie sancti Stephani predicte dictus prior de mandato et voluntate visitatoris et
fratrum suorum juravit in animam suam, visitatoris et fratrum suorum ad sancta dei
ewangelia, quod etiam, quicunque pro tempore prior fuerit, jurabit, quod nunquam
contra dictam ordinacionem et composicionem quidquam inpetrabit vel inpetrare pro-
5 curabit. et si alique littere inpetrate sint vel fuerint a sede apostolica vel ejus
legatis, visitator prior et fratres vallis sancte Marie ordinis sancti Willehelmi predicti, qui nunc sunt vel pro tempore fuerint, ipsis nequaquam utentur. et si ab
ipsis visitatore priore et fratribus predictis seu quibuscunque successoribus eorum
in contrarium quicquam factum fuerit, extunc eos suspendere et in locum eorum
10 in Argentina interdicti sentencias promulgare possimus et ad requisicionem rectoris
dicte ecclesie debeamus consenserunt, in omnibus supradictis se nostre jurisdictioni
subicientes. in quorum evidenciam et probacionem sigillum nostrum una cum
sigillis decani predicti rectoris ecclesie sancti Stephani predicte, visitatoris, prioris
et conventus predictorum presentibus est appensum. actum et datum anno domini
15 1298 feria tercia post Petri et Pauli apostolorum[1].

B aus Strassb. Bez. A. H fasc. 2626 or. mb c. 4 sig pend. Abgefallen das Siegel des
Bischofs; von der Legende des einen Siegels erkennbar s prioris de valle comitis. von
der einen andern : s. prioris vallis beate Marie . . Hagenowe.

215. *König Albrecht bestätigt der Stadt Straßburg den ihr von König Rudolf
ertheilten Freiheitsbrief. 1298 October 18 im Lager im Sundgau.*

Albertus dei gracia Romanorum rex semper augustus universis sacri Romani
imperii fidelibus presentes litteras inspecturis imperpetuum. accedentes presenciam
nostre celsitudinis viri prudentes . . scultetus . . consules et cives Argentinenses
predilecti nostri privilegium quoddam sibi a dive recordationis domino Rudolfo rege
25 Romanorum predecessore et genitore nostro karissimo innovatum concessum confirmatum et traditum, salvum et integrum, non cancellatum, non inductum, non
abolitum nec in ulla parte sui[a] viciatum nostris conspectibus obtulerunt, petendo
suppliciter et attente, ut idem ipsis privilegium et in eodem contentas gracias indul-
gere approbare innovare et confirmare de regie benignitatis affluencia dignaremur.
30 cujus quidem privilegii tenor de verbo ad verbum talis est [folgt nr. 47]. nos vero
dictorum civium justis precibus[b] tanto favorabilius et facilius inclinati, quanto
prestancius in excellencie nostre votis ipsorum per evidenciam pure devocionis et
fidei mira merito claruerunt, prenotatum privilegium cum suis articulis universis et
singulis auctoritate regia approbamus innovamus et hujus scripti patrocinio ex certa
35 sciencia confirmamus. nulli ergo liceat, huic nostre confirmacioni temere contraire vel

a) S t sui parte   b) S t peticionibus

_____

[1] Unter demselben Datum verpflichten sich Prior und Bruder von St. Wilhelm zu der oben erwähnten Zahlung von zwei Pfund an Allerheiligen. Strassb. Bez. A. H fasc. 2083 or. mb. c. 2 sig. pend.
Nach Closener kamen die Wilhelmiten erst im Jahre 1302 nach Straßburg uf die hovestat do sü noch
40 sint. (D. St. Chron. VIII, 131.)

usu detrahere violento. quod qui secus attemptare presumpserit, gravem nostre majestatis offensam se noverit incurrisse. testes sunt venerabiles Cunradus[a] Argentinensis, Heinricus Constanciensis et Landolfus Brixinensis ecclesiarum episcopi, Eberhardus aule nostre cancellarius prepositus ecclesie in Wizzenburg[b], Fridericus prepositus ecclesie Argentinensis, magister Johannes aule nostre prothonotarius, nobiles viri Fridericus comes de Liningen[c], Georius comes de Veldentz[d], Ulricus comes de Schelkelingen[e], Johannes de Liechtemberg[f], Otto de Ochsenstein et alii quam plures. signum[g] Alberti Romanorum regis invictissimi. (M.)[h]   datum in castris in Suukowia[i] 15 kalendas novembris anno domini millesimo ducentesimo nonagesimo octavo, iudictione 12, regni vero nostri anno primo.

S aus Straßb. St. A. AA art. 2 nr. 1 or. mb. c. sig. pend. Dunkelgelbes Siegel an dunkelrothen Seidensträngen.
S 1 coll. ibid. or. mb. c. sig. pend. Dunkelgelbes Siegel an grunen Seidensträngen. Die Schrift ist ein wenig zierlicher wie bei S.
Gedruckt aus dem Briefbuch A fol. 18[b] ibid. bei Schöpflin Als. dipl. II, 71 nr. 811. — Böhmer R. Alb. nr. 62.

216. *Bischof Mangold von Wirzburg vidimirt einen Ablaßbrief des Wormser Bischofs für die Straßburger Münsterfabrik. 1298.*

Manegoldus dei gracia episcopus Herbipolensis universis presentes litteras inspecturis salutem in filio virginis gloriose.   noveritis nos litteras reverendi in Christo patris ac domini Wormaciensis episcopi, prout prima facie apparebant, vidisse et legisse in hec verba : « hee sunt indulgencie concesse omnibus benefactoribus ecclesie Argentinensis a sede apostolica et a cardinalibus ipsius et legatis, videlicet domino Hugone et domino Petro Capucio ac a venerabilibus patribus archiepiscopis et episcopis. scilicet Moguntinensi, Wormaciensi, Spirensi, Argentinensi, Constanciensi, Ratisponensi, Herbipolensi necnon ab aliis quam pluribus archiepiscopis et episcopis numero centum quadraginta. cui inquam ecclesie merito a quolibet fideli subveniendum est, ut ejus nobilissima structura et opus valde laudabile consumatur, quod fieri non potest absque fidelium largicione. in ea utique ecclesia dominus in laudem et gloriam sui nominis et honorem matris sue gloriose virginis Marie operatus est et operatur cottidie miracula magna et diversa prodigia in claudis cecis demoniacis vel quocumque morbo gravatis. pro omni populo patet illius civitatis et dyocesis. uno etenim mense ante modicos annos circa festum beati Jacobi quadraginta signa in dicta ecclesia acciderunt, inter que tres pueri mortui spiritum vite receperunt, quorum unus suffocatus fuit in aqua profunda, in cujus fundo permansit per diem dimidium, secundus periit sub curru lapidibus ponderato, tercius

Juli 25

a) *S 1 Chůraldus.*   b) *S 1 Wissenburg.*   c) *S 1 Lyuinge.*   d) *S 1 Veldeucie.*   e) *S 1 Schelebling.*   f) *S 1 Lyehtenberg.*   g) *S 1 Signumzeile in Majuskeln.*   h) *In S hat das Monogramm die Höhe von sechs Zeilen, in S 1 von acht Zeilen ; in beiden steht es mitten im Text, in S mehr auf der rechten, in S 1 auf der linken Seite.*   i) *S 1 Suatgowia*

cecidit de cappella ejusdem monasterii[1]. unde preceptum est ab episcopo Argentinensi, ut quilibet sacerdos sue dyocesis omni septimana celebret tres missas pro benefactoribus vivis et defunctis. insuper peccata, oblita vota fracta si ad ea redierint, penitencie neglecte, juramenta que procedunt ex animi levitate, offense patrum et
5 matrum siue manuum injectioue violenta misericorditer relaxantur. preterea participes fiunt omnium bonorum, que fiunt in civitate et dyocesi Argentinensi. summa karrenarum centum quadraginta criminalium et quatuordecim anni venialium. summa missarum octoginta milia. vobis vero sacerdotibus in hoc negocio pie laborantibus, quicquid in horis canonicis obmisistis, si contriti et confessi fueritis in
10 domino, condonatur. in cujus rei testimonium sigillum nostrum duximus presentibus appendendum. datum anno domini 1298[2].

F aus Strassb. Frauenh. A. Donationsbuch 2 fol. 203 cop. ch. d. a. 1406

217. Frater Egidius patriarcha Gradensis, Martinus Brakarensis, Henricus Jadrensis archiepiscopi, Georgius Sardenensis, frater Jacobus Calcedonie, Thomasius
15 Coronensis, Rodericus Mindoniensis, frater Maurus Ameliensis, Johannes Olenensis, frater Moualdus civitatis Castellane, Nicolaus Capritanus, et frater Nicolaus Turibulensis episcopi cupientes, ut ecclesia monasterii sororum sancte Elizabet secundum instituta fratrum predicatorum viventium extra muros Argentinenses congruis honoribus frequentetur, omnibus vere penitentibus et confessis, qui ad dicti monasterii
20 ecclesiam in festivitatibus subscriptis, videlicet nativitatis, resurrectionis et ascensionis domini nostri Jesu Christi atque pentecostes, in quatuor festivitatibus beate Marie virginis, assumptionis, nativitatis, purificationis, annunciationis, sancte Elizabet ecclesie patrone, sanctorum Johannis baptiste et evangeliste, Laurentii, Vincentii et Stephani martirum, in festis sancte crucis, sancti Michahelis archangeli, beatorum
25 Petri et Pauli et omnium aliorum apostolorum, Martini et Nicolai confessorum, beatarum Margarete, Katerine, Cecilie et Agnetis virginum, sancte Marie Magdalene, in festo omnium sanctorum, in anniversariis dedicationum ipsius ecclesie ac per octo dies predicta festa immediate sequentes causa devotionis seu peregrinationis accesserint aut qui ad fabricam seu reparationem ornamenta luminaria aut ad alia
30 necessaria predicti monasterii manus porrexerint adjutrices aut in extremis laborantes aliquid legaverint, singuli singulis quadraginta dierum indulgentias de injunctis penitentiis, dummodo loci diocesani ad id consensus accesserit, relaxant. «licet is de cujus munere.» datum Rome anno domini 1299, 2 idus aprilis pontificatus domini Bonifacii pape VIII anno quinto. *1299 April 12 Rom.*

35 *H aus Strassb. Hosp. A lad. 90 fasc. 7 or mb. c. 12 sig. pend. Die zwolf Siegel hangen einzeln an roth-gelben Seidenschnuren*

---

[1] *Vergl. Miracula s. Mariae Argentinensia retractata a Gotfrido de Ensmingen (Mon. Germ. SS. XVII, 114-117).*

[2] *In demselben Jahre gewährt Bischof Mangold selbst einen Ablaß, der mit demjenigen Bischof*
40 *Emichos von Worms vom Jahre 1297 genau übereinstimmt. Vergl. nr. 40 Anmerk. 3. Auch von Bischof Leopold von Bamberg wird ohne nähere Zeitangabe erwähnt, daß er gleich den übrigen Bischöfen für die Wohlthäter der Munsterfabrik quadraginta dies criminalium et unum annum venialium bewilligt habe. Frauenh. A. Donationsb. 2 fol. 206-207.*

218. Petrus episcopus Basiliensis omnibus vere penitentibus et confessis, qui
ad ecclesiam sancti Stephani in Argentina in dedicacione et in anniversario dedicacionis altaris super letenario ecclesie predicte et per octo dies subsequentes,
item in festis patronorum altaris predicti, videlicet Johannis baptiste, Mathye
apostoli, Katherine virginis et martyris, undecim milium virginum, decem milium
martyrum atque Jodoci confessoris, item in sex festis, videlicet nativitatis beati Stephani prothomartyris et invencionis ipsius, beate Athale virginis, sancte Barbare
virginis et martyris, beate Odilie virginis atque dedicacionis ecclesie sancti Stephani
accesserint, quadraginta dies criminalium et annum venialium de injuncta eis
penitencia cum consensu episcopi Argentinensis relaxat prohibens, ne littere sue
extra per questuarios deferantur. « loca sanctorum omnium. » datum Argentine
feria 2 post Quasimodogeniti anno domini 1299. *April 27 Straßburg.*

H aus Straßb. Bez. A. H fasc. 2622 or. mb. c. sig. pend. delapso.

219. Frater Egidius patriarcha Gradensis, frater Henricus Jadrensis archiepiscopus, frater Romanus Crohensis*, Georgius Sardenensis, Rodericus Mindoniensis,
Johannes Olenensis, frater Maurus Ameliensis, Thomas Coronensis, frater Nicolaus
Thuribulensis, Nicolaus Capritanus, frater Jacobus Calcedoniensis et frater Monaldus
Civitatis Castelanensis episcopi cupientes, ut monasterium sancte Elizabet ordinis
predicatorum civitatis Argentinensis congruis honoribus honoretur, omnibus vere
penitentibus et confessis, qui ad dictum monasterium in omnibus festivitatibus subscriptis, videlicet nativitatis, resurrectionis, ascensionis domini et pentecostes ac in
omnibus festivitatibus beate Marie virginis, in festivitatibus apostolorum Petri et
Pauli et omnium aliorum apostolorum, in commemoratione omnium sanctorum, in
festivitate ipsius beate Elizabet et per ipsarum festivitatum octavas, necnon in festivitatibus beatorum Michaelis archangeli, Johannis baptiste, Laurencii, Georgii, Petri
martyris et Vincentii, Nicolai, Dominici, Martini et Augustini beatarumque Margarete,
Lucie, Caterine et Barbare, Marie Magdalene et Anne omniumque altarium ibidem
existentium causa devotionis accesserint et munus ad ipsius monasterii necessaria
porrexerint adjutrices. singuli singulis quadraginta dierum indulgentias de injunctis
penitentiis relaxant, dummodo diocesani^b voluntas ad id accesserit. « splendor paterne
glorie ». datum Rome sub anno domini 1299 mense aprelis, pontificatus domini
Bonifacii pape VIII anno quinto. *1299 April Rom.*

H aus Straßb. Hosp. A. lad. 90 fasc. 8 or. mb. c 12 sig. pend. Die rothen wohlerhaltenen
Siegel hängen an roth-gelben Seidenschnuren in vier Gruppen zu je 3 Stuck. Vergl. nr. 217.

220. *König Albrecht gebietet den Bürgern von Offenburg, die neuen in Straß-*
burg geprägten Pfenninge von nächster Lichtmeß an auf acht Jahre in Umlauf zu
nehmen. 1299 Juni 10 Wiesbaden.

Albertus dei gratia Romanorum rex semper augustus prudentibus viris . .
sculteto consulibus et universis civibus de Offemburge fidelibus suis dilectis gratiam

a) frater — Cro ausf Rasur.   b) *H* diocesseri   40

suam et omne bonum. cum venerabilis Conradus Argentinensis episcopus princeps
noster dilectus et prudentes viri sculteus consules et universitas civium ejusdem
loci fideles nostri dilecti, quos favore speciali prosequimur, nobis humiliter suppli-
carint precibus devotissimis nos rogando[1], ut novam monetam, que in Argentina
5 cuditur, in Offemburg et in Hagenoya recipi ab omnibus hominibus faciamus, nos
episcopi et civium predictorum precibus benignius annuentes et attendentes commune
bonum patrie propter deum precipue et utilitatem vestram et aliorum hominum, que
indubitanter vobis proveniet, ut speramus, fidelitati vestre committimus firmiter et
mandamus volentes precise, quatenus novos denarios, qui fiunt in predicta Argenti-
10 nensi civitate, in Offemburge sicut Argentine debeatis sine contradictione qualibet
recipere et eorum cursum a festo purificationis beate Marie virginis proxime affuturo
ad octo annos continuos efficaciter promovere, procurantes forum cum eisdem denariis
communiter apud vos omnium rerum venalium exerceri. datum in Wisbaden 10
kalendas julii, indictione 12, anno domini 1299, regni vero nostri anno primo.

*1309
Februar 1*

15 *S aus Straßb. St. A. Münzsachen art. 23 nr. 3 or. mb. c. sig. pend.*
Gedruckt darnach : d. Zeitschr f. Gesch d. Oberrh. II. 111 — Böhmer R. Alb. nr. 191.

221. *Statut des Straßburger Domcapitels über sechs einem neugewählten Bischof
aufzuerlegende Verpflichtungen. 1299 September 15.*

Pro conservatione status ecclesiastici jurisque honoris et libertatis totius cleri
20 civitatis et dyocesis Argentinensis nos prepositus decanus totumque capitulum ecclesie
Argentinensis statuimus ordinamus, provida deliberatione prehabita, consensu unanimi et antiquis ecclesie nostre statutis annexos esse volumus articulos subnotatos:
primum scilicet, quod venerabilis pater dominus noster episcopus Argentinensis, qui
proxime creatus fuerit in nostra ecclesia, et ejus in perpetuum successores clericos
25 sibi subjectos, quibus plerumque layci opido sunt infesti, ab oppressionibus et violenciis laicorum, in quantum ipsis possibile fuerit, debeant defensare, et ne a laycis
ad forensia judicia trahantur inviti, ipsisque clericis violenciam vel injuriam passis
a laycis satisfactionem congruam vel emendam pro viribus procurare. secundum quod
idem dominus episcopus et ejus in perpetuum successores clericos decedentes vel
30 mortuos velamentis indumentis suppellectilibus vel aliis bonis suis spoliari non con-
senciant neque sinant, sed talium bona disponi procurent secundum dispositionem
et voluntatem ultimam decedentis vel alias, prout de jure fuerint disponenda. tercium
quod prefatus dominus episcopus et ejus in perpetuum successores prelatis canonicis
abbatibus abbatissis et aliis clericis vel monasteriis aut ecclesiis sibi subjectis exac-
35 tiones aliquas vel collectas tallias aut contributiones imponere non debeant vel ob
eis invitis exigere aut aliquatenus extorquere, nisi secundum quod episcopis a
juribus est permissum. quartum quod idem dominus episcopus vel ejus in perpetuum
successores proventus vel redditus beneficiorum vacantium vel non vacantium, invitis

---

[1] *Vergl. nr. 210.*

eorum rectoribus et patronis, percipere non debeant ad usus suos qualescumque
sine licentia sedis apostolice speciali. quintum quod ipse dominus episcopus et ejus
in perpetuum successores officialem curie Argentinensi dare vel facere non debeant
alium quam canonicum verum ecclesie nostre, prout etiam in nostra ecclesia in
antiquis retroactis temporibus dinoscitur esse factum[1]. sextum quod, duobus vel   5
pluribus pro beneficio quovis vacante contendentibus, fructus et proventus dicti beneficii lite pendente percepti vel percipiendi per loci archidiaconum aut eum vel eos,
qui per ipsum [ad]ª eorum conservationem fuerint deputati, futuro rectori fideliter
reserventur et lite finita integre assignentur. juravimus igitur omnes et singuli ad
sancta dei evangelia corporaliter tacta a nobis, nos servaturos inviolabiliter omnia et   10
singula prenotata nec contra ea venire vel impetrare a sede apostolica vel aliunde
aut facere quoquomodo.   actum in crastino exaltationis sancte crucis anno domini
1299[2].

*Aus Würdtwein Nova subs. dipl. XIII, 295 nr. 77 (ex libro membr. maj. capit Argent.
dicto libro regulae fol. 26).*   15

222. *Johannes Schilt und Reinbold Reinböldelin erklären als Bevollmächtigte
der Stadt Straßburg zu Recht, daß der Stadt die Befugniß zustehe, Leute aus
dem Bisthume als Bürger anfzunehmen. 1300 Mai 4.*

In der missehelle, die unser herre der bisschof unde wir mittenander hant umbe
die nûwen burgere unde ir gůt, die der meister unde der rât entpfiengent, da daz   20
bistům ůstůre was[3], die an uns Johannesen Schilten unde Reinbolten hern Rein-
böldelins gelazen ist von der stette wegen also, daz wir sprechent sůlent nach unserre
stette vriheite rehte unde gewonheite, als unser stat her gelegen ist, da sprechen
wir uf unsern eit, daz unserre stette vriheit reht unde gewonheit ist unde ist also
her gelegen, daz meister unde rât burgere entphahen mûgent uf ir reht. ist er eigen   25
wirt, er beselzet vor meistere unde vor râte in des jares vrist, also reht ist, unde
also meistere unde rât erteilent, wir sůlent uns nût an in keren. were aber daz er
einen crieg hette mit iemanne oder ieman mit ime, den crieg sol men kûntlich
machen meistere unde râte. unde erteilent denne meister unde rat, daz ez ein reht
crieg si, men sol ime zů dem criege weder geraten noch beholfen sin. want denne   30
meistere unde rât, scheffele unde amman unde die burgere gemeinliche uns alle ire
gewolt in dirre sache hant bevolhen unde ôch wir uns der sachen hant angenomen
ze sprechenne nach unserre stette vriheite rehte unde gewonheite, als unser stat
her gelegen ist, da von sprechen wir, also wir die sache erkant unde ervaren
hant, daz die bekůmbernisse von des zoges wegen, die unser herre der bisschof   35

a) *Würdtwein om. ad.*

[1] *Vergl. UB. III, S. XX.*
[2] *Am gleichen Tage wurde Friedrich von Lichtenberg zum Bischof von Straßburg erwählt. Vergl
Catalogus episcop. Argent. (Mon. Germ. SS. XVII. 118).*
[3] *Von 1299 August 1 bis September 15.*   40

hiez tûn mit den glocken, als er sprichet, do er noch do probest was, an
der gûte. die unsere burgere werden woltent, unde umbe daz, daz sie unsere
burgere werden woltent, daz er die lûte wider unserre stette vriheite reht
unde gewonheite unde ze irrenne uuserre stette vriheit reht unde gewonheit unde
⁵ alse unser stat her gelegen ist. unde sprechent darumbe, daz ez nût ein reht crieg
si, der unserre stette vriheit reht unde gewonheit geirret mûge oder sûle, unde
sprechent, daz ez ein gewalt si unde solte ez ein crieg sin, des wir nût enjehent.
der solte uns billicher anegan denne die nûwen burgere, wande ez geschehen ist
ze letzenne unde ze irrenne unserre stette vriheit reht unde gewonheit, als unser
¹⁰ stat her gelegen ist. wir sprechent ouch, solte ez ein crieg sin, daz men eine
glocken lûte unde spreche: ich wil der gût, die zû Strazburg burgere werden
wellent, ziehen, also môhte ein ieclich herre. der umbe uns gesezzen ist, eine
glocke heissen lûten unde sprechen: ich wil aller der gût ziehen, die ze Strazburg
burgere werden wellent. damite wûrden wir entwaltiget unserre stette vriheite
¹⁵ rehtes unde gewonheite, daz wir darnach deheinen burger entpfahen môhtent.
unde sprechent darumbe. daz daz glocken lûten uns nût irren oder schaden sûle an
unserre stette vriheite reht unde gewonheite. wir sprechent ouch der stifte ze rehte,
daz unsere burgere uzzer unserre stat under daz bistûm, obe sie wellent, ziehen varen
unde sitzen mûgent glicher wis, als der stifte lûte in unsere stat ziehen mûgent.
²⁰ diz han wir gesprochen an der mitewochen nach dem meygetage, du von gotz
gebûrte warent drizehen hundert jar.

*S aus Straßb. St. A AA art 1397 or wb. c. 2 sig pend., quorum 1 delaps. Das Siegel
Schilts zeigt drei Adler.*
*Gedruckt aus dem Briefbuch A fol. 222ᵇ ibid. bei Wencker Disqu de usslurg p 29 =
Lunig XVII, 676.*

223. *Die Stadt Straßburg setzt sich mit dem Bischof und Domcapitel über die
Leistungen auseinander, zu welchen ihre neu aufgenommenen Bürger aus Molsheim
dort noch verpflichtet sein sollen. 1300 Juni 22.*

Wir .. der meister und der rât und die burgere gemeinliche von Strazburg
³⁰ verjehent, daz die nûwen burgere von Mollesheim, die meister unde rât entpfiengent,
do daz bistûm astûre was[1], sich mûtwilliliche ane unsere geheisse und unbetwûn-
genliche mit gûtem willen durch daz, daz daz lant in friden und in gnaden blibe,
und durch daz, daz men nût spreche, von iren wegen were crieg und urlöge
uferstanden in dem lande, hant gelobet, daz ir gût, daz sie hant zû Mollesheim in
³⁵ dem banne der gemeinde zû Mollesheim, sûle helfen dienen jergeliches vûnfe und
sibenzig marg silbers und vûnfzig vûder wines, also daz men viere jergeliches
nemen sûle der erbersten von der gemeinde von Mollesheim und zwene von unsern
den nûwen burgern von Mollesheim und daz die selse die bette legen sûlent uffe

¹ *Vergl. nr. 222.*

den eit, den sie drûmbe jergeliches tûn sûlent, uffe iedes mannes gût ane alle
geverde nach der mazen, als er gût het ligende in dem banne zû Mollesheim, alle
die wile daz unser herre der bisschof Friderich von Strazburg lebet. und ensûlent
ôber daz nûtz nût gebunden sin der vorgenanten gemeinde von Mollesheim weder
mit ûzzôgen noch mit wachenne noch mit grabenne noch mit engerû noch mit
anders deheime dienste ane alle geverde alle die wile, daz unser herre bisschof
Friderich von gotz gnaden von Strazburg lebet. unde swenne er nût enist, so sol
die stift von Strazburg in alleme irme rehte sin und ouch die stat von Strazburg
und die nûwen burgere in alleme irme rehte sin, doch mit solicher bescheidenheit :
were daz deheinre der vorgenanten nûwen burgere von uns wider ûzzôge und nût
bi uns gesezzen were, als er gesworn het, der sol dem bistûme dienen in alle wis,
als er vormals tet, e er unser burger wûrde. und sol in nût schirmen, daz er unser
burger worden ist und was, wande er sich von uns gescheiden het. und des zû
eime urkûnde so han wir unserre stette ingesigel an disen brief gehenket. wir ôch
Friderich von gotz gnaden der bisschof von Strazburg mit willen und gehelle unserre
herren der tûmeherren und des cappitels von Strazburg gelobent, daz wir die
vorgenanten nûwen burgere nût vûrbaz drengen sûlent noch schaffen gedrenget
mit gûten truwen ane geverde, die wile daz wir lebent, wand als ez da obene
bescheiden ist. were aber daz wir dewider têten oder ieman von unsern wegen,
daz sûlen wir ufrihten, swenne ez an uns gevordert wirt von iren wegen oder von
der burgere wegen von Strazburg. und des zû eime urkûnde so han wir unser
ingesigel an disen brief gehenket. und wir . . der dechan und daz cappitel verjehent
ôch, daz ez geschehen si mit unserme gûten willen, und hant darumbe zû eime
urkûnde unsers cappitels ingesigel an disen brief gehenket. wir ôch Friderich
von gotz gnaden der bisschof und daz cappitel und wir . . meister und rât und die
burgere gemeinliche von Strazburg verjehent bedesite annander, daz dise schidunge
geschehen si mit unser bedesite gûtem willen, und also daz die stift von Strazburg
in aller irre vriheite rehte und gewonheite, als sie untz her gelegen ist, bliben
sûle, und ôch also daz die stat von Strazburg in aller irre vriheit rehte und
gewonheite bliben sûle, alse die stat von Strazburg unze her gelegen ist, und
verjehent bedesite annander, daz dise schidunge der stift dekein schade sûle sin
noch ôch der stat von Strazburg, wand sie geschehen ist zû disem male durch
fride und durch gût. diz geschach, da von gotz gebûrte warent drizehen hundert
jar an der mitewochen vor sûniehten.

S aus Straßb. St. A. AA art. 1397 or. mb. c. 3 sig. pend. Neben den hängenden Siegeln des
Bischofs, der Straßburger Kirche und der Stadt ist an zweiter Stelle noch ein viertes
Siegelloch vorhanden ; doch fehlt auf der Rückseite der Siegelvermerk.
Gedruckt aus dem Briefbuch A fol. 89 b ibid. bei Wencker Disqu. de uassburg. p. 31 =
Lünig XVII, 876.

a) Von hier ab sind die Zeilen dichter gedrängt.

224. *Bischof Friedrich von Straßburg fällt als Obmann seinen Schiedsspruch in einem Streit zwischen Meister Johannes von St. Amarin und den Bürgern von Straßburg über einen an dessen Hof begangenen Hausfriedensbruch. 1300 August 3 Dachstein.*

In der missehelli, dû zwischent meister Johannese von sancte Amarinen ein site und den burgern von Strasburg gemeinliche ander site gelazen ist an uns bischof Friderichen von Strasburg, da sprechen wir als ein obeman ze rehte darnach, als uns dû sache von in und von irn ratluten beide site geantwurtet ist und uns unsers bistdûmes dienstman, die erbere rittere sint, geraten hant uf den eid, swas meister Johannes selbe dritte sines ersamen gesindes oder anderre unversprochener lute behôbet, das er verlorn habe, davon das ime in sinen hof frevelliche gelôfen wart und ûsgetragen, swas er darinne hatte, das suln ime die burgere wider schaffen, ob man es wider haben mag. ist aber das man es niht wider haben mag, vindet man danne die, den es wart oder die es namen, die sulnt die burgere solich haben, das sû in eine hant so vil phenninge nemen, als sû behaben wellent, das es wert were, und mit der andern swern, das es niht besser were ane geverde, und sol man ime die phenninge geben. swas aber nieman alsus behaben und gelten wil, das sol man meister Johannese gelten, als er selbe dritte behôbet, das es wert were. hette aber er debein bûch verlorn oder brieve, die man niht mag wider haben, die sûln wir nach unserre phaffen rate schetzen und sûlnt sû ime die burgere darnach schaffen vergolten. so sprechen wir umb das meister Johannes in sinen hof gejaget wart und sin hof und sine tûrn ufgebrochen wûrdent und sine knehte verwûndet, das alles kûntlich ist. swelhe meister Johannes der unvûge mit namen zihet, mag er die bezûgen selbe dritte, so sol ime ir iegelicher, der schuldig wurt, bessern jor und dag ûs der stat und mit ime uberein komen, swen aber er niht erzûgen mag, der sol ime sin reht dûn mit dem eide. dût er des niht, so ist er schuldig und sol bessern, als da vor geschriben stat. und swer der heimesûchi und ôch der wunden schuldig wurt, der ist zwo besserûnge schuldig. eine von der heimesûchi und die andere von der wunden iewedere ein jar und mit ime uberein ze komende. wir sprechent ôch, das gegen meister Johannese nieman, den er bezûgen mag oder den er zihet und ime dafûr niht swert, lidig mag sin da von, ob er vor den burgern sine unschulde hat getan, da meister Johannes niht clagende und ôch niht zegegene was. so sprechen wir, swas meister Johannes und sine helfer den burgern genomen hant, des er gibt oder die, den es genomen wart, kûntlich machent selbe dritte ersamer lute, das sol meister Johannes wider schaffen, ob man es wider haben mag. und da man es niht mag wider haben, da sol meister Johannes oder der, dem es wart oder der es nam, so vil phenninge, als er behuben wil, das es wert were, nemen in eine hant und mit der andern swern, das es niht besser were ane geverde, und sol ime die phenninge geben und da mitte gelten. so sprechen wir und beizent als ein obeman, swas anderre vorderunge sû beide site wider enander hant von den sachen, die an uns gelazen sint und umb die wir an disem brieve niht gesprochen

haut, das die alle sulnt beide site einvoltekliche abe sin. und sol ôch zwischent in
und allen irn helfern beide sit ane geverde umb alle missehelli und unfrûntschaft,
die sû wider eneuder von den vorgenanten sachen hant, eine ewige und eine stete
sûne sin und sulnt sû die sûne beide site hinnan fur stete haben und ôch versichern,

September 19 als wir zwischent nû und sancte Michels mes, die ze nehest wûrt, heizent und
sprechent, waud wir unze zû dem selben zil wellent ze rate werden, wie wir die
sûne heizent versichern, das sû beide site stete blibe. und sulnt ôch beide site
hinnan zû dem selben zil, swenne sû wellent, mit unsern brieven enander fur uns
dagen und zû den selben dagen vor uns oder vor dem, der danne an unserre stat
du ist, ieweder sit behaben uud wider enander vordern und dûn, als wir an disem
brieve gesprochen hant[1]. und swas sû ieweder sit uf enander da mitte behabent,
das sol man wider geben gelten und ufrihten unz zû dem selben zil, als wir du
vor gesprochen hant. und so das geschiht, so sint die burger, die meister Johannes
gevangen hat, und ir burgen lidig und sol sû meister Johannes lidig sagen und e
niht. die selben burgen sûln ôch unz zû dem vorgenanten zil gemûte han. ist ôch
ieman under den burgen, die des gemûtes niht wellent und leistent, wellent die
burgere an der stat andere also gûte geben, die sol meister Johannes nemen und
sol die erren, die des gemûtes niht wellent, lidig lan ane geverde. dis als hie vor
gescriben stat, han wir der vorgenante obeman gesprochen ze Dabichenstein an
der ersten mittewochen in dem ôgeste, du man zalte von gotz geburt drizehen
hundert jar.

*S aus Straßb. St. A. Verschl. Canzlei-Gew. Corp. K lad. 16 or. mb. c. sig. pend. delapso.
Das Stück ist dreimal so lang als breit, links unten befindet sich ein Schnitt mit
durchgesteckten Pergamentstreifen für das Siegel.*

225. *Die drei Capitel von Straßburg verbünden sich, um sich der Visitation
des Erzbischofs Gerhard von Mainz zu widersetzen. 1300 August 23.*

Cum reverendus pater dominus Gerhardus dei gratia . . archiepiscopus Maguntinus nobis . . prepositis . . decanis et capitulis majoris, sancti Thome et sancti
Petri ecclesiarum Argentinensium suis litteris et certis nunciis ad hoc missis notificaverit, se velle visitacionis officium per civitatem et dyocesim Argentinensem in
clero et populo breviter exercere, nos per experienciam facti ecclesias et clerum
civitatum et dyocesium Wormaciensis et Spirensis per eundem dominum . . archiepiscopum, cum ibidem nuper visitaverit, per inmoderatas extorsiones pecunie sub
velamine visitationis factas invenimus intollerabiliter pregravatas. et ideo . . nos ad
evitanda scandala dispendia et pericula talia, que nobis possent accidere in futurum,
plurimis tractatibus inter nos ac deliberatione diligenti prehabitis, decrevimus . , nos
velle opponere per vias juris hujusmodi visitacioni et extorsioni inique, qua idem

dominus . . archiepiscopus non, que Jesu Christi sunt, sed que lucri humani sunt,
querere intendit et pecunias utitur extorquere. et quia juxta doctrinam auctorum
levius communia tangunt. nos ut eo fortius et commodius nos et ecclesias nostras
predictas et personas earundem contra hujus iniquam visitacionem et extorsionem
5 defendere valeamus. nos ad invicem astringimus bona fide et in hiis scriptis nos
et successores nostros sollempniter obligamus ad cooperandum ad invicem, defendendum. contribuendum expensas tam utiles quam necessarias pro nostri juris
tuicione in negotio memorato et ad assistendum ad invicem consilio auxilio bona
fide. et si aliquam ecclesiarum predictarum vel quamvis personam ecclesie per
10 ipsum dominum . . archiepiscopum vel quemvis alium suo nomine et auctoritate
occasione hujusmodi oppositionis vexari contingeret quoquo modo. nos ad defendendum ecclesiam vel personam de ecclesiis et personis predictis communibus
expensis cooperabimur per appellationis refugium et prosecutionem et aliis modis
quibuscunque pro posse et nosse. et ad id nos et nostros successores sub pena
15 ducentarum marcarum et per fidem per nos hinc inde prestitam presentibus obligamus, eo salvo, quod si aliqua persona de ecclesiis memoratis ab hujusmodi communi nostra defensione et contributione, consilio vel auxilio et aliis, que incumbent,
se subtraxerit, ei vel eis personis, que se sic subtraxerint, omne suffragium consuetum et conpassionem subtrahemus, ipsam seu ipsas a consorcio nostro quantum
20 ad negocium suprascriptum penitus excludendo. et nichilominus . . nos . . prepositi . . decani et capitula predicti et singule persone relique ecclesiarum predictarum
ad observantiam omnium premissorum tenebimur et esse volumus obligati per fidem
et sub pena superius memorata. prosequemur etiam jus nostrum et cujuslibet
nostrum seu defensiones communibus laboribus et expensis, ita tamen, quod expense
25 hujusmodi contribuantur proporcionaliter pro cujuslibet capituli reddituum quantitate
juxta moderamen proborum et fide dignorum, quos ad hoc ab ipsis capitulis contigerit deputari. et si relique ecclesie vel monasteria et clerus civitatis et dyocesis
Argentinensis nobis assistere voluerint et persistere nobiscum in dicto negotio et
oppositione et contribuere et consilium et auxilium adhibere in omnibus, que ipsum
30 negocium contingent, nostris et eorum communibus laboribus et expensis nostra et
eorum jura modis omnibus, quibus poterimus, defendemus sub modis et conditionibus suprascriptis. et si quod capitulum de dictis tribus capitulis in premissis
negligens fuerit vel remissum, id in penam volumus suprascriptam incidere ipso
facto, renunciantes quoad premissa beneficio restitutionis in integrum, accioni et
35 exceptioni doli mali et ei, quod opponi posset, quod sine consensu superioris nostri
obligare nos et ecclesias nostras et capitula non possemus. litterisque impetratis a
sede apostolica vel aliunde inpetrandis sub quacumque forma et omnibus aliis
auxiliis et defensionibus, quibus contra premissa venire possemus in posterum vel
juvari, et specialiter exceptioni declinatorie fori et judicum et loci convencione, si
40 aliquod capitulum de predictis tribus capitulis contra reliquum vel reliqua vel
aliquam personam de capitulo super premissis non observatis aut super pena prescripta a sede apostolica vel aliunde voluerit litteras impetrare. predictam autem
obligationem et confederationem ultra sex annos continuos durare nolumus pene

peticione*, si eam medio tempore committi contigerit et non solvi, post lapsum dicti termini duratura, hoc adjecto, quod si forte durante confederatione predicta infra dictos sex annos occasione visitationis et oppositionis ejusdem lis seu causa cum dicto domino . . archiepiscopo vel suo successore inchoata fuerit et infra dictum terminum non finita, nos ad prosecutionem ejusdem litis seu cause usque ad finem 5 tenebimur etiam post terminum memoratum. et in premissorum omnium testimonium . . nos . . preposili[1] . . decani[2] et . . capitula predicti sigilla nostra presentibus duximus appendenda. actum 10 kalendas septembris anno domini 1300.

T aus Straßb. Thom A. lad. 1 (PriviL) or. mb. c. 9 sig. pend. Gut erhaltene Probst- Dekans- und Capitelssiegel der drei Straßburger Stifter. 10
Gedruckt darnach bei Ch. Schmidt Hist. du chap. de St. Thom. p. 340 nr. 56.

226. *Walther von Geroldseck theilt der Stadt Straßburg mit, die Streitsache zwischen dem Bürger Johannes von Lahr und ihren Bürgern Zuckeswert und Wolfelin sei durch Zahlung erledigt. [1300 im Sommer].*

W[altherus] dominus de Geroltsecke discretis viris et honestis Johanni filio 15 Erbonis magistro civium et consulibus in Argentina paratam ad beneplacita voluntatem. in causa, que vertitur inter Johannem civem nostrum de Lare et Wernherum dictum Zuckeswert et Wolfelinum concives vestros, nos et noster advocatus fideliter perscrutando penes tales personas, qui huic facto interfuerunt, interposuimus querendo diligenter de compositione facta inter ipsos, qui sub juramento coram 20 nostro advocato deposuerunt, quod tota dissensio inter ipsos habita taliter fuerit sopita, quod dictus Wernherus Zuckeswert omnibus computatis solvit dicto Johanni duas libras et quinque solidos. quam peccuniam Cûnradus filius sororis advocati nostri predicti persolverat pro Wernhero concive vestro antedicto. et si suprascriptis fidem non adhibueritis pleniorem, vestre discretioni precibus quibus pos- 25 sumus supplicamus, quatenus ad experiendam veritatem nobis certum nuncium vestrum transmittatis, qui de singulis supradictis vos faciet certiores. hii sunt[b] testes Al[bertus] advocatus, Burcardus, Cûnradus dictus Sinner de Freisenheim et Wultherus civis de Lare et alii quam plures.

[in verso] discretis viris . . Johanni 30
magistro civium et consu-
libus in Argentina.

S aus Straßb. St. A. Verschl. Canzlei-Gew. Corp. K lad. 16 or. mb. lit clausa. Von einem Siegel ist keine Spur mehr zu bemerken. Der Schriftcharacter des Stucks wie die sonst urkundlich nachweisbaren Personen weisen auf die Wende des 13. und 14. Jahrhunderts. 35 Johannes Erbe ist im Juni 1300 amtirender Meister[3].

a) *T peticione.* b) *S rep. sunt.*

---

[1] *Nach den Siegellegenden war Probst am Münster Johannes de Florichingen, an St. Thomas Fridericus, an St. Peter Hugo.*
[2] *Nach den Siegellegenden war Dekan am Münster Heinricus de Luphen, an St. Thomas magister* 40 *Johannes, an St. Peter Nicolaus.*
[3] *Vergl. UB. III, 422.*

227. *Bischof Friedrich von Straßburg beurkundet die Aussage Meister Johanns von St. Amarin über den von benannten Straßburger Bürgern erlittenen Schaden.* *1300 September 15 Geispolsheim.*

Wir Friderich von gotz guaden bischof ze Strasburg dúnt kúnt mit disem gegenwertigen brieve allen den, die es angat ze wissende, das in dem jare, da man zalte von gotz geburt driuzehen hundert jar des nehesten dunresdages nach des heilgen cruces mes ze herbeste a), meister Johannes von sancte Amarine behúp und bezugete vor uns ze Geisbolzheim alles, das hie nach gescriben stat, wider die burgere und uf die burgere von Strasburg in alle die wis und al darnach, als in der missehelli, dú zwischent ime und den vorgenanten burgern an uns gelazen wart, wir ime erteilt und gesprochen hatten beidesite ze rehte und als ime darnach des selben dages an die selbe stat gedaget was. er behúp und bezúgete, da ime in sinen hof ze Strasburg frevelliche und mit gemeineme zúgeschreie gelófen wart, das er da verlure und ime genomen und usgetragen wurde, swas er da hatte in húse und in hove, und das ime, des er da also verlor, noch niht siut wider worden zwei búch, eines das man heizet ein digestum vetus, und ein andres, das man heizet decretales, und sprach, das ime dú zwei búch lieber werin danne vierzig marc silbers. darnach behúp er einen brief, den er erworben hatte in dem hove ze Rome, dem man sprichet in latine littera dispensationis super defectu natalium, darnach einen brief, den er uf den selben sin hatte von dem kung Rúdolfe, darnach einen brief, den er uf den selben sin sime súne erworben hatte von dem kunge Adolfe, darnach einen brief, den er hatte uber vierzig viertel geltes, die er kófte. so behúp er, das er verlorn hatti alle sine brieve, die er hatte uber sine gotzgaben, wie ime die worden worent, und die brieve, die er hatte uber die kirchún ze Jebensheim ane den urteilbrief. so behúp er óch einen brief, den er hatte daruber, das er mit des bischovis gehelle von Basele widerleit hatte vier schillinge zinses, die sin hof ze sancte Amarine dem lutpriestere ze sancte Amarine schuldig was, mit dem aggere, den er dafur der kirchún gap. darnach behúp er, das er verlorn hatti eine súgenie und einen mantel und einen kugelhút mit schinevehene und des selben einen rog und eine blawe súggenie mit schinevehe und eine súggenie und einen rog und einen kugelhút mit zendole von Trippel und einen daphart und einen mantel eins blawen ze ritende und einen roten kugelhút mit schinevehe und einen blawen kursat gefútert mit wemminen von kúngelin und einen belletz von kungelin rúggen und eine kuter von zendal und eine kuter von scherter und ein uberrúke und einen kutzhút und ungesnittens dúches ze ermeln an sehs par kleider. das gewant alles schazte er drú und vierzig phunt Strasburger phenninge. so behúp er eine und vierzig eln linins dúches, des ie dú eln kostete zwo unze Baseler, und ein arnbrost von steinbochim horne, das er schazte umb ein phunt. und eine bekihube in eime húte und eine colier, dú zwei schazte er umb ahzehen schillinge, und zwei núwe hóbel dúch umb zehen schillinge, und ein swert umb sehs schillinge, und einen schriu

---

a) S herbeste übergeschrieben. Das ganze Datum auf Rasur.

umb drisig schillinge. und * sehs gûtu bette umb vier phunt, und zwene phulwen
umb drizehen schillinge, und drû stûlkûssû ein dunnes und zwei dicku und vier
hôbetkussû, die schazt er umb ahte schillinge, und zwelf lilachen umb sehs schillinge
und ein phunt, und zwei dischelachen und zwo hanckwehellen und ungewebens
garnes ze vier und vûnfzig eln. das schazt er umb nûnzehen schillinge, und eine
serie und ein stûllachen umb vier schillinge, und vûnf erine hevene umb sehs
schillinge und ein phunt. und vier kessele umb vierzehen schillinge, und vier
phannen umb vierzehen schillinge, und ein rostysen und isenine spisse umb zwene
schillinge, und vûnf siner leibe und eine site [b] speckes umb vierzehen schillinge.
und ein gros beggi umb ein phunt und ein kleine beggi umb sehs schillinge, und
sehs zinine kannen und zwei muschevessellû umb vierzehen schillinge, und eine
zinine flesche um drie schillinge, und einen blawen und einen swarzen mautel, die
waren einer megde, und einen sattel und einen watsack und eine sômerhut zû eime
sômere und einen andern watsack. er behûp ôch eines knehtes sattel, den schazt
er umb nûn schillinge, und einen zôm umb ahte schillinge und ane das ander hus-
geschirre, die eins phundes wert waren. und eine kiste wart zerbrochen, die schazt
er umb siben schillinge, und ein ander kiste umb drie schillinge, und ein guldin
vingerlin, das schazt er umb zwei phunt, und zwei barel umb zehen schillinge, und
vûnf amen rotes wines umb drizig schillinge, und ein wambesch umb ahte schillinge,
und zwo kolier und zwo bekihuben, die ze knehten horten, umb vûnfzehen schillinge. so behûp er, das ime dûrn und wende gebrochen weren gegen zehen
schillinge. er behûp ôch, das er in Baseler phenningen in grozen und in kleinen
turneien und an anderre munse verlure gegen vier und zwenzig phunden, der wart
ime widere vier phunt kleiner turneie. er behûp ôch, das er verlure, des ime niht
wider wart, drie und drizig marc silbers und das ime zwene schrine zerbrochen
wurden, die kostetent wider ze machende sehs schillinge. ôch behûp er, das sin
kneht Grezhart verlure an werde gegen vier phunden zweier schillinge minre und
Ellin sin dienst [c] gegen ahte schillinge und Fritzelin sin schûler einen rog, der
kostete einen und zwenzig schillinge. darnach behûp er und bezugete, als er solte,
uf Petermanne und Clawesen hern Johannes Panfelius sûne, das sû in frevelliche
in sime huse und daheime sûhten und ime desselben. males sinen kneht verwun-
deten. und uf die andern alle, der namen hie nach gescriben stant, behûp er und
bezugete den frevel und die heimesûchi, als er solte und ime des dages fur uns
gedaget was. dis sint der namen. uf die er die heimesûchi alsus behûp : her
Johannes Panfelin, Diemar [d] Halsberger des Liebencellers kneht, Peter Swarber.
Conrat sin kneht, der Fiminin sun der eltere, her Reinbolt Stupenweg [e] der junge,
Friderich Murre und Arnolt [f] Westerman der herren knehte in Calbesgasse, Bla-
menser, Ripelin hern Hug Ripelins sun, Johannes Dietheriches sûn vor dem munster,
Kretz an der obern straze, Obselins sûn der alte, Schilling der Tescher der alte,
Heinzelin Lenzelins sûn, her Hug von Kagenegge, Johannes der sûter, der bi des
hus von Mulnheim gesessen ist, Burcart hern Peters sun von Schônegge, Horwelins

a) und *übergeschrieben.   b) site *übergeschrieben.   c) N dienst   d) im Briefbuch A Dietmar
e) über dem p ein verwischtes b.   f) hinter Arnolt ein getilgtes der.

sůn der alte, Nicolawes Kage, her Conrat Ripelin, Johannes sin brůder, Conrat Vehe, Johannes Egene. Jacob Jacobes sůn des pisters, Conzelin Dasche der goltsmit *, Wisbrôtelin der junge, Dietze des Swarbers dohtersůn, Hayersda der junge in dem fronehove, Johannes Breiten sůn des kůfers, Bůubeler. Niclawes Růli Eberlins

5 sun, Jacob der Kellerin sůn, Kornelins sůn der junge, her Hug hern Hug Wiriches sůn, Reinbolt hern Reinboldes des Sůzen sůn der eltere, Johannes der sůn von Hohenloch und Gotzelin sin brůder, Johannes Bart, Werlin Kůse, her Helfenstein der ritter. Hug Kuchimeister. Willehelm Schôp und Hanfsat. und des zů einre urkůnde ist unser ingesigel an disen brief gehenket.

10 *S aus Straßb St. A. Verschl. Canzlei-Gew. Corp. K Ind. 16 or mb. c. sig pend. delapso Das Stück ist äußerlich eben so beschaffen wie nr. 224.*

228. Frater Ranutius Calaritanus, Adenulphus Consanus et frater Basilius Jerosolimitanus Armenorum archiepiscopi, frater Jacobus Calcedoniensis, frater Antonius Chenadiensis, Nicolaus Neocastrensis, frater Nicolaus Turtibulensis, Man-

15 fredus sancti Marci et Ramboctus Camerinensis episcopi omnibus penitentibus et confessis, qui ad ecclesiam sancti Petri Argentinensis in festivitatibus nativitatis, epiphanie, resurrectionis, ascensionis domini et pentecostes. nativitatis, purificationis, annunciationis et assumptionis beate Marie virginis, beatorum Petri, in cujus honore ecclesia ipsa constructa est, Pauli et Jacobi apostolorum, Johannis baptiste et evan-

20 geliste, Michaelis archangeli, sancte crucis, beatorum Stephani, Valentini et Laurentii martyrum, Silvestri, Nicolai et Martini confessorum sanctarumque Katerine, Lucie, Margarite et Agnetis virginum, Marie Magdalene, in festo omnium sanctorum, in dedicatione ipsius ecclesie necnon in festo sancti Oswaldi ac per ipsarum festivitatum octavas causa devotionis et orationis accesserint annuatim, vel qui ad fabricam

25 seu reparationem, ornamenta luminaria sive ad alia ecclesie necessaria manus porrexerint adjutrices, aut qui in sanitate vel infirmitate quidquam eidem ecclesie legaverint, sive qui presbitero ecclesie deferenti sacram eucharistiam ad infirmos devotam fecerint comitivam, vel qui, quandocunque et quotienscunque in altari sancti Oswaldi ejusdem ecclesie missa vel alia divina officia celebrantur, devote

30 intererint, singuli singulas quadraginta dierum indulgentias de injunctis penitenciis relaxant. «quoniam ut ait apostolus. • datum Rome anno domini 1300 mense octubris. 14 indictionis, pontificatus Bonifacii pape octavi anno 6. *1300 October Rom.*

R aus Straßb. Bez. A. G fasc. 4702 or. mb. c. 9 sig. pend. partim laesus

35 **229.** *Otto von Girsberg bittet die Stadt Straßburg, sie möge ihren Bürger Stampf veranlassen, daß er ihm die eingelösten Pfandstücke zurückgebe. [um 1300].*

Honestis viris et discretis R. magistro civium et consulibus in Argentina O[tto] dominus de Girspere promtam ac[b] obsequiosam in omnibus voluntatem. noveritis,

a) S goldmit. b) S ad

quod quidam concivis vester dictus Stampf pignora nostra nobis . . . . .ᵃ obtinuerit, que ab ipso jam dudum sunt redempta. quare vestram disscrecionem affectuose duximus deprecandam, quatenus concivem vestrum predictum ad hoc inducatis, quod nobis pignora nostra redere faciat et disponat. et quidquid nobis aut certis nunciis nostris per vestram sentenciam adjudicatum fuerit. inplebimus ut tenemur.   5
[in verso] magistro et consulibus in Argentina.

S aus Straßb. St. A. im Briefbuch A fol. 269ᵇ eingelegtes loses Blatt. or. mb. lit. clausa c. sig. in verso impr. laeso. Das ganze Stück ist auf Rasur geschrieben. Schriftcharacter wie Sachverhalt weisen auf die Zeit um 1300. Die Sigle des amtirenden Meisters ist wohl mit Reimboldo aufzulösen.   10

230. *Walther von Geroldseck bittet die Stadt Straßburg, sie möge seinem Koch Walther zum Antritt einer Erbschaft verhelfen.* [um 1300].

Honorandis viris magistro et consulibus Argentinensibus W[altherus] dominus de Geroltsecke salutem cum promptitudine serviendi.   cum Waltherus cocus noster servus super hereditate sibi a quodam cognato suo defuncto attinente coram vobis   15 tractatum habuerit et vos eidem diem assignaveritis recepturo coram vobis complementum justicie, quia personaliter interesse non poterit, predictam causam relicte ipsius defuncti, cujus heres existit, committere judicandam decrevit. rogamus ergo vestram honestatem, quatenus dictam matronam ad vestram velitis vocare presenciam inducentes eam, ut prestito juramento dicto Walthero addiceret, quod sibi attinere   20 videbitur. et prout ipsa dictaverit, idem Waltherus ratum habere curabit non habiturus super hiis de cetero actionem.

S aus Straßb. St. A Briefbuch A fol. 338 b mit der Ueberschrift daz die von Straßburg dez von Geroltzecke diener eins erbes bi in mit dem rehten helfen süllent. Für eine nähere Datirung des Stücks fehlt jeder Anhaltspunkt. der Aussteller ist wohl identisch   25 mit dem von nr. 226.[1]

231. Fridericus episcopus Argentinensis plebanis et vicariis per civitatem Argentinensem constitutis mandat, quatenus malefactores quosdam, qui sub noctis silentio et furtim extra muros atrii et ambitus ecclesie Argentinensis in laudem et honorem gloriose virginis matris domini dedicate nuper sacro sanctissimi puerperii   30 tempore transcendentes precipuam officinam refectorium ecclesie invadebant, fornacem destruebant et fenestras confringebant ausu sacrilego, moneant. quod infra octo dies a die monicionis computandos deo et virgini patrone, decano quoque et capitulo ecclesie Argentinensis satisfactionem congruam et emendam exhibeant, alioquin sententias excommunicationis et alias penas diebus dominicis et festivis accensis caudelis   35 pulsatis campanis inter missarum sollempnia contra illos publicent. «horrendi nimis.» datum in crastino circumcisionis domini 1301. *Januar 2.*

B aus Straßb. Bez. A. G fasc. 3466 fol. 155 b, cop. ch. sec. XVI.

a) Loch im Pergament, am Anfang scheint ein v, am Schluss iter zu stehen.

[1] Es würde dann Walther III von Geroldseck-Lahr sein, der 1315 zuletzt urkundlich nachweisbar   40 ist. Vergl. Ruppert Gesch. d. Hansen u. d Herrschaft Geroldseck. S. 86 ff.

232. *Ablaßbrief des Bischofs Iwan von Lacedämon für das Kloster St. Wil-helm in Straßburg. 1301 März 8 Straßburg.*

Frater Ywanus dei gracia Lacedemonensis episcopus gerens vices reverendi patris ac domini Friderici eadem gratia Argentinensis episcopi universis Christi
5 fidelibus salutem in domino sempiternam.　cupientes de divino munere nobis collato ᵃ monasterium ecclesiam zymiterium et altare fratrum ordinis sancti Wilhelmi in Crutenowe in civitate Argentinensi juxta pontem sancti Stephani, [que]ᵇ anno domini 1301 feria quarta post dominicam Oculi consecravimus, condigno profectu　*März 8* per Christi fidelium honorare frequenciam, omnibus vere penitentibus confessis et
10 contritis in dedicacione annuali, quam singulis annis volumus celebrari dominica proxima, qua cantatur Judica me domine, in honore beate virginis, beati Wilhelmi, beate Katherine ac omnium apostolorum. et in festis patronorum predicto monasterio ecclesie zymiterio et altari per octavas ipsarum sollempnitatum omnibus ibidem devotis convenientibus et querentibus indulgencias vel qui manus porrexerint adju-
15 trices, de omnipotentis dei misericordia contisi beate Marie virginis et apostolorum Petri et Pauli quadraginta dies de injuncta penitencia nec ᶜ quinque annos venialium ex parte nostri in nomine domini misericorditer relaxamus.　datum Argentine anno et die predictis. in cujus rei testimonium sigillum nostrum presentibus duximus appendendum.

20　　*H aus Straßb Hosp. A. lad XXXIII fasc. 42 or mb c. sig. pend. laesa*

---

233. *König Albrecht, Bischof Friedrich von Straßburg. Bischof Peter von Basel, die Landgrafen im Ober- und Nieder-Elsaß, die Städte Straßburg und Basel richten einen Landfrieden auf vier Jahre von Johanni ab ein. 1301 [April].*

Wir Albrecht von gotz gnaden der Römische kúnig. Friderich von der selben
25 gnaden bischof zů Strazburg, Peter ôch von gotz gnaden der bisschof zů Basile und wir .. die lantgraven in dem obern und in dem nidern Elsaze, Peter von Schônnecke der meister und der rat und die burgere gemeinliche von Strazburg. Cônrat der Schaler, dem men sprichet Rummelher, der meister und der rat und die burgere gemeinliche von Basile tûnt kunt allen den, die disen brief gesehent und
30 gehôrent lesen, daz wir der kúnig bi unserre kúniglichen trúwen und wir die an-dern bi geswor鈍em eide, den wir getân hant, úberein sint kumen eines gemeinen lantfriden von der Selse untz an die Birse und von dem Rine unz an die Wasichen. alse daz bistûm zů Strazburg begrifet, und von der Birse unz an den Wasichen, alse daz bistûm von Basile gât, und ouch jensite Rines alse daz bistûm zů Straz-
35 burg gat, hinnan unze sante Johannesses mez und dannan uber vier jar nach ein-　*1305 Juni 24* ander une underlaz vôr uns und vôr alle die unsern, also doch, daz wir der bisschof von Basile und die burgere von Basile jensite Rines ungebunden sint; und aber hie dissete Rines sin wir nút me schuldig noch gebunden ze helfeune wande von

a) *H collatis*　　b) *Zu ergänzen que*　　c) *Zu ergänzen non.*

der ʒBirse unz an die Sorne. und jensite Rines so ist nieman von dis frides halben
gebunden durch walt ze helfenne. alle pfaffen und alle geistliche lûte und alle
gotzhuser die sûlent in diseme friden sin und sûlent in irme rehte und in irre
vriheite bliben. und alle edele lûte graven frien und dienstlûte, die disen friden
gesworn hant zwisschen den vorgeschriben ziln oder noch swerude werdent, und   5
alle stette und bûrge und vesteuen und dörfer und dinghôve, die in diseme friden
gelegen sint. der sol ieclichez bliben in sime rehte. die stat zû Strazburg sol mit
namen bliben in irme rehte nnd in irre vriheite. ouch sol die stat ze Basile mit
namen bliben in irne rehte und in irre vriheite.   wir Friderich der bisschof von
Strazburg und wir Peter der bisschof von Basile verjehent des, daz weder wir noch   10
nieman, der in unsern bistûmen ist gesezzen, beholfen sol sin von dies lantfrides
halben umbe deheiner slahte ding, die beschehen sint vor den winahten, die nu warent.
die nûwen zolle sûlent ouch abe sin, swa si gemachet sint uf dem laude oder uf
dem wassere[1]. und swer disen friden brichet, beschihet daz in userme dies kûniges
gerihte, daz sol der, an dem er gebrochen ist, oder sine frûnt an unsere pflegere,   15
die hie nidenau genemmet sint. selbe vordern oder mit gewissen botten und brieven.
und sûlent unsere pflegere zehant ane geverde uf den eit botschesten und embieten
dem, der den friden gebrochen het, daz er in den nehesten ahte tagen daz widertû und bessere, daz er also begangen het. tût er dies nût, so sol derselbe unser
pfleger alle die, an die von aller der vorgenanten herren wegen dirre fride gesetzet 20
ist, die hie nidenan mit namen geschriben stant, die sol er alle manen mit botten
und mit breiven uf den eit, ob er ez mit siner maht ane sie nit volle enden mag
ane geverde. und sûlent die denne, als ez hie nidenan bescheiden ist, in den nehsten
ahte tagen dernach, so sie gemant werdent, bi irme eide mit solicher helfe und mit
solicher maht, als sie alle oder die zweiteil under in uberein kâment, uf den eit den   25
twingen, der den friden gebrochen het, daz er widertû und bessere, daz er wider
den friden getan het. mag aber er ez ane die andern gebessern mit siner maht, so
sol men niemanne me manen umbe helfe. wirt aber dirre fride gebrochen in userme
des bisschofes gerihte von Strazburg, so sol mens vordern, alse da obenan geschriben
stat, an die, die von usern wegen derzû gesetzet sint und hie nidenan geschriben   30
stant. und sûlent die denne uf den eit beide umbe daz widertûn und umbe daz
bessern tûn und gebaren in alle wis, alse du obene von dies kûniges pflegern
geschriben stat. in dirre selben wise sol men tûn ane alle geverde, obe der fride
gebrochen wirt, do mens an den bisschof von Basile oder an die lantgraven in
obern und in nidern Elsaze vordern sol. und sûlent die, die von iren wegen derzû   35
gesetzet sint, und hie nidenan geschriben stant, derzû tûn uf den eit in alle wis,
alse da obene geschriben stat. wirt aber er gebrochen, do ez die burgere von Straz-

---

[1] Am 7. Mai 1301 hub König Albrecht in einem an die Städte Köln, Mainz, Trier, Worms,
Speier, Straßburg, Basel und Konstanz gerichteten Schreiben die unrechtmäßigen Rheinzölle von Bacha-
rach bis Schmithausen auf und forderte diese Städte auf, in einem Landfriedensbunde die Erhebung   40
jener Zölle von Seiten der Rheinischen Erzbischöfe und Herren thätlich zu hindern. Mon. Germ. LL.
II. 474 u. Lacomblet UB. f. d. Gesch. d. Niederrh. III, 5 nr. 8 nach dem Or. i. St. A. von Köln. —
Mitth. a. d. St. A. v. Köln 4, 45; Böhmer R Alb. nr. 339.

burg anegät, da sol mens vordern an den, der denne wissenthaft burgermeister
ist, und sol er denne uf den eit schaffen, swelich burger von Strazburg den friden
gebrochen het, daz er daz widertû und bessere in den nehesten ahte tagen. beschehe
das niht, so sûlent die andern burgere alle von Struzburg und die andern dis frides
s eitgenossen den twingen, alse do vor von den andern geschriben stat. zû glicher
wis sol der burgermeister von Basile tûn, obe dirre fride gebrochen wirt, do ez
die burgere von Basile anegât, ze bessernde alles mit der bescheidenheit, die hie
nidenan geschriben stat. alle geste und alle frômede lûte, sie sint varnde blibende
oder wesende in dem vorbescheidenen begriffe, die sûlent disen selben friden hon.
10 als es da obenan bescheiden ist. wirt ôch ieman gevangen in dis frides begriffe
und wirt darus gefûret, da sûlent alle dis frides eitgenossen bi dem eide ir helfe
und ir maht zû tûn, das der gevangene lidig werde und solich unrecht gebessert
werde mit irre maht. alse die uberein kûment uf den eit, an die dirre fride gesetzet ist, sie alle oder daz zweiteil under in. wûrde aber der lantfride gebrochen
15 obwendig der Birse unz an den Howenstein und unz an Goldenfeils, derzû sint
die, die nidwendig des Eckenbaches geseszen sint. helfe niht gebunden, und sûllent
abir alle die, die obwendig geseszen sint, helfe unz dar gebunden sin. richet ôch
ieman deheine tot gevehte oder wunden, die unz her geschehen ist und noch unversûnet ist, domitte ist dirre fride nût gebrochen. swer aber vürbas wunt wirt,
20 dem sol men rihten, alse men von wunden rihten sol. und swer erslagen wirt, des
frûnden sol men rihten, alse men davon ze rehte rihten sol, in den nehesten ahte
tagen. men pfendet ôch wol umbe kûntliche korngûlte und wingûlte * und zinse, und
gât daz ôch niht an den lantfriden. anders sol nieman den andern pfenden ane
gerihte. het sich aber ieman verbunden mit sinen brieven, daz men in pfenden
25 sûle ane gerihte, den sol men pfenden an sine eigene, an sine erbe, an sine
lehene und an sine pfande. het aber ein gotzhus oder ein closter gût oder lûte,
der aber er vogt ist, an dem gûte und an den lûten sol men in nût pfenden. swa
die. an die dirre fride gesetzet ist, alle oder die zweiteil uberein kûment uf den eit,
daz ein herre oder ein stat oder ein burg oder ein durf, do der fride gebrochen
30 wirt, selbe môgent gebessern daz, domitte der fride gebrochen wirt, do sol men
niemanne me zû manen umbe helfe. da sie aber uberein kûment b uf den eit alle
oder die zweiteil, daz men helfen sol, swer denne dar niht kumet mit soliher
maht ane geverde, alse sie uberein kûment uf den eit, der sol meineidig und
trûwelos und erlos sin und sol uswendig dis frides sin. und sol men abe ime rihten
35 und ensol ime nieman rihten. swa mitte dirre fride gebrochen wirt, das sol men
widertûn und bessern, alse die, an die ez gesetzet ist, sie alle oder die zweiteil
under in uf den eit uberein kument. were aber daz sie sich davon mahtent und
die besserunge verzôgent durch môtwillen, so sûlent sie meineide sin und uswendig
diz frides sin. irret aber ir deheinen eheftigû nôt oder herren not oder eine lihte
40 sturbe, so sol der herre, von dies wegen er derbi was, einen andern derzû
schicken an sine stat ane alle geverde. der sol ôch denne sweru, alse der erste

a) S und wingûlte übergeschrieben mit etwas blässerer Tinte, wohl von gleicher Hand.   b) S kumement.

gesworn hette, und so er geswert, so ist der eit ulwege stete. alle die gût, die zů
erbe gelûhen sint von altere her, die sûlent in der gewonheite stan, als ez her
kůmen ist, die wile dirre fride wert. swer disen friden niht geswert, ieder man vor
sime rihtere, in den nehsten zwein maneden, so dirre fride gekûndet wirt von
stetten zů stetten, von bůrge zů bůrge, von dorfe zů dorfern, den sol men danah   5
nût me empfahen in disen fride und sol ime ôch nieman rihten und sol men abe
ime rihten. sprichet aber der rihter, er habe nût gesworn. bezûget er denne mit
zwein ersamen mannen, daz er gesworn habe, dies sol er genieszen. ist aber ieman
uswendig landes oder siech oder gevangen, so er dies entladen wirt, so gat alrerst
dise satzunge uber in. die prelaten die tûmherren und die phaffen die sint dies eides 10
erlassen durch erberkeit. dis sint die wir der kûnig rihtere uber den friden gesetzet
hant von unsern wegen : Johannesen Ûlrichen von dem Hus, Johannesen den
schultheissen von sante Pûlte und Johannesen den schultheissen von Ehenhein. so
han wir der bisschof von Strazburg von unsern wegen gesetzet her Cûnen von
Geispolzhein und hern Cûnen von * Bûtenhein, und wir der bisschof von Basile   15
Johannesen von Wartenvels, der unser pfleger ist ze Swarzenberg. so han wir der
obere lantgrave von unsern wegen gesetzet hern ᵇ ..... von Schönenberg, der gesessen
ist zů Ensishein. so ist von dies nidern lantgraven wegen her Walther von Matzen-
hein. so ist ôch von der burgere wegen von Basile, der ie burgermeister ist. so
hant ôch die burgere von Strazburg iren burgermeister. der sol ie einen zů ime   20
nemen, der die drizehen wochen vůr sich mit ime vare. daz dis war und stete sie,
darumbe han wir die vorgenanten herren und stette unser ingesigele zů eime
urkûnde an disen brief gehenket.   der wart besigelt, do men von gotz gebûrte
zelte drizehen hundert jar und ein jar.

S aus Straßb. St A. Gew. a. d. Pfalz lad. 73 cop. mb. coaeva. Das Pergament ist liniert,   25
unten am Rand kaum eines Fingers Breite leerer Raum. Das z zeigt im ganzen Stuck
eine besondere eigenthümliche Form. Was die Datirung anbelangt, so wird der Abschluß
des Landfriedens wohl in den April 1301 zu setzen sein, wo schon der neue König Albrecht urkundlich
am Oberrhein erscheint. Jedenfalls ist er vor 1301 Mai 2 zu legen, wo schon der neue
Rath der Stadt Straßburg mit Groz Erbe als Meister fungirt. Vergl. UB III, 422.   30
Gedruckt darnach bei Obrecht Academica p. 330—335   Lünig VI, 7 ÷ Du Mont Corps
unic. diplom. I ³, 327   Mon Germ. LL. II, 475, wo der Abschluß des Friedens zu
spät nach Speier verlegt wird. — Trouillat Mon. de Bâle III, 678. Vergl. Kopp Gesch.
d. Eidgen. Bünde III, 2, 82—84.

234. *Meister und Rath der Stadt Straßburg verbieten das Auslesen der Pfen-*   35
ninge. 1301 December 14.

Wir Johannes von Mûlnheim der meister unde der rat von Strazburg tûnt kunt
allen den, die disen brief gesehent unde gehôrent lesen, daz wir mit râte unde
gehelle hern Nycluweses des alten Zornes eines mûnissemeisters unde der mûnissere
aller und ôch mit willen unde gehelle aller unserre scheffele und durch des landes   40
unde unserre stette unde menliches nutz unde nôtdurft hant verbotten, daz nieman

a) S von übergeschrieben.   b) Lücke gelassen in S.

unserre burgere, er si müuisser oder nût oder jude, dekeinen pfenning erlese hinnan
fürder me, swaz müunissen oder pfenninge ez si, sie sint cleine oder grôz, swer daz
brêche, der git zehen pfunt unde sol zwei jar von der stat sin eine mile. were öch
daz ein dienst, ez si die frowe knehl oder jungfrowe, die pfenninge erlese, so sol
s der würt, des gesinde ez ist unde in des gewalt ez geschihet, zehen pfunt besseru
unde zwei jar von der stat sin eine mile. der öch nût der pfenninge hette ze geltenne,
der sol zehen jar vür die pfenninge uze sin. und swer also uzvert, der sol nût herin
varn ane urlôp meisters unde râtes. die pfenninge, die also zû besserungen vallent,
als ez du vor bescheiden ist, sülent werden unserre stette unde dem ungelte. würde
10 öch ein gast oder ein lantman mit sulichen pfenningen begriffen, die erlesen werent.
von dem sol men rihten nâch rehte. wande öch dise satzunge unde diz gebot göttlich
erberlich unde nütze ist richeme und armen der stette unde dem lande, davon sol
ez iemerme wern unde sol dekein meister noch rât hie nâch dekeine gewalt haben
diz gebot abe ze lazenne. und swenne ein rât abegât, so sol der rât der abegât,
15 deme râte der anegat, in den eit geben, daz er dise gebot stête hube unde nût abe-
lâze. unde des zû eime urkünde so han wir unserre stette ingesigel an disen brief
gehenket. der sint zwene unde der münissemeister sol einen haben unde der andere sol
ligen uffe dem turne. unde wurdent gegeben an dem dunrestage nach sante Lucien
tag, do men von gotz geburte zalte drizehen hundert jar unde ein jar. heran waren
20 wir Grôz Erbe, her Reinbolt Brandecke, her Johannes von Mülnheim unde her Hug
Rihter die vier meistere u. s. w. folgt der Rath.

S aus Straßb. St. A. Münzsachen art. 23 nr. 4 or mb. c. sig. pend
Gedruckt darnach i. d Zeitschr f. Gesch. d. Oberrh. II, 412.

235. *Dietrich von Girbaden schließt mit der Stadt Straßburg eine Sühne um
seine Gefangenschaft und stellt dafür vier Bürgen. 1302 Januar 21.*

Ich Dieterich von Girbaden tûn kunt allen den, die disen brief gesehent unde
gehôrent lesen, daz ich mit den burgern von Strazburg überein kumen bin mit
minre frûnde râte einre gantzen unde einre stêten sûne umbe die gevengnisse, die
30 mir von in beschehen ist in irre stat, unde han gesworneu an den heiligen einen
gestabeten eit urvêhte, unde daz ich den burgern unde der stat von Strazburg umbe
die getât niemer dekeinen schaden tûn sol noch schaffen getân unde alle geverde.
unde daz sie deste sicherre sint, darumbe han ich in zû bürgen gegeben unverscheidenliche hern Anshelmen den Heiden den voget von Wasselnheim, hern Johan-
35 nesen von Hobenstein, hern Eberharten Frentschen von Landesberg unde hern
Dietschelinen von Ephiche mine frûnde und mine mâge also: were daz ich die sûne
brêche, daz gut wende, swa daz her Cûne von Geisboltzheim, her Heinrich der
burcgrave von Doroltzheim unde her Johannes von Hobenstein erkantent, sie alle
oder daz mêrre teil under den drien bi dem eide, den sie iren herren hant gesworn,
40 daz sol ich den herren von Strazburg abelegen unde abetûn in den ahte tagen,
so die drie gesprochen hant oder daz mêrre teil under in. unde sülent ouch die
drie gesprochen han in den ahte tagen, so sie drûmbe gemant werdent bi dem eide.

tête ich des nût, so sülent sich mine die vorgenanten bûrgen entwûrten in die stat
zû Strazburg zû rehter giselschefte oder zû Ehenheim, zû Erstheim oder zû Bene-
velt, in swelhe der stette sie wellent, ane wandelunge in den alte tagen, so sie
drûmbe genant werden zû huse unde ze hove oder munt wider munde, ane geverde,
unde sülent die giselschaft leisten unde halten alse lange, unz daz der breste wûrt
ufgerihtet. brêchent sie die giselschaft oder deheinre under in, den, der da brichet,
den sol men angrifen unde pfenden mit gerihte unde ane gerihte. unde ensol daz
gân an dekeinen lantfriden noch an dekein gerihte, ez si geistlich oder weltlich.
ez ist ouch also beredet in dirre selben sûne, were daz die burgere von Strozburg
mich oder die mine oder min gût angriffent, daz sol ich meistere unde rôte von
Strazburg kûnden unde clagen unde mit in darumbe tage unde stunde leisten.
benement sie mir sin nût mit minnen oder mit rehte, griffe ich sie darüber an,
darumbe sol ich dise sûne nût gebrochen han; doch sol ich in ê widersagen, ê ich
sie angrife. were ôch daz deheinre minre frônde oder deheinre minre herren deheinen
crieg hette mit den burgern von Strazburg, wolte ich dem helfen ane geverde, so
sol ich in erberlichen widersagen unde sol ôch damitte die sûne nût gebrochen han.
daz diz wâr unde stête si, darumbe han ich min ingesigel an disen brief gehenket
zû einer urkûnde. wir ôch Anshelm der Heiden, Johannes von Hohenstein, Eberhart
Freutsche von Landesberg unde Dietschelin von Ephiche die vorgenanten bûrgen
verjehent allez, daz da vorgeschriben stat, unde gelobent[a] ez stête ze habenne unde
ze leistenne bi unsern truwen ane geverde. unde des zû einer urkûnde so han ouch
wir unsere ingesigele an disen brief gehenket.   diz geschach an der mittewochen
nâch sante Agnese tag, do men von gotz gebûrte zalte drizehen hundert jar unde
zwei jar.   .

S aus Strâßb. St. A. Verschl. Canzlei-Gew. Corp. K lad. 15 or. mb. c 5 sig. pend., quorum
3 delapso. Erhalten die Siegel des Hohensteiners und des Landsbergers. Das Stück ist
ein Palimpsest.
Gedruckt zum Theil aus dem Briefbuch A fol. 147 n ibid. bei Schöpflin Als. dipl. II, 77
nr. 824.

236. Hesso von Griffenstein, obmann in der sache zwischen «Heinriche deme
Dotzheler von Hagenowe unde Johannese von Wasselnheim eime burger von Strazpurg» um Heilewige Wasselnheim's tochter und um die mitgift, die Johannes von
Bisecke derselben zu einem seelgerüthe gab, spricht zu recht, dass der dechant
selig von s. Peter vogt des kindes war vor geistlichem gerichte und dass, da der
dechant vom Johannes von Bisecke das gut des kindes wegen empfieng «ze hove
und an allen den stetten, do men es enpfohen solte», Heinrich der Dotzheler das
kint soll ungeirrt lassen an dem gut, weil das kint zu demselben recht hat. zugleich urtheilt er, da Wasselnheim bewiesen hat, dass das, was er thut, er des
dechanten willen thue, so sei er dem Dotzheler zu keinem schadenersatze verpflichtet.
ferner sei, «sit Wasselnheim daz erzüget het mit erbern gezügen, daz er deme
Dotzheler alwegent rehtes gehorsum waz vor dem rote ze Strazpurg oder vor deme

a) S gelobet.

schultheisse, do er ze rehte solte stân, und der Dotzheler des nût enwolte », der Dotzheler dem Wasselnheim zum vollen schadenersatze für alles, was er ohne gericht gethan hat, verpflichtet. « ich sprich ouch, als die ratlute sprechent her Eberhart von Hittendorf, her Johannes von Witersheim, daz daz gebrochen si, daz ze Drachinfels gesworn wart, do sprich ich, sit do also gesworn wart, wenne sich es zwene anegenement von Strazpurg und ouch die swörent von Hagenowe nût ze kommende, si sprechent denne, daz die denne, die do zû Drachinfels sworent, irs eides lidig werent, sider ich daz erforen han, daz die ze Hagenowe kument und ouch do ze blibende, untze si daz reht gesprechent, doz sprich ich, daz die ze Drachinfels sworent, daz die lidig sint und nût gebrochen hant. ich sprich ouch umbe die zweine her Peter von Schonnecke und her Clawes von Kagenecke, die do sworent ze Hagenowe ze blibende, untze sû daz reht gesprechent, und daz kuntlich ist, daz sû vor libes not nût getörstent bliben, und dernoch sich wider der entwurtettent und men ir sprechen anderwerbe nam, von in do sprich ich Hesse von Griffenstein uffe miuen eit, daz sû ungebrochen hant und den von Strazpurg an irme rehte nût schaden sol ». zum bewise hüngt er sein ingesigel an diese urkunde, die gegeben wart, « do men zelte von gotz gebûrte drizehen hundert jar und zwei jar an dem zistage noch der lichtmes ». *Februar 6.*

S aus Straßb. St. A. Verschl. Canzlei-Gew. Corp K lad. 16 or. mb. c. sig pend. delapso.
Vergl. Batt Das Eigenthum zu Hagenau II, 499.

237. *Der Schultheiß von Straßburg schlichtet den Streit zwischen der Stadt Straßburg und den Brüdern Walther und Wilhelm von Schäffolsheim. 1302 December 11.*

Die misschelle, die gewesen ist zwischen dem meistere und dem rate und den burgern von Strazburg einsite und hern Welter von Schaftolzheim und hern Wilhelme sinen brûdere und irn frunden andersite umbe die gevengnisse, daz her Danris und her Wilhelm gevangen wurdent, die an uns den..schultheissen von Strazburg gelassen ist bedensite. daz wir eine gewonliche sûne drûber sprechen sulnt, do spreche wir der vorgenante schultheisse, daz her Danris und her Welter und her Wilhelm urvehte verswern sulnt zû den heiligen vûr sich und alle ire frûnt und ire helfere bedensite, die in die sûne genomen sint, und spreche daz ze rehte uf minen eit, daz sû daz bedensite einander tûn sulnt und eine ganze gesworne sûne han sulnt bedensite ane alle geverde. und sol die sûne stete han» der meister und der rat von Strazburg vûr sich und unsere burgere und ire helfere, und her Welter und her Wilhelm von Schaftolzheim vûr sich und ire frûnt und ire helfere, die in die sûne genomen sint, ane alle geverde. und des zeime urkûnde ist unser ingesigele an disen brief gehenket. das geschach an dem eihestage vor sante Lucientag, do von gotz gebûrte warent zwei jar und dricehen hundert jar.

S aus Straßb. St. A. Verschl. Canzlei-Gew. Corp. K lad. 15 or. mb. c. sig pend. Gut erhaltenes Siegel mit dem Zorn'schen Wappen. Von der Legende ist deutlich zu erkennen . sigillum Nicolai, das letzte Wort ist fraglich, vielleicht Zornonis.

a) S han nachträglich übergeschrieben wohl von gleicher Hand.

238. *Sühnebrief der Städte Straßburg und Speier. 1303 April 18.*

Wir . . der rat und die burgere gemeinliche der stat von Strazburg unde wir . . der
rat unde die burgere gemeinliche der stat von Spire tůnt kunt allen den, die disen brief
geschent oder gehôrent lesen, daz wir durch friden fromen unde gemach aller unserre
burgere von iewederre stat sint ellencliche versůnet unde verslihtet aller der missebelle,
die wir mittenander habent unde hant gehebet biz an disen hůtigen tag, alse hie
nach geschriben stat : umbe die gevengnisse, die dem Ronere, der unser der stat
von Spire burger ist, geschach von dem von Lôbegaszen, der vierzig marg silbers
mûste geben umbe sine lidigunge, unde wir jahent, daz uns die von Strazburg
daz abelegen soltent, ist ez also geret, daz wir die burgere von Strazburg vierzig
marg silbers dar verluhen hant. unde hant von unsern wegen hern Albrehten Rů-
lenderline[a] unde hern Gotzen von Grostein rittere unde wir die burgere von Spire
hern Johan Cranich unde hern Sygelmannen Guntrammen erwelt unde erkorn ratlůte unde scheidelůte in der vorgenanten sache also, daz sich die selben viere
entwůrten sollent zů Wiszenburg an dem nehesten sunnentage vor pfinkesten, die
nu ze nehest kument, uf iren eit ane geverde, ez enwerde denne von redelichen
sachen widerbotten unde zů eime andern tage gezogen, do inne wir miden sůlent
bede site uf unsern eit alle geverde. unde sůlent die ratlůte uns beden siten in der
vorgenanten sachen rihten mit minnen, obe sie mûgent. môhtent sie des niht getůn,
so sůlent sie verhôren ieweder site unsere rehte vorderunge unde schirm unde
allez, daz wir ieweder site vůrlegen wellent, unde sůlent daruf ein reht sprechen
uf iren eit . unde waz sie alle oder daz merre teil under in also ze rehte gesprechent uf den eit in der selben sache, daz geloben wir bede site stéte unde veste ze
habenne mit gůten truwen. diz sůlent sie inewendig vierzehen nahten tůn von dem
tage, so sie sich zů Wissenburg geentwůrtent. were ez aber, daz sich die ratlůte
zweietent, so sůlent unsere ratlůte von Strazburg bi irme eide kiesen einen obeman
in dem rate zů Spire oder under zwelven zů Spire erbern unde biderben lůten
uszewendig des rates, die der rat von Spire in benemment oder geschriben gebent.
daz sol ouch geschehen in den vierzehen nahten. den sollent die burgere von Spire
solich halten, daz er sich der sache underwinde unde sůlent denne allez daz,
waz wir ieweder site vůrgeleit hant unde warumbe sie sich gezweiet hant,
geschriben zwei par unde besigeln mit ir aller vierre ingesigeln oder mit andern
kůntlichen ingesigeln, die sie daran bittent henken, unde sůlent daz geben
ieweder parte zů entwůrtenne deme obemanne. unde wanne daz geschihet,
so mûgent die ratlůte ieweder site heim varn. unde sol denne der obeman daz
ansehen, daz ime also besigelt geentwůrtet wůrt von einre oder von beden parten,
unde sol uffe sinen eit darůber ein reht danach in eime manade sprechen. unde
zů welher stette ratlůten er gevellet mit sime reht sprechende, daz sůlen wir
ieweder site stete haben mit gůten truwen unde ane alle widerrede. daz ist also :
sprechent die ratlůte unde der obeman, obe sich die ratlute zweient, daz wir die
burgere von Strazburg die vierzig marg gelten sůlent, so ensůlen wir sie nůt

Left margin line 15: Mai 19
Right margin numbers: 5, 10, 15, 20, 25, 30, 35, 40

---

a) Rûlenderline auf Rasur.

widerheissehen. sprechent aber sie, daz wir sie niht gelten sûlent billiche, so
sûlent die burgere von Spire sie uns widergeben oder schaffen widergegeben.
uffe dise gelazenne sache sûlen wir beden site einander widergeben gentzliche unde
garwe allez, daz wir einander genomen unde bekûmbert hant in iewederre stat, unde
5 sûlent ôch einander abelegen gewônlichen schaden, der von leistenne oder von
wûchere daruf gegangen ist ane alle geverde. den schaden han wir .. der rat
unde die burgere von Spire gealtet den burgern von Strazburg uffe vierzehen marg
oder darunder. darûber sol ez niht sin. den schaden mag der rat von Strazburg
vûr ire burgere, von den der schade ufgegangen ist, zû Spire wol geben, obe er wil;
10 aber unsere burgere von Spire, die zû Strazburg die lûte versetzet unde verbunden
hant, sûlent abelegen gewônlichen schaden, der davon zû Strazburg ufgegangen ist,
alse da vor geret ist. des schaden sol ouch sin under vierzehen marken. unde han
wir ieweder site mit gûten truwen gelobet getruweliche ze werbenne, daz der schade
geminret werde bede site. wir sûlent ôch ieweder site keinen schaden einander abe-
15 tûn, den wir ieweder site gelitten hant von sumnisse der kôfmanschefte ane alle
geverde. die selben vier ratlûte und der obeman, alse da vor geredet ist, sûlent ôch
sprechen unde gewalt han zû sprechenne glicher wise umbe den brief. obe die burgere von Spire hant von uns den burgern von Strazburg, unde sie sprechent, daz wir
in den brief niht gehalten habent unde davon ire burgere her Ebelin selige vor
20 dem mûnstre unde her Voltze selige von dem Zalbôme, daz jetze rûret ire erben
hern Wernhern Sydinswantzen unde hern Ebelinen hern Ebelins seligen sun, zû
schaden unde zû mûge wurdent getriben, daz sol ouch also stân. sprechent die
ratlûte und der obemann, alse da vor geret ist, daz wir die burgere von Strazburg
in die benne, die darumbe geschehen sint, nach dem hrieve sûlent abelegen, daz
25 sûlen wir tûn unde sûlent die clegere solich haben, daz sie zû Spire varent in die
stat unde vor geistlicheme oder vor weltlicheme gerihte da reht von in nement.
daz sûlent sie in ôch tûn unverzôgenliche, vor welcheme gerihte zû Spire die clegere wellent, ane geverde. aber umbe den schaden, der davon ufgestanden ist den
zwein vorgenanten burgern von Spire unde iren erben den vorgenanten, ist ez also
30 geredet: sprechent die ratlûte und der obeman, daz die vorgenanten burgere von
Spire genieszen soltent des brieves und daz die clegere von in zû Spire reht
nemen mûsten, alse da vor ist geret, wellent denne die klegere darumbe vor dem
rate oder vor den burgermeistern von Spire nemen von in ein unverzôgen reht,
alse sie erteilent uffe den eit, daz sie tûn sûlent nach irre stette rehte, so sol der
35 schade ieweder site abe sin gentzliche unde ellencliche. woltent sie aber vor geistlicheme gerihte da zû Spire tedingen mit in, so sûlent die clegere oder die stat
von Strazburg iu abetûn unde gelten den schaden, den die selben vorgenanten burgere von Spire gelitten hant wider der gelûbde des selben brieves. des schaden sol
sin zweinzig marg unde niht me ane geverde. sprechent aber die ratlûte und der
40 obeman, alse da vor geschriben ist, daz wir des lidig sûlent sin, des sûlen wir
ôch genieszen unde ouch die klegere. umbe den brant und den schaden, der zû
Neckerowe geschach den burgern von Spire, ist ez also geredet, daz daz abe sol
sin gentzliche, waz do geschach den burgern von Spire. aber umbe Johanne von

Zeissinkeim, der von uns den burgern von Spire geborn ist, der dű niht unser
burger was unde sider unser burger worden ist, sol ez also stan : wil der selbe
Johan diz mit uns niht stéte han, so sûlen wir in heiszen von uns varn unde
sûlent ime darzů weder raten noch helfen unde sûlent in ouch niemer wider entpfahen zů burgere, er habe sich e gesetzet mit den von Strazburg ane geverde. 5
umbe die getat zů Bingen han wir also mittenander übertragen : waz do uns burgern
von Spire geschach, daz lazen wir gentzlichen abe unde verzihent uns gûtliche darumbe gegen den burgern von Strazburg. ist aber daz Heinrich in der Saltzgaszen
unser burger von Spire, dem ein brûder an der getát erslagen wart, iemannen von
Strazburg des dotslages schuldiget oder zihet nu oder hernach, den sol er uns dem 10
rate von Strazburg nennen. den sûlen wir . . der rat von Strazburg solich haben,
daz er eintweder des jehe oder dervûr swere. vergihet er des oder wil sin niht jehen
oder öch niht swern davůr, den sûlen wir darzů twingen, daz er daz beszere gote
unde hern Heinriche dem vorgenanten, alse hiderbe lûte wisent unde bescheident
ane geverde. were ez aber, daz die burgere von Meintze oder von Wormesze, die 15
ouch schaden nament zů Bingen an der selben getat, uns darumbe oder anders warumbe woltent angrifen unde urlôugen, helfent in darzů die von Spire, alse sie sich
vor lange verbunden hant einander ze helfende[1], daran sûlent sie niht wider dirre
sûne tûn. woltent aber die burgere von Spire den burgern von Meintze oder den
von Wormesze helfen, so soltent sie uns den burgern von Strazburg e erberliche 20
vor widersagen. geschehe ouch, daz die burgere von Spire die burgere von
Strazburg von der burgere wegen von Meintze oder von Wormesze angriffent in die
wise, alse da vor bescheiden ist, wirt denne den burgern von Strazburg statte, sie
mûgent wol erkobern iren schaden an den burgern von Spire, die wile der crieg
wert, in glicher wise als an den burgern von Meintze oder von Wormesse. unde 25
sol damitte die sûne nůt sin gebrochen. unde zů eine urkûnde aller der vorgeschribenen dinge so han wir die burgere von Strazburg unserre stette ingesigel an
disen brief gehenket unde wir die burgere von Spire ouch unserre stette ingesigel
an disen brief gehenket.   der wart gegeben an dem dunrestage nach uzgander
ohsterwochen, do men von gotz gebûrte zalte drizehen hundert jar und drů jar. 30

*S aus Strußb. St. A. Verschl. Canzlei-Gew. Corp. K Ind. 16 or. mb. c. 2 sig. pend. Die
beiden großen Stadtsiegel wohl erhalten, das Straßburger an rother, das Speierer an
grüner Schnur. Dazwischen noch die Löcher für ein drittes Siegel.*

239. *Beschluß des St. Peterscapitels über Aufnahme und Unterhalt von Chor-
schülern. 1303 April 26.*   35

Nos . . deccanus et capitulum ecclesie sancti Petri Argentinensis de voluntate et
consensu expresso domini . . preposili ac . . scolastici ecclesie predicte statuimus et
ordinamus, cum hucusque defectum quam plurimum in choro nostro scolarium ha-

---

buissemus, quod perpetuo singulis annis duodecim quartalia siliginis deputentur
pistanda et de eisdem panes faciendo quatuor scolaribus, qui frequentent chorum
et ad horas cantent, ad arbitrium deccani, qui pro tempore fuerit, ipsos panes mi-
nistrando. qui eciam deccanus, quos choro viderit expedire, assumet scolares, alicujus
₅ contradictione non obstante. de dictis autem quartalibus capitulum octo ministrabit
et . . scolasticus alia quatuor de suo officio ministrabit. potest eciam deccanus scolares
assumere et repellere et reassumere et iterum repellere et mutare eosdem et corrigere tociens et quocienscumque choro videbitur expedire. volumus quoque hoc statutum inter alia nostra statuta connumerare et ab omnibus presentibus quam futuris
₁₀ perpetuo observari. in cujus rei testimonium sigilla nostra videlicet nostri deccani
et capituli una cum sigillis predictorum dominorum . . preposti et scolastici presentibus sunt appensa. et quia dictum statutum cum toto suo tenore de nostrorum . .
prepositi et scolastici processit voluntate, eidem nostrum prebemus consensum expressum et, sicut jacet, volumus ab omnibus observari. et in eorum testimonium sigilla
₁₅ nostra presentibus fecimus apponi. actum et datum 6 kalendas maji anno
domini 1303.

*B aus Straßb. Bez. A G fasc. 4707 or. mb. ltt. pat. Der untere Rand ist abgeschnitten,
jedoch sind zwei Siegelschnitte noch erkennbar.*

240. *Die Stadt Speier beurkundet, daß die Stadt Straßburg und sie selbst auf
₂₀ gegenseitige Geldansprüche verzichtet haben. 1303 Juni 20.*

Wir die meistere der rat und die burgere gemeinliche von Spire tünt kunt allen
den, die disen brief sehent oder ᵃ hörent lesen, daz die vierzig marg silbers, die der
. . meister und der rat und die burgere von Strazburg luhent umbe des Roners
gefengnisse, den der von Löbegaszen vieng¹, uns hant durch liebe und durch frünt-
₂₅ schaft und durch dekein reht varn gelaszen und gelobent, daz wir es durch dekein
reht haben sollent noch vürziehen sollent nu noch hernach zu dekeime rehte. dawider hant öch wir den burgern von Strazburg varen gelaszen zweuzig marg silbers,
die si uns geben solten han von der beune wegen hern Ebelins selgen vor dem
munster und Volzen zu dem Zalböme. und des zu eime urkunde so han wir in disen
₃₀ brief geben besigelt mit unsere stete ingesigele. der wart geben an deme dunrestage vor sante Johannes baptisten dag, da men zalte von gotz geburte driuzehen
hundert und driu jar.

S aus Straßb. St. A. Verschl. Canzlei-Gew. Corp. K lad. 16 or. mb. c. sig. pend.

241. *Heinrich von Schopfheim schwört der Stadt Straßburg Urfehde und stellt
₃₅ dafür sechs genannte Bürgen. 1303 August 30.*

Ich Heinrich von Schopfheim tün kunt allen den, die disen brief gesehent unde
gehörent lesen, daz ich gesworn han an den heiligen urvehte gegen . . den burgern

ᵃ) *S oder.*

¹ *Vergl. nr. 238.*

von Strazburg von der gevengnisse wegen, daz sie mich gevangen hettent, und han
gelobet bi dem selben eide, daz ich eine gantze und eine stete sûne von der gevengnisse und der sachen wegen mit in haben sûle und daz ich in von der vorgenanten
sachen wegen deheine schaden tûn sûle noch schoffen getan ane alle geverde. und
han in darumbe zû bûrgen gegeben unverscheidenliche hern Rûdolfen Kagen den
schûlmeister von Haselahe, hern Wernhern von Schopflieim den kircherren zû Altheim minen brûder pfaffen, hern Conraten von Schôwenburg, hern Wernhern Kagen,
hern Rûdolfen Hôwemessern unde hern Rûdolfen Kagen von Vendenheim rittere also:
were daz ich oder ieman von minen wegen wider die sûne tête und daz die vier
meistere von Strazburg, swelhe denne meistere sint, erkantent uffe den eit, daz
ich die sûne gebrochen hette von der sachen wegen, so sûlent sich mine die vorgenanten bûrgen in den vierzehen tagen, so sie gemant werdent von . . meistere
unde von . . râte, entwûrten in die stat zû Strazburg nach rehter giselschefte unde
sûlent da leisten alse lange, untz daz sie ufgerihtent den schaden und den bresten,
den ich den burgern von Strazburg getan habe ane geverde. brechent sie die giselschaft, so sûlent . . die burgere von Strazburg mich und mine die vorgenanten
bûrgen unverscheidenliche angrifen unde pfenden mit gerihte unde ane gerihte, swie
ez in fûget, unde ensol daz gan an dekeinen lantfriden noch an dekein gerihte. ez
si geistlich oder weltlich. nement ôch die burgere von Strazburg der pfendunge und
des angrifennes deheinen schaden, den sol ich unde mine die vorgenanten bûrgen
iu abetûn unde gelten ane geverde. ez ist ouch also beredet, were daz einre minre
frûnde missehelle hette mit . . den burgern von Strazburg, hûlfe ich deme ane
geverde, damite sol ich dise sûne nût gebrochen han ; doch sol ich . . den burgern
von Strazburg einen manode e widersagen erberliche. were ôch daz ich eine missehelle oder deheinen bresten hienach gewûnne von der burgere wegen von Strazburg,
den bresten sol ich . . dem meistere und deme rate von Strazburg kûnden unde clagen.
unde leitent sie mir den bresten danach in einem manote, so ich in in kûntlich gemahte,
nût abe, wolte ich sie denne darumbe angrifen, so solte ich in aber einen manot
vor e erberliche widersagen. diz habe ich gesworn stête ze habenne ane alle geverde.
unde des zû eime urkûnde so han ich min ingesigel an disen brief gehenket. wir
ôch Rûdolf Kage der schulmeister von Haselahe, Wernher von Schopfheim der
kircherre zû Altheim, des vorgenanten Heinriches brûder von Schopfheim pfaffen,
Conrat von Schowenburg, Wernher Kage, Rûdolf Hôwemeszer und Rûdolf Kage
von Vendenheim rittere die vorgenanten bûrgen verjehent, daz wir uns verbunden
hant in alle wise, als ez da vor geschriben stat, unde gelobent ez ôch stête ze habenne
unde zû leistenne mit gûten truwen ane alle geverde. unde des zû eime urkûnde so .
hant ôch wir unsere ingesigele an disen brief gehenket.   diz geschach an dem
fritage nach saute Adolfes tage, do men von gotz gebûrte zalte drizehen hundert jar
und drû jar.

242. *Bischof Friedrich von Straßburg trägt dem Clerus seiner Diöcese auf, Betrüger festzunehmen, welche mit gefälschten Urkunden zum Schaden der Straßburger Münsterfabrik sammeln. 1303 November 21.*

Fridericus dei gracia Argentinensis ecclesie episcopus universis archidiaconis
5 plebanis et vicariis per suam dyocesim constitutis salutem in domino. ex parte
rectoris fabrice ecclesie Argentinensis nobis gravis querela innotuit. quod videlicet
quidam falsarii per nostram dyocesim Argentinensem subditos vestros falsis circum-
veniant instrumentis in dei contemptum et nostri honoris ac dicte fabrice non modicum detrimentum. quocirca vobis et singulis vestrum sub pena viginti solidorum
10 dicte fabrice solvendorum precipimus et mandamus, quatenus, ubicunque locorum in
vestris districtibus prefati falsarii fuerint per nuncios dicte fabrice deprehensi, nostra
auctoritate vestram diligenciam adhibere curetis, quod iidem detineantur et conser-
ventur, quousque de ipsorum falsitate justum judicium consequi valeamus. datum
11 kalendas decembris anno domini 1303.

15   *F aus Straßb. Frauenh. A.* Donationsbuch 2 fol. 199 b *cop. ch. d. a. 1406.*

243. *Bischof Friedrich von Straßburg weist den Dekan des Domcapitels an, wie der Beschluß desselben, betreffend die Vertheilung der Denare an die Canoniker und Präbendare, durchzuführen sei. 1304 Februar 22 Neuweiler.*

Fr[idericus] dei gratia episcopus Argentinensis discreto viro decano ecclesie
20 Argentinensis in Christo dilecto salutem in domino. vobis et omnibus, quorum
interest, intimamus, quod nos deliberatione prehabita de bonorum consilio statutum
ecclesie vestre de distributione denariorum in choro ecclesie vestre canonicis et prebendariis presentibus faciendа editum declaramus esse taliter observandum, quod
eorundem denariorum distributio fiat canonicis juxta modum et consuetudinem ecclesie
25 vestre in administratione carnium observatam, prebendariis vero omni die, qua
matutinis aut misse publice et vesperis interfuerint, fiat similiter, prout ipsos contingit, eorundem denariorum distributio integraliter, tanquam aliis horis canonicis
omnibus illa die presentes fuissent. igitur statutum predictum, in quantum ultra prescriptam nostram interpretationem seu declarationem inportare et servare b seu quem-
30 quam artare videtur aut posset, auctoritate ordinaria revocamus. actum Novill[eri]
8 kalendas martii anno domini 1304.

     B aus Straßb. Bez. A. G fasc. 3465 nr. 195 *cop. ch. sec. XVI. Schlechte Abschrift.*

a) *F archiepiscopis.*   b) *Verderbte Ueberlieferung.*

244. Benedictus papa XI decano ecclesie sancti Petri Argentinensis iisdem fere verbis ac Honorius IV decano ecclesie de sancto Germano[1] mandat, quatinus bona monasterii sancti Marci extra muros Argentinenses alienata vel distracta ad jus et proprietatem ejusdem monasterii legitime revocare procuret. «ad audientiam nostram.» datum Laterani 5 idus martii pontificatus nostri anno primo.[2] *1304 März 11 Rom Lateran.*

245. *Pabst Benedict XI gestattet den Straßburger Dominikanern, unrechtmäßig erworbenes Gut, dessen Eigenthümer nicht zu ermitteln sind, im Werthe bis zu 500 Mark Silber anzunehmen. 1304 März 16 Rom Lateran.*

Benedictus episcopus servus servorum dei dilectis filiis .. priori et conventui ordinis predicatorum Argentinensibus salutem et apostolicam benedictionem.   meritis vestre religionis inducimur, ut vos illa prosequamur gratia, quam vobis fore noscimus oportunam. volentes igitur vestris necessitatibus ex nostra providentia subsidium aliquod provenire, auctoritate vobis presentium indulgemus, ut de usuris rapinis et aliis male acquisitis, si illi[a], quibus horum restitutio fieri debeat, omnino sciri et inveniri non possint, usque ad summam quingentarum marcharum argenti recipere valeatis in necessitates vestras totaliter convertendam, si alias[b] pro similium receptione gratiam a nobis non fueritis assecuti. ita quod hii, qui predicta vobis contulerint, ad restitutionem eorum, que per eos taliter collata fuerint, cuiquam faciendam minime teneantur. nulli ergo omnino hominum liceat hanc paginam nostre concessionis infringere vel ei ausu temerario contraire. si quis autem hoc attemptare presumpserit, indignationem omnipotentis dei et beatorum Petri et Pauli apostolorum ejus se noverit incursurum.   datum Laterani 17 kalendas aprilis pontificatus nostri anno primo.

a) *folgt eine kleine Rasur.*   b) *alias zum Theil auf Rasur.*

---

246. *Meister und Rath der Stadt Speier beurkunden, daß die Stadt Straßburg mehreren genannten Speierer Bürgern vollen Schadenersatz für zu Straßburg genommenes Gut gewährt hat. 1304 März 16.*

Wir die meistere und der rat von Spire tûnt kunt allen, die disen brief gesehent
und gehoreut lesen, dez Sygeline Hûne, Ronere, Nortwinde, Anshelme von Mûnpelgart, Cunrate von Triere, Huge von Swebichenheim, Nyclase zû dem Risen, Heinriche Beheime, Johannese von Zeisinkeime, Heilmanne Lentzen, Neudunge von Hagenbûch und sime sune unsern burgern, den ir gût zû Strazburg von Lowen Sygebrehte, Heinriche Mûlnere und Heinriche sime sune, Berhtoldes vrowen des
Smerwers, Burcarte Glaser, Rûdolfe von Bischovisheim, Sygeline Hirten, Hauemanne unde Clauwese sinen brûdern, Hermanne Mendewines sune, Johannese Mylcher, Heinriche Lôchmanne, Clauwese Giffingere, Johannese Richarte, Arnolte dem schifmanne mit dem einen ôgen, Gotzen Leuten, Walthere und Clauwese sinen brûdern, Heinriche von Bischovisheim und Johannese Môniche burgere von Strazburg genomen
wart, widertan ist gentzliche und garwe, und sagent die vorgenanten burgere von Strazburg und die stat von Strazburg ledig vûr uns und alle unsere bûrgere und verzihent uns gegen in darumbe, also doch, were ieman under unsern burgern, der in lande niht gewesen were und dem sin gût zû Strazburg bekûmbert were, dem sol sin reht behalten sin, als es beteidinget ist, kumet er hinnan untz zû dem
meyetage und danach nût me one geverde. daz selbe reht sol ôch behalten sin den
burgern von Strazburg in unserre stat untz zû deme vorgenanten zile und nût me
ene geverde. daz dis war und stête si, darumbe ist unserre stete ingesigel von Spire
an disen brief gehenket zû eime urkûnde.   der wart geben, da man zalte von gotz
gebûrte drizehen hundert und vier jar an dem mantage nach sante Gregorien tage.

247. *Bischof Friedrich von Straßburg bestätigt einen Beschluß des Domcapitels über die Verwendung der Pfründeneinkünfte von abwesenden und verstorbenen Canonikern. 1304 März 19.*

Fr[idericus] dei gracia . . episcopus Argentinensis reverendis in Christo . .
decano et capitulo ecclesie Argentinensis sinceram in domino karitatem.   cum
nuper a vobis ob utilitatem ecclesie nostre ordinatum sit taliter et statutum, quod
videlicet vestris concanonicis singulis de licencia sui . . decani existentibus in studio inposterum vel ad presens, quamdiu perstiterint in eodem, de proventibus prebendarum suarum una marca argenti tantum, annuatim quolibet quatuor temporum
per fertonem, a singulis mansurnariis vestris ultra prebendam antiquam debeat
ministrari, quamdiu nobis * placuerit et visum fuerit expedire, item quoniam statuistis, quod, si quis concanonicorum vestrorum nullis obnoxius debitis decesserit intestatus, proventus anni gracie prebende sue cedere debeant totaliter choro vestro et,

a) wohl verschrieben für vobis?

si que reliquerit debita, in solucionem illorum converti debeat de eisdem proventibus
ad modum antique prebende, remansuris residuis dicto choro, proventus vero anni
sequentis proxime utilitati et necessitati vestre ecclesie debeaut applicari, ita tamen,
quod taliter vel alia quavis morte defuncti successor in canonicatu et prebenda eosdem proventus cum decem marcis argenti capitulo vestro dandis ab ipso redimere *
valeat, si voluerit, et habere et nichilominus idem successor sex marcas argenti
pro cappa decora deportanda ad divinum officium in choro vestro et alibi* festis
consuetis debeat elargiri, qui si adeo breviter decesserit vel de ecclesia vestra tamdiu absens fuerit, quod ex hoc ab ipso predictam pecuniam consequi non possetis,
nichilominus de proventibus antiquis prebende sue et anni gracie predictas decem 10
marcas et sex marcas pro cappa recipere valeatis, ideo nos ordinationem hujusmodi
et statutum approbantes consensum et auctoritatem nostram eisdem presentibus
litteris inpertimur sigilli nostri munimine roboratis.   datum 14 kalendas aprilis
anno domini 1304.

*H aus Straßb. Bez. A. G fasc. 2719 or. mb. c. sig. pend. delapso. Das Stück zeigt eine 15
merkwürdig flüchtige Schrift.*

248. *Der Comthur und die Brüder des Straßburger Deutschordenshauses verpflichten sich der Stadt Straßburg, die mit der Stadt Speier geschlossene Sühne
derselben zu halten. 1304 April 23.*

Wir brüder Albreht der commentûre und die brüdere gemeinliche des tütschen 20
huses zû Strazburg tûut kunt allen den, die disen brief gesehent und gehörent
lesen, daz wir mit gemeineme rate und gewilliche hant gelobet den burgern von
Strazburg vür uns und alle unsere nachkumen und ze vorderst von brüder Cûnratz
wegen von Schafhusen stete ze habenne den sûnebrief, den . . die burgere von
Spire hant von . . den burgern von Strazburg, der besigelt ist mit beder stette 25
ingesigeln[1]. und hant darumbe entpfangen von . . den burgern von Strazburg drizig
pfunde pfenninge. und sint öch die in unsern und unsers huses nutz kumen. und
gelobent öch, ist daz wir clagen wellent uffe hern Ebelius seligen erben vor dem
münstere und uf hern Voltzen seligen erben zû dem Zalböme von Spire von der
sachen wegen, die wir gegen in hant von brüder Conratz wegen von Schafhusen, 30
daz wir daz tûn sûlent vor geistlicheme gerihte in der stat zû Spire, als an demselben sûnebrive geschriben stat, ane alle geverde. und derzû binden wir uns
und unser hus mit diseme gegenwertigen brieve. und des zû eime urkünde so han
wir den burgern von Strazburg disen brief gegeben besigelt mit unsers huses ingesigele von Strazburg.   diz geschach an sante Georien tage, do men von gotz 35
gebürte zalte drizehen hundert jar und vier jar.

S aus Straßb. St. A. Verschl. Canzlei-Gew. Corp. K lad 21 or. mb. c. sig. pend. delapso.

a) *ursprünglich aliis.*

---

[1] *Vergl. nr. 235.*

249. *Rudolf von Otterbach trifft mit der Stadt Straßburg einen Ausgleich über seine Verluste im Drachenfelser Kriege. 1304 Juni 27.*

Ich Rúdolf von Otterbach ein ritter tůn kunt allen den, die disen brief gesehent unde gehôrent lesen, daz meistere unde rat und die burgere von Strazburg sich mit mir liepliche gútliche unde ellencliche verrihtet hant umbe zweihundert schaf unde hundert lember, die genomen wurdent zů Wegelnburg, unde swaz schaden do geschach in dem criege, der da was zwisschent . . den burgern von Strazburg unde den von Drachenvels,[1] unde umbe allen den nutz unde schaden, der davon sitmáls kumen môhte sin, und die ich vúr meistere unde vúr rate behůp mit dem eide, daz sie min unde mines mannes werent, ane alle geverde. unde gelobe ôch unde bin des schuldig worden vúr mich unde alle mine erben, obe sie oder die stat von Strazburg umbe die schaf oder umbe die lember oder umbe den nutz oder schaden, der davon kumen were, ieman criegen wolte, daz ich iu daz abelegen súle ane alle geverde. und des zů eime urkúnde so hán ich min ingesigel an disen brief gehenket. diz geschach an dem sameztage nach sůnichten, do men von gotz gebúrte zalte drizehen hundert jar unde vier jar.

S aus Straßb. St. A. Verschl. Canzlei-Gew Corp K lad 16 or. mb. c. sig. pend. laeso.

250. *Bischof Friedrich von Straßburg überweist den Dekanen von Haslach und Rheinau sowie dem Straßburger Präbendar Heinrich Dietmar die gerichtliche Entscheidung von Processen der Dominikaner in Stadt und Diöcese Straßburg, indem er dieselbe seinem Officialat entzieht. 1304 October 4 St. Arbogast bei Straßburg.*

Fridericus dei gratia episcopus Argentinensis dilectis in Christo de Hasela et de Rinowe ecclesiarum . . decanis ac Hainrico Dietmari prebendario ecclesie Argentinensis salutem in domino. ad tranquillum statum fratrum ordinis predicatorum nostre civilatis et dyocesis in Christo nobis dilectorum, quo magis divino vacare possint obsequio, ex officii nostri debito promovendum considerationis nostre intuitum convertentes, ne iidem fratres pro consequenda justitia de injuriis, que ipsis tam a clericis quam a laicis contra jus commune et contra indulta privilegiorum ordini et eis concessorum inferuntur frequenter, ac de hiis, que eisdem fratribus ex causis legati donationis causa mortis et inter vivos seu aliis quibuslibet piis et justis modis relinquuntur et debentur, cogantur coram nostro . . officiali inter forensium disceptationum strepitus litigare, discretioni vestre universitatem causarum civilium et injuriarum seu criminalium civiliter intentarum quarumlibet, quas . . priores seu procuratores predictorum fratrum nomine eorundem contra quascunque personas

---

[1] *Diese Fehde wurde geschlichtet durch eine Sühne zwischen Ritter Heinrich von Hunnacker, Billung seinen Sohn, Anselm den Pfaffen von Drachenfels, Rudolf, Arnold und Nicolaus von Drachenfels, Anselms Brüdern einer- und Bischof Friedrich von Straßburg, Landvogt Johann von Lichtenberg sowie der Stadt Straßburg andererseits. Es siegeln dabei Graf Walram von Zweibrücken, Heinrich von Bannacker und Johannes von Berwerstein. 1303 December 23 (mentag vor dem wihenachten) cop. ch. sec. XVI i. Straßb. Bez. A. G fasc. 346b nr. 248.*

ecclesiasticas vel seculares nostre jurisdictionis et dyocesis intentare voluerint et
movere, committimus audiendas et vice nostra sine strepitu et de plano fine debito
terminandas. quodsi non omnes hiis exequendis poteritis interesse, duo vel unus
vestrum ea nichilominus exequantur facientes, quod decreveritis, per censuram
ecclesiasticam firmiter observari. testes autem, qui fuerint nominati, si se gratia
odio vel timore subtraxerint, censura simili cogatis veritati testimonium perhibere.
datum apud sanctum Arbogastum extra muros Argentinenses 4 nonas octobris anno
domini 1304.

T aus Straßb. Thom. A. Dominic. lad. 5 or. mb. c. sig. pend.

251. *Vor dem Bischof Reginald, dem Official und zwei Archidiaconen der
Metzer Kirche quittiren mehrere genannte Metzer Bürger über Summen, welche die
Stadt Straßburg schuldete, und verzichten auf weitere Forderungen. 1305 Sep-
tember.*

Noverint universi, quibus nosse fuerit oportunum, quod in presentia nostri
Reginaldi dei gratia Metensis episcopi, .. officialis curie Metensis, Willermi archidyaconi majoris et magistri Johannis de sancto Paulo archidyaconi Metensium constituti Johannes dictus de Atrio et domina Agnes Chauresson per manum et consensum
Willermi mariti ipsius Agnetis cives Metenses confessi sunt et recognoverunt, quod
a magistro civium consulibus et ab universitate civium civitatis Argentinensis receperint centum et viginti marcas argenti puri et legalis ponderis ejusdem civitatis,
in quibus magister et consules et cives Argentinenses predicti discretis viris Guer-
sando Colino dicto Reimbault, Petro dicto Moreil et Ponzino de Thionville civibus
Metensibus quondam obligati fuerunt, quodque dictum argentum eis cum integritate
sit ponderatum traditum et solutum, quittantes et absolventes Johannes et Agnes
predicti auctoritate Willermi sui mariti predicti cives Argentinenses a debito principali
predicto et ab omni dampno, si quod excrevit in eodem, sine dolo, facientes etiam
Johannes et Agnes predicti auctoritate Willermi sui mariti predicti civibus Argentinensibus pro se et omnibus jus habere volentibus in argento predicto plenam et
expressam refutationem de ulterius non petendo debitum antedictum vel aliquod
dampnum subsecutum exinde. preterea Johannes et Agnes predicti auctoritate Willermi mariti dicte Agnetis promiserunt sollempniter coram nobis, si aliquis civis
Metensis jus habere volens in debito principali predicto vel in dampno, si quod
excrevisset in eodem, occasione dicti argenti seu debiti vel dampni subsecuti exinde
aliquem de concivibus Argentinensibus in judicium traheret vel per judicium alicujus
civis Argentinensis personam vel bona arrestaret vel arrestari procuraret, quod
hoc eorum laboribus sumptibus et expensis tollere debeant et detentum seu arrestatum sublevare ab omni dampno. et de hoc se et omnes heredes suos constituerunt
principales insolidum debitores et constituunt per presentes ita tamen, quod impediens
seu arrestans cives Argentinenses seu eorum bona cum eisdem Johanne et Agnete
et ipsorum heredibus diem placiti observare et justitiam tenere velit sine dolo, volentes

etiam Johannes et Agnes predicti auctoritate Willermi mariti ejusdem Agnetis, si alique littere super eodem debito habeantur vel imposterum reperiantur, quod ille sint extincte et careant omni robore firmitatis. preterea constitutus coram nobis Colinus dictus Merkolz civis Metensis recognovit et confessus est, se recepisse a

5 magistro civium et consulibus civitatis Argentinensis quinquaginta quinque marcas argenti puri et legalis ponderis ejusdem civitatis, in quibus iidem cives Argentinenses Bouzardo civi quondam Metensi fuerant obligati, et quod dictum argentum sibi sit ponderatum traditum et solutum, quittans et absolvens cives Argentinenses predictos pro se et omnibus jus habere volentibus a debito principali predicto et ab omni

10 dampno, si quod excrevit in eodem debito, sine dolo. faciens etiam Colinus predictus civibus Argentinensibus pro se et omnibus jus habere volentibus in argento predicto plenam et expressam refutationem de ulterius non petendo debitum antedictum vel aliquod dampnum subsecutum exinde. preterea Colinus predictus promisit sollempniter coram nobis, si aliquis civis Metensis jus habere volens in debito principali predicto

15 vel in dampno, si quod excrevisset in eodem, occasione dicti argenti seu debiti vel dampni predicti aliquem de concivibus Argentinensibus in judicium traheret vel per judicium alicujus civis Argentinensis, personam vel bona arrestaret vel arrestari procuraret, quod hoc suis sumptibus et expensis tollere debeat et detentum seu arrestatum sublevare ab omni dampno. et de hoc se et omnes heredes suos princi-

20 pales constituit debitores et constituit per presentes ita tamen, quod impedicus seu arrestans cives Argentinenses seu eorum bona cum Colino predicto et ejus heredibus diem placiti observare et justitiam tenere velit sine dampno. volens etiam Colinus predictus, si alique littere super eodem debito habeantur vel imposterum reperiantur, quod ille sint extincte et careant omni robore firmitatis. in premissorum omnium

25 evidentiam et testimonium veritatis presentes litteras sigillis nostris jussimus et mandavimus sigillari.   actum et datum anno dominice incarnationis 1305 mense septembris.

S aus Straßb. St. A. Verzchl. Canzlei-Gew Corp. K lad. 17 or. mb. c. 4 sig. pend, quorum
2 delapsa, 2 laesa. Dorsualnotiz von einer Hand des 15. Jahrhunderts quittancie von
30   Metze.

252. *Sechs genannte rheinische Ritter verbürgen sich der Stadt Straßburg für die mit Johannes Kellershals von Trechtlingshausen über die Beraubung von Straßburger Bürgern geschlossene Sühne. 1306 Januar 18.*

Nos Johannes Marschalcus de Waldecke, Stephanus et Thilmannus dictus de
35 Borgdor milites de Lorche, Wilhelmus dictus Ruze de Inglenheim, Johannes dictus Vos et Heinricus frater suus de Dypach milites recognoscimus et ad universorum tam presentium quam futurorum noticiam cupimus pervenire, quod, cum prudentes viri . . magistri . . consules ac universitas civium Argentinensium super quibusdam bonis Johanni dicto Hozzelere suisque sociis et collegis ac quibusdam aliis civibus

40 Argentinensibus, ut dicti cives asserunt, ablatis Johannem dictum Kellershals de Tregtingeshusen armigerum coram strennuo viro domino Petro milite dicto de Lorz-

wilre quondam preside imperii in Oppinheim traxissent in causam ac eciam incusassent, ex qua causa inter ipsos cives ex una et prefatum Kellershals ex parte altera
dissensio et controversia seu inimicicia orta fuit, que dissensionis inimicicia per prudentes viros consules Maguntinos nomine Argentinensium civium et per nos antedictos Johannem Marschalcum et Johannem Borggravium pro parte dicti Johannis
Kellershals taliter est decisa et ad compositionem sive sůnam redacta integram sub
hac forma, quod, si predicti cives Argentinenses in presenti vel umquam in posterum
in futuro tempore perceperint et declarare valuerint per homines fide dignos, quod
ipse Johannes Kellershals ad predictorum bonorum prefato Johanni Hozzelere et ejus
sociis ablatorum depredationem opem vel operam consilium vel auxilium dederit vel
prebuerit efficacem, extunc nos supradicti sex milites, a prefatis consulibus Argentinensibus aut eorum certo nuncio ipsorum commonitionis litteras deferente commoniti,
omnes et singuli curiam unam intra Maguntiam nobis per predictorum civium Argentinensium nuncium nominandam sive deputatam intrabimus velut obsides propriis in
personis, abinde nullatenus egressuri sed in eadem curia tamdiu pariter moraturi,
quousque prefatis Johanni Hozzeler suisque sociis hujusmodi bona ablata cum dampnis
et interesse persoluta deposita et resarcita fuerint integraliter et complete. ceterum
antedictus Johannes Kellershals pro se universisque suis consanguineis et amicis
omni actioni controversie seu inimicicie, quas contra predictos Johannem Hozzeler
aut ejus socios aliosve cives Argentinenses ex supradicta causa habuisse dinoscitur*,
renunciavit simpliciter et in totum. necnon predicti cives Argentinenses universi
cum prefatis Johanne Hozzelere et ejus sociis dissensioni seu inimicicie ex causa
predicta contra memoratum Johannem Kellershals subortis eciam renunciaverunt
simpliciter et in totum sub condicionibus presentibus annotatis. preterea nos supradicti sex milites pro memorato Johanne Kellershals promisimus et promittimus et nos
presentibus litteris in solidum obligamus, quod, si ipse Johannes aut sui consanguinei
et amici predictam compositionem sive sunam in prefatis civibus Argentinensibus aut
eorum bonis umquam ullo tempore violaverint aut infregerint occasione cause supradicte, supradictos Johannem et ejus consanguineos prefate sune violatores ex causa
premissa inter partes facte ad hoc inducemus et tenebimus cum effectu, quod ipsi
prelibate sune sive compositionis fracturas resarciant justificent et reforment. in
quorum testimonium et evidenciam omnium pleniorem ad sepefati Johannis Kellershals ac amicorum suorum precum iustanciam nobis factam presentem cartam sigillis
nostris tradidimus roboratam. actum et datum anno domini 1306, 15 kalendas
februarii.

*U aus Heidelb. Univers. Bibl. I nr. 205 or. mb. c. 6 sig. pend., quorum 3 delapsa. Auf dem
ersten Siegel lesbar die Legende: s. Stephani militis de Loreche, auf dem zweiten
s. Tilmani dicti . . Borcstorre, auf dem dritten: s . . . . lmi . . . . de Ockenheim.
Gedruckt darnach i. d. Zeitschr. f. Gesch. d. Oberrh. VII, 449. — Ebenda XXIV, 166
i. Regest.*

a) U dinoscitur.

253. Clemens V papa fratri Johanni episcopo Argentinensi. defuncto Friderico episcopo Argentinensi[1] quatuor ibidem contigit in discordia celebrari electiones, unam de Johanne preposito, qui interim mortuus est, aliam de Johanne de Eremberg archidiacono, tertiam de Hermanno de Tierstein camerario et quartam de Johanne de Ohsestein scolastico ejusdem ecclesie.[2] Johanne archidiacono recedente atque Hermanno et magistro de Crafto preposito Haslacensi Argentinensis dioecesis procuratore prefati scolastici resignantibus in manibus Petri de Columna sancte Romane ecclesie cardinalis, Johaunes tunc Eistetensis episcopus ad ecclesiam Argentinensem transfertur et in episcopum preficitur. «celestis dispositione consilii.» datum apud sanctum Siricum prope Lugdunum 12 kalendas martii pontificatus anno primo. 1306 Februar 18 St. Cir bei Lyon.[3]

Aus Regesten Clementis papae V, Rom 1885, fol. 62 nr 340

254. *Friedrich der Vogt, Wölfelin und Albert sein Bruder, Bürger von Hagenau, geben der Stadt Straßburg Sicherheit für Alle, die sich in der Gefangenschaft eines gewissen Hagenauer Bürgers befinden. [1291 oder 1306] April 7 Hagenau.*

Viris discretis et honestis . . magistro consulibus Argentinensibus Fr[idericus] advocatus, Wölfelinus et Albertus frater ejus cives de Hagenowe paratum obsequium cum salute. securos facimus omnes, qui in captivitate R. concivis nostri rei esse noscuntur, ita quod de parte ipsius R. et suorum amicorum necnon dominorum nostrorum imperatoris et regis et hominum eorundem nullus eorum pro eadem captivitate aliqua querela insidiis dampno vel aliquo gravamine gravabitur nec modis aliquibus infestetur. ad hujus rei majorem cautelam testes sumus et fidejussores, presentes litteras in testimonium ejusdem aperte sigillatas vobis transmittendo. data apud Hagen[owe] septimo aprilis, indictione quarta.

S aus Straßb. St. A. Briefbach A fol. 244 a mit der Ueberschrift das drie burgere von Hagen[owe] die von Straßburg getröstet hant von eins iren burgers gevengnüsse wegen. Die Datirung ergibt sich daraus, daß nach Batt Eigenth. zu Hagenau II, 58 Friedrich von Winstein von 1285—1317 als Vogt von Hagenau nachweisbar ist und in jenem Zeitraum die Indictionszahl 4 auf die Jahre 1291 und 1306 fällt.

[1] Daß Bischof Friedrich am 28. December 1305 und nicht am 20. December 1306 gestorben, hat schon Kopp Gesch. d. Eidgen. Bünde III, 2, 219 Anmerk. 3 bemerkt. Vergl. N. Rosenkränzer Bischof Johann I von Straßburg S. 18.
[2] Ueber die verschiedenen Candidaturen vergl. auch Closeners Bericht (D. St. Chron. VIII, 90).
[3] In gleicher Weise schreibt der Pabst capitulo ecclesie Argentinensis, dann clero civitatis et dioecesis Arg. sicut capitulo, ferner populo civitatis et dioecesis Arg. sicut capitulo et clero und nobilibus viris baronibus aliisque vasallis ecclesie Arg., schließlich auch dem König und dem Erzbischof von Mainz.

255. *Gottfrid von Forbach verzichtet der Stadt Straßburg gegenüber auf alle Forderungen bezüglich des Angriffs im Stadtfrieden. 1306 April 14.*

Ich Jöffrit herre von Furpach tûn kunt allen den, die disen brief gesehent oder gehôrent lesen, daz ich durch bette mins herren hern Johanneses von Liehten-berg dez lantvôgites ze Elsaz han ergeben und abegelassen, unde verzihe mich öch mit disem gegenwúrtigen brieve aller der atzunge unde vorderunge, die ich hette oder han môhte gegen den burgeren und der stat von Strazburg umbe die getot, als ich in irre stette friden von irn burgeren angriffen wart. unde wand ich daz han getan luterliche durch bette dez vorgenonten lantvôgites, so bitte öch ich die vorgeuanten burgere von Strazburg vlisecliche, daz öch sie durch sine bette die lidig lossen, die sie gevangen hant, umbe dise selbe getât, als ich in irre stette friden angriffen wart. und dirre dinge aller ze eim urkûnde so han ich min inge-sigel gehenket an disen brief.   der wart geben an dem dunrestage noch usgan-der osterwochen nach gotz gebûrte drüzehen hundert jar unde sehs jar.

S aus Straßb. St. A. Verschl. Canzlei-Gew. Corp. K lad. 15 or. mb. c. sig. pend. delapso.

256. Clemens papa V decano ecclesie Argentinensis mandat, quatinus ea, que de bonis monasterii sancti Johannis extra muros Argentincuses ordinis sancti Au-gustini alienata invenerit illicite vel distracta, ad jus et proprietatem ejusdem monas-terii legitime revocare procuret. « ad audientiam nostram ».   datum Burdegale 14 kalendas junii pontificatus nostri anno primo. *1306 Mai 19 Bordeaux.*

H aus Straßb. Hosp. A lad. 90 fasc. 18 or. mb. Bulle an Hanfschnur. Kostenvermerk mit einem Zeichen wie für er darüber, darunter Rac. Schreibervermerk N. Campelleu. In der Mitte oben an durchstrichen, rechts in der Ecke N. Auf dem Rücken oben Johannes de Argentina, unten quer stark verwischt von andrer, gleichzeitiger Hand priorisse et conventus sancti Johannis extra muros Argentinenses ea . . . debent . . . .

257. *Bischof Johann von Straßburg verkauft mit Zustimmung des Domcapitels seine Münze zu Straßburg zur einen Hälfte an die Stadt und zur andern an vier genannte Straßburger Bürger auf sechs Jahre von der übernächsten Lichtmeß an um 150 Mark Silber. 1306 November 29.*

Wir Johannes von gotz gnaden der bischof von Strazburg tûnt kunt allen den, die disen brief geschent unde gehôrent lesen, daz wir mit gunste willen unde gehelle unsers cappittels zû Strazburg und durch der stette ere und des landes nutz so geben wir unde hant gegeben ze köffenne dem meistere unde dem rate von Strazburg unsere holben mûnisze, unde hern Nyclawese von Kagenecke deme jungen eime rittere von Strazburg, Burkarte von Mûlnheim, Petere von Dûrningen unde Clawese von Roppenheim burgern von Strazburg[1] unde iren erben die andern hal-ben mûnisze unde unser reht, daz wir hant unde haben sôlent an der mûniszen zû

---

1 Vergl. S. 160 Anmerk. 1.

Strazburg. zû sehs jaren nach einander ane underlâz, unde sûlent die anegan von
nu der liehtmez, die nu ze nehest kumet über ein jar, umbe anderthalb hundert
marg silbers luters unde lôtiges des geweges von Strazburg. unde verjehent, daz
uns daz silber gar unde ganlz vergolten si von den vorgenanten personen unde von
5 meistere unde von rate von Strazburg. unde sûlent uns ôch . . meister unde rat von
Strazburg und die vorgenanten burgere entwûrten eine mûnszemeister; wen sie
wellent, den sûlen wir setzen unde sûlent ime geben dise sehs jar allen den gewalt mit alleme rehte, den wir selbe soltent han hie zwischent an dirre mûniszen.
unde sol ôch der die lehen, die von der mûniszen gant, vûr uns unde unsere nach-
10 kumen verrihten die selben sehs jar zû den ziten, so men sie ze rehte verrihten sol. tete er des nût. so sûlent ez meistere unde rat von Strazburg und die
vorgenanten personen tûn vûr uns*. unde were daz men uns oder unsere nachkumen darumbe pfendete, daz sûlent uns meistere unde rat von Strazburg und die
vorgenanten personen oder ire erben abe tûn, unde swaz schaden wir nement der
15 pfendunge, ane alle geverde. ist aber daz ein mûniszemeister, den sie gebent,
abegat in deheine wise, so sûlent . . meistere unde rat von Strazburg und die
vorgenanten personen oder ire erben uns einen andern entwûrten unde sûlen wir
deme den selben gewalt geben, den ôch der êrste hette, beide wir unde unsere
nachkumen. unde swa der mûniszemeister nût betwingen mag, da geben wir in
20 den gewalt, daz sie ime helfent twingen mit unserme gewalte, alse wir selbe soltent tûn ane alle geverde. wir gebent ôch unserme officiale zû Strazburg gewalt
unde gebietent ime mit diseme selben brieve ze twingenne, alse reht ist, alle, die
uzwendig unsern vestenen unde dôrfern gesezzen sint, die selben mûnisze ze
nemenne. unde sûlen wir darzû unde unsere vôgete die, die in unsern vestenen
25 unde dôrfern gesezzen sint, ôch twingen dise mûnisze ze nemenne, alse gewônlich
ist. unde gelobent in ôch die mûnisze zû Altdorf unde unsere mûnisse zû Kestenholtz durch alle dise sehs jar abe ze lûnne ane allen iren schaden unde ane alle
geverde. wir ôch daz cappittel von Strazburg verjehent, daz dise mûnisse verkôft
si mit unserme gûten willen unde gehelle. unde beide wir unde unser vorgenanter
30 herre der bischof von Strazburg mit gemeineme rate bindent uns unde unsere nachkumen des cappittels unde ôch unsers herren des bischoves nachkumen. obe ime
hie zwischent ût geschehe, stete ze habenne disen vorgeschribenen kôf dirre mûniszen in alle wise, alse hie vorgeschriben stat, ane alle geverde. daz diz war unde
stete si, darumbe geben wir disen gegenwertigen brief . . meistere unde rate von
35 Strazburg und den vorgenanten personen mit unserme unde des cappittels von
Strazburg ingesigeln bestetiget zû eime rehten urkûnde der vorgeschribenen dinge.
wir ôch der meister unde der rat von Strazburg und die vorgenanten personen
gelobent stete ze habenne vûr uns unde unsere erben allez, daz da vor geschriben
stat. unde des zû eime urkûnde so hun wir unserre stette ingesigel an disen brief
40 gehenket. der wart gegeben an sante Andreses abunde, do men von gotz gebûrte
zalte drizehen hundert jar unde sehs jar. dirre brieve sint zwene, unde het

*) tûn—uns *uf Rasur.

Str. II.   27

einen der bischof unde dez cappittel unde den andern meister unde rat von
Strazburg.

*S aus Straßb. St. A. AA art. 43 nr. 3 or. mb. c. 3 sig. pend.
Gedruckt nach Briefbuch A fol. 198 ª ibid. bei Schöpflin Als. dipl. II, 83 nr. 835; Levrault
Essai s. l'anc. mons. de Strasb. p. 437.*   5

258. *Beschluß des St. Thomascapitels, die Feier des Festes von Mariä
Empfängniß einzuführen. 1307 Januar 4.*

In nomine domini amen.   nos Ludewicus prepositus . . Hesso . . decanus
totumque capitulum ecclesie sancti Thome Argentinensis, communicato consilio et
deliberacione ac diligenti tractatu prehabitis, omnium et singulorum canonicorum   10
ecclesie nostre ad hoc accedente consensu, ob reverenciam omnipotentis dei domini
nostri Jesu Christi et gloriosissime genitricis sue beate Marie semper virginis, ad
devotas preces et procuracionem honorandi viri magistri Götzonis de Hagenowe
concanonici nostri statuimus et ordinamus, ut festum conceptionis prememorate
dei genitricis Marie perpetuo singulis annis sexto idus decembris per nos et   15
successores nostros in ecclesia nostra colatur et cum legenda sua propria et officio
sibi congruo in vesperis matutinis missa et aliis horis canonicis sollempniter cele-
bretur, ea sollempnitate et more, quibus apud nos et per nos festa solent per totum
duplicia celebrari.[1] quam ob rem dictus magister Götzo in solutionem reddituum
seu censuum quadraginta librarum denariorum Argentinensium nomine ecclesie nostre   20
ab abbate et conventu monasterii de Bongarten ordinis Cisterciensis Argentinensis
dyocesis in villis et bannis Epliche et Westhus pro ducentia marcis argenti emptorum
solvit et ponderavit predictis abbati et conventui nomine ecclesie nostre predicte et pro
ipsa quindecim marcas argenti puri et legalis ponderis Argentinensis ad hoc, ut tres
libre denariorum censuum predictorum annis singulis in festo predicto per portarium   25
capituli nostri, qui pro tempore fuerit, distribuantur in coro ecclesie nostre secundum consuetudinem ipsius ecclesie presentibus tantum, et absentibus ex quacumque
causa nichil, hoc modo videlicet : in prima vespera decem solidi, in matutinis
viginti solidi, in missa viginti solidi et in secunda vespera decem solidi. et sic per
omnia et in omnibus supradictis statuimus esse per nos et successores nostros per-   30
petuo observandum, quod statutum sicut alia statuta ecclesie nostre sub debito
juramenti a nobis prestiti promittimus observare et illud ad quoslibet successores nostros perpetuo inter alia statuta ecclesie nostre transmittimus jurandum, sicut in ecclesia
nostra moris est, et fideliter observandum. insuper promittimus, ut si processu temporis aliquo casu contingeret redditus seu census quadraginta librarum predictarum ab   35
ecclesia nostra vendicionis seu aliquo alio alienacionis titulo alienari, quod de precio
exinde ecclesie nostre provenienti viginti marcas argenti ponderis Argentinensis
convertemus et inpendemus legaliter in conparationem annuorum censuum seu reddituum pro ecclesia nostra predicta, ubi commodius et pro ecclesia utilius emendi

---

[1] *Vergl. Ch. Schmidt Hist. du chap. de s. Thom. p. 122.*   40

poterunt inveniri. quos redditus sive census statuimus extunc esse distribuendos in
festo predicto proporcionaliter secundum formam distribucionis trium librarum denariorum superius pretactam, quotque interim, dum hujusmodi viginti marce argenti
in conparationem annuorum censuum seu reddituum a nobis seu nostris successoribus, ut predictum est, convertende et inpendende inpense non fuerint nec converse,
nos et successores nostri in festo concepcionis predicto, quotiens illud occurrerit
celebrandum, tres libras denariorum Argentinensium de bonis capituli nostri distri-
buemus seu distribui procurabimus, quemadmodum est prescriptum. et ad hec
omnia ecclesiam nostram predictam et successores nostros in eadem perpetuo obligamus. in cujus rei testimonium sigilla nostra videlicet prepositi decani et capituli
predictorum presentibus sunt appensa. datum pridie nonas januarii anno domini 1307.

T aus Straßb. Thom. A. lad. 2 (Statuts or mb. c. 3 sig. pend
Gedruckt darnach bei Ch. Schmidt Hist. du chap. de s. Thom p. 343 nr. 59

259. *Bischof Johann und das Domcapitel von Straßburg verpflichten sich
eidlich, die von ihnen abhängigen Aemter in Verwaltung und Gericht immer nur
auf Lebenszeit des Belehners und Belehnten zu verleihen. 1307 Februar 3 Straßburg im Domcapitel.*

In dei nomine amen. nos Johannes dei gratia episcopus, Gebehardus prepositus, Heinricus decanus, Heinricus portarius, Hermannus de Tierstein, Rûdolfus
de Talmessingen et Conradus cellerarius canonici et mansurnarii ceterique prelati
et canonici ac capitulum ecclesie Argentinensis, recognoscentes circa officia burcgravii Argentinensis, vicedomini, sculteti Argentinensis et aliorum quorumlibet,
magistri coquine, villicationes quoque, judicia seu jurisdictionum commissiones et
hiis similia, que ab antecessoribus nostris et a nobis seculares persone laici per nostram
collationem ad nos communiter vel divisim pertinentem nomine ecclesie nostre predicte obtinere consueverunt et obtinent. fuisse et esse a tempore, cujus non extat
memoria, per antecessores nostros et per nos rationabiliter de jure consuetudinario
ipsius ecclesie taliter observatum, quod hujusmodi officiorum villicationum et judiciorum collationes ac earum effectus, cedentibus vel decedentibus personis easdem
collationes facientibus vel etiam eas recipientibus, penitus extinguantur, adtendentes
quoque sollerter hujusmodi in premissis observantiam ecclesie nostre predicte plurimum expedire, idcirco, ne contra eandem alicujus vel aliquorum inportuna instancia prece vel precio seu alio quovis modo contingat in posterum per nos aut
successores nostros aliquid concedi vel permitti aut quomodolibet attemptari, deliberatione prehabita et tractatu. de prudentum virorum consilio juxta observantiam
antedictam statuimus et jurejurando per Conradum de Frankenstein nostrum in
ecclesia predicta canonicum de mandato nostro in animas nostras et suam corporaliter prestito firmamus, ut officiorum villicationum et judiciorum seu jurisdictionum
hujusmodi nomine ecclesie nostre facte et hactenus non perpetuate ac faciende
collationes non durent ultra nec transgrediantur conferentium vel etiam recipientium

personas, sed cedentibus vel decedentibus eis, qui illas fecerunt vel faciunt in futurum, aut eis, quibus facte sunt vel fiunt, penitus extinguantur; item quod nec nos
nec successores nostri perpetuo perpetuationes collationum hujusmodi contra presens
nostrum statutum aliqualiter faciamus vel facientibus aut facere volentibus consen-
tiamus, collationes easdem vel aliquam ex illis ultra solam recipientem personam
vel etiam quoad illam ultra conferentem personam aliqualiter extendendo, aut contra
observantiam antedictam et presens nostrum statutum in parte vel in toto aliquo
modo vel ingenio veniendo. precipimus igitur presens statutum in libro statutorum
seu regule ecclesie nostre predicte scribi et ceteris ipsius ecclesie statutis annecti
ac inter illa ab universis et singulis nostris perpetuo successoribus jurari et inviolabiliter observari. ad cujus rei perpetuam memoriam presentem scripturam sigillis
nostris, videlicet episcopi et capituli predictorum, jussimus consignari.   actum in
capitulo ecclesie Argentinensis 3 nonas februarii anno domini 1307.

B aus Straßb. Bez. A. G fasc. 2719 or. mb. c. 2 sig. pend., quorum 1 delapsum.
Gedruckt darnach bei Rosenkranzer Bischof Johann v. Straßburg S. 89.

260. Sühne Hugos von Herrenstein mit den Städten Straßburg und Zabern. 1307 Juni 7.

Sciant cuncti, quorum interest et quibus nosse fuerit opportunum, quod omnis
lis actio et guerra, quas strenuus miles Hugo dictus de Herrenstein movebat hactenus
magistro consulibus et universis civibus Argentinensibus necnon sculteto scabinis
et universitati de Zaberen et aliis hominibus ecclesie Argentinensis quibuscumque,
et quas predicti vice versa predicto Hugoni ex causa et modis quibuscumque
movere poterant et movebant, inter venerabilem patrem dominum Joannem Argentinensem episcopum nomine predictorum de Zaberen et aliorum hominum ecclesie
sue predicte ac magistrum et consules Argentinenses suo et universitatis civium
Argentinensium nomine ex una, necnon Hugonem militem predictum suo et conpli-
cum suorum ac adherentium sive faventium sibi nomine ex parte altera, mediante
nobili domino Joanne domino de Salmis, totaliter et perpetuo sunt sopite sedate et
pacificate. dicteque partes omnes actiones et lites sibi ad invicem usque in diem
date presentium litterarum ex causa et modis quibuscumque competentes ac etiam
injurias illatas sponte et simpliciter nomine quo supra remiserunt et promiserunt
contra premissa non facere perpetuo vel venire. ab hac autem pacis inter predictas
partes reformatione exclusi fuerunt et notatim excepti de complicibus Hugonis predicti Petrus dictus We, Hesso dictus de Hiltenheim et quidam speculator, qui
occisioni quorundam civium Argentinensium in monte Kleklegberg operam dederunt
et in iisdem duplex homicidium perpetrarunt, quibus per pacem et concordiam
prescriptam nec pax nec de perpetratis homicidiis est venia concessa. est etiam
actum, quod singulis personis universitatum predictarum, videlicet de Argentina, de
Zaberen ac aliorum hominum de ecclesia Argentinensi, omnes actiones civiles ipsis
contra dictum Hugonem non occasione litis et guerre inter partes predictas habite,

sed ex aliis causis justis competentes et eandem litem in nullo contingentes debeant
esse salve. in quorum omnium evidens testimonium presentes littere sigillate sunt
et signate sigillis venerabilis domini Joannis Argentinensis episcopi predicti et
nobilis viri domini Joannis de Lichtenberg advocati Alsatie generalis. actum et
datum septimo idus junii anno domini 1307, presentibus domino Wilhelmo abbate
Novillarensi, domino Joanne de Lichtemberg predicto, domino Hugone de Vinstingen,
domino Godelmanno de Torchsviler, domino Joanne de Hoenstein, domino Eberhardo
de Griffenstein et aliis quam pluribus fide dignis.

Aus Schöpflin Als. dipl. II, 85 nr. 839 (ex autogr colleg. Neovillar.).

261. *Die Stadt Straßburg schreibt an die Stadt Hagenau über eine Klage
Walthers von Mülnheim gegen die Hagenauer Bürger Volmar und Walther von
Geudertheim u. A.* [1307 Sommer].

Den erbern und den bescheiden . . dem meistere und . . dem rate von Hagenowe enbieten wir Johannes Hetzel der meister und . . der rat von Strazburg
unsern dienest. uns het geclaget her Walther von Mülnheim, daz Volmar und
Walther von Gödertheim uwere burgere in irrent an sime eigine und an sime güte
zu Gödertheim. darumbe bitten wir üch, daz ir die selben Volmare und Walthere
uwere burgere solich machent, daz sie hern Walthere unsern burger ungirret los-
zent an sime güte. und hant die vorgenanten uwere burgere dekeine rehte vorderunge an in, wir tünt in reht unverzogenliche. und enbietent uns uwere entwurte[a].
als ir uns ôch schribent umbe Volmaren den Dreschelern von Obernhoven und
sine wirtin und Hugen von Dösenheim, darumbe sülent ir wissen, daz . . der official des bischoves gerihttes uns het geseit, daz er denselben Volmaren und sinen
wirtinnin so verre zu banne getan habe, daz er ime wertlich gerihte erlobet het.
und waz ôch Hug getan hette, daz hette er getan mit des . . officiales geheisse und
mit gerihte. und dovon han wir mit der sachen nut zu tünde, als uns dunket,
wand es mit geistlicheme gerihte gerihtet ist.[b]

[*in verso*] prudentibus viris . . magistro et consulibus
Hagenogensibus.

*H aus Hagenauer St. A. AA art. 152 or. mb. lit. clausa c. sig. in verso impr. defic. Der
Schriftcharacter weist das Stück in die erste Hälfte des 14. Jahrh, der Name des amtirenden Meisters Hetzel in den Sommer des Jahrs 1307[1]. Vergl. nr. 262 u. 263.*

*a) in H folgt das bekannte mittelalterliche Zeichen für Punktum, dahinter Strich.   b) in H folgt wieder
das Zeichen für Punktum.*

1 *Vergl. UB. III, 424.*

262. *Die Stadt Straßburg schreibt an die Stadt Hagenau, sie möge ihren Bürger Volmar veranlaßen, den Vergleich in der Sache mit Walther von Mülnheim zu halten.* [*1307 Herbst*].

Den erbern und den* bescheiden . . dem meistere und . . dem râte von Hagenowe embieten wir Ilug Schoub der meister und . . der rat von Strazburg unsern dienest. wir bitten úch, daz ir Volmarn uwern burger solich habent, daz er stete habe, als es beret wart in dem garten ze den brediger vor . . dem lantvogete, oder es noch vûr in ziehe. her Walther von Mulnheim ist gehorsam aller mûgelicher dinge. und daz ir Volmarn uwern burger deruf solich habent, daz er den schefere und die schaf und andere unsere burgere trôste. und lant uns geniessen der trôstungen, die wir mit úch hant, und embietent uns uwer entwurte.

[*in verso*] prudentibus viris . . magistro et . . consulibus Hagenogensibus.

H aus Hagenauer St. A. AA art. 152 or. mb. lit. clausa c. sig. in verso impr. defic. Der Schriftcharacter ist gleich dem von nr. 261. Der Name des amtirenden Meisters weist das Stück in den Herbst des Jahres 1307.

263. *Die Stadt Straßburg schreibt an die Stadt Hagenau, sie möge die Freilassung ihrer Bürger, welche von Volmar und Walther von Goudertheim in Windstein gefangen gesetzt wurden, bewirken.* [*1307 Winter*].

Den erbern unde den bescheiden . . dem meistere unde . . dem râte von Hagenowe embieten wir Nycolaus Colin der meister unde . . der rât von Strazburg unsern dienest. wir kúndent unde clagent úch, daz Volmar von Goudertheim unde Walther sin brûder uwere burgere hant gevangen hern Nyclawesen . . des schultheissen sûn unde andere unsere burgere unde hant die gefûret gegen Winestein. unde sulent dabi gewesen sin andere uwere burgere. unde ist diz geschehen in der trôstungen, die wir mittenander hant, unde ôch die ernûwet wart, da her Drûtman unde der Bogener zûgegene warent. darumbe bitten wir úch, daz ir uns die trôstunge stete habent unde uns helfent, daz unsere burgere lidig werdent unde daz uns gebessert werde, daz uns zû unrehte geschehen ist. alse ir woltent, daz wir úch tetent, ob unsere burgere die trôstunge übergangen hettent. unde embietent uns uwer entwurte.

[*in verso*] prudentibus viris . . magistro et consulibus Hagenogensibus.

H aus Hagenauer St. A. EE art. 16 or. mb. lit. clausa c. sig. in verso impr. defic. Der Schriftcharacter ist der gleiche wie bei nr. 261 u. 262. Der Name des amtirenden Meisters weist das Stück in den Winter 1307—1308.

Gedruckt nach einer unbekannten Abschrift daselbst bei Batt Das Eigenthum zu Hagenau II, 61.

*) H dem.

264. *Sühne der Stadt Huy mit der Stadt Straßburg. 1307 November 21.*

. . Nos magister scabini jurati consilium totaque communitas oppidy in Heio Leodyensis dyocesis notum facimus universis, quod nos super omnibus discordiis dissensionibus dampnis et actionibus quibuscumque habitis usque in hodiernum diem contra cives et civitatem Argentinenses pro nobis et omnibus nostris concivibus et specialiter pro Lyebrardo concive nostro confitemur nos esse concordatos, renuntiantes pro nobis et omnibus successoribus nostris contra cives et civitatem Argentinenses omnibus dampnis et interesse ac omnibus actionibus et defensionibus utriusque juris vel facti, quibus contra premissam renuntiationem concordationem seu conplanationem venire possemus per nos vel per alios in judicio vel extra, in posterum vel ad presens. et ad hoc nos presentibus litteris obligamus sine omni captione et dolo. in cujus rei testimonyum sigillum civitatis nostre presentibus duximus apponendum.   datum ferya tertia ante Cecilie anno domini 1307.

S aus Straßb. St. A. Verzahl. Canzlei-Gew. Corp. K lad. 16 or. mb. c. sig. pend. larw.
Das Siegelbild zeigt einen merkwürdigen Säulenbau, eine auf zwei, diese auf vier Säulen ruhend, umrankt von Zweigen. Legende nicht mehr erkenntlich; auf dem Revers noch zu lesen · secretum . . di Hovensis.

265. *Münzordnung der Stadt Straßburg, 1308 Januar 28.*

Wir Nyclawes Waldener der meister und der rat von Strazburg tünt kunt allen den, die disen brief geschent und gehörent lesen, daz wir überein komen sint mit hern Nyclause dem alten Zorne unserm münszemeister [*weiter wie in nr. 187 bis* wehseler *da gil*]. waz man öch silbers bringet in die stat oder in das bistûm, daz argwenig ist, daz ensol nieman von der hant geben. er sol ez öch nût uszer dem bistûme fûren. er sol ez tragen an den wehsel und sol ez geben zû köffende eime husgenozzen. und sol daz dem, der ez ime zû köffende git, nût schaden, daz silber sie gût oder argwenig. were anders dete, wûrde ez begriffen, dem sol man tûn, alse ez da vor bescheiden ist. und sint diz die sehse, die darûber gesetzet sint und darûber gesworn hant : Burckart von Mûlnheim, Götze Völtsche, Peter sin brûder, Berhtolt zû dem Ryet. der hûter Claus Roppenheim und Johannes von Rodesheim. und were daz den sehsen ein silber vûrkeme und sie daz sprechent uf iren eyt, daz sie zwifel hettent, daz daz silber nût vollen gût were, daz silber sol men anderwerbe ufsetzen. und dirre brief sol weren von der liehtmesse unserre frowen, die nû zû nehste komet, über sehs jar. daz diz war und stete sie, darumbe ist unserre stette ingesigel an disen brief gehencket zû eime urkûnde.   der wart gegeben an dem sunnendage vor der liehtmesz. da men von gots gebûrte zalte drûzehen hundert jar und ahte jar. haran waren wir her Johans Hetzel w. s. w. *folgt der Rath.*

Februar 2

S aus Straßb. St. A. Briefbuch A fol. 198 b mit der Ueberschrift dirre brief seit uber die münsse.
Gedruckt darnach bei Levrault Essai s. l'anc. monn. de Strasb. p. 439.

266. *Erzbischof Peter von Mainz tritt an Bischof Johann von Straßburg das Visitationsrecht über dessen Diöcese auf drei Jahre ab. 1308 Mai 3 Straßburg.*

Sciant cuncti, ad quos presens scriptum pervenerit, quod nos P[etrus] dei gracia sancte Maguntine sedis . . archiepiscopus, sacri imperii per Germaniam archicancellarius, venerabili in Christo fratri nostro domino Johanni Argentinensis ecclesie . . episcopo dedimus et presentibus damus potestatem, ut ecclesias majorem et alias, monasteria et alia loca divino cultui dedicata, prelatos capitula et conventus, cleros populos atque plebes civitalis et dyocesis Argentinensis provincie Maguntine visitet per se vel per alium, tam in capitibus quam in menbris, per proximum continuum triennium vice nostra ac nostre ecclesie Maguntine et, que ibidem corrigenda seu eciam reformanda invenerit, secundum quod ipsi visum fuerit expedire, provide corrigat et reformet dissipando edificando prudenter evellendo salubriter et plantando, procuraciones eciam exigat et recipiat a personis et locis taliter visitatis, prout nobis a jure competit necnon ex indulto apostolico desuper nobis dato[1], volentes nostro et dicte ecclesie nostre Maguntine nomine, ut prescriptum triennium non solum ad id, quod nobis nostreque ecclesie Maguntine prefate jure metropolitico competit in premissis, sed ad id eciam, quod in indulto apostolico prescripto continetur, omnimodo restringatur. in cujus rei testimonium presens scriptum sigillo nostro tradimus communitum.   datum Argentine anno domini 1308, 5 nonas maji[2].

B aus Straßb. Bez. A. G fasc. 2718 or. mb. c. sig. pend. laeso.

267. *Meister und Rath der Stadt Straßburg geben freies Geleit Allen, die dem Frauenwerk Steine, Holz, Wein oder Korn heraufführen. 1308 Juni 1.*

Wir Cune von Kagenecke der meister und der rat von Straszburg tunt kunt allen den, die diesen brief gesehent oder gehoerent lesen, das wir guten friden gebent für uns und alle unsere burgere allen den lüten, allen den pferden und allen den wagen, die zu unser frouen wercke steine holtz win oder korn furent, on alle geverde zu uns und von uns ze varende, von aller hande sache wegen, one totgevehte. und dez zu eime urkünde so hant wir unserer stette ingesigel an

----

[1] *Die betreffende Urkunde Pabst Clemens V von 1307 December 24 an den Erzbischof, die ihn ermächtigt, das Visitationsrecht in seiner Provinz an Andre zu verleihen, liegt als Transsumpt vor in einer Vidimation, ausgestellt 1308 Juni 22 von den Richtern des Mainzer Stuhls. cop. ch. sec. XVI i. Straßb. Bez. A. G fasc. 3466 fol. 195 b.*

[2] *Occasione procurationis debita ratione visitationis beauftragt Erzbischof Peter den frater Theodericus pincerna ordinis predicatorum consanguineus, vom Bischof und dem Clerus der Diöcese Straßburg 325 Mark Silber zu erheben. 1308 September 5 Erfurt. Diese Summe wirklich erhalten zu haben quittirt Theoderich. 1308 September 30. cop. ch. sec. XVI i Straßb. Bez. A. G fasc. 3466 fol. 81 b.*

disen brief gehenckt. der wart geben am pfingestobende, do man von gotz geburt
zalte drizehen hundert jor und abt jor.

*Aus Stöbers Alsatia 1853 S. 207 nach J. Wenckers Chronik II, 1, 106 Ebendanach
Strobel Gesch. d. Els. II, 171¹.*

268. *Ulrich und Egenolf, Landgrafen zu Elsaß, schließen mit der Stadt
Straßburg ein Bündniß auf sieben Jahre. 1308 December 23.*

Wir Ûlrich und Egenolf gebrûdere lantgraven zû Elsaszen tûnt kunt allen den,
die disen brief gesehent und gehôrent lesen, daz wir den burgern von Strazburg
sulent beholfen sin bi gswornem eide, den wir drumbe getan hant, untz zû sancte
Martins mez, die nû zû nehest komet, und dennen ûber siben jar gegen menege- *November 11*
licheme. wir selber mit unsern lûten und mit unsern vesten, ane gegen unserme
herren dem kunige, unserme herren dem bischove und dem edeln herren hern
Johannese von Liehtenberg unsers dez vorgenanten Ûlriches swehere. die han wir
Ûlrich der vorgenante lantgrave uszen gelaszen. so enhabe ich Egenolf niemannen
uszen gelaszen, wand ich sol den burgern von Strazburg beholfen sin zû allen
ziten und zû allen stunden untz zû dem vorgenanten ziel. ist ôch daz wir hie
zwischent ein eigen ûrlûge gewinnent, daz . . meister und rat von Strazburg, die
denne meister und rat sint, erkennent, daz wir reht zû dem urluge habent, so
sulent sie uns beholfen sin untz zû dem selben ziel. wo sie aber erkennent, daz
wir unreht habent, da sûlent sie uns unbeholfen sin. ist ôch daz wir in einen
crieg vallent von der burger wegen von Strazburg, zû dem criege sûlent uns die
burger von Strazburg beholfen sin, untz daz wir dez crieges ein ende gewinnent
mit gûten truwen ane alle geverde. und dez zû eim urkunde so han wir unsere
ingesigele an disen brief gehenket. wir ôch meister und rat und die burger gemeinliche von Strazburg verjehent, daz wir den vorgenanten lantgraven helfe gebunden
sint zû dem ziel, als ez da vor bescheiden ist, in alle wis, als ez da vor geschriben
stat. und hant ôch uzgenomen unsern herren den kunig, unsern herren den bischof
und hern Johannesen den herren von Liehtenberg. und dez zû eim urkunde so han
ôch wir unserre stette ingesigele an disen brief gehenket. der wart gegeben an
dem mentage vor dem wihennahttage, do man von gottes geburte zalte drizehen
hundert jar und ahte jar. heran waren wir Cûne von Kogenecke, Hug von Schônnecke und her Reinbolt Huffelin die drie meistere u. s. w. *folgt der Rath.*

*S aus Straßb. St. A. Verschl. Canzlei-Gew. Suppl. lit. F or. mb c. 3 sig. pend. delapsis
Gedruckt aus dem Briefbuch A fol. 123ᵃ ibid. bei Schöpflin Als. dipl. II, 88 nr. 843.*

¹ *Aus dem Jahr 1303 theilt Strobel ebenda ein Circular Bischof Friedrichs an die Priester mit,
das gleichfalls aus Wenckers Chronik entlehnt ist, folgenden Wortlauts:* domine reverende. placeat
propter beatam virginem Mariam intimare fideliter subditis vestris curras sive recturam habentibus,
ut in festo pentecostes lapides, quos paratos invenient in fossa N., ad structuram gloriosissime virginis Argentinam ducant, ut ipsa gloriosa virgo Maria equos et omnia bona ipsorum prospere cus-
todiat. *Vergl. Kraus Kunst u. Alterth. i. E.-L. I, 374.*

269. *Bündniß Johanns von Lichtenberg mit der Stadt Straßburg gegen Walther von Geudertheim u. A. 1309 Februar 14.*

Wir Johannes herre von Lichtenberg tûnt kunt allen den, die disen brief gesehent und gehôrent lesen, daz wir den burgern von Strazburg beholfen sulent sin mit gûten truwen ane alle geverde gegen Walthere von Goudirtheim, Walthen 5 der Welthin sûne von Wizemburg und allen irn helferen von der gevencnisse wegen, die sie getan hant an hern Burckarde Schultheissen eim rittere von Strazburg[1], alle die wile, daz die missehelle wert, wir selber mit unsern lûten und mit unsern vesten ane alle geverde. die burgere von Strazburg sûlent ôch uns beholfen sin gegen den selben Walthere und Walthen und irn helferen, ob wir ez an sie vor- 10 dernt, die wile daz die selbe missehelle wert. wer ôch daz sich die burgere von Strazburg sûndent mit Walthere und mit Walthen den vorgenanten und irn helferen, daz sol unser gût wille sin, wir sint bi der sûnen odir nût. daz diz war und stete si, darumbe so han wir unser ingesigele an disen brief gehencket. der wart gegeben an dem frigetage vor der grossen vastnaht, do man von gottes gebûrte zalte dritzehen 15 hundert jar und nûn jar.

S aus Straßb. St. A. AA art. 1792. or. mb. c. sig. pend. Großes gelbes Reitersiegel. Von der Legende zu erkennen s. Johannis de Liechtenberg advoca .... ent.

270. Clemens papa V abbati monasterii de Maurimonasterio Argentinensis diocesis mandat, quatinus ea, que de bonis monasterii sancti Augustini extra muros 20 Argentinenses alienata invenerit illicite, ad jus et proprietatem ejusdem monasterii revocare procuret. «dilectorum filiorum»[2]. datum Avinione 2 idus marcii pontificatus nostri anno quarto. *1309 März 14 Avignon.*

T aus Straßb. Thom. A. Augustiner lad. 10 or. mb. Bulle an Hanfschnur. Schreibervermerk A Taccon; oben rechts N zweimal durchstrichen. Dorsualvermerk Job(ann)es de 25 Argentina; unten quer priore sancti Agustini. Rechts oben in der Ecke ein dem L ähnliches Zeichen.

271. *Sühne Anselms von Drachenfels mit der Stadt Straßburg. 1309 April 17.*

Ich Ansbelm hern Ansbelmes seligen sun von Drachenvels tûn kunt allen den, die disen brief gesehent unde gehôrent lesen, daz ich vûr mich unde vûr mine 30 geswisteride Berhtolden unde Rûdolfen vergibe mit diseme gegenwertigen brieve, daz wir liepliche gûtliche unde ellentliche sint verrihtet unde versühtet umbe allen den schaden, den unser vatter und wir genomen und gelitten hant von den burgeren unde der stat von Strazburg[3], und umbe alle missehelle, die wir mit in hettent

---

[1] *Vergl. nr. 263.* 35

[2] *Pabst Johann XXII gibt dieselbe Weisung an den Scholastikus der Rheinauer Kirche 1317 November 8 Avignon. or. mb. ebenda. Bulle an Hanfschnur. Schreibervermerk Jo M; rechts oben J zweimal durchstrichen. Procuratorvermerk Rudegerus de Argentina.*

[3] *Vergl. nr. 249 Anmerk. 1.*

untz hûte an disen tag. unde daz uns vûr den schaden worden si drizig marg
silbers von den burgern von Strazburg unde daz die in unser aller der vorgenanten
geswisteride nutz kumen sint. unde gelobe mit diseme gegenwertigen brieve unde
bin ôch des schuldig worden, were daz ieman die burgere von Strasburg criegete
oder angriffe von unsern wegen von des vorgenanten schaden oder missehelle wegen,
daz ich den vorgenanten burgeren daz ufrihten unde abelegen sôle an alle geverde.
unde des zû eime urkûnde so habe ich min ingesigel an disen brief gehenket. wir
ôch her Burkart und her Johannes von Hohenstein verjehent, daz wir bi dirre ver-
ribtigunge sint gewesen. unde durch belle Anshelmes von Drachenvels unsers ôheimes
des vorgenanten so han wir unsere ingesigele an disen brief gehenket. der wart
gegeben an dem dunrestagen vor sante Georgien tage, do men von gotz gebûrte
zalle drizehen hundert jar unde nûn jar.

S aus Strassb. St. A. Verschl. Canzlei-Gew. Corp. K Lad. 16 or. mb. c. 3 sig. pend. Das
runde Siegel des Drachenfelsers zeigt ein Hirschgeweih im Wappen, das der Hohen-
steiner ist durch Diagonallinien gefeldert

272. *Bischof Johann von Strassburg gestattet die Niederlassung der bekehrten*
Frauen im Pfarrsprengel von St. Nicolaus. 1309 October 8.

Johannes dei gratia . . episcopus Argentinensis ecclesie ad rei memoriam sempiternam. cure pastoralis officii nostri proprium esse judicantes, ut omni tempore
subjectorum commoda tam investigare quam eis mederi procuremus, lapsus quoque
mulierum, per quos indignam honore conversationem inbecillitate sexus elegerunt,
cum conpetenti moderatione sublevandos esse censemus minimeque eis spem melioris
condicionis adimere, ut ad eam respicientes inprovidam et minus honestam electionem
facilius derelinquant. nam ita credimus dei benivolentiam et circa genus humanum
nimiam clementiam, quantum nostre nature possibile est, imitari, qui cottidianis
hominum peccatis semper ignoscere dignatur et nostram penitentiam suscipere et
eam ad meliorem statum reducere. quod si circa nobis subjectas nos facere differa-
mus, nulla venia digni esse videbimur. itaque cum injustum sit. servos quidem
libertati donatos posse per dominicam seu imperialem indulgentiam natalibus suis
restitui postque hujusmodi principale beneficium ita degere, quasi nunquam servituti
subfuissent, sed ingenui nati essent, mulieres autem, que scenecis sese ludis immis-
cuerunt, postea vero spreta mala condicione ad meliorem migravere sententiam et
inhonestam professionem effugerunt, nullam spem principaliter habere nostri beneficii, quod eas ad illum statum reduceret, in quo, si nichil peccati inhonesti esset,
commorari putaverunt. ex clementia tam sanctionis canonice quam civilis et de benignitate canonica dilectas in Christo filias, que fraude dyabolica seducte in peccato
incontinentie et aliis criminibus miserabiliter hactenus sorduerunt, et que nunc
demum per spiritus sancti gratiam mala inhonestaque conversatione derelicta, com-
modiorem vitam amplexe sunt et honestati sese dederunt ad penitentiam revocate,

sub fideli custodia dilecti in Christo filii fratris Heinrici de Honburg[1] custoditas et
hactenus recollectas ad societatem earumdem causa devotionis et religionis coitam
et contractam, et que se tamquam sorores de penitentia extra muros Argentinenses
juxta turrim, que vulgariter dicitur hern Rülenderlins durn[a], in parrochia capelle
sancti Nicolai[b] ultra Bruscam[c] sub nomine collegii seu societatis devote ad conti-   5
nuam seu perpetuam mansionem receperunt[1], necnon omnes in eodem loco in Christi
fide et voto continentie perpetuo succedentes ut sorores de penitentia sub dei, sancte
sue matris Marie, beate Marie Magdalene, ecclesie nostre Argentinensis et nostram
protectionem suscipimus specialem. nam omni macula penitus direpta et quasi suis
natalibus hujusmodi mulieribus redditis, de cetero nolumus eisdem mulieribus inhe-   10
rere vocabulum inhonestum, societatem earundem ad honorem omnipotentis dei gloriose
virginis matris sue, sancte Marie Magdalene ac omnium electorum ejus presentibus
approbantes et concedentes de consensu et voluntate expressa honorabilium virorum
Ludewici . . preposili, Hessonis . . decani, Johannis custodis ac totius . . capituli
ecclesie sancti Thome Argentinensis, quibus predicta parrochia sancti Nicolai[d] attinet,   15
ut predicta societas causa devocionis et religionis unita et coita seu collegium antedictum et sorores prefate nostra auctoritate ordinaria ipsis exnunc quoad hoc permissa
valeant in loco suo predicto oratorium et ecclesiam de novo construere et in ea,
sicut haberi solent et debent in aliis ecclesiis nostre civitatis et dyocesis, divina officia
licite peragere unamque campanam habere, ita tamen, quod nullus in eodem loco   20
umquam ad officiandum divina instituatur, nisi actu sacerdos ydoneus, qui a toto capitulo vel a duabus partibus totius capituli dicte ecclesie sancti Thome collatione tantum
numeri ad numerum facta aut per custodem ipsius ecclesie, qui pro tempore fuerit, si
totum capitulum vel due partes, ut predictum est, de hoc non concordaverint infra
mensem, quociens ad eundem locum sacerdotis institutio facienda incumbet, fuerit   25
electus et per . . prepositum dicte ecclesie sancti Thome, prebabita de premissis tantum summaria de plano et sine strepitu cognitione, de prebenda, ad quam sic eligitur, et ejus attinentiis investitus[e]. ad hec omnium oblacionum a Christi fidelibus
quibuscunque super altaria ipsius ecclesie vel ad scolam in quacunque moneta vel
metallo oblatarum medietas cedere debet . . custodi sancti Thome et vicario parro-   30
chie sancti Nicolai[f] ecclesiarum predictarum, qui pro tempore fuerint, inter eosdem
equaliter dividenda, omni captione dolo et fraude circumscriptis et remotis in omnibus et singulis articulis prenotatis. debent etiam sorores collegii seu societatis predicte[g] sicut ceteri nostre civitatis et dyocesis fideles nobis et successoribus nostris
lege dyocesana et jurisdictioni nostre subesse perpetuo, ut est juris, ac clericis   35
secularibus vel religiosis uni vel pluribus, cui vel quibus id onus a nobis aut successoribus nostris pro tempore conmissum fuerit et specialiter injunctum, confessiones

---

a) _T_ f turn.   b) _T_ f Nycolai.   c) _T_ f Brůscham.   d) _S_ f Nycolai.   e) _T_ investitatus.
f) _T_ f Nycolai.   g) _T_ f add. si quod _durchstrichen._

---

[1] _Vergl. uber Heinrichs von Hohenburg Bemuhungen die Notiz der Annal. Colmar. may zum Jahr
1303 (Mon. Germ. SS. XVII, 236)._
[2] _Vergl. Ch. Schmidt Hist. du chap. de s. Thom. p. 257._

suas facere et ab eisdem penitentium salutarem absolutionem normam vivendi et
quevis recipere ecclesiastica sacramenta. hanc igitur nostre concessionis gratiam
ordinationem et approbationem statuimus et precipimus inviolabiliter perpetuo permanere. qui vero eisdem in toto vel in parte umquam presumpserit contraire,
5 omnipotentis dei strictum judicium ex debito formidabit. in quorum omnium et singulorum robur et testimonium evidens presens scriptum fieri jussimus et nostro ac
. . prepositi . . decani et . . capituli predictorum sigillis muniri. nos Ludewicus . .
prepositus, Hesso . . decanus totumque . . capitulum ecclesie sancti Thome Argentinensis publice recoguoscimus et presentibus litteris confitemur, consensum nostrum
10 expressum prescriptis omnibus accessisse. in cujus rei testimonium sigilla nostra
presentibus sunt appensa.   actum et datum 8 idus octobris anno domini 1309.

T aus Straßb. Thom A. Docum. hist. lad. 13 or. mb. c. 1 sig pend.
T I coll. ibid. or. mb. c. 4 sig. pend
Gedruckt bei Schöpflin Als dipl. II. 89 nr. 844 (ex libro sal. eccl s. Thome).

15 **273.** *Graf Johann von Saarwerden, Landvogt in der Ortenau, verkauft die
Reichsmünze daselbst der Stadt Straßburg auf sechs Jahre um 22 Mark Silber.
1309 December 7.*

Wir grave Johans von Sarwerde ein lantvog in Mortenowe tun kunt allen den,
die disen brief sehent oder horent lesen, daz wir würköft habent von eins riches
20 wege unser münse in Mortenowe umbe zwo und zwenzig marg luters und lotiges
silbers dez geweges von Strazburg eime meister und eime rate und eime munse-
meistere und sine gemeiner von Strazburg. und han wir grave Johans von Sarwerde
der vorgenante die zwenzig marg in eins riches nûz gebruht und getan, und die
andern zwo sint worden unserme undervogete, und also daz die vorgenante munse
25 weren sol sez jar von nû liechtemes, die nû zû nehest kumet. und ist daz mit eins
meisters und eins rates von Offenburg und eins scultheisse und der gesworner von
Gegenbach gût wille [1]. und daz diz wor und stete blibe, so han ich grave Johans
von Sarwerde ein lantvog in Mortenowe min ingesigele zû eime urkunde an disen
brief gehenket.   diz gesach an dem nehesten sunedage noch sancte Nyclaus dage,
30 do men zalte von gotz geburte drizenhen hundert jar und nun jar.

1310
Februar 1

S aus Straßb. St. A. AA art. 44 or. mb. c. sig. pend.
Gedruckt darnach i. d. Zeitschr. für Gesch. d. Oberrh. II. 413.

274. *Die Städte Offenburg und Gengenbach bekennen ihre Zustimmung zum
Verkauf der Ortenauer Münze an Straßburg und verpflichten sich, falls der König
35 denselben nicht bestätige, zum Schadenersatz. 1309 December 7.*

Wir der meister und rat von Offenburg und scultheisse und rat von Gengenbach
tûn kunt allen den, die disen brief gesehent oder horent lesen, daz mit unserme

───

[1] *Vergl. nr. 274.*

güte wille und gerne stete wellent habe, daz grave Johans von Sarwerde unser
lantvog in Mortenowe unser munse würküft hat sez jar von eins riches wege eime
meister und eime rate und eime munsemeister und sinc gemeiner von Strazburg
mit solicher gedinge: obe ein romischer kunig keme in den sez jare, die do werent
und angant zû der liechtemes, die nu zû nehest kumet, und nit stete wolte habe
die gelubede, die do vor gescriben stat, so sulle wir meister und rat und sculheisse
von Offenburg und och von Gegenbach vier und zwenzig phuut genger und geber
Strazburgere wider geben den vorgenante* ein meister und ein rate und eime munsemeister von Strazburg. und sol die gelubede enzwei sin one aller hande geverde.
daz diz wor si und stete blibe, so han wir die vorgenante von beide stelen unser
ingesigele zû eime urkunde an disen brief gehenket. diz gesach an dem sunedage
nach sancte Niclaus dage, do men von gotz geburte zalte drizehundert jar und
nun jar.

*S aus Straßb. St. A. AA art. 43 or. mb. c. 2 sig. pend. Das Stück ist von derselben Hand
wie nr. 273 geschrieben.*

---

273. *Bischof Johann von Straßburg überweist mit Zustimmung des Domcapitels
unter gewissen Beschränkungen und Verpflichtungen dem Frauenkloster von
St. Stephan zur Aufbesserung der Pfründen die Pfarrkirche von St. Stephan mit
der Heilig-Kreuz-Kapelle. 1310 März 1.*

Johannes dei gratia episcopus Argentinensis dilectis in Christo Brigide abbatisse et conventui monasterii sancti Stephani Argentinensis ordinis sancti Augustini
et eisdem in eodem monasterio succedentibus in perpetuum salutem et sinceram in
domino caritatem. justis petentium desideriis votiva exauditione ex paterno affectu
fore censuimus occurrendum. eapropter humilibus suplicationibus vestre devotionis
permoti, et ad cultum divinum, qui semper in monasterio vestro laudabiliter viguit
et vestre ac succedentium vobis in eodem monasterio devotionis studio perpetuo
vigere speratur et digne sicut hactenus exerceri, ne propter defectum austentationis
vobis necessarie aliquo unquam tempore deficiat vel etiam minuatur, immo potius
deo auctore et ministrante, que sunt ad hoc necessaria, augeantur, paterno affectu
providere ac succurrere cupientes, cum consensu et voluntate expressa venerabilium
in Christo Gebebardi preposti, Heinrici decani, Heinrici thesaurarii ac tocius
capituli ecclesie nostre Argentinensis ad hoc liberaliter accedentibus, ecclesiam
parrochialem monasterii vestri predicti, cujus jus patronatus ad vos pertinere dinoscitur, cum cappella sancte crucis eidem annexa seu ipsam cappellam cum ecclesia
et parrochia predicta ac omnibus earundem ecclesie cappelle et parrochie decimis
censibus juribus redditibus annone et vini oblationibus et obventionibus quibuslibet
ac attinenciis universis nunc per liberam resignationem Conradi quondam ejusdem
ecclesie rectoris vacantem vobis et monasterio vestro ad subsidium et augmentum
prebendarum vestrarum, que hactenus nimis tenues extiterunt, concedimus donamus

a) S vorgenate.

et conferimus simpliciter propter deum, quatenus vobis liceat eandem ecclesiam et
ejus possessionem corporalem cum omnibus suis, ut predictum est, juribus et attinenciis per vos vel per alium seu alios ingredi et virtute presentis concessionis et
donationis propria auctoritate vobis quoad hoc exnunc per nos concessa et permissa
5 apprehendere et etiam adipisci, contradictione cujuslibet non obstante; salvis in
eadem ecclesia sedis apostolice et legatorum ac nuntiorum ejus ac episcopalibus iu
omnibus et per omnia ac archidiaconalibus juribus qualitercumque debitis ejusdem
ecclesie nomine a consuetudine vel a jure; item salvo et expresse reservato in
ecclesia sancti Stephani predicta nobis et successoribus nostris ecclesie Argentinensis
10 episcopis in perpetuum, ut, quotienscumque eandem ecclesiam sancti Stephani per
mortem seu resignationem perpetui in eadem vicarii vel alio quovis modo vacare
contingit, quod in qualibet vacatione episcopo Argentinensi competat in portione . .
abbatissam et conventum predictos de ecclesia predicta et ejus attinenciis quomodolibet contingente, quidquid sibi ex indulto sedis apostolice vel ex ordinatione et
15 consensu capituli sui vel alio modo quovis in fructibus aliorum vacantium beneficiorum competere posset et in predicta ecclesia sancti Stephani et ejus fructibus
competeret, si non esset, ut predictum est, unita donata et concessa in subsidium . .
abbatisse et conventus predictorum, per quam donationem seu concessionem episcopo,
qui pro tempore fuerit, nullum quoad hoc volumus prejudicium generari; salvo etiam,
20 quod in eadem ecclesia perpetuus instituatur et habeatur vicarius sacerdos secularis
ydoneus, qui, quociens eandem vicariam perpetuo vacare contigerit, per communem
electionem . . abbatisse et conventus monasterii vestri, que pro tempore fuerint,
secundum jus faciendam ad eandem vicariam loci archidiacono presentetur et ab
eodem investituram de dicta vicaria et annexa eidem cura recipiat animarum.
25 cui vicario pro sustentatione sua et labore necnon et prestatione jurium sedis
apostolice et episcopalium ac aliorum, ut predictum est, per eundem perpetuo
facienda de redditibus et obventionibus ecclesie sepedicte cedere volumus annis
singulis medietatem omnium oblationum cere remediorum obventionum ac aliorum
jurium parrochialium, que qualitercunque et in quemcumque modum obveniunt de
30 jure vel consuetudine, in pecunia numerata vel in aliis rebus mobilibus quibuscumque, occasione ecclesie parrochialis predicte, octo libris denariorum Argentinensium, que singulis annis a . . priore et fratribus domus sancti Willehelmi in der
Crutenowe in dicta parrochia constructe occasione oblationum, que ibidem offeruntur,
et aliarum obventionum solvere tenentur ecclesie parrochiali predicte, que cedere
35 debent vobis . . abbatisse et conventui predictis, dumtaxat exceptis, exceptis etiam
oblationibus, que offeruntur in dicta ecclesia sancti Stephani ad crucifixum ibidem
prostratum in die sancto parascaue, que cedunt fabrice vestri monasterii, sicut hactenus cedere consueverunt, in quibus et de quibus dicto vicario nullam volumus
penitus cedere portionem. item cedere volumus eidem sacerdoti vicario singulis annis
40 viginti quartalia siliginis de granario vestri monasterii excrescentis in bonis ecclesie
parrochialis predicte et viginti amas vini de cellario vestri monasterii secundum
distributionem, que fieri consuevit singulis canonicis vestri monasterii, cum redditibus sex amarum vini, quos habet dicta ecclesia parrochialis in banno opidi

Rodesheim, quos similiter cedere volumus vicario antedicto. item cedere volumus vicario predicto domum cum area vestri monasterii sitas in parvo vico, cujus caput est domus dicta zû dem birbôme, quam nunc inhabitat . . dictus Gôgelinger, cum ortulo contiguo eisdem, quem nunc possidet Conradus quondam rector predictus et tempore vite sue possidere debet, ut quilibet vicarius, qui pro tempore fuerit, inha-   5 bitare habeat et utifrui debeat eisdem[1]. et quidquid superfuerit, id per procuratorem vestri monasterii ad hoc per vos specialiter constituendum inter personas collegii vestri in choro divino officio presentes tantum equaliter volumus et precipimus dividi juxta modum inferius expressum, cera dumtaxat excepta, quam ad candelas urdentes coram reliquiis beate Atthale altaris publici vestri chori integraliter depu-   10 tamus, ut ex participatione hujusmodi divisionis participantes consolationem accipiant et divinum officium comodius et liberius exequantur. modum vero et tempus distributionum hujusmodi sic duximus exprimendum statuentes, ut singulis annis perpetuo quatuor vicibus per jejunia quatuor temporum distinctis fiat in choro ecclesie sancti Stephani predicte sollempniter cum vigilia novem lectionum et missa   15 pro defuuctis memoria beneficiorum ipsius ecclesie ac omnium fidelium defunctorum cum sollempni visitatione sepulcrorum circa eandem ecclesiam existentium, quibus sic juxta consuetudinem ecclesie qualibet vice debito modo peractis, quarta pars obventionum . . abbatissam et conventum predictas ex donatione et concessione predictis, ut prescriptum est, contingentium inter personas conventuales ipsius   20 ecclesie utriusque sexus tunc presentes et egritudinis causa absentes tantum qualibet vice equaliter dividatur. adicimus etiam, quod canonici ipsius ecclesie, qui juxta consuetudinem ipsius ecclesie diebus dominicis et festivis tantum astricti fuerint hactenus ad publicam missam concelebrandam, in choro esse debeant et sint in futurum perpetuo astricti, ut intersint misse publice omni die, addito tali   25 moderamine, quod propter alicujus circa hoc negligentiam sibi in distributione obventionum ut predictum facienda nichil penitus subtrahatur, sed per . . abbatissam, sicut solet fieri in aliis negligenciis, corrigatur. volumus etiam, quod dictus vicarius vobis in peragendis divina officia in choro vestri monasterii nullum prestet impedimentum concurrendo vobiscum alta voce cantando vel legendo, et quod qui-   30 libet vicarius, qui pro tempore fuerit institutus in vicaria predicta, ante omnem ainministrationem corporale prestet juramentum de omnibus fideliter observandis et adimplendis, que in presenti pagina continentur, secundum nostram dispositionem et ordinationem memoratam. igitur prescriptam nostram concessionem et donationem secundum jus legaliter et rite factam ac omnia alia et singula ob eandem donationem   35 subsecuta et per nos facta sive statuta, sicut superius est expressum, statuimus et precipimus rata et firma perpetuo permanere. nec alicui liceat eisdem temere contraire aut contra ea facere vel venire. in quorum testimonium atque robur presentem scripturam fieri nostro ac . . prepositi . . decani . . thesaurarii ac capituli predictorum sigillis jussimus communiri. nos Gebehardus prepositus, Heinricus decanus,   40 Heinricus thesaurarius totumque capitulum ecclesie Argentinensis recognoscimus et

---

[1] *Vergl. UB III,* 202 *nr.* 662.

publice confitemur, concessionem donationem seu translationem ecclesie sancti
Stephani supradicte ac omnia et singula suprascripta cum consensu unanimi et
voluntate nostra expressa legaliter esse facta. in cujus rei testimonium sigilla nostra
una cum sigillo reverendi patris domini Johannis episcopi ecclesie nostre Argentinensis predicte appendi fecimus ad presentes.   actum et datum kalendis marcii
anno domini 1310.

*B aus Straßb. Bez. A. H fasc. 2612 cop. mb. rubim. c. sig. pend. delapso. Ausgestellt vom
judex curie Argent 1316 September 20 (feria secunda proxima ante festum b. Matbei
apostoli et ewangeliste).*

276. Frater Johannes ecclesie sancte Marie de Capoleos episcopus et frater
Martinus ordinis sancti Agustini ecclesie Trapesonensis episcopus omnibus vere
penitentibus et confessis, qui ecclesiam sancti Stephani civitatis Argentinensis in
die dedicacionis altaris constructi in honorem sancti Jacobi apostoli, Johannis baptiste,
Marie Magdalene, Erhardi episcopi, Egidii abbatis et decem milium martirum ac in
festivitatibus eorundem sanctorum visitaverint, et omnibus corpus domini, cum ad
infirmos communicandos ab ecclesia deferatur. prosequentibus quadraginta dies de
injunctis eis penitenciis relaxant. «splendor paterne glorie.» datum Argentine 17
kalendas aprilis anno domini 1310. *Mär: 16 Straßburg.*

B aus Straßb. Bez. A. H fasc. 2622 or. mb. lit. pat. mit drei Siegeleinschnitten.

277. *Ulrich, Johann und Egenolf, Söhne Anselms von Rappoltstein, schließen
sich dem Sühnvertrage an, den ihr Vater mit der Stadt Straßburg seiner Gefangennahme wegen geschlossen hat. 1310 Mai 2.*

Wir Ulrich, Johannes und Egenolf hern Ansbelmes sûne von Rapoltsteine tunt
kunt allen den, die disen brief gesehent und gehôrent lesen, daz wir mit geswornem
eide stete wellent haben und sint dez schuldig worden unverscheidenlichen die wile,
daz wir gelebent. die sûne, die unser herre und unser vatter het getan mit den
burgern von Strazburg umbe die gevencnisse, die im tatent die burger von Strazburg, und gelobent allez daz bi geswornem eide stete zû habende, daz an dem sûnebriefe geschriben stat, den die burger von Strazburg hant, der besigelt ist mit
unsers herren und mit der burgen ingesigelen[1], ane alleine den artikel: were daz
ein burge stürbe, daz wir einen andern soltent geben an dez stat, der da vervaren
were. und darumbe han wir gesworn daz andere ôch stete zû habende allez bi dem
eide ane alle geverde die wile, daz wir gelebent. daz diz war und stete si, darumbe
so han wir unsere ingesigele an disen brief gehencket.   der wart gegeben an dem
samestage nach sancte Walpurge tage. do men von gottes geburte zalte drüzehen
hundert jar und zehen jar.

*S aus Straßb. St. A. Verschl Canzlei-Gew. Corp. K lad. 17 or. mb. c. 3 sig. pend., quorum
1 delapsum. Auf dem einen die Legende erkennbar s. Ulrici de Ropoltsteine . . sancti
Deodati. auf dem andern s. Egenolfi de Rapoltstein.*

---

[1] *Nicht erhalten*

278. *Wirich von Mittelweier und Konrad von Bergheim der jüngere verbürgen sich der Stadt Straßburg für die Sühne Anselms von Rappoltstein. 1310 Mai 25.*

Wir Wirich von Mittelwilre und Cunrad des alten sûn von Bergheim rittere tûnt kunt allen den, die disen brief gesehent und gehôrent lesen, daz wir bürgen sint worden hern Anshelmes von Rapoltsteine gegen den burgern von Strozburg umbe die sûne, die er den burgern von Strazburg het getan von siner gevencnisse wegen, und gelobent bi dem eide, den wir darumbe getan hant, alles daz stete zû habende, daz an dem sûnebriefe geschriben stat, der besigelt ist mit hern Anshelmes und der bürgen ingesigele, in alle wise, als die andern bürgen, die an dem selben briefe geschriben stant. und darzû binde wir uns mit disem gegenwertigen briefe mit gûten truwen ane alle geverde. daz diz war und stete si, darumbe so han wir unsere ingesigele an disen brief gehencket. der wart gegeben an dem mentage vor dem schônen nontage, do men von gottes gebûrte zalte drizehen hundert jar und zehen jar.

S aus Straßb. St. A. Verschl. Canzlei-Gew. Corp K lad. 17 or. ub c. 2 sig. pend. Das eine Siegel zeigt einfaches Schild mit Schrägbalken von links nach rechts, in der Legende s. Ulgerici de Miterwilr; das zweite einen schragquadrirten Schild und in der Legende . . Anradi de Bergh junioris.

279. Cum dissensio orta sit super eo, quod prepositus decanus et capitulum sancti Thome Argentinensis nomine ecclesie sancte Aurelie decimas seu decimationes novalium ad monasterium sancti Arbogasti spectantium et infra limites parochie ecclesie sancte Aurelie ad ecclesiam sancti Thome pleno jure pertinentis sitorum petebant, quas ad dictam ecclesiam sancte Aurelie jure communi pertinere dicebant, et ex adverso prepositus et conventus sancti Arbogasti asserebant, se fore tutos per privilegium sedis apostolice et per alias defensiones legittimas contra petitionem predictam, tandem partes supradicte coram officiali curie Argentinensis pro redimendis laboribus et vitandis expensis dictam dissensionem per viam conpromissi de plano et sine strepitu terminare volentes eligunt pro parte ecclesie sancti Thome magistrum Fridericum de Gôdertheim ipsius ecclesie canonicum et pro parte sancti Arbogasti magistrum Heinricum rectorem ecclesie in Eysheim Basiliensis diocesis, pro communi vero dominum Ysenhardum, decanum ecclesie Rinaugensis. arbitros sub hac forma. quod Fridericus et Heinricus, casu proposito infra festum Juni 21 sancti Johannis baptiste venturum inspecto, sententiam ferant et, si concordare non possunt infra unum mensem post terminum dictum, extunc infra octo dies sententias suas decano presentent, qui de jure pronunciet. partes promittunt, se servaturas esse dictam pronunciationem sub pena 60 librarum denariorum Argentinensium . « cum inter honorabiles ». actum 6 kalendas junii anno domini 1310. *Mai 27.*

H aus Straßb. Hosp. A. lad. s. Marc. XII fasc. 29 or. sub. c. sig. pend. delapso.

280. *König Heinrich VII nimmt die Stadt Straßburg in seinen besondern Schutz und bestätigt ihr alle früher bewilligten Freiheiten und Privilegien. 1310 Juni 1 Speier.*

In nomine sancte et individue trinitatis. Heinricus divina favente clemencia
Romanorum rex semper augustus, augustialis pietas immensa clemencia [*weiter wie in nr. 47 bis* fecimus roborari], signum Heinrici Romanorum regis invictissimi (M.)ª

Acta sunt hec anno dominice incarnacionis millesimo trecentesimo decimo, kalendis junii, regni vero nostri anno secundo.

Datum Spire anno predicto ᵇ.

S aus Straßb. St A. AA art. 2 ur. 2 or. mb. c. sig. pend. Das dunkelgelbe Königssiegel an roth-blauen Seidenschnüren.

S 1 ibid. or. mb. c. sig. pend. delapso. Das Stück ist von andrer, etwas zierlicherer Hand geschrieben. Da beide Ausfertigungen mit Ausnahme der Datirung völlig gleich lauten, so ist die Differenz des Datums doch wohl nur durch die verschiedene Zeit der Vollendung der beiden Reinschriften zu erklären. Vergl Ficker Beitr. z. Urkundenlehre II, 399 und über Doppelausfertigungen überhaupt ibid. II, 195.

Gedruckt in der Fassung von S 1 aus dem Briefbuch A fol. 24 ª ibid. bei Schöpflin Als. dipl. II, 91 nr. 847. — Böhmer R. Heinr. nr. 238.

281. *Die Stadt Metz trifft Bestimmungen über den Rechtsweg, welchen ihre Bürger gegen Bürger der Stadt Straßburg einzuschlagen haben. 1310 Juli 6.*

Nos . . magister scabinorum, tredecim jurati et totum consilium civitatis Metensis notum facimus universis presentes literas inspecturis, quod nos, diligenti deliberatione prehabita, mediante prudentum virorum consilio, videndo et considerando pro communi utilitate totius civitatis nostre et pro magna diligentia et favore maximo, quam et quem habemus et hactenus habuimus et habere volumus temporibus futuris erga sapientes et honorabiles viros cives Argentinenses, statuimus et ordinamus communi consensu omnium concivium nostrorum, quod dicti cives nostri seu alter ipsorum non possunt nec debent per se vel per alium seu alios aliquos de civibus Argentinensibus arrestare vel detinere in corporibus vel in rebus seu arrestari vel detineri facere pro aliquibus querelis seu occasionibus, quas dicti concives nostri possent ab eis petere, quecunque essent, et que restant faciende et etiam adimplende a retroactis temporibus usque ad diem confectionis presentium literarum ex quacunque causa pro personis alienis, nisi esset pro principali debito, in quo aliquis dictorum civium Argentinensium erga concives nostros vel alterum eorum esset in aliquo debito principaliter obligatus, vel pro alio seu aliis principalis

a) *Das Monogramm hat die Höhe von etwas über vier Zeilen und steht rechts am Rand.* b) *S 1 3 kalendas junii, indictione septima, regni vero nostri anno secundo, datum Spyre anno domini predicto.*

¹ *Die bekannte Anecdote, die Matthias von Neuenburg gelegentlich dieser Privilegienbestätigung erzählt (Böhmer Fontes rer. germ. IV, 180), ist mit diesem Datum und dem Itinerar des Königs nicht zu vereinen.*

redditor constitutus, ab instanti festo purificationis beate Marie virginis usque ad
unum annum immediate dictam purificationem subsequentem. et si aliquo casu contingeret, quod aliquis concivium nostrorum de aliquibus concivibus Argentinensibus
queremoniam deponeret super quibusdam debitis vel rebus aliis, in quibus ex quacumque causa dicti cives vel alter eorum concivi nostro tenerentur seu essent obli-   5
gati, nos ipsum concivem nostrum ad civitatem Argentinensem debemus transmittere
ad requirendum jus suum coram magistro civium Argentinensium. et ille magister
civium Argentinensium et qui erunt de consilio jurato dicte civitatis pro tempore,
debent ei exhibere justicie complementum et facere, quid juris ac etiam rationis
erit, indilate secundum bonum jus dicte civitatis Argentinensis. nec amplius nos   10
vel dictus conquerens possemus a civibus Argentinensibus petere seu exigere[a],
dictamen a dicto magistro et civibus Argentinensibus de consilio jurato fieret, quod
juris esset et rationis, prout superius est expressum. si vero non fieret et hoc posset
per testes ydoneos legitime comprobari absque aliqua falsitate vel suspicione, quod
dictus magister civium et illi, qui essent de consilio dicte civitatis[b], a dicto concive   15
nostro requisiti, essent in hoc negligentes vel remissi, et quod jus suum non posset
assequi in civitate Argentinensi coram predictis judicibus, nos predictis auditis et
intellectis post quadraginta dies post hujusmodi queremoniam depositam, infra quos
non posset jus suum seu rationem super petitis obtinere, et quod hoc esset notorium
vel per testes comprobatum ydonee, prout super hoc essent a nobis requisiti, sicut   20
superius est expressum, nos concivi nostro predicto conquerenti plenariam daremus
potestatem, capiendi dictos cives Argentinenses et spoliandi super eos et detinendi,
quousque justicia seu ratio foret dicto civi nostro ab eisdem civibus vel altero eorum
plene facta. et casu et modo consimili promittimus et volumus, quod cives Argentinenses erga nos utantur et quod ita sit de omnibus civibus civitatis nostre   25
Metensis erga omnes cives civitatis Argentinensis. et illud idem, quod superius
dictum est, debemus nos facere de nostris civibus erga cives Argentinenses, sicut
superius est expressum. in cujus rei testimonium presentes litteras sigillo nostro
communi Metensi una cum sigillo universitatis Argentinensis fecimus communiri.
datum anno domini 1310 feria 2 in octava beatorum Petri et Pauli apostolorum.   30

*Aus Wencker Appar. archiv. p. 183 Die Echtheit der Urkunde, wenn man sie mit nr. 295
vergleicht, die sachlich genau dieselben Bestimmungen enthält, scheint mir gewissen Bedenken zu unterliegen. Dort präcise Formen, hier weitschweifige Floskeln. Wie weit
freilich die Ueberlieferung Schuld daran trägt, ist nicht zu ermitteln.*

282. Frater Wernherus episcopus Marmorensis[1] omnibus vere penitentibus et   35
confessis, qui ad ecclesiam sancti Stephani in Argentina in dedicacione et in anni-

a) Zu ergänzen etwa quam ut.   b) Wencker add. fuissent.

---

[1] *Der genannte Bischof, aus dem Straßburger Dominikanerhaus stammend, war unter Mitwirkung
der beiden in nr. 276 erwähnten Bischöfe am 15. März dieses Jahrs (die dominica, qua cantatur
Reminiscere) vom Bischof Johann von Straßburg geweiht worden. Vergl. Rosenkränzer Joh. v. Straßb.   40
S. 109.*

versario dedicacionis altaris constructi ad sinistram latus super letenario ecclesie
predicte per ipsum consecrati et per octo dies subsequentes, item in festis patronorum ejusdem altaris videlicet Petri et Pauli ac decem milium martyrum accesserint,
quadraginta dies criminalium de injuncta eis penitencia cum consensu Johannis
episcopi Argentinensis relaxat prohibens, ne littere sue extra per questuarios deferantur. « loco sanctorum omnium » datum 5 idus julii anno domini 1310. *Juli 11.*

B aus Straßb. Bez .A. H fasc. 2632 or. mb. c. sig. pend. delapso.

283. *König Heinrich VII weist die Reichsbeamten an, den Waarenverkehr der
Straßburger Bürger, welchen er für frei vom Strandrecht und von unrechtmäßigen
Zöllen erklärt, zu Wasser und zu Lande zu schützen. 1310 August 18 Hagenau.*

Heinricus dei gracia Romanorum rex semper augustus universis advocatis provincialibus et eorum substitutis ceterisque Romani imperii fidelibus graciam suam
et omne bonum. dignum judicat nostra serenitas et congruum arbitratur, quod
prudentum virorum civium Argentinensium fidelium nostrorum dilectorum ob sue
probitatis merita et grata, que continuacione laudabili nobis et imperio impenderunt
obsequia et impendent, commoditatibus et profectibus regie sollicitudinis opera
intendere debeamus. eapropter volumus auctoritate presencium declarantes, quod
iidem cives cum vino et blado suo seu quibuscumque aliis suis mercibus per Reni
alveum descendentes et ascendentes racione naufragii, quod vulgariter dicitur grant-
rûr, nichil penitus solvere teneantur, volentes nichillominus, quod ab omnibus
injustis theloneis a quibuscumque institutis, exceptis theloneis, que a nobis descendunt et imperio, sint liberi et immunes. eisdem eciam civibus per terram cum bonis
suis euntibus volumus ab injuriosis insultibus precavere. ipsos vobis recommittimus
diligenter fidelitati vestre dantes strictius in preceptis, quatenus una cum ipsis
contra injuriatores seu turbatores suos tam in aqua quam in terra fideliter insurgatis.
ex hoc enim, quod se defendant contra offensores suos hujusmodi, non incurrent
indignacionem regiam vel offensam presencium testimonio litterarum nostre majestatis sigilli robore signatarum. datum in Hagenowe 15 kalendas septembris anno
domini millesimo trecentesimo decimo, regni vero nostri anno secundo.

*S aus Straßb. St .A. AA art 2 nr. 8 Transsumpt in dem Privileg Ludwigs des Baiern von
1323 April 8 or. mb. c. sig. pend. delapso.*
*Gedruckt aus dem Briefbuch A fol. 23ᵃ ibid. bei Wencker Appar. arch. p. 161; Schopflin
Als. dipl. II, 92 nr 850. — Bohmer R. Heinr. nr 279.*

284. *König Heinrich VII schließt mit den Bischöfen von Straßburg und Basel,
den Landgrafen im Ober- und Niederelsaß sowie den Städten Straßburg und
Basel einen Landfrieden auf fünf Jahre. 1310 August 19.*

Wir Heinrich von gotz guaden römisch kunig allewege ein merer des riches
tûnt kunt allen den, die disen brief gesehent oder gehörent lesen, daz wir mit den

erbern herren . . dem bisschove von Strazburg, . . dem bisschove von Basile und mit
den lantgraven in dem obern und in dem nidern Elsaz und mit den burgern von
Strazburg und von Basile überein sint komen eins gemeinen lantfriden, und den
die vorgenanten herren unde burgere gesworn hant zů haltende von der Selsen untz
an die Birse und von dem Ryne untz an den Wasichen, alse daz bistům von Straz-   5
burg het begriffen, und von der Birsen untz an den Wasichen, alse daz bistům
von Basile gat, und öch gensite Rines alse daz bistům von Strazburg gat, hynuan
untze sante Martins mes und dannen uber fuuf jar nahenander ane ůnderlaz, vůr
uns und alle die unsern, also doch, daz . . der bisschof von Basile unde die burgere
von Basile gensite Rines ungebunden sulent sin, und aber hie disc site Rynes sulent 10
sie nimme schuldig noch gebunden siu ze helfende wanne von der Byrseu untz an
die Sorne, unde gensite Rynes sol niemau gebunden sin vou des friden wegen durch
walt zů helfende. [1] alle phalburgere sulent abe sin. und wellent sie burgere sin,
so sulent sie gesessen sin sumer und winter ane underlaz. und sulent des frist
haben sich zů beratende untze sante Martins mes. die nu zů nehest komet, obe sie 15
burgere wellen sin oder nůt. und welre öch nůt ensesse, als da vor geschriben
ist, den sol deheine stat vůr einen burger haben. [2] alle phaffen und alle geistliche lůte und alle gotzhůser die sulent iu disem friden sin und sulent iu irme rehte
und in irre friheite bliben. und alle edellůte graven friu und dienstlute, die disen
friden gesworn hant zwůsschent den vorgenanten ziln oder noch swerende werdent. 20
und alle stette und burge und vesten und dörfer und dinghove, die iu disem friden
gelegen sint, der sol iegeliches in sime rehte bliben. die stat von Strazburg sol mit
numen in irme rehte und in irre friheite und in irre gůten gewonheite bliben. öch
sol die stat von Basile mit nammen bliben in irme rehte und in irre friheite. so
sol öch der bisschof von Strazburg und der bisschof von Basile niemanne, der in   25
irn bistůme gesessen ist, beholfen sin von des lantfriden wegen umbe deheinre
slahte ding, die geschehen sint untz her. [3] die nuwen zölle sulent öch abe sin,
swo sie gemaht sint, uf dem lande oder uf dem wassere. es ensol öch niemau keine
gruntrůre nemen. wer die neme, den sol mau haben vůr einen strazröber und sol
der lantfride uf in beholfen sin. und swer disen friden brichet, geschiht daz in   30
unserme gerihte, daz sol der, au dem er gebrochen ist, oder sine frůnd an unsere
phlegere, die hie nidenau genemet sint, selbe vordern oder mit sine gewissen botten
und briefen. und sulent unsere phlegere zehant ane geverde uf deu eit botscheften
uud embieten dem, der den friden gebrochen het, daz er in den nehesten ahte
tagen daz widertů und bessere, daz er da begangen het. tůt er des nůt, so sulent 35
die selben uusre phlegere alle die, an die von aller der vorgenanten herren wegen
dirre fride gesetzet wirt, manen mit botten oder briefen uf deu eit, ob sie es mit
irre maht ane sie nůt mögent vollenden ane geverde. und sulent die danne, als
es hie nidenau bescheiden ist, in den nehesten ahte tagen darnach, so sie gemanet
werdent, bi irm eide mit solicher helfe und mit solicher maht, alse sie alle oder   40
das zweiteil ůuder in überein kumment uf den eit, den twingen, der den friden
gebrochen het, daz er widertů und bessere, daz er wider den friden getan hat. und
wer also betwungen wirt wider zů tůnde uud zů bes> bessernde, den sol man twingen

uf den eit. daz er gelte allen den schaden, der von ûssogendes wegen geschehen
ist. ob er so vil gûtes het. nach der bescheidenheite. alse die alle, die über den
lantfriden gesetzel sint, oder das zweiteil ûnder in bescheidenlich tûnket. und het
er so vil gûtes nût, man sol iu twingen mit sime libe durch daz, daz andere
5 bizeichen bi ime nement. mûgent aber sie es ane die andern gebessern mit irre
maht, so sol men niemanne me manen umbe helfe. [4] wirt aber dirre fride
gebrochen in des bisschoves gerihte von Strazburg. so sol man es vordern, alse
da obene geschriben stat. an die, die von sinen wegen darzû gesetzel werdent,
und sulent denne die uf den eit bede umbe daz widertûn und umbe daz bessern
10 tûn und gebaren in alle wis, alse es da obenan von unsern phlegern geschriben
stat. in dirre selben wise sol man tûn ane alle geverde, ob der fride gebrochen
wirt. da men es von dem bisschove von Basile, von dem obern lantgraven oder von
dem nidern lantgraven in Elsaz vordern sol. und sulent die. die von iren wegen
darzû gesetzel werdent. darzû tûn uf den eit in alle wis, alse es da obenan
15 geschriben stat. wurde aber er gebrochen, da es die burgere von Strazburg anegat, da sol man es vordern an den. der danne wissenthaft burgermeister ist. und
sol er danne uf den eit schaffen, swelich burger von Strazburg den friden gebrochen
het, daz er daz widertûge und bessere in den nehesten ahte tagen. beschehe daz
nût, so sulent die andern burgere alle von Strazburg und die andern des friden eit-
20 genôssen den twingen, alse da vor von den andern geschriben stat. [5] zû gelicher
wis sol der burgermeister von Basile tûn, ob dirre fride gebrochen wirt, da es die
burgere von Basile anegat, zû besserude alles mit der bescheidenheite, die hie
nidenan geschriben stat. [6] alle geste und alle frômede lûte, sie sint varende blibende oder wesende in dem vorbescheiden begriffe, die sulent disen selben friden
25 haben, alse es da obenan bescheiden ist. [7] wirt ôch ieman gevangen in dis frides
begriffe und wirt usgefûret. da sulent alle des frides eitgenôszen bi dem eide ire
helfe und ir maht zûtûn, daz der gevangene lidig werde und solich unreht gebessert
werde mit irre maht, alse die überein kumment uf den eit, an die dirre fride von
unsern wegen gesetzel ist oder von der vorgenanten herren und stelten noch
30 gesetzel wirt, sie alle oder daz zweiteil ûnder in. [8] riehet ôch ieman deheine
dotgevelte oder wunden, die nutz her geschehen sint und ôch unversûnet sint.
damitte ist dirre fride nût gebrochen. swer aber vûrbaz wunt wirt, dem sol man
rihten, alse inen von wunden rihten sol. und swer erslagen wirt, des frûnden sol
man rihtten, alse man davon zû rehtte rihtten sol, in den nehesten ahte tagen.
35 [9] men phendet ôch wol umbe jergeliche korngûlte, umbe wingûlte und umbe
zinse, und engat daz ôch nût an den lantfriden. anders sol nieman den andern
phenden ane gerihte. und het sich ôch ieman verbunden mit sinen briefen, daz men
in phenden sule ane gerihtte, den sol men phenden an sime eigene, an sime erbe,
an sime lehenne und an sinen phanden. [10] het aber ein gotzhûs oder ein closter
40 gût oder lûte, darûber er vogel ist, an dem gûte und an den lûten sol men in nût
phenden. [11] swo die, an die dirre fride von unsern wegen gesetzel ist oder noch
von der vorgenanten herren und stelle wegen gesetzel wirt, alle oder daz zweiteil
ânder in uberein kumment uf den eit, daz ein herre oder ein stat oder burg oder

dorf, do der fride gebrochen wirt, selbe mügent gebessern daz, domitte der fride
gebrochen wirt, da sol men niemanne me zů manen umbe helfe. da sie aber überein kumment uf den eit alle oder daz zweiteil, daz man helfen sol, swer danne der
nůt kummet mit solicher maht ane geverde, alse sie überein kumment uf den eit,
der sol meineidig und truweloz und êrloz sin und sol ůswendig des friden sin. und ₅
sol men ab ime rihtten und sol ime nieman rihten. [12] swo mitte dirre fride
gebrochen wirt, daz sol men widertůn und bessern, alse die, an die es geselzet ist
oder noch von der herren und der stette wegen gesetzet wirt, sie alle oder daz
zweiteil under in uf den eit überein kumment. were aber daz sie sich davon mahtent und die besserunge verzugent durch mûtwillen, so sulent sie meineidig sin und ₁₀
ůszewendig des friden sin. irret aber sie deheine êheftige nôt oder herren nôt, oder
daz einre lihte sturbe, so sol der herre oder die stat, von der wegen er dabi waz,
einen andern darzů schicken ane sine stat ane alle geverde. der sol ôch denne swern,
alse der erste gesworn hette. und so er geswert, so ist der eit allewege stete.
[13] alle die gůt, die zů erbe geluhen sint von alter her, die sulent in der gewon- ₁₅
heite stan, als es herkummen ist, die wile dirre fride wert. [14] swer disen friden
nůt swert, iederman vor sime rihttere, in den nehesten zweien manaden, so dirre
fride gekůndet wirt von stetten zů stetten, von burgen zů burgen, von dörfern
zů dörfern, den sol nun danach nimme emphahen in disen friden. und sol ime ôch
nieman rihtten und sol men abe ime rihten. sprichet aber der rihtter, er habe nůt ₂₀
gesworn, bezůgel er denne mit zwein ersamen mannen, daz er gesworn habe, des
sol er genieszen. [15] ist aber ieman ůszewendig landes oder siech oder gevangen,
so er des entladen wirt, so gat alrest die satzunge über in. [16] die prelaten, die
dûmeherren und die phaffheit, die sint des eides erlaszen durch ir erberkeit. [17] es
sol ôch nieman keine munsze slahen in disem begriffe weder in stetten noch uf ₂₅
burgen noch in dörfern, er enhabe sie denne von dem riche oder anders durch ein
reht. swer uber daz eine slůge oder hiesze slahen, der und sin gesinde, die die
munsze da slahent oder helfent und ratent, wie die falsche oder die ungewonliche
munsze vůrbraht werde, die sol man haben vůr falschere und sol von in rihten,
alse man von falschern durch reht rihten sol. und sol der lantfride uf sie beholfen ₃₀
sin uf den eit. [18] ist ôch, daz der lantgrave in dem obern Elsaz oder in dem
nidern Elsaz ein gerihte besitzet oder ein ander rihtter, wer der si, und rihtet
umbe ein gůt, von den er billiche rihten sol, irret ieman den, dem daz gůt mit
gerihtte gevallen ist, an dem gůte, mag es der rihtter nůt gehôbeten mit siner maht
bi sim eide, der lantfride sol ime beholfen sin, daz der blibe in der gewer des ₃₅
gůtes, untz daz es ime mit besserme rehte angewunnen wirt. [19] die burgere von
Strazburg hant in disem lantfriden ůsgenomen alle die, die von irre missetete wegen
verwisent sint von der stat von des zůlôffes wegen, den sie tatent in irre stat¹.
[20] dise satzunge ôch und den lantfriden, die wir habent ůfgesetzet zů Franken-

¹ *Darunter ist wohl der Volksaufstand vom Juli 1308 zu verstehen. Die damals über die Aufge-* ₄₀
wiesenen verhängte Acht hieß die bose oehte. Vergl. Closener (D. St. Chron. VIII, 122) und die Notae
hist. Argent. (Böhmer Fontes rer. germ. III, 117).

fürd mit den kurfürsten[1], den öch . . der bisschof von Strazburg und unser lantvoget und ander herren, die da zügegene warent, gesworn hant, den eit wil . . der
vorgenante bisschof und der lantvogel, daz er in behalten si, und wellent disem
lantfriden deste minre nût nachgan ane alle geverde. [21] waz öch gûtes ein man
zehen jar und me unversprôchenliche und gerůweeliche in gewalte und in gewer her
het braht bi gerihtte, und daz sin widersache in lande ist und zû sinen tagen
kommen ist, daz ensol ime nach den zehen jarn nieman abe swern noch zû almende
machen, alle die wile daz dirre lantfride weret. wer aber, daz iemanne iht angewonnen were sins gûtes indewendig fünf jaren, die vürgangen sint, in almendes wise,
alse es da vorbescheiden ist, man sol in wider in sine gewer setzen, untze daz es
ime mit rehte vor sime rihtere angewonnen wirt. [22] dirre lantfride sol wern
untze sante Martins mes, die nû zû nehest kummet, und dannen über funf jar
nahenander. [23] dis sint, die wir über den lantfriden gesetzet hant: Heinrichen
den burggraven von Dorolzheim, Mathisen von Heringheim[a] und Johannesen von
Eckerich rittere. und zû eim urkûnde aller der vorgeschriben dinge so han wir
unser ingesigele an disen brief gehenket. der wart geben an der mittewochen
nach unserre frowen mes der ersten[2], da man von gotz gebûrte zalte drûzehen
hundert jar in dem zehenden jare.

S aus Straßb. St. A. Oew. u. d. Pfalz lad. 21 nr. 3 or. mb. c. sig. pend. Dunkelgelbes
Königssiegel am Pergamentstreifen. Die im Stück gesetzten Paragraphenzeichen sind
durch fortlaufende Nummerirung wiedergegeben.
Gedruckt aus dem Briefbuch A fol. 130[a] ibid. bei Wencker Dingu. de uasburg. p. 39 -
Lünig VI, 10 = Du Mont Corps dipl. I[a], 355 mit dem falschen Datum Februar 4. —
Zeitschr. f. d. Gesch. d. Oberrh. IV, 373; Trouillat Mon. de Bâle III, 167; Mossmann
Cart. de Mulh I, 112 mit dem falschen Datum 1313 August 22; Böhmer R. Heinr.
nr. 262. Ueber die Zusätze zum Landfrieden von 1301 (nr. 233) vergl. Kopp Gesch. d.
Eidgen. Bünde III, 2, 82 f.

285. *Das Dom- und das St. Thomascapitel wie das Capitel von Haslach ver-*
binden sich gegenseitig zur gemeinsamen Abwehr der ungerechten Forderungen des
Bischofs Johann von Straßburg. 1310 October 12.

Nos Gebehardus de Friburg prepositus, Johannes scolasticus, Hermannus de
Thirstein, Henricus de Gundolvingen, Heinricus custos et Symundus de Horburg
archidyaconi ceterique canonici et . . capitulum ecclesie Argentinensis, paucis dumtaxat exceptis, item . . prepositus . . scolasticus ceterique canonici et . . capitulum ecclesie sancti Thome Argentinensis, paucis dumtaxat exceptis, item . .

a) *Das Wort ist nachträglich gebessert, ursprünglich stand auch in der ersten Silbe ein i.*

[1] *Auf dem Reichstag zu Frankfurt im Juli 1310.*
[2] *Bald darauf, am 27. October 1310, zu Schlettstadt, sind Boten der Stadt Straßburg, im Verein*
mit Bischof Johann, verschiedenen Herren und Städteboten des Elsaß dabei thätig, Bestimmungen über
die Bestrafung des Friedensbruches zu Colmar zu treffen. Vergl. Ficker Die Ueberreste des deutschen
Reichs-Archivs zu Pisa i. d. Sitz. Ber. d. Wiener Akademie XIV, 223-225.

scolasticus . . custos ceterique canonici et . . capitulum ecclesie Haselacensis,
nonnullis dumtaxat exceptis, presentium inspectoribus volumus esse notum, attamen
inviti referimus et dolenter, quod venerabilis pater dominus Johannes episcopus
Argentinensis gravem nobis attulit materiam conquerendi de gravaminibus diversis
injuriis et jacturis nobis et nostris ecclesiis illatis per ipsum sine qualibet culpa   5
nostra, quarum aliquas recensemus. dictus quidem dominus . . episcopus, cum ex
debito juris positivi et etiam naturalis nobis et nostris ecclesiis ad antidota sit
astrictus nostrisque commodis et profectibus paterna provisione consulere teneretur,
ipse tamen pii patris affectum et morem, qui filiis thesaurizat, postponens illicite
et non servans, sed potius facultates nostras minuere cupiens et enormiter exhau-   10
rire, cum tamen hoc anno nulle vel pauce ultra necessaria vite nostre nobis valeant
superesse propter penuriam et defectum nostrorum proventuum, quos ademit communis sterilitas terre nostre, quod non attendens dictus dominus . . episcopus, sed
afflictionem cumulans jam afflictis nobis et omnibus ecclesiis monasteriis cappellis
et . . capitulis ac personis ecclesiasticis civitatis et dyocesis Argentinensis invitis   15
inmoderate quantitatis pecunie collectam inposuit sine causa necessaria et rationabili et a nobis nititur extorquere et jam a nonnullis extorsit in non modica
quantitate per comminationes suorum processuum et terrorem. nichilominus quoque
plus odii fomite quam zelo justicie et causa extorquendi predictam collectam nos et
totum clerum civitatis et dyocesis Argentinensis ad ordines non necessarios invi-   20
tavit et a se recipiendos per censuram ecclesiasticam compellere nisus fuit, quamvis
caute et sine periculo ab eo recipere ordines nemo posset vel etiam potuisset ex
eo, quod ipse dominus . . episcopus diversis suspensionis et excommunicationis
latis a canonibus sentenliis ligatus fuerit et adhuc sit, non deferens appellationibus
nostris legittimis ex premissis et aliis causis probabilibus interjectis ex parte   25
nostra et omnium adherentium nobis et adherere volentium in futurum ad sedem
apostolicam nec etiam deferens reverentie dicte sedis, que ipsum creavit in . .
episcopum, sicut dicit. et preterea proventus beneficiorum vacantium et non vacantium, rectoribus decedentibus eorundem, recipit et recepit hactenus per biennium
multis annis privando ministros illorum suis proventibus, de quibus essent secun-   30
dum apostolum sustentandi. insuper ad depressionem nostram nostrique honoris
nititur jurisdictiones archidyaconatuum nostrorum archidyaconorum et aliorum prelatorum et prelaturarum debitas de consuetudine et servatas a tempore, cujus in
contrarium memoria non existit, inpedit in quantum poterit suis processibus et eli-
dit. sicque juri et honori nostro derogat in hoc et in aliis multis articulis sibi pro-   35
hibitis et contentis in juris titulo de excessibus prelatorum. volentes igitur nostram
nostrarumque ecclesiarum et aliarum personarum nobis adherentium et adherere
volentium in futurum innocentiam et justiciam defendere, ut tenemur, et pro viribus
conservare ac injuriam propulsare, obligamus nos scripto presenti promittentes singuli fide prestita mutuo corporali nomine juramenti, quod predictam defensionem et   40
conservationem faciemus fideliter communibus laboribus et expensis juxta cujuslibet
facultates et ab illis nullatenus desistemus, quousque predictus dominus . . episcopus a premissis et ab aliis iniquis vexationibus injuriis et molestiis nobis et nobis

adherentibus factis vel faciendis desistet efficaciter et quiescet, promittentes omnibus et singulis nobis et nostris ecclesiis in presenti negotio adherentibus seu adherere volentibus vicariis advocatis procuratoribus et personis omnibus in dicto negotio nobis assistentibus omne dampnum seu interesse, quod occasione dicti negotii susti-
nuerint, integraliter resarcire. nos omnes ac singuli premissa promittimus sub rerum nostrarum et ecclesiarum nostrarum ypotheca volentes nichilominus et statuentes, ut quicunque ex nobis ab obligatione et promissione hujusmodi se duxerit subtra-
hendum, habeatur ipso facto non solum fidei violator sed etiam juramenti. in quorum evidenciam sigilla . . capitulorum nostrorum presentibus sunt appensa.
datum 4 idus octobris anno domini millesimo trecentesimo decimo[1].

B aus Straßb. Bes. A. G fasc. bxxt or. mb. c. 3 sig pend. delapsis.
Gedruckt nach einem nicht mehr auffindbaren or. in Straßb Thom. A. bei Ch. Schmidt Hist. du chap. de s. Thom. p. 344 nr. 60.

286. *Gottfrid von Leiningen, Landvogt im Elsaß, Georg Graf zu Veldenz, Landvogt im Speiergau, und Otto von Ochsenstein beurkunden und verbürgen die Sühne der Stadt Straßburg mit Symund von Zweibrücken. 1310 November 16.*

Wir Gotfrit von Liningen lantfoget zů Elsaz, Georgie grave zů Veldentze lantfoget in Spirichowe und Otte herre von Ohsenstein tůnt kunt allen den disen brief gesehent und gehōrent lesen, daz Niclawes Walter und Johannes Vettere burgere von Strazburg sich hant verzigen vůr sich und alle ire frúnt und helfere gegen Symunde von Zweinbrucken unserm ōheime, hern Eberhartes unsers ōheimes sûne, und gegen allen sinen helfern alles des schaden, der in beschehen ist, es si von gevencnisse wegen oder von verluste gůtes wegen oder von welre hande sache es si, unze her an disen tag ane alle geverde, und mit namen gegen Cůnrate von Waltspůre dem tůchscherer von Strazburg. und sol damitte eine gůte sůne sin zwischent Symunde unserm oheime und sinen helfern und Cůnrate von Waltspůre ein site und den burgern von Strazburg gemeinliche ander site umbe die getat. und gelobent unverscheidenlichen vůr die stat und die burgere von Strazburg, daz sie dise

---

[1] *Dieser Streit zwischen dem Bischof und den drei Capiteln wird durch funf Schiedsrichter, Ge-berhardus propositus ecclesie Argentinensis, Crafto propositus, magister Ludewicus cellerarius ecclesie Haslacensis, magister Wernherus cantor ecclesie s. Petri officialis curie Argentinensis ac magister Rudolfus rector ecclesie in Benwilr am 1. Februar 1311 geschlichtet. Besonders bemerkenswerth sind folgende Punkte ihres Spruches: quod episcopo satisfactio fiat injurie ipsi illate per quosdam cano-nicos ecclesie Argentinensis auferentes literas seu processus cellerario ecclesie s Petri nuntio epis-copi, qui eum in loco sacro, videlicet in monasterio s Stephani Argentinensi in interdictione impedire presumpserunt; item quod episcopus insignia episcopalia habere et eis uti debeat, quando et quotiens indigebit, et illa, cum eis non indigent, ad ecclesiam majorem Argentinensem reponi faciat; item quod episcopus liberam potestatem daudi et constituendi officialem habeat et eundem revocandi, hoc adjecto, quod canonici majoris ecclesie Argentinensis et certa familia in eorum expensis continue existens in causis propriis pro sigillo curie circa acta judicialia nibil solvant. Aus Straßb. Bes. A. G fasc. 3465 nr. 289 cop. ch. sec. XVI.*

süne stete hallent. were őch daz die süne gebrochen wurde vou den burgern von
Strazburg, daz geloben wir unverscheidenliche uf ze rihtende anc alle geverde.
daz diz war und stete si, darumbe so han wir unsere ingesigele an disen brief
gehencket. diz geschach an dem mentage nach sancte Martins mez, da men von
gotz geburte zalte druzehen hundert jar und in dem zehenden jare.

*S aus Straßb. St. A Verschl. Canzlei-Gew. Corp. K lad. 15 or. mb. c. 3 sig. pend. laesis,
quorum 1 delapsum.*

287. *Schreiben der Stadt Kenzingen an die Stadt Straßburg betreffend Freilassung einiger gefangen gesetzter Straßburger Bürger. [um 1310].*

Viris providis et discretis . . magistro consulibus universisque civibus Argentinensibus Jo[hannes] scultetus universitasque civium de Kenzzingen sinceram voluntatem ᵃ obsequendi. litteris vestris nobis transmissis receptis et discussis intelleximus, quod Jo[hannes] miles dictus de Wizwile quosdam de civibus vestris
occasione Lamperti vestri concivis et nostri cepisset, quod nostras aures penitus
perturbavit. nos vero dictum militem adivimus monentes, ut vestros cives occasione
nostri concivis detentos pristine restitueret ᵇ libertati. quibus peticionibus idem miles
respondit, quod nihil spectaret ad ipsum illa detencio, asserens, quod quidam hominum suorum tenuissent eosdem concives vestros racione juris sui consequendi
rigorem de memorato Lamperto ᶜ. si vero aliquis de eodem Lamperto nostro concive
coram nobis querimoniam suam deponeret ᵈ, conquerenti justiciam faceremus. culpam
predicti Lamperti novimus nullam, nisi quod quosdam obsides suos dicitur monuisse,
qui eciam obstagium persolvunt, prout debent.

*S aus Straßb. St. A. Verschl. Canzlei-Gew. Corp. K lad. 17 or. mb. lit. clausa c. sig. in
verso impr. laeso. Der Schriftcharacter des Stücks weist in den Beginn des 14. Jahrhunderts. Dasselbe wird etwa um 1310 anzusetzen sein, da die darin genannten Johann
von Weisweil und der Vogt Johann von Kenzingen 1303 und 1311 urkundlich nachweisbar sind.*

288. *Beschluß des St. Peterscapitels über die Verwendung der Einkünfte des
erledigten Schatzmeisteramts. 1311 April 20.*

In nomine domini amen. vacante . . thesauraria in ecclesia sancti Petri Argentinensi, nos . . decanus totumque . . capitulum dicte ecclesie sancti Petri ad
universorum noticiam cupimus pervenire, quod nos communi et concordi tractatu
prehabito, deliberacione quoque prehabita diligenti, statuimus et statutum hujusmodi
uos singuli canonici de dicto . . capitulo jurejurando vallavimus et vallamus, consensu et voluntate domini . . preposili dicte ecclesie sancti Petri in hiis plenius

a) S voluntem.   b) S restueret   c) In S folgen sieben durchstrichene Worte, von denen zu lesen :
quod nobis idem Lampertus . . . dedit . . .   d) In S folgen acht zum Theil übergeschriebene
sämmtlich durchstrichene Worte, von denen zu lesen : vel . . . aliquis de ipso ipse de aliquo.

¹ Vergl. Schreiber UB. d. St Freiburg I, 160 u. 191.

accedente, quod nedum medietas omnium oblacionum obveutiouum ex quacunque causa provenientium intuitu et contemplatione dicte . . thesaurarie conquirendorum et conquirendarum seu etiam jam conquisitorum et conquisitarum pro indiviso cedere habet* canonicis dicte ecclesie sancti Petri secundum consuetudinem in dicta
5 ecclesia hactenus laudabiliter observatam, sed etiam medietas omnium funeralium pro indiviso, que obveniunt et que racione funeris deferuntur intuitu et contemplatione thesaurarie prefate. ipsam dignitatem . . thesaurarie necnon futurum . . thesaurarium, qui eligitur ad eandem . . thesaurariam, ad observandum hujusmodi statutum astringimus per presentes. in hujus rei geste evidens testimonium pre-
10 sentes litteras nostri . . capituli sigilli munimine fecimus roborari.   actum anno domini 1311 feria tercia post dominicam, qua cantatur Quasimodogeniti.

T aus Straßb. Thom. A. lad. hist. eccles. 13 or. mb. c. sig. pend.

289. *Vor dem Straßburger Hofrichter dotiren der Ritter Johann in Kalbsgasse und seine Schwester Phyna ein Armen-Hospital und setzen mehrere Legate aus.*
15 *1311 Mai 8.*

In nomine domini amen. coram nobis . . judice curie Argentinensis constituti Johannes dictus in Kalbesgasze miles Argentinensis et Phyna soror ejus carnalis considerantes et attendentes, quod per caritatis opera conservatur humanitas, placatur deus et peccatorum venia impetratur. cupientes eciam de bonis sibi a deo collatis
20 in eundem referre, qui ait : quod uni ex minimis meis fecistis, michi fecistis, idcirco manibus coadunatis et unanimi voluntate de bonis suis communibus quatuor areas suas contigue sitas ac unam aream prope dictas areas sitam cum omnibus super eisdem areis edificatis juribus et attinenciis suis in civitate Argentinensi ex opposito ecclesie sancti Thome Argentinensis ultra fluvium, qui dicitur die Brüsche,
25 ex superiori parte prope domum dictam zû dem Swederich et ex parte inferiori prope domum . . dicte Twingerin et tendunt retro super stratam publicam[1], ad usus pauperum infirmorum sub modis infrascriptis ex causa donationis pure simplicis et irrevocabilis inter vivos pro synodochio seu hospitali infirmorum deputaverunt et donaverunt simpliciter propter deum. ita videlicet, quod de bonis infrascriptis, que
30 modo et causa quibus supra eciam dicto hospitali sive synodochio deputaverunt, reservato sibi pro tempore vite ipsorum tantum usufructu eorundem bonorum, pro annuo censu quinque solidorum denariorum Argentinensium eidem hospitali annis singulis interim, dum vixerint, de eisdem bonis solvendorum donaverunt simpliciter et irrevocabiliter ac eadem bona et eorum dominium vel quasi ac omne jus ipsis in
35 eisdem hactenus ex causa et modis quibuscumque competens in manus nostras nomine dicti hospitalis resignaverunt et per porrectionem calami tradiderunt ac a nobis nomine dicti hospitalis pro censu predicto ad vitam suam tantum receperunt,

a) *Vielleicht verschrieben für debet ?*

[1] *Vergl. Straßb. Gassen- und Häusernamen i. Mittelalter, S. 165 u 166.*

ac de aliis, que inspirante domino largitione fidelium et aliis justis modis quibuscumque eidem synodochio accesserint, recipiantur serventur procurentur et pascantur perpetuo ad minus decem et plures, quantum se ejusdem hospitalis facultates
extendent, pauperes et infirmi tanta debilitate et paupertate gravati, qui non habent
aliunde, de quo vivant, nec elemosinam possint querere hostiatim. cum quibus ₅
voluerunt in eodem synodochio et de bonis ipsius semper haberi unum sacerdotem,
cui in obsequium infirmorum unum famulum et duas ancillas voluerunt continue
deputari. pro quarum personarum tam egrorum quam etiam ministrorum necessitatibus et expensis donaverunt et deputaverunt, ut predictum est, in synodochio predicto bona inferius specificata. ad cujus etiam sacerdotis necessitates sublevandas ₁₀
preter victum cottidianum, quem, ut predictum est, de synodochio habebit, recipiat
redditus annuos viginti quartalium tritici et siliginis equaliter utriusque de bonis in
Riusteten ipsum Johannem militem contingentibus, quos etiam ad hoc predicto
sacerdoti specialiter deputavit. ad hec voluerunt predicti Johannes et Phyna statuerunt et ordinaverunt, quod singulis annis in commemoratione omnium animarum perpetuo ₁₅
octo libre denariorum Argentinensium, qui census nomine de curia dicta zu dem temple [1]
sita in civitate Argentinensi in vico dicto Kalbesgasze ipsis debentur, in emptionem
pannorum ad vestiendum pauperes aliquot extra dictum hospitale ubilibet exponantur.
cujus rei curam Phyna predicta cum consensu fratris sui predicti sibi reservavit pro tempore vite sue; post mortem vero suam predicti panni distribuentur pauperibus loco et modo, ₂₀
prout ipsa Phyna adhuc vivens duxerit providendum. et ad hujusmodi pie subventionis usum redditus octo librarum predictos ex causa et modis, quibus supra, simpliciter et absolute donaverunt et tradiderunt per porreccionem calami predictam ac
perpetuo deputaverunt. consenserunt etiam et voluerunt, ut bonorum et reddituum
supradictorum hospitali predicto, reservato ipsis ad tempus vite sue usufructu, ut ₂₅
prescriptum est, donatorum medietas uno ex eis decedente, et altero sive superstite
ex eisdem decedente reliqua medietas et ipsa bona omnia cum omni jure, quo ipsi
eadem communiter tenuerunt et possederunt et ad ipsos pertinebant, cedant ipso
facto libere et absolute hospitali predicto, contradictione cujuslibet non obstante. Johannes quoque predictus redditus annuos quinquaginta et duorum quartalium et ₃₀
trium sextariorum tritici et siliginis, quos habet, ut asseruit, in banno ville Ütenheim, reservato sibi usufructu eorundem ad tempus vite sue tantum, cum omni jure,
quo dicti redditus ad ipsum hactenus pertinebant, donavit et per porrectionem
calami tradidit simpliciter et irrevocabiliter ex causa et modis quibus supra ita, ut
de illis redditibus singulis septimanis iu feria sexta perpetuo unum quartale in pane ₃₅
distribuatur pauperibus aliis extra hospitale prefatum in loco et modo, quibus ipsa
Phyna decreverit ordinandum. supplicaverunt igitur reverendo in Christo patri
domino Johanni Argentinensis ecclesie episcopo, ut prescriptam sue devotionis donationem voluntatem et ordinationem ad honorem omnipotentis dei, sancte sue genitricis Marie semper virginis, beati Andree apostoli et omnium electorum dei nomine, ₄₀

November 2 (margin)

quo supra, suscipiat et ea faciat robur debitum perpetuo obtinere [1]. synodochium
namque predictum personas et omnia sua bona mobilia et immobilia, presentia et
futura, in rebus ecclesiasticis et jure ecclesiastico voluerunt animodo haberi et petiverunt ea ita censeri, ut predicto domino nostro episcopo et ejus successoribus
5 Argentinensis ecclesie episcopo semper subsint juxta sacrorum canonum instituta
ac ecclesiastica emunitate gaudeant et fruantur. ceterum coram nobis . . judice predicto
constituti predicti Johannes miles et Phyna in remedium animarum suarum et simpliciter propter deum redditus annuos perpetuos septem librarum denariorum
Argentinensium, quos se dicebant habere super duabus domibus et areis cum
10 omnibus suis edificiis juribus et attinenciis dictis zů hern Diemen sitis in civitate
Argentinensi prope domum dictam zů dem gůldin schåffe [2], religiosis dominabus . .
abbatisse . . priorissis et conventibus monasteriorum sanctorum et sanctarum Clare
an dem werde, Johannis, Katherine, Marci, Elysabet, Angnetis et Margarete sitorum
extra muros Argentinenses cuilibet eorundem monasteriorum seu personis in quolibet
15 eorum domino famulantibus unam libram denariorum Argentinensium de redditibus
dictarum septem librarum legaverunt et causa mortis deputaverunt seu donaverunt [3]
sic, quod . . abbatissa necnon . . priorissa et conventus monasteriorum predictorum perpetuo singulis annis in anniversariis Johannis et Phyne predictorum dictos
septem librarum redditus de domibus et areis cum suis attinenciis predictis vel
20 medietatem reddituum eorundem, uno ex eisdem Johanne et Phyna decedente, recipiant percipiant et deducant pro pictantia in refectoriis earundem, supplicantes
devotione, qua poterant, ut ipsorum de sero cum vigiliis et de mane cum missis
pro defunctis ac aliis bonis et orationibus memoriam habeant post ipsorum obitum.
quemadmodum anniversaria peragi solent et celebrari. item legaverunt deputaverunt
25 et modo ac causa, quibus supra, donaverunt personis et locis, apud quas et que
suam ecclesiasticam elegerint sepulturam, redditus annuos perpetuos quinque librarum denariorum Argentinensium, quos se asserebant habere super domo et area
dicta zů dem lowen [4] cum omnibus suis edificiis juribus et attinenciis sitis in
civitate Argentinensi prope pontem sancti Nicolai, sub modo infrascripto, videlicet
30 quod medietas dictarum quinque librarum in anniversario unius ex eisdem Johanne
et Phyna et reliqua medietas earundem quinque librarum in anniversario alterius
personis, apud quas suam elegerint sepulturam, in ipsorum refectorio pro pictantia
ministrentur, affectantes et rogantes, ut dicte persone de sero cum vigiliis et iu
mane cum missis pro defunctis ipsorum memoriam habeant, prout fieri est consuetum.
35 quorum omnium reddituum predictorum distributionem et amministrationem in
modum predictum faciendam . . priorisse monasterii sancte Angnetis, que pro tempore fuerit, aut alteri priorisse vel persone, quam dicta Phyna ad hoc duxerit
deputandam et constituendam, presentibus conmiserunt. hujus autem legati et pie

40   [1] Vergl. nr. 290.
      [2] Vergl. Straßb. G. u. HN. i. M. S. 89.
      [3] Zu dicerr und der folgenden Schenkung vergl. UB III, 211 nr. 689.
      [4] Vergl. Straßb. G u. HN. i. M. S. 142.

ordinacionis quantum ad ipsorum anniversaria peragenda . . priorem et suppriorem
fratrum predicatorum domus Argentinensis, qui pro tempore fuerint, executores presentibus constituerunt, dantes eisdem et cuilibet ipsorum in solidum ita, quod non
sit melior condicio occupantis, plenam et liberam potestatem et mandatum speciale,
legatum predictum ac omnia alia premissa fideliter exequendi, agendi contra omnes   5
hoc presens suum legatum seu testamentum ordinationem et voluntatem impedire
volentes, ipsosque coercendi et compellendi coram judicibus quibuscumque, prout
viderint expedire, ut ab hujusmodi impedimento desistant et ut ipsorum legatum
seu testamentum ac omnia premissa juxta ipsorum voluntatem et dispositionem
debitum sortiantur effectum, ac omnia alia et singula faciendi, que circa premissa   10
fuerint oportuna. insuper voluerunt statuerunt et ordinaverunt, quod omnia premissa,
prout supra narrata et scripta sunt, sint ipsorum ultima voluntas et quod valeant,
prout de jure vel de facto melius subsistere possunt et debent. omnia igitur et singula suprascripta per ipsos, ut prescriptum est, communiter vel divisim facta donata
et tradita voluerunt et preceperunt a suis heredibus et successoribus quibuscumque   15
ab intestato vel ex testamento vel alias undecumque venientibus rata perpetuo et
firma teneri et inviolabiliter observari, inhibentes, ne quis eorum contra illa vel
aliqua ex eis per se vel per alium in judicio vel extra faciat vel veniat, aut fieri
vel veniri aliqua de causa vel aliquo ingenio procuret. et contrarium facientes
hereditate sua, quam ab intestato vel ex testamento post mortem suam in quibuslibet   20
bonis suis et ab ipsis relictis capere quovis jure et modo possent et deberent, carere
voluerunt et eos exnunc propter hoc exheredaverunt et ab eadem hereditate exclu-
serunt et exclusos esse voluerunt in hiis scriptis. ac omne jus, quod talibus ut
bonis suis jure hereditario competebat aut competere poterat, voluerunt et manda-
verunt ipso facto devolvi ad jus et proprietatem ac dominium Christi pauperum. ad   25
quorum usum ad ordinationem suam hospitale est, ut supra premittitur, instaurandum.
porro specificacio bonorum collatorum seu donatorum ad hospitale supra prefatum est
hec et sita sunt in hunc modum : quinque aree. de quibus supra in principio fit mentio,
ex opposito ecclesie sancti Thome Argentinensis ultra fluvium, qui dicitur die
Brúsche ; item quatuor aree contigue site in civitate Argentinensi in Smidegaszen [1]   30
ex superiori parte prope aream monasterii sancte Elysabet, quam Johannes dictus
Ehenheim faber habet, ut dicitur, in emphiteosim, et ex alia parte tendunt versus
ecclesiam sancti Martini et retro tendunt super cymiterium dicte ecclesie sancti
Martini ; item una area sita in Sporergasze [2] prope Cûntzelinum gladiatorem ex una
et Heinricum sutorem dictum de Snershcim ex parte altera ; item una banca pani-   35
ficum dicta eine brotbang an dem dorhuse ex una parte juxta . . dictum Stûbenweg et ex alia parte juxta . . dictum Gros Erbe ; item quatuor bance panificum an
dem vischebûhele, una juxta bancam Alberti Rôlenderlini militis Argentinensis, alia
juxta bancam domicellarum dictarum zûm Spiegele ex una et ex parte altera juxta
bancam leprosorum, alie vero due bance site sunt juxta bancam Burcardi dicti   40

---

[1] Vergl. Straßb. G. u HN. i. M. S. 147.
[2] Vergl. Straßb. G. u HN i. M. S. 160.

Phyler militis Argentinensis ex una et ex parte altera juxta Gösselinum dictum
Schöp; item redditus octoginta quartalium tritici et siliginis equaliter utriusque
minus quatuor quartalibus ejusdem annone, siti in banno ville Husbergen. et quia
omnia et singula suprascripta coram nobis et in presentia nostra sunt acta, sigillo
curie Argentinensis predicte ad petitionem Johannis et Phyne predictorum presentes
litteras communivimus in testimonium rei geste.   datum 8 idus maji anno domini
millesimo trecentesimo undecimo.[1]

H aus Straßb. Hosp. A. lad. 4 nr. 5 or. mb. c. rig. pend.
Gedruckt nach dem Transsumpt in nr. 290 bei Schöpflin Als dipl. II, 95 nr. 857.

290. *Bischof Johann von Straßburg genehmigt die Gründung des Phynenhos-*
pitals und gestattet die Errichtung eines Bethauses in demselben. 1311 Mai 30.
Straßburg.

In dei nomine amen. nos Johannes dei gratia episcopus Argentinensis attendentes,
quod pastoralis officii nostri debitum nos inducit curam et operam gerere, qualiter
pie et devote nobis subjectorum voluntates donationes ordinationes et dispositiones
maxime ad opera caritatis exercenda facte debitum et liberum secundum donantium
dispositiones et ordinationes consequantur effectum. devotam igitur supplicationem
ex parte Johannis dicti in Kalbesgassen militis Argentinensis et Phyne sororis ejusdem carnalis nobis exhibitam circa donationem voluntatem ordinationem et dispositionem ab ipsis de bonis suis communibus et divisis pro synodochio seu hospitali
de novo instaurando in civitate Argentinensi et elemosinis in eodem distribuendis pro Christi pauperum sustentatione et ipsorum necessitatibus sublevandis pie et devote factam grato suscipimus assensu et favore, quo possumus.
amplectimur ampliori, sicut dictorum donatorum voluntas donatio ordinatio et
dispositio in instrumento sigillo curie nostre Argentinensis ad petitionem ipsorum
sigillato plenius continetur. cujus quidem instrumenti seu littere tenor dinoscitur
esse talis : [*folgt nr. 289*]. donationem itaque ordinationem seu dispositionem
ac voluntatem Johannis et Phyne predictorum, sicut in dicto continetur instrumento, loco dei et ecclesie nostre Argentinensis predicte eo jure et nomine, quo facta
est et quo melius valere poterit, recepimus et voluntatem ac ordinationem et dispositionem ipsorum donatorum in eisdem et omnibus premissis auctoritate ordinaria laudamus
approbamus et in dei nomine confirmamus. dictum etiam hospitale seu synodochium
cum personis bonis rebus et omnibus suis attinenciis in nostram et ecclesie nostre
Argentinensis predicte defensionem protectionem tuitionem et curam suscepimus et
suscipimus in hiis scriptis. concedimus etiam, ut pro infirmis in dicto synodochio
seu hospitali moraturis novum ibidem construatur et consecretur oratorium, in quo
per sacerdotem eidem synodochio seu hospitali deputandum missarum sollempnia
peragantur, salvo tamen jure parrochiali, quod in eodem oratorio . . thesaurario

---

[1] *Vergl. über die Stiftung des Spitals die darauf bezügliche Notis Königshofens zum Jahr 1313*
(D. St. Chron. IX, 739) und die Ausführungen bei Ch. Schmidt Hist. du chap. de s. Thom. p 169 ff.

ecclesie sancti Thome Argentinensis, qui pro tempore fuerit, in cujus parrochia
situm est, reservamus ita, ut sibi et ejus successoribus neque in oblationibus neque
in funeralibus seu quibuslibet quovis modo debitis obsequiis nullum per hoc fiat
prejuditium vel aliquod debitum subtrahatur. in cujus rei evidens testimonium et
robur perpetuum obtinendum sigillum nostrum presentibus est appensum.   datum
Argentine 3 kalendas junii anno domini millesimo trecentesimo undecimo.

B aus Straßb. Bez. A. G fasc. 116 or. mb. c. sig. pend.
Gedruckt bei Ch. Schmidt Hist. du chap. de s. Thom. p. 345 nr. 61 nach einer Copie des
14. Jahrhunderts.

291. *Johann von Lichtenberg, Anselm Fürst von Brumath, Voltz von Hoch-*
felden und Albrecht Rulenderlin fällen ihren Schiedsspruch in dem Streite zwischen
Symund von Zweibrücken und der Stadt Straßburg. 1311 Juni 17.

Wir Johannes herre von Liehtenberg, Anshelm der Fürste von Brûmat, Voltze
von Hochfelden und Albreht Rûlenderlin ratlôte in der missehelle, die jungeher
Symunt von Zweinbrûcken hette gegen der stat von Strazburg, sprechent zû rehte:
sit daz jungher Symuut von Zweinbrûcken nût erzôget het, daz ime die burgere von
Strazburg reht verseitent und rehtelos bliben si in irre stat, daz die burgere von
Strazburg sin entladen sôlent sin; so verre wil jungher Symunt clagen, es si umbe
pfert oder umbe pfenninge oder warumbe es ist, vor meistere und vor rate zû Strazburg, men sol ime uuverzogen reht tûn nach der stette rehte von Strazburg ane
alle geverde. und sol daruf zwuschent junghern Symunde von Zweinbrûcken und
der stat von Strazburg eine stete sûne sin. und des zû eine urkunde so han wir
unsere ingesigele an disen brief gehencket. der wart gegeben an dem dunrestage
vor sancte Johanneses tage, do men von gottes gebûrte zalte drûzehenhundert jar
und eilf jar.

S aus Straßb. St. A. Verschl. Canzlei-Gew. Corp. K lad. 16 or. mb. c. 4 sig. pend. partim
laesis. Von der Legende des ersten zu lesen: s. secretum domini Johannis de Liehten-
berg, des zweiten s. Anshelmi dicti Furst; das dritte zeigt einen Adler im Schilde.

292. *Schreiben des Metzer Bürgers Johannes de Atrio an die Stadt Straßburg,*
Schuldforderungen betreffend. 1311 Juli 27.

.. Dilectissimis et preamantissimis dominis suis prudentibus viris et honestis
magistro et consilio civitatis Argentinensis Johannes dictus de Atrio[1] civis Metensis
dilectus fidelis vester ad omnia vestra beneplacita se paratum. cum vestram cir-
cumspectam rogaverim discretionem pro debitis, in quibus estis mihi astricti, pro
quibusdam nostris concivibus ab hac luce substractis[2], de quibus littere ad manus

---

[1] *Wohl identisch mit der Familie Jehan de la Court, die später in der Pairaige Jurue erscheint.*
Vergl. Tabouillot Hist. de Metz III, 202.
[2] *Vergl. nr. 251.*

meas devenerunt, nec recognitorium seu littere ad quempiam alium nisi ad me pertineant, quod mihi velletis facere finem, et vos super hiis rectoribus civitatis Metensis quam pluries scripseritis per vestrarum seriem litterarum ipsique rectores me coram eis vocaverint petentes a me, sub quo modo me super hiis intromittere vellem, ego
5 habito super hoc consilio eis respondi, quod paratus sum et eram vobis reddere et deliberare instrumenta in vestris manibus, facto primitus de hiis pagamento. qui rectores dixerunt, quod hoc sufficiebat nec aliqualiter cogi poteram ad aliud nisi ad quittandum et ad tradendum predicta vobis instrumenta, et quod fantasma eis videbatur, quod aliquis civitatem nostram vel aliam vellet ad rationem ponere super
10 debito, quod civitas Metensis vel alia deberet alicui, nisi instrumenta ostenderet, nobisque et civitati nostre sufficeret, si essemus ad aliquod debitum obligati per nostras litteras, et satisfaceremus de debito, si nobis littere nostre vel instrumento super hujusmodi debito redderentur. verum quia inde verba fuerunt inter vos et me et alique ordinationes creantate nec vellem, quod vos seu alter honorabilis persona
15 me suspectum teneret, seu quod aliquid mali circa hoc cogitarem, sciatis: quam cito a vobis recessi, procuravi istam ordinationem ad effectum deduci cum magno labore ita, quod illud, quod concordatum et creantatum extitit, est sigillatum et roboratum sigillo domini . . Metensis episcopi ac sigillis curie majoris et de sancto Paulo archidiaconorum in ecclesia Metensi de tempore et die ordinationis predicte, de consensu
20 et creanto personarum, que creantare hoc debebant, quemadmodum in vestra copia et mea continetur. si vero illa concordantia vobis placeat, paratus sum eam sigillatam vobis personaliter tradere seu mittere. sed quia non est solatium sine effectu et fine ad vos recurrere, scire vos cupio, quod postmodum Agnes dicta Chouerson mea neptis nuper diem clausit extremum. sed ob hoc non remanet, quin littere siut
25 sigillate, ut predixi, et per ipsam, dum viveret, creantate fuerint tempore supradicto. nescio itaque voluntatem vestram, nisi eam mihi rescripseritis. quia ordinatio predicta loquitur ita bene de ipsa sicut de me, et si ordinatio vobis sufficit, ego libentissime vobis mittam eam una cum litteris super debito. et si ipsa vobis non sufficeret, non video, quare sine effectu fatigarer. insuper bene volo, quod vos sciatis, domini mei karis-
30 simi, quod ego. memet ipsum toto meo conamine magis prumptum exhibui fideliter laborando pro concordia inter vestros cives Argentinenses et Metenses quam pro profectu et utilitate, quam expectarem, et ne dampna seu discordie orirentur inter nos, quod sciatis, quod virtute litterarum sex viginti marcharum magnarum dampna rationabiliter potuissent haberi et facta fuissent. unde super hiis mihi tamquam vestro
35 fideli vestram velitis rescribere voluntatem, qui paratus sum ad vestra beneplacita et mandata. valeat vestra discretio per tempora longiora. et ut premissa ad vestram notitiam deducantur, sigillum meum duxi presentibus apponendum. datum anno domini 1311 feria tertia post festum beate Marie Magdalene.

S aus Straßb. St. A. Verschl. Canzlei-Gew. Corp. K lad. 17 or. mb. c. sig. pend. Die Legende nicht mehr lesbar. Das Stück zeigt eine eigenthümlich flüchtige Schrift, die sonst erst in der zweiten Hälfte des 14. Jahrhunderts hervortritt.

293. *Vergleich der Stadt Worms mit der Stadt Straßburg. 1311 September 17.*

Wir der rad und die burger gemeinliche von Wormisze verjehent und tunt kunt
allen den, die disen brief ansehent oder gehorent lesin: solich anesprache, die wir
hatdent oder habin molent an den rad unde on die burgere von Strazburg sunder
unde sampt von der sache wegin, die Wernzeman Stirne selge unser burger hatde mit   5
in, daruf verzihen wir vor uns unde vor alle unser burgere lutderliche und abbetalle
mit disine geginwurtegen briefe ane alrehande geverde und ane alrehande argeliste.
zu eime warin urkunde dis verziges gebin wir disen brief versigelt mit unser stetde
ingesigel. dirre brief ist gebin an sante Lamprethistage, do man zalthe von Cristes
geburthe druzebin hundert jar und darnach in deme eilften jare.   10

S aus Straßb. St. A. Verschl. Canzlei-Gew. Korp. K lad. 17 or. mb. c. sig. pend. delapso.

294. *Notariatsbescheinigung über die Forderung der Procuratoren der Straßburger Capitel auf dem Concil zu Vienne, zu den Berathungen der Bischöfe hinzu-
gezogen zu werden, ihre Zurückweisung und ihre Verwahrung. 1312 Januar 8 Vienne.*

In nomine domini amen. anno nativitatis ejusdem millesimo trecentesimo duo-   15
decimo, indictione decima, pontificatus sanctissimi patris domini Clementis divina
providentia pape quinti anno septimo, die sabbati, octavo mensis januarii, in presentia mei notarii publici et testium subscriptorum ad hec specialiter vocatorum et
rogatorum providi et discreti viri magistri Fridericus de Geudercheim, canonicus
ecclesie sancti Thome Argentinensis, procurator, ut dicebat, venerabilium virorum   20
.. prepositi .. decani et capituli ecclesie sancti Thome Argentinensis ac .. prepositi ..
decani et capituli Rinaugensis necnon .. prepositi .. decani et capituli Surburgensis
ecclesiarum Argentinensis diocesis ac .. abbatis et conventus monasterii Morbacensis
ordinis sancti Benedicti Basiliensis diocesis et Rodulphus plebanus ecclesie de Ben-
wilre Basiliensis diocesis, procurator etiam, ut dicebat, venerabilium virorum ..   25
decani, Johannis de Ohsenstein, Henrici de Gundolvingen, Hermanni de Dierstein
archidiaconorum et capituli ecclesie Argentinensis procuratorio nomine pro eis, et
quidam alii procuratores ibidem et cum eis presentes procuratorio nomine illorum,
quorum procuratores se esse dicebant, de provincia Maguntina regni Alamanie ad
generale et sacrum concilium [1] vocatorum constituti in majori ecclesia Viennensi   30
procuratorio nomine pro eis coram reverendis in Christo patribus dominis .. Coloniensi .. Magdeburgensi .. Bremensi .. Lundensi et .. Eboracensi archiepiscopis, ac ..
Argentinensi .. Brandeburgensi .. Chimensi et .. Roschildensi episcopis in eadem
ecclesia congregatis supplicaverunt humiliter archiepiscopis et episcopis antedictis,
quod cum ipsi viderent et perciperent, eos jam pluries ac sepius convenisse et   35
tractatus et colloquia fecisse et habuisse secreta, ut, si aliqua in hujusmodi eorum
congregationibus tractarent agerent vel ordinarent, que tangerent vel tangere possent
in aliquo facta concilii generalis, quod eos ad tales tractus consilia et colloquia
vellent admitti procuratorio nomine dominorum suorum, quorum procuratores existunt.

---

[1] *Concil von Vienne von 1311 October bis 1312 Mai. Vergl. Mansi Conc. coll. XXV, 367-426.*   40

ipsique procuratores obtulerunt se benivolos omni tempore et hora promptos et
paratos adesse convenire tractare et deliberare cum eis super factis et negotiis concilii memorati. facta autem per eosdem procuratores supplicatione predicta, archiepiscopi et episcopi supradicti dixerunt procuratoribus antedictis, ut eis aliquan-
5 tulum cederent, quia inter se deliberare volebant. eis vero post modicam horam
revocatis, archiepiscopus Bremensis suo et aliorum archiepiscoporum et episcoporum
nomine respondit eisdem procuratoribus. respondit in hunc modum: scitis vos procuratores, quod congregationes tractatus consilia et colloquia, que fecimus et habuimus
hiis diebus, illa fecimus de mandato domini pape nobis specialiter facto, qui nobis
10 proposuit quosdam certos articulos mandans nobis, ut super illis congregati delibe-
raremus sibique deliberationem et consilium certo tempore notificare deberemus,
inhibens nobis nichilominus sub pena excommunicationis, ne vos procuratores ad
hujusmodi deliberationem et colloquia vocaremus vel ea vobis aut cuiquam alteri
revelare deberemus. ista vero responsione per eundem archiepiscopum Bremensem
15 facta, procuratores predicti dixerunt et coram ipsis archiepiscopis et episcopis publice
coram me notario publico et testibus infrascriptis et pluribus aliis protestati fuerunt,
quod ipsi, eis insciis irrequisitis et non vocatis, aliqua quoquo modo tractarent
agerent vel ordinarent aut in aliqua, eis exclusis, consentirent, que contingerent
facta concilii, ad quod concilium et ad que et propter que facta et negotia domi-
20 norum eorum, quorum procuratores sunt, fuerunt et erant ad concilium evocati,
vel facta aliqua dominorum suorum, que ipsos dominos in aliquo contingerent vel
eorum interesset vel in eorum prejudicium agerent quoquo modo, quod ipsi omnes
et singuli procuratorio nomine dictorum dominorum suorum in illa nullatenus consentirent nec ea rata vel grata haberent vel quoquo modo notificare intendebant.
25 cum hoc etiam protestabantur et petebant aperte, ne aliqua, eis non vocatis et irrequisitis, fierent per archiepiscopos et episcopos antedictos in factis tractatibus et
negotiis concilii, ex quibus et propter que ecclesiis capitulis conventibus et dominis
ipsorum, quorum procuratores erant, posset gravamen aliquod imminere vel in
posterum prejudicium generari, cum in ea nomine quo supra non intenderent aliqua-
30 tenus consentire, set eis potius expresse contradicebant et contradicere intendebant.
actum in majori ecclesia Viennensi, presentibus discretis viris dominis Landulpho
de Diocia canonico Coloniensi, Cristiano de Aquis canonico ecclesie sancti Petri
Trajectensis, Conrado de sancto Odeluco canonico sancti Sebastiani Magdeburgensis,
Tancrinno magistri Guidonis de Novaria in Romana curia procuratore et pluribus
35 aliis testibus ad predicta specialiter* vocatis et rogatis.

Et ego Petrus Angeli de Amelia sacrosancte Romane ecclesie et alme urbis
prefecti auctoritate notarius publicus predictis interfui et ea rogatus scripsi et publi-
cavi meoque consueto signo signavi. (S. N.)ᵇ

T aus Straßb. Thom. A. Docum. hist. lad. 15 or. mb. lit. pat.

40 a) T resp. specialiter. b) Das Notariatszeichen hat die Gestalt eines schlechtigen Sternes, dessen vier
Hauptstrahlen längliche Blattform haben und in Kreuze mit vier Punkten auslaufen, und dessen
Nebenstrahlen spitz in Linien verlaufen. Ringsum läuft durch die Strahlen getrennt die Legende
signum Petri.

295. *Die Stadt Metz trifft Bestimmungen über den Rechtsweg, welchen ihre Bürger gegen die Bürger der Stadt Straßburg einzuschlagen haben. 1312 Februar 18.*

Noverint universi presentium inspectores, quod nos . . magister scabinus tredecim jurati et totum consilium juratum civitatis Metensis pro bono pacis et concordie statuimus et ordinamus, quod nullus ex nostris concivibus possit vel debeat 5 per se vel per alium cives aut aliquem ex civibus civitatis Argentinensis arrestare vel detinere in corporibus vel rebus seu arrestari vel detineri procurare occasione querelarum seu petitionum quarumcumque a retroactis temporibus ortarum usque ad datam presentium litterarum pro personis alienis, nisi esset aliquis dictorum civium Argentinensium pro principali debito erga nostros concives vel aliquem ex 10 eis principaliter obligatus vel nisi pro alio seu aliis se fidejussorio nomine obligasset. si autem casus emergeret, quod aliquis nostrorum concivium de concive civitatis Argentinensis querimoniam deponeret super quibusdam rebus aliis ex causa quacumque, in quibus dictum concivem Argentinensem sibi assereret obligatum, talem conquerentem ad civitatem Argentinensem transmittere debemus pro jure suo requi- 15 rendo coram magistro et consulibus civitatis Argentinensis, qui dicto nostro concivi taliter conquerenti secundum jus civitatis Argentinensis, quicquid juris aut discretionis fuerit, facient indilate. nec amplius nos vel dictus conquerens a civibus Argentinensibus petere seu exigere possumus aut debemus. si vero . . magister et consules civitatis Argentinensis predicte nostro concivi de concivibus seu concive 20 civitatis Argentinensis predicte taliter conquerenti negligentes existerent aut remissi in justicia reddenda, quemadmodum est premissum, fraude et dolo penitus circumscriptis, nos premissis auditis et intellectis et coram nobis legitime probatis, post hujusmodi querimoniam denuo coram nobis depositam infra quadraginta dies jus suum coram ipsis consequi non posset et quod coram nobis hoc legitime probaretur 25 a nobis super hoc ipsis denuo requisitis, extunc dicto nostro concivi taliter conquerenti plenariam dabimus potestatem capiendi occupandi et detinendi cives Argentinenses predictos, quousque dictus conquerens consequetur rationem seu justiciam ab eisdem, litteris etiam presentibus et in ipsis contentis post annum a festo pasche proxime venturo inchoandum minime valituris.[1] in cujus rei testimonium presentes 30 litteras sigillo communi nostre civitatis Metensis fecimus communiri. datum anno domini 1311 feria sexta ante dominicam, qua cantatur Reminiscere.

Märs 14 (margin)

296. Frater Stephanus Portugalensis episcopus vere penitentibus et confessis, qui ad capellam sancti Gregorii et beate Marie Magdalene in parrochia sancti Andree infra muros civitatis Argentinensis sitam in festivitatibus annunciationis et assumptionis beate Marie virginis, sancti Gregorii et beate Marie Magdalene et in die dedi-

---

[1] *Vergl. nr. 281.* 40

cationis ejusdem capelle accesserint annuatim, quadraginta dies de injunctis penitenciis relaxat , dummodo dyocesani consensus accesserit [1]. « splendor paterne
glorie». datum Vienne tempore concilii generalis celebrati ibidem per Clementem
papam quintum, pontificatus ejusdem anno 7 et anno domini 1312, nonas marcii.
» *1312 März 7 Vienne.*

297. *Vergleich der Städte Straßburg und Speier über Streitigkeiten einzelner
ihrer Bürger. 1312 Juli 10.*

Wir der . . meister der . . rat und die burger gemeinliche von Strasburg ver-
10 jehen mit diseme briefe, daz wir mit den burgern von Spire sint götliche versuenet
und verrihtet aller der miszehelle, die zwischent uns und in sint ufgestanden von
hern Reinboltes Süszen unsers burgers und sinre kinde und ir muntbar wegen, die
Conraten Lamsbuchen und des Klûpphels kint burger von Spire lüdent mit geislichem gerihte usser ir stat wider irre stette vrihcite, alse sie clagetent. und hant
15 hern Reinboltes kint und ir muntbar daz selbe gerihte, die benne und swas daran
geschehen ist, abe gelaszen und hant gelobet, daz sie zû Spire in die stat vur
den officiale des bischoves von Spire varen süllent und süllent alles ir reht vor
ime vurziehen nach allem irme nutze. dagegen süllent des Klûpphels erben komen
und ir frönt und süllent sich verentwûrten nach der anesprache, wie sie wenent ,
20 daz es in aller nützest sie. wenne denne der rihter die anesprache verhöret und
der andern antwurte dagegen, so sol er reht darüber sprechen. und was er zû reht
bringet umbe daz vorgenante erbeteil, daz süllent sie bedesite stete halten. hern
Reinbolde süllent ôch die selben burger iegenote wider lassen fünf pfunt haller
geltes, die er da hat, ane irrunge. der selbe her Reinbolt sol ôch clagen vor dem
25 rate von Spire oder dem meren teile des rates, was er clagen wil uf Conraten
Lambesbuchen und des Klupphels kint die vorgenanten und uf die lûte, die ime
ietzent lange sinen cins nût gegeben hant, als er giht, oder uf die den sie gehent,
daz sie den cins gegeben hant, und uf wen er ze clagenne hat, der ze Spire burger
oder stete inwonunger ist, und süllent ime der rat von den rihten nach irre stette
30 reht aller dinge unverzôgenliche ane alle geverde. und süllent die burger von Spire
und sûnderliche Conrat Lambesbuch und des Klûpphels kint widertûn ane geverde
uns und unsern burgern alles, daz sie in bekûmbert und genomen hant, mit gerihte
und ane gerihte, ane sehs pfunt haller, die daz saltz kostet uf ze tragenne und zû
cinse von dem salczkelre, und ane daz trinkegelt, daz den knehten wart, die der
35 Lambesbuch leite an den Rin. wa daz triffet an etteslichen stucken über die summen eins pfundes haller, daz sol men widertûn. wo daz aber ist under der summen

[1] *Bischof Johann bestätigt alle dieser Kapelle bewilligten Indulgenzen und gewährt selbst noch einen
Ablaß von 40 Tagen. 1312 Juli 23 Straßburg. or. mb. c. sig. pend. i. Straßb. St. A. Gew. u. d. Pfalz
lad. 181 fasc. 18.*

eins pfundes haller, daz sol men nût widertûn ane geverde. und sůllent ôch wir in
und iren burgern elleclichen widertûn und widergeben, was in von uns und unsern burgern und inwonungern ist bekůmbert und genomen ane geverde. also ist
es zwischent uns und in geret. und verzihent wir uns vur uns und alle unsere burger
und unsere stette stete inwonunger uf die vorgenanten burger und uf alle andere
burger und die stat von Spire lûterliche und ellecliche uf allen den schaden und
sumnisze, die uns und unsern burgern und steten inwonungern von in geschehen
sint, ane allen argenlist. also hant ôch sie uf uns und unsere burger und unsere
stat verzigen anc alle geverde. und zů eime urkůnde und bestetegunge aller dirre
dinge so hant wir darûber den von Spire gegeben disen brief besigelt mit unser
stette ingesigel und hant sie einen semelichen uns gegeben mit irre stette ingesigel von Spire besigelt[1]. dirre brief wart gegeben an dem ersten mendage nach
sancte Ůlriches tage in dem jare, da men von gotz gebůrte zalte drûzehen hundert
jar und zweilf jar.

*S aus Speierer St. A. nr. 562 or. mb. c. sig. pend. Dunkelgrünes großes Straßburger Stadt-
siegel.*

Gedruckt darnach in Hilgard Urk. z. Gesch. d. Stadt Speyer. S. 205 nr. 270.

298. *Bischof Johann von Straßburg bestätigt den Beschluß des St. Peterscapitels,
die Einkünfte aus der Bäckerei der Kirche, welche bisher dem Kellermeister zu-
fielen, einzuziehen und unter die Canoniker zu vertheilen. 1312 Juli 26.*

In dei nomine amen.   coram nobis Johanne dei gratia episcopo Argentinensi
Hugo prepositus, Johannes decanus et capitulum ecclesie sancti Petri Argentinensis
proposuerunt, quod ex collationibus pluries habitis per cellerarios, qui pro tempore
fuerant in ipsa ecclesia sancti Petri, de officio pistrini siti in civitate Argentinensi
ad ipsam ecclesiam sancti Petri pertinentis plurima evenerint pericula adque dampna
et quod ob hoc et ad obviandum hujusmodi periculo adquo dampnis communiter
ordinaverint et statuerint, tractatibus pluribus prehabitis ac deliberatione prehabita
diligenti, ob evidentem necessitatem et communem utilitatem ipsius ecclesie sancti
Petri, ne dictum officium esset vel esse debeat ulterius in ecclesia memorata, sed
quod proventus ipsius officii ob tenuitatem prebendarum canonicorum ipsius
ecclesie et in augmentum divini cultus inter canonicos distribui debeant inces-
santer et quod ordinatio dispositio dicti pistrini et ponendi personam ad ipsum
pistrinum eandemque revocandi destituendi apud capitulum ipsius ecclesie sancti
Petri perpetuo debeant remanere, supplicantes nobis humiliter et devote iidem
prepositus decanus et capitulum, ut statuto eorundem inferius subnotato ad perpetuam firmitatem nostrum consensum plenum vellemus favorabiliter adhibere.
cujus statuti tenor dinoscitur esse talis : nos Hugo prepositus, Johannes de-

*[1] Die gleichlautende Urkunde der Stadt Speier ist in Abschrift erhalten im Straßb. St. A. Brief-
buch A fol. 76ᵃ mit der Ueberschrift daz die von Strazburg und von Spire mitenander geribtet sint
von hern Reinbolt Süssen wegen.*

canus totumque capitulum ecclesie sancti Petri Argentinensis considerantes et
attendentes, quod ex collationibus habitis per cellerarios, qui pro tempore fuerant
in dicta ecclesia nostra, de officio pistrini siti in civitate Argentinensi ad ipsam
ecclesiam nostram pertinentis et ex eo, quod ejusdem officii collatio ad ipsos celle-
5 rarios hactenus pertinebat, ipsi ecclesie sancti Petri et personis ejusdem multa
evenerint pericula adque dampna, sicut experientia docuit adque docet, que rerum
efficax est magistra, ideo tractatibus sollempnibus pluribus prehabitis ac deliberatione
prehabita diligenti, consensu reverendi in Christo patris et domini nostri domini
Johannis episcopi Argentinensis ac Erbonis cellerarii nunc dicte ecclesie sancti Petri
10 super hiis plenius accedentibus, communiter statuimus et ordinamus ob evidentem
necessitatem et communem utilitatem ipsius ecclesie sancti Petri et personarum
ejusdem, ut collatio dicti officii apud cellerarios, qui pro tempore fuerint in dicta
ecclesia sancti Petri, inantea esse non debeat et quod penitus sit exstincta, inter
nos proventibus ejusdem officii distribuendis perpetuo in augmentum divini cultus
15 et propter tenuitatem prebendarum nostrarum, quas in eadem ecclesia obtinemus,
et quod ipsum capitulum personam in dicto pistrino, quam sibi exspedire crediderit,
instituere possit et debeat eandemque destituere et amovere ab eodem pistrino,
quando et quociens sibi visum fuerit exspedire, contradictione qualibet quiescente.
considerantes igitur, quod officii nostri cura nos sollicitat et inducit utilitatibus
20 ecclesiarum et personarum nobis subjectarum in illis precipue, per que animarum
saluti consulitur, ut esse videtur in casu presenti, nunc novorum editione statutorum nunc antiquorum innovatione sollicite providere de veritate causarum in dicto
statuto expressarum inquisitionem fieri fecimus diligentem. in cujus inquisitionis
negotio probationes lucidas recepimus adque claras, ex quibus nobis evidenter ap-
25 paruit et apparet, dictas causas veras esse ipsumque statutum rationabile esse et
veritatem in omnibus continere. ideo ad petitionem dictorum . . preposili . . decani
et capituli nobis dilectorum et ob causas prescriptas ipsi statuto nostrum consensum
plenum adhibuimus et presentibus adhibemus ipsumque statutum tamquam rationabile et salubre roboravimus approbavimus et confirmavimus, roboramus approbamus
30 et ex certa scientia presentibus confirmamus, cum omni sollempnitate ad hoc debita
et consueta, volentes hujusmodi statutum tamquam rationabile et salubre in omnibus
et per omnia in suo robore inviolabiliter permanere nec alicui licere, contra ipsum
statutum venire in totum vel in partem, in judicio vel extra, in posterum vel ad
presens, non obstante, quod quidam ex predecessoribus nostris ad collationem officii
35 dicti pistrini aliquando processerunt, cum hoc de facto seu minus bene et contra
jus ac in injuriam dicte ecclesie sancti Petri processerit, de quo fuimus et sumus ex
probationibus super hoc habitis legittimis coram nobis plenius informati, nolentes
ob hoc, ut ipsa ecclesia sancti Petri circa dictum statutum juxta sui continentiam
et tenorem auctoritate nostra, ut premittitur, ex certa scientia confirmatum per nos
40 nostrosque successores possit vel debeat quomodolibet inpediri. in quorum omnium
premissorum evidentiam recognitionem et probationem nos Johannes dei gratia episcopus Argentinensis sigillum nostrum una cum sigillis . . preposili . . decani . .
capituli et cellerarii predictorum appendi fecimus ad presentes. nos quoque Hugo

prepositus, Johannes decanus, capitulum necnon Erbo cellerarius prenotati sigilla
nostra similiter in premissorum evidentiam et probationem presentibus duximus
appendenda.　actum et datum 7 kalendas augusti sub anno domini millesimo
trecentesimo duodecimo.

B aus Straßb. Bez. A O fasc. 4707 or. mb. c. 5 sig. pend. delapsis.

299. *Bischof Johann von Straßburg und Landgraf Ulrich vom Nieder-Elsaß
fällen ihren Schiedsspruch in dem Streite der Stadt Straßburg mit den Herren von
Riegel. 1312 September 1 Straßburg.*

In gottes nammen amen.　wir Johannes von gottes gnaden der bischof von
Strazburg unde Ulrich der lantgrave in nidern Elsaz, die vur ein obeman zwúschent
den burgern zu Strazburg gemeinliche unde hern Heinriche von Riegol unde Frit-
schemanne sime brúdere unde allen iren fránden in der missehelle, die sie wider
einander hant, mit rátlúten, die von beden teiln darzu geschicket wurdent, gemeinliche erkosen und genummen sint, tûnt kunt allen den an dirre gegenwertigen
schrift, die es angât. zu wiszende, daz wir hant angesehen, swaz die rátlute von
beden teiln uf irn eit gesprochen hant und uns geentwúrtet geschriben. wir hant
óch wiser lúte bede herren unde anderre erberre phaffen rittere unde burgere ge-
núger rât darumbe ervarn unde gehôret. unde alse uns die geráten hant und wir
uns selbe rehtes verstânt, so sprechen wir einhullecliche in der vorgenanten missehellen zu rehte : wellent unde mûgent die burgere von Strazburg die sûne, die von
iren wegen ist vúrgeleit, daz sie geschehen si mit den vorgenanten von Riegol
unde irn fránden umbe den brant, der zu Lampartheim geschach, bezúgen unde
bereden mit rittern oder mit erbern burgern, die bi den sûnen warent unde die der
selbe krieg, darumbe der brant geschach, nút sûnderliche ane die gemeinde von
Strazburg auging, des sulent sie genieszen, ob sie es tûnt vor unserre frowen mes
der jungern, die nu zu nehest kummet, da unser einre oder wir bede zugegene
sint. unde sprechent óch, daz men wider die sûne der von Riegol unschulde nút
nemen noch hôren sol, ob sie die burgere wellent unde mûgent erzûgen, alse wir
da vor gesprochen hant. wir sprechent óch umbe daz die burgere Cûnzeline seligen
von Riegol ûs dem gerihte, da sie in vingent, vúrten, vúrtent unde anderswo von ime
gerihtet wart, daz sie darumbe den von Riegol durch reht nút schuldig sint zu ent-
wúrtende noch zu besserode. aber umbe des rihters reht, in des gerihte er gevangen
unde dannen gevûret wart, sprechen wir nút, wande daz nút an uns gelaszen ist. darnach sprechen wir, bringent die burgere vûr unde bezûgent vor dem vorgenanten zile
unserre frowen mes, da unser einre oder wir bede zugegene sint, alse reht ist, mit
dem gerihte, daz meine wir mit rittern oder erbern burgern, die des rátes warent
unde da zugegene warent, da er vûr gerihte gevûret wart, daz mit clage unde
anders nach rehte úber in erteilet und von ime gerihtet wart, alse reht ist, ane
geverde, daz umbe sinen dôt sie niemanne keine besserunge schuldig sint. unde
daz wir dis alsus gesprochen hant, des zu cim urkúnde sint unsere ingesigele an
disen brief gehenket.　dis geschach zu Strazburg an dem nehesten fritage nach

September 1

sante Adelfes mes, do men zalte von gotz geburte drûzehen hundert unde zwelf jar.
hiebi warent her Burkart von Hohenstein, her Johannes von Eckerich, her Dietschelin von Epphiche, her Wernher von Jungholtz unde her Gnipping von Geisboltzheim rittere.

*S aus Straßb. St. A AA art. 1398 or. mb. c. 2 sig. pend. Reitersiegel des Landgrafen, auf
dem Schilde und auf der Pferdedecke der Schrägbalken mit Lilien bестві.
Gedruckt aus dem Briefbuch A fol. 67 a ibid. bei Wencker Coll. arch. p. 149.*

300. *Die Herren von Dahn beurkunden die zu Drachenfels geschloßene Sühne
der Stadt Straßburg mit Johann Kage und Johann von Riegel. 1312 September 5
Dahn.*

Wir der Summer, her Cûnrat Úsellin, her Johannes rittere und herren zû Dan
fûrjehen uns offenlich an disen brieve, das in der missehellunge, so das was under
den von Strasburg von einer siten und zû der ander siten Johannes Kagen und
Johannes von Riegal und iren helfern, ein rehte rihtecliche und lipliche sûne beschach
umb alle die missehellunge, so under in was. und beschach das für Drachenvels
under der linden und wart da nútsnút usgenummen. das dise sûne und dis ding
beschach und das dis war, so henke ich Johannes der ritter der vorgenanten an
disen brief min ingesigele zû einem rehten urkûnde. wir ouch der Summer, her
Cunrat Usellin die vorgenanten, wan wir nút ingesigele han, so fûrjehe wir uns
under Johannes unsers vettern ingesigel aller der dinge, so da vor geschriben
sint, das die gantz veste und war sint, das ingesigel zû gegen gehenket ist an
disen brief. der wart geben zû Dan in dem jar, do man zalte von gottes geburte
drûzehen hundert jar in dem zwölften jar an dem nahesten dinstage vor unser vrôwen
dage der jungern [1].

*S aus Straßb. St. A. Verschl. Canzlei-Gew. Corp. K lad. 15 or. mb. c. sig. pend. Das Siegel
zeigt drei Adler im Schilde, Legende s. Johannis de Dan.*

301. *Vergleich der Herren von Ettendorf mit der Stadt Straßburg. 1312 October 28.*

Wir Heinrich und Rennehart gebrüdere und herren von Etendorf tûnt kunt
allen den, die disen brief gesehent und gehörent lesen, daz wir mit den erebern
herren dem meistere dem rate und den burgern gemeinliche von Strasburg gûtlich
und lieplich verrihtet und verslihtet sint aller der miszehelle und anespruche, die wir
gegen in hettent oder haben môhtent in keine wis oder sie gegen uns bitz an disen
hûtigen tag von des lehens wegen. daz Gûnther Swarber kôfte umbe die von Hûne-
burg, daz gelegen ist in dem banne zû Offenheim, also: was schaden ·ieweder site

---

1 *Dieser Bestätigung der Drachenfelser Sühne schließen sich an Ritter Rudolf von Otterbach und
die Brüder Berthold und Anselm von Drachenfels. 1312 September 6 Freckenfeld. or. mb. c. 3 sig. pend.,
quorum 2 delaps. i. Straßb. St. A. ibid. lad. 17.*

geschehen ist von des selben lehens wegen, daz der beder site sol abe sin. und
hant gelobet und gelobent ôch mit diseme gegenwertigen briefe von der vorgenanten
miszehelle wegen eine stete und eine getrûliche sûne mit in zû habenno hinnen
vurder me ane allerslahte geverde. und daz dis wor und stete sie, darumbe hant
wir Heinrich und Rennehart die vorgenanten gebrûdere unser ingesigel gehencket   5
an disen brief. der wart gegeben an dem samestage vor aller heiligen tag in dem
jare, da men von gotz gebûrte zalte drûzehen hundert jar und zweilf jar.

S aus Straßb. St. A Gew. u. d. Pfalz lad. 8 nr. 61 or. mb. c. 2 sig. pend. partim laesis.
Die Legende des zweiten Siegels lautet s. Bennehardi junioris de Ethendorf.
Regest aus dem Briefbuch A fol. 132ᵇ ibid. bei Batt Das Eigenthum zu Hagenau II, 253.   10

302. *Ulrich Landgraf zu Elsaß, Philipp sein Bruder und die Stadt Straß-*
burg verpflichten sich gegenseitig, keinerlei Befestigung in Dorf und Bann Fegers-
heim dulden zu wollen. 1312 December 20 Straßburg.

Wir lantgrave Ûlrich zû Elsasze und Phylippes sin brûder, Sifrit von Vegers-   15
heim der meister und der rat von Strasburg tûnt kunt allen den, die disen brief
gesehent und gehôrent lesen, daz wir lantgrave Ûlrich und Phylippes gebrûdere die
vorgenanten vur uns unsere erben und alle unsere nachkomen und wir der
meister und der rat die vorgenanten von der stette wegen von Strasburg uns gegen
einander verbunden hant und versichert bi dem eide, daz wir weren sûllent, obe   20
ieman dekeine vesten buwen wolte in dem dorfe und in dem banne zû Vegersheim,
wenne uns die vorgenanten gebrûdere mauent oder ire erben oder wenne wir sie
manent oder ire erben umbe helfe zû werende, daz die vorgenante vesten nût
gebuwen werde. wir gelobent ôch einander bi deme selben eide, were daz dekein
krieg oder miszehelle ufstûnde durch daz, daz wir die vorgenanten vesten wertent   25
zû buwende, da sûllent wir einander beholfen sin ane allerslahte geverde.
und des zû eime urkûnde so hant wir Ûlrich und Phylippes die vorgenanten
gebrûdere unsere ingesigele und wir der meister und der rat die vorgenanten
unsere stette ingesigele von Strasburg gehencket an disen brief. dis geschach zû
Strasburg an sante Thomannes abende des zweilfbotten in dem jare, da men zalte   30
von gotz gebûrte drûzehen hundert jar und zweilf jar.

S aus Straßb. St. A. Verschl. Canzlei-Gew. Suppl. lit. F or. mb. c. 3 sig. pend., quorum
2 delapsa. Erhalten das Siegel Philippe von Worth mit theilweis zerstörter Legende.
Gedruckt darnach bei Schöpflin Als. dipl. II, 103 nr. 870.

303. *Vergleich der Straßburger Frauenklöster von St. Stephan und St. Clara*   35
auf dem Wörth über Baugerechtsame. 1312 December 20.

In dei nomine amen. ut gesta, que concorditer rite et racionabiliter sunt sopita,
fideli memorie conmendentur, ea expedit litterarum indiciis perhennare. nos igitur
Brigida divina permissione abbatissa ac conventus saucti Stephani infra muros ac

nos Katherina abbatissa necnon conventus sancte Clare monasteriorum extra muros
Argentinenses uf dem Werde sub harum litterarum testimonio ad universorum
noticiam cupimus pervenire, quod lis discordia seu controversia jam ventilata diutius
et suborta inter nos .. abbatissam et conventum dicti monasterii sancti Stephani
ex una et nos .. abbatissam et conventum dicti monasterii sancte Clare ex parte
altera super jure parrochiali et specialiter super denunciacione novi operis cujusdam
arcus seu testudinis constructi infra limites parrochie nostre se extendentis ultra
viam versus fluvium, qui vulgariter dicitur Brüsche, et domuncule superedificate [1],
amicis fide dingnis intervenientibus amicabili composicione, auctoritate reverendi venerabilis nostri domini Johannis episcopi Argentinensis ecclesie ac Heinrici de Ette-
lingen perpetui vicarii dicte ecclesie sancti Stephani super hac amicabili composicione plenius accedente, taliter est sopita, quod nos .. abbatissa et conventus dicti
monasterii sancti Stephani ab hujusmodi edicto seu denunciacione novi operis desis-
tere et ei renunciare debeamus, cui edicto ut exnunc renunciamus litteras per
presentes, dantes concedentes et permittentes, ut .. abbatissa et conventus dicti
monasterii sancte Clare inantea sua oratoria jam constructa infra limites dicte parrochie dilatare et ampliare valeant et nova oratoria erigere, si voluerint, et suas
areas edificare et construere et in suis areis superedificata reficere, prout ipsis
videbitur expedire, fratre Heinrico converso dicti monasterii sancte Clare presente et
hujusmodi nostram renunciacionem recipiente nomine dicti monasterii sancte Clare.
nos autem .. abbatissa et conventus sepedicti monasterii sancte Clare in recompensam
hujus renunciacionis prefatis dominabus .. abbatisse et conventui monasterii sancti
Stephani solvimus tradimus ponderavimus et assiugnavimus viginti marcas argenti
ponderis Argentinensis. quod argentum nos .. abbatissa et conventus sepedicti monasterii sancti Stephani confitemur nobis ponderatum et fore traditum et re vera in
usum dicti nostri monasterii fore conversum integraliter et in totum, renunciantes
super hiis excepcioni pecunie non numerate, argenti non ponderati non traditi nec
in usus nostri monasterii conversi, doli mali, actioni in factum. nos eciam prefate
.. abbatissa et conventus monasterii sancti Stephani omnibus actionibus peticionibus
nobis conpetentibus in presenti ac eciam in futuris contra .. abbatissam et conventum
dicti monasterii sancte Clare pretextu juris parrochialis renunciavimus et renunciamus
litteras per presentes, salvis nobis sollempnibus oblacionibus nobis dandis solvendis
et assiugnandis per .. abbatissam et conventum sepedicti monasterii sancte Clare
olim dicte nostre ecclesie parrochiali per sententiam adjudicatis, sicut in instrumento
sententie super hoc confecto plenius continetur, promittentes ad invicem pro nobis
et nostris successoribus in monasteriis antedictis. nos omnia et singula predicta rata
et grata perpetuo habituras nec contra ea venire de jure vel de facto, in judicio
vel extra, imposterum vel ad presens, hoc nichilominus adjecto et inter nos condicto,
ut, si per aliquam parcium predictarum aliquo casu imposterum, quod absit, contra
predictam composicionem seu ordinacionem venire contingeret vel eam infringere
quoquo modo, talis contra hujusmodi composicionem veniens aut eam infringens

---

[1] Vergl. UB. III, 212 nr. 694.

pene viginti marcarum subjacebit ipso facto solvende et applicande parti servanti
hujusmodi composicionem, composicione hujusmodi amicabili in suo vigore nichilominus permanente, renunciantes iusuper pro nobis et nostris successoribus in dictis
monasteriis omnibus actionibus defensionibus et exceptionibus et specialiter, quod vi
metu coacte et illecte essemus ad faciendum premissa, doli mali causam dantis
principaliter vel incidenter, beneficio restitucionis in integrum, quo majores minores
et ecclesie juvantur, et nichilominus Vellejani, dyvi Adriani et ingratitudinis, jurique
dicenti, generalem renunciacionem non valere nec juri futuro renunciari non posse.
litteris a sede apostolica vel aliunde impetratis vel inantea impetrandis, consuetudinibus et statutis tam generalibus quam privatis ac omni juris auxilio tam canonici
quam civilis, etiamsi de eodem deberet fieri mencio specialis, per quod possemus
venire contra premissa vel aliquod de premissis. nos prefate . . abbatisse et conventus dictorum monasteriorum in evidenciam pleniorem omnium et singulorum
premissorum sigilla nostra presentibus duximus appendenda. nos Johannes dei gracia
Argentinensis ecclesie episcopus attendentes, quod cura pastoralis ad hoc nos sollicitat et invitat, ut subjectorum nostrorum quieti et commodis insistamus et ut circa
lites inter nobis subjectos exortas nobis subjecti releventur a laboribus et expensis,
hujusmodi amicabilem ordinacionem et composicionem juxta formam et modum
superius annotatum super litibus questionibus et controversiis jam dudum subortis
et ventilatis inter prefatam venerabilem dominam[a] Brigidam . . abbatissam et conventum monasterii sancti Stephani infra muros Argentineuses ex una et dominam
Katherinam . . abbatissam et conventum monasterii sancte Clare uf dem Werde extra
muros Argentineuses ex parte altera laudamus approbamus et ratificamus et hujusmodi amicabili composicioni nostrum consensum et auctoritatem presentibus impertimur, presentes litteras nostri sigilli munimine consignantes una cum sigillis antedictis.   datum in vigilia beati Thome apostoli anno domini millesimo trecentesimo
duodecimo. hujus instrumenti duo sunt paria, quorum unum apud . . abbatissam et
conventum sancti Stephani infra muros Argentinenses, reliquum vero apud . . abbatissam et conventum sancte Clare monasteriorum extra muros Argentinenses uf dem
Werde remanet antedictas.

B aus Straßb. Bez. A. II fasc. 2626 or. mb. c. 5 sig. pend., quorum 4 delapsa.

304. *Burchard von Hohenstein fällt seinen Schiedsspruch in dem Streit zwischen
den Städten Straßburg und Schlettstadt über die Schirmverpflichtung gegen die
Erlin, Bürger von Schlettstadt. 1313 März 22.*

Ich Burcart von Hohenstein ein obeman der missehelle, die die burger von
Strasburg und die burger vou Sletzstat mit einander hant von der Erlin wegen.
die burger zů Sletzstat sint, obe die burger von Sletzstat die Erlin schirmen sulent
oder nůt, so tuon ich kunt allen den, die disen brief sehent oder horent lesen, als die
selbe missehelle an mich verlassen ist umbe den überlof und die unfůge, die zů
Strasburg geschah, daz der gerihte und der ahthe von Strasburg nůt fůrbaz gelten

a) B rep. dominam.

sol noch gan won also verre, so ir burgban gat, daz dunket mich reth. sit aber
der ratlûte von Strasburg herre Abereth Ruerenderli und herre Heinrich Wezel
sprechent, daz der stette gewonheit von Sletzstat also si, swer da burger wirt, daz
man im usbedinget, swaz crieges er in die stat bringet oder het, e denne er burger
wirt, daz man im darumbe unbeholfen sule sin. und sprechent och die selben ratlûte,
daz die von Sletzstat die Erlin enphangen hant zû burgern in einem offenen crige
und in einer todiger gevehte a und daz noch hûte dis tages unversûnet si und och
daz fûr went bringen as reth ist, ob es not thet, mugent si daz getûen as recht
ist, und stat och der stette von Sletzstat reht und gewonheit also, swaz burger si
enphahent, daz si in unbeholfen sûlent sin, swaz crieges einer der burger wirt het
des tages, eb er burger wirt, und hant denne die Erlin, e si burger wurdent, einen
offenen crieg und eine todige gevelt in die stat zû Sletzstat brabt und ist daz noch
hûte dis tages unversûnet, so dunket mich reht, daz die burger von Sletzstat den
Erlin unbeholfen sûlent sin zû dem criege, den si hant gehebet emales, e si burger
wurdent zû Sletzstat. dis spriche ich zû relthe und dunket mich och reht und
verstan mich nût bessers uf minen eit darnach, als ich es ervarn han und gefraget
in dem lande von den herren und von den lantlûten und swa ich truwette, daz
man mich gewisen kunde aller rehtest, und darnach, als mir die ratlûte herre
Aberet Ruerenderli und herre Heinrich Wezel von der wegen von Strasburg und
herre Unrawe von Ratzenhusen und der schultheisse von sant Pûlthe von der wegen
von Sletzstat gescriben hant gegeben ieweder sit ir vorderunge und ir entwûrtte
und ir missehelle. daz dis war si, darumbe han ich min ingesigel an disen brief
gehenket zû einem urkunde dirre vorgescribenen dinge.   dis geschaht an dem
dunrstage nach sante Benedictentage, do man zalte von gottes geburte drûzehen
hundert jar und drûzehen jar.

S aus Strassb. St. A. Verachl Canzlei-Gew. Corp. K lad. 16 or. mb. c. sig pend.
Gedruckt aus dem Briefbuch A fol. 68 a ibid. bei Wencker Disqu. de usaburg. p. 86.

305. Clemens V papa, Petri perpetui vicarii altaris sancti Eligii siti in ecclesia
Argentinensi precibus inclinatus, scolastico ecclesie sancti Thome Argentinensis
mandat, quatenus ea, que de bonis ad perpetuam vicariam suam ipsius altaris spectantibus alienata invenerit illicite vel distracta, ad jus et proprietatem ejusdem
vicarie legittime revocare procuret. «dilecti filii.»   datum Avinione nonis maji
pontilicatus nostri anno octavo. *1313 Mai 7 Arignon.*

B aus Strassb. Bez. A. O fasc. 7468 cop. mb. c. sig. pend. ausgestellt vom judex curie Ar-
gent. 1319 Februar 13 (feria 3 ante Valentini).

a) S gevhte.

306. *Markgraf Rudolf von Baden schließt mit der Stadt Straßburg und ihren Bundesgenoßen eine Sühne und verspricht, von den Angehörigen derselben weder Zoll noch Grundruhr auf dem Rhein zu nehmen. 1313 Juli 25.*

Ich marcgrave Rûdolf der eltere von Baden verjhibe offenliche an disem gegenwertigen briefe, daz der meister der rât unde die burgere gemeinliche von Strazburg umbe allen schaden, der mir unde minen helfern unde minen lûten allen mit brande mit rôbe unde anders in alle wis untz an den tag hûte, da dirre brief geben wart, von in unde von irn helfern geschehen ist, sie unde mit in mit nammen der erbere herre bischof Johannes von Strazburg, unde die edeln herren her Ûlrich der lantgrave unde her Jofrid von Lyningen der lantvoget in Elsaz unde her Otto ein herre von Ohssenstein unde gemeinliche alle, die mit der stat von Strazburg sunderliche oder in der vorgenanten herren dienste wider mich gewesen sint, mit mir versûnet sint luterliche und gentzliche also, daz nieman wider die vorgenanten stat unde herren unde alle ire helfere gemeinliche oder sunderliche umbe deheinen schaden, der untze her geschehen ist unde des sie mit mir versûnet sint, deheine clage noch vorderunge hernach in deheine wis mit gerihte oder ane gerihte begrifen unde haben sol. unde wa daz geschehe in minen vesten unde dörfern oder anderswa, da ich gewaltig bin, daz hab ich gelobet abe zu tûnde unde bin sin schuldig. ich habe ôch vûr mich, die wile ich lebe, gesworn zu den heilgen unde vûr alle mine nachkummen gelobet, daz wir von keime burgere von Strazburg noch von keinem manne, der daz bistûm von Strazburg oder den vorgenanten lantgraven oder hern Otten von Ohssenstein anhôret*, noch von keinem manne, der burger ist in den stetten, die durch des lantvogetes gebot den burgern von Strazburg wider mich hulfent oder kummende warent zu helfe, niemer zol noch gruntrûre sûlent genemen uf dem Rine. men sol ôch von minen wegen gelôben eime iegelichen kôfmanne, der uf dem Rine vert, umbe sin gût, daz er mit dem eide behebet, daz es unverzollet blibe, ob er sprichet uf denselben eit, daz er der eine si, die ich zolles habe erlaszen, alse da vor geschriben stât. ich sol ôch mime vettern marcgrave Friderriche umbeholfen sin wider die burgere von Strazburg in der atzungen unde clage, die sie wider in hant umbe den dotslak, der von den sin an irme burgere nuwelingen geschehen ist bi dem Rine, und umbe den zol unde die gruntrûre, darumbe si in wellent kriegen. wolte aber ich hienach von andern sachen vûr mich selben oder vûr minen vettern oder von iemannes anders wegen mit den burgern kriegen, ich sol in widersagen, alse zitlich ist unde wol stât. so tûn ich damitte nût wider die sûne. geschiht ôch in dem kriege, den sie ietze wider minen vettern hant oder hienach wider iemanne anders gewinnent, mir oder den minen dehein schade an lûten oder an gûte, den sûlent mir die burgere abetûn ane fûtern, daz ane geverde geschiht. so ist damitte die sûne nût gebrochen. dis alles, alse da vor geschriben stât, ist geschehen unde habe ich es gelobet stete zu habende bi dem eide in gûten truwen ane alle geverde. unde des zu eime urkûnde ist min ingesigele

---

a) *S anhôret übergeschrieben von gleicher Hand.*

un disen brief gehenket.   der wart geben an sante Jacobes tag, da men zalte von
gotz gebùrte druzehen hundert unde druzehen jar. hiebi warent die erbern herren
bischof Johannes von Strazburg, bischof Sigebotte von Spire, her Jofrid von Liningen
der lantvoget in Elsaz, her Otto von Ohssenstein sin swoger, her Ulrich der lantgrave
5 von Elsaz, her Walther von Geroltzecke sin swager unde anderre erberre lûte genuge.

307. *Sühne der Stadt Straßburg mit Markgraf Rudolf von Baden. 1313 Juli 25.*

10   Wir Reinbolt Brandecke der meister und der rat und die burger gemeinlich
von Strasburg vergehent öffeuliche an diseme gegenwertigen brive, daz der edele
herre margrave Rûdolf der eltere von Baden umbe allen schaden, der unser stat und
unsern burgern oder iemanne der unsern von ime oder von iemanne der sinen an zöllen
und mit gruntrûren und anders von des krieges wegen, der nûwelingen erhabet ist,
15 untze an disen tag hûte, da dirre brief gegeben wart, geschehen ist, mit unser stat
und mit uns und mit allen unsern helfern lûterliche und gantzliche vur sich und alle
sine helfer diener und lûte versûnet ist. und hant wir uf den selben schaden willecliche verzigen also, daz wir noch nieman der unsern niemer sûlent wider in und
wider die sinen diener und lûte umbe deheine getat, die untze her geschehen ist und
20 des er mit uns versûnet ist, als davor geschriben stat, clage oder vorderunge mit
gerihte oder ane gerihte begriffen noch gewinnen. und swa daz geschehe an den
stellen, der wir gewalt habent, daz sûllent wir abelegen. es sol öch nieman der
unsern den margraven noch die sinen nu noch hienach in unsere stat zû Strasburg
oder anderswa mit gerihte oder ane gerihte bekûmbern von deheiner sachen
25 wegen, umbe die wir ietzent kriegent wider sinen vetter margrave Friderichen und
die sinen. und geschiht in dem selben kriege, den wir wider sinen vetter hant oder
hienach wider ieman anders gewinnen, ime oder den sinen von uns und den unsern
kein schade an lûten oder an gûte, den sûllent wir ime abetûn nach mögelichen
dingen ane fûtern, daz ane geverde geschiht. und also wurt die sûne nût gebrochen.
30 wir sûllent öch umbe keine getat, die harnach wider uns von ime oder von sinen
vettern oder von iemanne anders geschiht, niemer wider in getûn, wir enhabent
ime denne e widerseit, als zitlich ist und wol stat. und dis alles, als hievor
geschriben stat, han wir bi dem eide gelobet vur uns und vur alle unsere nachkummen stete ze habende mit gûten trûwen ane alle geverde. und des zû eime
35 urkûnde ist unser stette von Strasburg ingesigel an disen brief gehencket.   der
wart gegeben an sante Jacobes tag, da men zalte von gotz gebûrte drûzehen hundert
und drûzehen jar. hiebi warent die erebern herren bischof Johannes zû Strasburg,
bischof Sygebotte zû Spire, her Jofrid von Liningen der lantvoget in Elsasze, her
Otte von Ohsenstein sin swager, her Ulrich der lantgrave von Elsasze, her Walther
40 von Gerolzecke sin swager und andere ersamer lûte genûge.

308. *Vergleich der Städte Freiburg und Straßburg über die gerichtliche Belangung ihrer Bürger in Schuldsachen. 1313 Juli 31.*

Wir der meister und der rat und die burgere gemeinliche von Friburg[a] tûn kunt allen den, die disen brief gesehent und gehôrent lesen, das wir lieplich und gûtlich verrihtet und verslihtet sin[b] mit den burgern von Strasburg[c] aller der misse- [5] helle, die wir und die vorgenanten burgere von Strasburg[d] mit einander hatten[e] bitz uf disen hûtigen tag, und sin gûtlich mit einander überein komen also, das unsere burgere keinre[f] von Friburg keinen burger von Strasburg[g] an sol grifen mit gerrihte noch ane gerrihte vûr[h] dekeine frômede schulde, er enhabe es denne mit der hant gelobet. und het unser burger dekeinre[i] kein ansprache an keinen burger von Stras- [10] burg[k], die ansprache oder die schulde sol er kuntliche machen und vûrbringen vor dem schultheissen von Strasburg[l], ob er es lôgent, mit zwein ersamen burgern von Strasburg[m], die unversprochen sint, und sol man ôch die solich haben, das si darumbe eine warheit sagen[n]. mag unser burger denne die schulde mit den zwein erzûgen, so sûllent si iren burger solich haben, das er die schulde gelte unver- [15] zogenliche, ist das er so vil gûtes het. het er aber so vil gûtes nût, so sûllent si ime doch von ime rihten nach ir stette reht und gewonheit und sol uns und in damitte begnûgen[o] ane aller slahte geverde. mag aber er es nût erzûgen, alse da vor geschriben stat, so sol der schuldener sin reht vûr die schulde tûn und sol denne der schuldener[p] lidig sin. wer aber das die burger von Strasburg[q] unserme [20] burger von irem burger nût wôltin[r] tûn ein unverzogen reht umbe das er an in ze sprechende hette, môhte das unser burger vor uns erberliche vûrbringen, so sûllen[s] wir in anderwarbe botschaft tûn, das si unserme burgere von irem burgere tûient ein unverzogen reht umbe das er an in ze sprechende het, alse da vor geschriben stat. têtint[t] si denne des nût, so mag unser burger ire burgere wol [25] angrifen mit gerrihte, swa er wil, unze das er siner sachen ein ende gewinnet, und sol doch darumbe dirre brief und dise gedinge zwischent uns und den burgern von Strasburg[u] iemerme stête beliben ane aller slahte geverde. harûber ze einem urkûnde und das dis war und stête belibe, darumbe han[v] wir die vorgenanten burger von Friburg[w] unser ingesigel gehenket an disen gegenwertigen brief. der wart gegeben [30] an dem cistage nach sante Jacobes tage des zwelfbotten in dem jare, do man von gottes gebûrte zalte drûzehen hundert jar und drûzehen jar.

S aus Straßb. St. A. Verschl. Canzlei-Gew. Corp. K lad. 16 or. mb. c. sig. pend. delapso.
F coll. aus Freib. St. A. lad. 7 nr. 11 or. mb. c. sig. pend. Das Straßburger Stadtsiegel an
    grüner Seidenschnur. [35]
Ebenda lit. pat. pal. mb. ohne jede Spur einer Besiegelung, von gleicher Hand geschrieben wie F;
    auf dem Rücken der Vermerk von derselben Hand . . der sûnebrief von Straszburg.
Gedruckt nach F bei Schreiber UB. d. St. Freiburg I, 192 nr. 86.

a) F Wir Reimbolt Brandegge der meister und der rat und die burger gemeinlich von Strasburg.
b) F sint.   c) F Friburg.   d) F Friburg.   e) F hettent.   f) F dekeiner.   g) F Strasburg [40]
·dekeinen burger von Friburg.   h) F. add. die herschaft von Friburg noch vûr.   i) F keinre.
k) F Friburg.   l) F Friburg.   m) F Friburg.   n) F sagent.   o) F benûgen.   p) F
schulde.   q) F Friburg.   r) F woltent.   s) F sûllent.   t) F tetent.   u) F Friburg.
v) F hant.   w) F Strasburg.

309. *Heinrich von Blankenberg gesteht der Stadt Straßburg für Abschluß eines Friedens Waffenruhe bis Martini zu. 1313 September 29.*

Hanricus dominus de Blanckenberg viris sapientibus et honestis Reinboldo dicto Brandecke magistro et consulibus civitatis Argentinensis dilectionem cum salute.
quemadmodum michi per vestras litteras demandastis, quod inducias pro me et hominibus meis vobis et concivibus[a] vestris darem sub meis litteris[b] usque ad festum beati Martini nuper venturum, vobis significo, quod dictas inducias ego do *November 11* pro me et hominibus meis usque ad prefatum terminum et promittimus bona fide observare. sed hoc sciatis, quod in partibus nostris nunquam consuevimus dare treugas nec recipere sub litteris clausis sed omnino sub patentibus litteris. et cum ita sit, quod tales litteras consuevistis dare, michi placet, ut pax et concordia inter nos et vos conformetur et, si vobis placuerit, istis treugis durantibus veniant cives vestri et homines mei, quorum interest, in locum congruum, ut meliori modo quo poterint dictam pacem conponant et conforment, quia homines mei non audent ire securi ad partes vestras pro pluribus discordiis, quas habemus erga plures[c]. [respondete.][d] litteras consimiles vestris vobis mitto.   datum in festo beati Michaelis anno domini 1313.

[*in verso*] viris sapientibus Reinboldo dicto Brandecke magistro
et consulibus civitatis Argentinensis.

S aus Straßb. St. A. Gew. u. d. Pfalz lad. 168 nr. 13 or. mb. lit. cl. c. sig. in verso impr. defic.

310. *Münzverordnung der Stadt Straßburg über den Werth ihrer Pfenninge. 1313 October 5.*

Wir Hug von Schönecke der meister und der rat von Strasburg und ich Niclawes Zorn schultheisze und munszemeister zû Strasburg tûnt kunt allen den, die disen brief gesehent und gehôrent lesen, daz wir durch gût und durch nutz der stette und ôch[e] des landes und mit unsere erebern husgenoszen willen[f] und gehelle und ôch mit irme rate hant erlôbet unde erlôbent mit diseme gegenwertigen brife Clawese von Roppenheim unserme hûter zû Strasburg, daz er phenninge sülle hûten, da zwei pfunt uf eine marg gangen an der swere und ein lot dabi sie an der erge des silbers an ieder marg. dis sol er behûten und bewarn, so er beste und ebeneste[g] mag, bi sime eide ane alle geverde. were es aber, daz die phenninge wurdent angegriffen von ieman, so sol der vorgenante Clawes von Roppenheim unser hûter ze[h] helfe haben sehs phenninge an der marg. bede an der swere und an der erge des silbers, und sol ime daz gon weder an sine ere noch an sin gût, ob men die phenninge vindet, als da vor geschriben stat. und des zû eime urkûnde so hant wir meister und rat und der schultheisze die vorgenanten unsere ingesigele

a) S add. meis durchgestrichen.   b) sub meis litteris übergeschrieben von gleicher Hand.   c) S rep. erga plures.   d) In S ein dem R oder D ähnliches Zeichen.   e) S t om. ôch.   f) S t willo.   g) S t ebenoste.   h) S t zû.

gehencket an disen brief. der wart gegeben an dem fritage nach sante Michaheles tag in dem jare, da men von gotz gebûrte zalte drûzehen hundert jar und drûzehen jar. harane worent wir Reinbolt Brandecke, Hug von Schônecke, Johannes von Mûlnheim und Clawes Tûscheman die vier meistere *u. s. w. folgt der Rath.*

S aus Straßb. St. A. Münzsachen art. 23 nr. 7 or. mb. c. 3 sig. pend.
S 1 coll. ibid. or. mb. c. 2 sig. pend.
Gedruckt nach S 1 i. d. Zeitschr. f. Gesch. d. Oberrh. 11, 414. Vergl. D St. Chron. IX, 992.

311. *Die Stadt Bern beurkundet, daß sie und achtundzwanzig ihrer Bürger auf Ersatz des ihnen zu Schwanau zugefügten Schaden der Stadt Straßburg gegenüber Verzicht leisten. 1313 December 1 Bern.*

Wir Laurentie Mûnzer schultheitz, der rat, dû zwei hundert und dû gemeinde von Berne tûn kunt allen den, die disen brief gesehent und gehôrent lesen, daz Rûdolf von Belpe, Peter Swartze, Burchart von Schafhusen, Chûnrat Lômel, Heinrich von Sedorf, Niclaus Seman, Peter ab Berge, Chûnrat Flinsôwer, Peter von Riede, Ûlrich Hebeman, Heinrich Gippa, Burchart von Bottingen, Seman der Walke, Johans Flegke, Johans Sneiter, Johans Masser, Berchtolt Lômel, Johans von Schafhusen, Peter Giel, Rûdi Ringgoltz, Thomi Anchen, Bertschi Seiler, Peter von Wichtrach, Niclaus Stelli, Johans Linder, Ûlrich Bottinger, Peter Ladener und Chûntzi Orsel unser burger ze Berne vûr uns kamen und vor uns bi ir eiden, so si darumbe vor uns swûren, sich vertzigen vûr sich und alle ir erben aller der ansprache und aller der vorderunge, die si hetent oder haben môhtent untz an disen hûtigen tag mit gerichte oder ane gerichte oder in keinen weg gegen den burgern von Strazburg gemeinlich oder sunderlingen ane alle geverde von des schaden wegen, der inen geschach bi Swannôwe von dem jungen her Walther herren von Geroltzecke und von sime gesinde[1]. wir der.. schultheitz der rat und die burger gemeinlich von Berne die vorgenanten vertzihent uns ôch aller der ansprache und aller der vorderunge, die wir heten oder haben môhten untz an disen hûtigen tag mit gerihte oder ane gerichte oder anders in kein wis gegen den burgern von Strazburg gemeinlich oder sunderlingen von der vorgenanten personen wegen und von des vorgenanten schaden wegen, den her Walther der junge von Geroltzecke und sin gesinde tatent ze Swannôwe unsern burgern den vorgenanten, ane alle geverde. und ze einem urkûnde der vorgeschribener dingen so hein wir unser gemein ingesigel gehenket an disen brief. und geschach diz und wart ôch dirre brief gegeben ze Berne in unser stat, do man zalte von gottes geburt tuseng drûhundert und drizehen jar mornedes nach sant Andres tage des zwelfbotten.

S aus Straßb. St. A. Verschl. Canzlei-Gew. Corp. K lad. 17 or. mb. c. sig. pend. delapsu.

---

[1] *Die betreffende Urkunde, in welcher die achtundzwanzig Bürger von Bern diesen Verzicht auf Schadenersatz gegenüber dem alten und jungen Herrn Walther von Geroldseck sowie der Stadt Straßburg aussprechen, ist ausgestellt am 5. November (nächsten Montag nach Allerheiligen). Bruder Konrad Abt von Vrienisberg im Konstanzer Bisthum siegelt. or. mb. c. sig. pend. i. Berner Cant. A. Oberamt Bern. Vergl. Berner Taschenbuch 1863 S. 8 u. Kuppert Gesch. d. Hauses u. d. Herrschaft Geroldseck S. 161 ff.*

312. *Das St. Peterscapitel ertheilt den Gesandten des Domcapitels für die Beschlüße der Mainzer Synode nachträglich Vollmacht. 1313 December 28.*

..Reverendis dominis suis..preposito..decano totique capitulo ecclesie Argentinensis decanus et capitulum ecclesie sancti Petri Argentinensis,.. preposito ac
magistro Wernhero de Ehenheim..cantore collectoribus decime deputatis dumtaxat exceptis, reverenciam debitam cum obsequiosa in omnibus voluntate. cum nuper super negocio decime in concilio generali per sanctissimum patrem dominum Clementem papam quintum, ut asseritur, institute[1] vestros certos nuncios apud Magunciam transmiseritis et iidem nuncii cum reverendis in Christo..decano et capitulo ac
universis prelatis et clericis dyocesis Maguntine necnon cum procuratoribus ecclesiarum cathedralium ipsius provincie aliqua ibidem vestro et nostro nomine statuerint et provide ordinarint nobis et universo clero ad presens utilia et inposterum profutura, ad que servanda nos astringendi et obligandi dicti nuncii tunc mandatum sufficiens non habebant, eapropter nos..decanus et capitulum ecclesie sancti Petri
predicte,.. preposito et magistro Wernhero de Ehenheim..cantore collectoribus decime deputatis dumtaxat exceptis, omnia et singula, que per dictos vestros nuncios ibidem vestro et nostro nomine procurata et ordinata fuerunt, presentibus ratificamus et approbamus, dantes nichilominus vestris nunciis quibuscunque per vos deputandis auctoritatem et mandatum speciale in animas nostras jurandi et nos
astringendi modo quovis ad omnia et singula predicta in posterum observanda. hec vobis et omnibus, quorum interest aut intererit, sub sigillo nostri capituli presentibus intimamus. datum in die innocentum anno domini 1313.

B aus Straßb. Bez. A. G fasc. 2716 or. mb. c. sig. pend. delapso[2]. Bezüglich der Datirung
ist zu bemerken, daß mit Rücksicht auf die in der Anmerk. 2 erwähnten Urkunden hier
Neujahr als Jahresanfang berechnet ist. Vergl. UB. III, 121 Anmerk. 2.

313. *Bischof Johann schließt unter Einwilligung der drei Capitel mit der Stadt Straßburg einen Vertrag auf drei Jahre, betreffend Stellung und Rechte der Geistlichen in der Stadt. 1314 Januar 5.*

Wir Johannes von gotz genaden bischof zů Strasburg tůnt kunt allen den, die
disen brief gesehent und gehörent lesen, daz wir mit der cappittele unde der tůmherren willen zů dem tůme, zů sante Thomau unde zů sante Petere in der stat zů Strasburg unde von der pfafheite wegen hant übertragen unde beret durch fride unde durch genade mit meistere unde mit rate unde mit den burgern von Strasburg unde sie mit uns, als hienach geschriben stat : ist daz ein pfaffe einen burger
von Strasburg wundet, so wellent wir, daz in unser schultheisze vahe, unde erlöbent ime daz mit diseme gegenwertigen briefe, unde daz er in gehalte in unsere geväng-

[1] *Auf dem Concil von Vienne, vergl. S 244 Anmerk. 1.*

[2] *Ebenda befindet sich eine gleichlautende Urkunde von 1313 December 13, ausgestellt von der*
Aebtissin und dem Convent des St. Stephansklosters or. mb. c. 1 sig pend. laeso, 1 delapso. Dieselbe
Vollmacht stellt das St. Thomascapitel am 17. December aus und die übrigen Klosterconvente der Straß-
burger Diöcese zumeist ebenfalls im Monat December. Die betreffenden Urkunden sind in Abschrift
erhalten i. Straßb. Bez. A. G fasc. 3465 fol. 62 ff.

nisze in unsere pfaltzen zů Strasburg unde sol darumbe nůt zů banne sin. unde
men den drů gerihte fůre vur unsern official und sol ôch der die gezůge unde
die worheit hôren in den drin gerihten. ª unde wurt er erzůget, so sol unser schaffener von Mollisheim in nemmen uszer unsere gevångnisze unde sol in behalten in
des bistůmes vesten unde tôrnen also lange, uncze daz der wunde geniset oder ₅
stirbet. stirbet er, so sol er in deme turne bliben uncze an sin ende. geniset er
aber, so sol er swern, daz er ein jar von der stat sie eine mile unde nůt wider
in die stat kome, er ensie mit deme cleger überein komen unde habe dem meister
unde dem rate von Strasburg gebessert als vil, als ein lege umbe eine wunde
bessert in der stat zů Strasburg. wurde er nůt erzůget vor unserme officiale, ₁₀
so sol er sine unschulde tůn mit dem eide. ist aber daz er enpflůhet, der susliche
getat het getan, so sůllent wir in mit gůten trůwen twingen mit sime libe unde mit
sime gůte, daz er in dem lande het, uncze daz er gebessert dem versereten, dem
rate von Strasburg unde ôch uns. ist ôch daz er den cleger unclagehaft machet, e
daz er angegriffen wurt, so sol er doch umbe die wunden ein jar von der stat ₁₅
sin eine mile unde sol uns bessern, als da vor geschriben stat. ist ôch daz der,
der susliche getat het getan, entwiche von der stat zů Strasburg unerzůget, so sol
men in doch ver schuldig haben. unde sol nůt in die stat komen, er enhabe gebessert uns, dem rate von Strasburg und dem clegere. were ôch daz unser schultheisze haran sumig were oder des, der da missetan hette. nůt genahen enmôhte, ₂₀
daz er sich villihte vor ime hůte oder bůrge, so wellent wir unde erlôbent, daz
meister und rat zů Strasburg, so vierzehen naht vurkoment nach den drin gerihten,
so ime vur den officiale von Strasburg gebotten wurt, in vahent unde in unserme
schultheiszen antwurtent, daz men von ime tů, als da vor geschriben stat. unde
sol meister unde rat zů Strasburg umbe die getat nůt zů banne sin. were ôch daz ₂₅
ein pfaffe andere unfůge unde unzuht tete eime burger in der stat zů Strasburg,
die unzuht sůllent wir rihten oder schaffen gerihtet in alle wise, als men von eime
leigen in der stat zů Strasburg rihtet, der eine semeliche unzuht in der stat getan
het. were ôch daz men eine worheit an einen pfaffen zůge, der sol wol sagen eine
worheit vor meistere unde vor rate zů Strasburg unde sol vor in swern, ob men in des ₃₀
eides nůt erlaszen wil, eine worheit zů sagende in den sachen, da es eime nůt an
den lip gat, doch mit solicher bescheidenheit, daz die tůmherren zů dem tůme, zů
sante Thoman unde zů sante Petere in der stat zů Strasburg in solichen sachen
durch ir erberkeit sůllent swern eine worheit zů sagende vor dem officiale von
Strasburg oder vor eime andern geislichen rihter zů Strasburg. unde swenne sie ₃₅
den eit also getůnt, darnach sůllent sie eine worheit sagen vor meistere unde vor
rate zů Strasburg, als men an sie zůhet, bi dem selben eide. ist ôch daz kein
pfaffe in der stat zů Strasburg oder in der vorstat bi naht oder bi tage treit kein
lang messer, bantzier, beckelhuben, coller, spies oder helenbarten, der sol es bessern
in alle wis, als ein ander burger von Strasburg. es enwere denne, daz es meister ₄₀
unde rat von Strasburg eime erlôbetent von redelichen sachen, oder daz einre vur
die stat wolte ritten oder gen sin ding schaffen, oder von dem lande ritte oder

a) S gerihtet.

gienge ane geverde. es ist ôch also beret, daz dehein tûmherre noch dehein pfaffe deheine tavernen noch win veile haben sol in sime huse noch in sime hove, es enwere denne, daz einre sin gewehsede verkôffen wolte ane geverde. unde swas ôch alle die wile, die wile daz der win in dem hove veile ist, beschihet, damitte 5 sol dise satzunge nût gebrochen sin; doch sol men es rihten nach der stette rehte. unde wer ôch von wunden oder von schulden wegen enpflûhet in eins tûmherren hof, der sol friden dinne haben drie tage unde drie naht unde nût me. dis ist zû verstande in den hôven, da die tûmherren selbe inne geseszen sint unde nût leigen verluhen hant. ist ôch daz ein leige missetût in eime gotzhuse, den sol daz gotzhus 10 nût schirmen. missetete er aber uswendig der kirchen unde flûhet darin, der sol friden dinne han. ist ôch daz einre eine missetat tût in einre stift oder in einre chirchen, die also gros ist, daz men von der missetete wegen die kirchen anderwarbe wihen mûs, der sol drie besserunge tûn dem meistere unde dem rate der stette und dem cleger unde sol die stift wider schaffen gewihet mit sime gûte; het 15 er so vil gûtes nût, meister unde rat süllent in twingen mit sime libe. ist aber daz er enpflûhet, der sol niemer in die stat komen, er enhabe gebessert unde getan, als da vor bescheiden ist. unde wurde er aber in der stat ergriffen oder in dem burgbanne, meister unde rat süllent von ime rihten uf den eit nach rehte unde nach sinen schulden, die er getan het; aber uswendig des burgbannes sol er sin. 20 unde so er der stette besserunge geswert, so sol er der stette friden haben. daz selbe sol ôch von der pfafheite sin. swer von der pfafheite soliche missetat tete, als von den kirchen da vor geschriben ist, der soll bessern uns, der stifte, dem rate unde dem cleger drie besserunge, als da vor bescheiden ist, unde die kirchen schaffen wider gewihet mit sime gûte, als da vor geschriben stat. were ôch daz 25 eime pfaffen ein unzuht geschehe, die sol er künden meistere unde rate. unde süllent ôch meister unde rat die unczuht rihten nach der stette reht in alle wise, als sie geclaget were. es ensol ôch dekein pfaffe zwei gerihte haben geisliches unde weltliches; het er geisliches, so sol er daz weltliche abelan; het er weltliches, so sol er daz geisliche abelaszen. dise satzunge sol dem sûnebrieve nût schaden, den 30 meister unde rat hant unde in gegeben wart nach dem urlige, unde ensüllent an disen brief nût gan[1]. dis hant wir gelobet stete ze habende unde sol ôch dise satzunge wern uncze zû sûniehten, die nu ze nehest koment, unde dannen über *Juni 14* drû jar ane geverde. und des zû eime urkûnde so hant wir bischof Johannes der vorgenante unde die vorgenanten cappitele unsere ingesigele an disen brief gehencket. 35 wir ôch der meister der rat unde die burger von Strasburg vergehent, daz es beret ist, als es da vor bescheiden ist. und des zû eime urkûnde so hant ôch wir unsere stette ingesigele an disen brief gehencket. der wart gegeben an dem zweilften abende in dem jare, da men von gotz gebûrte zalte drûzehen hundert jar unde vierzehen jar.

40 *S aus Straßb. St. A. AA art. 1396 or. mb. c. 5 sig. pend, quorum 2 delapsa. Gedruckt nach dem Briefbuch A fol. 51ᵃ ibid. i. d. D. St. Chron. IX, 969-971.*

---

1 *Darunter ist wohl der Vertrag von 1263 April 21 verstanden Vergl. UB. I, 394 nr. 519.*

314. *Die Ritter Hug Senfteleben, Hug Fülle, Albrecht von Uttenheim, Werner Gnipping, Wilhelm Rüstelin, Fritschemann von Westhausen und vier andre benannte Herrn schließen mit der Stadt Straßburg eine Sühne wegen Gefangennahme Johann Vogts von Uttenheim.* 1314 Januar 14.

Wir Hug Senfteleben, Hug Fülle [1], Albrecht von Utenheim, Wernher Gnipping, 5 Willehelm Rüstelin, Fritscheman von Westhus rittere, Egenolf von Utenheim, Willehelm von Borre [2], Cüntze von Schöwenburg und Hennin von dem Steine tünt kunt allen den, die disen brief gesehent und gehörent lesen, daz wir lieplich und götlich vur uns, Johannese Vogelen von Utenheim und alle siue und unsers frönde verrihtet und verslihtet sint, und eine stete süne hant und gelobent die öch stete 10 ze habende hinnen fürderme in güten trüwen mit den erebern und bescheiden herren dem meistere dem rate und den burgern gemeinlich von Strasburg von Johanneses Vogetes gevengnisse wegen des vorgenanten, den die vorgenanten burger von Strasburg gevangen hettent. wir gelobent öch unverscheidenliche, daz wir die vorgenanten burger von Strasburg und die stat niemer süllent angriffen noch 15 schadegen noch schaffen angegriffen noch geschadeget in keine wis von der vorgenanten gelete wegen. wer aber, des wir nüt getrûwent, daz wir oder ieman von unsern wegen oder der vorgenante Johannes oder ieman von sinen wegen, wurde er joch in ein closter getan und dannen usliesse, und die vorgenante stat oder burger angriffent oder schadegetent von der vorgenanten gelete wegen und daz küntlich 20 wurde gemaht vor meister und vor rate zů Strasburg mit erebern biderben lüten, so gelobent wir und sint schuldig worden unverscheidenlich den burgern von Strasburg abe ze legende und abe ze tünde und uf ze rihtende elleclich und gar ane alle geverde. und daz dis war und stete sie, darumbe hant wir die vorgenanten personen unsere ingesigele gehencket an disen brief. der wart gegeben an dem 25 mendage nach sante Gleristage in dem jare, da men von gotz gebürte zalte drüzehen hundert jar und vierzehen jar [3].

S aus Straßb. St. A. Verschl. Canzlei-Gew. Corp. K lad. 15 or. mb. c. 10 sig. pend. Dorsualnotis von gleichzeitiger Hand: dis ist der brief von Fogeten wegen von Utenhen.

---

[1] *Nach den Siegelumschriften sind beide Hug Geispolsheimer. Vergl. Kindler v. Knobloch Das goldene Buch von Straßburg S. 87.* 30

[2] *Führt drei Lilien im Schilde.*

[3] *Mit nahezu gleichlautenden Worten verbürgen sich später, 1314 März 22 (fritag nach mittervasten) vier der Herren, Albrecht von Uttenheim, Werner Gnipping von Geispolsheim, Wilhelm von Burr und Egenolf von Uttenheim noch einmal der Stadt Straßburg gegenüber für Johannes Vogt von Uttenheim.* 35 *Doch ist dabei noch vermerkt: wir gelobent öch unverscheidenlich den vorgenanten Johannes Vogeten zů behaltende und zů bewarende also, daz er nů me zů liebte enkumme und daz er den burgern von Strasburg keinen schaden me tů von der vorgenanten gevengnisze wegen oder von keinre andere gelete wegen. Außerdem verpflichten sich die vier Herren, falls einer von ihnen stürbe, einen Ersatzmann binnen eines Monats nach Mahnung zu stellen, eventuell Einlager in Straßburg zu halten. or. mb.* 40 *c. 4 sig. pend., quorum 1 delaps. i. Straßb. St. A. Verschl. Canzlei-Gew. Corp. K lad. 15.*

315. *Münzordnung der Stadt Straßburg. 1314 Februar 15.*

Wir Johannes von Mülnheim der meister und der rat von Strasburg tünt kunt
allen den, die disen brief gesehent und gehörent lesen, daz wir überein komen sint
mit her Niclawese dem alten Zorne userme münzemeistere und mit unsern hus-
5 genoszen und mit allen unsern burgern, daz niemon dehein silber von der hant
geben sol, es sie denne solich silber, damitte men eigen und erbe wern müge und
sie öch gezeichenet were. aber daz es vier phenninge zü arg were, daz sol ime
nüt schaden. were öch daz deheinre userre burgere onder silber von der hant
gebe in der stat oder in deme bistüme, swelre denne unsere burgere uf daz silber
10 kumet und daz küntlich und werlich mag gemachen, so sol er daz silber verloren
han, es sie vil oder lützel, und sol ein vierteil werden dem rate, ein vierteil dem
münszemeistere, ein vierteil den husgenoszen allen und ein vierteil den, die darüber
gesworn hant. und sol ein halbes jar von der stat sin. und were öch daz ein silber
angriflig wurde, darumbe daz es nüt güt were, würde daz silber denne gezöget der
15 vierer[a] zwein oder me, die darüber gesworn hant, sprechent der vierer zwene oder
me uf iren eit, daz sie daz silber gesehen hettent und es von ime hieszent geben,
so sol genre weder sin silber noch sine ere verloren han. öch sol men wiszen,
swas men silbers zü köffende git eime wehseler, darumbe sol genre nüt verloren
han, der es dem wehseler dа git. was men öch silbers bringet in die stat oder in
20 daz bistüm, daz argwenig ist, daz ensol niemon von der hant geben. er ensol es
öch nüt von dem bistüme füren. er sol es tragen an den wehsel und sol es geben
zü köffende eime husgenoszen. und sol daz dem, der es ime zü köffende git, nüt
schaden, daz silber sie güt oder argwenig. wer anders tete, wurde es begriffen,
dem sol men tün, als da vor bescheiden ist. und sint dis die viere, die darüber
25 gesetzet sint und darüber gesworen hant : Niclawes von Roppenheim der hüter,
Sickes, Götze Vösche[b] der junge und Wolflielm Rebestok. und were daz den vieren
ein silber vurköme und daz sie sprechent uf irn eit, daz sie zwivel hettent, daz daz
silber nüt vollen güt were, daz silber sol men anderwarbe ufsetzen wol. dirre brief
sol weren von der liehtmes unsere frowen, die nu ze nehest komet, über drü jar[1]. daz
30 dis wor und stete sie, darumbe ist unsere stette ingesigel on disen brief gehencket zü
eime urkünde. der wart gegeben an dem fritage nach sante Velletinstage in dem jare,
da men von gotz gebürte zalte drüzehen hundert jar und vierzehen jar. harane worent
wir her Reinbolt Brandecke, Hug von Schönecke, her Johannes von Mülnheim und
her Clawes Töscheman die vier meistere *u. s. w. folgt der Rath.*

35   *S aus Straßb. St. A. Münzsachen art. 23 nr. 8 or mb. c. sig pend*
     S 1 coll. ibid. or. mb. c. sig. pend
     Bezüglich der Datirung kann man wegen der Dauer dieser Verordnung, die von nächster
     Lichtmeß ab ihren Anfang nehmen soll, im Zweifel sein, ob nicht vielleicht der Tag des
     heiligen Valentin, Bischofs von Pusnau, der 7. Januar zu berechnen sei. Ich habe mich
40   *für den im Elsaß bekanntern Tag des Märtyrers, den 14. Februar entschieden.*

a) S t vieren.   b) S t Vösche.

1 *Vergl. nr. 187 u 265*

316. *Einigung der Städte Straßburg und Hagenau zum gemeinsamen Kriegszug gegen Bernwarstein, Sulz und Lützelstein. 1314 April 19.*

Wir die meistere und die rete von Strasburg und von Hagenowe tünt kunt allen den, die disen brief gesehent und gehörent lesen, daz wir vur uns und alle unsere burgere zů beden stetten sint lieplich und gůtlich verrihtet und verslihtet mit *5*
einander umbe alle die sachen und alle die bresten, die zwischent uns und unsern burgern sint uferstanden bitz an disen hütigen tag. also und mit solicher bescheidenheite, ist daz ieman von beden stetten dem andern schuldig ist oder lihte gelobet hat zů geltende oder daz verbrievet ist oder des men an ratlůte und an obelůte gegangen ist, daz sol vur sich gan. als es emeles beret gelobet und verbrievet ist. *10*
wir hant öch gelobet zů beden siten bi dem eide vur uns und alle unsere burgere, daz wir einander sůllent beraten und beholfen sin uf juncher Niclawese[a] von Lützelnstein, Hůgelin von Fleckenstein und uf Eberharten von Bernwartsteine und uf alle, die sich in die kriege werfent den vorgenanten zů helfe, also daz wir von erst vallen sůllent vur Bernwartsteine, darnach vur Sultze und darnach vur Lützelnstein[1]. wir *15*
sint öch überein komen, wele stat von erst usvert uf die vorgenanten gantz oder halber oder daz vierteil irre stette, daz die andere stat in gelicher wise nachzogen sol, ob men sin bedarf. mag aber eine stat die andere überhaben lůte oder kosten ane irn schaden, daz sol sie tůn in gůten trůwen ane alle geverde. und sůllent sich die einen ane die andern nút sůnen in den vorgenanten kriegen. ein römehch kůnig *20*
sie oder sie nút, so sůllent wir doch die vorgenanten kriege einander ushelfen und beholfen sin ane aller slahte geverde. wir hant öch usgenomen in dirre verbůntnisze alle, die zů Strasburg usgeslagen sint von des zůlöffes wegen, der da geschach; doch sůllent sie friden haben zů Hagenowe in der stat und nút uf dem velde. wolte aber ieman uf sie clagen zů Hagenowe in der stat, so sůllent sie von in tůn ein *25*
unverzogen reht. wir gelobent öch zů beden siten bi dem selben eide, wenne eine[b] rete abegant, daz die andern rete, die anegant des jares, in sůllent geben in den eit, daz sie disen brief stete habent ane aller slahte geverde. und des zů eime urkůnde so hant wir die vorgenanten stette unsere stette ingesigele gehencket an disen brief. der wart gegeben an dem fritage vor sante Geriertage in dem jare, *30*
do men von gotz gebůrte zalte drůzehen hundert jar und vierzehen jar.

M aus München. R. A. Habel-Stift. or. mb. c. 2 sig. pend. lacris.
S coll. i. Straßb. St. A. Verschl. Canzlei-Gew. Corp. K lad. 17 or. mb. c. 2 sig. pend.
   delapsis.
Gedruckt aus dem Briefbuch A fol. 217[a] i. Straßb. St. A. bei Wencker Appar. et instr.
   archiv. p. 188 nr. 24; D. St. Chron. IX, 1036 theilweise.

a) S Niclaweseu.   b) M rep. eine.

---

[1] *Vergl. über diese Kriegszüge den Bericht bei Closener (D. St. Chron. VIII, 97).*

317. *Berthold, Anselm und Rudolf von Drachenfels schließen mit der Stadt Straßburg eine Sühne den Schaden betreffend, welchen sie durch den Zug gegen Berncarstein erlitten haben oder noch erleiden werden. 1314 Juni 30.*

Allen den sie kunt, die disen brief gesehent oder gehôrent lesen, daz wir
Berhtolt, Anshelm und Rûdolf gebrûdere von Drachenfeils[1] gelobent unverscheidenlich in gûten trûwen mit diseme gegenwertigen briefe, eine gûte und stete sûne
ze habende mit den erebern und bescheiden herren dem meister dem rate und der
stat zû Strasburg und allen ireu helfern umbe allen den schaden, den sie uns und
unsern lûten hant getan die wile, daz sie vor Bernwartsteine logent[2], bitz an disen
hûtigen tag oder noch tûnde werdent die wile, daz sie vor dem vorgenanten huse
ligent und dannen varent wider heim, es sie an hôwe, an grase, an hûnren, an
gensen, an hûsern abe ze brechende, an vischende in unserme wiher, oder an welre
hande ding sie uns und unsere lûte geschadiget hant, ane aller slahte geverde, mit
solicher gedinge, ist daz sie ieman anders widertûnt, dem sie derselben reise schaden
hant getan, willeclich und unbetwûngenlich ane geverde, so sûllent wir varn gegen
Strasburg und sûllent vordern an meister und an rat, daz sie uns ôch widertûnt
nach zimelichen und mûgelichen dingen. ist daz sie denne sprechent bi gûten trûwen,
daz sie ieman habent widerton, als da vorgeschriben stat, so sûllent sie uns ôch
widertûn. sprechent sie aber in gûten trûwen, daz sie nieman habent widerton, so
sûllent wir nût verbasser an sie mûten noch ensôllent sie nût verbasser trengen umbe
den vorgenanten schaden ane ze legende. die vorgenanten sûne hant wir Berhtolt, Anshelm, Rûdolf die vorgenanten gebrûdere gelobet stete ze habende unverscheidenlich vur
uns und alle unsere frûnde und nachkomen in guten trûwen ane alle geverde und
sint ôch des schuldig worden unverscheidenlich. und gelobent ôch, daz wir dawider
niemer getûnt noch schaffent getan mit gerihte oder ane gerihte, nu oder harnach
in keine wis ane aller slahte geverde. und des zû eime urkûnde so hant wir unsere
ingesigele und durch bette die burger von Landowe ir ingesigele gehencket an
disen brief. wir der meister der rat und die burger gemeinlich von Lantowe zû
eime urkûnde der vorgeschribenen dinge so hant wir durch bette zû beden siten
unsere stette ingesigel mit der vorgenanten gebrûder ingesigel gehencket an disen
brief.   der wart gegeben an dem sunnentage nach sante Johanneses tage zû
sôniehten in deme jare, da men von gotz gebûrte zalte drûzehen hundert jar und·
vierzehen jar.

*S aus Straßb. St. A Verschl. Canzlei-Gew Corp. K lad. 17 or. mb. c. 4 sig. pend. partim
        lucens. Gut erhaltenes Siegel der Stadt Landau.*

[1] *Während die Siegel Anselms und Rudolfs von Drachenfels das Hirschgeweih im Schilde führen,
zeigt dasjenige Berthalds, dessen Legende nicht mehr zu entziffern ist, eine wilde Gans darin.*
[2] *Vergl. nr. 316.*

318. *Bischof Johann von Straßburg überweist dem St. Thomascapitel die St. Nico-laucapelle mit allem Zubehör zur Aufbesserung seiner Pfründen. 1314 August 23.*

Johannes dei gratia . . episcopus Argentinensis . . discretis viris sibique dilectis . . preposito . . decano totique . . capitulo ecclesie sancti Thome Argentinensis salutem in domino. ad providendum vestris et dicte ecclesie vestre comoditatibus favor, quem erga vos semper habuimus et habemus, digne nos allicit et pastoralis officii debitum nos inducit. eapropter considerantes paupertatem prebendarum, quas in dicta ecclesia vestra obtinetis, accedente consilio consensu et voluntate capituli ecclesie Argentinensis, provida deliberatione prehabita, ecclesiam sive capellam sancte Marie Magdalene Argentinensis curam animarum habentem, quam vulgaris vox capellam sancti Nicolai nominat ultra Bruscam, cujus jus patronatus ad vos dinoscitur pertinere, cum decimis obventionibus redditibus censibus juribus et omnibus attinentiis suis vestris et vestre ecclesie applicamus usibus concedimus et donamus volentes, quod vos ecclesiam ipsam, que jam vacat ex libera resignatione magistri Conradi custodis ecclesie vestre predicte, olim ejusdem ecclesie rectoris, tenere et habere perpetuo, ipsamque tenendo et habendo omnes ipsius ecclesie redditus proventus et obventiones colligere, jure proprio recipere tenere et habere, dispensare disponere et convertere in vestras et ecclesie vestre predicte utilitates et usus libere valeatis et corporalem ipsius ecclesie possessionem ac fructuum proventuum et obventionum provenientium ab eadem ecclesia per vos vel per alium vel per alios adipisci, vendicare et defendere libere et incommutabiliter pro vestre beneplacito voluntatis. contradictione qualibet non obstante, salvis in dicta ecclesia episcopalibus et archidiaconalibus necnon domini pape et legatorum vel nuntiorum ipsius et aliis juribus de jure vel consuetudine aut alias qualitercumque debitis de ecclesia antedicta. volumus autem et statuimus inviolabiliter observandum, ut vicarium perpetuum sacerdotem ydoneum secularis habitus ipsius loci archidiacono, qui nunc est vel qui pro tempore fuerit, presentetis sine causa rationabili nullatenus ammovendum, qui . . vicarius ab archidiacono eodem curam accipiat animarum. cui etiam . . vicario de predicte ecclesie proventibus et obventionibus tantam portionem reddituum volumus assignari, quod congruam inde possit sustentationem habere ac nostris, archidiaconi loci necnon domini . . pape et legatorum vel nuntiorum ipsius et aliorum juribus respondere. in prescriptorum igitur testimonium et robur perpetuum presens instrumentum inde confectum perpetuo valiturum et sigilli nostri munimine est roboratum. nos quoque capitulum Argentinensis ecclesie profitemur, omnia et singula suprascripta de voluntate nostra et consensu nostro provida processisse, omnia et singula supradicta laudantes et approbantes donationi prescripte et singulis suprascriptis dignum nostrum inpartimur assensum. sigillum nostrum litteris presentibus appendi fecimus in testimonium omnium prescriptorum. actum et datum 10 kalendas septembris anno domini 1314.

T aus Straßb. Thom. A. Docum. hist. lad. 12 or. mb. c 2 sig. pend.

Gedruckt darnach bei Schöpflin Als. dipl. II, 116 nr. 899 mit der falschen Jahreszahl 1315; Ch. Schmidt Hist. du chap. de s. Thom. p 319 nr. 62.

319. *Die Straßburger Ritter Nicolaus von Kageneck und Claus Ottefriedrich fällen ihren Spruch in einem Lehnsstreite zwischen den Bürgern von Offenburg einer- und Johann Sturm mit seines Bruders Kindern andrerseits.* [1313 September — 1314 October].

Als ich Nicolaus von Kagenecke und ich Clawes Ottefriderich rittere von Strasburg uns an hant genomen zwischent den burgern von Offenburg ein sitte und ander sitte zwischent Johannes Sturm und sines brüder kinden umbe die missehelle, alse zwischent in ietweder site gewesen ist, do sprechent wir uf unseren eit, das uns daz reht dunket: sit das der keiser dot ist[1], swer nu künig wirt, das der das leben lühe, swem er wolte, und daz es ein ledig lehen si[2]. und darumbe dunket uns, das die von Offenburg darumbe mit ime nüt zů schaffende hant, und sprechent fürbasser me, were daz ein rehter künig were, sit daz die von Offenburg weder mit handen noch mit munde ime nie nit gelobettent noch nie gegabent, daz uns des dunket, sit daz sů vogellüte sint eines riches, das er denhein reht zů in enhabe von des lehenes wegen.

S aus Straßb. St. A. Verschl. Canzlei-Gew. Corp. K lad. 16 or. mb. c. 2 sig. pend. Gut erhaltene Siegel der beiden Straßburger. Die Datirung des Stücks, dessen Schriftcharakter in den Beginn des 14. Jahrhunderts weist, wird durch die darin erwähnte Vacanz des deutschen Throns bestimmt.

320. *Die Straßburger Ritter Johann von Blumenau und Reinbold Hüffelin fällen nach dem Urtheil des Straßburger Raths ihren Spruch in dem Streit der Bürger von Offenburg mit Johann Sturm und seines Bruders Kindern* [um 1314].

Wir Johannes von Blůmenowe und Reinbolt Huffelin riter und burger von Straszburg, ratlůte her Johannes Stůrmes und sinre brüder kinde in der missehelle, die die burger von Offenburg und sů mit einander hant, da sprechen wir uf unsern eit: sider die burger von[a] Offenburg ir wissenthaften botten santent vůr meister und für rat zů Straszburg und die verjahent, was meister und rat erteilten uf irn eit in der vorgescribenen missehelle, daz wolten sů stete haben von ir stette wegen von Offenburg, und gelopten öch daz vor meister und vor rat stete ze habende von ir stette wegen, sider daz merteil dez rates verurteilt het, waz der Stůrm und sins brüder kint genomen hant oder ieman von iren wegen bi der vier künge zitten, der offen brief sů hant und insigel[3], daz sů daz süllent haben, won es in verurteilet ist von meister und rät, dez volgen wir in und sprechent öch vůrbaz uf unsern eit: wellent der schültheisse und der rat von Offenburg behaben bi irme

a) S rep. von.

[1] *Kaiser Heinrich VII war am 24. August 1313 gestorben.*
[2] *Vergl. nr. 320.*
[3] *Vergl. UB. III, 75 nr. 239 u. S. 206 nr. 674, die beiden Lehnsbriefe König Rudolfs und König Heinrichs für die beiden Brüder Sturm, betreffend die Steuer in Offenburg.*

eide, daz kein schultheisse noch kein rat von Offenburg noch nieman von iren
wegen keins jares hant inne behebet ûf der stûre oder uf der bette, die die von
Offenburg den kûngen geben solten, keinre hande gût von dez Stûrmes wegen und
siner brûder kinde von der gnade, die in die vier kûnige getan hant, der brief und
insigel sô hant, daz sô dem Stûrm und sines brûder kinde umbe daz versessen nût　5
sint schûldig; wellent aber der schûltheisse und der rat von Offenburg nût behaben,
alz do vor geschriben stat, so sprechent wir aber uf unsern eit, was der Sturm
behebet vor biderben lûten bi sim eide von sin wegen und von sines brûder kinde
wegen, daz in versessen si bi der vorgenanten vier kûnge ziten, daz in daz die von
Offenburg ufrichten sûllent und darumbe die burger von Offenburg wol angriffen　10
mûgent. wir sprechent ôch uf unsern eit, daz dem Stûrm und sins brûder kinden
al ir recht behalten sûllent sin an irm lehen, daz in die vorgenanten vier kûnge
hant verlûhen ûf stûre und uf bette zû Offenburg, wonde daz merteil des rates von
Strazburg mit rechter ûrtel und mit namen in alle ir recht behalten und wolten,
daz in behalten werent am dem gescriben lehen alle ir rêcht. dis sprechen wir uf unser　15
eit und dezselbende sprehendes so han wir die vorgenanten her Johannes von Blûme-
nowe und her Reinbolt Hûffelin unser insigel an disen brief gehenket zum urkunde.

S aus Straßb. St. A. Verschl. Canzlei-Gew. Corp. K lad. 16 *or. mb. c. 2 sig. pend., quorum
1 delaps. Im Schild des Siegels ein Flügel, die Legende lautet: s.* Rein[bol]di Erbe. *Das
Stück ist jedenfalls in engsten Zusammenhang mit nr. 319 zu setzen und in dieselbe　10
Zeit zu verlegen. Ob es jenem Rechtspruch vorausgeht oder folgt, ist nicht zu bestimmen.*

321. *König Friedrich bittet die Stadt Straßburg, sie möge ihre Kaufleute veranlaßen, Wein, Getreide und andre Waaren zum Verkauf auf dem Rhein nach Selz
zu führen, und gewährt denselben sichres Geleit. 1314 December 17 Selz.*

Frid(ericus) dei gracia Romanorum rex semper augustus[a] prudentibus et discretis　25
viris .. magistro civium .. consulibus et universis civibus Argentinensibus suis et
imperii dilectis fidelibus graciam suam et omne bonum.   universitatem vestram
affectuose requirimus et rogamus, quatenus mercatores et cives vestros movere
velitis, ut vina annonam merces et alias res suas, quas intendunt vendicioni exponere, per Reni alvium ad nos usque in Selse ducere non formident, quia nos, quamdiu　30
in Selse moram fecerimus, ipsos et res suas in veniendo ad nos, stando nobiscum et
redeundo ad propria, in nostram et imperii specialem protectionem recipimus et conduc-
tum vobis et ipsis tenore presentium promittemus. quodsi eisdem per nos vel nostros
servitores aut fautores de memoratis bonis suis aliqua, quod absit. auferentur, nos ea
sibi plene restituere nullatenus omittemus harum testimonio litterarum[b] majestatis nostre　35
sigilli robore munitarum.   datum in Selse 16 kalendas januarii regni nostri anno primo.

S aus Straßb. St. A. AA. art. 73 *or. mb. lit. pat. c. sig. in verso impr. defic.*
*Gedruckt darnach bei Wencker Coll. arch. p. 353, irrthümlich auf Friedrich II bezogen und
ins Jahr 1212 gestellt. — Grandidier Oeuvr. inéd. III, 278 nr. 222 mit dem gleichen
Irrthum;* Böhmer R. Frid. nr. 1.　40

a) *In den Worten* Frid(ericus) *bis* augustus *sind viele Striche bedeutend später mit andrer Tinte nach-
gezogen.* b) litterarum *übergeschrieben von gleicher Hand.*

322. *Gottfrid von Falkenstein verzichtet auf alle Forderungen an die Städte Hagenau und Straßburg bezüglich ihres Zugs gegen Berwartstein. 1314 December 17.*

Ich Gôtfrid von Valkenstein tû kûnt allen den, die disen brief gesehent oder gehôrent lesen, daz ich vercihe uf alle vorderunge und ansprache, die ich haben
5 môhte untz uf disen tag an die erberen und bescheiden .. die meistere und die rete und die burgere gemeinliche von Hagenowe und von Strasburg und alle ir helfer von des schaden wegen, den ich genomen han davon, daz sie Jacob min vêter enthalten hatte uffe Valkenstein. ich gelobe ôch hi gûten truwen ane alle geverde, daz ich Eberharden von Berwerstein und sine helfer nût enthalte in disem criege,
10 den er hat mit den vorgenanten burgeren von Hagenowe und von Strasburg[1], die wile ir crieg weret, und gelobe ôch bi gûten truwen ane alle geverde willecliche und umbetwûngenliche, daz ich sie noch ir helfer umbe den schaden niemer ze rede gesetze noch bekumbere in denheine wis, mit gerihte noch ane gerihte, nû oder hernach. und vercihe mich alles rehtes, aller helfe, alles schirmes geistliches und
15 weltliches gerihtes, gewonheit stete und landes und alles rehtes, damitte ich môhte beholfen sin ze komende wider disen brief und wider dise vorgeschriben ding, mit gerihte oder ane gerihte, nû oder hernach. und vercihe mich sunderliche des rehtes, daz da sprichet, gemeine vercihunge uf alle reht si niemanne schade. daz dis war si und stete blibe, darumbe ist min ingesigel gehenket an disen brief.
20 der wart gegeben an dem ersten einstage vor sante Thomas tage des zwelfbotten in dem jare, da man zalte von gotz geburte drucehen hundert jar und viercehen jar.

H aus Hagenauer St. A. F.E fasc. 16 or. mb. c. sig. pend delapso. Vergl. über diese und andre Urkunden der Falkensteiner aus dem Kriegsjahr 1314 Batt Das Eigenthum zu Hagenau II, 209.

323. *König Ludwig ersucht die Stadt Straßburg, vier Bevollmächtigte nach Worms zu senden, um über Maßregeln für den freien Verkehr mit zu berathen, und bittet zugleich, an den Reichsfeind Herzog Friedrich von Oesterreich keine Lebensmittel zu liefern. 1315 Januar 10 Worms.*

Ludowicus dei gracia Romanorum rex semper augustus prudentibus viris ..
30 scultelo .. consulibus et universis .. civibus in Argentina fidelibus suis graciam suam et omne bonum. cum tota nostra inteucio pre ceteris nostris et imperii negociis versetur ad hoc vehemencius, ut pacem patrie et tranquillitatem per districtus imperii transeuntibus prepararemus, fidelitati vestre committimus et mandamus, quatenus quatuor ex vobis pleno mandato suffultos in quartam feriam post octavas
35 epiphanie domini apud Wormaciam ad nostre majestatis presenciam destinetis, ut   *Januar 15* mediante eorum consilio instauranda salubrius circa premissa hujusmodi instaurentur. ceterum quemadmodum alias vos meminimus rogavisse, sic iterum vos affec-

---

[1] *Vergl nr. 316.*

tuose requirimus et rogamus, ut Friderico duci Austrie nostro et imperii publico
inimico victualia nullatenus ministretis, exhibituri nobis in hoc obsequium bene
gratum.   datum Wormacie 4 idus januarii regni nostri anno primo.

    [in verso] prudentibus viris..sculteto consulibus et universis
        civibus in Argentina fidelibus nostris dilectis.   5

*S aus Straßb. St. A. AA art 75 or. mb. lit. cl. c. sig. in verso impr. deleto.
Gedruckt darnach bei Wencker Coll. arch. p. 363. — Böhmer R. Lud. nr. 61.*

324. Beschluß des St. Peterscapitels über Pfründenverleihung. 1315 Februar 15.

Prepositus decanus totumque capitulum ecclesie sancti Petri Argentinensis
volentes equitate suadente antiquiores nostros canonicos pre ceteris specialius hono-   10
rari, provida deliberatione et unanimi consensu omnium et singulorum prehabitis,
statuimus et ordinamus et sacramento a nobis super hoc prestito corporaliter promisimus, nos articulos subnotatos perpetuo inviolabiliter observaturos : primum
videlicet, ut nulli canonicorum nostrorum vacaturam exspectanti [a] prebendam de
dignitate vel officio valeat vel debeat vacantem in dicta ecclesia provideri nec per   15
nos eligi quoquo modo, nisi tunc demum, postquam prebendam actu vacantem
fuerit assecutus, licet perceptionem [b] fructuum ejusdem prebende nondum apprehen-
derit corporalem. idem quoque circa adoptionem curiarum feudorum claustralium
per sacramentum a nobis prestitum, ut premissum est, duximus statuendum. antiquis etiam statutis ecclesie nostre annexos esse volumus articulos prenotatos.   actum   20
15 [c] kalendas martii anno domini 1315.

*B aus Straßb. Bez. A. G fasc. 4903 Statutenbuch von St. Peter von 1560 fol. 8. Schlechte
Abschrift.*

325. König Friedrich verspricht der Stadt Straßburg, falls ihre Bürger bei Selz Rheinzoll hätten zahlen müssen, dafür vollen Ersatz zu leisten. 1315 Februar 25 im Lager bei Stattmatten.

Fridericus dei gracia Romanorum rex semper augustus prudentibus viris..
sculteto magistro civium..consulibus et civibus Argentinensibus suis dilectis fidelibus graciam suam et omne bonum.   privatis vestris vestreque civitatis commodis
et profectibus propter grata, que nobis nostrisque progenitoribus fideliter et frequenter   30
impendistis, obsequia benignitate regia semper et ubilibet gratiosius intendere et
dispendiis precavere volentes, scire vos cupimus universos, quod, si theloneum a
vobis per Reni alveum de vestris mercibus apud Selsam exactum est aliqualiter vel

*a) B expectamus.   b) B perceptiones.   c) Es ist unsicher, ob die zweite arabische Ziffer eine 5
oder eine in diesem Datum unmögliche 9 bedeutet.*   35

receptum, id* cum satisfactione plenaria volumus libenti animo retractare.   datum
in castris prope Stakmat 5 kalendas marcii regni nostri anno primo.

[in verso] prudentibus viris. . sculteto. . magistro civium. .
    consulibus et civibus Argentinensibus nostris dilectis fidelibus.

> *S aus Straßb. St. A. AA art. 73 or. mb. lit. cl. c. sig. in verso impr. delapso.*
> *Gedruckt darnach bei Wencker Coll. arch. p. 353 u. Schöpflin Als. dipl. I, 322 nr. 386, von*
> *beiden fälschlich auf Friedrich II bezogen und ins Jahr 1212 gesetzt. — Böhmer R*
> *Frid. nr. 10.*

326. *König Ludwig bestätigt der Stadt Straßburg alle Rechte und Freiheiten*
und dehnt das Privileg ihres eximirten Gerichtsstandes von den Realklagen auch
auf die Personalklagen aus. 1315 Februar 27 im Lager bei Speier.

In nomine sancte et individue trinitatis. Ludowicus divina favente clemencia
Romanorum rex semper augustus.   augustialis pietatis inmensa clemencia [weiter
wie in nr. 47 bis decrevimus reservare]. preterea constituimus tradimus et auctoritate regali confirmamus institutum et jus quoddam, quod cives iidem habuerunt a
divis augustis predecessoribus nostris Lothario et Philippo Romanorum regibus
memorie recolende, ut numquam in loco aliquo per aliquam personam ecclesiasticam
vel secularem eorum aliquis inpediatur aut molestetur vel in judicium trahatur extra
civitatem Argentinensem vel prorsus cogatur ab aliquo pro sua proprietate seu possessione ibi cuiquam respondere, sed si aliquis adversus aliquem eorum aliquid
questionis habuerit, infra civitatem predictam coram ipsius civitatis judicibus eum
inpetat ibique ei respondeat et satisfaciet, adicientes predicto instituto divorum
augustorum predictorum nostrorum predecessorum dive memorie ipsumque de nostra
munificentia regali graciose declarantes et ampliantes, ut non solum dictum institutum in accionibus intelligatur realibus, inmo ipsum extendi volumus et extendimus ad acciones quaslibet personales. presertim eadem auctoritate regali concedimus
[weiter wie in nr. 47 bis consuetudine locorum]. insuper omnia jura et privilegia
sub quacumque forma verborum expressa a Romanorum imperatoribus et regibus
nostris predecessoribus dicte civitati Argentinensi et ejus incolis concessa et indulta
auctoritate regia presentibus confirmamus. volumus itaque fideles [weiter wie in nr. 47
bis fecimus roborari].   datum in castris prope Spiram anno domini millesimo trecentesimo quinto decimo, tercio kalendas marcii, regni vero nostri anno primo.

> *S aus Straßb. St. A. AA art. 2 nr. 3 or. mb. c. sig. pend. delapso.*
> *S 1 ibid. nr. 4 or. mb. c. sig. pend. delapso, von derselben Hand wie S geschrieben, nur*
> *etwas gröber.*
> *Gedruckt im Auszuge aus Briefbuch A fol. 26* *ibid. bei Schöpflin Als dipl. II, 111 nr. 885.*
> *— Böhmer R. Lud. nr. 73.*

a) *Auf id folgt eine Rasur mit wellenförmigem Strich.*

327. *König Friedrich bestätigt der Stadt Straßburg alle Rechte und Frei-heiten. 1315 März 6 im Lager bei Kutzenhausen.*

In nomine sancte et individue trinitatis. Fridericus dei gracia Romanorum rex semper augustus.   augustalis pietatis clemencia [*weiter mit geringfügigen Ab-weichungen wie in nr. 326 bis* fecimus roborari].   datum in castris prope Kotzen- 5
husen pridie nonas marcii, anno domini millesimo trecentesimo quinto decimo, regni vero nostri anno primo.

> *S aus Straßb. St. A. AA art. 2 nr. 6 or. mb. c. sig. pend. Das dunkelgelbe Königssiegel an rothgelben Seidenschnüren.*
> *U in Heidelb. Univers. Bibl. I nr. 175 or. mb. c. sig. pend.*   10
> *Gedruckt nach U bei Böhmer—Ficker Acta imp. sel p. 465 nr. 660. — Zeitschr. f. Gesch.*
> *d. Oberrh. XXIV, 166; Böhmer R Frid. nr. 260.*

328. Heinricus sancte Coloniensis ecclesie archiepiscopus, sacri imperii per Italiam archicancellarius, omnibus vere penitentibus et confessis, qui in festivitatibus virginis Marie, sancti Johannis ewangeliste, beati Michahelis et omnium angelorum 15
ac in die dedicationis hospitale novum situm in parrochia sancti Thome Argenti-nensis ultra Bruscam accesserint vel qui ad idem hospitale suas elemosinas fuerint elargiti, quadraginta dies de injuncta eis penitencia relaxat, dummodo dyocesani consensus accesserit [1]. «cupientes quoslibet.»   datum Argentine 7 kalendas aprilis anno domini 1315. *März 26 Straßburg.*   20

> *B aus Straßb. Bez. A. G fasc. 3468 or. mb. c. sig. pend. laeso.*

329. *König Ludwig lobt die Stadt Straßburg, daß sie den Herzog von Oester-reich nicht als König sondern als Gast aufgenommen, und gibt ihr Mittheilung über den Stand seiner Sache. 1315 April 11 Ingolstadt.*

Ludowicus dei gracia Romanorum rex semper augustus prudentibus viris . . 25
magistro civium consulibus et universis civibus Argentinensibus fidelibus suis dilectis graciam suam et omne bonum.   sincere devocionis et fidei puritatem, quam erga nos et imperium inpermixtam fermento malicie gessistis hactenus et adhuc geritis, sicut evidencia facti declarat specialiter in eo, quod . . ducem Austrie, qui se veste vestit aliena nomine regio se describens, non ut regem sed ut alium supervenientem 30
hospitem civitatem Argentinensem ingredi permisistis [2], in nullo sibi communicantes

---

[1] *Eine gleiche Indulgens für das Hospital gewähren fratr Johannes episcopus Valaniensis, 1316 März 29 Straßburg und fratr Wernherus episcopus Marmorensis 1316 November 6 Straßburg. Straßb. Bez. A. ebenda 2 or. mb. c. sig. pend.*

[2] *Vergl. Kopp Gesch. d. Eidgen. Bünde IV, 2, 83 Anmerk. 4. Am Mittwoch in der Osterwoche, 35 am 26. März 1315 vermittelten Erzbischof Heinrich von Köln, Bischof Johann von Straßburg und Johann der alte von Lichtenberg einen Waffenstillstand zwischen König Friedrich und seiner Partei einerseits und dem Landgrafen Ulrich im Niederelsaß, Hanemann und Johann dem jüngern von Lichten-berg, den beiden Herrn von Rappoltstein, Hug von Geroldseck am Wasichen und den beiden Herrn von Windeck andrerseits. Es wurde sogar ein Uebertritt dieser Anhänger König Ludwigs in Aussicht 40 genommen, falls derselbe seinen Geldversprechungen nicht nachkomme. Die Urkunde ist von Straßburg datirt. Gedruckt nach dem Or. i. Wiener H. H. u. St. A. i. Oesterr. Notizenblatt 1851 S. 44.*

auxilio vel consilio in communi, sicut littere vestre nobis misse declarant, licet per clerum et religiosos dicte civitatis vestre receptus extiterit, inde tamen sibi vendicare non poterit regiam majestatem, vos autem, qui vidistis ea, que facta sunt, sicut in statera judicii rerum falso pretulistis et nullius timore perterriti justiciam
5 preamastis hactenus, sic et inantes vestra maturitas faciat et in eo constanter et invariabiliter perseveret. speramus enim in domino, quod justus judex vos de justicia, quam diligitis in aperto, premiabit in retribucione justorum et ad hoc nostrum confortabit brachium, quod vobis pro meritis dignam suo tempore possimus reddere recompensam. ceterum statum nostrum per dei graciam noveritis esse prosperum et
10 felicem. nam receptis fidelitatibus a civibus opidorum, ad que in directo tramite versus partes nostras Bawarie divertimus, et honoribus congruis regie majestati civitatem Nûrenberg ingressi et ibidem a civibus recepti fuimus non ut hospes, sed ut rex pocius Romanorum, in quo loco quidem moram aliquam traximus et principibus necnon nobilibus circumquaque parcium illarum, quod nobis et imperio cum
15 tota potencia sua se servituros astrinxerunt, sumus finaliter concordati. deinde Monacum civitatem nostram aggredimur ad firmandam concordiam inter nos et fratrem nostrum initam et pro velle nostro tractatam, ubi dicti fratris nostri fruti consilio et juvamine stipulati cito veniemus pro recuperacione nostrorum jurium, que quorundam incursibus lacerantur et indebite distrahuntur. si qui vero sinistri
20 relatus vobis fierent seu facti essent, de hiis scriptis nostris pre omnibus fidem credulam apponatis. vice versa de vobis simile fecimus et eciam faciemus. datum in Ingolstat tercio idus aprilis regni nostri anno primo.

[in verso] prudentibus viris magistro civium..consu-
libus et universis civibus Argentinensibus
25 fidelibus suis dilectis.

S aus Straßb. St. A. AA art. 76. or. mb. lit. cl. c. sig. in verso impr. defic. Die Spuren des kleinen rothen Siegels sind noch sichtbar.
Gedruckt darnach bei Wencker App. et instr. arch. p. 190. — Böhmer B. Lud. nr. 83.

330. *Markgraf Rudolf der ältere von Baden und die Stadt Straßburg ver-*
30 *gleichen sich, indem sie ihre Streitigkeiten dem Spruch von vier Rittern überweisen,*
die gleich nach Johannis zu Lichtenau tagen sollen. 1315 Juni 2 Lichtenau.

Wir Rûdolf von gottes gnaden der elter herre und marcgrave von Baden..und wir der.. meister und der.. rat von Strasburg tûnt kunt und vergehen allen den, die disen brief sehent oder hôrent lesen, daz wir lieplich und gûtlich mit einander
35 uberein sint comen und verrichtet aller dinge und umbe alle die sache, di wir mit einander zû tûende hetten und darumbe missehelle zwissent ûns waz sit der sûne, die vor Stalhoven zwissent ûns gemaht wart, also da die vorgenante sûne genzlich sol sin und bliben. umbe den bresten von Beinheim[1] wegen den hân wir der vor-

¹ *Bezieht sich jedenfalls auf die Notiz Closeners über die Kriegszüge der Straßburger im Jahr 1314:*
40 *do das erging, do fûrent sû gen Beinheim und zerstortent ouch das stetelin mit brande. (D. St.*
Chr. VIII, 97).

genante Rûdolf dur der genanten burger willen genzlich ubersehen. umbe Sygelin
Hirten den sûn wir richten und in ablegen umbe fûnve und zweinzig marke silbers

Juni 11 Strasburger geweges unz den nâhesten sûngichten, die nu coment. umb die von ..
Mûlnheim die richtunge sol an ûns stân, und richten wir ûns nil mit in unz zû den
vorgenanten sûngichten, so sol die richtunge stan darnach an den fieren, die wir   5
umbe alle ander sache über ûnser missehelle hant genomen, daz si daz richten alse
daz ander. und umbe .. Brusten den* sûn wir ouch sines bresten abrichten unz zû
dem genanten zil. darnach umbe allen den bresten, den wir beide site mit einander
ze richtende hant, darüber han wir fier ritter genomen. die hant uf den eit gelopt
zû richtende alle sache und bresten, die zwiscent ûns sint und fur sie cont und   10
furbraht wirt zû richtende, daz si nach rehte, alse verre si sich darnach verstant,
uffe den eit darüber reht sprechen sulent, ob sis nil mügen mit unserm willen
bedenthalp geminnen. und war der meste teil under den fîren vellet, daz sol
stâte sin. und ob si entsclabent, so sol .. unser herre der .. byschof von Strasburg
ein obman sin und sols der minnen, ob er mag, mit unserm willen beidenthalp in   15
dem nâhesten manode darnach, so es ime bevolhen wirt, und die .. ratlûte entschlahen
oder aber ein reht sprechen und sol stâte sin. diz sint die vier .. ratlûte: von ûns
dem genanten marcgraven her Brune von Windecge und her .. Heinrich von Selbach
rittere, und von .. ûnsern wegen des .. mèsters und des .. rates und der .. burger von
Strasburg wegen her Nycolaus von Kagenecge und her Rèmbolt Huffelin burger   20
von Strasburg. die hant gelopt alle uf den eit, daz si sich an dem erstan tage nach
sant Johannes tage zû den nâhesten sûngichten sulen ènwurten zû Liechtenowe in
und sunt in den nâhesten alh tagen ein reht sprechen, ob sis nit geminnen mügen,
in den dingen und in den sachen, alse vor gescriben stât. und wer under den
genanten ratlûten gesprochen hat, alse vor gescriben ist, weler zit es ime darnach   25
füget, der sol von Liechtenowe riten. und wer under inen in den aht tagen nit
gesprochen het, des sprechen noch ertèlen über die sachen sol darnach nîman gût
noch schade sin, er werde sin denne über mit der genanten ratlûte willen aller-
sament. went ouch die .. ratlûte gemènlich, sy mügen wol ir sprechen ufschlahen
aht tage, daz darnach tûnt und gebunden sint aller dinge alse dervor, ane alle   30
geferde. gesche ouch, daz der .. ratlûte einer oder me zû den sachen, daruber si
genomen sint und vor gescriben stât, von ehafter not nit comen mochten, von weder
siten des bresle wirt, der sol an des stat alse vil und breste ist ander dar gên ane
geferde, der gebunde si bi dem eide, alse gener tâte, der dar nit comen mag.
geschit ouch, daz ûnser herre der vorgenante .. byschof sich der sachen nit under-   35
winden wil oder zû den sachen nit comen mag, so sunt die vorgenanten ratlûte
einen andern an siner stat nemen one alle geferde. und zû cinem waren urkûnde
so han .. wir die vorgescriben alle und von bèden siten den erbern herre hern
Johansen von Liechtenberg gebetten sin ingesigele henken an disen gegenwurtigen
brèf. ich der vorgenante herre von Liechtenberg vergihe, daz ich durch bette des   40
vorgenanten herren von Baden und des .. meisters und des rates von Strasburg bette

---

a) S de.

der vorgenanten, wan ich bi der vorgescribenen richtunge bin gewesen, min ingesigele han an disen bref gehenket. der wart gegeben zů Liechtenowe an dem
mântage vor sant .. Bonifacien tage, do man zalte von gottes gebůrte drîzehen
hundert und vůfzehen jôr. hujus littere sunt duo paria.

S aus Straßb. St. A. Verschl. Canzlei-Uew. Corp. K lad. 16 *or. mb. c. sig. pend. Secretsiegel des Herrn Johann von Lichtenberg. Das Stück ist merkwürdig durch seine übergeschriebenen Vokale, namentlich durch das i, welches oft über dem Verbindungsstrich
der beiden Nachbarbuchstaben steht, also in Lechtenowe zwischen L und o. Hier und
bei Liechtenberg ist es im Abdruck nicht als übergeschrieben wiedergegeben.*
Gedruckt im Auszuge aus dem Briefbuch A *fol. 152b ibid. bei Schöpflin Als. dipl. II,
114 nr. 895.*

331. *König Friedrich schreibt der Stadt Straßburg, daß er sich ihrer Bitte
gemäß bei dem Markgrafen Heinrich von Hochberg für die Freilassung ihres
Bürgers Egenolf von Landsberg verwandt habe. 1315 Juni 13 Konstanz.*

Frid[ericus] dei gracia Romanorum rex semper augustus strennuis et prudentibus
viris .. Gotzlino de Kagenegge magistro et consulibus civitatis Argentinensis fidelibus suis dilectis graciam suam et omne bonum. quemadmodum nostro culmini
supplicastis, ut pro Egnolfo de Lantsperg concive vestro, quem per Heinr[icum]
marchionem de Hahperg dicitis captivatum, eidem marchioni pro liberacione ipsius
mitteremus nostras litteras efficaces, ita noveritis nos jam dicto marchioni nostris
litteris dedisse firmiter in mandatis, ut Egnolfum predictum indempnem per omnia
pristine restitual libertati. datum in Constantia idibus junii regni nostri anno
primo.

[in verso] strennuis et prudentibus viris Gotzlino de
Kagenegge magistro et..consulibus in
Argentina fidelibus nostris dilectis.

S aus Straßb. St. A. AA art. 73 *or. mb. lit. cl. c. sig. in verso impr. defic.*
*Gedruckt darnach bei Wencker Coll. arch. p. 353; Schöpflin Als. dipl. I, 323 nr. 387 u.
Hist. Zaring. Bad. V, 137, von beiden fälschlich ins Jahr 1213 gesetzt und Friedrich II
zugeschrieben. — Böhmer R. Frid. nr. 44.*

332. *Heinrich von Mülnheim, der Straßburger Zöllner und Zollrichter, beurkundet den Urtheilsspruch des Straßburger Gerichts, daß die Bürger von Luzern
nicht pfandbar seien für eine Forderung des Straßburger Ritters Burchard Pfiler
an die Herzöge von Oesterreich. 1315 Juni 30.*

Ich Heinrich von Mülnheim, zoller zů Strazburg und rihter über geste von dez
zolles wegen zů Strazburg, tůn kunt allen den, die disen brief gesehent und gehôrent
lesen, daz her Burckart Philer a ein ritter burger zů Strozburg vor mir was in
gerihtes wise unde sprach an die burgere von Lucerne von der edeln herren wegen

a) *L* † Burchart Pfiler.

der hertzogen von Österriche, daz sie phantber werent vůr die vorgenanten herren
die hertzogen von Österriche als ir eiginen lůte, wande sie werent emals eigin gewesen
des erbern herren . . des abbetes von Můrbach, und hettent die vorgenanten herren
die hertzogen des vorgenanten abbetes von Můrbach reht gekôft umbe den vorgenanten abbet von Můrbach, die der selbe appet an Lucerne hette. do verentwurte-   5
tent sich die burgere von Lucerne vor mir und sprachent, sie werent weder des
vorgenanten abbetes eigine lůte gewesen noch enwerent der vorgenanten herren der
hertzogen eigine lůte. sie enmôhtent nut gelôukenen, sie werent vogetlůte der vorgenanten herren der hertzogen, und werent darumbe nôt phantber vůr die vorgenanten
herren die hertzogen, sie enhettent ez denne mit der hant vůr sie gelobet oder sich   10
vůr sie mit brieven verbunden. und wart ôch daz erteilt vor mir von rittern und
von knehten, die zů Strazburg burger sint und des tages vor mir warent an gerihte
und urteil sprachent: sider die vorgenanten burgere von Lucerne vogetlůte werent
und ez nůt mit der hant gelobet hettent vůr die vorgenanten herren . . die hertzogen von Österriche[a], noch sich verbunden vůr sie mit brieven umbe die sache,   15
darumbe sie der vorgenante her Burkart Philer[b] ansprach vor mir, daz sie nůt
phantber werent vůr die vorgenanten herren . . die hertzogen von Österriche. und
wurdent des vorgenanten hern Burkartes[c] und siner ansprache mit rehter urteil
lidig vor mir Heinriche dem vorgenanten. unde an dirre vorgeschribenen urteil
warent zegegene die erbern und die bescheidenen her Niclawes Zorn der schult-   20
heisse[d] zů Strazburg, her Johannes Schilt, her Johannes der junge, her Nyclawes[e]
Ottefriderich, her Johannes von Mûlnheim, her Erbe von Achenheim[f], her Wetzel
Broger rittere; Burchart Hesse[g], Betzschelin Pfaffenlup, Johannes Clobelôch[h] der
alte, Erlin unde Eberlin Sycke[i] burgere von Strazburg. und der vorgeschribenen
dinge zů eime rehten urkůnde so[k] habe ich Heinrich von Mûlnheim der vorgenante   25
zoller min ingesigel mit der erbern herren ingesigeln, die da vor und hie nach geschriben stant, gehenket an disen brief. wir Nyclawes[l] Zorn[m], Johannes, Johannes,
Clawes, Johannes, Erbe[n], Wetzel rittere, Burkart[o] Hesse[p], Betzschelin, Johannes,
Erlin unde Eberlin die vorgenanten unsere ingesigele hant mit des vorgenanten
Heinriches von Mûlnheim ingesigel an disen brief gehencket zů eime waren   30
urkůnde aller der vorgeschribenen dinge.   und geschahent die vorgeschribenen
ding an dem ersten mentage vor sante Ůlriches tage in dem jare, do men zalte
von gottz gehůrte dritzehen hundert jar unde fůnfzehen jar.

*L aus Luserner St. A. or. mb. c. 13 sig. pend., quorum 2 delapsa. Abgefallen die Siegel
Johanns von Mülnheim und Johanns Klobloch. 1) Kleines Rundsiegel mit einfachem Spitz-   35
schild s. Heinrici de Mulnhei. 2) Großes Rundsiegel mit Helm über dem schräggestellten
Spitzschild sigillum . . . . Zorn. 3) Kleines Rundsiegel verkehrt angehängt, Spitzschild
mit drei Adlern s. Johannis dicti Schilt Arg. 4) Spitzschildiges Siegel mit Flügel im
Schild s. Johannis dicti Junge militis Argent. 5) Rundsiegel mit Helm, uber dem ein*

a) In L fehlen diese beiden Worte.   b) L f Burchart Pfiler.   c) L f Burchartes.   d) L f add.   40
her Reinbôldelin voget zů Strasburg, her Reinbolt Stubenweg der alte.   e) L f Clawes.
f) L f add. her Burchart Schôp.   g) L f add. Cůnrat Rihter.   h) L f Klobelôch.
i) L f Sicke.   k) L f om. so.   l) L f Clawes.   m) L f add. Reinbôldelin, Reinbolt.
n) L f add. Burchart.   o) L f Burcart.   p) L f add. Cůnrat.

Schwanenhals (?) s. Nicolai . . tde . . . 6) Rundsiegel mit Schrägbalken im Feld und Helm s. Erbonis militis de Achenhe . . 7) Kleines Rundsiegel mit geschachteltem Sparren u. Helm s. Wetzelo dicti Broger milit. 8) Verkehrt angehängtes Rundsiegel mit sechs durch Querbalken getrennten Lilien im Spitzschilde s. Ber. Hessonis de Aqua. 9) Kleines Rundsiegel mit einer Lilie innerhalb der Perllinie s. Bertoldi . . . 10) Undeutliches kleines Rundsiegel. 11) Größeres Rundsiegel mit einer Pfeilspitze im Schilde s. Eberli de Sicce civis Arg.

L. 1 coll. ibid. or. mb. c. 17 sig. pend., quorum 2 delapsa. Abgefallen die Siegel von Nicolaus Zorn und Reinboldelin 1) wie oben. 2) Dreithürmige Burg im Spitzschilde s. Reinboldi Stu . enweg. 3-5) wie oben. Legende bei 5 s. Nicolai Friderici. 6) Rundsiegel mit einer Rose im Spitzschild s. Johannis militis de Mulinhen. 7) wie oben 6. 8) Fragment eines Rundsiegels, im Spitzschild zwei wagerechte Querbalken . . . Schop . . . 9) wie oben 7. 10) wie oben 8; doch richtig angehängt. 11) Rundsiegel mit Spitzschild, unten drei Schrägbalken, oben schreitender Ochse s. Conradi dicti Bihler. 12) wie oben 9. 13) Kleines Rundsiegel mit schräg gestellter Pfeilspitze in einem von Laubwerk umgebenen Spitzschilde s. Johannis dicti Clobeloch. 14) Kleines Rundsiegel, je drei Lilien in dem durch Schrägbalken getheilten Schilde. Umschrift erloschen 15) Kleines Rundsiegel mit aufrecht stehender Pfeilspitze innerhalb der Perllinie s. Everhardi Sithe.

Ebenda vidim. mb. concr. c. 2 sig. pend. ohne bestimmtes Datum. ausgestellt vom Schultheißen Nicolaus Zorn und dem Zöllner Heinrich von Mülnheim: das wir den brief, der hie nah von worte ze worte genzelich geschriben stat und mit únserre beider ingesigelen und mit anderre erberre rittere und burgere und óch scheffele und ammanne von Strazburg, die mit namen in disem selben brieve genemet und geschriben stant, ingesigelen besigelt ist, gesehen hant und óch gehóret lesen und das alles das, das an dem selben brieve geschriben stat, beschehen ist in alle wis, als der selbe brief seit. Als Transsumpt L. 1. Das große Rundsiegel Zorns zeigt Helm mit Kleinod und Helmdecke. Diese Mittheilungen verdanke ich der Güte des H. Staatsarchivar Dr. von Liebenau

Gedruckt nach L 1 bei Kopp Gesch. d. Eidgen. Bünde IV, 2, 455.

333. Johannes episcopus Argentinensis, cum monasterium sancti Johannis extra muros Argentinenses ordinis predicatorum plerumque per inundationes aquarum et alia quedam incommoda adeo circumveniatur, quod causa devocionis illud visitare cupientibus maxime illis temporibus, quibus usque adhuc visitatoribus indulgentie concesse sint, difficilis accessus pateat, indulgentias ad tempora, cum commodius visitari poterit, transferens omnibus vere penitentibus et confessis, qui prefatam ecclesiam in dedicatione ecclesie, que celebratur die dominica ante ascensionem, in festis nativitatis sancti Johannis baptiste et decollationis ejusdem, ac sancti Thome martyris et in dominica, qua cantatur Letare, in qua trium altarium ejusdem ecclesie dedicatio celebratur, necnon in quatuor festis beate Marie virginis causa devocionis accesserint vel qui eidem manus suas porrexerint, quadraginta dies de injuncta penitentia relaxat. «pastoralis officii sollicitudo.» datum Argentine 10 kalendas augusti anno domini 1315. *Juli 23 Straßburg.*

S aus Straßb, St. A. Jung'scher Nachlaß or. mb. c. sig. pend. laeso.

334. *Die Straßburger Ritter Nicolaus von Kageneck und Reinbold Hüffelin fällen als Rathsleute der Stadt ihren Schiedsspruch über die Streitpunkte zwischen dem Markgrafen Rudolf von Baden und der Stadt Straßburg. 1315 August 5.*

Wir Niclawes von Kagenecke und Reinbolt Huffelin rittere von Strazburg und ratlute erwelt von meistere und von râte zů Strazburg in der missehelle, die ufer-

standen ist zwissent dem edeln herren von gotz gnaden margrave Rûdolfe dem
eltern herren von Baden einsite und zwissent meister und rete und den burgern
gemeinlichen von Strazburg andersite sit der sûne, die zwissent in zû beden sitten
vor Stolhoven gemaht wart [1], tûnt kûnt allen den, die diesen brief gesehent und
gehôrent lesen, daz wir in der selben missehelle hant gesprochen uf unsern eit alle
die ding, die hie nach geschriben stant: und ist diz daz erste, daz uns dunket, waz
den burgern von Strazburg von afange beschehen ist, daz daz der margrave nût
gelten sule. waz aber er sine helfere und sine dienere den vorgenanten burgern
gebrant hant, geröbet hant, oder genomen mit der hant, wo daz unsere burgere
erzûgen mûgent mit erbern luten, die ez nût anegat, daz sol der vorgenante margrave gelten, wand uns des vorgenanten margraven rätlute verjehen hant, daz die
reise sin were, die er reit uffe die herren von Lichtenberg, do die vorgenanten
burgere von Strazburg geschadigit wordent. wir sprechent öch uf unsern eit, ist daz
dehein burger von Strazburg über die sehs pfenninge gegeben het wider sime
willen, wo er daz erzûgen mag mit erbern luten, die ez nût anegat, daz sol der
vorgenante margrave gelten. wir sprechent öch uf unsern eit umbe daz geleite, do
unsere burgere von Strazburg inne berobet unde gevangen wordent, ist daz der
margrave sweren wil, daz er ez nût hiesze nût wiste noch frumete, daz er domitte
lidig si. wir sprechent öch umbe den von Rietbure uf unsern eit, daz uns dunket,
sit der margrave sich erkant het, daz er Sygelline Hirten gelten wil, daz er öch
billichen den schaden, der andern unsern burgern von semelichen sachen beschehen
ist von des wegen von Rîtbûre, gelten sol, wo sie daz erzûgen mûgent mit erbern
luten, die ez öch nût anegat. wo sie ez aber nût erzûgen mûgent, do sol sich der
von Rîtbure mit sime eide von entslahen. wir sprechent öch umbe den kosten, den
unsere stat gehebet het mit den burgern, die dem von Rîtbure zû gisel lagent,
davon daz der vorgenante . . margrave unsere stat botscheftete mit grave Bertschine
von Strazburg und mit sinen offen briefen, waz schaden unserre stat ufstunde nach
dem tage, do die selbe botschaft geschach, den wëlte er gelten, daz er den billichen
gelten sule. wir sprechent öch von hern Johanneses Wiriches seligen wegen, ist
daz der margrave swern wil, daz er den selben totslag nût ratende heiszende noch
frummende were und daz er den von Bach und sine helfere nût anders danne uffe
gûte teigeding sit dem vorgenanten totslage enthalten habe, daz uns do dûnket, wie
men ime nût neher mûge, und öch also, daz er sie vurbaz nût enthalten sule alle
die wile, untz ez ane friden stat, ane alle geverde. wir sprechent öch umbe die
vorgenanten sehs pfenning, wanne der margrave wil, so sullent sie abe sin. und
wanne öch die vorgenanten burgere wellent, so sulent sie öch abe sin. wir sprechent
öch, ist daz deheiner der vorgenanten burgere, der ietzunt in dem lande nût ist,
uber die vorgenanten sehs pfenninge wider sime willen het gegeben und ez öch
erzûgen mag, als do vor geschriben stat, daz sol yme der vorgenante margrave
ufrichten und gelten. wir sprechent, daz öch die vorgenanten burgere alle die vorgeschriben ding erzûgen sulent vor uns den vier rätluten. und sol öch die erzûgunge

---

[1] Vergl. nr. 330.

gelten. und wellent ez des margraven râtlute nût horen, so sulent sie ez vor uns zwein erzûgen. und sol daz gelten in alle wis, als obe sie zûgegene werent. were ôch daz unserre debeiner sturbe, daz got wende, oder sus von ander sachen derbi nût môchte sin, so sol men ein andern an sine stat geben und sol der die selbe
5 macht han zû tûnde, als geure hette, der da zûgegen sin solte. wir sprechent ôch, sit der margrave tusent marg heiset von den vorgenanten burger von schaden wegen, den yme meister und rât und die burgere gemeinlichen von Strazburg sullent getan han und den sinen, und er uns nût genennet het rôb noch brant noch nemen, daz uns do dunket, daz ime darumbe die vorgenanten burgere deheine entwurte sullent
10 geben. daz selbe sprechent wir von der burgere wegen von Strazburg in semelichen sachen. waz ôch der obeman erteilet, daz sol man versichern iegwider site, daz men ez gelte danach in den nehesten vir wochen. wir sprechent ôch, sit der vorgenante margrave sich verzigen hat der anesprechen umbe Beinheim, daz er darumbe keine forderunge gegen unsern burgern* vurbaz sulle han, wande ez also betegedinget
15 wart uf dem tage vur in und alle sine helfere. und des zû eime urkunde so hant wir Niclawes und Reinbolt die vorgenanten râtlute unsere ingesigele gehenket an diesen brief. der wurt gegeben an dem nehesten ᵇ cinstage nach sante Peters tage in dem jare, do me zalte von gotz geburte drûzehen hundert jar und funfzehen jar.

S aus Straßb. St. A. Verschl. Canzlei-Gew. Corp. K lad. 16 or. mb. c. 2 sig. pend. delapsis. Ein dritter Schnitt ist noch vorhanden, fraglich ob für Siegel.

335. *König Friedrich schreibt der Stadt Straßburg, er habe den Landvögten und Reichsstädten im Elsaß aufgetragen, vom Markgrafen Heinrich von Hochberg die Freilassung Egenolfs von Landsberg zu erzwingen. 1315 August 11 im Lager vor Eßlingen.*

Fridericus dei gracia Romanorum rex semper augustus strennuis et prudentibus
20 viris . . magistro . . consulibus et universitati civium Argentinensium fidelibus suis dilectis graciam suam et omne bonum. quemadmodum nostram majestatem vestris nuper litteris requisistis, ut advocatos nostros per Alsaciam et civitates ibidem vobis adesse mandaremus suis auxiliis contra Heinr[icum] marchionem de Hachberg pro liberacione Egelolfi de Lantsperg, ita noveritis nos nobilibus viris Ul[rico] comiti
25 Phirretarum et Ottoni de Ohsenstein advocatis nostris provincialibus dedisse firmiter in mandatis, ut vobis in hoc negocio una cum civitatibus imperii cooperentur auxilio efficaci [1]. datum in castris ante Ezzelingen crastino Laurencii regni nostri anno primo.

[in verso] strennuis et prudentibus viris . . magistro . . sculteto
consulibus et universitati civium Argentinensium
30 fidelibus nostris dilectis.

S aus Straßb. St. A. AA art. 78 or. mb. lit. cl. c. sig. in verso impr. valde lasso. Von der Legende des großen gelben Siegels sind nur noch die Buchstaben se zu lesen. Gedruckt darnach bei Wencker Coll. arch. p. 353 u. Schöpflin Als. dipl. I, 323 nr. 368, von beiden fälschlich auf Friedrich II bezogen und ins Jahr 1213 gestellt. — Böhmer R. Frid. nr. 48.

a) S burgern übergeschrieben von gleicher Hand. *b) nehesten auf Rasur.*

1 Vergl. nr. 331.

336. *Hug von Fleckenstein und Johann Puller überweisen das verlassene Frauenkloster Marienbronn den Straßburger Wilhelmitern. 1315 August 29.*

Wir Hug von Fleckensteyn unt Johannes tunt kunt allen den, die disen brief sehent older horent lesen nu older hienach, daz wir mit bedatheme mûte, wibe kinde unt aller ûnser frûnde rate und urkunde diz brieves, luterlich durch got, 5
unserre frunde vatter mûter vordern nachkûme unt unser selbere selen heyl, haben Merenburnen daz kloster[1] mit der hovestat mit allen deme gûtte unt allen deme rethe, als ez die priorin unt die frowen hatten, die da sassen, die mit willen unt ane unsern rat unt ûber ûnsern willen unbetwungelich dannan von deme vorgenanten kloster unt hovestat gevaren sint durch iren gutten willen, unt darumbe han wir 10
gegeben den erberen geystlichen luten den prior unt den broderen zû Strasburch sant Wilhelms orden zû hande unt zu niessende also unt mit solicher gedinge, daz sû stetencliche da habent wonde vier prister older me von irem orden, die da tègeliche singent unt lesent nach irs ordens gewonheyt, ane alle geverde. sû sûllent oûch sizen in allen deme rethe unt friheyt in deme vorgenanten kloster unt oûch 15
daz gût zu hande unt zu niessende, als es unsre vordern dar hant gègeben unt niergen anderswa gotte unt siner mûter Marien unt deme goiten herren sant Wilhelm unt darzu unser unt unserre frunde, si sin lebete older toyt. sit wir Hug unt Johannes die vorgenanten sahen, daz die vorgenanten frowen entwichen williges mûtes von der vorgenanten hovestat klosters unt gûte, die oûch von unseren wege 20
da sassent, so han wir die vorgenanten gift getan unt gègeben den vorgenanten* prior unt bruder sant Wilhelms orden mit ganzen truwen unt alleme rethe, wanne wir sû billichen tûn soltent unt mûtent, unt gelobent ûch fur uns unt fur alle unsre erben die vorgenanten gift unt disen geigenwertigen brief stette zu habende unt nut darwider zu tûne in gerithes wise older ane gerithe, iegenote older hernach, 25
in keinen weg. ane alle geverde. unt daz diz alles war stette blibe unt si ewenkliche, so han wir die vorgenanten[b] Hug unt Johannes Puller deme vorgenanten prior unt bruderen disen brief gègeben besigelt mit unser ingesigelen zu eime rethen urkunde.   diz beschach in deme jure, da man zalte nach gottes geburte tûsent jar unt drûhundert jor wunfzehen jar an sant Adolf tag. 30

Il aus Straßb. Bes. A. G fasc. 117 or. mb. c. 2 sig. pend. delaps. Auf der Rückseite ist von späterer Hand vermerkt: donatio monasterii Marienburn, *dieser Name steht auf Rasur.*

337. Heinricus Coloniensis archiepiscopus ac sacri imperii per Italiam archicancellarius, judex et conservator jurium et privilegiorum fratrum et sororum, ordinis predicatorum per Theutoniam a sede apostolica deputatus, ex mandato Benedicti 35
pape XI[2] thesaurario ecclesie Argentinensis, officiali curie archidyaconi Basiliensis,

---

a) *B* vorgenanten.   b] *B* vorgenanten.

---

[1] *Eine Gründung der Fleckensteiner aus der Mitte des 13. Jahrhunderts.*
[2] *Dies Mandat ist vom 1304 März 10 Lateran datirt.*

sancti Thome Argentinensis et sancti Martini Columbariensis prepositis causas et
negotia contingencia priores et conventus Bernensem, Curiensem, Turicensem, Con-
stantiensem, Basiliensem, Friburgensem, Gewilrensem, Columbariensem, Sletzstaten-
sem, Argentinensem, Hagenôgensem, Wissenburgensem, Spirensem, Phortzheimensem
5 et Wormaciensem necnon monasteriorum sororum ejusdem ordinis sitorum in terminis
eorundem conventus committit, donec ea ad se revocet. «jam pridem litteras.»
datum Argentine 4 nonas septembris anno domini 1315. *September 2 Straßburg.*

T aus Straßb. Thom. A. Dominic. lad 6 or. mb. e sig. pend. mutil.

338. *Vertrag der Stadt Straßburg mit Bruder Heinrich von Hohenburg über*
10 *die Verwaltung und Neueinrichtung des Hospitals. 1315 September 15.*

Wir Johannes Rypelin der meister und der rât von Strazburg tûnt kûnt allen
den, die disen brief gesehent und gehôrent lesen: sider der spittal zû Strazburg in
. .meisters und râtes zû Strazburg hant ist uude gewalt[1], durch des selben spittals
nütz unde fromen sint wur mit der scheffele willen unde gehelle zû Strazburg über-
15 ein komen, waz men dem selben spittale hinnen vurder git durch got zû selgerete
oder zû almûsen, ôder wie men dem spittale gût git und waz brûder Heinrich
gebettelt oder gewinnet in kein weg, daz er domitte der siechen unde der ellenden
nütz unde gefûre schaffe unde nût der, die do pfrûnde hant, wir wellent ôch unde
gunnent dem vorgenanten brûder Heinriche, daz men ime alle jar gebe allez daz
20 halbe gelt, daz der vorgenante spittal het, ez si an korne an wine an pfenningen
oder an andern dingen, daz der vorgenante brûder Heinrich domitte des vorgenanten
spittals siechen unde ellenden nütz unde gefûre schaffe, doch mit solicher bescheidenheite, daz der vorgenante brûder Heinrich ie des jars zû vier ziten, wenne men ez
an in fordert, rehenunge gebe von dem vorgenanten gelte unde gûte des vorge-
25 nanten spittals . . meistern, die . . meister und rât von Strazburg gesetzet hant über
in, unde zû den ziten, denne des vorgenanten spittals meistere sint, were aber daz
der vorgenante brûder Heinrich mit dem vorgenanten gelte nût zû mohte komen
und erkandent den bresten des vorgenanten spittals meistere, ist denne daz den
gesunden in deme vorgeuanten spittale ût geubert an irme gelte, von dem geûberten
30 gûte sulent des vorgenanten spittals . . meistere brûder Heinrich dem vorgenanten
den selben bresten ufrihten und erfellen, als sû danne dunket gevellig und gelimpfig.
und globent von unserre stette wegen zû Strazburg brûder Heinrich dem vorgenanten und sime nahkomen an dem selben ambahte, den meister unde rât von Strozburg darane setzent, disen brief stete zû habende ane alle geverde. so het ôch
35 brûder Heinrich der vorgenante mit willen unde gehelle der frowen, der er pfliget,
unde die mit ime daz almûsen sûchent, gegeben und git an diseme gegenwertigen
briefe dem vorgenanten spittale zû Strazburg und den siechen und den ellenden des
selben spittals durch got und durch sinre selen willen uszer sinre gewalt und

---

[1] *Nach Artikel 11 des Friedensvertrages von 1263, vergl. UB. I, 395 nr. 519.*

gewere in des vorgenanten spittals siehen und ellenden gewalt und gewere den hû
und alle die messen, die darzû sint gemaht, und waz zû dem selben buwe hôret,
als er ietzunt begriffen ist. unde ist gelegen uffe userme burggraben zû Strazburg,
do men ûzgat gegen sante Markese, und stoszet einsite an Johanneses Clobelôches
Cleineclubelôches brûder garte, unde stoszet andersite an des vorgenanten Johanneses
Cleineclobelôches garte und stoszet hindene an hern Johanneses Kusoltes garte des
schûlmeisters von Rynowe [1]. herane warent wir her Johannes Rypelin u. s. w.
folgt der Rath. und der vorgeschriben dinge zû eime urkûnde unde bestetegunge
han wir userro stette ingesigel von Strazburg mit des vorgenanten brûder Heinriches
ingesigel an disen brief gehenket. ich brûder Heinrich der vorgenante verjehe an
disme gegenwertigen briefe, daz ich die vorgeschribene gift getan habe, als do
vorgeschriben stat, unde globe sie stete zû habende in gûten truwen und des vorgenanten spittals siehen und ellenden nûtz unde gefûre zû schaffende und zû wer-
bende, als verre ich kan unde mag, ane alle geverde. und des zû eime urkunde so
han ich min ingesigel mit der stette ingesigel von Strazburg gehenket an disen
brief. der wart gegeben an deme mentage nach userre frowen tag der jungern
in dem jare, do men von gottes gebûrte zalte drûzehen hundert jar und funfzehen jar [2].

H aus Straßb. Hosp. A. Ind. 4 fasc. 1 or. mb. c. 2 sig. pend. mutil.

Ebenda cop. mb. vidim. c. sig. curie Argentin. pend. von 1331 November 20 (feria 4 ante festum b. Cecilie virginis).

S coll. aus Straßb. St. A. Vord. Dreizehn. Gew. A. 76 or. mb. c 2 sig. pend. Von der Legende des zweiten Siegels zu erkennen s. fratris Henrici servi novum (?) penitentum.

_____

[1] *Vergl. Silbermann Lokalgeschichte der Stadt Straßburg S. 66.*

[2] *Ebenda finden sich folgende Aufzeichnungen über die Verlegung des Hospitals:*

Sit das man zolte von gots gebôrte drûtzehen hundert jar unde fûntzig jar, sider ist diz geschehen: do brûder Heinrich mit den bekerten frowen einhelleeliche ûberein kam mit rate hern Heinrich Marsilgen, hern Johans von Winterdûr zû dem Engel, hern Gotzen Vôlschen und hern Cunrat Zoller, das sû den bu, den wir gestiftet hattent, unde zwo messen woltent gegen han den mûnichen von Baris und woltent do ein closter han gestiftet mit fûnfzig mûnichen oder mit fûnfzig frowen ires ordens, unde do diz geschehen solte sin, in den dingen do kam meister unde..rat von Strasburg und hotten mich, das ich die gift irme spitol gebe. do nam ich mich zû berotende, unde mode do zwischent riet mir bischof Johans, ez wer wegere an spitol denne ein closter, unde gab ich die gift meister unde rate, den siechen und den elenden luderlichen durch got unde uit den, die pfrunde hant in dem spitol. und darnach enpfôlhen sû mir ire siechen, also ich einen brief habe mit der stette ingesigel besigelt. — item darnach bat mich meister und rat, das ich die gesunden solte gehalten ein jar und do zwischent soltent sû buwen selber uf der hofstete vor dem cor unsere spitols, do Frische vassieher ufsitzet. — item do ich vordert an die vorgenanten brûdere, das sû mir rumetent, do sprochent sû, sû hettent nit zû buwende. — item darnach kam meister unde rat und hottent mich, daz ich einen spitol buwete den siechen unde den elenden und daz ich den alten spitol zû gelte brehte, unde was ich do verbute uf dem nuwen spitol unde uf dem alten spitol, und was ich verbute uf dem alten spitol oder uf dem nuwen, do solte man mir geben ir von zehen pfunde ein pfant geltes unde solte daz selbe gelt nemen uf dem alten spitol. — item des was ich gehorsam und buwete den siechen unde den elenden den nuwen spitol. — item unde in der stat in Spitolgassen buwete ich den keler unde die hûser, die druf stant, unde Boppen ofenhus und under den kremern frowe Metzelin hus unde die kreme, die drûnder stant. — item den kosten schetzet ich uf nûnhundert pfunt. — item unde do ich von ie zehen pfünden ein pfunt geltes solte nemen, do klagetent die brûdere von mir so klegelich hern Heinrich Marsilgen unde hern Cûnrat Ripelin unsern pflegern, das ich in gewalt und unrehte dette, ich solte nûme denne das halbe gelt des spitols han, also unsern herren

339. *Die Stadt Bern bittet die Stadt Straßburg, sie möge die Rückgabe von zwei Stück Tuch an die Wittwe eines ihrer Bürger, die von den Herren von Geroldseck beraubt wurden, veranlaßen. 1315 October 22.*

Wisen und bescheidenen lûten .. dem burgermeister dem rate und der gemeinde
von Strazburg ir lieben gůten vrûnden embietent .. der schultheitz der rat und dû
gemeinde von Berne ir dienst an allen dingen. wir hein vernomen, dez zwei tůch
noch bi uch sin, dû Rûdolfe seligen von Teiswile einem ûnserm burger in dem gůt,
so die herren von Geroltsecke ûnsern burgern uf hatten genomen[1], waren. davon
bitten wir ûch mit allem vlisse, daz ir dur ûnsern willen wellent schaffen, daz
Hemmen Dirre vrôwen, dû des selben Rûdolfz seligen elich wip was und sin recht
erbe ist, dû zwei tůch wider werden, want si ein arm wip ist und sin wol bedôrfte.
wissent och, daz si vor ûns verkosen hat allen den schaden, den si old ir wirt
emphiengen von den vorgenanten herren von Geroltsecke. dirre brief ist gegeben
mit ûnserm ingesigel an der nechsten mitwuchen nach sant Gallen tage, do man
zalte von gottes geburt thuseng druhundert und vûnfzehen jar.

S aus Straßb. St. A. Verschl. Canzlei-Gew. Corp. K lad. 17 or. mb. lit. pat. c. sig. in verso impr. defic.

___

brief stat, nem ich das gelt, alse do vor geschriben stat, do sprochent sû, ich hette me geltes, denne
sû, so dette ich in gewalt und unreht. und wart die klage so gros vor den vorgenanten herren hern
Heinrich unde hern Cûnrat, daz sû sprachent, sû mohtent der klage nit geliden. — item unde
bottent mich, daz ich es an sû liesse. das dei ich, unde dei es doch nit gerne, und hiessent mir
geben zweihundert pfunt. — item die erste gift, die ich brûder Heinrich unsern herren gab den
siechen und den elenden, die sû besigelt hant, und schetzette der vorgenante brûder Henrich, daz
der bu koste sehezehen hundert pfunt Strasburger unde die swo messen zweihundert marg. — item
unde der bu zû dem nuwen spitol unde zû dem alten spitol, alse do vorgeschriben stat, nûnhundert pfunt.
— item man sol wissen, waz rechtes die gennden hant, daz hant sû von den siechen und nût anders.
— item und umbe die missehelle umbe das gůt zû Dambach. — item und das opfer, das alle jar
geopfert wirt, das ist wol uf sehs pfunt zû den alteren in dem nuwen spitol. — item und der siog
hinder fronalter, do wirt uns der sehende pfenning. — item unde ich brûder Heinrich der vorgenante han geleit uf das gůt zû Illenkirchen vierhundert pfunt unde vierhundert vierteil kornes. —
item und umbe die missehelle, die do ist umbe die dienste. — item umbe die precarien, die men
verkôfte. — item und umbe die eigen, do die pfrûndenere uffe sint. — item unde was ich brûder
Heinrich darûber geltes han gekôffet uber das gelt, das an disem briefe vor geschriben stat, das wil
ich mir selber behalten, untze ich sihe, wie meister unde rat die dûrftigen nerihtent mit den vorgeschriben dingen.

*Diese ganze Aufzeichnung ist auf eine Pergamentrolle aus zwei Blättern von einer Hand aus dem
Anfang des 14. Jahrhunderts geschrieben, in Absätzen mit zwei bis drei Finger breiten Abständen.
Nur Absatz 12 ist von einer spätern Hand eingeschoben, von Absatz 10 ab setzt eine andere Tinte ein.
Die letzten drei Absätze stehen auf dem zweiten Blatt. Das ganze Stück rührt vermuthlich von Bruder
Heinrich selbst her und wird bald nach dem Jahr 1315 geschrieben sein. Closener und Königshofen
setzen beide die Verlegung des Hospitals in das Jahr 1316, durch Hungersnoth und ein großes Sterben
veranlaßt. (D. St. Chron. VIII, 135 u. IX, 738). Vergl. Alsatia 1858-61 S. 205 und nr. 431 dieses Bandes.*

---

[1] *Vergl. nr. 311.*

340. *Meister und Rath der Stadt Straßburg beurkunden, daß eine Anzahl ihrer Bürger sich für die Deckung alles Schadens verpflichtet haben, der aus der Beschädigung zweier Straßburger Schiffe zu Mannheim durch den Ritter Rennwart von Strahlenburg erwachsen möchte. 1315 November 8.*

Wir Johannes von Wolfgangesheim der meister und der rât von Strazburg tûnt kunt allen den, die disen brief gesehent und gehôrent lesen, daz her Johannes Stûbenweg vur Hansern, her Hug Schôp vur Jacob Wiszen, her Hug Richter und Johannes Meinrich vur Heinrichen von Lindowe, her Burghart Schultheisze vur Cûntzelin Schôtterlin, Johannes Berner vur Nybelungen von Teynheim, Fritsche von Frankenheim vur Syfriden Closener, Hug Klotz der metziger vur Cûnrat Hochsteten, [10] Heinrich Gurteler vur sich und vur Berhtold Kleinen, Fritsche von Heiligenstein vur sich, Peterman Pfaffenlap vur sich, Hesse von Baldeburne vur sich, Reinbolt von Rosheim vur sich, Gotze und Reinbolt Voltsche vur sich, Johannes Zeller vur sich, Johannes Meinrich vur sich, Cûntzelin Meinrich vur sich, Jacob der schûch-sûter an dem rossemerkete und Katherine Garuerin sine eliche wirt vur sich hant [15] globet und sint schûldig worden vur sich und alle ire erben ûns von unsern unserre stete und unserre burgere wegen von Strazburg und hant ôch wir sie also enpfangen: were daz unsere burgere ôder unsere stat zû Strazburg kein schade oder kein kumber hernach wurde anegan, umbe daz der edele herre her Rennewart ein ritter[a] herre zû Strulenberg und sine helfere den vorgenanten unsern burgern schaden tâtent zû [20] Mannenheim an sante Franciscustage, der nû zû nehesten was, in dem jare, do men zalte von gottes geburte drûzehen hundert jar und funfzehen jar, in den zwein schiffen, die Cûntzelin Meinrich und Hanser die vorgenanten unsere burgere fûrtent, ist daz der schade und der kumber von in allen, die do vorgeschriben stânt, wirt ufstande, so hant sie alle globet, den schaden und den kumber uf zû richtende und [25] abe zû legende, ane alle geverde. were aber daz der vorgenante schade oder kumber wurde ufstande von ir eime under in oder von ir ein teil under in, der oder die, von deme oder von den der schade und der kumber uf wurt stande, hant globet, daz sie den schaden und den kumber sulent ufrechten und abelegen ane alle geverde. daz diz war und stete si, darumbe hant wir unserre stete ingesigel gehenket an [30] disen brief. der wart gegeben an dem samestage vor sante Martines tag in dem jare, do men zalte von gottes geburte drûzehen hundert jar und fûfzehen jar. har-ane wârent wir her Johannes Ripelin u. s. w. *folgt der Rath.*

S aus Straßb. St. A. Verschl. Canzlei-Gew. Corp. K lad. 17 or. wb. c. sig. pend.

341. *Hugelin von Fleckenstein schließt mit den Städten Hagenau und Straß-[35] burg sowie mit Jakob von Falkenstein eine Sühne und stellt elf genannte Bürgen dafür. 1315 December 6.*

Ich Hugelin von Fleckenstein und wir Heinrich von Fleckenstein und Cûne Vogt von Waszelnheim die rittere tûn kûnt allen den, die disen brief gesehent oder

a) S ritte.

[40]

gehorent lesen. dez wir vur uns und alle unser frúnt und vur alle unser helfer
ane alle geverde eine lutere gantze und stete súne gesworen hant ze den heiligen
gegen den erberen und bescheiden . . den meisteren den reten und den burgeren
gemeinliche von Hagenowe und von Strasburg und allen iren helferen, und sunderliche gegen Jacobe von Valkenstein ze haltende ane alle geverde umbe solichen
brúch und crieg[1], alse Hugelin von Fleckenstein der vorgenante und wir von sinen
wegen mit in hatten umbe alle ansprache und vorderunge, die wir alle oder sunder
unser denheiner hatten an sie untze uffe disen tag. also und mit solicher gedinge,
daz ich Hugelin von Fleckenstein der vorgenante umbe solichen brúch und vorderunge, alz ich han an die burgere von Hagenowe, darumbe der crieg ufgestanden
ist, und umbe alles daz, daz in dem criege beschehen ist, genomen han ze raluten
hern Albrehten von Luchen und hern Andresen von Diemeringen die rittere also :
mochte ich ir bedir oder ir einen nút han, ich sol zwene andere oder einen nemen
an ir stat ane geverde. und sulent sich die zwene ratman entwurten ze Hagenowe
ze der ratman von Hagenowe, die óch zwene darze schicken sulent, und sulent sich
die vier ratman entwurten ze dem spital und sulent vur daz spitaltor nút komen,
sie enhabent danne ze in genomen einen funfteman, und sulent denheine sache ze
handen nemen, sie sint danne é uberein komen umbe den funfteman. wanne sie des
funftemannes uberein komen, so sulent sie die sache nemen ze handen. und was sie
einhellig oder daz mere teil under in uberein komen nach der minnen oder[a] nach
dem rehte, daz gelobe ich stete han bi dem eide. zweient aber sie sich, so sulent
sie den funfteman ze in nemen und danne von den sachen reden. und was sie danne
mit dem funfteman uberein komen oder daz mereteil under iu nach minnen oder
nach rehte, daz gelobe ich stete han bi dem eide. und sulent die viere ratlute ane
den funfteman und mit dem funfteman der minnen und des rehtes gewalt han also,
daz sie weder sit iht komen uber funfhundert mark silbers mit dem schaden.
darunder mugent sie wol bliben, alse sie gemút sin und wellent. und was daz viere
und der funfteman oder daz meretil under in bringet ze minnen oder ze rehte, daz
gelobe ich stete han bi dem eide ane alle geverde. und were daz ich sin abeginge
und breche, so bin ich schuldig den burgeren von Hagenowe rehter schulde fúnf-
hundert mark silbers luters und lótiges des geweges von Strasburg. und han in
darvur ze burgen gegeben minen herren hern Heinrichen und hern Rennebarten
herren von Ettendorf, hern Heinrichen von Fleckenstein, hern Cúnen Vogt von
Wasselnheim die vorgenanten, hern Cúnrad Puller, hern Anshelmen und hern Burcharten Fursten von Brúmat, hern Friderichen Mennen rittere, Johannesen Puller,
Ebelin von Frundesberg und Heinrichen Underbach also : were daz ich breche und
daz gút nút engebe, so sulent sich die burgen entwurten ze Hagenowe in eines
offenen wurtes hus ze veilem kóffe nach rehter giselscheffe gewonheit in den ahte
tagen darnach, so sie gemanet werdent, alse reht ist, niemer dannen ze komende,
daz silber si gegeben. welre óch der burgen selber leisten nút enwil, der sol an

a) *M oder úbergeschrieben für* und.

[1] *Vergl. nr. 316 u 322.*

sine stat legen einen kneht und ein phert. die vier ratman und der funfteman oder
daz merteil under in sulent ôch erkennen, so man die burgen manet, obe mon sie
rihtecliche mane oder nût. und heiszent sie sie leisten, so sulent sie leisten und ê
nut. brechent aber die burgen alle oder eine under in, welre danne brichet, der
ist schuldig die funfhundert mark. und sol man in darumbe angrifen und phenden
mit gerihte und ane gerihte, wie es den burgeren vou Hagenowe fuget. und sulent
doch die burgen leisten, uncze das silber vergolten wurt. und sol daz angrifen und
daz phenden gan an denhein gerihte geistlich noch weltlich noch an den lantfriden.
und was sie des schaden nement ane geverde, den sol ich Hugelin der vorgenante
in abetůn. wenne miner ratman ôch einer abegat, ich sol einen andern nemen. gut
der funfteman abe, ich sol mine ratlute solich han, daz sie sich entwurten, alse
vor bescheiden ist, und einen funfteman welent. wenne ôch der burgen einer abegat,
ich sol einen anderen alse guten geben in den nehesten vier wochen bi mime eide.
tůn ich sin nût, so han ich die sune gebrochen und bin schuldig worden die funfhundert mark. dise vorgeschriben sache gelobe ich vur mich und alle mine frûnt
und alle mine helfer stete haben gegen in bi guten truwen ane alle geverde und
vereihe mich alles rehtes, aller helfe und alles schirmes geistliches und weltliches
gerihtes, gewonheit stete und landes und alles rehtes, damitte ich beholfen mohte
sin ze komende wider disen brief oder iht des hie vorgeschriben ist, mit gerihte oder
ane gerihte, nů oder hernach, und vereihe mich sunderliche des rehtes, daz da
sprichet, gemeine vereihunge uffe alle reht si niemanne schade. daz dis war si und
stete blibe, darumbe ist min ingesigel und der vorgenanten burgen ingesigel gehenket
an disen brief. wir Heinrich und Rennehard herren von Ettendorf, Heinrich von
Fleckenstein, Cûne Vogt, Conrad Puller, Anshelm und Burchard Fursten, Friderich
Menne, Johans Puller, Eberlin von Frundesberg und Heinrich Underbach die vorgenanten burgen vergehent der burgschefte und gelobent stete haben die vorgeschriben ding bi guten truwen ane alle geverde. und des ze eime urkunde sint
unser ingesigele gehenket an disen brief. dis geschach und wart dirre brief gegeben
an dem ersten samestage vor saute Lucien tage vor wihenahten in dem jare, da
man zalte von gotz geburte drucehen hundert jar und funfcehen jar.

*M aus München. R. A. Habel-Stift. cop. mb. coaeva. Ohne jede Spur von Siegelschnitten.
Auf der Rückseite lateinisches Concept einer Privaturkunde von etwas spdterer Hand.*

342. *Die Straßburger Ritter Albrecht Rulenderlin und Claus Friedrich fällen
ihren Schiedsspruch in dem Streit zwischen Nicolaus von Lützelstein und der Stadt
Straßburg. 1316 Februar 20 Zabern.*

Allen den si kunt, die disen brief gesehent und gehörent lesen, daz wir Albreht
Rûlenderlin unde Clawes Friderich rittere und burgere von Strazburg, ratlûte genomen
und erkosen von der burgere wegen von Strazburg über die missehellû und über
die bresten, die juncherre Niclawes herre von Lûtzelnstein und die vorgenanten
burgere von Strazburg mittenander heltent, sprechent uf unsern eit die ding, die
hie nach geschriben stant, und alse sû her betegedinget sint : daz juncherre Niclawes

der vorgenante, wenne die vorgenanten burgere von Strazburg, die der vorgenante
juncherre Niclawes geschadiget het, iegelicher behebet mit sinem eide vor den vieren
ratlûten odir vor dem merren teile uuder in, die der vorgenante juncherre Niclawes
und die vorgenanten burgere von Strazburg umbe die vorgeschriben bresten genomen
und erkosen hant, waz im der vorgenante juncherre Niclawes genomen het odir waz
er im gegeben hat, gelten sol zû den zieln, alse der erber herre von gotz gnaden
bischof Johannis von Strazburg ein obeman und ein fünfteman in der vorgeschriben
missehellû machende wurt. und sol der schade nût dreffen über zweihundert marcke
mit den fünfe und zwenzig marcken der burgere von Hagenowe. wir sprechent ôch
umbe den brant dez von Wangen und Johanneses Kagen, daz den juncherre Niclawes
sol abelûn, als ez belegedingel wart. wir sprechent ôch fûrbaz, daz die burgere
von Strazburg umbe die vesten zû Wegelnburg dem vorgenanten juncherren Niclawese nûtsnit schuldig sint, sider die vorgenante vesten Wegelnburg, die ein riche
anhôrt und ein riche gewan, und sû sine helfere wurent an der getat. wir sprechent
ôch umbe Doldemannen, daz men im widergeben sol, waz er kuntlich mag gemachen,
daz im meister und rat nement zû Strazburg. wir sprechent ôch furbaz umbe die
zwene knebte, die do enthôbetent wurdent zû Strazburg, daz die burgere von Strazburg dem vorgenanten junckern Niclawese darumbe nûtsnit sint schuldig uf zû
rihtenne, sit die burgere von Hagenôwe die selben zwene knebte viengent und sû
mit urteile verteiletent und sû gewilleclichen gabent den burgern von Strazburg zû
enthôbetende. wir sprechent ôch umbe den brant und umbe den schaden, die do
geschehent zû Winden, zû Spettewilre, zû Husberg, zû Polberg und zû Haselnhe
von dez wegen von Geroltzecke und von dez Heiden wegen, dobi soltent sin gewesen
die vorgenanten burgere von Strazburg, alse der vorgenante juncherre Niclawes
sprichet, sider dez ez ein versûnet verrihtet und verslihtet ding ist, daz die vorgenanten burgere von Strazburg dem vorgenanten juncherren Niclawese darumbe nûtsnit sint schuldig uf ze rihtende. wir sprechent ôch umbe Smiecken gevenenûsse
und umbe daz vûr dez vorgenanten juncherren Niclaweses hus gerennet wart, sider
der vorgenante juncherre Niclawes, do er verrihtet und versûnet wart mit den
vorgenanten burgern von Strazburg, sich nût wolte annemen dez vorgenanten
Smiecken und nût forderte zû den ziten Smieken gevenenûsse noch daz vorgeschribene rennen, daz die vorgenanten burgere von Strazburg dem vorgenanten
juncherren Niclawese darumbe nûtsnit schuldig sint uf ze rihtenne. wir sprechent
ôch umbe Hûgelin von Bûtenheim, mag derselbe Hûgelin vûrbringen, daz die burgere von Strazburg in dem criege, den sû hettent mit dem vorgenanten junckern
Niclawese, ime von dez vorgenanten junckern Niclaweses wegen ûtschit genomen
hant, daz men im widertûn sol durch ein reht, daz sol men im widertûn. wil men
uns die vorgeschriben ding jeben, daz ist uns liep. wil men dez nût tûn, so wellen
wir sû zû bringen mit der warheite. und der vorgeschriben dinge zû eim urkûnde
so habe ich Albreht Rûlenderlin der vorgenante mit willen unde geheisse Claweses
Fridericties des vorgenanten diz sprechen mit minem ingesigele besigelt. ich Clawes
Friderich der vorgenante vergibe, daz daz vorgeschribene sprechen her Albreht der
vorgenante besigelt hat mit sime ingesigele mit miuem willen und mit minre geheisze.

und begnûget ôch mich umbe daz vorgeschribene sprechen zû besigelnde mit sinem
ingesigele. diz geschach zû Zabern an dem ersten fritage vor der pfaffen vastnaht in dem jare, do men von gotz gebûrte zalte drûzehen hundert jar und sehtzehen jar.

S aus Straßb. St. A. AA art. 1398 vidim. mb. concv. c. sig. pend. Gut erhaltenes Siegel des 5
Bischofs Johann von Straßburg. Das Stück, welches auch nr. 343 mitumfaßt, leitet mit
folgenden Worten ein: in den sachen, die der meister und der rat von Straßburg von
der burgere wegen gemeinlichen hant wider junckern Niclawesen von Lützelnstein
und ôch er wider sû, da hant die ratlûte, die von beden teilen darzû genomen sint,
gesprochen, alse hienach geschriben stat. 10

343. *Die Ritter Mettelo von Hattigny und Fritschemann Münch von Dehlingen*
fällen ihren Schiedsspruch in dem Streite zwischen der Stadt Straßburg und
Nicolaus von Lützelstein. 1316 Februar 20 Zabern.

Allen den si kunt, die disen* brief ansehent odir hôrent lesen, daz wir Mettelo
von Hittingen und Fritscheman Mûnich von Delingen rittere, ratlûte genomen und 15
erkosen von juncherren Niclaweses wegen herren von Lützelnstein über die missehellû und über die bresten, die die burgere von Strazburg und die vorgenante juncherre Niclawes mittenander hettent, al soliche ding^b, so hie nach geschriben stant
und alse sû untz her belegedinget sint mittens hern Jofride von Bolchen und her
Gerarde von Warnesberg, hern Albrehte Rôlenderlin und hern Clawese Frideriche 20
rittere ratlûte von beden siten. von den zwein hundert marcken silbers alse vil minre.
alse ez der vorgenante juncherre Niclawes gemachen mag, und sint die fünf und
zwenzig marcke von Hagenôwe in die zweihundert marcke genomen, und ensûlent
ôch über die zweihundert marcke nût kummen. so sprechen wir Mettelo und Fritscheman uf unsern eit, daz die lûte, den juncherre Niclawes ir gût genomen het, ir 25
gût sûlent behalten mit dem eide, als ein reht ist. und sol juncherre Niclawes daz
gelten zû den zieln, die der erber herre von gotz gnaden bischof Johannis von Strazburg gemachet, als ez ôch beret ist und an in gelassen ist. wir sprechent ôch von
dem brande dez von Wangen und Johanneses Kagen, den die von Strazburg
sprechent, er wûrde uzgelazen und wurde nût genomen in die zweihundert marcke. 30
und sprichet juncherre Niclawes alle die missehellû, die er hette odir haben môhte
untz an die stunde und den tag, daz die sûne zwischent im und den burgern von
Strazburg beret wart, in die zweihundert marg genomen wart, daz sol men bevinden
an den viere ratlûten. und ist daz sû sprechen, daz ez drin wurde genomen, so sol
ez noch drinne sin. sprechent sû aber, daz ez usze blibe, so sol ez noch usze sin. 35
von der vesten zû Wegelnburg hant die ratlûte von Strazburg gesprochen, daz die
burgere von Strazburg juncherren Niclawesen nit schuldig ensint, sider die vesten
eins riches waz und sû ein riche gewan und sû helfere warent an der gelat. darwider sprechen wir Mettelo unde Fritsche uf unsere truwe und uf unsern eit und
verstant uns bessers niet, wand ez juncherre Niclaweses vordern inne hettent, daz 40

a) *S die dis auf Rasur.* b) *Zu ergänzen wohl sprechent.*

wol kuntlich ist, und die vesten und daz darzů hört zů eime pfande hettent vůr sibenhundert pfunde Metscber pfenninge, und hettent zweihundert marcke wert getregedes in der vesten und daz zů der vesten hört, daz sů im widertůn sůlent die vesten und daz getregede, daz in der vesten waz und daz zů der vesten hört, sider die von Strazburg wol jehent, daz sů schinende werent an der getat, oder sůlent im widertůn die summe, dar fůr ime und sinen vordern die vesten stunt. wir viere vorgeschribene ratmanne sint dez wol überein komen und sprechen von Doldemannes wegen, daz die burgere von Strazburg Doldemanne widergeben sůlent, waz er kůntlich mag gemacben, daz im meister und rat von Strazburg genomen hant, wand sů ez juncherren Niclawese gelobet hant. die ratůte von Strazburg hant gesprochen, daz die burgere von Strazburg juncherren Niclawese nůtsnit scbuldig sint umbe die zwene knehte, die sů entbőbetent, sider die burgere von Hagenowe die selben zwene knehte viengent und sů mit urteile verteiletent und sů gewilleclichen gabent den burgern von Strazburg zů enthőbetenne. wir Mettelo unde Fritscheman sprechent darwider, sider men die knehte vant wedir tribende noch tragende niemannes gůt danne ir gůt und dez vorgenanten juncherren Niclaweses gůt und öch juncherre Niclawes dez tages burger waz der von Hagenőwe unwidersaget, so sprechen wir, daz im die burgere von Strazburg an den zwein knehten unrehte hant getan und ez im bessern sůlent. die ratůte von Strazburg hant gesprochen von dem brande und dem schaden, die da geschahent zů Winden, zů Spetwilre, zů Bůchberg, zů Husberg und zů Haselőwe von dez wegen von Geroltzecke und von dez Heiden wegen, dabi soltent sin gewesen die vorgenanten burgere von Strazburg, alse der vorgenante juncherre Niclawes sprichet, sider ez ein verrihtiget und ein versůnet ding si, daz die vorgenanten burgere im nůt drumbe schuldig sint uf ze rihtenne. darwider sprechen wir Mettelo und Fritscheman, sider juncherre Niclawes sprichet, do er versůnet wart mit dem Heiden, do blibe die name und der schade von Haselőwe uszewendig der* sůnen und ist noch uszewendig und sint noch in ursagen von dem selben dinge, und wil daz juncber Niclawes zů bringen mit den, die die sůne mahtent, und mit den, die drůber warent, darumbe sprechen wir: ist daz juncherre Niclawes daz zů bringen mag, alse hie vor gescbriben stat, daz ez im die von Strazburg ufrihten sůlent. von namen und von brande, die zů Winden, zů Spetwilre, zů Bůchberg und zů Husberg geschahen, sprechen wir Mettelo und Fritscheman, wand juncherre Niclawes sprichet, daz sin crieg gesetzet und versůnet were mit den burgern von Strazburg, e denne mit den von Geroltzecke, und er sinen schaden und sine vorderunge vůrbringen sůle vůr die ratůte, von dem schaden, den er gelitten hat von den von Strazburg, so sprechen wir Mettelo und Fritscheman: mag juncher Niclawes zů bringen, alse ein reht ist, mit den, die die sůne mahtent und über der sůnen warent, daz er sich sůnete mit den von Strazburg, e danne mit den von Geroltzecke, so sůlent ez im die burgere von Strazburg ufrihten. alse die ratůte von Strazburg gesprochen hant von Smiecken wegen, daz juncherre Niclawes uf in verzige, dez sprichet juncherre Niclawes, er si sin unschuldig und welle sich

a) *S rep. daz.*

ez entreden, alse ein reht ist, da sprechen wir Mettelo und Fritscheman, daz er
sich billicher entschuldigen sol, danne man ez in bereden süle. alse die rattôte von
Strazburg gesprochen hant von Iluges wegen von Bûtenheim umbe sin gût, ob im
yet genummen si ime und den sinen von juncherren Niclaweses crieges wegen, dez
kneht er do waz und noch ist, so sprechen wir Mettelo und Fritscheman : ist daz Ilug
von Bûtenheim zû bringen mag, daz ieme und den sinen iet genomen ist in dem
vorgenanten criege, daz ime die burgere von Strazburg daz ufriben sûlent, als ein
reht ist. zû allen disen vorgeschrieben sachen wolte ieman derwider iet reden, daz
wil juncherre Niclawes zû bringen mit der warheit, alse ein reht ist. diz vorge-
schriebene bringen und sprechen habe ich Mettelo von Hittingen besigelt von min
selbes wegen und von hern Fritschemannes wegen, der sich under min ingesigele
in disen vorgeschriben sachen verbunden hat, mit minem ingesigele. und ich Fritscheman vergihe an disem briefe, daz ich mit hern Metteln gesprochen han und, wand
ich ingesigels nût enhan, mich under sin ingesigele verbunden han. diz geschach
zû Zabern an dem frigetage vor der pfaffen vastnaht, do men zalte von gotz
gebûrte drûzehen hundert in dem sehtzehenden jare.

S aus Straßb. St. A. AA 1388 s. nr. 342. Die Vidimatio schließt: in den vorgeschriben
sachen hant wir Johannis von gotz gnaden der bischof von Strazburg angesehen, was
die rattôte von beden teilen gesprochen hant, alse da vor geschriben stat, und
darûber hant ôch wir alse ein gemeine obeman mit wiser lûte rate gesprochen zû
rehte, dez wir uns verstant, und zû minnen, daz uns gevellich dunckel. und ist daz
sprechen geschrieben und mit unserme ingesigele besigelt. *Vergl. nr. 352.*

344. *Die Städte Hagenau und Straßburg schließen einen Vertrag über das
gerichtliche Verfahren gegen Schuldner. 1316 Februar 27.*

Wir . . der meister der rat und die burgere gemeinliche von Hagenowe tûnt
kûnt allen den, die disen brief gesehent oder gehôrent lesen, daz wir liebliche und
gûtliche verrihtet und verslihtet sin mit den burgeren von Strasburg aller der missehelle, die wir und die vorgenanten burgere von Strasburg mit einander hattent bitz
uffe disen hûtigen tag, und sin gûtliche mit einander uberein komen also, daz unser
burgere keinre von Hagenowe keinen burgere von Strasburg ane sol grifen
mit weltlichem gerihte noch ane gerihte in unser stat ze Hagenowe vur dekeine
fremede schulde, er enhabe es danne mit der hand gelobet oder sich verbunden mit
briefen, den man billiche gelôben sol. und het unser burgere dekeiner kein ansprache
an dekeinen burgere von Strasburg, die ansprache oder die schulde sol er kuntlich
machen und vurbringen vor dem weltlichem gerihte ze Strasburg, obe er sin lôkent, mit
mit zwein ersamen burgeren von Strasburg, die unversprochen sint. und sol man
ôch die solich haben, daz sie darumbe eine warheit sagent. mag unser burgere
danne die schulde mit den zwein erzugen, so sulent sie iren burgere solich haben,
daz er die schulde gelte unverzogenliche, ist es daz er so vil gûtes hat in irme
gerihte, damitte sie in twingen mûgent. het aber er so vil gûtes nût, so sulent sie
imme doch von imme rihten nach irre stete reht und gewonheite. und sol uns und
in damitte begnûgen ane aller slahte geverde. wil aber er es nût erzugen, alse da

vor geschriben stat, so sol der schuldenere sin reht vur die schulde tûn und sol
danne der schuldenere lidig sin. und were ôch daz sie ires burgeres, der die schulde
schuldig ist oder der die warheit darumbe sagen sol, ungewaltig werent oder in nût
getwingen môhtent mit sime gûte, so sol man in doch mit sime burgrehte twingen
s und sol ôch der ir burgere niemer werden, er enhabe e die schulde ufgerihtet oder
die warheit geset, durch der willen imme sin burgreht verteilet ist. were aber daz
die burgere von Strasburg unserem burgere von irme burgere nût woltent tûn ein
unverzogen reht, umbe daz er an in ze sprechende hette, môhte daz unser burgere
vor uns erberlichen vurbringen, so sulent wir in anderwerbe botschaft tûn. daz sie
10 unserem burgere von irme burgere tûnt ein unverzogen reht, umbe daz er an in ze
sprechende het, alse da vor geschriben stat. detent sie danne des nût, so mag unser
burgere ire burgere wol angrifen mit gerihte, swo er wil, untze daz er sinre sache
ein ende gewinnet. und sol doch darumbe dirre brief und dise gedinge zwischent
uns und den burgeren von Strasburg von nû der groszen vasnaht uber funf jar
15 stete bliben ane aller slahte geverde. und ist ôch beret zwischent den burgeren von
Strasburg und uns, ist daz kein burgere von Strasburg gegen unserem burgere
keime mit geistlichem gerihte, so verre uszerwartet daz geistlich gerihte imme gegen
unserem burgere weltlich gerihte erlôbet, daz ensol an disen brief nût gan. und sol
doch dirre brief und die vorgeschriben gedinge zwischent in und uns stete sin und
20 bliben untze dem vorgenanten zile ane aller slahte geverde. heruber ze eime urkunde
und daz dis war und stete blibe, darumbe han wir die vorgenanten burgere von
Hagenowe unser ingesigel gehenket an disen brief. der wart gegeben an dem
ersten fritage nach sante Mathias tage des zwelfbotten in dem jare, da man zalte
von gotz geburte drucchen hundert jar und sehtzehen jar.

Februar 27

25   *S aus Straßb. St. A. Verschl. Canzlei-Gew Corp. K. lad. 16 or. mb. c. nig pend Stadt-*
siegel von Hagenau.

345. *Ritter Heinrich von Fleckenstein verbündet sich mit der Stadt Straßburg*
gegen Eberhard von Berwartstein. 1316 März 23.

    Allen den si kunt, die disen brief gesehen und gehorent lesen, daz ich Hein-
30 rich von Fleckenstein ein ritter gesworn habe an den heiligen vor meistere und
vor rãte zû Strazburg, daz ich in und den burgern von Strazburg mit minen vesten
und mit minen dienern geräten und beholfen sol sin und daz wurste tûn sol, daz
ich kan oder mag. gegen Eberharte von Berwerstein und sinen helfern ane alle
geverde von ostern, die nû zû nehest kummet, uber zwei jar umbe daz, daz die
35 vorgenanten burgere von Strazburg Anshelme von den Eichen irme gevangen [1]
gemûte bant gegeben die vorgenanten zwei jar. und des zû eime urkunde so han

April 11

    [1] *Von dem Zuge gegen Berwartstein im Jahr 1314 berichtet Closener:* und underwegen, e daz sû
zû dem sesse koment, do brachent sû den turn zû der Eichen. *(D. St. Chron. VIII, 97).*

ich min ingesigel gehenket an disen brief.   der wart gegeben an dem ersten
cistage nach mittelvasten in dem jare, do men zalte von gotz geburte druzehen
hundert jar und sehszehen jar.

*S aus Straßb. St. A. Verschl. Canzlei-Gew. Corp. K lad. 17 or. mb. c. sig. pend. Legende:
s. Heinrici de Fleckenstein junioris.*

---

346. *Bischof Johann von Straßburg nimmt die Carmeliter in Stadt und Diöcese
Straßburg auf und gestattet ihnen, eine Niederlassung ihres Ordens im Pfarrsprengel von St. Thomä zu gründen. 1316 Juli 15.*

In dei nomine amen. pateat universis presens scriptum intuentibus, quod nos
Johannes dei gracia episcopus Argentinensis ob honorem et laudem omnipotentis dei
fratribus ordinis beate Marie de monte Carmeli concessimus et indulsimus ac presentibus concedimus et indulgemus, ut infra limites parrochie sancti Thome Argentinensis se pro conventu recipere valeant[1] cum effectu, ibidem deo in divinis et
aliis perpetuo servituri, et ut in civitate et dyocesi nostra Argentinensi verbum dei
valeant predicare ac confessiones fidelium audire et confessis injungere penitenciam
salutarem juxta previlegiorum sedis apostolice eorundem fratrum continenciam et
tenorem, indulgentes et concedentes auctoritate nostra ordinaria ipsis fratribus, ut
subditis nostris dicte civitatis et dyocesis ipsorum predicaciones audientibus, quo-
cienscunque hoc factum fuerit, quadraginta dies de injunctis sibi penitenciis valeant
relaxare. sed quia scriptum est, quod ea, que a jure communi conceduntur, etiam in
spiritualibus deduci licite poterunt in pactum et convencionem expressam, ideo ne
per graciam nostram presentem ipsis fratribus, ut premittitur, factam jura nostra
ordinaria et ecclesie nostre nunc et in posterum turbari valeant aliqualiter vel quomodolibet inpediri, expresse promiserunt dicti fratres pro se suisque successoribus
universis, consensu et auctoritate fratris Danielis prioris provincialis per Alemanniam
ordinis predicti super hiis omnibus plenius accidentibus, quod nobis in omnibus et
per omnia tamquam ordinario subesse debeant et quod mandata nostra et quecunque
judicialia et extrajudicialia tenere perpetuo debeant et ipsa fideliter observare
ipsisque finaliter obedire, non obstantibus quibusvis privilegiis ipsis fratribus seu
ordini eorum sub quavis forma vel expressione verborum a sede apostolica vel aliunde
concessis vel in posterum concedendis, per que venire possent contra premissa vel
aliqua premissorum. quibus omnibus previlegiis et indulgenciis ipsi . . prior provincialis et fratres renunciaverunt expresse finaliter et in totum. in quorum omnium
evidenciam sigillum nostrum una cum sigillis dictorum . . prioris et fratrum presentibus est appensum. nos vero . . prior . . provincialis et fratres predicti presentibus
confitemur, nos omnia et singula prescripta fecisse et in ea expresse consensisse
ipsaque de consensu nostro unanimi processisse, volentes etiam et in hoc expresse

---

[1] *Im Bündegäßlein, wie Closener berichtet (D. St. Chron. VIII, 131). Ch. Schmidt gibt irrthümlich
1307 als Jahr der Niederlassung an (Hist. du chap. de s. Thom. p. 171 u. Straßb. G. u. HN. i. M.
S. 50). Vergl. Wiegand Bellum Waltherianum S. 33.*

consencientes, quod, si alique sint posita in previlegiis nobis vel ordini nostro a
sede apostolica concessis, per que jurisdictio ordinaria reverendi patris et domini
nostri episcopi predicti ejusque successorum vilipendi diminui vel turbari posset vel
aliqualiter exsorberi, quod illa quoad hoc nullius penitus sint momenti et quod
omni saltim quoad hoc careant robore firmitatis, nullis nobis contra hec omnia
excepcionibus seu defensionibus valituris, quibus omnibus renunciamus litteras per
presentes. in quorum omnium evidenciam recognicionem et probacionem sigilla nostra
una cum sigillo reverendi in Christo patris et domini nostri Argentinensis episcopi
presentibus sunt appensa.   actum et datum in divisione apostolorum anno domini
millesimo trecentesimo sexto decimo.

*B aus Straßb. Bes. A. G fasc. 117 or. mb. c. 1 sig. pend, 2 delapsis. Vortrefflich erhal-
tenes Siegel des Straßburger Carmeliter-Convents. Auf der Rückseite von gleichzeitiger
Hand der Vermerk: indultum ut fratres de monte Carmeli in Argentina se collocent
et episcopo subsint.*

**347. Beschluß des Klosterconvents von St. Arbogast über die Verwendung seiner
Einkünfte. 1316 August 9.**

Noverint universi presencium inspectores, quod nos prepositus, Nicolaus prior
totusque conventus monasterii sancti Arbogasti extra muros Argentinenses attendentes[a], gravia dampna et dispendia nobis et nostro monasterio ex discordia inter
nos prepositum ex una et conventum predictum ex altera fore[b] orta et suscitata
occasione discensionis[c] et discordie habite super remediis et legatis nobis et dicto
monasterio nostro datis et legatis, et volentes salubri remedio eis occurrere et inantea
providere, propter communem utilitatem nostram et dicti nostri monasterii, tractatu
et deliberacione prehabita diligenti, et pacem et concordiam imposterum inter nos
habendam volumus[d] statuimus et ordinamus in modum infrascriptum, quod de bonis
nostris et dicti nostri monasterii omnibus in banno ville dicte Krigezheim sitis
redditus centum quartalium tritici et siliginis equaliter utriusque dictus conventus
recipiat et recipere habeat nomine remedii annis singulis perpetuo pro omni porcione eundem conventum[e] in legatis et remediis retro temporibus lapsis eis factis
ita, quod eadem annona per procuratorem, qui a nobis conventu predicto de consensu nostri preposti nostri predicti ad predicta remedia recolligenda et conservanda
electus fuerit, vendatur, de precio annone ejusdem due libre denariorum Argentinensium nostro preposito predicto et una libra denariorum Argentinensium cuilibet
de conventu annuatim detur et assignetur perpetuo pro necessitatibus nostris sublevandis, quodque residuum precium, si quod superfuerit, de dicta annona vendita et
distracta converti debeat et distribui tantum inter presentes visitacioni sepulchrorum
pro pictancia in communi, ita tamen, quod absentibus in negocio monasterii nostri
existentibus porcio sua in premissis salva esse debeat et assignata. item insuper
volumus statuimus et ordinamus, quod una carrata vini annis singulis de bonis

a) *B attendente.*   b) *Vielleicht verlesen für parte?*   c) *B discensione.*   d) *B volumus hier wie im
ganzen Stück.*   e) *Es ergänzen vielleicht contingente.*

nostris in banno ville dicte Wolffgangeszheim sitis necnon fructus omnes provenientes perpetuo de dimidio agro in banno ville Dorloczheim per quondam Nicolaum
dictum Winnum[a] nobis legato nomine remedii cedant et cedere debeant nobis preposito et conventui predictis ita, quod predictus procurator, qui ad premissa remedia
recolligenda a nobis deputatus fuerit vel electus, dictam carratam vini et proventus [5]
dimidii agri predicti vendere debeat et distrahere et precium inde receptum inter
nos equaliter distribuere, hoc tamen adjecto, quod preposito nostro predicto porcio
sua in dicto precio duplicetur. item statuimus, quod redditus decem quartalium
siliginis de bonis nostris in Rinstett cedant et cedere debeant perpetuo annuatim
nobis preposito et conventui predictis pro minualibus, qui vulgariter losse pfenninge [10]
nuncupantur, inter nos distribuendis juxta ordinacionem felicis recordacionis olim
domini Jacobi nostri prepositi[1] et ejusdem disposicionem, hoc tamen adjecto, quod,
quandocunque dictus dominus noster prepositus vel alius ejus successor, qui pro
tempore fuerit, nobis conventui predicto triginta et quinque libras denariorum
Argentinensium dederit pro redditibus aliis comparandis in locum decem quartalium [15]
predictorum, quod extunc dicta bona nostra in Rinstette a redditibus decem quartalium predictorum sint libera et absoluta, sic tamen, quod redditus empti et com-
parati cum triginta et quinque libris predictis cedant et cedere debeant ac distribui
in usus nostros prepositi et conventus annuatim pro minualibus antedictis equaliter,
hoc excepto, quod prepositus noster in premissis semper capere habet et recipere [20]
duplicem porcionem. item volumus et ordinamus, quod omnia remedia et legata a
Christi fidelibus imposterum nobis facienda cedant et distribuantur inter nos et convertantur in usus nostros secundum nobis illa dancium et legancium ordinacionem
et disposicionem. item volumus et statuimus, quod procurator ad premissa colligenda
et distribuenda a nobis conventu predicto de consensu tamen nostri prepositi pre- [25]
dicti, vel qui pro tempore fuerit, eligatur destituatur sive mutetur, ut visum fuerit
expedire, promittentes omnes et singuli per juramentum a nobis corporaliter prestitum tacto libro, nos premissa omnia et singula servaturos nec contra venire, fraude
et dolo penitus circumscriptis. insuper per idem juramentum promittimus, quod
preposito futuro nostro, qui pro tempore post mortem in[b] prepositum nostrum a [30]
nobis electus fuerit vel alias a superiore nostro nobis datus, nullam obedienciam
exhibemus vel faciemus, nisi prius juraverit, se servaturum ordinacionem nostram
antedictam. nec aliquem in choro nostro instellabimus vel porcionem in premissis
alicui dabimus seu aliquem ad professionem in nostro monasterio faciendam recipiemus, nisi prius juraverit, se predicta statuta servaturum in modum antedictum. [35]
in quorum omnium et singulorum evidenciam et testimonium sigilla nostra presentibus duximus appendenda.   actum et datum in vigilia Laurencii sub anno domini
millesimo trecentesimo sexto decimo.

B aus Straßb. Bez. A. G fasc. 1700 cop. chart. sec. XV aus dem Privilegienbuch von
St. Arbogast fol. 33. [40]

a) oder Wimmem ?   b) B inter.

---

[1] Jacobus Rybysin, *der in den 90sten Jahren des 13. Jahrhunderts als Probst von St. Arbogast*
nachweisbar ist, vergl. UB. III, 445.

348. *Die Herren von Falkenstein geloben, der Stadt Straßburg von ihrer Burg aus keinerlei Schaden zu thun und keinen Theil derselben zu veräußern. 1316 September 7.*

Nos . . Gotfridus . . Cônradus, Heinricus et Jacobus armigeri de Valkenstein ad
5 universorum et singulorum volumus[a] noticiam pervenire, quod nos, tractatu et deliberatione penes nos prehabitis, sollempni stipulatione promittimus tenore presencium
et spondemus, quod per nos nec aliquem nostrum communiter vel divisim aut nostra
occasione quacunque aut per quemlibet alium nostro aut aliorum quorumlibet nomine
universis civibus civitatis Argentinensis et eorum successoribus universis de castro
10 nostro Valkenstein nullum periculum sive dampnum quomodolibet inferatur. nos
eciam nec nostrum quilibet communiter vel divisim partem ipsum in dicto castro nostro
Valkenstein contingentem cuiquam alteri persone non vendemus nec obligamus vel
vendere vel obligare presumamus. sed si quis nostrum partem ipsum contingentem in
dicto castro vendere sive eciam obligare proposuerit, nobis residuis tribus aut alteri
15 inter nos, cui maluerit, partem ipsum contingentem in dicto castro vendet et obliget,
circumscriptis in omnibus premissis dolo et fraude penitus et amotis. premissa omnia
et singula fide prestita et per juramentum a nobis corporaliter prestitum confirmantes
volumus eciam, quod, si nos contra presens nostrum promissum quidquam attemptare presumeremus, perjuri fideique et honoris proprii violatores existamus. si quis
20 eciam premissorum aliquod infregerit inter nos, volumus, ut hiis, qui contrarium
facere presumpserit, perjurus fideique et honoris proprii violator existat, quodque
eciam . . officialis curie Argentinensis, qui pro tempore fuerit, sentenciam excommunicationis proferat in nos seu quemlibet nostrum contrarium facere presumentem.
nos vero . . officialis curie Argentinensis, quia premissa omnia et singula coram
25 nobis in modum predictum acta sunt, sigillum curie Argentinensis appendi fecimus
ad presentes. nos eciam Eberhardus comes Geminipontis ac dominus de Bitis, . .
Hannemannus et Johannes domini de Liethenberg sigilla nostra una cum sigillis . .
Gotfridi, Cônradi, Henrici et Jacobi predictorum ad preces eorundem duximus presentibus appendenda in testimonium omnium et singulorum premissorum. datum
30 anno domini 1316 in vigilia nativitatis beate Marie virginis.

S aus Straßb. St. A. Verschl. Canzlei-Gew. Suppl lit. F or. mb. c. 8 sig. pend, quorum
2 delapsa. Erhalten die Siegel der Straßburger Curie, Hanemanns von Lichtenberg, der
auf der Legende als advocatus Argentinensis bezeichnet wird, und der vier Herren von
Falkenstein; letztere zeigen im Schild drei Falken.
35 *Gedruckt aus dem Briefbuch A fol. 128b ibid. bei Wencker App. et instr. arch. p. 195*
nr. 28. — Batt das Eigenthum zu Hagenau II, 210.

349. *Schultheiß und Schöffen der Stadt Limburg beurkunden die von zweien ihrer Bürger beschworene Urfehde gegen die Stadt Straßburg. 1316 September 18.*

Nos scultetus et scabini opidi Lympurgensis notum facimus universis, quod
40 constituti propter hoc personaliter in nostro presencia Cunemannus dictus Mulich

a. S volumus hier wie im ganzen Stück.

et Heynemannus dilecti nostri coopidani pro se et omnibus suis amicis simpliciter et absque dolo renunciaverunt et renunciant ducentis quartalibus siliginis, que cives Argentinenses ipsis et Heinrico dicto Wisze eorum consorti et consocio abstulerunt. dicti quoque Cunemannus et Heynemannus juraverunt urvede se firmiter servaturos absque dolo. quod si contrarium facere presumpserint, ipso facto eos reputabimus per-   5 juros perfidos et infames et extunc non poterunt nec debebunt per nos in aliquo se juvare. preterea in nos recipimus, quam primum Heinricus dictus Wisze predictus Lympurg venerit, quod ipse renuneiabit in forma prehabita et jurabit. in cujus rei testimonium sigillum opidi nostri predicti duximus presentibus apponendum. actum et datum anno domini 1316 sabbato post exaltacionem sancte crucis.   10

350. *Ritter Werner Gutemann von Hattstadt fällt als Obmann seinen Schiedsspruch in dem Streit zwischen Werner von Bergheim und der Stadt Straßburg.* *1316 November 14.*   15

Ich Wernher der Güteman von Hadstat ein ritter, ein obeman in der sachen, die mir bevolhen ist von den herren von Strasburg und der stat ein site und ander site von hern Wernher von Bergheim, han gesprochen umbe den gezig, daz her Hug Wirich hern Wernher von Bergheim het gezigen, daz er swert über in zuhte und in hülfe jegen und yme in sin dor hiewe, do han ich gesprochen: giht dez der   20 von Bergheim, daz er daz gedon habe, so sol er zů besserungen zehen wůchen sin usser dem küngriche one gnade. giht aber er dez nůt und will sin eit dovůr důn, so dunket mich mügelich, daz er der besserungen lidig sůle sin, wand es ist ein gezig. und als der vorgenante her Wernher von Bergheim het gezigen hern Hug Wiriche und die mit yme gingent, daz sů in soltent gesůlt han und yme an sime   25 libe übel woltent han gedan, do dunket mich mügelich, daz her Hug Wirich noch sine knehte keine besserunge darumbe hern Wernher von Bergheim sůlent důn, wand es zweschent in zwein in eime offenen criege was. aber die andern, die er es öch zihet, die do mit hern Hug Wiriche giengent und in öch soltent sůchen yme übel zů důnde an sime libe unwiderseit, es sint burger oder burger sůne von Stras-   30 burg oder sussent namenthafte lůte, die sůlent sich entschlahen mit iren eiden, daz sů yme kein leit woltent důn an sime libe mit schlaheude noch mit vohende noch mit wundende, wand sů yme nůt widerseit hettent. welher aber under den sich dez nůt entschleht mit dem eide, als do vor geschriben stot, so dunket mich mügelich, daz der sůle sin usser dem küngriche zů besserungen zehen wůchen one   35 gnade. so dunket mich öch mügelich, daz die dienenden knehte, die do mit iren herren gingent, daz die sůlent öch keine besserunge darumbe důn, wand sů iren

herren dieudent. so han ich ôch gesprochen umbe Eberline von Bergheim, als der
zihet die herren von Strasburg, daz er von in getröstet wûrde und ôch von in in
der selben trostungen gevangen wûrde. du dunket mich mûgelich, welhe er dez
zihet, die yme die trostunge gelobet hant, daz sich die dez entscblahen sûlent mit
iren eideu. welhe aber dez nût endûnt, die sûlent yme abelegen allen den costen,
deu er in der selben gevenkuisse gehebet het an zerungen, mit yme selben und
mit den, die sin hûtent, one alle geverde, und sûlent ôch yme zû besserungeu sin
usser dem kûngriche zehen wochen one guade. so han ich ôch gesprochen umbe daz
ros, daz die herren von Strasburg jehent, daz her Wernher der vorgenante von
Bergheim in versetzet habe. daz dunket mich reht darumbe: het in der von Bergheim daz selbe ros gelobet zû lösende. gilt er dez, so sol er es dûn; gilt aber er
dez nût und wil sinen eit dovûr dûn, so dunket mich billich, daz sô sin reht dovûr
nemen sûlent oder es in aber erzûgent, doz er es habe gelobet zû lösende vor geribte
oder mit sinen briefen; mûgent sô in dez aber nût erzûgen, als do vor geschriben
stot, so sûlent sô sinen eit dovûr nemen und sol ôch er domitte lidig sin. so han
ich ôch gesprochen. wer under disen allen, die do vor geschriben stont, dem andern
besserade wûrt antweder mit dem eide oder usser dem kûngriche zu varende, der
sol es an in vordern vor der alten vasnaht, die nû zu nehst kummet. und wenne
er daz an in gevordert, daz er yme sinen eit dû, so sol er in yme dûn donoch in
den nehsten zwein dagen one alle geverde. welher aber sinen eit nôt endette, als
do vor geschriben stot, der wûrde schuldig usser dem kûngriche zu varende zu der
alten vasnaht, die nû kummet aller nehst, daz er denne usser sime huse varende
si und daz er si donoch in den ahte dagen usser dem kûngriche. und wenne die.
die do besserade werdent, usser dem kûngriche gevarent und darusse gesint zehen
wochen, so sûlent sô lidecliche wider heim varen. ich spriche ôch, daz, welher dem
andern besserade wûrt usser dem kûngriche, mag er mit deme, dem er bessern
sol, ûberein kummen, doz er es in erlot mit sime gûten willen, so mag er wol
heime bliben. ich Wernher der vorgenante Gûteman han dise vorgeschribene sûne
usgesprochen an dem sunnentage noch sancte Martines dage dez jores, do men
zalte von gotz gebûrte drûzehen hundert und sehzehen jor. uud zu eime urkûnde
dirre vorgeschriben dinge so han ich min ingesigel gehenket an disen brief.   der
wart gegeben dez dages und dez jares, als do vor geschriben stot.

S aus Strußb. St. A. Verschl. Canzlei-Gew. Corp. K lad. 16 ur. mb. c. sig. pend. laexo.

351. Johannes episcopus Argentinensis omnibus vere penitentibus et confessis,
qui hospitale novum situm in parrochia sancti Thome Argentinensis ultra Bruscam
in festivitatibus virginis Marie, sancti Johannis ewangeliste, beati Michahelis et omnium angelorum ac in die dedicationis ejusdem hospitalis accesserint vel qui ad
idem hospitale suas elemosinas transmiserint, quadraginta dies de injuncta eis penitencia relaxat; ad hec omnes indulgentias archiepiscoporum et episcoporum iu

1317
Februar 20

favorem dicti hospitalis rite concessas [1] ratas habens eis consensum suum adhibet. «splendor paterne glorie.» datum Argentine 16 kalendas decembris anno domini 1316. *November 16 Straßburg.*

B aus Straßb. Bez. A. G fasc. 3468 or. mb. c. sig. pend.

352. *Bischof Johann von Straßburg fällt als Obmann seinen Schiedsspruch in dem Streit zwischen Nicolaus von Lützelstein und der Stadt Straßburg. 1316 November 23 Marlenheim.*

In gotz namuen amen. in der sachen, die zwüschent dem edeln manne Nyclawese dem herren von Lützelnstein ein site und . . dem meistere . . dem râte und der gemeinde von Strazburg ander site an uns Johannese von gotz gnaden den bischof von Strazburg alse an einen gemeinen obeman gelaszen ist, da sprechen wir nach wiser herren und rittere, die unsere und unserre stifte man und gotzhuses dienestman sint, râte und alse wir uns selbe verstant, zu rehte und gehellent des ersten mit den râtlûten von beden siten [2] daran: daz der vorgenante Nyclawes widergeben sol und gelten, waz nach der burgere clage von Strazburg uf in behabet ist und noch behabet wirt vor den râtlûten oder vor dem merren teile ûnder in von den. die er geschadiget het, mit irme eide. doch sol die summe, der er also mag schuldig werden, niht sin über zwei hundert mark mit den fünf und zwenzig marken der burgere von Hagenowe. und sprechent ôch und heiszent, swaz er darumbe, alse da vor geschriben ist, schuldig wirt, daz er daz gelten sol zu den ziln, die hie nach geschriben stânt. die zil sint also: er sol daz dritteil alles des, daz, alse da vor geschriben stât, uf in behabet ist oder noch behebet wirt, vergolten han zu den nehesten ostern, die nu kumment. darnach sol er ein dritteil der selben schulde vergolten han zu sante Remigien mes darnach. so sol er daz hundertste dritteil vergolten han darnach zu den. nehesten ostern, also daz von den ostern, die nu kumment, über ein jar die schulde gentzliche si vergolten. dis sprechen wir und heiszent von dem gewalte, der uns von beden teiln darüber gegeben ist. darnach sprechen wir umbe den brant, der . . dem von Wangen und Johannese Kagen von des wegen von Lützelnstein geschach: wart des gedaht, da es gelaszen wart, und wart genummen in die zwei hundert mark, jehent des die râtlûte, so sol er drinne sin; jehent sie es aber niht, so sol Nyclawes widertûn, swaz darumbe von dem von Wangen und Johannese Kagen uf in behebet wirt. umbe die vestene zu Wegelinburg sprechen wir, wande es küntlich ist, daz sie ein riche anhôret und noch eins riches ist und daz ein künig von des riches wegen die burg angreif und gewan, daz die burgere von Strazburg, die darinne des riches helfere warent, umbe die vesteue und umbe den schaden, der da geschach, niemanne schuldig sint iht abe zu tûnde. darnach gehellen wir aber mit den râtlûten von beden siten und

1317
April 3
1317
October 1
1318
April 23

---

[1] *Vergl. nr. 328.*

[2] *Vergl. nr. 342 u 343.*

sprechent, waz Doldeman kuntlich machet mit sime eide, daz ime meister und rât
von Strazburg genummen hant oder von irn wegen genummen ist, daz sûlent sie
ime widergeben und gelten hinnan untze ostern, die nu zu nehest kumment. darnach sprechen wir, daz die burgere von Strazburg an den zwein knehten, die zu
5 Hagenowe an gerihte verzalet wurdent und verteilet zu dem tode, und sie darnach
die von Strazburg mit der wille von Hagenowe dannen vûrtent und enthôbetent,
dem vorgenanten Nyklawese debein unreht habent getân und daz sie ime darumbe
dekeine besserunge schuldig sint. umbe den schaden und umbe den brant, der
Nyclawes von Lützelnstein geschach zu Winden, zu Spetwilre, zu Bûchberg, zu
10 Husberg und zu Haselowe oder anderswa in dem kriege, den er hette mit hern
Walthere von Geroltzecke und mit Wilhelme dem Heyden von Wasselnheim, da bi
die von Strazburg, alse der selbe Nyclawes sprichet, sint gewesen, da sprechen wir :
sit daz versûnete kriege sint, so sûlent die von Strazburg gegen ime darumbe lidig
sin. mag aber der vorgenaute Nyclawes vûrbringen mit den, die an den sûnen
15 warent, daz der schade, der ime geschach, da die von Strazburg bi warent, ûs den
sûnen geleszen wart, so sûlent ime die von Strazburg, die da bi warent, den schaden
ufrihten, den er oder sine lûte, den der schade geschehen ist, behabent mit dem
eide. darnach sprechen wir, umbe daz Nyclawes sprichet, daz ime von der wegen
von Strazburg vûr sin hûs wart gerant und Smieke gevangen wart, wande daz
20 geschach in eime offen kriege, den sie mit ime hattent und der sider versûnet ist,
daz ime darumbe die von Strazburg deheine besserunge schuldig sint. doch heiszen
wir, waz Smieken da genummen wart, daz man ime daz sol widergeben, ob es
niht gescheben ist. darnach sprechen wir, waz die burgere von Strazburg genummen
hant oder von irn wegen genummen ist Hûgeline von Bûtenheim und den sinen
25 von des krieges wegen, den sie mit Nyclawese von Lützelnstein hattent, und daz
der selbe Hûgelin behebet mit sime eide, daz sûlent ime die von Strazburg ufrihten
und gelten hinnan untze ostern, die nu zu nehest kumment. dis alles, alse da vor
geschriben stât, han wir gesprochen mit wiser lûte râte unde alse wir uns selbe
verstânt.   und geschach daz sprechen zu Marley an dem zistage vor sante Kathe-
30 rinen tag des jares, da man zalte von gotz gebûrte drîzehen hundert unde sehszehen jar. unde des zu eime urkûde ist unser ingesigele an disen brief gehenket.

S aus Straßb. St. A. Verschl. Canzlei-Gew. Corp. K lad. 16 or. mb. c. sig. pend. delapso.

353. Fratres Raymundus Adrionopolitanus, Bartholomeus Ragusinus, Petrus
35 Nazarenus archiepiscopi, Egidius Andrinopolensis, Benedictus Suscinensis, Dompnus
Catarenus, Guillelmus in dominio Tartarorum, Johannes Visionensis, Hugo Placen-
tinus, Petrus Narniensis, Petrus Civitalis nove et Bartholomeus Cenicensis episcopi
cupientes, ut ecclesia sancti Thome Argentinensis congruis honoribus frequentetur,
omnibus vere penitentibus et confessis, qui ad ipsam ecclesiam in festo ejusdem
sancti Thome necnon in festivitatibus nativitatis domini, epyphanie, parasceues,
40 resurrectionis, ascensionis, penthecostes, in omnibus festivitatibus beate Marie virginis, beatorum Petri et Pauli ac omnium aliorum apostolorum et ewangelistarum.

Michaelis archangeli, Johannis baptiste, Nicolai, Martini, Symphoriani ac sanctarum
Marie Magdalene, Katherine, Margarete, Lucie, Elysabeth, undecim milium virginum,
in commemoratione omnium sanctorum et in dedicatione ipsius ecclesie ac per octavas predictarum festivitatum causa devotionis peregrinationis vel orationis accesserint, aut qui corpus Christi secuti fuerint, cum portatur infirmis, vel qui circuierint   5
cymiterium dicte ecclesie dicendo orationem dominicam pro defunctis, seu qui in
serotina pulsatione campane flexis genibus ter Ave maria devote dixerint, vel qui
in extremis laborantes dicte ecclesie quicquam suarum legaverint facultatum, vel
qui ad fabricam luminaria ornamenta et alia dicte ecclesie necessaria manus porrexerint adjutrices, singuli singulas dierum quadragenas de injunctis penitentiis   10
relaxant, dummodo consensus diocesani accesserit. »splendor paterne glorie«.
datum Avinioue anno domini 1317 mense januarii, pontificatus domini Johannis
pape XXII anno primo. *1317 Januar Avignon.*

> *T aus Straßb. Thom. A. Docum. hist. lad. I (Privileg.) or. mb. c. 12 sig pend. Die Siegel
> hängen in andrer Reihenfolge, als die Namen der Siegler stehen.*   15
> *Gedruckt darnach bei Schilter(us) L'église de s. Thom. p. 308 u. Ch. Schmidt Hist. du chap.
> de s. Thom. p. 350 nr. 63.*

354. *Die Bischöfe Johann von Straßburg und Gerhard von Basel, Herzog
Leopold von Oesterreich und mehrere oberrheinische Herren sowie die Städte Straß-
burg, Basel, Freiburg, Hagenau u. A. schließen einen Landfrieden bis zum*   20
St. Georgstag übers Jahr. [1317 Februar 17].

Wir Johannes von gotz gnaden . . bischof zû Strazburg, Gerhart von gotz
gnaden . . bischof zû Basele, Lûpolt hertzoge zû Osterriche, Ûlrich lantgrave zû
Eilsasze, Cûnrat gra[ve][1]
in Eilsasze, Waltere der eltere herre von Geroltzecke, die . . schultheissen die   25
meistere die . . rete von Strazburg, von Basele, von Friburg, von Hagenowe, von
Rodesheim, von Eh[enheim][2].
von Tûringheim, von Colmar, von Brisache, von Nuwenburg, von Mûlnhusen
und von Rinvelden tûnt kunt allen den, die disen brief gesehen[t] und gehorent
lese[n],   30
hertzoge Lûpolt der vorgenante bi den hulden, die[a] wir getan hant dem . . riche, gelobet hant und gelobent und wir lantgrave Ûlrich, grave Cûnrat, Otto . . . . . .
die . . schultheissen die . . meistere und die . . rete der vorgenanten stette von
der vorgenanten stette wegen gesworn hant und gelobent einen friden zû haltende
und zû schirmen[de].   35

a) Li—die auf Rasur.

---

[1] *Zu ergänzen höchst wahrscheinlich von Friburg. Otto von Ohsenstein lantvoget.*
[2] *Zu ergänzen wahrscheinlich von Sletzstat, von Keysersberg, von Münster.*

alse hie nach geschriben stat: hie disite Rynes von der Lutern zwisschent dem
Rine und dem gebirge uf untze an den Howenstein und von dem Howenstein untze
an G. . . . .
von Pfirt und von Mümpelgart zwisschent Befort und Rotbach hie dissite der
virst, und jensite Rines von der Osen zwisschent dem Rine und dem gebirge uf
untze. . . . .
stetten oder ieman anders, der reht het in keinre der vorgenanten stelle, keine
missetat tüt in den vorgenanten stetten oder ussewendig den selben stetten, alse
verre der . . . .
rihter rihten, der rihter ist in der stat, do jenre burger inne ist, oder der, der
reht in der selben stat het, von deme men claget. nach der selben stette rehte und
gewonheite. . . . .
stetten oder in iren gerihten üt tete oder ime üt geschehe, daz sol aber der
vorgenante rihter rihten nach der selben stette rehte und gewonheite, ob men ez
clage. . . . .
stetten oder iemau, der reht in den vorgenanten stetten het, eine missetat tüt mit
röbe mit brande mit gevangnüsse oder mit morde ussewendig den vo . . . . . .
und daz geclaget wurde den, die über disen friden gesetzet sint, so süllent die
selben, die über disen friden gesetzet sint, dem . . schultheissen dem . . mei-
[stere] . . . .
inne* ist oder der, der do reht het, in die selbe stat, von dem die missetat
geclaget ist. botscheflen, daz sü den vorgenanten, von dem die missetat ge-
clage[t] . . . .
dem, der von ime geclaget het, und den cleger unclagehaft mache. ist daz der meister
und der . . rat oder daz merreteil under in in der selben stat ent . . . . . .
irme räte getan hant, daz er schuldig ist. und sol öch[b] den cleger domitte
begnügen. und vellet dem cleger üt mit gerihte von der missetete wegen,
daz so . . . .
ez si denne sin güt wille. were aber er belümet, von dem men claget, so sol
aber der vorgenante meister und der rät von ime rihten nach der . . . .
daz der, von dem men claget, dem gerihte entwiche, so sol die selbe stat und die
andern, die disen friden gesworn hant, sin lip und sin güt anegriffe[n] . . . . . .
in enthaltet oder ime beholfen ist. untze daz er widertüt, alse do vor geschriben
stat. wolte öch die vorgenante stat von ime nüt rih . . . .
die disen friden gesworn hant, usse die selbe stat beholfen sin, untze daz sie von
ime gerihtet, als do vor geschriben stat. ¶ ist aber daz . . . .
oder iren gerihten in dem lande keine der vorgenanten missetete tüt, wirt der
ergriffen usse der getät in dem lande, der rihter, in dez gerihte d . . . . . .
nach den [s]chulden, als er begangen het, ist ez küntlich und offenlich, daz er ein
ubeltetig man ist. ist ez aber nüt küntlich und offenlich . . . .
gesetzet sint, ervarn und erkennen, waz mannes er si, in den nehesten viertzehen

a) *N odd processen durch untergesetzte Puokte getilgt.*   b) *öch übergeschrieben von gleicher Hand.*

nahten, so es in gekündet wirt ª. und sol ôch der vorgenante rihter do zwisschent
von ime nût rihten. er sol in enthalten alle. . . . .
erkennent, [w]az mannes er si, schedelich oder unschedelich. und sol ôch nach
der ervarunge der rihter rihten uffe sinen eit, in dez gerihte e . . . .
gerihtet, [so] sol dem selben rihtere vallen, waz ime billiche vallen sol. ¶ ez ist ₅
ôch berret, daz die, die ᵇ über disen friden gesetzet sint, nût anders . . . . . .
umbe gevancnüsse und umbe mort, alse do vor geschriben stat. ¶ alle geste und
alle kôflüte sullent in diseme friden sin [in] den vorgenanten zi[ln] . . . .
stelle den kôflüten und den gesten von diseme lande friden bern und su schirmen
in irs friden ziln uf dem lande und [uf de]m wassere. daz selb[e] . . . . ₁₀
gesten tûn [in] unsers friden ziln ane geverde. ¶ were ieman, der in den vorgenanten ziln gesessen ist, der disen selben friden nût [swer]n wolte in den
ziln al . . . .
sine dekeinre hande ding, alse do vor geschriben stat, innewendig den vorgenanten
ziln oder iemanne, der disen friden gesworn het, ussewendig . . . . ₁₅
sine sullent alle die, die disen friden gesworn hant oder noch swernde werdent, beholfen sin, untze daz er und die sine widertûnt un[d] gebesserent, alse
do v . . . .
geschehe, daz ensol an disen friden nût gan. und wer in ût tete, der entût
wider disen friden nût. ¶ ist ieman, der disen [fride]n gesworn het . . . . . . ₂₀
ussewendig diz friden ziln keinre hande ding tût, als do vor geschriben stat, daz sol
men rihten und ahten, daz ez gebessert [werde] in alle wiz, als ob. . . . . . .
die vorgesch[riben] ding, so sûllent die vorgenanten stette in iren friheiten
rehten und gûten gewonheiten bliben und mit [namen die st]ette von Strazburg. . . . . ₂₅
[reh]ten und gûten gewonheiten bliben. ¶ die usgeslagen, die die burgere von Strazburg usgeslagen hant und verwiset hant von . . . . e wegen von ir ¹ . . . . . .
¶ nieman s[ol] den andern angriffen noch pfenden in den vorgenanten zil
umb[e] dekeine schulde, die gemachet ist von dez crieges w[egen] . . . . königi-
rich . . . . ₃₀
mit der hende gelobet und sol ôch daz selbe tûn mit gerihte und an den stetten, -
do men darumbe rihten sol, umbe gülte zi[use] . . . . ein ieclich . . . .
gewonheite wol pfenden und angriffen. ¶ het ieman briefe über sich geben, daz
men in angriffen sülle, oder ez het e . . . . er sich ane br . . . .
riche anegat, den mag men wol angriffen und pfenden und engat daz an disen ₃₅
friden nût. ¶ es ist ôch beret, were d[az] . . . [vor]genanten dez ri . . . . . .
nach in disen friden bindende werdent, künig Frideriche keine helfe tetent, zû
der helfe sullent die vorgenanten der bisschof von Ba[sele], lantgra[ve] Ûlrich,
grav[e] ᶜ . . . .

ª) in den—wirt übergeschrieben von gleicher Hand.   b) die übergeschrieben   c) von der bisschof ab ₄₀
Alles auf Rasur.

¹ Wohl identisch mit der Ausnahmebestimmung des Landfriedens von 1310 August 19. Vergl
S. 232 Z. 36 u Anmerk. 1.

von Basele und ᵃ von Friburg nût gebunden sin von diz friden wegen, sô
lelent es denne gerne. und sullent ôch von diz friden weg[en] .... vorgenante
crie . . . .
gebunden sin keine helfe zû tûnde, sô wellent ez denne gerne tûn. ¶ so sullent ôch
des riches stette in der verbuntnûsse bliben .... [k]ûnig Frideriche . . . . . .
sachen und criegen beholfen sin ane alle geverde, die von diz friden wegen ᵇ ufstaut.
¶ wirt iemanne helfe erteilet von den eilfen ... ent die helfere . . . .
helfe kunig Frideriche zû helfende, varent von der helfe dez vorgenanten kunig Frideriches dienere oder dez riches stette, die [an] der helfe helfere ge . . . . . .
dannan varn. und weune dez vorgenanten kûnig Frideriches helfere und dez riches
stette die vorgenanten dez vorgenanten kûnig Frideri[ches]. . . . .
die andern helfere, die zû helfe gegeben sint, vallent ane geverde wider in die
ersten helfe der eilfe und sullent die helfe vollefûren, alse su . . . .
ôch usgedinget mit namen die vorgenanten der bischof von Basele, lantgrave Ûlrich
zû Elsasze, grave Cûnrat von Friburg, die burgere von . . . .
an diseme brieve geschriben stat von kûnig Frideriches helfern, daz selbe sol ôch
behalten sin kunig Ludewiges helfern. ¶ kumment die vorgenan[ten] . . . . . .
kein herre oder stat oder ieman anders, die harnach disen friden swerende werdent,
von diz selben friden wegen in keinen crieg, zû dem criege sol m[en] . . . . . .
ane geverde. ¶ ist daz ieman disen friden brichet oder ût tût wider die vorgeschriben ding und disen brief, wie men uf den helfen sülle . . . .
iren eit daz zweiteil oder me under in, an die dirre fride gesetzet ist, daz selbe sol
ôch sin in andern sachen. ¶ wer disen friden nût enswert untze an d . . . .
[ue]hest kunet, den sol men donach nût enphaben. und claget ieman von ime, daz er
den friden gebrochen habe oder wider die vorgeschriben ding getan . . . . . .
ben stat. ¶ claget aber er von yemanne umbe diz vorgeschribene ding, men sol
ime nût rihten. ¶ der herren lûte, die disen friden nût swern . . . .
hen, die herren habent denne e gesworn disen friden. ¶ het ieman ût erkobert vor
den nûutzehen und het dez briefe, do sullent ime deran . . . .
gotzhûser und dinghöve, die in den vorgeschriben ziln gelegen sint, sullent in iren
rehten bliben und sol in ir reht behalten siu. ¶ . . . .
drie von dez vorgenanten kûnig Frideriches wegen, die do git von sinen wegen
der vorgenante lantvoget, zwene von des vorgenanten bischofes Johanneses
w[egen]. . . . .
wegen, einen von dez vorgenanten herzogen wegen, ein von dez vorgenanten
lantgraven Ûlriches wegen, zwene von der vorgenanten burgere wegen von Str[az-
burg]. . . . .
von Basele. ¶ dirre fride hûp an an dem ersten zistage vor sante Agnese tage in *Januar 18*
dem jore, do men zalte von gotz gebûrte drûtzehen huundert . . . .
an sante Georgien tage, der darnach aller nehest komet, und von dez selben sante *April 23*
Georgien tage dannan ûber ein jor. und der vorgeschribenen dinge . . . . . .

a) von Basele auf *Basse*, und abergeschrieben. b) wegen abergeschrieben.

.. herren und . stelle unsere ingesigele an disen brief gehenket.　der wart gegeben
an dem ersten dûnrestage nach sante Valentines tage in dem vorg . . . . . .

*S aus Straßb. St. A. Gew. u. d. Pfalz lad. 21 nr. 2. Das Stück Pergament zeigt zeitgemäße
Schrift und ist mit sechszehn Siegelschnitten versehn. Der rechte Rand ist abgeschnitten
und der Text dadurch in jeder Zeile um 10—12 Silben mindestens verkürzt. Auch*　5
*sonst hat das Stück sehr stark gelitten, weil es schon früh als Einbanddeckel benutzt
worden ist. Dafür spricht die Faltung und die verschiedene Färbung des Pergaments
auf der Rückseite, auch der Dorsualvermerk aus dem Ende des 14. Jahrhunderts anno
etc. LXXXXmo, darunter Sal(?) domino Wilhelmo zûm Riet. Diese Jahreszahl 1390
findet sich noch zweimal viereckig umrahmt auf dem Rücken. Alles dies sowie die Cor-*　10
*recturen und Rasuren im Text lassen es mir zweifelhaft, ob hier wirklich ein ausge-
fertigtes Original vorliegt.*
*Gedruckt darnach im Auszug bei Wencker App. et instr. archiv. p. 191 nr. 26 und vollständig
bei Mossmann Cartul. d. Mulh. III, 523 nr. 160 ter, der den Landfrieden ins Jahr 1322
weist. — Trouillat Mon. de l'évêché de Bâle III, 311 note 1 mit dem Datum 1323. Ich*　15
*schließe mich der Ansicht von Kopp Gesch. d. Eidgen. Bünde IV, 2, 207 an, der die
Urkunde ins Jahr 1317 verlegt, namentlich mit Rücksicht auf die in nr. 356 erwähnten
Elsässischen Landfrieden und seine Neunzehnercommission, der mir mit dem vorliegenden
identisch zu sein scheint, und im Hinblick auf den gleichzeitigen Landfrieden König
Ludwigs am Mittel- und Niederrhein*[1]. *Unbegründet ist die Fixirung von Rosenkränzer*　20
Bischof Johann S. 48, der das Jahr 1315 annimmt.

355. Beschluß des St. Thomascapitels über die Besetzung der Stelle des Dormenters und die Vertheilung des Hühnerzinses. 1317 Februar 23.

In dei nomine amen.　cum sit scriptum : quod omnes tangit, debet ab omnibus
approbari, nos Sigelinus prepositus, Albertus decanus totumque capitulum ecclesie
sancti Thome Argentinensis attendentes, quod dormentarius ecclesie nostre omnium　15
canonicorum et personarum seu clericorum ipsius ecclesie est minister communis[2],
quodque ad ipsius dormentarii officium semper assumenda est, sicut decet, persona
ydonea, que ecclesie conveniat et personis, igitur cum id, quod a pluribus queritur,
facilius inveniatur, diligenti tractatu inter nos prehabito, consensu omnium et singulorum de capitulo ad hoc concorditer accedente, jus eligendi dormentarium seu　20
conferendi officium dormentarii, quod ad portarium ecclesie nostre ratione sui officii
hactenus pertinebat, eidem officio porte detrahimus et statuimus illud ad capitulum
nostrum communiter debere perpetuo pertinere, ut, quociens dictum officium dormentarii vacare contigerit, ille preficiatur eidem, qui ad illud per collationem seu
electionem totius vel majoris partis capituli preposito ecclesie nostre, qui pro tem-　25
pore fuerit, presentatus et per eundem eciam investitus. item statuimus census
caponum omnium, qui ad portarium ecclesie nostre hactenus pertinebant, esse deinceps perpetuo singulis annis inter canonicos ecclesie nostre et prebendarios canonicis in prebendis equales equaliter dividendos, salvo tamen, quod portarius, ad

---

[1] *Landfrieden König Ludwigs, vereinbart mit Köln, Mainz, Worms, Speier, Aachen, Oppenheim,*　40
*Frankfurt, Friedberg, Gelnhausen und Wetzlar zu Bacharach 1317 Juni 22. Gedruckt bei Hilgard
Urk. z. Gesch. d. Stadt Speyer S. 243 nr. 307. — Böhmer R. Lud. nr. 252.*

[2] *Vergl. Ch. Schmidt Hist. du chap. de s. Thom. p. 146 ff.*

quem eorundem censuum collectio et divisio pertinet, duplicem in illis prebendam
sibi retineat pro labore. hec igitur per nos, ut prescriptum est, ordinata et statuta
per juramentum de mandato nostro in animas nostras prestitum promittimus observare, volentes ea aliis ecclesie nostre statutis ascribi et inter illa a nostris in
5 ecclesia nostra predicta perpetuo successoribus juramento prestito observari. in
quorum omnium robur et testimonium sigilla nostra presentibus sunt appensa.
actum 7 kalendas marcii anno domini 1317.

T aus Straßb. Thum. A. Registrande A fol. 14ᵃ cop. ch. sec. XIV.

356. *König Friedrich und Bischof Johann von Straßburg beurkunden den*
10 *zwischen den Markgrafen Rudolf und Friedrich von Baden und den Neunzehnern*
des Elsässischen Landfriedens geschloßenen Vertrag über Zoll und Geleitsgeld des
Waarenverkehrs vornehmlich auf dem Rheine. 1317 März 10 Offenburg.

Wir Friderich von gotz gnaden ein römescher kunig merer dez riches zů
allen ziten und Johannes von gotz gnaden bischof zů Strazburg tůnt kunt allen
15 den, die disen brief gesehent und gehörent lesen, daz ez vor uns beteigedinget ist
zů Offenburg und übertragen durch fride und gnade des landes und der köflůte
zwisschent marggrave Růdolfe dem eltern und marggrave Frideriche herren von
Baden ein site und den nunzehen, die uber den friden zů Elsaze gesetzel sint¹,
von des landes wegen und aller köflute wegen ander site, daz margrave Růdolf und
20 margrave Friderich die vorgenanten kein zol von nymanne nemen sullent noch ny-
man von iren wegen untze zů wihennachten, die nů zů nehest koment, in irme
lande uffe dem lande oder uffe dem waszer. aber durch daz, daz men deiste sicher-
licher und vridelicher våre durch ir lant uf und abe beide uffe dem waszer und
uffe dem lande, so hant sů mit einander ubertragen, daz mengelich, der den Rin
25 abevert, von iedem fůder wines oder von anderme köfschatze, an welicher habe der
lit, der glichet eime fůder wines an der swere, der sol gehen iegwederme margraven den vorgenanten ein schilling pfenninge an der abeverte zů geleite und nůt
zů zolle, die burgere von Strazburg iedem margraven den vorgenanten sehs pfenninge, die burgere von Hagenowe nůtsnůt. und sol öch daz geleite weren untze
30 zů wihennachten, die nů zů nebesten koment. ez ist öch beret, daz die vorgenanten
margrave Růdolf und margrave Friderich von des vorgenanten geleites wegen
mengelichen nach dem vorgenanten geleite schirmen sullent in irme lande uf und
abe uffe dem waszer und uffe dem lande vor mengelicheme untze zů dem vorgenanten zile zů wihennachten ane alle geverde. und were, daz got wende, daz ieman
35 untze zů dem vorgenanten zile zů wihennachten in irme lande beröbet wurde oder
gevangen und daz kuntlich wurde gemacht mit erbern biderben lúten vor den vorgenanten nůnzehen, daz sullent die vorgenanten margrave Růdolf und margrave

¹ *1315 November 11 war der von König Heinrich VII eingesetzte Elsäßische Landfrieden (nr. 284)
abgelaufen. Dafür war dann wohl von 1317 Januar 18 ab der in nr. 354 mitgetheilte Friede eingetreten.*

Friderich helfen, daz ez ufgerichtet werde und gebeszert mit libe und mit gûte
und mit iren vesten bi gûten truwen, als were ez ir selbes, ane alle geverde. were
ôch daz die vorgenanten margrave Rûdolf und margrave Friderich daz nût mochtent
ufgerichten ane der nûnzcheure helfe und sprehent daz bi irme eide, so sullent in
die nunzehene mit dem friden beholfen sin, daz daz ufgerichtet werde. dettent die　5
vorgenanten margrave Rûdolf und margrave Friderich des nût, so sol der fride uffe
sie beholfen sin. und sol man ir lûte und ir gût anegriffen mit gerichte und ane
gerichte. und sol der anegrif an kein gerichte gan noch an kein friden noch an
kein lantfriden. ez ist ôch beret, daz die vorgenanten margraven noch ire zollere
noch nŷman von iren wegen keine gruntrûre nemen sullent noch keinen win stehen　10
sullent noch kein brot nemen sullent noch kein ander ding ŷmanne untze zû dem
vorgenanten zile zû wihennachten. were daz su oder ire zollere oder ŷman von
iren wegen daz brehent und daz die vorgenanten nunzebene erkantent, daz sullent
die vorgenanten margraven ufrichten ane allen verzog. ez ist ôch beret, daz ein
ufgande schif, daz da treit alse swere als ein hundert saltzes, an welicher hande　15
ding daz ist, nût me geben sol denne daz alte geleite, daz man von alter untze her
gegeben het margrave Rûdolfe dem eltern dem vorgenanten. und uber daz sol der
vorgenante margrave Rûdolf nŷman drengen ane alle geverde. sû hant ôch mit
einander ubertragen, daz die vorgenanten margraven sullent glôben des . . meisters
und des râtes von Strozburg briefen, als man untze her die briefe gegeben het ane　20
alle rehtvertigunge und ane alle widerrede. und des zû eime urkunde so hant wir
kunig Friderich und bisschof Johannes die vorgenanten unsere ingesigele mit der
vorgenanten margrave Rûdolfes und margrave Frideriches und Heinriches herren
von Eberstein ingesigelin an disen brief gehenket. wir die vorgenanten margraven
verjehent, daz die vorgesriben ding alle mit unserme willen und gehelle geschen　25
sint und globent sie ôch stete zû habende ane geverde bi dem eide, den wir unsern
herren getan hant. und der vorgesriben dinge zû eime urkunde so hant wir die vorgenanten margraven unsere ingesigele mit der vorgenanten herren kunig Frideriches
und bisschof Johanneses und mit unsers ôheimes Heinriches herren von Eberstein
ingesigelen gehenket an disen brief. so verjehe ôch ich Heinrich herre von Eber-　30
stein der vorgenante, daz ich mit den vorgenanten margrave Rûdolfe und margrave
Frideriche drôste, daz sû die vorgesribene ding stete haben untze zû dem vorgenanten zile zû wihennachten ane alle geverde. und des zû eime urkunde so han
ich Heinrich herre von Eberstein der vorgenante min ingesigel mit der vorgenanten
herren kunig Frideriches und bisschof Johanneses, margraven Rûdolfe und mar-　35
graven Frideriches der vorgenanten minre ôheime ingesigeln gehenket an disen
brief. der wart gegeben zû Offenburg an dem ersten dunrestage vor sante
Gregorien tage in dem jare, do men zalte von gotz geburte druzehen hundert jar
und sûbenzehen jar.

S aus Straßb. St. A. Gew. u. d. Pfalz lad. 266 nr. 19 or. mb. c. 5 sig. pend. Von den fünf　40
gut erhaltenen Siegeln hängen das Königs- und das Bischofssiegel an roth-grünen Seiden-
schnüren, die drei andern an rothen Wollschnüren.
Gedruckt darnach bei Wencker App. et instr. arch. p. 197 nr. 29 = Schöpflin Hist. Zaringo-
Bad. V, 357 nr. 210. — Böhmer R. Frid. nr. 100.

357. *Bischof Johann schärft den Geistlichen der Stadt und Diöcese Straßburg das Tragen der Tonsur, das Verbot bunter Schuhe u. A. ein. 1317 Mai 14.*

Johannes dei gratia episcopus Argentinensis universis et singulis prelatis canonicis rectoribus aliisque clericis civitatis et dyocesis[a] nostre Argentinensis, cujuscunque ordinis fuerint, etiam ordinis acolitatus, dummodo gaudere voluerint privilegio clericali, salutem in domino. licet inter alia clericalis honestas jure testante in tonsura et corona congruentibus existat, nonnulli tamen ex vobis circa observationem hujusmodi tonsure et corone congruentium se exhibent neglientes, immo quod severius est, ipsis penitus non utuntur nec hactenus utebantur, quod non solum est sacris canonibus inimicum, sed etiam periculose laycos scandalizat, sicut experientia docuit atque docet. nos volentes periculosam hujusmodi neglientiam supplere, prout nostri officii debitum exigit et requirit, vos et quemlibet vestrum hortamur in domino et paterna swadela mouemus, ut quivis[b] vestrum a festo pentecostes proxime venturo inantea secundum majus et minus juxta sui status et ordinis prerogativam hujusmodi tonsura et corona utatur sub pena excommunicationis late sententie, quam extunc ut exnunc in hiis scriptis ferimus in rebelles. qua etiam sententia excommunicationis quemlibet vestrum teneri et astringi volumus, qui a dicto festo inantea portaverit caligas omnino rubei viridis croceique coloris. volumus etiam et mandamus sub pena, de qua premittitur, ut nullus sacerdotum nobis subjectorum a festo beati Johannis baptiste proxime venturo inantea prebendam aliquam officiare presumat, nisi hujusmodi prebenda de bonis redditibus seu proventibus perpetuis dotata fuerit et super hujusmodi dotatione publicum instrumentum sigillo curie nostre habeat communitum, injungentes omnibus et singulis, quicunque super hoc ex parte nostra fuerint requisiti, in virtute sancte obedientie et sub pena excommunicationis, ut presens nostrum mandatum in choris majoris, sancti Thome et sancti Petri junioris ecclesiarum Argentineusium publicent et alibi, ubi fuerit oportunum. datum 2 idus maji[c] anno domini 1317.

Mai 22

Juni 24

B *aus Straßb. Bez. A. G fasc. 2719 or. mb. c. sig. pend. laeso.*

Gedruckt bei Würdtwein Nova subsidia diplom. XIII, 297 nr. 78 (ex libro salico maj. capit. Argent. fol. 89).

358. *Bischof Johann trägt den Geistlichen der Stadt und Diöcese Straßburg auf, seinen Proceß gegen die ketzerische Secte der Bekenner des freien Geistes zu veröffentlichen. 1317 August 13.*

Johannes dei gratia episcopus Argentinensis universis et singulis abbatibus prepositis decanis prioribus gardianis archipresbyteris rectoribus ecclesiarum et eorum vicariis aliisque sacerdotibus et capellanis nostre civitatis et dioecesis, ad quos presentes littere pervenerint, salutem in eo, qui est omnium vera salus. inter alia officii nostri onera, que ad curam dominici gregis nobis commissi pertinent, illud potissimum nos constringit, qualiter diligenti sollicitudine caveamus, ne per erroneas vulpecularum hereses christiane fidei unitas dissolvatur, sed subjectorum

a) *Würdtwein om. et dyocesis.* b) *W. quisquis.* c) *W. martii.*

nobis lege diocecsana sinceritas in professione fidei et devotione sancte Romane
ecclesie solidetur. igitur cum nobis in hac cura vigilantibus per viros litteratos et
sapientes religiosos et seculares, in partem hujus solicitudinis nobiscum vocatos,
denuntiatum fuisset, quod aliqui falsi christiani plures erroneas et diversas asser-
tiones vere fidei christiane contrarias in agro dominico nobis commisso clonculum   5
seminarent, nos ad instar boni pastoris, cujus gregem vulpecule astute nequiter et
lupi rapaces invadunt, predicte annuntiationis clamore valido excitati, assumtis nobis
prudentibus viris, de quorum discretione confidentiam gerimus specialem, per diligentem inquisitionem super hujusmodi erroribus factam invenimus, quod nonnulli,
qui sub nomine cujusdam ficte et presumte religionis, quos vulgus begehardos et   10
schwestrones, brod durch gott nominant, ipsi vero et ipse se de secta liberi spiritus
et voluntarie paupertatis parvos fratres vel sorores vocant, ac talium sequaces in
nostra civitate et diocesi habitant, quorum quidam, quod dolenter dicimus, sunt
religiosi et in sacris ordinibus constituti, nonnulli etiam conjugati et alii complures
diversis modis vivendi ab aliis distincti, qui, sicut per proprias eorum et earum   15
confessiones et legitimas probationes invenimus, irretiti et maculati sunt detestandis
et reprobandis erroribus infrascriptis [1]. [1] inter quos primus est contra divinita-
tem. dicunt enim credunt et tenent, quod deus sit formaliter omne, quod est. item
dicunt, quod homo possit sic uniri deo, quod ipsius sit idem posse ac velle et operari
quodcunque, quod est ipsius dei. item credunt, se esse deum per naturam sine   20
distinctione. item quod sint in eis omnes perfectiones divine, ita quod dicunt, se
esse eternos et in eternitate. item dicunt, se omnia creasse et plus creasse, quam
deus. item quod nullo indigent nec deo nec deitate. item quod sunt impeccabiles,
unde quemcunque actum peccati faciunt sine peccato. item quod sunt ipsum regnum
celorum. item quod sunt etiam immutabiles in nona rupe, quod de nullo gaudent,   25
et de nullo turbantur, unde se ipsos nollent a quacunque morte solo verbo, si possent, liberare. [2] secundo contra Christum. dicunt se credere, quod quilibet homo
perfectus sit Christus per naturam. item quod Christus non est passus pro nobis,
sed pro se ipso. item quod Christi humanitas a Christo deponitur et assumitur,
sicut corpus a dyabolo. item non exhibent reverentiam corpori Christi, avertendo se   30
ab hostia consecrata, et blasphemando dicunt, quod sapiat eis, sicut stercus in ore.
item dicunt, se credere, quod aliquis homo possit transcendere meritum Christi.
item quod nihil debeat fieri propter premium quodcunque, etiam propter regnum
celorum. item quod homo perfectionis debet esse liber ab omni virtute, ab omni
actione virtutis, a Christo, ab ejus passione cogitanda et a deo.   [3] tertio contra   35
ecclesiam multipliciter errando. dicunt enim, se credere, ecclesiam catholicam sive
christianitatem fatuam esse vel fatuitatem. item quod homo perfectus sit liber in
totum, quod tenetur ad servandum precepta data ecclesie a deo, sicut est preceptum
de honoratione parentum in necessitate. item quod ratione hujus libertatis homo
non tenetur ad servandum precepta prelatorum et statutorum ecclesie, et hominem   40

---

[1] Vergl. *Preger Geschichte der deutschen Mystik I, 461 ff. und Reuter Gesch. der religiösen Auf-
klärung i. Mittelalter II, 240 ff.*

fortem, etsi non religiosum, non obligari ad labores manuales pro necessitatibus suis, sed eum libere posse recipere elemosynam pauperum. item dicunt, se credere, omnia esse communia, unde dicunt, furtum eis licitum esse. [4] quarto contra sacramenta ecclesie errando. dicunt se credere, quod quilibet laicus bonus potest confieere corpus Christi, sicut sacerdos peccator. item quod sacerdos, postquam exuit se sacris vestibus, est sicut saccus evacuatus frumento. item quod corpus Christi equaliter est in quolibet pane, sicut in pane sacramentali. item quod confiteri sacerdoti non est necessarium ad salutem. item quod corpus Christi vel sacramentum eucharistie sumere per laicum tantum valet pro liberatione anime defuncti, sicut celebratio misse a sacerdote. item quod omnis concubitus matrimonialis preter illum, in quo speratur bonum prolis, sit peccatum. [5] quinto errando contra infernum et regnum celorum. dicunt se credere, quod judicium extremum non sit futurum, sed quod tunc est judicium hominis solum, eum moritur. item quod non est infernus nec purgatorium. item quod mortuo corpore hominis solus spiritus vel anima hominis redibit ad eum, unde exivit, et cum eo sic reunietur, quod nihil remanebit, nisi quod ab eterno fuit deus. item quod nullus damnabitur nec judeus nec saracenus, quia mortuo corpore spiritus redibit ad dominum. item quod homo magis tenetur sequi instinctum interiorem, quam veritatem evangelii, quod cottidie predicatur. [6] sexto errando contra evangelia. dicunt se credere, multa ibi esse poetica, que non sunt vera, sicut est illud: venite benedicti etc. item quod magis homines debent credere humanis conceptibus, qui procedunt ex corde, quam doctrine evangelice. item dicunt, aliquos ex eis posse meliores libros reparare omnibus libris eatholice fidei, si fuerint destructi. item quod pro illis, qui sunt in purgatorio, non sit orandum. [7] septimo et ultimo contra sanctos viros errando. dicunt se credere, quod perfecti homines communiter transcendere possunt et perfectiores sunt gloriosa virgine, et quosdam eam transcendisse in tribus virtutibus. item quod communiter aliqui inter eos perfectiores sunt sancto Paulo. item quod quidam ex eis adeo sunt perfecti, ut non possint deficere nec proficere in sanctitate. item quod perfectus homo non indiget in hac vita virtutibus theologicis, sicut fide spe et caritate.

Has igitur omnes prescriptas hereses sive errores una cum secta eorundem hereticorum suorumque sequacium utriusque sexus, cujuscumque conditionis status ordinis vel religionis existant, et cum omnibus eorundem cerimoniis conventiculis habitu et doctrinis, deliberatione diligenti cum sapientibus et electis viris prehabita, in Christi nomine damnamus dictasque hereses et errores, tamquam fidei christiane contrarios, reprobamus. et sequentes statutum sacri concilii Moguntini contra begehardos hujusmodi et eorum sequaces autoritate metropolitica canonice editum[1], cujus tenor presentibus est annexus, errorum predictorum professores utriusque sexus in eisdem perseverantes ac omnes et singulos eis in eisdem erroribus consentientes credentes faventes vel eos recipientes aut quomodolibet defendentes autoritate dicti

---

[1] *Auf dem Concil zu Mainz im Mai 1310. Vergl. das betreffende Statut bei Hartzheim Concil Germ. IV, 200.*

concilii et nostra in his scriptis excommunicamus et tamquam excommunicatos et
ab unitate sancte dei ecclesie extraneos, precipimus ab omnibus evitari, inhibendo
nihilominus sub eadem excommunicationis pena in contrarium facientes a nobis in
his scriptis prolata omnibus nobis lege diocesana subjectis, ne hereticis antedictis in
suis erroribus perseverantibus elemosynas suas porrigant vel eisdem aut eis consentientibus scienter communicent alio quovis modo, salvis nihilominus aliis sententiis
atque penis in tales per sedem apostolicam promulgatis. ut autem tam reprobis et
perversis hominibus perversitatis sue exercende commercium oportunum adimatur,
domos et habitationes suas, in quibus solebant habere conventus, auctoritate ordinaria publicamus et eas, antedictis hereticis et eis consentientibus exclusis et ejectis,
sancte dei ecclesie applicamus ad necessitates pauperum convertendas. precipimus
quoquo sub pena predicta omnibus nobis lege diocesana subjectis, quocumque nomine
censeantur, ne scriptis cantilenis aut doctrinis perversorum hujusmodi cum eisdem
damnatis legendo auscultando, et alio quovis modo tamquam fautores quamlibet-
cunque utantur, imo potius talia, ut prescriptum est, reprobata et damnata, si que
apud eos sunt, nobis infra quindenam a publicatione presentium presentent igne
cremanda. predictis autem begehardis ab erroribus antedictis ad unitatem sancte
dei ecclesie sponte redire volentibus injungimus sub pena excommunicationis late
sententie, ut ipsi infra triduum post publicationem presentium habitu, quo hactenus
in sua perversitate usi sunt, penitus abjecto et mutato, indumentis ab umbilico
deorsum scissis, desuper cum capuciis parvis, non tamen tunice consutis, non utantur, et in petendis elemosynis modum suum consuetum, qui est brod durch gott,
omittant et aliis mendicantibus se conforment. nos enim in omnes et singulos eosdem begehardos vel aliquem ex eis in habitu per nos, ut predictum est, reprobato
recipientes vel eis elemosynas suas contra hanc nostram prohibitionem largientes
excommunicationis sententiam proferimus in his scriptis. ad hec eadem sententia sive
pena, qua supra, perstringimus et scripto presenti innodamus omnes swestrones, que
in singularitate quadam reproba pallium replicant super caput et, dum petunt elemosynam, brod durch gott clamitant in plateis, nisi infra triduum post publicationem presentium singularitatem hujusmodi deferant et se cum aliis vestibus et in
petendo elemosynam aliis christianis conforment. per hanc autem nostram senten-
tium et prescriptum damnationis nostre processum religiosis, qui sunt de tertia regula
fratrum minorum, aut beginis honestis secularibus vel etiam quibuslibet aliis familiaribus fratrum approbatorum ordinum et secundum eorum consilium se regentibus
nullatenus volumus prejudicium generari, sed eos juxta modum servatum in aliis
provinciis perdurare.

Igitur vos omnes et singulos, ad quos presentes littere pervenerint, non exemptos
in virtute sancte obedientie, exemptos vero caritative in domino commonemus precipiendo firmiter et mandando, quatenus presentem nostrum processum pro conservatione fidei christiane rationabiliter editum, cum vobis fuerit presentatus, diligenter,
quantum vobis a deo conceditur, et ferventer in vestre fidei zelo inspiciatis et usque
ad plenum intellectum inspici et perlegi faciatis ac deinde tribus diebus dominicis
proximis in ecclesiis vestris populo vobis commisso, vos vero exemti in predicatio-

nibus vestris ad populum cum vulgari expositione lucida publicetis et publicari
faciatis, exhibentes vos huic sancte nostre commonitionis precepto tam promtos
tamque devotos executores, quo preter remunerationem divinam nostra etiam solici-
tudo ex debito commendet.   datum sabbato ante festum assumptionis beate virginis
5 anno domini 1317 [1].

Aus Mosheim De beghardis et beguinabus commentarius p. 255-261.

359. *Johann und Hügelin von Fleckenstein, Johann von Haiterbach, Anselm*
und Johann zu den Eichen, Domherren von Neuweiler, und Heinrich Underbach
verbürgen sich für die Sühne und Urfehde, welche Anselm von den Eichen gegen
10 *die Stadt Straßburg seiner Gefangennahme wegen eingegangen ist. 1318 Januar 5.*

Allen den si kunt, die disen brief gesehent und gehörent lesen, daz wir
Johannes von Fleckenstein, Johannes von Heyterbach, Hügelin von Fleckenstein,
Anshelm von den Eichen, Johannes zû den Eichen zwene tûmherren zû Nuwilre,
und Heinrich Underbach verjehent an diseme gegenwertigen brife und hant ez ôch
15 gesworn an den heyligen, were, des wir nôt getrûwent, daz Anshelm von den
Eychen, den do vingent uffe Berwerstein die erbern und die bescheiden burgere von
Strazburg [2], die sûne und die ûrfehte, die hie nach geschriben stat, die er gesworn
het an den heyligen zû haltende und zû habende vur sich und alle sine frûnt mit
den vorgenanten bûrgern von Strazburg und mit allen iren helfern von der vorge-
20 nanten sinre gevangnüsse wegen und von der vorgenanten gelete wegen, breche
oder dowider tete oder schûfe getan ôder sinre frunde keinre dowider tete oder
schûfe getan ane geverde, und daz . . meister und rât, die zû den zilten meister
und rât sint zû Strâsburg, erkantent, daz von in verbrochen oder wider die vorgeschribene sûne getan were ôder geschaffet verbrochen oder wider die selbe sune
25 getan in keinen weg ane alle geverde, wenne wir denne darumbe gemanet werdent
von der vorgenanten burgere wegen von Strazburg mit iren briefen oder mit iren
botten zû unsern hûsern zû unsern hofen oder mûnd gegen munde, so globent wir
uns unverscheidenlichen bi dem vorgeschriben eide in den nehesten achte tagen
darnach zû Strazburg in die stat zû antwertende nymer vur die ringmûre zû
30 kummende, untze den vorgenanten burgern von Strazburg und iren helfern aller
der schade und unlust wirt ufgerichtet, der in dovon beschehen ist. were ôch daz
unser einre stûrbe, daz got wende, so globent wir unverscheidenliche bi dem vorgenanten eide uns zû antwertende in die vorgenante stat zû Strazburg in dem
nehesten mânate, so wir darumbe gemanet werdent von der vorgenanten bûrgere
35 wegen von Strazburg, als do vor geschriben stat, nôt vur die ringmuren zû kummende, untze wir in gegeben hant ein als gûten und sichern burgen, als der was,

[1] *Vergl. Ch. Schmidt Die Straßburger Beginenhäuser im Mittelalter i. d. Alsatia 1858-61 S. 212 ff.*
und den Aufsatz von H. Haupt « Die Sekte vom freien Geiste und die Begharden » i. d. Zeitschr. f.
Kirchengesch. VII, 521 ff.
40 [2] *Vergl. nr. 316 u. 345.*

der do vervarn[a] ist, der swere und sich mit uns verbinde in alle wis, als wir uns
verbunden hant, ane alle geverde. ez ist öch berei, were daz wir oder keinre under
uns der vorgeschriben dinge keinz brechent oder dowider telent oder schöfent gebrochen oder dowider getan in keinen weg, und daz . . meister und råt, die denne
meister und råt sint zů Strazburg, erkantent, daz verbrochen were oder dowider 5
getan were, so erlöbent wir und gunnent den vorgenanten burgern von Strazburg
und iren helfern, daz sů unser aller, obe wir alle wider die vorgeschriben ding
telent, oder des, der denne dowider getan het, lip und gůt anegriffent mit gerihte
unde ane gerichte, wie ez in denne fůget, untze daz in und iren helfern aller der
schade ufgerichtet wirt, der in dovon geschehen ist. und sol der angrif[b] nüt gan 10
an kein lantfriden noch an kein ander gerichte, ez si geistlich oder weltlich. ich
Anshelm von den Eychen, der do gevangen was, der vorgenante verjehe an disem
briefe öffenlichen, daz ich gesworn habe an den heilgen urfechte und eine lůtere
stete sůne zů haltende und zů habende vur mich und alle mine frünt mit den vorgenanten burgern von Strazburg und mit allen iren helfern von der vorgenanten 15
minre gevangnisse wegen und von der selben getele wegen, und sol in öch beholfen
sin disen selben crieg uz selbe dritte ane alle geverde. und were, des ich nüt
getruwe, daz ich oder kein min frünt die vorgenanten burgere von Strazburg und
ire helfere von der vorgenanten gevangnüsse wegen und getele wegen schadegetent
oder schöfen geschadeget in kein weg, und daz meister und råt zů Strazburg, die 20
zů den zitten meister und råt sint zů Strazburg, erkantent, so erlöbe ich den vorgenanten burgern von Strazburg und iren helfern, min lip und min gůt an zů
griffende mit gerichte und ane gerichte, wie ez in denne fůget, untze daz in und
iren helfern aller der schade ufgerichtet wirt, der in dovon geschehen ist. und sol
öch der angrif an keinen lantfriden gan noch an kein ander gerichte, ez si geist- 25
lich oder weltlich, ane alle geverde. und des zů eime urkunde so hant wir Johannes
von Fleckenstein, Johannes von Heyterbach[1], Hugelin von Fleckenstein, Anshelm
von den Eychen, Johannes zů den Eichen[2], zwene thůmherren zů Nuwilre, und
Heinrich Uuderbach[3] die vorgenanten burgen und öch ich Anshelm von den Eychen,
der do gevangen was, der vorgenante unsere ingesigele gehenket an disen brief. 30
der wart gegeben an dem dunrestage nach dem subenden tage nach wihennachten
in dem jare, do men zalte von gotz geburte druzehen hundert jar und achzehen jar.

*S aus Straßb. St. A. Verschl. Canzlei-Uew. Corp. K lad. 15 or. mb. c. 7 sig. pend., quorum
4 delapsa. Das Pergament ist lincirt.*

a) *S* vernarn. b) *S* angrf. 35

---

[1] *Nach der Siegellegende* Johannes de Heiterbach, *im Feld drei Fische.*
[2] *Nach der Siegellegende* Johannes de Wache(n)hei(m), *im Felde ein Stern.*
[3] *Im Schilde drei Leitern.*

360. *Bischof Johann von Straßburg verkauft mit Zustimmung des Domcapitels seine Münze zu Straßburg an die Brüder Heinrich und Burchard von Mülnheim auf zehn Jahre von der nächsten Lichtmeß an um 200 Mark Silber. 1318 Februar 6.*

Wir Johannes von gottes gnaden bischof zů Strasburg důnt kunt allen den,
die disen brief lesent ôder hôrent lesen, daz wir mit gunste willen unde gehelle
unserre důmeherren von Strazburg unde dez capitels gemeinliche, durch bete meisters
unde rates unde durch des landes nutz hant geben zů kůfende den erbern mannen
Heinriche von Můlenheim unde Burkarte sinem brůdere unsere mûnse unde unser
reht, daz wir hant unde haben sûllent an der mûnsen zů Strasburg, von der liehte-
messe, die nu zů nebest kummet, ûber zehen jar also unde mit solicher gedinge,
daz es uns unserre stift noch unsern nachkommen nût schaden sol an unserme
rehte, swenne die zehen jar usgont[1]. wir mûgent eine nuwe mûnse heissen machen
unde smiden alle wegen uber drů jar, ôbe es uns fůget. unde ist der selbe kôf
beschehen umbe zwey hundert marg silbers luters unde lôtiges des geweges von
Strazburg, dez uns ôch von den vorgenanten Heinriche unde Burcarte von Mulenheim gar unde gentzliche vergolten ist unde in unsern unde unserre stifte nutz gar
unde gentzliche bewendet unde bekeret. es ist ôch also beret mit worten unde
bedinget, daz Heinrich unde Burcart von Mulenheim ôder ir erben, obe sů nût
enwerent, daz got wende, unz oder unser nachkomen sôllent entwurten einen
munsemeyster. wen sů wellent, den sůln wir setzen unde bestetigen unde sullent
me imgeben dise zehen jar allen den gewalt mit alleme rehte, den wir selber sullent han hie zwuschent an dirre mûnse. unde sol ôch der selbe mûnsemeister die
lehen, die von der mûnse gant, fûr uns unde unser nachkammen die selben zehen
jar geben unde rihten allen den, die davon sint verlehent, zů den ziten, also men
sů zů rehte sol verrihten. dete er des nût, so sullent sů Heinrich unde Burcart
von Můlenheim fûr uns rihten. unde were daz men unz oder unser nachkamen
darunbe angriffe unde phendete, daz sôllent sů ôder ir erben unz abedůn, unde
swaz schaden wir der phandunge nemen, ane geverde. ist aber daz ein mûnse-
meyster, den sů gent, abegat in denheine wis, so sullent sů uns einen andern
entwurten unde sullen wir demme den selben gewalt geben, den der erste hette,
beide wir unde ôch unser nachkomen. unde swa der munsemeyster nût betwingen
mag, da geben wir meistere unde rate den gewalt, daz sů imme helfent twingen
mit unserme gewalte, also wir selbe soltent dûn, ane alle geverde. wir gebent ôch
unserme officiale zů Strazburg gewalt unde gebietent imme mit diseme selben briefe
zů twingende, also reht ist, alle, die ussewendig unsern vesten unde dôrfern gesessen sint, die selbe mûnse zů nemende. unde sullen wir unser vogete, die
in unsern vesten und dôrfern gesessen sint, darzů ôch twingen dise mûnse zů
nemende, also gewônlich ist. unde gelobent in ôch die mûnse zů Altdorf unde
unser mûnse zů Kestenholtz durch alle dise zehen jar abe zů tůnde ane alle iren
schaden unde ane alle geverde. wir ôch daz capitel von Strasburg verjehent, daz

1318
Februar 1

---

[1] Vergl. nr. 257.

unser herre bischof Johannes von Strasburg die munse verkôft het, also hie vor
geschriben stat an diseme briefe, mit unserre gehelle unde mit uuserme gûten
willen. unde globen wir mit unserme vorgenanten herren demme hischove von
Strazburg stete zû habende disen kôf fûr uns unde alle unser nachkommen in alle
wise, also hie vor bescheiden ist mit worten an diseme briefe, ane aller hande ge-   •
verde. unde verzihent uns fûr uns unde alle unser nachkomen alles rehtes unde
schirmes beide geischliches unde welUiches gerihtes unde gewonheite, damitte wir
wider disen brief unde disen kôf beholfen mohtent sin, nu oder harnach in denheine wis. unde dez zû eime woren urkûnde so geben wir daz capitel von Strazburg disen brief hern Heinriche unde hern Burcarte von Mulenheim den vorgenanten   10
besigelt mit unserme unde mit unsers herren bischof Johanneses von Strazburg
des vorgesprochen ingesigeln.   der wart gegeben an dem mentage nach sante
Agathen tage des jares, do men zalte von gottes gebûrte drûtzehen hundert jar
unde achtzehen jar.

S aus Straßb. St. A. AA art. 43 nr. 5 or. mb. c. 2 sig. pend.   15

361. *Bischof Johann nimmt das der Straßburger Kirche übertragene Phynen-*
hospital zu Straßburg in Schutz und Verwaltung. 1318 Februar 20.

    In dei nomine amen.   noverint universi et singuli, quos nosse fuerit opor-
tunum, quod nos Johannes dei gracia episcopus Argentinensis attendentes, quod
pastoralis officii nostri debitum exigit et requirit curam et operam gerere, qualiter   20
pie et devote nobis subjectorum voluntates donationes ordinationes et dispositiones
maxime ad opera caritatis exercenda facte secundum donantium ordinationes et dispositiones effectum debitum et liberum consequantur, igitur donationem voluntatem
ordinationem et dispositionem a quondam Johanne dicto in Kalbesgaszen milite
Argentinensi et domicella Fina sorore ejusdem de bonis suis communibus et divisis   25
pro synodochio seu hospitali noviter instaurato in civitate Argentinensi et elemosinis in eodem distribuendis pro Christi pauperum sustentatione et ipsorum necessitatibus sublevandis pie et devote factas[1] grato suscepimus assensu, ipsasque donationem voluntatem ordinationem et dispositionem tamquam pias auctoritate nostra
ordinaria laudavimus approbavimus et ex certa scientia, legittimis et rationabilibus   30
causis ad hoc nos moventibus, in dei nomine confirmavimus, justicia exigente, sicut
hec omnia in instrumento super hoc confecto sigillo nostro magno consignato plenius continetur. quibus omnibus sic peractis, eadem domicella Fina in dicto synodochio seu hospitali, presentibus . . officiali curie nostre Argentinensis et magistro
Cûnrado de Offemburg thesaurario ecclesie sancti Thome Argentinensis et aliis   35
pluribus fide dignis, omne jus omnemque ordinationem et dispositionem sibi competentes in modum quemcumque et sub forma quacumque circa ipsum hospitale
necnon ipsum hospitale seu synodochium cum omnibus juribus attinenciis et perti-

---

[1] *Vergl. nr. 289 u. 290.*

nenciis ipsius quibuscumque ecclesie Argentinensi ob honorem omnipotentis dei et
gloriose virginis Marie ejus matris, in cujus honore ipsa ecclesia dedicata existit,
et ut idem hospitale seu synodochium cum omnibus suis juribus attinenciis et pertinenciis juxta sui institutionem, de qua in instrumento super hoc confecto sigillo
5 dicte curie consignato plenius continetur, per eandem ecclesiam Argentinensem ac
per patres et dominos episcopos ipsius ecclesie, qui pro tempore fuerint, defendi
defensari stare et permanere cicius securius et magis potenter valeat, nunc et imposterum cessit ac in ipsam ecclesiam Argentinensem et in nos nomine ipsius
ecclesie et pro ipsa transtulit pleno jure ac simpliciter et in totum, nobis hujus-
10 modi cessionem et translationem recipientibus nomine ipsius ecclesie et pro ipsa.
et quia non solum sacris canonibus, sed etiam publicis legibus cavetur, quod quilibet potest sue donationi cessioni seu translationi imponere legem perpetuo servandam, igitur dicta domicella Fina hujusmodi cessioni et translationi hanc legem
perpetuo servandam imposuit et impositam esse voluit, ut nos nostrique successores
15 episcopi ipsius ecclesie nostre Argentinensis ipsum hospitale seu synodochium cum
omnibus suis juribus attinenciis et pertinenciis in omnibus et per omnia juxta sui
institutionem ordinationem et dispositionem Johannis militis et Fine predictorum,
de quibus in instrumento curie predicto clare patet, nichil addendo detrahendo seu
minuendo vel in alium usum quantumcumque divinum commutando debeamus
20 manutenere perpetuo et effectualiter conservare, nobis hec sub attestatione divini
judicii injungendo. quibus sic peractis, dictum hospitale seu synodochium cum
personis rebus bonis et omnibus suis juribus attinenciis et pertinenciis in nostram
et dicte nostre ecclesie Argentinensis defensionem protectionem tuitionem et curam
suscepimus et suscipimus in hiis scriptis. concedimus etiam et volumus, ut pro
25 infirmis in dicto hospitali seu synodochio moraturis sit et esse debeat oratorium
perpetuo consecratum, in quo per sacerdotem eidem synodochio seu hospitali deputatum seu deputandum missarum sollempnia peragantur, salvo tamen jure parrochiali, quod in eodem oratorio seu synodochio . . thesaurario ecclesie sancti Thome
Argentinensis, qui pro tempore fuerit, in cujus parrochia situm esse dinoscitur,
30 reservamus, hiis dumtaxat exceptis, videlicet quod medietas oblationum in quibuscunque rebus existentium, quas ad manus sacerdotis, qui pro tempore fuerit, in
dicto hospitali celebrantis offerri continget, thesaurarie dicte parrochialis ecclesie
sancti Thome et ejus rectori cedere debeat bona fide, et quod sacerdos ejusdem hospitalis pauperibus infirmis ibidem degentibus ministrare habeat et debeat ecclesiastica
35 sacramenta, necnon quod dicti pauperes et infirmi ibidem decedentes apud idem
oratorium seu synodochium sive in cymiterio ejusdem synodochii ecclesiasticam
habeant et habere debeant perpetuo sepulturam, cum in dictis exceptis articulis,
videlicet in medietate oblationum et ecclesiasticorum sacramentorum ministratione
necnon in sepultura predicta dicte parrochiali ecclesie sancti Thome nullum videatur
40 prejudicium generari. cymiterium etiam, de quo premittitur, propter causas rationa-
biles ad hoc nos moventes fieri voluimus et concessimus ac concedimus per presentes. supradictis omnibus et singulis dictus thesaurarius suo et dicto sue parrochie
nomine et pro ipsa plene suum consensum adhibuit et adhibitum esse voluit cum

effectu, promittens bona fide nomine, quo supra, hec rata et firma tenere nec in
aliquo contravenire in judicio vel extra, imposterum vel ad presens. demum dicta
Fine nobis nostrisque successoribus observationem omnium premissorum injunxit et
injunctam esse voluit pro tanto et in tantum, quod negligentia eorundem de nostris
manibus in die districti judicii requiratur. in quorum omnium evidentiam testimo- 5
nium et probationem sigillum nostrum una cum sigillis dicte curie et thesaurarii
predicti presentibus est appensum. ego etiam thesaurarius predictus in evidentiam
premissorum sigillum meum duxi presentibus appendendum. nos vero . . officialis
predictus, quia omnia et singula prescripta in modum predictum acta sunt et fuerunt
coram nobis, sigillum dicte curie in evidens robur omnium premissorum appendi 10
fecimus ad presentes.   datum anno domini millesimo trecentesimo decimo octavo,
10 kalendas marcii.

B aus Straßb. Bes. A. G fasc. 118 or. mb. c. 3 sig. pend. laesis.
Darnach Regest i. d. Zeitschr. f. Gesch. d. Oberrh. XII, 166.

---

362. *Bischof Johann erläßt mit Zustimmung des Domcapitels Bestimmungen* 15
über das Messelesen im Straßburger Münster. 1318 Mai 2.

In nomine domini amen.   nos Johannes dei gracia episcopus Argentinensis
cupientes, divinum officium in choro ecclesie nostre Argentinensis rite ordinabiliter
et sine perturbatione celebrari qualibet, sicut decet, de consilio et consensu fratrum
nostrorum . . decani et capituli ecclesie Argentinensis jam dicte statuimus et ordi- 20
namus, quod de cetero nullus cujuscunque altaris ᵃ ecclesie majoris presbyter prebendarius vel capellanus presumat missam cum nota ᵇ vel aliud divinum officium
celebrare, antequam in choro predicto, in quo divinum officium est sollempniter
celebrandum, a quo eciam quoad divinum officium alie civitatis et dyocesis ecclesie ᶜ
regulantur, matutinum officium sit conpletum, et quod nullus eorundem, postquam 25
prima in choro predicto fuerit inchoata, usque ad finem misse majoris et sexte vel
none, que ipsi misse continuantur, presumat missam vel aliud divinum officium celebrare
vel inceptum cum nota aliquatenus terminare ᵈ, volentes, ut contra hoc statutum
facientes, postquam ad ipsorum noticiam pervenerit, sentenciam excommunicationis
incidant ᵉ ipso facto. preterea quia frequenter inter presbyteros noviter ordinatos, 30
prout ad nos fama referente pervenit, quis ᶠ eorum prius ad celebrationem prime
misse in ecclesia nostra admittatur, lites et, quod verendum est dicere, convicia
oriuntur, ex quo populus scandalizatur, cum id ex radice avaricie procedere videatur,
statuimus et presenti decreto sub pena excommunicationis jam late sentencie prohibemus, ne de cetero aliquis ad celebrationem prime misse, qui non sit de civitate 35
Argentinensi oriundus vel qui non habuerit domicilium in ipsa vel moram ut incola
ibidem traxerit, admittatur et ne admissus sub pena predicta missam primam in
ecclesia nostra Argentinensi celebret quoquo ᵍ modo. verum quia hoc avaricie vicium

a) *Würdtwein add.* canonicus vel prebendarius.   b) *W. add.* vel sine nota.   c) *W. add.* Argentinensis.   d) *W.* continuare.   e) *W.* incurrant.   f) *W.* quidem.   g) *W.* quocunque. 40

in religiosis maxime est succidendum, idcirco huic statuto adicimus, quod de cetero nullus religiosus sub pena predicta, quam admittentem et admissum incurrere volumus ipso facto, ad celebrationem prime misse in ecclesia nostra Argentinensi ullatenus admittatur. ad hec statuimus et sub pena excommunicationis jam late sentencie prohibemus, ne inposterum aliquis clericus beneficiatus vel in sacris ordinibus constitutus, cujuscunque dignitatis condicionis vel status existat, eundo per civitatem Argentinensem cinctus incedat desuper more layco cultellum deferens in cinctura in oproprium mansuetudinis clericalis, sed in honesto incedat habitu, sicut decet ordinem clericalem. inhibemus[a] preterea omnibus presbyteris[b] prebendariis et capellanis ecclesie nostre Argentinensis, licet[c] choro ecclesie nostre non sint[d] astricti, sub pena excommunicationis jam[e] late sentencie, ne de cetero ipsam ecclesiam sine religione ingredi presumant[f], donec in choro ecclesie nostre divina officia peragantur. datum feria tercia post Quasimodo anno domini millesimo trecentesimo decimo octavo.

B aus Straßb. B. A. G fasc. 1493 or. mb. c. sig. pend. laeso.
Gedruckt bei Würdtwein Nova subs. dipl. XIII, 299 nr. 79 aus andrer Quelle.

363. *Das Straßburger Domcapitel setzt für die Nachlässigkeiten seiner Mitglieder im Gottesdienst Strafen fest und bestimmt über die Vertheilung der Watschar benannten Einkünfte. 1318 Mai 2.*

In nomine domini amen. quia quandoque propter fratrum nostrorum absentiam quandoque propter fratrum[a] presentium desidiam divinum officium in ecclesia nostra Argentinensi negligitur, ex quo non solum fit injuria ecclesie, sed et scandalum oritur plurimorum, idcirco nos Heinricus de Lupfen decanus totumque capitulum ecclesie Argentinensis predicte, capitulo ad hoc indicto et diligenti prehabito tractatu, ad emendandum predicta et ut divinum officium deinceps secundum antiquam et hactenus observatam consuetudinem in ecclesia nostra continue et sollempniter habeatur, unanimi consensu statuimus et irrevocabiliter ordinamus, reverendo in Christo patre domino Johanne episcopo nostro presente consentiente statutum nostrum et ordinationem nostram approbante, quod, quicunque de cetero fratrum ad officium ad prophetam[h] ad epistolam vel ad ewangelium intitulatus fuerit et unum ex hiis, ad quod intitulatus fuerit, aut per se legere vel legi per alium procurare neglexerit, si in civitate vel civitatis suburbiis presens fuerit, pane antique et nove prebende et carnibus necnon denariis piscium et omnibus aliis, que dari presentibus consuetum est, per octo dies proximo sequentes careat tociens, quociens neglicus fuerit in premissis. sed si tempore, quo carnes non ministrantur, neglicus fuerit in premissis, careat denariis piscium et aliis, que loco carnium ministrantur. si vero intitulatus ad officium ad prophetam ad epistolam vel ad ewangelium absens fuerit et legi per alium unum ex predictis, ad quod intitulatus fuerit, neglexerit, pane antique pre-

a) *W. add. etiam.* b) *W. add. canonicis.* c) *W. qui.* d) *W. sunt.* e) *W. om. jam.* f) *B presumet.* g) *M om. fratrum.* h) *M prophociam.*

bende, quem absentes canonici recipiunt, per quatuor ebdomedas proximo subsequentes tociens careat, quociens negliens fuerit in premissis. item statuimus et ordinamus, ut . . archidiaconus chori cantor et . . archisubdiaconus, cum et quandoque per ipsorum neglientiam in summis festis et aliis certis festivitatibus divinum officium negligatur, dicta pena secundum eorum presentiam vel absentiam puniantur. statuimus etiam et ordinamus, quod inviolabiliter volumus perpetuo observari, quod hanc penam nullus prelatorum nostrorum remittere valeat vel contra eam aliqualiter dispensare, nisi ex causa episcopus, consensu fratrum omnium accedente. insuper statuimus et ordinamus et irrefragabili constitutione sanccimus, ut, quicunque canonicorum et fratrum nostrorum hoc nostrum statutum et ordinationem violare presumpserit non servando vel non servantem manutenendo, omnibus fructibus proventibus et obventionibus prebende sue, in quibuscunque consistant, per annum careat eo ipso. volumus etiam et ordinamus, quod, quicquid nomine pene dictis nostris fratribus, qui, ut scriptum est, neglientes fuerint in premissis, subtractum fuerit[a], in libros choro necessarios per duos de canonicis vel de vicariis, quos ad hoc deputaverimus, convertatur tamdiu, donec de subtractione dictorum fructuum aliud duxerimus ordinandum. ad hec deliberatione prehabita diligenti ex causis rationabilibus duximus ordinandum et pro statuto perpetuo observandum, quod obventiones dicte watschar[b], in quibuscunque consistant, in posterum clericis solummodo et non laycis conferantur. si quis vero contra hanc nostram ordinationem venire presumpserit, volumus, ut de dictis obventionibus pecunie et avene mansurnarii, qui pro tempore fuerint, et alii, qui dictas obventiones distribuunt, eisdem laycis ad solutionem dictarum obventionum nullatenus astringantur, sed ab eisdem laycis sint penitus absoluti, donec dicti redditus seu obventiones, qui watschar[c] dicuntur, juxta nostrum statutum clericis conferantur. nos Johannes dei gratia episcopus Argentinensis, quia statutis[d] predictis ex causis ratiouabilibus de consensu nostro editis interfuimus, ipsa approbamus et ob evidentem utilitatem et urgentem necessitatem ecclesie nostre et precipue ob augmentum cultus divini ea auctoritate ordinaria ex certa scientia in dei nomine confirmamus. et in ejus rei testimonium sigillum nostrum presentibus est appensum. datum feria tercia post Quasimodo anno domini millesimo trecentesimo decimo octavo[1].

B aus Straßb. Bez. A. G fasc. 2719 or. mb. c. sig. pend.
M coll. Melker Codex fol 23 b cop. mb. coneva.

a) *M om.* fuerit. b) *M* wotschar. c) *M* wotschar. d) *B* statutis.

---

[1] *Hier fügt der Schreiber von M noch hinzu:* hii interfuerunt constitucioni facte pro neglectione divinorum in choro ecclesie Argentinensis: primo dominus Johannes episcopus, Heinricus de Lupfen, decanus, Heinricus de Dicke portarius, Hermannus de Geroltzecke cellerarius, Rüdolfus de Dalmassingen, Hermannus de Tierstein kamerarius, Hermannus de Geroltzecke pincerna, Walramus de Vinstingen, Symandus de Horburg, Walramus de Veldentze, Ludewicus de Tierstein, Conradus de Lierheim, Johannes de Swartzenberg, Berhtoldus de Lüpfeu, Brûno de Geroltzecke, Ûlricus de Arberg, Rüdolfus de Ohsenstein, Eberhardus de Lupfen, Ûlricus de Rapoltzsteine et Johannes de Geroltzecke. *Am gleichen Tage, am 2. Mai, fand Reception von Canonikern statt. Im Melker Codex fol. 34 b ist von gleichzeitiger Hand vermerkt:*

364. *Sühne des Markgrafen Rudolf des älteren von Baden mit der Stadt Straßburg. 1318 Mai 19.*

Allen den si kunt, die disen brief gesehent und gehörent lesen, daz wir marggrave Rûdolf der eltere herre von Baden und wir der meister der rât und die burgere
von Strezburg gemeinlichen mit einander versûnet verrichtet und verslichtet sint lûterlichen lieplichen und gütlichen umbe die bresten und missehelle, so wir der vorgenante marggrave von unsern wegen und von unserre helfere und dienere wegen und wir die vorgenanten .. der meister der rât und die burgere gemeinlichen von unsern wegen und aller unserre burgere und helfere wegen mit einander hant
gehabet untze uffe disen hutigen tag von des schaden wegen, den der von Rýtbûre [a] den vorgenanten burgern getan het, von des schaden wegen [b] und des [c] brandes wegen, der den selben burgern geschach zû Willesteten [d], von des schaden wegen, der vron Margareten von Elsasze [e] geschach un irme huse zû Stopfenberg [f], und öch

a) A° Riethûre.   b) A° om. wegen.   c) A° om. des.   d) A° Willestette.   e) A° Margreden von
Elsassen.   f) A° Stôpfenberg.

Anno domini 1318 feria tercia post Philippi et Jacobi domini subscripti recepti fuerunt in canonicos ecclesie nostre per ordinationem.

Hii tres precedere debent ordinationem : Johannes natus domini Waltheri de Geroltzecke junioris, Eberhardus de Kyburg, Cûnradus de Fûrstenberg.

In ordinatione ad nominationem domini episcopi erit primus Johannes de Ohsenstein filius domini Ottonis et Gebehardus de Üsenberg secundus.

Item ad nominationem domini prepositi erit tercius Ludewicus natus quondam domini Johannis de Liehtenberg.

I. a. n. d. H[einrici] de Dicke et domini Ûlrici de Rapolstein erit quartus Georius filius domini Waltheri de Tuwigen de Geroltzecke.

I. a. n. d. Hermanni et Johannis de Geroltzecke erit quintus Hermannus filius quondam Heinrici de Rapolstein.

I. a. n. d. Johannis de Ohsenstein et Ludewici de Strazberg erit sextus Tûringus natus domini Tûringi de Ramestein.

I. a. n. d. Rûdolfi de Talmassingen et Waltheri de Schowenburg erit septimus Fridericus de Lierheim.

I. a. n. d. Heinrici de Lupfen decani et Ülrici de Arberg erit octavus Arnoldus filius Eberhardi de Bûgelan.

I. a. n. d. Hermanni de Thierstein et Berhtoldi de Fûzzen erit nonus Otto natus domini Symondi de Thierstein.

I. a. n. d. Hermanni et Brûnichonis de Geroltzecke erit decimus Johannes natus domini Burckardi de Geroltzecke an dem Wasichen.

I. a. n. d. Walrami de Veldentz et Johannis de Swartzenberg erit undecimus Johannes de Bercherg.

I. a. n. d. Ludewici de Thierstein et Eberhardi de Lupfen erit duodecimus Waltherus natus domini Johannis de Arberg.

I. a. n. d. Cûnradi de Lierheim et Marquardi de Hageln erit tredecimus Alberhtus natus domini Cûnradi de Hûrnheim.

I. a. n. d. Cûnradi de Kyrckel et Rûdolfi de Ohsenstein erit quartodecimus Fridericus de Stralenberg canonicus Spyrensis.

I. a. n. d. Walrami de Vinstingen erit quintodecimus Bruno de Vinstingen.

I. a. n. d. Symondi de Horburg erit sextodecimus Johannes natus Heinrici de Vinstingen.

I. Heinricus sacerdos de Krauburg receptus est per decanum et capitulum ecclesie Argentinensis in canonicum ejusdem et est ultimus in ordinatione precedenti. *Dieser letzte Absatz ist von anderer gleichzeitiger Hand mit blasserer Tinte nachgetragen. Nach Abschrift des H. P. Stauffer.*

von des crieges wegen, den wir hettent mit hern Reinbolte von Stopfenberg[a], do
uns dem vorgenanten marggraven unsere dienere gevangen wurdent von den vorgenanten burgern von Strazburg[1]. und globent ôch wir der vorgenante marggrave
vur uns alle unsere helfere und dienere und wir . . der meister und der rât von
Strazburg vur uns und alle unsere burgere und helfere die selbe[b] sûne stete zû   5
habende und volle zû fûrende gentzlichen und gar, ane alle geverde, noch dowider
nût zû tûnde noch schaffen getân mit gerichte oder ane gerichte in keinen weg. wir
verzihent uns ôch zû beden siten alles des schaden, den wir einander zû beden
siten getan hant und von einander gnomen hant von den vorgenanten vier sachen
wegen untze[c] uffe disen hûtigen tag, luterlichen und gentzlichen ane alle geverde.   10
ez ist ôch beret mit rehter gedinge, waz redelicher schulde wir . . der vorgenante
marggrave oder unsere dienere helfere oder lute den vorgenanten burgern von Strazburg schuldig sint oder waz redelicher schulde wir der meister der rât und unsere
burgere dem vorgenanten marggraven sinen dienern oder sinen lûten ôch schuldig
sint, do men briefe uber het oder sûs gûte kuntschaft oder wôrheit, daz uns und   15
den unsern do[d] zû beden siten alle unsere reht sullent darane behalten sin ane
aller slachte geverde. und der vorgeschriben dinge zû eime urkunde so hant wir der
vorgenante marggrave Rûdolf unser ingesigel und wir der meister und der rât die
vorgenanten unserre stete ingesigel gehenket an disen brief.   der wart gegeben
an dem fritage vor sante Urbans tag in dem jâre, do men von gotz geburte zalte   20
drûzehen hundert jâr und achzehen jar.

S aus Straßb. St. A. Verschl. Canzlei-Gew. Corp. K lad. 16 or. mb. c. 2 sig. pend.
K coll. aus Karlsruher G. L. A. Baden Generalia or. mb. c. 2 sig. pend.
Gedruckt aus dem Briefbuch A fol. 152[a] i. Straßb. St A. bei Schöpflin Als. dipl. II,
122 nr. 908.   25

365. *Bischof Emich von Speier leistet der Stadt Straßburg Sicherheit für
seinen Burgmann Paulus. 1318 Mai 20.*

Wir Emicho von gotes gnaden bisschof zû Spiren enbieten den erbern und den
wisen . . dem meistere und dem râte von Strôzburg unsern grûz in frûntschaft.
wiszent, daz wir ûch und alle uwere burgere von Strazburg und die burgere von   30
Hagenowe und alle uwere und ire helfere drôstent vur Pauluz unsern burgman von
des crieges wegen, den Anshelm von Berwerstein und Merkelin von Croppesberg
wider ûch und uwere stat zû Strazburg und die stat von Hagenowe und uwere und
ire helfere hant[2], also daz der selbe Paulus ûch oder uwere burgere von Strazburg
und die burgere von Hagenowe und uwere und ire helfere von des vorgenanten   35
crieges wegen nût sol schadigen mit reten oder mit geteten und daz er sinen frunden
und helfern noch rât noch weg sol geben, noch keine bette an sie sol legen, dovon

a) K Stöpfenberg.   b) K dise.   c) K und.   d) K om. do.

[1] *Vergl. nr. 366.*
[2] *Vergl nr. 372 und 389.*   40

ir oder uwere burgere von Strazburg oder die burgere von Hagenowe oder uwere
oder ire helfere geschadiget werden mûgent in kein weg, ane alle geverde. und des
zû eine urkunde so hant wir Einicho der vorgenante bisschof unser ingesigel gehenket
an disen brief.   der wart gegeben, do men zalte von gotes geburte drûzehen
hundert jar und achzehen jar an deme samestage vor sante Urbans tag.

S aus Straßb. St. A. Verschl. Canzlei-Gew. Corp. K lad. 17 or. mb. c. sig pend. Das Stück
ist rescribirt.

366. *Die Ritter Letschir von Ingersheim, Faulhaber von Meinsheim und*
Burchard Spete sowie drei genannte Edelknechte schwören der Stadt Straßburg
Urfehde und Sühne wegen ihrer Gefangennahme auf Staufenberg. 1318 Mai 28.

Allen den si kunt, die disen brief gesehent und gehôrent lesen, das wir Rugger
Letschir von Ingersheim, Cûnrat Fulhaber von Meinsheim, Burghart Spete rittere,
Wernher Vrie[1], Heinrich von Owensheim und Hug Zunde[2] edele knechte, die die
erbern und bescheiden burgere von Strazburg viengent uffe Stofenberg[3], gesworn
hant an den heiligen vur uns unsere frunt und alle unsere helfere von der vorgenanten gevangnisse wegen und von der vorgenanten getele wegen ûrvehte unde
eine lutere stete sûne zû habende und zû haltende mit den vorgenanten burgern zû
Strazburg und mit allen iren helfern, und globent bi dem selben eide, die vorgenanten burgere von Strazburg noch ire helfere nymer an zû griffende noch zû
schadegende noch geschaffen angegriffen noch geschadiget in keinen weg von der
vorgenanten gevangnisse wegen und von der vorgenanten getele wegen ane alle
geverde. wir verzihent uns ôch herûber allez rehtes und alles schirmes, ez si geistlich oder weltlich, domitte wir beholfen mochtent werden oder getûn mochtent wider
die vorgeschriben ding und diseu brief in keinen weg, ane alle geverde. unde des
zû eime urkunde so hant wir die vorgenanten personen unsere ingesigele gehenket
an disen brief.   der wart gegeben an dem sunnentage nach sante Urbans tag in
dem jore, do men zalte von gotz geburte drûzehen hundert jar und achzehen jar.

S aus Straßb. St. A. Verschl. Canzlei-Gew. Corp. K lad. 15 or. mb. c. 6 sig. pend.

367. Magister Johannes operarius Argentinensis dictus Nusneit consules scabinos
magistros civium ceterosque cives civitatis Coloniensis, qui ei de salario suo promisso ratione servitii illis impensi totaliter satisfecerunt, ab omni impetitione quitos
reclamat et absolutos. Reynkinus dictus de Aquis civis Coloniensis, Johannes dictus
Merswin et Petrus dictus Rodenbûrg cives Argentinenses ad preces Johannis Nusneit, qui proprio caret sigillo, sigilla sua apponunt. datum feria 3 post festum
nativitatis beati Johannis baptiste anno domini 1318. *Juni 27.*

Aus Ennen Quellen z. Gesch. d. Stadt Köln IV, 51 nach dem Or. in St. A. zu Köln. —
Regest i. d. Mitth. a. d. St. A. v. Köln Heft 5, 35.

---

[1] *Nach der Siegellegende Wernherus dictus Frige de Sternenvels.*
[2] *Nach der Siegellegende Hug Zunde von Landeke, im gegitterten Felde ein Hirschkopf.*
[3] *Vergl. nr. 364.*

368. *Die Stadt Metz verspricht, der Stadt Straßburg und besonders dem Straßburger Ritter Burchard von Mülnheim keinerlei Schaden zu thun. 1318 Juli 7.*

Nos magister scabinus ac tredecim jurati civitatis Metensis totaque communitas
civitatis ejusdem notum facimus universis presentes litteras inspecturis seu audituris,
quod ratione captionis sive detentionis concivium nostrorum Metensium ac bonorum   5
eorundem, quam fecit dominus Burcardus de Molnheim miles civis Argentinensis occasione Conradi de Rimeranges de Alba sculteti, nec etiam ratione dampnorum, que inde
nostris concivibus antedictis obvenerint, nichil molesti nilque dampni dicto domino
Burcardo suisve nec civibus civitatis Argentinensis per nos seu per aliquos de nostris
concivibus Metensibus obveniet in futurum, sed de predictis tenebimus et per nostros   10
concives predictos bonam pacem teneri faciemus in perpetuum. in cujus rei testimonium sigillum civitatis nostre Metensis litteris presentibus duximus apponendum.
datum anno domini millesimo trecentesimo decimo octavo, septima die mensis julii.

S aus Straßb. St. A. Verschl. Canzlei-Gew. Corp. K lad. 17 or. mb. c. sig. pend. mutilato.

369. *Die Stadt Metz sichert der Stadt Straßburg Waffenruhe bis Mariä Geburt*   15
zu. 1318 Juli 7.

Nos magister scabinus ac tredecim jurati civitatis Metensis totaque communitas
civitatis ejusdem notum facimus universis presentes litteras inspecturis, quod nos
concessimus et dedimus et per presentes damus et concedimus ex parte nostra et
omnium concivium nostrorum Metensium omnibus civitatis Argentinensis concivibus   20
bonas treugas atque assecurationes legales exnunc usque ad festum nativitatis gloriose virginis Marie proxime venturum duraturas. in cujus rei testimonium sigillum
September 8 civitatis nostre Metensis litteris presentibus est appensum.   datum anno domini
millesimo trecentesimo decimo octavo, septima die mensis julii.

S aus Straßb. St. A. Verschl. Canzlei-Gew. Corp. K lad 17 or. mb. c. sig. pend. mutilato.   25

370. *Das Domcapitel und die Capitel von St. Thomas und St. Peter zu Straßburg,
von Haslach, Rheinau und Surburg verbünden sich gegen die Straßburger Dominikaner und Franziskaner, welche die Decretalen Clemens V fälschlich auslegen.
1318 August 5.*

Quoniam, ut sacri canones attestantur, error, cui non resistitur, approbatur et   30
veritas opprimitur, que minime defensatur, eapropter nos decani et capitula majoris,
sancti Thome et sancti Petri civitatis Argentinensis, Haselacensis, Rinaugensis et
Surburgensis diocesis ecclesiarum, attendentes et apud nos et nostras ecclesias provida deliberatione prehabita revolventes constitutiones quasdam a sancte recordationis
Clemente papa quinto in concilio Viennensi editas, nuper autem per sanctissimum   35
in Christo patrem ac dominum nostrum dominum Johannem divina providentia

summum pontificem nobis ac universali ecclesie non minus utiles quam necessarias
publicatas[1], quas fratres predicatores et minores civitalis et diocesis predictarum
nunc privilegiorum quorundam pretextu, que tamen per easdem et alias constitutiones sunt expresso frustrate modo, excogitalis interpretationibus ac fraudibus exquisitis non tam improvide quam temere infringere moliuntur, propter que status
vilescit ecclesie, obedientia sedi apostolice debita enervatur, divisio in sancta dei
ecclesia, que est una, suboritur dicteque constitutiones sue provisionis effectum
minime sortiuntur, cum igitur parum sit jura condere, nisi sint qui eadem tuean-
tur, nos ad obviandum errori predicto et pro veritate hujusmodi defensanda contra
religiosos eosdem ac alios quoscunque, cujuscunque conditionis aut status existant,
salva reverentia domini nostri domini Johannis episcopi Argentinensis, quem in
presenti excipimus, unione [contra][a] constitutiones predictas aut alias pro nostro et
ecclesiarum nostrarum statu utiles non servantes aut eas evertere molientes sive
statum nostrum tranquillum quovis modo turbantes aut etiam alique in nostrum et
ecclesiarum nostrarum dampnum vel prejudicium innovantes aut hec circa adhereutes
nobis aut adherere volentes imposterum perpetrantes, ex causis hujusmodi et ex aliis
multis utilibus et necessariis, pro statu nostro et ecclesiarum nostrarum tranquillo
et illeso servando, nos invicem univimus concordavimus ac pactis et obligationibus
infrascriptis astriximus, unimus concordamus et astringimus per presentes, quod hec
omnia et singula contra omnes predictos manuteneamus conservemus ac pro nostris
viribus tueamur, omnesque expensas labores dampna sive pericula facta vel facienda
pro manutenendis conservandis atque tuendis predictis vel occasione ipsorum equo
pondere pro modo et facultate cujuslibet nostre ecclesie contribuamus ac etiam
subeamus, omnesque ecclesias vel singulares personas, que propter predicta vel occasione predictorum aliqua dampna injurias vel molestias qualescunque sustulerint,
adherentes etiam nobis quoscunque vel in futurum adherere volentes vel super hiis
aut emergentibus ex hiis dantes auxilium consilium vel favorem defensemus et
indempnes ab hujusmodi dampnis injuriis atque molestiis conservemus, super hiis
adimplendis et conservandis omnia bona ecclesiarum nostra mobilia et immobilia
pignoris et ipotbece titulo obligantes, promittentes nos decani majoris, sancti Petri
et magister Heinricus dictus Füller sancti Thome civitatis Argentinensis necnon
Ludewicus de Amelia[b] scolasticus Haselacensis et magister Rüdegerus de Gertewilre
Rinaugensis et Nicolaus dictus Dürre Surburgensis diocesis ecclesiarum canonici,
per juramentum a nobis corporaliter prestitum in animas nostras et singularum
personarum, de ecclesiis nostris jam dictis speciale mandatum super hoc ab eisdem
habentes, interveniente nihilominus stipulatione sollempni, honorando viro judice

a) Wohl zu ergänzen.   b) H Amelieü.

[1] Die Clementinen benannte Decretalensammlung, welche Pabst Johann XXII 1317 publicirte. Am
23. Juli 1318 hatte Bischof Johann von Straßburg dem Clerus seiner Diöcese eine Reihe von Bestimmungen des Concils von Vienne zur Kenntniß gebracht, welche in die rechtlichen Verhältniße der Orden
besonders eingriffen, z. B. die Artikel de testamentis et ultimis voluntatibus, de parrochiis et alienis
parrochianis, de excessibus privilegiatorum, de sentenția excommunicationis etc. cap. ch. sec. XVII
i Straßb. Bez A. O fasc. 3466 fol. 344[b] ff.

curie Argentinensis presente et hujusmodi stipulationem vice et nomine omnium,
quorum nunc interest aut in futurum intererit, recipiente, quod omnia subscripta
et singula rata firma et inconvulsa servabimus nec contra ipsa occasione doli vel
fraudis, rei non ita geste, conventionum non sic, ut premittitur, factarum aut aliis
quibuscunque subterfugiis veniemus vel veniri faciemus in judicio vel extra, impos-   5
terum vel ad presens. verum ne super articulis in unione hujusmodi comprehensis
aut aliquibus emergentibus ex eisdem aut occasione ipsorum ortis, si in unione ipsa
pactis conventionibus ac promissionibus antedictis includi vel comprehendi debeant
iutelligi, aliquis dubietatis scrupulus oriatur, sic duximus ordinandum, quod quattuor
fide digne persone, scilicet due ex dictis majoris, una ex sancti Thome et una ex   10
sancti Petri eligantur seu assumantur ecclesiis, quelibet per sue ecclesie capitulum
vel majorem partem ipsius. apud quas quattuor vel majorem partem ex eis plena et
libera residebit potestas declarandi et interpretandi, si hujusmodi articulus huic
unioni includi debeat. quidquid diffinierint, ab omnibus nobis nobisque adherentibus
observabitur, contradictione qualibet quiescente, salvis etiam ecclesiis Haselacensi, 15
Rinaugensi et Surburgensi, quod quelibet illarum unam personam, si velit, adjun-
gere possit quattuor personis predictis super dubiis predictis declarandis, unionibus
istis ac dictis conventionibus universis decem annis a data presentium tantummodo
valituris. in quorum omnium evidentiam et evidens testimonium premissorum sigilla
nostrorum decanorum et capitulorum predictorum una cum sigillo curie Argenti-   20
nensis presentibus sunt appensa. nos quoque judex curie Argentinensis, quia omnia
et singula premissa in nostri presentia in modum predictum sunt acta, idcirco sigillum ejusdem curie ad petitionem dominorum decanorum et capitulorum predictorum
presentibus duximus appendendum in omnium et singulorum evidens testimonium
premissorum.   actum et datum nonis augusti anno domini millesimo trecentesimo   25
decimo octavo[1].

B aus Straßb. Bes. A. G fasc. 3465 nr. 334 *cop. ch. sec. XVI.*

371. Fratres Ysnardus patriarcha Anthioccenus, Dominicus patriarcha Gradensis[1],
Raimundus archiepiscopus Andripolitanus, Rostanus[3], Oddus[4], Petrus[5] archiepiscopi,

---

[1] *Noch am gleichen Tage schließen sich dieser Union an die Aebte von Mauersmünster, Neuweiler,*   30
Walburg, Selz, Schwarzach, Schuttern, Gengenbach, Ettenheimmünster, Ebersheimmünster, Altdorf, Neu-
burg und Baumgarten, die Aebtissinnen von St. Stephan, Hohenburg, Andlau, Niedermünster, Erstein,
Eschau und Königsbruck, die Pröbste von Ittenweiler, Schlettstadt, Truttenhausen, St. Arbogast, des
Hagenauer Hospitals, Allerheiligen im Schwarzwald und Allerheiligen citra muros Argentinensen, die
Priore von Steige, Zabern und Lahr, die Vorsteherinnen von Sindelsberg, St. Johann bei Zabern und   35
Biblis. Ebenda nr. 335.

[2] *Nach der Legende auch Patriarch von Venetien und Dalmatien.*

[3] *Rostanus archiepiscopus Neopatensis siegelt als 10 ter.*

[4] *Oddus episcopus Pisanus siegelt als 11 ter.*

[5] *Petrus archiepiscopus Ragusinus siegelt als 14 ter.*

Beringarius [1], Guillelmus [2], Andreas [3], Tholomeus [4], Petrus [5], Petrus [6], Petrus [7], Jacobus [8], Petrus [9] et Egidius [10] episcopi cupientes, ut ecclesia monasterii sancti Marcii juxta muros Argentinenses ordinis sancti Augustini sub cura fratrum ordinis predicatorum congruis honoribus frequentetur, omnibus vere penitentibus et confessis, qui ad ipsam ecclesiam et monasterium in quolibet festo ejusdem ecclesie necnon in festivitatibus nativitatis domini, circumcisionis, ephifanie, resurrecionis, ascencionis, penthecostes et in omnibus et singulis festivitatibus beate Marie virginis, beatorum Petri et Pauli ac omnium apostolorum et evangelistarum, inventionis et exaltationis sancte crucis, Johannis baptiste, Michaelis archangeli, Laurentii, Christofori Dionisii sociorumque ejus, Dominici et in translatione ejusdem et sancti Marcii et in translatione ejusdem, Cosme et Damiani, Martini, Nicolai et Blasii ac sanctarum Marie Magdalene, Katerine, Cecilie, Agnetis, Lucie, Anne, Marguarete et Eufemie, in commemoratione omnium sanctorum et in dedicatione ipsius ecclesie et monasterii aut qui cum devotione et per octavas predictarum festivitatum visitaverint et in omnibus et singulis primis diebus dominicis mensium necnon in singulis et in omnibus diebus sabbati ad missam matutinalem, que sollempniter ibidem celebratur in honore beate Marie, causa devotionis peregrinationis vel orationis accesserint, aut qui corpus Christi et oleum sanctum secuti fuerint, cum portantur infirmis, seu qui predicationibus missis et divinis officiis, exequiis et sepulturis mortuorum, qui in dicta ecclesia vel ejus cimiterio interfuerint, aut qui in serotina pulsatione campane flexis genibus ter Ave Maria devote dixerint, vel qui in extremis laborantes dicte ecclesie et monasterio manus porrexerint adjutrices, quotienscunque premissa vel premissorum aliquod fecerint, singuli singulas dierum quadragenas de injunctis penitentiis relaxant, dummodo diocesani voluntas accesserit. «pia mater ecclesia». datum Avinione anno domini 1318, indictione prima, pontificatus Johannis pape **XXII** anno secundo. *1318 vor September 5 Avignon.*

II aus Straßb. Hosp. A. lad. 89 fasc. 34 or. mb. c. 15 sig. pend. Sämmtliche dunkelrothe Siegel an rothen Wollschnüren haben stark gelitten, über jedem auf dem Bug der Name und Stand des betreffenden Sieglers mit theilweis andrer Folge als im Text der Urkunde. Für einen Bischof Petrus fehlt das Siegel

---

[1] Beringarius Carpenthoratensis episcopus siegelt als 4 ter.
[2] Guillelmus Cunavicensis episcopus (Lesung sehr fraglich), siegelt als 5 ter.
[3] Andreas Croensis episcopus siegelt als 6 ter.
[4] frater Tholomeus Torsellanus episcopus siegelt als 7 ter.
[5] Petrus Achilenus episcopus siegelt als 8 ter.
[6] Petrus Narniensis episcopus siegelt als 9 ter.
[7] Petrus Civitatis nove siegelt als 12 ter.
[8] Jacobus de Cabano siegelt als 13 ter.
[9] Das Siegel fehlt.
[10] Egidius Andrinopolensis episcopus siegelt als 15 ter.

372. *Graf Gottfrid von Leiningen verbündet sich mit der Stadt Straßburg auf ihre Bitte gegen die Herren von Berwarstein und Genossen. 1318 October 11.*

Wir Joffrit grave von Lyningen tůnt kunt allen den, die disen brief gesehent und gehorent lesen, daz die erbern und die bescheiden burgere von Strazburg nach uns santent und wir zů in koment zů Strazburg und uns ermuntent der frunt-   5
schefte und der liebe, die unser . . vatter selige und wir zů in hettent und sů
wider zů uns, und des dienstes, den sů unserme . . vatter seligen und uns getan
hant, und wie wir ir belfer warent emals vor Berwerstein und mit in vor dem
selben huse lagent wider Eberharten von Berwerstein und sine helfere¹, und cla-
getet uns dobi, daz Eberhart und Anshelm von Berwerstein und Merkelin von   10
Vriesenheim, der ir helfer ist, und andere ire helfere sů anegriffent uffe dem waszer
und uffe dem lande und sů schadigent unzellichen, und batent uns umbe helfe. die
helfe mochtent wir in nůt versagen umbe den dienst und fruntschaft, die sů unserme
vatter seligen und uns getan hant. darumbe hant wir gesvorn an den heilgen, den
vorgenanten burgern von Strasburg und allen iren helfern zů helfende und zů ratende   15
und mit der hant an zů griffende ane alle geverde den crieg uz, den die vorgenanten
burgere von Strazburg und ire helfere hant mit Eberharte und Anshelme von
Berwerstein und mit Merkeline von Vriesenheim, der ir helfer ist, und mit allen
iren helfern, die sů ietzunt hant oder noch gewinnent. und nement wir unser gesinde unsere helfere oder unsere lůte des crieges oder in dem criege schaden, in   20
welichen weg der schade were, den schaden sint uns unsern helfern und unsern lůten
die vorgenanten burgere von Strazburg oder ire helfere nůt gebunden abe zů
legende und uf zů richtende in dehein weg. wir sullent ōch den vorgenanten burgern von Strazburg bi dem selben unserme eide und iren belfern unsere vesten
uftůn, wenne sů ez an uns fordernt, doch mit solicher bescheidenheite, als wir ire   25
briefe hant. wir hant och globet bi dem selben unserme eide, ist daz wir deheine dro-
stunge machent mit den vorgenanten von Berwerstein und mit Merkeline dem vorgenanten und mit allen iren helfern, daz wir daz tůn sullent mit der vorgenanten
burgere von Strazburg willen und gehelle. wir hant och globet bi dem selben
unserme eide, daz wir keine sůne nement mit den vorgenanten von Berwerstein   30
und mit allen iren helfern in diseme criege ane willen und geheisze der vorgenanten
burgere vou Strazburg. ist aber daz die vorgenanten burgere von Strazburg mit
den vorgenanten iren vienden und iren helfern eine sůne machent und nement ane
unsere wiszende, do sů mitte begnůget, des gunnent wir in wol und ist unser gůt
wille. ez ist ōch beret, ist daz wir oder unser gesinde oder unsere helfere die   35
vorgenanten von Berwerstein oder Merkelin den vorgenanten oder ire helfere vahent
oder dehein under in, daz wir bi dem selben unserme eide nůt gebunden sint sů
gegen Strazburg zů entwurtende, wande wir sullent sů in unsern gevangnissen
haben und halten, als men gevangene billiche halten sol, ane alle geverde, und
sullent sů nymer daunen uzgelaszen denne mit der vorgenanten burgere von   40

---

¹ *Vgl. nr. 316.*

Strazburg willen und geheisze. und des zů eine urkunde so hant wir grave Joffrit
von Liningen der vorgenante unser ingesigel an disen brief gehenket. diz geschach an der mittewochen vor sante Gallen tag in dem jore, do men zalte von
gotz geburte druzehen hundert jar und achzehen jar.

5   *S aus Straßb. St. A.* Verschl. Canzlei-Gew. Corp. K lad 17 *or. mb. c. sig. pend. delapso.*

373. *Konrad, Notar der Straßburger Curie, beurkundet das Anerbieten, welches
Nicolaus von Kageneck im Auftrage der beiden Straßburger Capitel von St. Thomas
und St. Peter dem Domcapitel bezüglich der gemeinsamen Kirchenfeier gemacht hat.
1318 November 29.*

10   Noverint universi presencium inspectores, quod ego Cůnradus clericus notarius
curie Argentinensis vocatus fui specialiter et rogatus per discretos dominos Johannem
decanum, Heinricum dictum Fůller canonicum sancti Thome, Götzonem decanum
et Nicolaum de Kagenecke canonicum sancti Petri ecclesiarum Argentineusium et
interfui et audivi, quando dictus Nicolaus de Kagenecke publice in choro ecclesie
15 Argentinensis in vigilia beati Andree apostoli post primam, dum divinum officium
peragebatur, sub anno domini 1318 litteras legerat infrascriptas de verbo ad verbum
coram . . prebendariis . . vicariis et aliis clericis, qui tunc divinis officiis inter-
erant, quia idem Nicolaus de hoc ab honorandis dominis . . prepositis . . decanis
et capitulis sancti Thome et sancti Petri ecclesiarum Argentinensium mandatum
20 habuerat speciale. quarum quidem litterarum tenor talis est :   coram vobis honorabilibus dominis . . decano et capitulo ecclesie Argentinensis ego Nicolaus de Kagenecke canonicus ecclesie sancti Petri Argentinensis habens in mandatis a dominis
meis . . prepositis . . decanis et capitulis sancti Thome et sancti Petri ecclesiarum
Argentinensium meo et vice ac nomine dictorum dominorum meorum dico et in hiis
25 scriptis publice protestor, nos paratos fore ad vestram ecclesiam in processione
venire et officia divina, prout consuetum est, ibidem peragere in festo nativitatis
domini nunc venturo et aliis certis anni festivitatibus, quibus hec solent fieri [1], nec
per nos stare, quominus hec debite peragamus. immo nos ipsos ad ea offerimus
per presentes, dummodo refectiones neglecte a quatuordecim annis citra preter
30 presentem annum, que dicto nativitatis festo per vos nobis ministrari debebant, pro
quolibet videlicet anno dominis de sancto Thoma duodecim libre denariorum Argentinensium et dominis de sancto Petro tantundem, juxta convencionem inter vos et
nos concorditer initam et promissionem spontaneam per vos nobis factam plene et
integraliter restaurentur et ante omnia persolvantur nobisque imposterum in festo
35 nativitatis predicto de dictis refectionibus juxta morem vestre ecclesie debitum et
consuetum congrue et ydonee serviatur. te igitur Cůnradum clericum juratum curie
Argentinensis rogo et per juramentum, quod eidem curie prestitisti, requiro nomine
quo supra, ut sigillum ipsius curie presentibus appendi facias in testimonium pre-

---

[1] *Vergl. nr. 189.*

missorum. ego vero Cûnradus notarius predictus, quia omnia et singula prescripta
coram . . prebendariis . . vicariis et . . clericis predictis iu presencia mei in modum predictum rite et legittime sunt acta, idcirco sigillum dicte curie ad peticionem
instantem dicti Nicolai de Kagenecke suo et nomine quo supra presentibus est
appensum iu evidens testimonium premissorum.   datum anno domini et vigilia
antedictis.

B aus Strabb. Bez. A. G fasc. 2719 or. mb. c. sig. pend.

374. *Bischof Johann von Straßburg setzt Taxen für die Advokaten und Pro-
kuratoren in den Prozeßen vor den geistlichen Gerichten fest.* [um 1318.]

Nos Johannes dei gratia episcopus Argentinensis nobis subjectis medelis congruis cupientes paterna sollicitudine providere, ne ipsi coram judicibus ecclesiasticis
ordinariis delegatis aut arbitris infra civitatem et diocesim Argentinenses litigantes
per dispendiosas protractiones litium et onerosa sibi patrocinantium salaria gravibus
afficiantur laboribus et expensis, hoc facile fieri speramus, si, in quantum nobis de
jure permittitur, subtilitatem ordinis judiciarii precidamus, modum salariis advocatorum coram prefatis judicibus postulantium et procuratorum ponamus et eos, qui
circa dicta versantur judicia, optimis remediis dirigamus. statuimus igitur, archidiaconorum ecclesie nostre Argentinensis, qui jurisdictioni presunt ordinarie de
consuetudine in jam dicta ecclesia hactenus observata, accedente consilio et consensu, quod in causis mere civilibus, ad forum tamen ecclesiasticum de consuetudine
spectantibus, summam quatuor librarum denariorum Argentinensium non excedentibus,
de plano et absque strepitu judicii sine libello et obmisso judiciario ordine proce-
datur, in quibus etiam causis civilibus, advocatorum et procuratorum gradu vel
ordine non attento, omnes a jure non prohibiti ad postulacionis officium admittan-
tur; in aliis vero causis privatarum et singularium personarum in prefatis judiciis
nec procuratores advocatorum nec advocatos procuratorum nec unam eandemque
personam utriusque volumus fungi officio. statuimus etiam, quod nullus litterarum
portitor seu lator et nuncius curiarum nostre vel archidiaconorum ecclesie nostre
Argentinensis nec alius notarius juratus dictarum ecclesiarum curiarum coram judice
ejus curie, cujus juratum existit, quantumcunque viles cause fuerint, in postulacione
vel procurationis officio pro aliis admittatur nec ab eis substituti. ceterum ne cupi-
ditatis ardor alicui advocatorum seu procuratorum nostre civitatis et dioceseos
incentivam tribuat ejusmodi nostra statuta salubria contemnendi, inhibemus, ne
patroni causarum advocationis officia in dictis judiciis infra civitatem et diocesin
nostras prefatas exercere volentes in causis agitandis super prelaturis et dignitatibus
ecclesiasticis summam sex marcarum, in causis super aliis beneficiis et ecclesiasticis
curatis et simplicibus summam quatuor marcarum, in causis matrimonialibus summam duarum marcarum, in causis injuriarum summam unius marce argenti, in
aliis vero ecclesiasticis causis vel civilibus ad forum ecclesiasticum de jure vel
consuetudine spectantibus, extendentibus se ad valorem seu estimationem viginti

librarum denariorum Argentinensium, summam unius libre dictorum denariorum
excedant sub aliquo velamine vel colore. in hujusmodi etiam civilibus et ecclesiasticis
causis, si summam valorem seu estimationem viginti librarum vel infra eandem
summam fuerint, pro rata quantitatis summe valoris seu estimationis causarum
hujusmodi taxacionem proxime dicti salarii fieri volumus sine fraude.

*Aus Würdtwein Nov. subs. dipl XIII. 310 nr. 81 (ex statutis curiarum ecclesiasticarum
Argentinensium anno 1388 renovatis), von Grandidier daselbst ohne nähere Begründung
dem Jahr 1318 zugetheilt.*

375. *Bischof Johann von Straßburg bestimmt, daß der Priester des Phynen-
Hospitals sich eidlich verpflichten müße, die Rechte des Schatzmeisters von St. Thomas
zu wahren. 1319 Januar 5 Straßburg.*

In dei nomine amen.　nos Johannes dei gratia episcopus Argentinensis ordinaria nostra auctoritate statuimus et ordinamus statuto imperpetuum valituro, ut
quivis sacerdos, qui processu temporis in hospitali pauperum, quod est in parrochia
sancti Thome Argentine ultra pontem in eadem civitate super littore fluminis
Brusche, nostra interveniente auctoritate, ab olim Johanne dicto in Kalbesgassen
milite et Fina ejus sorore ob honorem dei et sancte sue matris Marie institutum,
de novo fuerit ad officiandum illud quomodolibet institutus, post suam institutionem
statim, antequam executionem officii sibi in eodem hospitali conmissi recipiat,
teneatur in presentia . . thesaurarii ecclesie sancti Thome Argentinensis predicte,
qui pro tempore fuerit, vel ejus, qui vices ejusdem thesaurarii tenuerit, de observandis et fideliter sine omni captione et dolo ac tenendis[a] omnibus et singulis, que
in nostra approbatione dicti hospitalis de juribus ad eundem thesaurarium nomine
parrochie sue predicte pertinentibus sunt expressa[1], corporale juramentum prestare
nec ante juramentum hujusmodi alicujus officii executionem ex institutione sua
habeat in hospitali predicto.　datum Argentine nonis januarii anno domini millesimo
trecentesimo decimo nono.

T aus Straßb. Thom. A. Docum. hist. lad. 13 or. mb. c. sig. pend.

376. *Bischof Johann von Straßburg befiehlt dem Clerus in der Stadt und
Diöcese, die Beginen zur Aufgabe ihres Standes aufzufordern und die unfolgsamen
für dem Bann verfallen zu erklären. 1319 Januar 18.*

Johannes dei gratia episcopus Argentinensis universis et singulis rectoribus
vicariis incuratis, viceplebanis aliisque clericis, cujuscunque conditionis seu status
fuerint, civitatis et diocesis Argentinensis, ad quos presentes littere pervenerint,

a) *T tendendis.*

---

1 *Vergl. nr. 361.*

salutem in domino. licet vicine seu circumjacentes a ecclesie cathedrales et alie sive prelati et clerici earundem sentiant et hactenus senserint, statum beginarum virtute constitutionis nove [1] esse indifferenter reprobatum, et sic sint eandem constitutionem novam in suis terminis et locis sub eorum jurisdictione constitutis transacto longo tempore executi, nos tamen ex quibusdam probabilibus et specialibus motivis hucusque execucionem hujusmodi circa reprobationem dicti status beginegii b non duximus faciendam, propter quod, sicut experientia nos docuit, scandala et pericula in populo nobis subjecto sunt suborta [2]. volentes igitur hujusmodi scandalis et periculis obviare, prout expedit atque decet, precipue cum hujusmodi motiva, que nos hactenus ab execucione tali retraxerunt, ad supersedendum ulterius eidem execucioni circa ipsius status reprobationem motum nostri animi non informent, vobis et cuilibet vestrum in virtute sancte obedientie et sub pena suspensionis ab officio firmiter precipimus et districte, quatenus publice c in cancellis vestris et alibi, ubi fuerit oportunum, beginas indifferenter moneatis, quas et presentibus nos monemus, ut infra quindenam a publicatione presentium statum hujusmodi beginagium a se effectualiter abdicent ita, quod abdicatio seu alteratio hujusmodi status valeat notabiliter apparere, vestes seu habitum, quem dicti status contemplatione hactenus detulerunt, abiciendo nec aliquid inantea attemptando, per quod in statu beginegii ulterius valeant reputari, ecclesias suas parrochiales, a quarum frequentia et accessu occasione dicti status seu d pretextu se subtraxerunt e, frequentando et se in hiis ceteris

---

a) C conjacentes.   b) C beginarum.   c) C publicetis.   d) C add. sub.   e) C subtraxerunt.

[1] Wohl cap. 1 de religiosis domibus in Clem. III, 11.

[2] Auch Pabst Johann XXII war in der Bulle vom 1317 December 30 «Sancta Romana ecclesia» gegen die Begharden und Beginen streng vorgegangen, hatte aber dann im Decret von 1318 August 13 den Unterschied zwischen ketzerischen und gläubigen Beginen betont, die letztern sollten von der Constitution Clemens V nicht betroffen werden. Kurz vorher fällt wahrscheinlich das Schreiben des Bischofs Johann an den Pabst, in dem er ebenfalls diesen Unterschied hervorhebt : esse in diocesi [Argentinensi] et in pluribus Alamanie partibus in copiosa multitudine mulieres beginas communiter nominatas, quarum alique de locis ad loca currunt, inhibitam prosilientes audaciam de summa trinitate, de articulis fidei, de sacramentis et obedientia ecclesie in ruinam suam et in scandalum fidelium temere disputare presumunt, nominantes se poenitentes vel sorores liberi spiritus et voluntarie paupertatis. preter prescriptam prophanam sectam esse mulieres alias laudabilis status in partibus prelibatis in excessiva copia quasi ducentorum milium numerum excedentes a primis omnino diversas. Ueber die Folgen jener Constitution heißt es: sunt nonnulli prelati et rectores ecclesiarum diversarum dioecesium, qui tam mulieres primas quam secundas, eadem sententia ferientes illas et illas indifferenter reprobant et indiscreta animadversione condempnant, cogentes bonas sicut et malas humilitatis deponere habitum et secularem assumere etc. preterea occasione premissa etiam mulieres reclusas de reclusoriis suis, in quibus circa quinquaginta annos laudabiliter permanserunt, ejiciunt et eas seculariter vivere cum gravi fidelium scandalo et turbatione compellunt. Diese Angaben sind dem Antwortschreiben des Pabstes an Bischof Johann entnommen. An den Bischof von Worms hatte der letztere unterm 26. Juni desselben Jahres 1318 geschrieben, daß er gegen die Irrlehrer streng vorgegangen sei: vocatis viris religiosis et secularibus, divine et humane legis magistris et doctoribus, cum illorum consilio et auxilio contra hujusmodi perversitatis seminatores et doctores perversos strictam et solennem, prout fieri decet, inquisitionem fecimus de premissis. et aliquos de talibus, per lucidissimas probationes et proprias eorum confessiones convictos, quos a suis perversis erroribus per nos vel per alios veros fidei doctores non potuimus revocare, eorundem doctorum mediante consilio, reliquimus tanquam alienatos a fide seculari curie puniendos. Vergl. Mosheim De beghardis et beguinabus p. 268 u. 623 ff. nr. V-VII, nr. 358 dieses Bandes u. H. Haupt i. d. Zeitschr. f. Kirchengesch. VII, 521 ff.

mulieribus fidelibus conformando. alioquin easdem virtute dicte nove constitutionis extunc denuntietis excommunicationis sententiam incurrisse ipsasque tamquam excommunicatas faciatis ab omnibus arcius evitari. sed quia de jure procedit, quod, ubicunque conditor[a] canonis sibi absolutionem non reservavit, ut est in presenti

5 casu, locorum ordinariis concessisse videtur, nos hujusmodi beginas, que ex transgressione dicte constitutionis nove sententiam excommunicationis incurrerunt et que eidem constitutioni nove nostroque processui presenti infra dictam quindenam parere voluerint, cum effectu absolvimus in[b] hiis scriptis mandantes vobis, quatenus ipsas absolutas in modum predictum publice nuntietis. datum 15 kalendas februarii

10 anno domini 1319.

> *T aus Straßb. Thom. A. lad. Begin. 12 or. mb. c. sig. pend.*
> *C aus d. Colmar. Cod. ch. sec. XV nr. 29 fol. 137 b.*
> *Gedruckt von Haupt i. d. Zeitschr. f. Kirchengesch. VII, 560.*

377. Verordnung Bischof Johanns von Straßburg über die Tracht der Angehörigen des aufgehobenen Beginenstandes. 1319 Februar 17.

Johannes dei gracia episcopus Argentinensis universis prelatis et clericis religiosis et secularibus per Argentinensem civitatem et dyocesim constitutis salutem in domino. veridica fide dignorum relacione recognovimus, quod ex constitucione sedis apostolice super reprobacione beginarum et status earundem edita[1] de ejusdem status mutacione

20 diversi diversimode senciunt et quod ex hoc grave scandalum in nostra civitate et dyocesi est subortum ex eo, quod sacerdotes parrochialium ecclesiarum mulieres eis racione parrochie subditas, que hactenus in statu beginarum vixerunt et nunc ac deinceps eundem statum juxta constitucionem predictam mutare et deserere volunt, nituntur artare inequaliter, prout unumquemque sua ducit affeccio ad mutacionem

25 maxime in vestibus faciendam. unde nos ad hujusmodi scandalum removendum, proborum et sapiencium virorum communicato consilio, circa observacionem constitucionis antedicte in predicti status mutacione tenendam declaramus et dicimus esse, quod sequitur. observandum : videlicet quod begine statum beginagii deserentes monitis salutaribus et mandatis licitis suorum plebanorum, sicut ceteri fideles, obe-

30 diant reverenter quodque pro signo mutati status beginagii capitalia vela, que hactenus palliis includere consueverunt, extra pallia deferant more secularium resoluta, scapularia omuino deponant nec ad tunicas superiores et pallia pregrissio[c] panno, quo hactenus alique ex eis uti consueverunt, vel aliquo alio panno kembelino colorem grisei panni habente[d] vel eidem colori aliqualiter simili vel conformi utantur. alios

35 vero colores omnes eis permittimus, personarum uniuscujusque videlicet libito voluntatum, dum tamen non ex proposito ad unius coloris conformitatem studeant se vestire. si que vero propter paupertatem vestes mutare nequeunt, dum tamen statum

---

> a) C condicio. b) C om ia. c) C progrissio. d) C habentem.

> 1 Vergl. nr. 376 Anmerk. 1 u. 2.

beginagium mutent et premissa observent, licet beginatus tunicam et pallium, donec
mutari contingat, deferant, tales satisfecisse constitucioni predicte eciam declaramus.
constitucionem sepedictam ad reclusas in suis reclusoriis perseverantes quoad habitus
vel vestium mutacionem dicimus non extendi ; monita tamen salutaria et mandata
licita suorum plebanorum attendant et fideliter observabunt, sicut ceteri christiani.
declarando eciam prohibemus, ne aliquis vestrum beginis, que juxta mandatum
nostrum habitum mutaverunt, seu mulieribus aliis, quocunque nomine censeantur,
que tunicas aut vestem laneam ad carnem portare voluerint, impedimentum quoquo
modo prestet vel ad eam exuendam compellat, cum intencionis nostre non sit nec
fuerit, aliquam, que hujusmodi vestem ex voto vel humilitate deferre voluerit, in
hujusmodi devocione quomodolibet impediri.   datum 13 kalendas marcii anno
domini 1319.

C aus d. Colmar. Cod. nr. 29 fol. 137 ª gedruckt von Haupt i. d. Zeitschr. f. Kirchen-
gesch. VII, 561.

378. Johannes episcopus Argentinensis personis ecclesiasticis sue civitatis et
diocesis notum facit, se ad petitionem prioris fratrum predicatorum et gardiani fratrum minorum domuum Argentinensium iisdem concessisse, ut fratres eorundem
ordinum electi et sibi presentati in civitate et diocesi confessiones subditorum episcopo audire valeant utque iisdem penitentias imponere et absolucionis beneficium
impendere, fratresque omnibus plebanis etc. commendat. « coram nobis . . prior. »
datum 13 kalendas marcii anno domini 1319. *Februar 17.*

T aus Straßb. Thom. A. lad. Dominic. 6 2 or. mb. c. sig. pend.

379. *Meister und Rath der Stadt Straßburg vereinbaren sich mit dem Schult-*
heiß Nicolaus Zorn, Heinrich und Burchard von Mülnheim über ihren Antheil an
der Münze und setzen den erstern auf zehn Jahre zum Münzmeister ein. 1319
Februar 22.

    Wir Reinbold Sûsze der eltere der meister und der rât von Strâsburg ª tûnt
kunt allen den, die disen brief geschent und gehôrent lesen, daz her Niclawes Zorn
der eltere der schultheisze, Heinrich von Mulnheim und Burghart sin brüder verjahent vor . . meistere und vor râte und vor scheffeln und ammaunen, daz sû
nach den zehen jaren an der munszen ¹ nût wollent stan zû gewinne noch zû
verluste, die meister und rût von Strazburg halbe und her Niclawes, Heinrich und
Burghart die vorgenanten andere halbe gekôffet hant die vorgenanten zehen jar
umbe den erbern herren von gotz gnaden bisschof Johannesen von Strâsburg ᵇ.
meistere und rât, scheffele und ammanne hant ôch gegeben dem vorgenanten hern
Niclawese daz dritte ᶜ teil von irme teile an der vorgenanten münsze, daz er daran

a) S ſ Strasburg.   b) S ſ Strazburg.   c) S ſ dirte.

¹ Vergl. nr. 360.

stan sol, als Heinrich und Burghart die vorgenanten getan hant, also, daz er behuten und bewaren sol die vorgenante munsze die vorgenanten zehen jar, als men sie
von altere her behutet und bewaret het. und sullent ime anders nutsnut umbe sine
hute geben; doch sol er sin teil des silbers geben von dem dirten teile als vil, als
in an gebürt darumbe, als die vorgenante münsze gekoffet wart. er sol och rihten,
als ein munzemeister von altere her gerihtet het von der munsze, und sine beszc-
runge haben und nemen dovon, die ein munzemeister billichen nemen sol und ime
vallen sullent [1]. daz diz war und stete si, darumbe hant wir unserre stette ingesigel
an disen brief gehenket. der wart gegeben an dem dunrestage vor der groszen
vastnacht in dem jare, do men von gotz geburte zalte drüzehundert jar und nunzehen jar. harane warent wir her Hug von Schonecke, her Reinbold Sûsze der
eltere und her Hug Zorn die drie meistere *u. s. w. folgt der Rath.*

S aus Straßb. St. A. AA art. 43 nr. 7 or. mb. c. sig. pend.
S 1 coll. ibid. or. mb. c. sig. pend.

380. *Münzordnung der Stadt Straßburg. 1319 Februar 22.*

Wir Reinbolt Sûsze der eltere der meister und der rat von Strazburg tûnt
kunt allen den, die disen brief gesehent und gehôrent lesen, daz wir überein komen
sint mit hern Nyclause dem alten Zorne unserm münszemeister und mit unsern
husgenoszen und mit allen unsern burgern, daz niemun dehein silber von der hant
geben sol [weiter wie in nr. 315 bis von der stat sin]. und were ôch daz ein silber
angriffen würde darumbe, daz ez nüt gůt were, würde daz silber denne gezôget
der ehtuwer zwein oder me, die drüber gesworn hant, sprechent der ehtuwer zwene
oder me uf iren eyt, daz sie daz silber gesehen hettent und ez von ime hieszent
geben, so sol jeinre weder sin silber noch sine ere verlorn [a]. ôch sol men wiszen
[weiter wie in nr. 315 bis bescheiden ist]. und sint diz die ehtuwe, die darüber
gesetzet sint und darüber gesworn hant : Berhtolt der alte zů dem Ryet der hůter,
Wollhelm Rebestog, S[ickes] [b], Johannes von Rosheim, Claus Roppenheim, Brune,
Gôtzelin Voltsche und Gôszelin Clôbelôch. und were daz den ehtuwen ein silber
vůrkeme und sie daz sprechent uf irn eyt, daz sie zwifel hettent, daz daz silber
nüt volle gůt were, daz silber sol men anderwerbe ufsetzen. und sol dirre brief
weren von der liehtmesze unserre frowen, die nů zů nehsten waz, zehen jar ân
underlas. daz diz war und stete sie, darumbe hant wir unserre stette ingesigel an
disen brief gehenket. der wart gegeben an dem dunresdage vor der groszen
vastnaht in dem jare, da men von gotz geburte zalte drüczehen hundert jar und
nůnczehen jar. harau warent wir her Hug von Schonecke, her Reinbolt Sûsze der
eltere und her Hug Zorn die drie meistere *u. s. w. folgt der Rath.*

Februar 2

S aus Straßb. St. A. Briefbuch A fol. 208ᵃ mit der Ueberschrift der brief über die münsze.

a) Zu ergänzen han.   b) In S nur Sr mit S-bleife. Sickes ergänzt nach nr. 315.

[1] *Vergl. nr. 366.*

381. *Burchard von Hohenstein fällt als Obmann seinen Schiedsspruch in einem Streite der Stadt Straßburg mit der Stadt Schlettstadt. 1319 April 30.*

Ich Burkart van Hohenstein der alte, ein obenman der missehulle der burger van Strasburg und hern Burkart Schôbes eine site und ander site der burger van Sletzstat und Bertolt Erlins und sinre kinde wegen[1], und also die ratlute, an dies ez och verlasen wart van der wegen van Strasburch und hern Burkart Schôbes, her Albreth Rûlenderlin und her Henrich Wezzel gesprochen hant, und ander site her Henrich Wasseler van Eckerich und Walter Gebûr och ratlûte van der wegen van Sletzstat und Bertolt Erlins und sinre kinde wegen och gesprocheut hant, und dieselben[a] ratlûte van beiden siten mir ir missehôle[b] und ir sprechen hant gegeben gescriben van iewederme teile under iren ingesigeln, so dûnket mich reth : sit Bertolt Erlins kint nie verteilt enwûrdent ir lip noch ir gût zû Strasburch van meister noch van rate, und daz gût zû Schôfhusen irre mûter waz und sû ez Bertolde Erlin gap zû eime rehten widemen, und och daz selbe gût ussenwending dez hûrgbannes und dez geriehtes zû Strasburg gelegen ist und och her Burkart Schôb daz selbe gût nie erkoberte noch gewan mit geriehte, und Bertolt Erlin daz gût verzinset het in den hof und dem lenherren, do ez herrûret, und daz widerzûhet an den lenherren, so dunket mich, sit Bertolt Erlins eliche wûrtin tot ist und sine kint der eigenschefte dez gûtes zû Schafhusen zû erbe kommen sint, geussert sich Bertolt Erlin dez vorgenanten gûtes und dez widemen und gitt es sinen kinden, der die eigeschaft ist, eder hett es geton ane alle geverde und ane flûhtzal[c], so dunket mich, daz ez die kint sulent geniessen und man sû an dem gûte ungirret sol lasen. und spriche daz allez uffe min eit, daz ich mich nôt bessers verstande, und dunket mich och reth, darnach ich ez ervaren habe imme lande van herren van ritteren van bûrgern und van gûten luten. daz diz wor si und stete blibe, darumbe habe ich min ingesigel an disen brief gehenket zû eime urkunde der vorgescriben dinge.   diz geschag an dem meiabende, do man zalete van gotes geburte drûcenhûndert jar und in dem nûncendesten jare.

U aus Heidelb. Univers. Bibl. I nr. 20 or. mb. c. sig pend.
Regest darnach i. d. Zeitschr. f. Gesch. d. Oberrh. XXIV, 167.

382. *Bischof Johann von Straßburg beurkundet und bestätigt die Verlegung des städtischen Hospitals und die Befreiung desselben von allen Parrochialverpflichtungen durch das St. Thomascapitel. 1319 Mai 4.*

Wir Johannes von gotz gnaden bisschof von Strazburg tûnt kunt allen den, die disen brief gesehent oder gehorent lesen, daz unsere getruwen . . der meister und der rât von Strazburg iren spital, über den sie pflegere setzen sullent und mogent,

a) und die auf Rasur.   b) missehôle auf Rasur; eine darunter stehende verlöschte Schrift ist nicht mehr leserlich.   c) flûh auf Rasur.

[1] *Vergl. nr. 304.*

der do untze her gelegen was in der stat zů Strazburg in sante Martins kirchspel,
durch nutz gůt und fromme des selben spitales uz dem selben kirchspel mit unserme
gůten willen und gehelle hant geleit mit allen sinen vriheiten rehten und gewonheiten,
als der selbe spital und sine personen untze her gewesen sint, in sante Marien Mag-
5 dalenen kirchspel, dem men sprichet zů sante Niclawese jensite Brüsche, an die stat,
die do was brůder Heinrich von Hohenburg und der tohter, der er pflag, die do
gelegen ist vor der ringmuren zů Strazburg [1]. und ist die vorgeschribene wandelunge geschehen mit willen und gehelle der erbern .. des probestes .. des techans
.. des cůsters und des cappitels zů sant Thomane zů Strazburg, die die vorgenante
10 kirche zů sante Marien Magdalenen anhöret. ez ist öch beret zwisschent .. dem probeste .. dem techane .. dem cůstere und dem cappitele den vorgenanten ein site und
dem vorgenanten spitale ander site mit ir beder parten willen und gehelle, daz .. der
probest .. der techan .. der custer und daz cappitel die vorgenanten und alle ire
nachkommen in der vorgenanten stift zů sant Thomane von des vorgenanten kirch-
15 spelles wegen zů sante Marien Magdalenen sullent kein reht han in deme vorgenanten spitale weder an selegerete öpfere begrebede noch an kein andern dingen,
die den vorgenanten spital und sine personen in deheinen weg anrůrent. der meister
und der rat die vorgenanten sullent tůn und laszen, setzen und entsetzen mit dem
vorgenanten spitale und mit allen sime gůte, daz er ietzunt het oder noch gewinnet,
20 und mit allen den rehten und dingen, die zů dem vorgenanten spitale hörent und
zů sinen personen, als sie truwent, daz sů rehte tůnt, ane mengeliches widerrede.
und alsus han wir die vorgenante wandelunge [a] in alle wis mit dem gewalte, der
uns anhöret, wiszentliche und rehte und redeliche mit der vorgenanten herren wille
bestetiget also, daz sů kraft und macht habe und ane alle widerrede ewiglichen
25 stete blibe. und des zů eime urkunde ist unser ingesigel an disen brief gehenket.
wir öch der probest .. der techan .. der custer und daz cappitel von sant Thoman
die vorgenanten verjehent an diseme gegenwertigen briefe, daz die vorgenante wandelunge und alle die vorgeschriben ding in alle wis, als sie do vor geschriben stant,
geschehen sint mit unserme gůten willen und gehelle, und verzihent uns heruf alles
30 des rehtes, daz wir hant oder haben mohtent, und aller der briefe, die wir hant
oder gewinnen mochtent hernoch von dem stůle von Rome oder andereswoher dan
von des vorgenanten kirchspels wegen zů sante Marien Magdalenen gegen dem vorgenanten spitale und sinen personen, und globent öch, die vorgenante wandelunge
vur uns und alle unsere nachkommen in der vorgenanten stift zů sant Thoman
35 durch des vorgenanten spitals nůtz und fromen stete zů habende und nůt dowidere
zů tůnde noch schaffen getan in gerihtes wis oder ane gerihte, nů oder hernůch in
deheinen weg, ane aller slachte geverde. und des zů eime urkunde so hant wir ..
der probest [1] der techan [2] der custer [3] und daz cappitel von sant Thoman die vorge-

a) *S* wandeluge.

---

40 [1] *Vergl. nr. 338.*
[2] *Nach der Siegellegende* Sigelinus.
[3] *Nach der Legende* Johannes.
[4] *Nach der Legende* Conradus thesaurarius.

nanten unsere ingesigele mit des vorgenanten unsers herren . . des bisschofes von
Strazburg ingesigel an disen brief gehenket. der wart gegeben an dem fritage
nach dem meyetage in dem jare, do men zalte von gotz geburte druzehen hundert
jar und nûnzehen jar.

S aus Straßb. St. A. Vord. Dreizehn. Oew. lad. 76 or. mb. c. 5 sig. pend.

383. Johannes XXII papa mandat decano ecclesie sancti Petri junioris Argentinensis, quatinus ea, que de bonis monasterii de sancto Marcho extra muros Argentinenses ordinis sancti Augustini sub cura fratrum ordinis predicatorum viventis
alienata invenerit illicite vel distracta, ad jus et proprietatem ejusdem monasterii
legitime revocare procuret[1]. «dilectarum in Christo filiarum». datum Avinione
6 kalendas julii pontificatus nostri anno tertio. *1319 Juni 26 Avignon.*

*H aus Straßb. Hosp. A. lad. 89 fasc. 17 or. mb. Bulle an Hanfschnur abgefallen. Auf dem
Bug rechts Schreibervermerk O mit Haken darüber, darunter n Hay. Auf der Rückseite
Theodericus de Reys.*

384. *Schultheiß, Meister und Rath der Stadt Schlettstadt beurkunden, daß ihre
Bürger Otto an dem Kornmarkt und sein Bruder Heinzelin sich für ihren Vetter
Meister Walther von Schlettstadt der Stadt Straßburg verbürgt haben. 1319 Juli 25.*

Wir Heinrich Waffeler ein ritter von Eckerich schultheisze . . der meister und
der rât von Sletzstat tûnt kunt allen den, die disen brief sehent oder horent lesen,
daz Otte an dem Kornmerket und Heintzelin sin brûder unsere burgere vor uns
warent in unserme râte und globetent und sint schuldig worden unverscheidenlichen
vur sich und alle ir erben bi gûten truwen ane alle geverde, waz schaden meister
Walther von Sletzstat ir vetter tete oder schuffe getan mit gerihte oder ane gerichte
oder in kein andern weg ane alle geverde den erbern und den bescheiden . . dem
meistere dem rate oder deheime andern burgere von Strazburg, domite men sie zû
kosten oder zû schaden brehte, umbe daz sie den selben meister Walthern gevangen
hettent[2], mit gerichte oder ane gerihte abe zû tûnde, zû geltende und uf zû rihtende
ane alle geverde. und des zû eime urkunde han wir unserre stete ingesigel durch
ire bete an disen brief gehenket. der wart gegeben an der mittewochen nach
sante Marien Magdaleneo tag in dem jare, do men von gotz geburte zalte druzehen
hundert jar und nunzehen jar.

*S aus Straßb. St. A. Verschl. Canzlei-Gew. Corp. K lad. 15 or. mb. c. sig. pend. Gut er-
haltenes Stadtsiegel von Schlettstadt.*

---

[1] *Vergl. nr. 244.*
[2] *Vergl. nr. 385.*

385. *Der Straßburger Hofrichter beurkundet die Urfehde des Straßburger Bürgers Meister Walther von Schlettstadt. 1319 Juli 28.*

Coram nobis . . judice curie Argentinensis constitutus magister Waltherus de Sletzstat civis Argentinensis, non vi nec metu coactus vel aliqua sagacitate ad hoc inductus vel illectus, sed sponte libere et ex certa, ut asseruit, scientia abjuravit per juramentum coram nobis corporaliter prestitum ab eodem urvêhte, et quod per idem juramentum . . magistrum . . . consules vel aliquem civem seu incolam civitatis Argentinensis occasione captivationis seu detentionis, qua idem magister Waltherus per ipsos . . magistrum et consules detentus fuerat, seu occasione judicii et dampni cujuscumque prefato magistro Walthero per eosdem . . magistrum et . . consules qualitercumque illati, cum judicio vel sine judicio debeat occupare dampnificare impetere impedire molestare vel inquietare nec occupari dampnificari impeti impediri vel molestari aut inquietari procurare per se vel per alios quoquo modo, in judicio vel extra, imposterum vel ad presens, fraude dolo et captione quibuscumque penitus circumscriptis. renuntiavit super hiis jam dictus magister Waltherus omni actioni petitioni et requisitioni eidem magistro Walthero ex causis et casibus premissis competentibus contra . . magistrum . . consules et universos cives ac incolas predicte civitatis, item exceptioni doli mali, in factum actioni omnique juris auxilio canonici et civilis, consuetudinibus et statutis tam publicis quam privatis, legique dicenti renuntiationem valere minime generalem, exceptionibus et defensionibus aliis quibuscumque, quibus contra premissa vel aliquod premissorum in judicio vel extra imposterum vel ad presens venire posset quomodolibet aut juvari. et in hujus rei testimonium sigillum curie Argentinensis ad instantem petitionem sepedicti magistri Waltheri presentibus est appensum.   actum 5 kalendas augusti anno domini millesimo tricentesimo decimo nono.

S aus Straßb. St. A. Verschl. Canzlei-Gew. Corp K lad. 15 or. mb. c. sig. pend.

---

386. *Meister und Rath der Stadt Straßburg setzen den Schultheiß Nicolaus Zorn zum Münzmeister auf zehn Jahre ein. 1319 August 20.*

Wir Gotze von Grozstein der meister und der rât von Strazburg tûnt kunt allen den, die disen brief gesehent und gehôrent lesen, daz wir verjehent, daz her Niclawes Zorn der eltere der schultheisze munszemeister sin sol uber die munze dise nehesten zehen jar, die men gekôffet het umbe den erbern herren von gotz gnaden bisschof Johannesen von Strazburg [1], unde daz er die selbe münze behuten und bewaren sol dise selben zehen jar, als men sie von alter her behütet und bewart het. also doch, daz men ŷme den zehenden pfenning geben sol von dem slegeschatze, wenne die lehen von dem vorgenanten slegeschatze verrihtet werdent, und nût e, ane alle geverde. er sol ôch rihten, als ein munzemeister von alter

---

[1] *Vergl. nr. 360 und nr. 379.*

her gerihtet het von der munze, und sol och sine beszeruuge haben und
nemen dovon, die ein munszemeister billichen nemen sol und die yme vallen
sullent, ane alle geverde. daz diz war uud stete si, darumbe hant wir unserre
stette ingesigel gehenket an disen brief. der wart gegeben an dem mentage vor
sante Bartholomeus tage des zwelfbotten in dem jare, do men[a] von gotz geburte
zalte drúzehen hundert jar und núnzehen jar. herane warent wir her Gotze von
Grozstein, her Reinbold Súsze[b] der junge, her Walther Spender und her Rúlin
Rúlenderlin die vier meistere u. s. w. folgt der Rath.

S aus Straßb. St A. AA art. 43 or. mb c. sig. pend.
S 1 coll. ibid. or. mb. c. sig. pend.

387. *Münzordnung der Stadt Straßburg über den Werth ihrer Pfenninge.*
1319 August 25.

Wir Gotze von Grozstein der meister und der rât von Strazburg und ich
Niclawes Zorn der eltere der schultheisze und munszemester der vorgenanten stat
zú Strazburg tûnt kunt allen den, die disen brief gesehent und gehôrent lesen, daz
wir erlôbent und erlôbet hunt Niclawese von Hoppenheim userme hûtere zû Strazburg, daz er pfenninge hûten sol, do drittehalb schilling bi der marke si und ir
zehen pfenninge und zwei pfunt eine marg wegent, ane alle geverde bi sime eide,
so er beste kan uud mag. were ez aber daz die pfenninge yman angriffe, fúnde
men sie denne ahte pfenninge lihter an der swere und nún pfenninge erger an dem
silbere, denne als hie vor geschriben stat, daz sol ime nút schaden in keine wis[1].
er sol ôch versûchen die pfenninge, wie dicke er wil und wenne er wil, bitz er
sie rehte findet, und sol in darumbe nŷman rehtvertigen. wil ôch ieman die pfenninge angriffen, daz sol man tûn uffe dem mulhûse und e sie abe der munze
komen. und wenne sie abe[c] der munzen kummet, wie sie denne werent, daz sol
ime nút schaden in kein weg. were ez ôch daz in die húsgnoszen oder ieman
unders zû rede satte vor dem munzemeistere deheinre dinge, vordert er denne botten
von dem rûte, die sol men yme geben. und sullent die bi dem múnzemeister uffe
der munze sitzen und sullent sin reht und sin unreht verhôren. und erkennent die
botten von dem rûte, daz men in trengen wolte wider daz reht, so sol ez der rât
vur sich ziehen und sullent ez erkennen und rihten bi dem eide, als sie truwent,
daz ez nutze uud gût si der stette und der gemeinde von Strazburg, ane alle
geverde. und sol dirre brief wern zehen jar. und nach den zehen jaren sol die
múnze in irme rehte sin und sol ôch unsere stat in irme rehte bliben ane alle geverde. daz diz war und stete si, darumbe hant wir unserre stette ingesigel und ich
der vorgenante schultheisze[d] min ingesigel gehenket an disen brief. der wart
gegeben an dem samestage noch sante Bartholomeus tag in dem jare, do men zalte

a) S t rep. jare do men.   b) S t Súsze.   c) S aber.   d) S schultheisze.

---

[1] Vergl. nr. 310 u. Zeitschr. f. Gesch. d. Oberrh. II, 415.

von gotz geburte drúzen huudert jar und nùnzehen jar. haraue worent wir her Gotze von Grozstein, her Reinbold Súsze der junge, her Walther Spender und her Rúlin Rúlenderlin die vier meistere u. s. w. folgt der Rath.

S aus Straßb St. A. Münzsachen art. 23 nr. 10 or. mb. c. 2 sig. pend.

5   **388.** *Bischof Johann und das Domcapitel von Straßburg treffen über Streitig-keiten mit den Bettelorden und mit der Stadt Straßburg bestimmte Vereinbarungen. 1319 September 26 St. Arbogast bei Straßburg.*

In dei nomine amen.   notum sit omnibus literarum presentium inspectoribus, quibus nosse fuerit oportunum, quod, cum suadente dyabolo in civitate et diocesi 10 Argentinensi religiosi mendicantium ordinum, qui necdum extranea verum etiam propria cum seculo reliquerunt, voti sui immemores conarentur contra sue religionis decentiam statum cleri secularis deprimere et lacerare detractionibus publicis et occultis ac niterentur aliena rapere et ecclesiarum et clericorum jura etiam parro-chialia exquisitis et illicitis viis et modis contra statuta sacrorum canonum usur-15 pare[1], cumque magister et consules ac universitas civitatis predicte, dei timore postposito, clerum civitatis ejusdem injuste deprimerent et libertatem ecclesiasticam manifeste persecutionis sevitia laniarent, nos Johannes dei gratia episcopus Argen-tinensis attendentes, quod ad nos et ad capitulum ecclesie nostre Argentinensis principaliter et immediate pertinet querere contra premissa remedium oportunum, 20 injunximus decano et canonicis ipsius ecclesie, qui tunc nobiscum presentes fuerunt, ut die certa et loco congruo, sicut necessitas requirebat et ad eos pertinet, capi-tulum indicerent ac prelatos et canonicos ipsius ecclesie omnes, qui commode vocari possent, procurarent, sicut consuetum est, fieri evocari ad tractandum et finaliter expediendum, quod pro statu et indempnitate totius cleri et pro conservatione liber-25 tatis ecclesiastice videretur esse expediens in premissis. sic ergo capitulo statuto et ad hoc specialiter indicto, videlicet feria quarta proxima ante festum beati Michaelis sub anno domini millesimo trecentesimo decimo nono, apud ecclesiam sancti Arbo-gasti extra muros Argentinenses ac vocatis ad hoc more solito omnibus, qui debue-runt et potuerunt commode evocari, convenientibus in capitulo, ut prescriptum est, 30 indicto nobiscum venerabilibus Heinrico de Lupphen decano, Johanne de Ohsenstein scolastico, Hermanno de Tierstein camerario, Cunrado de Kirkele thesaurario, Hermanno de Geroltzecke cellerario, Rûdolpho de Tahnessingen, Walramo de Veldentze ceterisque canonicis ecclesie nostre predicte, quorum omnium presentia tunc capitulum faciebat, sollicito et diligenti tractatu inter nos habito, omnes et 35 singuli unanimi consensu diffinivimus, quod cause omnes et singule inter clerum nostre civitatis et diocesis et religiosos memoratos jam suborte, et quas oriri con-tingeret in futuro, per communes procuratores et communes expensas totius cleri in Romana curia et alibi coram ordinariis et delegatis judicibus ac etiam extra judicium,

1 Vergl. nr. 370.

sicut nobis expediens videbitur, mediante justicia vel amore tractari debeant et defendi. item in eodem capitulo est insuper concorditer diffinitum et unanimi omnium et singulorum ibidem presentium consensu nomine totius capituli ecclesie nostre concessum, quod, si propter jam mota vel etiam que in instanti futuro decennio movebuntur, contingat nos episcopum predictum vel aliquem successorum nostrorum ⁵ pro conservatione libertatis ecclesiastice, quam pro totis viribus nostris manutenere promittimus, ut tenemur, extrajudicialem et hostilem guerram magistro consulibus et universitati civitatis Argentinensis vel ipsos nobis econtra movere, possimus pro favore et auxilio nobilium dominorum, de quibus nobis expedire videbitur, conquirendis et pro stipendiis necessariis ac quibuslibet aliis necessitatibus armatorum non ¹⁰ solum singulis annis, durante guerra hujusmodi, juxta moderationem nostram discretam tempori et possibilitati convenientem collectam seu contributionem pecuniariam ecclesiis monasteriis et clericis omnibus nostre civitatis et diocesis imponere et exigere cum effectu, verum etiam possimus quelibet bona immobilia ecclesie nostre Argentinensis juxta exigentiam facti nobis ad hoc convenientia usque ad summam ¹⁵ trium milium marcarum argenti ponderis Argentinensis libere et effectualiter obligare. ut autem obligationes hujusmodi, quantum fieri poterit, evidenter et bona sic obligata citius absolvantur, in eodem capitulo ab omnibus nomine capituli concessum est concorditer et statutum, ut durante guerra hujusmodi et post guerram sopitam usque ad redemptionem et plenam liberationem omnium bonorum immo- ²⁰ bilium ecclesie nostre, que occasione ipsius guerre fuerint obligata, fructus et obventiones omnes primi anni beneficiorum curatorum dignitatum personatuum et aliorum beneficiorum ecclesiasticorum quorumcunque in civitate vel diocesi Argentinensi interim vacantium modo quovis nobis vel, si nos cedere vel decedere continget, ei, qui locum nostrum tenebit, guerra durante in subsidium expensarum absolute cedant, ²⁵ salvo tamen eo, per quod officiantes beneficia sic vacantia possint commode sustentari, post guerram vero sopitam fructus hujusmodi in custodiam et curam trium canonicorum ecclesie nostre, qui ad hoc per capitulum fuerint deputati, recipiantur ad redemptionem et plenam liberationem bonorum, sicut premittitur, obligatorum fideliter impendendi. sic enim ad usus et necessitates predictos beneficiorum vacantium ³⁰ fructus antedictos exnunc concordi deliberatione prehabita deputamus. est etiam condictum inter nos prelatos et canonicos omnes capituli supradicti, quod quivis de capitulo nostro juxta requisitionem domini nostri episcopi supradicti vel ejus, qui pro tempore fuerit, cum subventione convenienti sibi ad hoc per episcopum facienda onus guerre, quam oriri contingel, in se suscipiat taliter exequendum videlicet, ³⁵ quod unus amicorum et consanguineorum consilia et auxilia impetret et procuret, alter ad placita et tractatus concurrat, alius arma induat, et aliis diversis modis omnes et singuli requisiti subveniant, prout cuique vires suppetunt et facultas. hec igitur omnia et singula suprascripta nos Johannes episcopus et nos Heinricus decanus ac omnes et singuli prelati et canonici supradicti ceterique, qui in memorato ⁴⁰ capitulo presentes fuerant, confitemur et publice recognoscimus per nos nomine totius capituli ecclesie nostre in modum prescriptum esse facta et simpliciter absque omni captione et dolo. promittimus ea omnia et singula attendere et servare juramento etiam super hoc a nobis omnibus et singulis prestito corporali. promisimus etiam nos decanus prelati et canonici omnes et singuli supradicti, quod, si aliquis, quod absit, canonicorum ecclesie nostre predicte absentium ex parte capituli nostri requisitus premissis omnibus et singulis nobis consentire noluerit nec ea ratificare voluerit et jurare, nos autem [contra] illum, cujuscunque status vel dignitatis fuerit, tamquam fautorem persecutorum libertatis ecclesiastice procedemus, sicut nobis videbitur expedire. in quorum omnium testimonium nos Johannes episcopus supradictus sigillum nostrum, nos vero Heinricus de Luphen decanus et prelati ac ceteri canonici supradicti sigillum capituli nostri appendi fecimus ad presentes. actum anno et die superius annotatis.

B aus Straßb. Bez. A. G fasc. 3465 nr. 336 cop. ch. sec. XVII.

389. *Sühne der Edelknechte Anselm von Berwarstein und Merkelin von Friesenheim mit der Stadt Straßburg. 1319 November 23.*

Wir Anshelm von Berwerstein und Merkelin von Vriesenheim sinre swester sün edele knechte tünt kunt allen den, die disen brief gesehent und gehörent lesen. daz wir vur uns alle unsere erben fründ und alle unsere helfere eine lütere stete süne gesworn hant an den heiligen zü haltende und zü habende ewiglichen und luterlichen mit den erbern und bescheiden . . dem meistere dem rāte und den burgern gemeinlichen von Strazburg und mit allen iren helfern umbe allen den crieg und missehelle, so wir mit in gehebet hant untze uffe disen hütigen tag, von der burge wegen zü Berwerstein[1], und globent ōch bi dem selben eide vur uns und alle unsere erben fründ und helfere die vorgeschribene süne und allez, daz an diseme briefe geschriben stat, stete zü habende und solle zü fürende und nūt darwider zü tünde noch schaffen getan in kein weg ane alle geverde. wir verzihent uns ōch vur uns und alle unsere erben fründ und helfere alles des schaden, der uns unsern erben frunden und helfern von den vorgenanten burgern von Strazburg und von allen iren helfern geschehen ist, wie er uns geschehen ist, untze uffe disen hūtigen tag, und verzihent uns ōch aller der ansprōche, die wir an sie hettent und haben mōchtent, in deheinen weg gentzlichen und gar ane alle geverde. und des zü eime urkunde so hant wir unsere ingesigele an disen brief gehenket[2] und hant ōch gebetten den erbern herren von gotz gnaden bisschof Emichen von Spire und den edeln herren grave Joffriden von Liningen sinen brüder, daz sie ire ingesigele mit unsern ingesigeln an disen brief gehenket hant. wir Emiche bisschof zü Spire und wir Joffrit grave zü Liningen verjehent, daz wir durch bette Anshelmes und Merkelins der vorgenanten unsere ingesigele mit iren ingesigeln an disen brief gehenket hant. der wart gegeben an dem ersten fritage vor sante Katherinen

---

[1] *Vergl. nr. 372.*

[2] *Das Siegel Anselms von Berwarstein zeigt ein Hirschgeweih im Schilde, das zweite die Umschrift s. Marewardi de Vriesenheim.*

tage in dem júre, do men zalte von gotz geburte drúzehen hundert jar und nûnzehen jar.

S aus Straßb. St. A. Verschl. Canzlei-Gew. Corp. K Ind. 17 or. mb. c. 4 sig. pend. Gut
erhaltene Siegel.

390. *Bischof Emich von Speier, die Grafen Friedrich und Gottfrid zu Leiningen,*
Graf Georg zu Veldenz und Otto von Ochsenstein, Landvogt im Elsaß, beurkunden
die Sühne Eberhards von Berwartstein mit den Städten Straßburg und Hagenau.
1319 December 28.

Wir . . Emiche bischof zů Spyr, . . Friderich greve zů Liningen, . . Georige
grave zů Veldenze, . . Gotfrid greve zu Liningen und . . Otte herre zů Ohsenstein
lantvogel in Elsaze dûn kunt allen den, die disen brief gesehent und gehorent
lesen, daz . . Eberhart von Berwurzstein hern Johans seligen sune eines ritters von
Berwurzstein vor uns het verjehen, daz er vur sich sine erben sine nachkumen und
vur alle sine frunt eine luter stete sûne het gesworn an den heiligen zů haltenne
und zů habende eweclichen mit den erbern und den bescheiden burgern von Strazburg und von Hagenowe und mit allen iren helfern, und mit namen mit Anselmen
von den Eychen, umb allen den schaden, der ime und sime vater seligen deme
vorgenanten widervarn ist uf disen hiutigen dag von den vorgenanten burgern von
Strazburg und von Hagenowe und von allen iren helfern, ez si an der burge zů
Berwurzstein an todem an liuten an gevancnisse an gutern an roube an brande,
oder wie er in widervarn ist oder von welchen sachen er in widervarn ist von der
vorgesriben getete wegen[1]. und het sich ouch vur sich sine erben sine nachkumen und vur alle sine frunt verzigen des vorgesriben schaden und het sich
ouch des vorgenanten schaden eweclich und liuterlich ergeben und in abe gelazen
gegen den vorgenanten burgern von Strazburg und von Hagenowe und gegen allen
iren helfern. der vorgenanten . . Eberhard het ouch vor uns gelobet, die vorgesriben
ding und disen brief vur sich sine erben sine nachkumen und alle sine frunt stete
zů habende und zů haltende noch darwider tûn noch schaffen getan in gerihtes wis
oder ane gerihte, nû oder hernach, in keinen weg. er het sich ouch heruber verzigen vur sich sine erben sine nachkumen und alle sine frunt alles schirmes und
alles rehtes, ez si geislich oder weltlich, und ouch der gewonheit des landes, damite er mohte getun ode kumen wider die vorgeschriben ding und disen brief in
keinen weg. er het ouch gelobet mit deme selben eyde und verjehen, were daz er
die vorgeschriben sune oder dehein ding, daz da vor geschriben stat, breche oder
dawider tete oder schuffe getan in keinen weg ane alle geverde, so sol er meyneidig
druwelos und erlos sin und sol darzů alle sine reht verlorn han und sullen sine
lehen den herren ledig sin. unde des zu eime urkunde hon wir . . Emiche, . .
grave Friderich, grave Georige, . . grave Gotfrid und . . Otte die vorgenanten

[1] Vergl. nr. 316, nr. 359 und nr. 372.

herren unser ingesigel mit des vorgenanten Eberhardes ingesigel an disen brief
gehenket. ich . . Eberhard der vorgenante verjehe, daz ich alle die ding, die an
disem brieve gesriben stant, getan habe und gelobet habe stete zů haltende und zů
habende in alle wis, alse da vor geschriben stat, und gelobe sie ouch und disen
5 brief by mime eyde, den ich darumbe getan habe, stete zů haltenne und zů haltenne ane alle geverde. und des zů einer urkunde so habe ich min ingesigel mit
minre herren der vorgenanten ingesigel an disen brief gehenket.   der wart gegeben an der kindelin dage in den wihennahten in deme jare, da man zalte von
gottes geburte tusent jar druhundert jar und niunzehen jar.

10   S aus Straßb. St. A. Verschl. Canzlei-Gew. Corp. K lad 17 nr mb c. G sig pend, quorum
       1 delaps. Abgefallen das Siegel des Bischofs von Speirr.

391. *Die Straßburger Ritter und Schöffen Albrecht Rulenderlin, Reimbold*
Hüffelin und Johann von Mülnheim beurkunden die Sühne, welche Werner von
Pfettisheim, Hesso und Konrad Pfaffenlapp um die Gefangennahme des letztern
15 *durch den Grafen Johann von Fürstenberg vor Meister und Rath der Stadt Straß-*
burg beschworen haben. 1320 Januar 28.

Ich Olberech Růlenderlin, Reinbolt Hüffelin und Johannes von Mülnheim ritter
und scheffeln zů Straczburg tůnt kůnt allen den, die disen brief sehent unde herent
lesen, daz wir dobi worent und sohent und hortent, do der edele geisliche herre
20 brůder Herman von Hochberg do hochmeisster sancte Johannes orden in Thůcze-
ine lande zůgege waz, do Wernher von Phetteusheim, Hesse Phaffenlab unde Cuncze
Phaffenlab, der gefangen waz, swuorent eine sůne vor rote und vor meistere von
Strazburg, unbe daz der edel juncher grafe Johannes, grafe Egen sůn von Fürstenberg, Cônrat Phaffenlab den vorgenanten gefanget het, daz der selbe Wernher,
25 Hesse und Côntze die vorgenanten dem vorgeniten juncher Johannese noch sine
herren sin fatter grafe Egen noch irn frůnden noch allen irn diener und
helffern kein leit sůllent tůn noch schaffen geton noch harnoch in diebeine wis
unbe die getot, daz der vorgenante Cůneze Phaffenlab gefangen wart, ane alle
geferde. und fůrjoch ouch meisster und rat, daz sů die sůne stete woltent han unbe
30 die getot ane alle geferde iemerme. und darunbe daz wir die vorgenanten her
Olberech, her Reinbolt Hüffelin[1] und her Johannes von Mülnheim hiebi warent,
do dis also geschach, als da vor gescriben stat, so han wir unser drůiger ingesigele gehencket an disen breif.   dis geschach an dem mentage vor der leichtemes
in dem jare, do man zalte von gottes gebůrte drůczeihen hůndert jar und
35 zwentzieg jar.

       F aus Fürstenberg. A. zu Donaueschingen or. mb. c. 3 sig. pend. locsis, quorum 1 delaps. Abge-
       fallen das Siegel Hüffelins. Abschrift des Herrn Dr. A. Schulte.
       Regest darnach i. Fürstenberg. UB. II, 65 nr. 106.

_____

1 Ritter Reinbold Hüffelin erscheint als Begleiter des Grafen Konrad von Freiburg, dem der Landvogt
40 Otto von Ochsenstein und der Landgraf Ulrich sichres Geleit und Schutz versprechen, falls er nach Straßburg zur Aussöhnung mit König Friedrich und Herzog Leopold komme 1320 Mai 20 Straßburg. Freiburger
St. A. lad. 6 nr. 11 or. mb. c. 2 sig. pend. Gedruckt bei Schreiber Urk. B. d St. Freiburg I. 236 nr. 110.

392. *Urkunde des Wormser Bürgers Werner Rittirchen über ausstehendes Geld aus seiner Bürgschaft für Straßburger Bürger. 1320 März 1.*

Ich Werntzeman Rittirchen eyn burger von Wormeze verjehen mich an diesen briven unde dûn kûnt allen den, die sie sehent oder horent lesen, daz mir von de burgschefte dez geldiz, do ich burge wart erberre herren knethe der bûrger von Strazburg, uze stat sehse unde drizig pûnt und funf schillinge hallere guder unde geber. unde daz selbe gelt sol auch vorbaz me stan ane allen schaden. wan e aber ich dez selben geldes sehese unde drizig punde unde funf schillinge haller geweret werden, so verzihin ich vor mich unde vor alle mine erben, die ich nû han oder umer mag gewinue, uffe allen schaden unde anesprache, die ich han odir hatte wider die stat von Strazburg unde ir burgere, die hie vore sint gesriben, genczlichen unde feste ane alle geverde[1]. ich verjehen auch me, wellent die vorgenanden herren die burger von Strazburg[a] nich inberen, so sol ich in eynen eyt mit mines selbes libe swern[b], daz mir noch also vile geldes uze ste, also hie vor geschriben stet, unde nach si unvergulden von der nemelichen burgschefte. daz diz stede si unde feste, so gebin ich diesen brif besigelt mit mime ingesigel zû eyme steden urkunde. hie bi ist geweset unde bi diesin dingen Hane Jehan Russebacke unde Cunrat von Lustat burger von Wormeze. dirre brif wart gegeben, do man zalte von gots geburte druzehen hûndert jar in demc zwenczegesteme jare an deme sammezdage nach sancte Mathis dage aller neste.

S aus Straßb. St. A. Verschl. Canzlei-Gew. Corp. K lad. 17 or. mb. c. sig. pend.

393. *Pabst Johann XXII trägt dem Abt von Murbach und den Dekanen der Colmarer und Baseler Kirche auf, die Appellation von Schultheiß, Meister und Rath der Stadt Straßburg gegen den Bannspruch des Probstes von Allerheiligen in Freiburg zu prüfen und zu entscheiden. 1320 April 7 Avignon.*

Johannes episcopus servus servorum dei dilectis filiis . . abbati monasterii Morbacensis et . . Columbariensis Basiliensis diocesis ac . . Basiliensis decanis ecclesiarum salutem et apostolicam benedictionem. sua nobis Nicolaus scultetus . . magister et consules civitatis Argentinensis peticione monstrarunt, quod, nobili viro Rudolfo marchione de Baden Spirensis diocesis asserente, quod David senior dictus Walch et Aron ejus filius judei Argentinenses multa extorserunt et adhuc extorquere nitebantur ab eo per usurariam pravitatem, et quod nobilis ipse contra ipsos super hoc ad . . prepositum monasterii omnium sanctorum in Friburgo per prepositum soliti gubernari Constanciensis diocesis nostras in communi forma litteras impetraverat, ipsosque communiter super hoc petendo, eos ad restituendum sibi sic extorta et ad desistendum ab extorsione hujusmodi usurarum

a) *S Strabur.* b) *swern auf Rasur.*

[1] *Vergl. nr. 396.*

compesci, dictarum litterarum pretextu fecerat coram eodem preposito ad judicium evocari, et quod idem prepositus, cognitis ipsius cause meritis et juris ordine observato, pro dicto nobili diffinitivam sentenciam promulgarat[a] et pro eo, quod ipsi judei eidem diffinitive contumaciter parere contempserant, publice inhibuerat, ne aliquis
5 fidelium communicaret eisdem, ac suggerente mendaciter ipsi preposito, quod dicti scultetus magister et consules post et contra inhibicionem hujusmodi dictis judeis communicare presumpserant, idem prepositus ex arrupto sine aliqua cause cognicione, quamquam sibi de hujusmodi suggestis aliquatenus non constaret, prout nec constare poterat, cum ea non essent notoria neque vera, in eosdem scultetum
10 magistrum et consules nominatim excommunicacionis sentenciam contra justiciam promulgavit ipsosque fecit excommunicatos publice nunciari ac nichilominus in locis, in quibus ipsi scultetus magister et consules propria domicilia obtinent et ad que eos devenire contingeret, quamdiu morarentur, ibidem cessari mandavit penitus a divinis, propter que ex parte ipsorum fuit ad sedem apostolicam appellatum[1]. quocirca
15 discrecioni vestre per apostolica scripta mandamus, quatinus vocatis, qui fuerint evocandi, et auditis hinc inde propositis, quod justum fuerit, appellacione remota, decernatis facientes, quod decreveritis, per censuram ecclesiasticam firmiter observari, testes autem, qui fuerint nominati, si se gracia odio vel timore subtraxerint, censura simili appellacione cessante cogatis veritati testimonium perhibere. quod si
20 non omnes hiis exequendis potueritis interesse, duo vestrum ea nichilominus exequantur. datum Avinione 7 idus aprilis pontificatus nostri anno quarto.

S aus Straßb. St. A. AA art. 1398 or. mb. Bulle an Hanfschnur. Kostenvermerk VIII
*darunter. l'. de Caim. Schreibervermerk R. mit Schleife und einem Zeichen darüber
ähnlich dem übergeschriebenen a. vielleicht* Registrata? *darunter* Eustach. *Dorsualnotis*
25 *eingerahmt* H. de Herberon.
Gedruckt aus dem Briefbuch A fol. 101 b ibid. bei Schöpflin Als. dipl. *II, 123 nr. 910.*

394. *Die Speirer Hofrichter beurkunden die Sühne der Wittwe und der Kinder
Johanns von Berwarstein mit den Städten Straßburg und Hagenau. 1320 April 10.*

Judices curie Spirensis. noverint universi presencium inspectores, quod in nostra
30 presencia constituti honesta matrona domina Gûta, relicta quondam Johannis militis de Berwerstein, Johannes custos ecclesie sancti Widonis Spirensis ejusdem domine Gûte filius, Burckardus dictus von dem Hohenhuse miles, Metza ejus uxor legittima nata ejusdem domine Gûte, .. Erppho de Wingarten miles, Susanna ejus uxor legittima similiter dicte domine Gûte filia, necnon Elizabet domicella nata domine Gûte
35 prenotate confessi sunt et publice recongnoverunt, se iniisse seu fecisse pacem reconciliacionem seu conposicionem, que in vulgari dicitur eine lutere stete sune, infrascriptam cum viris prudentibus et discretis magistris .. consulibus ac universitatibus civitatum Argentinensis et Hagenogensis Argentinensis dyocesis et cum eorum coadjutoribus universis et specialiter et nominatim cum Anshelmo de Quercu armigero[2].

40 *a) Die beiden letzten Silben auf Rasur.*

[1] *Vergl. nr. 406 und 408.*
[2] *Vergl. nr. 316, 359, 372 und 390.*

prefate etiam persone videlicet domina Güta predicta, Burckardus miles von dem Hohenhuse, Metza ejus uxor legittima... Erppho miles de Wingarten, Sûsanna ejus uxor
legittima et Elizabeth domicella per fidem ab ipsis corporaliter prestitam nomine juramenti, prefatus vero Johannes custos per sacramentum ab eo corporaliter prestitum promiserunt coram nobis, quod pacem reconciliacionem seu conposicionem, que vulgariter 5
dicitur eine lutere stete sûne, fraude et dolo penitus circumscriptis, habere et tenere
vellent cum magistris .. consulibus et universitatibus antedictis ac cum ipsorum
coadjutoribus universis, occasione dampnorum gravaminum et interesse quorum-
cumquo predictis personis omnibus et singulis ac etiam quondam Johanni militi,
marito prefate domine Gûte, illatorum per magistros .. consules et universitates et 10
ipsorum coadjutores universos supradictos existencium seu factorum in castro Berwerstein, in morte quondam Waltheri nati domine Gûte prenotate, in aliis rebus
bonis et personis quibuscumque et ex causis quibuscumque usque in hodiernum
diem, occasione facti et nomine prelibati, renunciantes prefate persone super premissis omnibus et singulis pro se suis heredibus cognatis amicis successoribus seu 15
coadjutoribus ipsorum universis omni actioni peticioni requisicioni seu juri ipsis
heredibus suis cognatis amicis successoribus et coadjutoribus ipsorum universis conpetentibus seu conpetituris, excepcionibus et defensionibus quibuscumque, litteris a
sede apostolica vel aliunde inpetratis vel inpetrandis, legi dicenti generalem renunciacionem non valere, actioni in factum, restitucioni in integrum, qua minoribus 20
vel majoribus aliqualiter subvenitur, omnique juris auxilio canonici vel civilis, consuetudinibus et statutis quibuscumque et pacis presidio generalis, per que per se
seu per interpositas personas directe vel indirecte contra premissa vel aliquod premissorum venire possent quomodolibet vel juvari publice vel occulte, in judicio vel
extra, in posterum vel ad presens, fraude et dolo penitus circumscriptis, dampna 25
gravamina et interesse predicta puro corde et pura consciencia adversus .. magistros
.. consules et universitates ac ipsorum coadjutores universos antedictos pro se suis
heredibus cognatis amicis et universis successoribus remittendo et eis simpliciter
renunciando. in quorum evidenciam et probacionem pleniorem nos .. judices predicti
sigillum curie Spirensis ad peticionem personarum predictarum presentibus duximus 30
appendendum.   datum anno domini millesimo trecentesimo vicesimo, feria quinta
post dominicam Quasimodo geniti proxima.

*S aus Straßb. St. A. Verschl. Canzlei-Gew. Corp. K lad. 16 or. mb. c. sig. pend. Umschrift
s. judicum curie Spirensis.*

395. *Der Speierer Bürger Gotschalk Schaf zu der Ecke tritt der Sühne* 35
zwischen den Städten Straßburg und Hagenau einer- und Eberhard von Berwar-
stein andrerseits bei. 1320 April 10.

Ich Gotschalk Schaf zû der Ecke ein burger von Spire gelobe mit gûten truwen
vûr mich und mine kint, die ich han von Susannen selgen hern Burkartez dohter
zûme Hohenhuse eins ritterz, und andere mine erben stetde und veste zû habenne 40
lûterlich unde getrulich die sûne, die die erbern wisen lûte die rete und die burgere

von Strazburg und von Hagenowe vůr sich und Anshelmen von der Eychen ein edele
kneht und alle ir helfere ein site und Eberharten von Berwerstein vůr sich und alle
sine frunt und helfere ander site umbe allen schaden und geschiht, die zwůschent
in ieweder site biz her beschehen sint, mit enander gelobt und gemaht habent
5 mit briefen[1] und ane briefe, wie die sůne geschehen ist, daz wir niemer dawider
kumen mit gerihte oder ane gerihte und die vorgenanten stette und burgere, Anshelmen von der Eychen und alle ir helfere darumbe niemer geleidigent anegesprechent
noch geirrent in dehein wiz ane alle geverde. und dez zů eime urkůnde so han ich
min ingesigele gehenket an disen brief. der wart geben, do man zalte von gotes
10 gebůrte druzehen hundert jar in deme zweinzigisten jare an deme dunrestage nach
usgender osterwochen.

S aus Straßb. St. A. Verschl. Canzlei-Gew. Corp. K lad. 15 or. mb. c. sig. pend.

396. *Der Offizial der Wormser Probstei beurkundet eine Quittung des Wormser
Bürgers Werner Ritterchin für die Stadt Straßburg. 1320 April 13.*

15 Officialis .. prepositure Wormatiensis tenore litterarum presencium recognoscimus
et constare volumus inspectoribus universis earundem, quod in nostra constitutus
presencia Wernherus dictus Ritterchin civis Wormatiensis libera voluntate omnibus
actionibus contraversigiis impeticionibus et discensionibus, quas habuit et habere
se dixit usque ad datam presencium contra prudentes viros consules ceterosque cives
20 omnes et singulos Argentinenses, ac omni juri sibi competenti contra eosdem seu
alterum ipsorum occasione discensionum et impeticione earundem renunciavit et
renunciat pro se et suis heredibus universis presentibus perpetue penitus et de plano,
recognoscens eciam, se pro hujusmodi actionibus impeticionibus et discensionibus
necnon jure sibi competenti occasione eorundem ac renunciacione[a] facta de eisdem
25 triginta sex libras et quinque solidos hallensium bonorum in pecunia sibi numerata
et soluta a .. consulibus et civibus civitatis Argentinensis et ex parte eorundem
recepisse, reddens et pronuncians[b] consules ac cives Argentinenses universos ab eisdem
impeticionibus actionibus necnon pecunia prenotata in hiis scriptis liberos et perpetue absolutos[2]. in cujus renunciacionis et confessionis sic facte coram nobis pre-
30 sentem litteram ad preces ejusdem Wernheri sigillo officialis prepositure predicte
duximus roborandam. datum et actum anno domini 1320 ipsa dominica, qua
cantatur Misericordia domini.

S aus Straßb. St. A. Verschl. Canzlei-Gew. Corp. K lad. 17 or. mb. c. sig. pend.

397. *Sühne des Grafen Johann von Salm mit der Stadt Straßburg. 1320 Juni 1.*

35 Wir grave Johan von Salmen tůnt kunt allen den, die disen brief gesehent
und gehôrent lesen, daz die erbern und die bescheiden der meister der råt und die

a) *S renunciacioni.*   b) *S pronunciens.*

1 *Vergl. nr. 390.*
2 *Vergl. nr. 392.*

burgere von Strazburg und wir mit einander lieplichen und gütlichen versünet verrihtet und verslichtet sint aller der missehelle, die sic und wir gegen einander gehabet
hant untze uffe disen huttigen tag von Michels wegen hern Albrechtes sûn Rûlen-
derlins, Goszelins von Mollesheim und von Johannes Rapoltzsteines wegen burgere
von Strazburg, und globent die vorgenante sune rihtunge und slichtunge stete zů   s
habende vur uns und unsere erben und alle unsere helfere gegen den vorgenanten
burgern und allen iren helfern, und verzihent uus ôch vur uns und unsere erben
und helfere alles des schaden, der uns und unsern widervarn ist untze uffe disen
hûtigen tag von der vorgenanten gelete wegen von den vorgenanten burgern von
Strazburg und allen iren helfern, ane alle geverde. und des zů eime urkunde so   10
hant wir grave Johan der vorgenante unser ingesigel an disen brief zû rucken
gedrucket.   datum die dominica post Urbani anno domini 1320.

S aus Straßb. St. A. Verschl Canzlei-Gew. Corp. K lad. 15 *or. mb. lit. pat. c. sig. in verso
impr. defic.*

398. Esgerus archiepiscopus Lundensis Suecie primas, Nicolaus Acridensis,   15
Rustanus Neopatonensis et Mathias Duracensis archiepiscopi, Zacharias episcopus
Suaceuensis, Andreas episcopus *Croensis* a, Sifridus episcopus Curiensis, Guillelmus
episcopus ad partes Tartarorum, Audreas episcopus Terracinensis, Petrus episcopus
Narinensis, Guillelmus episcopus Puteolanus, Egidius episcopus Audrinopolensis
omnibus vere penitentibus et confessis, qui ad ecclesiam sancti Stephani et ecclesiam   20
parochialem sancte crucis dicte ecclesie annexam ac conjunctam iu festivitatibus
sancti Stephani, sancte crucis, natalis domini, circumcisionis, epiphanie, ramispal-
marum, parasceues, resurrectionis, ascensionis, pentecostes, corporis Christi, sancti
Johannis baptiste, apostolorum Petri et Pauli omniumque aliorum apostolorum et
evangelistarum, omnium sanctorum ac in omnibus et singulis festis beate Marie   25
semper virginis, sanctorum Laurencii, Vincencii, Nicolai, Martini, Georgii, Jeronimi,
Gregorii, Augustini, sanctarum Margarete, Katerine, Marie Magdalene, Agathe, Anne,
Agnetis, undecim milium virginum et iu dedicacione predictarum ecclesiarum et per
octavas earundem festivitatum accesserint, necnon qui ad fabricam luminaria ornamenta reparacionem seu quevis alia dictarum ecclesiarum necessaria manus porre-   30
xerint adjutrices, aut qui in testamentis vel extra aurum argentum vestimenta seu
aliqua alia caritativa subsidia dictis ecclesiis legaverint, aut qui corpus Christi vel
oleum sacrum, cum infirmis portentur, secuti fuerint, aut qui in scrotina pulsacione
campane flexis genubus ter Ave Maria dixerint, aut qui cimiteria predictarum ecclesiarum circumierint et pro animabus omnium inibi in Christo requiescencium ora-   35
cionem dominicam cum salutacione angelica dixerint, quociescunque premissa
fecerint, quadraginta dies indulgenciarum de injunctis penitenciis relaxant. « splendor
paterne glorie. »   datum Avinione 27 die mensis junii, anno domini 1320 et pontificatus domini Johannis pape XXII anno quarto. *1320 Juni 27 Avignon.*

B aus Straßb. Bez. A. H fasc. 2622 *or. mb.* cum 9 *sig. pend. partim laesis, partim delapsis.*   40
*Die Schrift ist zum Theil stark verwischt. In einem Transfix gibt Bischof Johann seine
Zustimmung zu diesem Indulgenzbriefe 1320 August 16.*

a) *Unleserlich geworden, ergänzt aus der Siegelbezeichnung auf dem Bug.*

399. *König Ludwig ersucht die Stadt Straßburg, seinem Heere Lebensmittel zu liefern, wenn er demnächst ins Elsaß komme, und sichert ihr Schonung zu. 1320 August 27 im Lager bei Landau.*

Ludowicus dei gracia Romanorum rex semper augustus prudentibus viris . .
magistro . . consulibus . . et universis civibus Argentinensibus fidelibus suis dilectis graciam suam et omne bonum.   fidelitatem vestram, qua erga Romanum imperium viguistis attente, presentibus amonemus, quatenus nostri juris contemplacione, cum partes Alsacie nos visitare contigerit cum principibus et aliis nostris fidelibus[1], vos nobis et nostris exercitibus victualia pro nostra pecunia ministretis, alias eciam
exhibiciones, quas vestra prudencia decreverit, nobis tamquam vero regi Romanorum fideliter exhibendo. pro eo vestris honoribus et commodis nostra celsitudo intendet jugiter cum effectu. scientes pro constanti, quod dampna nulla a nostris vobis penitus inferentur, sed noster adventus ad vestrum bonum pocius ordinabitur sic, quod nobis ad graciarum tenebimini actiones. super hiis vestra sollercia quantocius
certitudinaliter nos informet.   datum in castris prope Landowiam 0 kalendas septembris regni nostri anno sexto.

[*in verso*] prudentibus viris . . magistro . . consulibus et
universis civibus Argentinensibus fidelibus nostris
dilectis.

S aus Straßb. St A. AA. art. 75 or. mb. lit. cl. c. sig. in verso impr. deleto. Spuren des großen gelben Siegels. Das Stück ist rescribirt, einzelne Züge der alten Schrift sind noch zu erkennen.
Gedruckt darnach bei Wencker Coll. arch. p. 365 nr. 4. — Böhmer R. Lud. nr. 405.

400. *König Ludwig versichert die Stadt Straßburg seiner gnädigen Gesinnung und räth ihr, sich die Unterhandlung um einen Landfrieden angelegen sein zu lassen. 1320 October 1 Frankfurt.*

Wir Ludowich von gotes guaden romischer chúnich, ze allen zeiten merer des riches, enbieten den weisen und bescheiden leuten Nyclaus Zorn und dem rat der burger ze Strazburch unseren lieben getriwen unser hulde und alles gůt.   als ir uns
enboten habt, sůlt ir wizzen, daz wir nihts von iu gelouben, dann daz gůt ist, und daz wir deheinen unwillen noch ungenade gen [iu][a] haben noch auch ungern heten. ist aber daz iuch unser diener den schaden in iurer stat und dar anz geschehen ist, angreiffen und beswaeren wolten, sůlt ir wizzen, daz uns daz gar leit ist und auch daz sicherlich wenden wellen, swa wir chúnnen oder mûgen. als wir auch mit
sampt unsern lieben fûrsten dem chúnig von Beheim und dem bischof von Trier

---

a) Von in aus der letzte Strich noch kenntlich. Loch im Pergament.

[1] *Vergl. Matthiae Nuwenburg. Cronica i. Böhmer Fontes rer. germ. IV, 193, die vom August dieses Jahres die Notiz hat:* Argentinensium autem pars una scilicet Zornonum Friderico, alia vero scilicet Mülnheimensium Ludowico favebat. et cum Argentini prius Fridericum recepissent, nunc in transitu Ludowicum cum multis armatis ingredientem et cito egredientem more regio in majori ecclesia receperunt. qui et ipse eorum privilegia confirmavit. *Vergl. dazu den merkwürdigen Bericht des Fürstenfelder Mönchs (Böhmer Fontes I, 57) und auch Closener (D. St. Chron. VIII, 68).*

vor mit iu geredet haben umb einen lantfride, biten wir iuch vleizz[eclliche]*, sei iu
iur wille gût darzu, daz ir dann an etlich stat, da ir sicher seit, chomet, da wir
auch sicherlich hin chomen mûgen. und lat uns daz zehant wizzen, so wellen wir
zu iu chomen und alles daz nach iurem rat durzu tûn, daz wir mûgen, daz der
selb lantfride bestetigt werde. und wizzet auch, geet er zu, daz wir iuch dester baz   5
beschermen mûgen; waer des aber niht, so maehten wir iuch dester minner beschermen.
men. wir biten iuch auch, swaz in unser getriwer Steheliu Clœge darûber und
über ander sache sag, daz ir im daz gentzlich geloubet.   der brief ist geben ze
Franchenfûrt an der mitwochen nach sant Michels tag in dem sehsten jar unsers
riches.   10

[in verso] den weisen und bescheiden leuten Nyclaus Zoru
           und dem rat der burger ze Strazburg unsern
           lieben getriwen.

*S aus Straßb. St. A. AA art. 75 or. mb. lit. cl. c. sig. in verso impr. defic. Spuren des
     großen gelben Siegels. Das Stück ist rescribirt.*
Gedruckt darnach bei Wencker Coll. arch. p. 366 nr. 5. — Böhmer R. Iaul. nr. 411.   15

401. *Pabst Johann XXII gestattet den Straßburger Augustinern, ihr allzu abge-*
legenes Kloster in die Stadt zu verlegen. 1320 October 25 Avignon.

Johannes episcopus servus servorum dei dilectis filiis . . priori et fratribus heremitarum prope civitatem Argentinensem ordinis sancti Augustini salutem et aposto-   20
licam benedictionem.   exhibita nobis vestra petitio continebat, quod vos pro eo,
quod locus vester a civitate Argentinensi nimis distat, penuriam temporalium rerum
patimini ac cives Argentinenses locum ipsum occasione hujusmodi non frequentant
vosque animarum saluti, ut cupitis, non potestis intendere propter distantiam supradictam. nos igitur vestris supplicationibus inclinati, recipiendi locum in civitate pre-   25
dicta sine prejudicio juris ecclesie, in cujus parrochia locus ipse consistet, si ad id
loci diocesani accedat assensus, et construendi in loco eodem oratorium seu ecclesiam
ac necessarias officinas et ponendi in eo decentem conventum fratrum vestri ordinis,
non obstante constitutione felicis recordationis Bonifacii pape VIII predecessoris
nostri [1], per quam prohibetur, ne religiosi mendicantes loca de novo recipiant absque   30
apostolice sedis licentia speciali faciente plenam et expressam de prohibitione hujusmodi mentionem, ac locum, quem, ut premittitur, nimis distantem a predicta civitate
habetis, convertendi in edificationem hujusmodi loci novi liberam vobis concedimus
tenore presentium facultatem. nulli ergo omnino hominum liceat, hanc paginam
nostre concessionis infringere vel ei ausu temerario contraire. si quis autem hoc   35
attemptare presumpserit, indignationem omnipotentis dei et beatorum Petri et Pauli

a) S vleizz mit Abkürzungsstrich darüber.

[1] *C. 1 de excessibus praelatorum in VI · (V, 6).*

apostolorum ejus se noverit incursurum.   datum Avinione 8 kalendas novembris
pontificatus nostri anno quinto[1].

*T aus Straßb. Thom. A. Augustin. lad. 10 or. mb. Bulle an roth-gelben Seidenschnüren.
Kostenvermerk xuv, darunter P. de Caiin. Schreibervermerk Pascalis. Oben rechts in
der Ecke R. Auf der Rückseite oben H lxxxxii; unten gleichzeitiger Vermerk quod locus
Argen[tinensis] potest mutari.*

402. Johannes de Ohssenstein . . scolasticus et Cûnradus de Lierheim canonici
ecclesie Argentinensis, arbitri conpromissarii concorditer electi super questionibus
et litibus, quas Gebehardus de Friburg prepositus ex una ac decanus et capitulum
ecclesie Argentinensis ex parte altera inter se habuerunt causa incorporacionis man-
surnarum ecclesie, videlicet de Lampertheim de Wickersheim et de Geispoltzheim,
ipsi capitulo facte, controversias diffiniunt.   datum Argentine 8 kalendas decembris
anno domini 1320. *November 24 Straßburg.*

M aus Melker Codex fol. 27 b cop. mb. coaeva.

403. *Aebtissin und Convent des Klosters Andlau verpflichten sich, die gegen
die Stadt Straßburg erwirkten Processe rückgängig zu machen.* 1321 *Januar 25.*

Noverint universi presencium inspectores, quod nos Kûnigundis divina permissione abbatissa et conventus monasterii in Andelahe Argentinensis diocesis
pro nobis et pro ipso monasterio promittimus et nos tenore presencium nomine
quo supra obligamus, nunquam contra privilegia civitatis Argentinensis eidem
civitati et ejus incolis indulta et concessa facere per nos vel per personam interpositam vel hoc fieri procurare, fraude et dolo penitus circumscriptis, promittentes
laborare et efficere bona fide una cum . . magistro et consulibus civitatis Argentinensis apud . . cantorem ecclesie Metensis vel ejus subdelegatum, a sede apostolica
judicem deputatum in causa appellacionis, interposite ex parte Nicolai sculteti . .
magistri et consulum predictorum ad sedem apostolicam a processibus . . decani
sancti Theodati Tullensis dyocesis judicis a sede apostolica ex parte nostra inpe-

a; s judice.

---

[1] *Von Ch. Schmidt in der Hist. du chap. de s. Thom. p. 246 wird diese Urkunde fälschlich dem
Jahre 1311 zugewiesen.*

[2] *Am 5. November desselben Jahrs waren diese beiden Canonici von Probst, Dekan und Capitel
zu Schiedsrichtern gewählt worden. Die bezügliche Urkunde im Straßb. Bez. A. G fasc. 3465 nr. 337
cop. ch. sec. XVII.*

[3] *Die Aebtissin Kunigunde und der Convent des Klosters von Andlau beurkunden unterm 21. August 1319 (zistag vor sancte Bartholomeus tage), daß sie den Kirchschatz des Klosters, den sie lange
Jahre hindurch zu St. Stephan in Straßburg aufbewahrt hatten, unverändert von dort zurückgenommen
haben. or. mb. c. 2 sig. pend. delapsis i. Straßb. Bez. A. H fasc. 2626. In diese Zeit wird auch die Excommunication der Aebtissin Kunigunde fallen, die Bischof Johann von Straßburg pro manifesta offensa
über sie verhängt hatte, und in die der Domcanonicus Hermann von Thierstein mitverwickelt wurde,
weil er den Verkehr mit ihr nicht abbrach. Vergl. Rosenkränzer Bischof Johann von Straß. S. 113
(ex cod. ms. nr. 410 d. Wiener Hofbibliothek).*

trati promulgatis, processus latos a dicto .. decano sancti Thodati contra Nicolaum
scultetum .. magistrum et consules predictos ac dicte civitatis cives alios revocari.
insuper renunciamus prosecucioni appellacionis, ex parte nostra interposite ad sedem
apostolicam ab interlocutoria .. judicum sancte sedis Maguntine lata in causa
appellacionis, ex parte .. magistri et consulum predictorum interjecte ad sedem   5
Maguntinam predictam ab interlocutoria contra ipsos promulgata a .. judice curie
Argentinensis in causa, quam ipsi contra nos intendebant prosequi coram eo. in
quorum evidenciam et evidens testimonium singulorum sigillum proprium .. abbatisse
necnon sigillum nostrum commune .. abbatisse et conventus predictorum una cum
sigillo curie Argentinensis presentibus sunt appensa. et nos .. judex curie Argenti-   10
nensis, quia premissa coram nobis acta sunt in modum predictum, ideo in testimonium eorundem sigillum curie Argentinensis ad peticionem .. abbatisse et conventus predictorum presentibus duximus appendendum. actum 8 kalendas februarii
sub anno domini 1321 *.

S aus Straßb. St. A. Verschl. Canslei-Gew. Corp. K lad. 16 *or. mb. c. 3 sig. pend. delapsis.* 15
Gedruckt nach dem Briefbuch A fol. 70 * *ibid. bei Schöpflin Als. dipl. II, 126 nr. 915.*

404. *Gerard Herr von Diest und Castellan von Antwerpen bittet die Stadt*
Straßburg, die Auszahlung eines Legats eines ehemaligen Diester Bürgers zu ver-
anlaßen. 1321 Januar 28.

Universis presentes litteras visuris et audituris et specialiter sapientibus viris   20
judicibus .. scabinis et concilio civitatis Argentinensis Gerardus dominus de Dyist
et castellanus Antwerpensis salutem et omne bonum cum notitia veritatis. cum
Johannes dictus Soellaer condam noster opidanus in ultima sui voluntate, qua
decessit, duas libras grossorum Thuronensium heredibus suis, qui sibi de jure
succedere debent, legaverit de bonis suis distribuendas, prout in littera sigillo curie   25
Argentinensis sigillata vidimus super hoc b facta contineri, item voluerit dictus
Johannes, ut tres libre grossorum Turonensium Hennekino de Pyron hosspiti de
Hoye dentur et presententur Arnoldo de Dorne presbytero, .. Johanni de Ulbeke, ..
Thilemano aurifabro et Johanni de Utricht, ut ipsi secundum formam littere preno-
minate ordinent de hiis tribus libris dande a dicto Hennekino et presentande, qui   30
quidem heredes predicteque quatuor persone una coram nobis super predictis
quinque libris renuntiaverunt, vestram prudentiam humiliter omnique instantia qua
possimus deprecamur, quatenus Henytzelinum de Colonia vestrum civem, dicti
Johannis condam nostri opidani executorem, ad hoc inducere dignemini, ut preno-
minatas quinque libras presentium exhibitori per predictos heredes et quatuor   35
personas deputato velit deliberare, maxime cum nos una cum heredibus prefatisque
personis dictum Heyntzelinum et omnes vestros cives super hiis quinque libris
indempnes observare promittamus ipsosque integraliter quitos et liberos clamaverimus,

a) In S folgt ein Zeichen, das vielleicht als et cetera *gedeutet werden darf.*   b) hoc *übergeschrieben.*

tantum ad hec facturi, ut vobis et vestris ad gratiarum actiones multimodas obligemur. in cujus rei testimonium evidens et munimen sigillum nostrum presentibus duximus apponendum. datum anno domini 1321 die vicesima octava mensis januarii [1].

S aus Straßb. St A. Verschl. Canzlei-Gew. Corp. K lad. 17 or. mb. c. sig. pend. delapso.

495. *Meister, Rath und Münzmeister von Straßburg erlauben dem Münshüter Nicolaus von Roppenheim, leichtere Pfenninge zu schlagen. 1321 Juni 5.*

Wir Johannes Sicke der junge der meister und der rat von Strazburg und ich Niclaus Zorn der schultheisze und munszemeister zů Strazburg tůnt kunt allen den, die disen brief gesehent oder gehorent lesen, daz wir erlöbent und erlöbet hant Niclause von Roppenheim unserme hůter zů Strazburg, daz er sol pfenninge machen, do die marg vier pfenninge lichter si, danne als der brief stât, den er emals besigelt hette uber die hůte von . . meistere und von râte und von dem vorgenanten . . münsemeistere, do her Gotze von Grozstein meister was [2]. und wurde er angegriffe, als der erste brief stât, so sol er allewege als vil zů stûre und zů helfe haben an der marg, als er an dem vorgenanten ersten briefe hat, âne alle geverde. darzů sol ime ôch allez daz reht behalten sin, daz an dem selben briefe geschrieben stât, âne alle geverde. daz diz war und stete si, darumbe han wir . . der meister und der rât die vorgenanten unserre stette ingesigel und ich der vorgenante schultheisze min ingesigel gehenket an disen brief. der wart gegeben an dem fritage vor sante Barnabas tag des zwelfbotten in dem jâre, do men zalte von gotz geburte druzehen hundert jar und einz und zwentzig jar. haran warent wir her Claus Zorn der junge, her Johannes Hunesvelt, her Johannes von Tůmenheim und her Johannes Sicke der junge die vier meistere u. s. w. folgt der Rath.

S aus Straßb. St. A. Münzsachen art. 23 nr. 13 or. mb. c. 2 sig. pend., quorum 1 delaps.

496. *Der Dekan der Colmarer Kirche, vom apostolischen Stuhl bestellter Richter in dem Proceß der Stadt Straßburg gegen Markgraf Rudolf den ältern von Baden, setzt für den Vertreter der erstern einen neuen Verhandlungstermin auf den 18ten August fest. 1321 Juli 29.*

. . Decanus ecclesie Columbariensis Basiliensis dyocesis judex in causa appellationis, quam Nycolaus dictus Zorn miles scultetus, magister et consules civitatis Argentinensis prosequuntur contra nobilem virum dominum . . Růdolfum marchionem de Baden seniorem Spirensis dyocesis [3], a sede apostolica delegatus una cum reve-

---

[1] Unter dem gleichen Datum hatten in derselben Sache nahezu in denselben Ausdrücken auch judex scabini et concilium oppidi Dyistensis an die Stadt Straßburg geschrieben. Vergl. Briefbuch A fol. 122 a i. Straßb. St. A.
[2] Vergl. nr. 387.
[3] Vergl. nr. 393.

rendis dominis abbate monasterii Morbacensis dicte Basiliensis dyocesis et decano
ecclesie Basiliensis ac ab eisdem suis condelegatis in dicta appellationis causa sub-
delegatus. anno domini 1321 feria 4 post festum beati Jacobi apostoli hora vespe-
rarum prefixa dicto domino marchioni ad excipiendum in dicta testium et personas
productorum contra eum in dicta causa appellationis et ad respondendum ceteris   5
posicionibus in dicta causa, quibus non erat sufficienter per priorem procuratorem
responsum, conparuit dicto termino Fridericus de Wissenburg procurator appellancium
procuratorio nomine eorundem, conparuit eciam pro parte adversa Dyeschinus de
Columbaria procurator dicti domini marchionis et dictus Dyeschinus porrexit quasdam excepciones in scriptis, quarum facta copia parti adverse; idem procurator 10
ipsorum appellancium petivit sibi dari terminum ad deliberandum super dictis
August 15 excepcionibus, quem ei ad hoc prefigimus videlicet feriam terciam post assumpcionem
beate Marie virginis. et nichilominus, sicut alias injunximus procuratori partis
appellate, ut responderet certis posicionibus, quibus nondum est in dicta causa
sufficienter responsum, denuo injungimus, ut dicto termino sufficienter respondeat 15
sub pena juris statuti contra recusantes posicionibus respondere, parte adversa
dicente, quod hujusmodi injunxio valeat, quantum valere possit, salvis etiam
expensis• . . . . . ., que de jure debentur dicto termino. porrecte sunt hee excepciones coram nobis decano ecclesie Columbariensis predicto[b] per Dyeschinum procuratorem predictum termino et hora predicto, que sic incipiunt : primo, domine judex, 20
excipiendo proponimus, quod testes producti testificantur in causa propria, cum ipsi
sint cives Argentinenses et negocium ipsos contingat sicut certos cives Argentinenses.
preterea ipsi sunt officiati civitatis[c] . . . . . et procurator et clerici civitatis pro
certis sellariis deputati et allegati[d] . . . . . . Argentinensis. insuper testes predicti
in dictis suis varii sunt contrarii et singulares, prout[e] . . . . quibus excep- 25
cionibus sic porrectis respondendum est termino[f] . . . .

407. *König Ludwig schreibt der Stadt Straßburg in Sachen des Zolls von
Germersheim u. A. 1321 September 11 Frankfurt.*   30

Wir Ludowich von gots gnaden romischer chunig, ze allen zeiten merer dez
riches, enbieten[s] den bescheiden mannen . . dem purgermeister . . dem rat . . und
der gemain der pürger von Strazburch unsern lieben getriwen unser huld und allez
gůt. wann ez noch nicht geendet ist, als ez mit leiding zwischen uns und euch
ůmb den zoll zů Germersheim herchůmen ist, hat uns Blenkelin ewer bote gebeten, 35
daz wir euch die gnade, die wir euch getan haben ůmb unser tail dez selbn zolles,
lengern. dez haben wir, daz ir sehet, daz wir alle zeit gerne tůn, waz euch liep

ist, als verre wir chünnen, die selbn gnade gelengert auf sande Gallen tag. als ir ⟨October 14⟩
uns dann darnach enbûtet ûmb daz lant gemainlich auch bei Blenkelin, daz wellen
wir auch lazzen sten und sagen sie ietzo ᵃ dez zolles ledich ᵇ auf sand Gallen tag,
daz ir darûmb die weile dester baz gewerben mügt. und vindet ir es dort oben ûmb
5 die stat und daz lant gemainlich oder ûmb die stat alleine, ez sei zû zilen oder
ewiclich, und daz euch daz versichert wirt, also wellen wir ez euch auch versichern.
und waer daz hertzog Leupolt ablazzen wolt und die diener nicht, wolt er euch
danne helfen auf seine diener, die dez wider weren, daz wellen wir auch tûn euch
gein unsern dienern. ir habt uns enboten ûmb den bischof von Spire, daz er unser
10 diener sei und naeme zoll. daz ist war: er ist unser fürste und hat seine lehen von
uns enpfangen und erchennet uns für seinen herren; doch hat er uns in drein oder
vier jaren nicht vil gedient. daz ist schült, daz wir im nicht gar vergolten haben,
daz wir im schuldich sein. davon wizzen wir nicht, ob wir sein gewaltich mügn
sein. wie aver dem sei, so wellen wir an geverde im darûmb schreiben und alles
15 daz datzo tûn, daz sich fügt. wizzet auch, daz der von Veldentz zû uns chümt. mit
dem wellen wir reden, ob die diener dort oben ablazzen, daz er ᶜ auch ablazze
sein tail dez zolles. ûmb Burchheim ewern pürgern wellen wir die bürchman und
die pürger von Oppenheim besenden und wellen allen unsern fleiz datzo legen bei
in und macht, daz er ledich werde. ez chümt auch grafe Gerlach von Nazzowe nû
20 zû uns, mit dem wellen wir schaffen umb einen laengern fride. alle zeit sein wir
berait ze tûn an allen sachen, waz euch liep ist. der brief ist geben zû Frankenfürt an dem freytag nach unser frowen tag der letzern in dem sibenden jare unsers
riches.

[in verso] den bescheiden mannen . . dem pürger-
25 maister . . dem rat . . und der gemain
der pürger von Strazbûrch unsern
lieben getriwen etc.

*S aus Straßb. St. A. AA art. 75 or. mb. lit. cl. c. sig. in verso impr. deleto. Spuren des
grossen gelben Königssiegels. Das Stück scheint rescribirt zu sein.*
30 *Gedruckt darnach bei Wencker Coll. arch. p. 366 nr. 6. — Böhmer R. Lud. nr. 451.*

408. *Markgraf Rudolf der ältere von Baden verzichtet der Stadt Straßburg
gegenüber in Sachen der Juden auf den richterlichen Spruch und alle seine Forderungen, behält sich aber sein Recht gegen die Juden vor. 1321 October 31 Baden.*

Wir Rûdolf von gotz gnaden der elter marcgrave und herre von Baden tûnt
35 kunt allen den, die disen brief gesehent und hörent lesen, daz wir daz gerihte,
daz do getan hat . . der probest von allen heilgen zû Friburg von unsern wegen
gegen den erbern und den bescheiden . . dem meister hern Clauwese Zorn dem
schultheizzen . . dem rate und den burgern zû Strazburg darumbe, daz men dem
vorgnanten probeste seyte, daz unser boten nüt getörsten des vorgnanten rihters

40 a) In ietzo steht das o über z wie in datzo. b) sagen—ledich ist übergeschrieben. c) er übergeschrieben.

brieve ôugen und entwerten von unsern wegen gegen Davide dem juden und sime
sûne Aaron in der stat zû Strazburg vor den vorgnanten burgern von Strazburg[1],
und umbe andern gezig, als stât an des vorgnanten rihters manunge, die er tet
gegen den vorgnanten burgern von Strazburg, abelasent untze uffe disen hûtigen
tag und ôch, waz schaden wir dovan gehebet han untze uffe disen hûtigen tag, 5
und verzihent uns ouch gegen den vorgnanten burgern von Strazburg des vorgnanten gerihtes und des vorgnanten schaden elleclichen und gar ane alle geverde
von der vorgnanten gezige und getete wegen, doch mit solicher bescheidenheit,
daz uns dirre brief an unserm rehte kein schade sol sin gegen den vorgnanten
juden, wande uns sôllent allû unseru reht gegen in behalten sin und gegen allen 10
den, die in gegen uns darumbe beholfen sint, ane allû geverde. und des han wir
der vorgnante marcgrave Rûdolf der elter herre von Baden den vorgnanten burgern
von Strazburg zû eim offen ûrkûnde gegeben disen brief besigelt mit unserm ingesigel uber rûcke her uf gedrucke. dirre brief wart gegeben zû Baden an aller heiligen
abent, do men zalte von gotz gebûrte drûzehen hundert jar und zwentzig jar und 15
ein jar[2].

 S aus Straßb. St A Verschl. Canzlei-Gew. Corp. K lad. 17 or. mb. lit. pat. c. sig. in verso
   impr. defic.
 Gedruckt aus dem Briefbuch A fol. 151 b ibid. bei Schöpflin Als. dipl. II, 126 nr. 916.

409. *Beschluß des St. Peterscapitels über die Verwaltung des von seinem* 20
Probste Hugo ihm vermachten Legats. 1321 November 12.

Quia nos Nicolaus prepositus, Getzo decanus totumque capitulum ecclesie sancti
Petri Argentinensis nuper statuimus et statutum hujusmodi inter alia statuta nostra
jurata reponi fecimus, ut portiones absentium canonicorum et distributionum quoti-
dianarum in matutinis missis et vesperis dividendarum non presentibus nec aliquorum 25
privatis usibus sed communibus capituli nostri utilitatibus cedere habeant, illarum
vero distributionum, que in singulis prime tertie sexte et none horarum officiis ex
pia dispositione quondam Hugonis prepositi nostri distribuuntur[3], portiones absentium in redditus ampliores pro augmentanda dispositione hujusmodi converti debeant,
statuimus, ut[a] statuta predicta circa dictas absentium portiones per nos edita nomi- 30
natim per quemlibet in canonicum ecclesie nostre inantea recipiendum jurentur,
nc illa, que nostris singularibus usibus sponte subtraximus, successores nostri non
sine gravi ecclesie nostre dispendio ex machinatione quacunque sibi valeant imbur-
sare, adjicientes insuper, ut[b] de mente dicti statuti circa portiones absentium ex

 a) H et.   b) B et.   35

 1 Vergl. nr. 393 und nr. 406.
 2 In demselben Jahre, am 29. April (Mittwoch vor St. Walpurgistag), hatte zu Straßburg Markgraf
 Rudolf von Baden, Hesso's Sohn sich verpflichtet, Berthold von Selingen, einem Straßburger Bürger,
 hundert Pfund Haller bis zum 13 ten Mai, bis zum St. Gangolfstage, zu zahlen, widrigenfalls sich zum
 Einlager in Straßburg zu stellen. or. mb. c. sig. pend. laeso i. Karlsruher G. L. A. Baden Generalia, 40
 gedruckt darnach bei Schöpflin Hist. Zaring-Bad. V, 372 nr. 237.
 3 Vergl. das Testament des Probstes Hugo i. UB. III, 259 nr. 853.

dispositione dicti quondam domini prepositi provenientes in augmentum dicti sui ª
legati, ut premittitur, convertere debeant nec in aliquot alios usus quoscunque
quovis colore quesito convertere ᵇ, preterquam in emptionem et augmentationem
reddituum remedii anime ipsius quondam domini Hugonis prepositi cedendorum,
⁵ nisi aliqua bona ad ipsum legatum spectanda de novo plantari vel sterilia ad culturam
redigi oporteret. impense ᶜ enim, [que] circa hoc faciende sunt, emptiones reddituum
dictum legatum amplient et augmentent. ideoque tales impense de dictis portionibus
possunt fieri absque nulla transgressione ipsius statuti, eo tamen salvo, quod nunquam de hujusmodi bonis plantatis ᵈ vel ad culturam redactis capiamus fructum
¹⁰ aliquem inter nos distribuendum. impense ipse ad truncum, ubi exposite sunt,
plenarie reponantur¹. et hoc presens statutum inter alia statuta nostra jurata fecimus
signari. actum in crastino beati Martini episcopi anno domini 1321.

*B aus Straßb. Bez. A. G fasc. 4903 Statutenbuch v. St. Peter fol. 43 Schlechte Abschrift
des 16. Jahrhunderts.*

¹⁵ **410.** *Ritter Wilhelm von Dorsweiler verpflichtet sich, der Stadt Straßburg in
ihrem Kriege gegen Walther von Schäffolsheim gegen die Zahlung von dritthalb
hundert Mark Silber beizustehn. 1321 December 6.*

Allen den sie kunt, die disen brief gesehent und gehörent lesen, daz ich
Wilhelm von Dorneswilre ein ritter verjehe an disem gegenwertigen briefe, das mir
²⁰ die erbern und die bescheiden der meister der rat und die burgere von Strazburg
gegeben hant und ich sü öch empfangen han von in drittehalp huudert marcke
silbers luters und lötiges des geweges von Strazburg, und bin darumbe ir helfer
worden, und globe bi dem eyde, den ich minen herren getân habe, in zû helfende
und zû dienende getruwelichen mit zehen ritenden mannen in mine kosten den
²⁵ krieg uz, den sie hant mit Welthere von Schaftoltzheim und mit allen sinen helfern,
die er ietzent het oder harnach gewinnet, oder waz von dem vorgenanten kriege
ufstat oder waz den selben krieg irûret, ân alle geverde. ich globe öch bi dem
vorgenanten eyde, geschehe das die vorgenanten burgere von Strazburg oder ire
soldenere oder ire helfere riten woltent uf den vorgenanten Welther oder sine
³⁰ helfere, wenne sü mir das embietent, so wil ich in als erberliche zû helfe komen
über die vorgenanten zehen man, als es minen eren wol anstât. bedurfent öch die
vorgenanten burgere von Strazburg minre helfe jensite der steigen, so globe ich in
zû helfende mit aller minre maht, die ich erzügen mag, ân alle geverde. ich globe
öch den vorgenanten burgern von Strazburg bi dem vorgeschriben eide, in und
³⁵ irme gesinde und iren helfern mine vestenen uf zû tünde, und wil sü laszen druf
und drabe riten, die wile der vorgenante krieg wert, doch mit sölicher bescheiden-

a) *B sea.*   b) *B convertendos.*   c) *Wohl que zu ergänzen. Die Stelle ist stark verderbt.*
d) *B plantatur.*

¹ *Vergl. nr. 450 und nr. 473.*

heit, waz sú oder ir gesinde oder ire helfere bi mir verzerent des minen, daz sú mir daz gelten nach bescheidenlichen dingen. wellent aber sie ir gût oder ire pfenninge selber zeren, des sol ich in wol gúnnen. were ôch das den vorgenanten burgern von Strazburg deheine minre vestene fúgete, wenne sie ez denne an mich vordernt, so globe ich bi dem vorgenanten eyde in die vestene zû entwurtende, die sú denne an mich vordernt, daz sie die habent und ir gesinde dulfe habent, die wile der vorgenante crieg wert, mit sôlicher gedinge, wenne sú mir die vorgenante vestene werdent wider entwurten, daz mûgent sie tûn in dem vorgeschriben kriege oder so er ein ende nimmet, so súllent sie sú mir wider entwurten und alle die ding und den rât, die und den sie dulfe fundent, oder aber der dinge und des râtes wert nach bescheidenlichen dingen ân alle geverde. waz ich mine dienere oder mine helfere in dem vorgenanten kriege anders schaden nement oder littent, den schaden sint die vorgenanten burgere nút schuldig mir oder in uf zû richtende, sú woltent es denne gerne tûn. wúrdent sich ôch die vorgenanten burgere sûnende mit dem vorgenanten Welthere und mit sinen helfern, so súllent sie mich und mine diener nemen in die selbe sûne. und sol ich in und wil in der selben sûne gefolget sin ân alle geverde. und des zû eime urkúnde han ich der vorgenante . . Wilhelm von Dorneswilre min ingesigel an disen brief gehencket. der wart gegeben an sant Nyclauses dage in dem jare, do men zalte von gotz gebúrte drútzehen hundert jar und eins und zwentzig jar.

S aus Straßb. St. A. Briefbuch A fol. 111 b mit der Ueberschrift: daz her Wilhelm von Dornswilre der von Strasburg helfer wart umbe drithalphundert marg silbers.

411. *Ritter Wilhelm von Dorsweiler bittet die Stadt Straßburg, die ihm geschuldeten dritthalb hundert Mark Silber an seinen Neffen Symund Krieg auszuzahlen. 1321 December 7.*

Den erbern und den bescheiden der burger meister und deme rade von der stat von Strasburg enbuethe ich Willem ein ritter von Dorswilre mienen dienest und waz ich gudez mach. die drithalp hundert marg, die ir mir gen sôlent[1], da bitte ich uch, daz ir sie gebent hern Symônt Crige miene nefen. und wez ir ieme dez gebent, daz sagen ich ûch gutlichen lidich und sint sin wolgeweret von mir und den mînen. und diz zû eime urkunde so han ich min ingesigel an diesen brief gehenket, der da wart gegeben an deme nesten dage nach sancte Niclawez dage, da man schalede von gottez geburthe duzent druhundert und einz und zewenzich jar.

S aus Straßb. St. A. Verschl. Canzlei-Gew. Corp. K lad. 16 or. mb. c. sig. pend. Siegellegende: Guillermi de Dorssewilre mil[itis].

---

[1] *Vergl. nr. 410.*

412. *Ritter Symund Krieg von Hochfelden quittirt der Stadt Straßburg über drillhalb hundert Mark Silber. 1321 December 10.*

Allen den si kunt, die disen brief gesehent und gehorent lesen, daz ich Symunt Crieg von Hochfelden ein ritter empbangen habe von den erbern und den bescheiden . . dem meistere dem räte und den burgern von Strazburg von hern Wilhelmes wegen von Dorneswilre eins ritters dirtehalb hundert marke silbers luters und lotiges des geweges von Strazburg und sô mir die vorgenante dirtehalb hundert marke gewegen und gegeben hant von hern Wilhelmes wegen des vorgenanten, und verjehe daz an diseme gegenwertigen briefe. und des zû eime urkunde han ich min ingesigel an disen brief gehenket. der wart gegeben an dem ersten dunrestage vor sante Lucien tage in dem jare, do men von gotz geburte zalte drûzehen hundert jar und einz und zwentzig jar.

S aus Straßb. St. A. Verschl. Canzlei-Gew. Corp. K lad. 17 or. mb. c. sig. pend. Das dreieckige, sehr kleine Siegel zeigt einen Adler im Felde, von der Umschrift zu erkennen : s. Simundi Creie..

413. *Ritter Nicolaus Zorn, Schultheiß zu Straßburg, gelobt dem Bischof Johann Treue und gute Amtsführung. 1321 December 14.*

Ich Nyclawes Zorn ein ritter schultheisze zû Strazburg [1] vergihe offenliche unde tû kunt mit diseme gegenwertigen briefe allen den, die in lesent oder hôrent lesen, daz ich mime herren bischofe Johannese von Strazburg mit gûten truwen ane alle geverde gelobet habe unde gesworn zû den heilgen, daz ich ime holt unde getruwe si unde zû aller zit an allen stetten, da ich bin, sin êre werbe unde sinen schaden wende, so vil ich mag, mit mir selben unde mit minen frûnden. ich sol ôch mit deme gerihte, daz er mir bevolhen hat, allen lûten rehte tûn unde daz schultheiszenambaht unde ôch sin geistlich gerihte ieweders in sime rehte unde in sinen êren behalten. darzû sol ich mich annemen, so verre ich mag. zû schirmende unde zû vûrdernde, waz in oder deheinen sinen phaffen oder sin gesinde oder iemanne anders, der daz bistûm anhôret, angât, swenne es oder wie dicke an mich gevordert wûrt. ich sol ôch dem burcgraven von Strazburg zû sinen rehten unde er mir dawidere zû den rehten, die min schultheiszenambaht anhôrent, wir bede einander mit gûten truwen, so verre wir mûgent, beholfen sin zû behaltende unde zû schirmende ane alle geverde. alse sûlen wir ôch bede tûn zû allen andern rehten, die daz bistûm zû Strazburg oder iemen von des bistûmes wegen in der stat zû Strazburg anzewendig hat, es si an mûnszen, an zolle oder wie es anders genemmet si. swaz ôch ich der vorgenante schultheisze von mime ambahte von des bistûmes wegen iemanne tûn sol, daz sol ich rihtecliche tûn ane alle widerrede. unde zû eime urkûnde aller dirre vorgeschriben dinge ist min ingesigele

---

[1] *Sein Amtsvorgänger, der ältere Nicolaus Zorn, muß im November oder in den ersten Tagen des December 1321 gestorben sein.*

an disen brief gehenket.   der wart geben an dem méntage nach sante Lucien
tag des jares, da man zalte von gotz gebúrte drůzehen hundert unde eins unde
zwenzig jar.

B aus Straßb. Bes. A. G fasc. 336 or. mb. c. sig. pend. laeso. Dorsualvermerk von einer
     Hand des 14ten Jahrhunderts : Nicolaus Zorn miles obligat se ad hec contenta Jo-   *a*
     [hanni] episcopo, cum sibi scultetatus concessus fuit.
Gedruckt darnach bei Rosenkränzer Bischof Johann v. Straß. S. 97.

   414. *Meister und Rath der Stadt Straßburg setzen Götz von Grostein zum*
Münzmeister ein. 1322 Februar 17.

   Wir Lentzelin der meister und der rát von Strazburg tůnt kunt allen den, die   10
disen brief gesehent und gehôrent lesen, daz her Gotze von Grozstein munszemeister
sin sol uber die munsze zů Strazburg hinnen furder, untze die zehen jar uzkomment,
die wile dise munsze weren sol, die wir kôftent umbe den erbern herren von gotz
gnaden bischof Johannesen von Strazburg die vorgenanten zehen jar[1], und sol daz
vorgenante munszemeister ambacht haben die jar, die wir noch vor uns habent von   15
den vorgenanten zehen jaren, uffe der vorgenanten munsxe von des vorgenannten
kôffes wegen in alleme rehte und in allen dingen, als wir daz vorgenante ambacht
lůhent hern Claus Zorne dem schultheiszen seligen und er ez ôch von uns hette,
als an dem briefe stat, den der vorgenante her Claus Zorn der, schultheisze selige
hette von uns uber daz vorgenante ambacht besigelt mit unserre stette ingesigel[2].   20
daz diz war und stete si, darumbe hant wir unserre stette ingesigel an disen brief
gehenket.   der wart gegeben an der mittewochen nach sante Valentines tag in
dem jare, do men zalte von gotz geburte drůzehen hundert jar und zwei und
zwenzig jar. haran warent wir her Wetzel Bruger, her Lentzelin, her Gosze Engel-
brecht und her Fritschemon von Tuntzenheim u. s. w. folgt der Rath.   25

S aus Straßb. St. A. AA art. 43 or. mb. c. sig. pend.
     Gedruckt aus dem Briefbuch A fol. 199; ibid. bei Schöpflin Als. dipl. II, 127 nr. 918;
          Levrault Essai sur l'anc. monn. de Strasb. p. 441.

   415. *Meister, Rath und Münzmeister von Straßburg setzen Gôßelin Knobloch*
zum Münzhüter ein. 1322 Februar 17.   30

   Wir Lentzelin der meister und der rat von Strazburg und ich Gôtze von
Grostein múnszemeister der vorgenanten stat zů Strozburg tůnt kunt allen den, die
disen brief gesehent und gehôrent lesen, daz wir Gôszelin Clôbelôchen unsern hůter
gemaht hant zů Strazburg uber die múnsze und ime die selbe hůte befolhen hant
in allem dem rehte und in allen den gedingen, alse die selbe hůte meister und rat   35
und her Claus Zorn der schultheisz selige, der zů den ziten múnszemeister waz,
befulhent Nyclause seligen von Roppenheim, und er ôch darúber briefe hette besigelt

mit unserre stette ingesigel und mit bern Claus Zornes seligen dez vorgenanten
schultheiszen und münszemeisters ingesigel[1]. daz diz war und stete sie, darumbe
hant wir der meister, der rat von Strazburg unserre stette ingesigel und ich Götze
von Grostein der vorgenante münszemeister min ingesigel gehencket an disen brief.
der wart gegeben an der mitwochen nach sant Valentins dag in dem jare, da men
zalte von gotz gebürte drützehen hundert jar und zwei und zwentzig jar. heran
warent wir her Wetzel Broger *u. s. w. folgt der Rath.*

S *aus Straßb. St. A.* Briefbuch A fol. 199ᵇ *mit der Ueberschrift:* daz Gösselin Clobelöch
dem hüter befolhen ist, über die münsze zů hütende, alse ez Claus von Roppenheim
befolhen was.

416. *Erzbischof Matthias von Mainz und die Städte Mainz, Straßburg, Worms,
Speier und Oppenheim schließen einen Landfrieden bis zum St. Georgstag übers
Jahr. 1322 April 3 Worms.*

In gotz nammen amen. wir Mathis, von gotz gnaden und dez heilgen stůles
zů Rome erwelt zů dem erzebischtům dez heilgen stůles von Menze, und wir die
rete und die gemeine burgere von Mentze, von Strazburg, von Wormzen, von Spire
und von Oppenheim tůnt kunt allen den, die disen brief anesehent oder gehörent
lesen, daz wir ane habent gesehen groszen gebresten und fruhtberigen nutz und
ansihtige notdurft der lůte und dez landes gemeinliche und hant einen lantfriden
gemaht, alse hienach bescheiden ist : von der Leberahe obernthalp Strazburg die
rihte herabe biz zů Bingen uf dem Ryne und iewedir site dez Rines drie milen uf
dem lande; da inne sůlent sin Binge und die zwei dörfer Beckelnheim und Sobern-
heim ane alle geverde. und da zwischent den vorgenanten ziln sol men alle unrehte
zölle abetůn uf lande und uf wassere ane die geleite, die der .. bischof von Spire
und die .. marggraven von Baden und der .. grave von Nassöwe nement uf dem
lande, als ez alle zit lit. und die alten zölle sůlent vůrliben uf dem Ryne, als ez
von alter her ist kommen, ane alle geverde. öch ist geret und überkommen, daz
man uf wassere und uffe lande schirmen unde weren sol in den vorgenanten zilen
allen röp, allen brant, alle gevencnüsse und allen gewalt, die den widervarent wider
demme rehten, die zů diseme lantfriden gehörent, und allen köflůten und allen
gůten lůten, die in disen ziln ritent oder varent ungeargwenet, ane alle geverde.
were aber daz ieman in disen ziln sehsse, es si wer er si, ane geistlich orden, die
zů disem friden nůt helfen woltent, alse die stelle sů hiessent, den sů gesessen
sint, die sůlent öch des friden niht genieszen. were öch daz iemanne in disen ziln
dekein schade geschehe, alse vor geschrieben ist, der, der da geschadiget wirt
odir ieman von sinen wegen, sol es der nehesten stette ögen unde clagen. und
sol die stat den schaden ervaren. und hevindet die uf den eit, daz er geschadiget
ist wider dem rehten, so sol sů endelichen und ane verzog darzů tůn, daz ez
gerihtet werde uf den eit. und wellent sie, so mügent sie ie die nehesten herren

1 *Vergl. nr. 310 und nr. 387.*

unde stelle, die zů disem friden gehôrent, darzů manen, daz es gerihtet werde.
und sůlent ôch die endeliche darzů bevolhen sin uf den eit ane alle geverde. es ist
ôch geret, daz dekein herre noch keine stat, die zů disem friden gehôrent, nůt
gebunden noch schuldig sint zů helfende wedirme kůnige noch dekeime herren von
disem friden, sie tůgent ez denne gerne, ane geverde. were ôch daz ieman darůber [5]
diende den kunigen oder den herren, geschehe dem oder den dekein schade, den
sol men nůt beholfen sin von diz frides wegen noch ist es nůt gebunden, man
tůge ez denne gerne, ane alle geverde. ôch ist geret und usgetragen, was untz
her geschehen ist, daz wir darzů von diz friden wegen niht gebunden sint. were
aber daz ieman, es were herre oder stat, von diz friden wegen geschadiget wůrde [10]
nů oder hienach, demme odir den sol men beholfen sin uf den eit also lange, uncz
daz im widertan werde, alse da vor geschriben stat, ane alle geverde. were ôch
daz dem vorgenanten erwirdigen herren hern Mathis erwelte zů demme erzebischtům von Menze kein unreht geschehe in den vorgenanten ziln mit allen den artikelen,
alse vor geschriben stat, und ist er denne innerthalp zehen milen bi deme Rine, so [15]
im der schade geschiht, klaget er es denne den stetten mit sinen briefen oder mit
sinen botten, die er darzů bescheidet, unde nimmet daz uf sine truwe und uf sine
ere, daz imme unreht geschehen si, so sol men im beholfen sin, alse da vor
geschriben stat. were aber daz, daz er von dem Rine usserthalp zehen milen were,
swenne imme daz unreht widerfůre, so mag der . . burggrave von Starkenberg, der [20]
vitztum von demme Rine, und der hôbetman, den er darzů geselzet hat, wer der
ist, zů Menze invaren vůr den rat und sůlent demme kůnden und bewisen uf irn
eit daz unreht. so sol der vorgenante rat daz gelôben und in darzů beholfen sin.
und bi welre stat daz unreht allernehest geschehen, die sůlent sů darzů manen,
alse da vor geschriben stat, ane alle geverde. were ôch daz er usser lande were, [25]
so sůlent die vorgenanten sin ambahtlůte oder andere, die er darzů setzet, den
stetten zů disem friden beholfen sin, alse verre der vorgenante herre schuldig und
gebunden ist ze tůnde, wenne sů dazů gemanet werdent oder ez sus bevindent uf
den eit, alse da vor geschriben stat, ane alle geverde. ôch ist geret, daz ein iegeliche stat der vorgenanten stelle ein iegelichen gůten man, er si wer er si, ritter [30]
kneht pfaffe odir orden, die in disen vorgenanten zieln gesessen sint, enpfahen
mugent zů disem friden mit allen den gedingen, alse da vor geschrieben stat, alse
sů uf irn eit wenent, daz ez dem friden nůtze und gůt si, ane alle geverde. ane
herren. ob men die enpfahen wil, so mugent die von Strazburg ir landes herren
enpfahen zů diseme friden, die sů wenent uf irn eit, daz sů zů diseme friden nůtze [35]
und gůt sint: aber die andern niedern stelle Menze, Wormze, Spire und Oppenheim
sůlent dehcinen herren enpfahen zů disem friden, sů tůgent es denne mit gemeinem
willen und vůrhenenůsse, ane alle geverde. ôch ist geret, were daz dekeine stat
der vorgenanten stetten geschadiget wůrde in disen vorgenanten zilen oder von diz
friden wegen und daz der rat der stette oder daz merre teil under in sprechent uf [40]
irn eit, daz sů geschadiget sin, den sol men beholfen sin uf den eit, alse vor
geschriben stat, ane alle geverde. were es ôch, daz ein herre ein ritter ein kneht
oder wer er si, einre der vorgenanten stette vient were und sů geschadiget hette

und daz reht vûrspreche von in, und daz der rat der stette odir daz merre teil
under in sprechent uf irn eit, daz man reht von in vûrspreche, wo der herre ritter
knebt oder wer er si, oder ir diener in der vorgenanten stette eine komment und
in daz von keinre stat vûrkûndet wûrt, den oder die sûlent sie anegrifen unde
haben gelicher wis uf den eit, also ob in daz unreht widervaren were, ane alle
geverde. es ist ôch geret, wer disen friden brichet, er si wer er si, oder schaden
tût den, die zû disem friden gebôrent, wer den haltet huset oder hovet, oder ieman
ratet oder hilfet mit worten oder mit wercken, den oder die, wer sie sint, sol men
anegrifen gelicher wis alse den, der den schaden getan hat, und sol man dazû
beholfen sin uf den eit, alse vor geschriben stat, ane alle geverde [1]. wer ôch der
ist, der disen friden also brichet, demme sol nieman keinen veilen kôf geben in
disen vorgenanten stetten, ane alle geverde. ôch ist geret, daz nieman von disen
vorgenanten stetten keinre den andern bekummern noch beclagen sol, denne sinen
rehten schuldener, ane alle geverde. zû diseme vorgeschribenen friden sol der vorgenante herre her Mathis erwelt zû dem erzebischtûm von Mentze dienen mit fünfzig
bereiten gerittenen mannen, beide rittere und knehte, und sol darzû helfen und raten,
ob men es bedarf und not tût, als es sinen eren zeme, ane alle geverde, und die
von Menze mit vierzigen, die von Oppenheim mit zehenen, die von Wormzen mit
fünf und zwenzigen, die von Spire mit fünf und zwenzigen, und die von Strazburg
mit vierzigen. geschiht es ôch not, daz men me helfe bedarf, so sol ie die stat der
vorgenanten helfen, alse sû wenent, daz es irn eren wol anstande. und daz dirre
fride stete und bintlich vûrlibe, so han wir zû nutze zû fride und zû gemache den
lûten und dem lande ein gemeine geleite ufgerihtet und ufgesetzet zû Oppenheim.
da sol men nemen von dem fûder wines drisig schillinge hallere, von dem hundert
kornes unde weizen zwei pfunt hallere, und von dem hundert saltzes vier pfunt
hallere. und da nach von aller leige frûhte und kôfmannes schatz sol men nemen
nach margzal, alse darumbe gebûrt und gelimpflich unde reht ist. von den karren
sol men nemen ie von dem pferde drie schillinge hallere. und waz vardelen obenan
herabe komment in schiffen, do sol men ie von dem lastkarren zehen schillinge
hallere nemen. disen vorgenanten friden und alle die vorgeschriben artikel geloben t
wir Mathis erwelt zû dem erzebischtum von Mentze der vorgenante mit gûten truwen
und eren und wir die vorgenanten stette uf unsern eit, den wir gesworn hant, stete
zû haltenne ane alle geverde. und sol dirre fride anevahen an demme palmetage,
der nehst kunt, und sol weren biz sancte Georgien tag, der darnach schierest
kummet, und von demme selben sancte Georgien tage vûrbaz über ein jar. und daz
diz allez war und stete belibe, so henckent wir Mathis erwelt zû dem erzebischtuom
von Mentze und ôch wir die stette da vorgenant unsere ingesigele an disen brief [2].

April 4
April 23

[1] Am 3. Juni 1322 (Donnerstag in der Pfingstwoche) verzichten zu Worms die Raugrafen auf den
Ersatz des Schadens, der ihnen durch den Erzbischof und die fünf Städte auf Grund dieses Land-
friedens zugefügt wurde. Vergl. Schaab Gesch d. Rhein Städteb. II, 95 nr. 65.
[2] Dieser Landfrieden wird von König Friedrich 1322 Juni 13 zu Schaffhausen ausdrücklich bestätigt.
Gedruckt nach dem Or. i. Staats-A. zu Darmstadt bei Franck Gesch. d. ehem. Reichsst. Oppenheim
S. 290 nr. 66. — Böhmer R. Frid. nr. 377.

der wart gegeben, do men zalte nach gotz geburte drizehen hundert jar und darnach in dem zwein und zwenzigesten jare an dem palme abende zû Wormzen.

S aus Speierer St. A. nr. 587 or. mb. c. 6 sig. pend. partim laesis, quorum 2 delapsa. Ab-
gefallen die Siegel des Mainzer Erzbischofs und der Stadt Speier.
Gedruckt darnach bei Hilgard Urk. z. Gesch. d. Stadt Speyer S. 274 nr. 342 und nach
unbekannter Vorlage bei Schaab Gesch. d. Rhein. Städteb. II, 91 nr. 64. — Böhmer R.
Reichss. nr. 411.

417. *Die Stadt Oppenheim verpflichtet sich, das im Landfrieden eingesetzte und*
bei Oppenheim zu erhebende Geleitsgeld während der Dauer desselben aufrecht zu
erhalten. 1322 April 3.

Wir Diderich schultheizze..ratherren..burgman und die andern ritter und burger
gemenlich zu Oppenheim dun kunt allen den, die disen brief sehent oder horent
lesen, daz wir alsolich gelcites gelt, als der erber herren her Mathies erwelter zu
deme ertzbistûm zu Menzen mit den steten Menzen, Straizburg, Wormtz und Spiren
und ouch mit uns ze behaldenne den gemeinen lantfrieden ufgesetzt heint[1], bie uns
ze Oppinheim ze nemen uf wazzer und uf lande, daz da befolen ist den drin steten
Menzen, Wormtz und Spir, und die botten, die von den selben steten darzu bescheiden sint oder bescheiden werdent, beschirmen sülen vor aller geweld uf unsern
eit. auch geloben wir sôlich gût, als hie vallend ist, daz wir daz nit kümmern sülen
oder niemanne gestaden sülen ze kummeren umme keiner sclathe sache uf keinen
herren oder uf kein stad oder uf ieman, demme ez vallen sol oder bescheiden wirt.
wir geloben auch dar wir daz vorgenante geleites gelt nit langer gestaden sülen ze
nemen, denne von sant Georgen tag aller neist kumt über ein jar. und dise vorgenanten artikel geloben wir mit guden trüwen uf unsern eit staede und vest ze halden aine geverde und aine argen list.   und dez zu eime ûrkûnde so habe wir
ûnser ingesigel an disen brief gehangen, der gemachet wart, da man zalte von gotes
gebûrte druzehen hundert jar in dem zwei und zweincigestein jar an deme palm-
abent.

April 3

S aus Strassb. St. A Gew. u. d. Pfalz lad. 44/45 or. mb. c sig. pend.

418. *Ritter Walther von Schäffolsheim schließt mit der Stadt Straßburg eine*
Sühne und stellt acht genannte Bürgen dafür. 1322 April 17.

Allen den si kunt, die disen brief gesehent und gehorent lesen, daz ich Welther
von Schaftoltzheim ein ritter verjehe an diseme brieve, daz ich versunet verrichtet
und verslichtet bin und eine sûne gesworn habe an den heiligen vur mich und alle
mine frunt und mine helfere gegen den erbern und den bescheiden..dem meistere
dem rate und den burgern gemeinlichen von Strazburg und allen iren helfern von

---

[1] *Vergl. nr. 416.*

1322
November 11

des crieges wegen, den ich hette mit den von Bûtenheim und von Wikersheim[1]. und
verjehe, daz ich umbe den schaden, den ich und mine helfere getan hant den burgern von Strazburg und iren helfern, schuldig bin rehter schulde zweihundert pfunde
Strazburgere pfenninge, und globe in der hundert pfunde zû gebende von der selben
schulde wegen zû sante Martins nacht, die nû zû nehest kummet, und die uberigen
hundert pfunde pfenninge von des selben sante Martins nacht uber ein jar. und daz
die vorgenanten burgere von Strazburg der vorgenanten schulde deiste sicherre sint,
so habent sich mit mir verbunden umbe die selbe schulde und sint ôch schuldig
worden unverscheidenliche der edele herre her Heinrich von der Dicke und die
erbern und bescheiden her Egenolf Pharostelin von Landesberg, her Burghart von
Landesberg, her Wilhelm von Schaftoltzheim, her Rûdolf Howemeszer von Vendenheim, her Johannes Schotte der hovemeister,[2] her Johannes Beger hern Lutold Begers
brûder rittere und Bernat Kage ein edelknecht mit solicher gedinge : were daz ich
der vorgenante Wellher der vorgenanten zile deheinez verseze und die vorgenanten
pfenninge nût engebe. so sullent sich der vorgenante herre von der Dicke und die
vorgenanten audern personen alle unverscheidenlichen in den nehesten achte tagen,
wenne sû darumbe gemanet werdent von den vorgenanten burgern von Strazburg
oder von irme gewissen botten zû huse oder zû hove oder munt wider munt, entwerten in die stat zû Erstheim und leisten nach rehter giselschefte nymer dannen
zû kommende, untze daz den vorgenanten burgern von Strazburg die schulde vergolten wirdet, die ich in denne verseszen und unvergolten habe. und were daz der
vorgenante herre von der Dicke und her Johannes Schotte der hovemeister selber
nût leisten woltent, so sol ir iegelicher ein erbern edeln knecht mit eime pferde,
der zû den wapen rittet, an sine stat legen, der leiste in alle wis, als do vor gescriben stat, ane alle geverde. und wenne der vorgenante herre und die vorgenanten
andern personen ein manât geleistet hant, darnach mûgent die vorgenanten burgere
von Strazburg die schulde, die in denne nût vergolten ist, lehen uf iren schaden.
und sullent ôch alle unverscheidenlichen schaden und hobetgût geben und gelten
den vorgenanten burgern von Strazburg ane alle geverde. were ôch, daz got wende,
daz deheinre der vorgenanten personen sturbe, e denne ich den vorgenanten burgern
von Strazburg das vorgenante gût gar und gantz vergolten hette, so sullent sû alle
unverscheidenlichen in dem nehesten manate darnach, wenne sû darumbe gemanet
werdent, als do vor gescriben stat, ein andern als gûten und sichern, domite die
vorgenanten burgere von Strazburg wol begnûget, an des stat geben, der do vervarn ist, der sich verbinde in alle wis, als do vor geschriben stat, ane alle geverde.
ez ist ôch beret, were daz deheinre der vorgenanten personen die vorgenante giselschaft nut leisten wolte oder sû verbreche, des ich nût getruwe, den oder die und
ire lute und ir gût mûgent die vorgenanten burgere von Strazburg und ire helfere
angriffen und pfenden mit gerichte und ane gerichte, wie ez in fûget. und sol der
angrif und daz pfenden gan an kein gerichte, ez si geistlich oder weltlich, noch an

1 *Vergl. nr. 422.*
2 *Die Legende seines Siegels lautet :* s. Johannis dicti Schotte militis de Arnoltsheim.

kein lantfriden noch an keine friheit oder gewonheit landes oder stelle ane alle
geverde. nement ôch die vorgenanten burgere von Strazburg oder ire helfere des
angriffes und des pfendens deheinen schaden, den schaden sullent sû alle unverscheidenlichen den vorgenanten burgern von Strazburg und iren helfern abelegen
und ufrichten als daz vorgenante hobetgût ane alle geverde. und des zû eime ur-   5
kunde so han ich Welther von Schaftoltzheim der vorgenante min ingesigel mit des
vorgenanten herren von der Dicke und mit der vorgenanten andern personen ingesigeln an disen brief gehenket. wir Heinrich herre von der Dicke, Egenolf, Burghart, Wilhelm, Rûdolf, Johannes und Johannes rittere und Bernaut ein edelknecht
die vorgenanten verjehent, daz wir die vorgescriben ding alle und disen brief globet 10
habent und gesworn stete zû habende an den heiligen noch nût wollent dowider tûn
noch schaffen getan in dehein weg ane alle geverde. und des zû eime urkunde so
haben wir unsere ingesigele mit des vorgenanten hern Welthers ingesigele an disen
brief gehenket. der wart gegeben an deme samestage vor sante Georien tag in
dem jare, do men zalte von gotz geburte drûzehen hundert jar und zwei und 15
zwenzig jar.

*S aus Straßb. St. A. Verschl. Canzlei-Gew. Corp. K lad. 15 or. mb. c. 9 sig. pend. partim
laesis.*

419. *Vier Herren von Landsberg und Siegfrid von Oberkirch verpflichten sich,
der Stadt Straßburg in ihrem Kriege gegen die Herren von Rappoltstein zu dienen* 20
und ihre Festen Landsberg und Nieder-Ehnheim zu öffnen. 1322 Mai 29.

Allen den si kunt, die disen brief gesehent und gehorent lesen, daz wir Eberhart
Frents von Landesberg, Syfrit von Oberkirchen, Burghart und Cûnrat gebrûdere, hern
Egenolfes sûne des alten von Landesberg und Heinrich von Landesberg, deme men
sprichet der Hacker, rittere hant gesworn an den heiligen, zû helfende und zû dienende 25
mit funfen zû uns, ez sint rittere oder edele knechte, den erbern und den bescheiden . .
den burgern von Strazburg und iren helfern gegen mengelicheme in unserme kosten
Mai 29 hinnen untze an den samestag nach sante Urbanes tag, der nû zû nehest kummet,
doch mit solicher gedinge : were daz unsere eitgnoszen, die wir ietzunt hant, keinen
span oder keine missehelle gewunnent mit den vorgenanten burgern von Strazburg 30
oder mit iren helfern oder die burgere von Strazburg oder ire helfere mit in, so
ensullent wir nût gebunden sin zû helfende den vorgenanten burgern von Strazburg
unde iren helfern, ez enwere denne, daz daz merre teil des rates von Strazburg
spreche uffe iren eit, daz sû reht zû der sachen hettent, so sullent wir unsern
eitgnoszen nût gebunden sin zû helfende, nuwent den vorgenanten burgern von 35
Strazburg[b] und iren helfern. wir globent ôch bi dem selben eide, den vorgenanten
burgern von Strazburg und iren helfern unsere vestenen Landesberg und Nidern
Ehenheim uf zû tûnde und in domitte zû helfende untze zû dem vorgenanten zile,
als do vor gescriben stat, ane alle geverde, also daz die andern, die ôch teil an

a) *S un.*   b) *S Strazbur.*

den selben vestenen hant, indewendig denselben vesten ane angest sint der vorgenanten burgere von Strazburg und irre helfere, und öch daz die vorgenanten
burgere von Strazburg uud ire helfere ir und irre helfere indewendig den selben
vesten ane augest sint ane alle geverde. nemen wir öch an den vorgenanten
vestenen oder an unsern luten oder an andern unsern gütern deheinen schaden, iu
welichen weg der geschehe, den schaden sint die vorgenanten burgere von Strazburg
oder ire helfere uns nůt schuldig abe zů legende noch uf zů richtende in kein weg,
su letent ez denne gerne, und stat an in. geschehe aber, daz wir oder unsere
dienere ros hengeste oder phert verlurent in der vorgenanten burgere von Strazburg
oder irre helfere dienste, die sol men uns gelten, als iegelichez denne geschetzet
ist. wurden öch wir oder unsere dienere in dem vorgenanten zile gevangen, die
vorgenanten burgere von Strazburg sint nůt schuldig uns oder unsere dienere zů
losende, su letent ez denne gerne, und stat an in. vingent aber wir oder unsere
dienere ymanne in dem vorgenanten zile der vorgenanten burgere von Strazburg
viende, den sullen wir den vorgenanten burgern von Strazburg entwerten. waz
wir anders gůtes der vorgenanten burgere vienden abegebrechen oder abegejagen
mügent, daz sol unser sin. wir globent öch bi dem vorgescriben eide, in waz
vesten die vorgenanten burgere von Strazburg uns legent zwisschent Basel und
Selsen die lenge abe und die breite zwisschent dem Wasichen und dem Swartz-
walde, daz wir in da inne dienen sullent und verbunden sin in alle wis, als do
vor gescriben stat. geschehe aber, daz wir und unsere dienere dienende wurdent
den vorgenanten burgern von Strazburg vur Selse daz lant abe von irme geheizse,
waz su denne zů folleiste gebent uber iren solt andern iren helfern oder iren
soldenern, als vil sol men öch uns geben nach der margzal. gebent su in aber
keinen folleist, so sint su öch uns keinen schuldig zů gebende, su letent ez denne
gerne; doch sint wir in schuldig zů dienende daz lant abe und uf, als verre su
uns heiszent. wir globent öch bi dem vorgescriben eide, blibe der creig, den die
herren von Rapoltzstein hant mit den vorgenanten burgern von Strazburg, unver-
sůnet untze zů dem vorgenanten zile oder drüber, so sullent wir doch den vorgenanten burgern von Strazburg und iren helfern beholfen sin, untze daz der crieg
ein ende nymet, und sol men uns darumbe tůn nach der margzal, als do vor
gescriben stat. wurde aber der vorgenante crieg versůnet vur dem vorgenanten
zile, so sullent wir doch den vorgenanten burgern von Strazburg diz jar volle uz
dienen, als do vor geschriben stat, und sullent darnach lidig sin, wir kummeut
denne eine andern helfe zů beden siten uberein. geschehe öch, daz men uns
besesze zů Landesberg oder zů Nidern Ehenheim, die wile wir sint in der vorgenanten burgere von Strazburg dienste und helfe, so sullent uns die vorgenanten
burgere von Strazburg beholfen sin, daz wir beschutet werdent, als iren eren wol
anstat, in gůten truwen und ane alle geverde. ez ist öch bent zwisschent den vorgenanten burgern von Strazburg und uns, wurde unserre deheinre oder unserre
dienere debeinre gevangen, daz su keine sůne nemen sullent mit den viendtn, men
mach in denne lidig. su sullent öch ane daz keine sune nemen, se nement
uns denne darin ane alle geverde. were öch daz unser deheinre oder unserre

dienere deheinre untze zû dem vorgenanten zile abegienge, so globen wir bi dem vorgeschriben eide ein andern edeln man an sine stat zû legende oder aber den vorgenanten burgern von Strezburg als vil gûtes wider zû gebende, als darvur gebûret, nach der margzal ane alle geverde. und waz hie vor gescriben stat, daz sol men verstan zû beden siten ane alle geverde. und des zû eime urkunde hant wir Eberhart Frents, Syfrit von Oberkirchen, Burghart und Cûnrat gebrûdere und Heinrich der Hacker die vorgenanten rittere unsere ingesigele gehenket an disen brief. der wart gegeben an dem samestage nach sante Urbanes tag in dem jare, do men von gotz geburte zalte druzehen hundert jar und zwei und zwentzig jar.

S aus Straßb. *St. A.* Verschl. Canzlei-Gew. Corp. K lad. 17 *or.* mb. *c.* 2 *sig.* pend*.,* quo- rum 1 delaps. *Es hängt das Siegel Siegfrids von Oberkirch. Der untere Rand der Urkunde ist zur Hälfte abgeschnitten.*

420. *Die Markgrafen Rudolf und Friedrich von Baden geloben der Stadt Straßburg sichres Geleit in ihrem Lande bis zum nächsten St. Georgstag gegen Zahlung eines bestimmten Geleitsgeldes. 1322 August 9.*

Wir marggrave Rûdolf der eltere und marggrave Friderich sins brûder sûn herren von Baden tûnt kunt allen den, die disen brief gesehent und gehorent lesen, daz wir globent und uns bi gûten truwen darzû verbindent mit diseme brieve, daz wir lûte und gût der burgere von Strazburg und anderre lûte, ez sint kôflute oder nût, wer die sint, und ir gût durch unser gerichte lant und gebiete uffe dem lande und in dem waszer untze zû santen Georien tage, der nû zû nehesten kummet, geleiten und schirmen wellen und sullent als unser selbes lûte und gût ane alle geverde also, daz men uns beden hie zwisschent von yedem fûder wines geben sol zwentzig Strazburgere pfenninge und von dem ufganden schiffe unser alt geleite [1], von dem geladen karriche drie schillinge hallere und von dem vardel in den abeganden schiffen vier Strazburgere pfenninge. und von alleme andern kôfmanschaft, der do obene nût bescheiden ist, sol men geben, als men untze her von altere gegeben het, nach bescheidenlichen dingen und nach der margzal ane alle geverde. und globent und verbindent uns bede mit diseme brieve, daz men nŷmanne uber daz vorgescribene geleite keinen win stechen sol noch kein brot noch denheinen pfenning von den geladen abeganden schiffen noch denkein ander ding, wie men ez genennen kan oder mag, nemen sol ane alle geverde. wir globent ôch, daz wir bede daz vorgenante geleite nemen wellent und sullent zû Selingen untze zû dem vorgenanten zile von ufganden und abeganden schiffen. und des zû eime urkunde so habent wir margrave Rûdolf der eltere und margrave Friderich sins brûder sûn herren von Baden die vorgenanten unsere ingesigele gehenket an disen brief. der wart gegeben an sante Laurentien obende in dem jare, do men zalte von gotz geburte druzehen hundert jar und zwei und zwentzig jar.

S aus Straßb. *St. A.* Gew. u. d. *Pfalz* lad. 265 *or.* mb. *c.* 2 *sig.* pend*.,* quorum 1 delaps. *Es hängt das Siegel Markgraf Friedrichs von Baden.*
Gedruckt nach dem Briefbuch A fol. 150 *ibid. bei Schöpflin* Als. dipl. *II, 128 nr. 920.*

---

[1] *Vergl. nr. 356.*

421. *Giselbert von Bunheim schwört der Stadt Straßburg für seine Gefangennahme Urfehde und stellt vier genannte Bürgen dafür. 1322 October 5.*

Allen den sie kunt, die disen brief gesehent und gehörent lesen, das ich Gyselbreht von Bûnheim urfehte und eine stete luter sûne gesworn habe an den heiligen
5 vûr mich und alle mine frûnt zû halden und zû haben mit den erbern und den bescheiden dem meistere dem rate und den burgern gemeinlichen von Strazburg und mit irre stat umbe das, das ich in der vorgenanten stat gevangen was, und umbe die verlust, die ich da verloren habe. und globe öch mit dem vorgenanten mime eyde vor mich und vor alle mine frûnt die vorgenanten burger von Strazburg
10 noch ire stat niemer an zû griffen noch zû schadigende noch geschaffen angriffen noch geschadiget umbe die vorgenante mine gevengnûsze und mine verlust in dekeinen weg ûn alle geverde. und das die vorgenanten burger von Strazburg und ire stat der vorgenanten minre glûbde dez da sicher sint, so habe ich in zû bûrgen gesatz unverscheidenlichen die edeln herren . . grafe Johannen von Spanheim, grafe
15 Joh[annen] von Nassowe und die erbern und bescheiden ritter hern Joh[annen] von Basenh[eim] und hern Petern zû dem Stheyne der wûrt zû Mentzen also, were, des ich nût getruwe, daz ich oder keinre minre frûnde oder môge die vorgenante sûne breche von der vorgenanten minre gevengnûsze und verluste wegen und die vorgenanten burgere von Strazburg schadigete, das in das die vorgenanten herren
20 und rittere abe sôllent legen und unverscheidenlichen ufrehten ûn alle geverde in dem nehsten monade darnach, wand sie darumbe gemant werden von den vorgenanten burgern von Strazburg oder von irm gewizen botten zû iren hûsern oder zû iren hôfen oder munt wider munt. wir grafe Johans von Spanheim, grafe Joh[ans] von Nassâwe, Johans von Basinh[eim] und Peter zû dem Stheyne die vorgenanten
25 verjehent, daz wir unverscheidenliche des vorgenanten Gyselbrehtes bûrgen sint gegen den vorgenanten burgern von Strazburg, als hie vor geschriben stât, und globen öch mit gûten truwen unverscheidenlichen, were das die vorgeuante Gyselbreht oder sine frûnt die vorgenante sûne an den vorgenanten burgern von Strazburg brechen von der vorgenanten sinre gevengnûsze oder verluste wegen, daz wir
30 in das sûlent abelegen und ufrihten unverscheidenlichen gentzliche und gar ân alle geverde in dem nehsten monade darnach, wan wir darumbe [a] gemant werdent, als hie vor geschriben stât. ûn alle geverde. und dez zû eime urkûnde hant wir die vorgenanten herren und die vorgenanten ritter und ich der vorgenante Gyselbreht unsere ingesigle an disen brief gehencket. der wart geben an dem zinsdage nach
35 sant Michels dage in dem jare, da man zalte von gotz gebûrte drützehen hundert jar und zwei und zwenzig jar.

S aus Straßb. St. A. Briefbuch A fol. 139[b] *mit der Ueberschrift* Gyselbrehts von Bûnheim sûne und urfehte von sinre gevengnusse und sins verlustes wegen.

a) in dem — wir dat *auf Rasur.*

422. *Die Herren Walther und Burchard von Horburg sowie Johann von Rappoltstein geloben, zugleich für die Ritter Walther von Schäffolsheim und Johann von Epfig, der Stadt Straßburg und ihren Bundesgenoßen Sicherheit bis zum 10ᵗᵉⁿ April. 1323 März 15.*

Wir Walther unde . . Burckart herren von Horburg unde wir Johannes⁎ von Rapoltzstein herre in der obern stat zû Rapoltzwilre tûnt kunt allen den, die disen brief gesehent unde gehorent lesen, daz wir unverscheidenliche dröstent mit diseme brieve mit hern . . Welther von Schaftoltzhein unde hern Johannese von Ephiche rittern vûr die selben zwene rittere unde vûr alle ʼire frûnt unde helfere ane alle geverde die erbern unde bescheiden den . . meister den . . rât unde die burger von Strazburg unde alle ire helfere unde die von Wickershein unde die von Bûtenhein unde alle ire frûnt unde helfere, unde mit nammen hern . . Hugen von Rodeshein, der hern . . Egenolfes von Ratzenhusen dez jungen cleider treit, unde alle sine brûdere ane hern . . Huges sûne von Bûtenhein untze an den sunnentag vor der zweier heiligen tag . . Tyburtii unde Valeriani, der nu zû nehst kummet, unde den selben sunnentag über ane alle geverde. unde der vorgescriben dinge zû eime urkunde bant wir Walther unde Burkart unde Johannes die vorgenanten herren unde wir Welther unde Johannes die vorgenanten rittere unsere ingesigele an disen brief gehenket. der wart gegeben an dem nehesten zinstage vor dem palmetage in dem jare, do men zalte von gotz geburte truzehen hundert jare unde trû unde zwenzig jar.

April 10 (margin)

S aus Straßb. St. A. Verschl. Canzlei-Gew. Corp. K lad. 23 b or. mb. c. 5 sig. pend., quorum 4 delapsa, 1 plane mutilatum.

423. *König Ludwig antwortet der Stadt Straßburg auf ihre Klage gegen Hanemann von Lichtenberg, er werde zur Schlichtung aller Zwistigkeiten unverzüglich besondre Gesandte ins Elsaß schicken. 1323 März 21 Nürnberg.*

Ludowicus dei gracia Romanorum rex semper augustus prudentibus viris Siglino dicto Pilgrein . . magistro et consulibus civitatis Argentinensis fidelibus suis dilectis graciam suam et omne bonum. peticionem vestram litteratorie nobis directam de factis Hanemanni de Liechtenberg perpendimus diligenter sic, quod ob eam causam et alia quedam motiva legacionem nostram honestam et·per bonos ac sapientes nuncios ad partes Alsacie continuo dirigemus, qui una de vestro necnon advocatorum nostrorum provincialium ᵇ consilio mature pertractabunt omnia, que pacem et concordiam poterunt procreare. datum in Nurenberg 12 kalendas aprilis regni nostri anno nono.

[*in verso*] prudentibus viris Syglino dicto Pilgrein
magistro consulibus civitatis Argentinensis
fidelibus nostris dilectis.

S aus Straßb. St. A. AA art. 75 or. mb lit. cl. c. sig. in verso impr. defic. Spuren des kleinen rothen Wachssiegels sichtbar.
Gedruckt darnach bei Böhmer-Ficker Acta imperii selecta p. 493 nr. 716. — Böhmer R. Lud. nr. 3203.

a) *Loch im Pergament.* b) *advocatorum nostrorum provincialium ist unterstrichen. Tintenfarbe des Strichs ist die des ganzen Stücks. Links in gleicher Höhe auf dem Rande zwei undeutliche Zeichen, etwa ns.*

424. Coram judice curie Argentinensis Cûnradus rector ecclesie in Elsenheim jurat super eo, quod magister et consules civitatis Argentinensis ipsum ceperunt et captum detinuerunt, quod nunquam eos vel aliquem civem vel incolam ipsius civitatis vel ipsorum coadjutores aut alios occasione ejusdem facti inpetat, renun-
₅ cians sponte actionibus quoad supradicta, exceptioni metus, juris auxilio, quo majoribus subveniri solet, litteris a sede apostolica vel aliunde impetrandis, omni juris auxilio et aliis exceptionibus, promittens per juramentum corporale, se hanc renunciationem firmam habiturum nec contra venire et se soluturum dampna, si que magister consules civitas vel aliqui de eadem incurrerent occasione captivationis
₁₀ predicte[1]. actum 9 kalendas aprilis anno domini 1323. *März '24.*

S aus Straßb. St. A. Verschl. Canzlei-Gew. Corp. K lad. 15 or. mb. c. sig. pend.

425. *König Ludwig bestätigt der Stadt Straßburg das ihr von König Heinrich VII verliehene Privileg für den Schutz ihres Waarenverkehrs. 1323 April 8 Nürnberg.*

₁₅ Ludowicus dei gracia Romanorum rex semper augustus universis sacri Romani imperii fidelibus presentes litteras inspecturis graciam suam et omne bonum. accedentes ad serenitatis nostre presenciam prudentes viri cives Argentinenses fideles nostri dilecti nobis humiliter supplicarunt, ut privilegium quarundam graciarum ipsis per Heinricum dive memorie Romanorum regem predecessorem nostrum illustrem
₂₀ indultarum ac concessarum dignaremur ex serenitatis nostre clemencia approbare innovare ac confirmare. cujus privilegii tenor talis est: [*folgt nr. 283*]. nos vero, considerantes peticiones ipsorum racionabiles et honestas, precibus predictorum civium graciosius acclinati, prescriptum privilegium quoad singulos suos articulos, prout rite ac racionabiliter datum et concessum est, approbamus innovamus et auctoritate
₂₅ regia confirmamus. nulli ergo omnino hominum liceat, hanc nostre approbacionis innovacionis et confirmacionis paginam infringere vel ei in aliquo ausu temerario contraire. quod qui facere presumpserit, gravem nostre majestatis offensam se noverit incursurum. in cujus rei testimonium presentes litteras conscribi et majestatis nostre sigillo jussimus communiri[a]. datum in Nürenberg 6 idus aprilis anno domini mille-
₃₀ simo trecentesimo vicesimo tercio, regni[b] nostri anno nono.

S aus Straßb. St. A. AA art. 2 nr. 8 or. mb. c. sig pend. delapso. Der Theil des Bugs, an dem das Siegel hing, ist ausgerissen.
S 1 coll. ibid. nr. 7 or. mb. c. sig. pend. delapso, von andrer Hand als S geschrieben.
Gedruckt aus dem Briefbuch A fol. 25ᵃ *ibid. bei Schöpflin Als. dipl. II, 129 nr. 922. —*
₃₅ *Böhmer R. Lud. nr. 558.*

a) S 1 om. in cujus—communiri.   b) S 1 add. vero.

---

[1] *Ebendasselbe beschwören auch* Götzo de Owe *clericus et familiaris rectoris ecclesie in Elsenheim am 21ᵗᵉⁿ März und* Fridericus clericus *filius quondam Friderici dicti de Brucke de Vilingen et familiaris rectoris am 19ᵗᵉⁿ Mai desselben Jahrs. Letzterer verpflichtet sich zugleich, quod infra triduum*
₄₀ *instans a data presentium litterarum recedat a partibus Alsatie et nunquam accedat ultra Renum in Alsatiam. 2 or. mb. c. sig. pend. i. Straßb, St. A. Verschl. Canzlei-Gew. Corp. K lad. 15.*

426. Andreas Antibarensis archiepiscopus, Andreas Albensis, Gilbertus Enachdimensis, Venutus Catacensis, Franciscus Cenetensis, Nycholaus ecclesie Dirmastensis, Stephanus Lubucensis, Guillelmus Puteolanus, Petrus Narniensis, Guilgelmus Sagnondensis, Rogerius Strogulensis, Gregorius Sorrensis, Thadeus Casphensis episcopi omnibus vere penitentibus et confessis, qui ecclesiam parrochialem sancti ⁵
Petri junioris in civitate Argentinensi in die sancti Petri, sancti Andree, in dedicacione ecclesie, in festivitatibus Jesu Christi, nativitatis, circumcisionis, epiphanie, palmarum, parasceues, resurrectionis, ascensionis et penthecostes, omnibus diebus dominicis, in singulis festivitatibus virginis Marie, Michaelis archangeli, sancti Johannis baptiste et Johannis ewangeliste, Petri et Pauli et aliorum omnium aposto- ¹⁰
lorum et ewangelistarum, invencione et exaltacione sancte crucis, in die corporis Christi, omni die quadragesimali necnon sanctorum Laurencii, Vincencii, Martini, Nicholai et Conradi episcoporum, Stephani, Georgii, Valentini, Antonii, Erhardi, Fabiani et Sebastiani, Jeronimi, Ambrosii, Gregorii et Augustini, sanctarum Margarete, Katherine, Marie Magdalene, Agathe, undecim milium virginum, in comme- ¹⁵
moracione omnium sanctorum et animarum, et dictarum festivitatum octavis causa devocionis peregrinacionis et oracionis annuatim accesserint, necnon qui ad fabricam luminaria ornamenta seu quevis alia necessaria attulerint, aut qui in testamentis vel extra aurum argentum vestimenta vel aliqua alia caritativa subsidia ecclesie legaverint, aut qui missis predicacionibus matutinis vesperis aut aliis divinis officiis ²⁰
interfuerint, aut qui corpus Christi vel oleum sacrum, cum infirmis portentur, secuti fuerint, aut qui in serotena pulsacione campane flexis genibus tribus vicibus Ave Maria dixerint et qui cimiterium ecclesie circuerint, pro animabus omnium ibi requiescencium oracionem dominicam cum salutacione angelica dixerint, quociens-cunque premissa vel aliquid premissorum devote fecerint, singuli singulas quadra- ²⁵
ginta dies indulgenciarum relaxant. «splendor paterne glorie.» datum et actum Avinione anno domini 1323, ultima die mensis maji, indictione sexta, pontificatus Johannis pape vicesimi secundi anno septimo. *1323 Mai 31 Avignon.*

B aus Straßb. Bes. A. G fasc. 4702 or. mb. c 13 sig. pend. partim laesis. Auf dem Bug
stehen ebenfalls die Namen der Siegler. Ebenda als Transfix die Ratification dieser ³⁰
Indulgens durch Bischof Johann von Straßburg 1323 September 2 Straßburg.

427. *Die Städte Mainz, Straßburg, Worms und Speier einigen sich, den Zoll*
bei Oppenheim noch weiter zu erheben und Verhandlungen darüber nur gemeinsam
vorzunehmen. 1323 [Juli 25 — August 14].

In gotes namen amen. wir die . . rete der stette . . von Mentze, . . von Stras- ³⁵
burg, von Wormesze unde von Spire . . dun kunt allen den, die disen brief iemer geschent oder horent lesen, daz wir den zol unde geleites gelt zu Oppinheim, daz wir mit dem erwirdigen fursten hern Mathyse, erweltem erzebischofe von Mentze*,
unde willen des hochgebornen herren Ludewiges von gotes gnaden des romeschen

a) S t Mense. ⁴⁰

kuniges ufgesetzit hatten durch gemeine gut unde nutz der liute* unde des landes
biz zu sante Georien dage, der neheste enweg ist, alse die briefe besagent, die   *April 13*
daruber besigelt sint[1], unde vorwerter von dem selben sante Georien dage biz zu
sante Jacobes dage des heyligen zwelfboten, der neheste ouch euweg ist, bestalt   *Juli 25*
s hatten. den selben zol unde geleites gelt zu Oppinhein vorwerter durch gemeine
gut unde nutz der lute unde des landes bestellen unde bestellt hant ze nemenne
gelicher wis, alse man in vormals da genomen hat, biz zu unser vrowen dag, alse
siu[b] ze hymel für, die nu erste kümet, auch also: ist ez, daz der hochgeborne   *August 15*
herre Ludewig von gotes gnaden der romesche kunig sine verhengnisse[c] zu dirre
10 bestellunge git, so sol der selbe zol unde geleites gelt weren unde bestalt sin
gelicher wis alse vor biz zu unser vrowen dag der andern, alse sie geborn wart.   *September 8*
auch ist gerêt unde under uns heinlichen ûzgetragen, were ez, daz der kunig sine
verhengnisse zu dirre bestellunge gebe oder nit engebe, daz wir die rete der vorgenanten stete von Meinze, von Strasburg, von Wormesze unde von Spire umbe den
15 zol unde von des zolles wegen zu Oppinheim deme vorgenanten kunig Ludewige
noch iemanne von sinen wegen keine rede deidinge noch entworte haben noch geben
sullen heinlich noch offenlich, wir tun ez denne beretenlichen mit gemeineme
willen unde verhengnüsse, ane alle geverde. unde ensol keine stat vörschiezen umbe
den zol oder von des zolles wegen ane die andern in keine wis, wan waz einer
20 stat leit ist, daz sol auch der anderen leit sin, alse vor geschriben stet, ane alle
geverde. auch ist gerêt unde usgetragen, were ez, daz ein stat it zu deidingen zu
sachen zu werben oder zu reden hetten mit deme kunige oder mit iemanne von
sinen wegen, daz disen zol nit enrurte noch von des zolles wegen zu Oppinheim
nit enwere, daz daz ein stat ane die andern zu irme nutze unde zu irme gefug-
25 nusse wol reden unde werben mag ane alle geverde. unde daz diz war unde stete
unde veste verlibe, so henken wir die vorgenanten . . rete unser stete ingesigele an
disen brif.   der wart geben, do man zalte von Cristes gebürte druzehen hundert
jar unde dru unde zwentzig jar an.

S aus Straßb. St. A. Vorschl. Canzlei-Gew. Corp. K lad. 16 or. mb. c. 4 sig. pend delapsis.
30   Ueber drei Siegeleinschnitten findet sich auf dem Rücken das bei Straßburger Urkunden
sehr häufig vorkommende B, über einem O.
S 1 coll. aus Speierer St. A. nr. 582 or. mb. nur mit einem Siegeleinschnitt. Auf dem Rücken
Vermerk von einer Hand des 14. Jahrh. littera civitatum super theolonio.
M aus Mainzer St. Bibl. I, 71 or. mb. c. 4 sig. pend. delapsis.
35 Gedruckt nach M bei Schaab Gesch. d. Rhein. Städteb. II, 97 nr. 66, nach S 1 bei Hilgard
Urk. z. Gesch. d. St. Speyer S. 380 nr. 347. Es scheint mir zweifelhaft, ob die Urkunde
wirklich ausgefertigt, d. h. von den vier Ausstellern besiegelt worden ist. Dagegen spricht
der Umstand, daß in allen drei erhaltenen Exemplaren das Monats- und Tagesdatum
nicht ausgefüllt ist, daß das Speierer Exemplar überhaupt nur einen Siegeleinschnitt zeigt
40 und von wirklich anhängenden Siegeln nur das Mainzer am Mainzer Exemplar von Schaab
a. a. O. S. 99 Anmerk. 1 bezeugt ist. Ob das Dorsualzeichen R an S als Siegelvermerk
gelten darf ist nicht klar. Die Städte hatten jedenfalls den Oppenheimer Zoll bis zum

a) S 1 lete.   b) S 1 sin.   c) S 1 verhencnusse.

---

[1] Vergl. nr. 416.

Jakobstag, bis zum 25. Juli verlängert. Vielleicht ist die zweite weitere Verlängerung, die bis zum 15. August erent. 8. September währen sollte und wohl von den Städteboten schon vereinbart worden war, an dem Widerstande einer der Contrahenten oder unter anderm Einfluß gescheitert Bemerkenswerth ist auch die Nicht-Erwähnung von Oppenheim. Die zeitliche Begrenzung des Stücks ergibt sich von selbst aus den Daten der Urkunde.

428. *Sieben benannte Edelknechte schließen mit der Stadt Straßburg einen Soldeertrag auf ein Vierteljahr. 1323 September 10.*

Allen den si kunt getan, die disen brief geschent und gehorent lesen, daz wir Kircherre hern Machtolfs sun von Mensheim, Dietherich Rûfelin von Mensheim, Spette von Gugelingen, Friderich von Michelnbach, Syfrit sin brûder, Sûnde und Aberlin von Rûst edele knechte gesworn hant an den heiligen, zû diende gegen mengelicheme den erbern und bescheiden herren dem meistere dem rate und den burgern von Strazburg dis vierteil jars, daz do auvacht an dem tage, do dirre brief gegeben wart, umbe den alten solt mit sulichen gedingen, als hienach geschriben stant: ist daz unser eime ein hengest verdirbet oder abegat, von welicher hande sache daz geschit, den ist men uns nicht schuldig zû geltende; er verdurbe denne und gienge uns abe, so uns meister und rât die vorgenanten hiessent riten in der stette dienst von Strazburg, so sol men uns von der vorgenanten stette wegen gelten, als er geschetzet ist. wurde er aber siech oder versert von eins rittens wegen in der vorgenanten stette dienst, waz denne unser eire behebet, des hengest denne siech oder versert wurt, daz er ime geergert si, daz sol men ime ufrichten und gelten. wir sullent ôch nirgen riten in diseme vierteil jars wande mit willen und geheisse meisters und rates der vorgenanten. wurde ôch unser deheire gevangen in der vorgenanten stette dienst, so sol men mit den vinden kein sune nemen, men machte in ê lidig. nement ôch die vorgenanten burger von Strazburg deheine sûne mit den vinden, so sol men uns dorin nemen. wurde men ôch mit deheime margrave von Baden oder mit der edeln vrowen von Eberstein criegen, welicher denne under uns urlap wil nemen, dem sol men urlap geben und ôch kein solt vûrbaz geben. und sol ime daz an sine eide nût schaden. wurde ôch unser deheinre in der vorgenanten stette dienst erslagen, daz got wende, darumbe sullent wir die vorgenanten burger von Strazburg und ire helffere niemer angriffen nach schaffen angegriffen in deheinen weg und sullent ôch darumbe aller unserre frûnde entladen sin[1]. die vorgeschriben ding und dirre brief sol sin und ist beret ane aller slachte geverde. wande wir nû eigirne ingesigele nût enhant, so hant wir gebetten den erbern ritter hern Machtolf von Mensheim, daz er disen brief besigelt het mit sime ingesigel der vorgeschriben dinge zû eime urkunde. und begnûget uns ôch domitte. ich Machtolf

---

[1] *Unter denselben Bedingungen mit gleichem Wortlaut verpflichten sich diese sieben Edelknechte, weiter in der Stadt Straßburg Sold zu dienen bis 1324 Merz 4 nutze an den sunnendag vor der zweier marterer dage Perpetue und Felicitatis, der nû zû nehste komet, und danach bi dem selben eyde, wie lange die vorgenanten burger uns wellent haben in irme dienste, und ôb uns ôch in fûget zû diende nach dem vorgenanten sunnendage. 1324 Jannar 12 (an dem nehsten dunresdage nach dem zwelften dage). Cop. i. Straßb. St. A. Briefbuch A fol. 141 a.*

der vorgenante ritter vergihe, daz ich bin gewesen zůgegen, do die vorgeschriben
ding beret wurdent, als sů da vor geschriben stant. und der vorgeschriben dinge zů
eime urkunde durch bette der vorgenanten edeln knechte habe ich min ingesigel an
disen brief gehencket.   der wart gegeben an dem nehesten sammestage nach
⁵ unserre vrowen tage der jungern in dem jare, do men zalte von gotes geburte
trůzehen hundert jar und drú und zwenzig jar.

S aus Strassb. St. A. Verschl. Canzlei-Gew. Corp. K lad. 23ᵇ or. mb. c. sig pend delapso.
Regest nach dem Briefbuch A fol. 140ᵇ ibid. i d Zeitschr. f Gesch. d. Oberrh. XVII, 433.

429. *Ritter Johann von Hurbacke verspricht, die Stadt Straßburg wegen der*
¹⁰ *Tödtung seines Dieners Baldemar in keinerlei Weise zur Rechenschaft zu ziehen.*
1323 September 10.

Noverint universi presencium inspectores, quod ego Johannes miles dominus
de Hurbech presentibus promitto, omni fraude et dolo postpositis, pro me et meis
heredibus et choadjutoribus universis, quod sapientes et discretos viros . . magistrum
¹⁵ consules cives universos civitatis Argentinensis ac eorum choadjutores aut ipsorum
bona vel res occasione decollationis mei quondam famuli Baldemari facte in villa
Wilre nunquam inpetam perturbem molestem occupem vel invadam per me vel
interpositam personam in judicio vel extra, fraude et dolo penitus circumscriptis,
renuncians super premissis pro me meisque heredibus universis contra magistrum
²⁰ consules cives Argentinenses universos et eorum choadjutores ac omnium premissorum bona omnibus actionibus exceptionibus et defensionibus juris vel [facti] ª quibuscumque, quibus mediantibus contra premissa vel aliquod premissorum ad presens vel in-
[posterum] ᵇ in judicio vel extra per me vel per alium venire possem vel quomodolibet adjuvari. in cujus rei testimonium sigillum meum presentibus est appensum.
²⁵ datum sabbato post nativitatem beate virginis anno domini 1323.

S aus Strassb. St. A. Verschl. Canzlei-Gew. Corp. K lad. 17 or. mb. c. sig. pend. Von der
Legende des sehr kleinen runden Siegels nur zu lesen a dame. . . e de luar. Vergl. uber
das Wappen Kindler e. Knobloch Der alte Adel im Ober-Elsaß S. 42.

430. *Ritter Albrecht von Duttenstein und sieben benannte Edelknechte schwören*
³⁰ *der Stadt Straßburg Urfehde. 1323 October 10.*

Allen den si kunt getan, die disen brief gesehent und gehorent lesen, daz wir
her Albrecht von Duttenstein ein ritter, Johannes, Albrecht und Andres sine süne
von Bossenstein, Claus Bog, Friderich Bog, Burkart von Berubach und Johannes
Kumberlin, hern Hug Kumbers seligen sun, edele knechte. umbe daz die erbern
³⁵ und bescheiden burgere von Strazburg und ire helffere unsere ein teil under uns
viengent und ein teil jagetent, urfecht hant gesworn an den heiligen und verzigen
gegen den vorgenanten burgern von Strazburg und iren helffern aller der smacheit,

a) verstümmelt durch ausgerissenen Rand.   b) Zu lesen nur noch stet, des Uebrige ausgerissen.
Str. II.   48

die uns viderfur von der vorgenanten gedele wegen von in. und hant gesworn ein
luter und stete sûne mit in ze habende von der vorgenanten gedele wegen, und
daz wir sû von der vorgenanten gedele wegen niemer angegriffent nach bekumbernt
nach schaffent angegriffen nach bekumbert in gerichtes wise nach ane gerichte nach
in kein andern weg ane alle geverde. wir verzihent uns ôch alles des schaden, den   5
uns die vorgenanten burgere von Strazburg und ire helffere datent, do sû zû helffe
koment hern Andrese Rodere in dem criege, den er mit uns hette. geschehe ôch,
da got vor si, daz wir Albrecht von Dutlenstein, Johannes, Albrecht und Andres
sine sûne die vorgenanten von der vorgenanten gedele wegen angriffen oder schadigetent die vorgenanten burgere von Strazburg oder ire helffere oder schûfere   10
angriffen oder geschadiget von der vorgenanten gedele wegen, und daz . . meister
und rât oder daz merreteil des rates von Strazburg erkantent und sprechent bi irme
eide, daz ez geschehen were, wenne denne mich Burkarten Schencken von Nagal-
tingen ein ritter und uns Johannesen, Albrechten und Andresen von Bossenstein die
vorgenanten gebrûdere meister und rât die vorgenanten oder ir gewisse botte man-   15
tent zû unsern husern zû unsern hoven oder munde wider munde do nach in den
achte tagen, globent wir Burkart Schencke, Johannes, Albrecht und Andres von
Bossenstein die vorgenanten bi dem eide, den wir darumbe gesworn hant, uns
unverscheidenliche zû entwurtende in die stat zû Strazburg, uns irre denne libes
not, niemer dennen ze kûmende, untze den vorgenanten burgern von Strazburg und   20
iren helffern uf wirt gerichtet und abegeleit, duz in widervarn ist und geschehen.
ane alle geverde. wer aber daz under uns Clause Bog, Frideriche Bog, Burkarte
von Bernbach und Johannese Kumberlin den vorgenanten deheinre die vorgenante
sûne breche oder dehein ding, daz da vor geschriben stat, oder schûffe gebrochen
und duz meister und rat von Strazburg oder daz merre teil under in erkantent, daz 25
daz verbrochen were, so globent wir bi dem vorgeschriben eide und wir her Albrecht
von Dutlenstein, Johannes, Albrecht und Andres die vorgenanten ôch bi dem vorgeschriben eide, uffe den, der also verbrochen het oder schaffen verbrochen, den
vorgenanten burgern von Strazburg und iren helffern geraten und beholffen zû sinde
in gûten truwen mit libe und mit gûte und mit unsern vestenen und mit andern   30
dingen, domitte men billiche helffen sol, untze daz ufgerichtet wirt und abegeleit,
waz denne verbrochen ist, wenne wir gemanet werden von den vorgenanten burgern
von Strazburg oder irme gewissen botten zû unseren husern hoven oder munde
wider munde, ane alle geverde. wir verzihent uns ôch alle über alle die vorgeschribenen ding alles rechtes und schirmes geistliches gerichtes oder weltliches, gewon- 35
heide, lantfriden, er si gemeine oder nicht gemeine, domitte wir komen môchtent
wider die vorgeschriben ding oder deheins, daz do vor geschriben stat, ane alle
geverde. und der vorgeschriben dinge zû eime urkunde so hant wir margrave Rudolf
der elter herre von Baden durch bette der vorgenanten personen unser ingesigel
mit der selben personen ingesigele an disen brief gehencket. wir Albrecht von   40
Dutlenstein und Burkart Schencke die vorgenanten rittere und wir Johannes,
Albrecht und Andres von Bossenstein, Claus Bog, Friderich Bog, Burkart von Bernbach und Johannes Kumberlin die vorgenanten durch merre sicherheit und bestetunde

so hant wir unsere ingesigele mit des vorgenanten herren ingesigel an disen brief
gehencket. der wart gegeben an dem nehesten mentage vor sante Gallen tage
des jars, do men von gotz geburte zalte drúzehen hundert jar und drú und
zwenzig jar.

5   *S aus Straßb. St A Verschl. Cantzlei-Gew. Corp. K lad 15 or. mb c. 9 sig. pend, quorum
3 delapsa. Es fehlen die Siegel des Duttensteiner und der Bossensteiner. Aus dem untern
Rande der Urkunde ist das Mittelstück etwa 10 cm. lang ausgeschnitten.*

431. *Die Ritter Heinrich Wetzel und Konrad Ripelin, Pfleger des Straßburger
Hospitals, beurkunden die Begabung desselben durch Bruder Heinrich von Hohen-*
10 *burg. [1321—1323].*

Alle die disen brief anegeschent oder goherent lesen, die süllent wissen, das
vor uns hern Heinriche Wetzel und hern Cônrat Ripelin rittern von Strazburg, die
da herren und pfleger sint dez spittals der armen[a], der da lit uzewendig der muren
zú Strazburg, dem man sprichet der alte spittal, brúder Heinrich von Homburg ein
15 schaffener der siechen und der ellenden niden in dem vorgenanten spittal was und
den selben siechen und ellenden oder die immer me niden in den selben spittol
kummeut, uzer sinre gewer und gewalt gap lúterliche und einfaltecliche durch got
und durch sinre selen und aller der selen willen, die imme oder den bekerten vrowen
oder den, die sine helfer warent, iedekein gút gedaten, alles daz gút, daz er in dem
20 dorf und in dem ban zú Tombach gekôft hat, und anders, waz er in dem selben
ban hat oder anderswa, und darzú, daz er uf den alten und den nuwen spittal
verbuwen hat, sit der alte spittal brande, und daz er den siechen und den ellenden
niden in dem spittal die erste gift gap, also der stette brief seit von Strazburg[1],
und alles daz gút, daz er ietzent hat oder immer me gewinnet, wie es danne genant
25 si. und das gút, daz er uf den alten und den nuwen spittal fúrbuwen hat, daz han
wir gerechent, daz wiertzig pfunde geltes were. die wil er abelazen untz an zwentzig
pfunde geltes Strazburger pfenning. die selben zwentzig pfunde sol man imme
geben alle jare von dem vorgenanten buwe, die wil er lebet; und nach sime dode
und der personen dode, die hie nach gescriben stant, wan sich der selbe brúder
30 Heinrich bekennet, daz imme die bekerten vrowen und ander sine helfer daz vorgenante gút hulfen gewinnen, so wil er, daz man die selben zwentzig pfunt Strazburger pfenninge von dem selben buwe gebe in die wis, alse hie nach benant ist.
nach dez selben brúder Heinriches dode sol man alle jare geben siben pfunt, als an
dem selbûche stat gescriben, daz die siechen und die ellenden niden in dem spittal
35 anehôrt. und swester Irmeline von Barre, Gerdrude irre niftelin[b], Elline der
Mùllerin, Katherinen der Scriberin von Friburg, Katherinen von Burgdorf, Gerine
von Friburg, Getzen von sant Alban, Gerdrude von Basele, Greden Ribeueckin,

a) *H rep. der armen durchstrichen.*   b) *H add. Iien von Lutzerne durchstrichen.*

1 *Vergl. nr. 339.*

swester Liebesten swestern und pfründenerinnen in dem selben spittal, brüder
Leutzeline von Westhusen und brüder Burcarte von Dornestele, obe in die vorgenanten personen überlebent oder welhe in überlebete, der sol man ir iegelicher ein
pfunt Strazburger geben iren lebetagen von dem selben gebuwe also: wanne der
selben personen eine stürbet, oder wer, daz ir deheine bi lebendeme libe von dem   5
spittal gienge, so sol man daz gelt, daz danne die personen anhorte, die danne
stirbe oder von dem spittal gienge, den vorgenanten siechen oder ellenden geben,
als an dem vorgenanten selbüche stat gescriben. wir die vorgenanten herren
enpfiengen die selbe gift von der selben siechen und der ellenden wegen, als an vor
benant ist, von brüder Heinriche von Honburg mit ein halme, als gewonheit ist   10
und sit die gift beschehen ist, alse da vor gescriben stat, so erkennen wir die selben
herren die gnade und den dienest, die er den selben siechen und ellenden getan
hat und noch dün sol, und lihen wir für uns und alle unser nachkummen an der
pflegerie in dem spittal dem selben brüder Heinriche allez daz vorgenante gůt wider
in die wis, als da vor beret ist, und ôch also, das ers bruche nütze und niemanne   15
von dem selben gůte noch von den zwentzig pfunden dehein rechenunge sol geben,
die wile er lebent, alle jare umb vier üntze Strazburger pfenninge; die sol man
November 1 immerme den vorgenanten siechen und ellenden an aller selen dage geben umbe
ein bigerihte durch aller gelöbingen selen willen und zů einre bekantnis, daz die
eiginschaft dez selben gůtes der vorgenanten siechen und ellende niden in dem   20
spittal si oder immerme drin kummet in die wis, alse da vor gescriben ist, und
durch daz dis stete* blibe in die wis, als ôch da vor benant ist. were daz die
pfründener, die uf dem obern hus in dem vorgenanten spittal sint, oder die hienach
immerme uf dem obern huse in dem selben spittal pfründener werdent, sich dez
vorgenanten gůtes underziehen woltent oder ieman von iren wegen, so wil brüder   25
Heinrich, daz die herren, die danne pflegere sint dez spittal von der stete wegen,
welhes jares sis detent, den nutz dez jars von dem selben gůte nement und dem
meister und dem rate von Strazburg daz halbeteil^b dez nutzes süllent geben^c und
den andern halben nutz den siechen und den ellenden niden in dem spittal süllent
geben. und daz dis war und stete si, wan es allez mit userme willen und gehelle   30
geschehen ist in die wiz, alse da vor beret ist, so han wir die vorgenanten herren
durch bette brüder Heinriches unser beder ingesigele mit dez selben brüder Heinriches ingesigel zů eim urkinde der vorgescriben dinge gehenket an disen gegenwertigen brief. ich brüder Heinrich der vorgenante verjehe ôch, daz ich min ingesigel
mit der vorgenanten herren ingesigele zů eim urkunde und durch ein sicherheit der   35
vorberetten dinge habe gehenket an disen gegenwertigen brief.

*H aus Straßb. Hosp. A lad. 4 fasc. 1 cop. aut conc. mb. conce. Von den zwei aneinander
gehefteten Pergamentblättern ist das untere nur ein Drittel so breit als das obere Die
Datirung des Stücks ergibt sich aus der Amtsdauer der beiden Hospitalpfleger. Vergl.
UB. III, 437.*   40

a) *H* stesto. b) *übergeschrieben über das durchstrichne* vierteil. c) *folgt durchstrichen* und sü selber
das ander vierteil habent.

432. *Das Straßburger Domcapitel mit Ausnahme von drei genannten Mitgliedern beschließt, die Einkünfte zweier Jahre von Pfründen, die innerhalb der nächsten fünf Jahre zur Erledigung kommen, dem Bischof zur Hebung der Schuldenlast der Straßburger Kirche zur Verfügung zu stellen. 1324 Februar 14.*

In nomine domini amen. nos Gebehardus de Friburgo prepositus, Johannes de Ohssenstein scolasticus meo, Ludovici de Strazberg cantoris et Rûdolfi de Ohssenstein archidyaconi et canonicorum ecclesie Argentinensis nomine et mandato, Hermannus de Geroltzecke cellerarius, Hermannus de Thierstein camerarius, Hermannus de Geroltzecke pincerna, Cûnradus de Lierheim archidyaconus meo, Waltheri de Schowemburg, Friderici de Lierheim ipsius ecclesie canonicorum nomine et mandato, Ludowicus de Thierstein meo, Ûlrici et Waltheri de Arberg canonicorum dicte ecclesie nomine et mandato, Brûnicho de Geroltzecke, Johannes de Geroltzecke et Lûtoldus de Crenkingen canonici ecclesie Argentinensis prefate, considerantes ecclesiam nostram Argentinensem sepedictam pluribus debitorum oneribus pregravatam in tantum, quod, nisi celeri occurratur remedio, subversio et jactura irrecuperabiles ipsi ecclesie imminerent, concepimus ad obviundum hujusmodi periculo, fructus biennales beneficiorum ecclesiasticorum quorumcunque in civitate et diocesi Argentinensi vacaturorum in modum qualemcunque, prout potuimus, presertim ex consuetudine prescripta et hactenus observata, ad aliqua certa tempora ipsi nostre ecclesie concedere in solutionem debitorum hujusmodi et in usus necessarios dicte nostre ecclesie convertendos. et ad tractandum super premissis et pro expeditione hujusmodi negocii capitulo indicto, ut est moris et consuetudinis, in ipsa ecclesia feria tercia post octavam festi beate Agnetis sub anno domini millesimo trecentesimo vicesimo quarto, 1324 Januar 31 convenimus una cum quibusdam aliis ipsius ecclesie canonicis in capitulo ejusdem ecclesie et, aliquibus tractatibus habitis, prefatum capitulum et diem predictam in dicto negocio prefixam usque ad diem beati Valentini proximo dictam feriam terciam Februar 14 sequentem prorogavimus. convenientibus igitur in hujusmodi termino, die scilicet beati Valentini prefata, ad capitulum ecclesie Argentinensis nobis et aliis, qui debuerunt voluerunt et potuerunt interesse, et super ipso negocio pluribus in ipso capitulo tractatibus habitis, dominus Walramus de Veldenze decanus, Cûnradus de Kirkele thesaurarius et Johannes de Swarzemberg canonicus ipsius ecclesie de capitulo recesserunt dicentes, se nolle hujusmodi capitulo interesse. nos vero attendentes, quod dicti recedentes quoad dictum capitulum se reddiderant alienos ad expedicionem negocii predicti, pro quo convenimus procedere volentes, tractatibus inter nos prehabitis, presente reverendo in Christo patre ac domino nostro domino Johanne episcopo Argentinensi, tandem unanimi consensu, nullo penitus contradicente, predicto patre et domino consentiente et auctorizante, decrevimus et concessimus fructus predictos biennales beneficiorum ecclesiasticorum quorumcunque infra quinquennium inchoandum in dominica, qua cantatur Invocavit, proxima vacaturorum modo quo- März 4 cunque ex parte prefate nostre ecclesie tenendos recipiendos et in usus, ut premittitur, effectualiter convertendos. quod eciam concedimus et servari ac cum effectu fieri volumus ac decernimus per presentes, contradictione qualibet quiescente. sub qua tamen concessione quoad fructus predictos biennales prebendas dignitates officia et feoda claustralia ecclesie nostre Argentinensis et monasteria civitatis et diocesis Argentinensis personarum religiosarum nolumus contineri, dantes prefato patri ac domino nostro de hujusmodi fructibus disponendi et ordinandi in usus prefatos plenam et liberam potestatem. nos eciam Johannes dei gracia episcopus Argentinensis predictus, quia premissis in dicto capitulo interfuimus, ipsa approbavimus et auctorizavimus ob evidentem necessitatem ipsius ecclesie, quam in hac parte subesse cognovimus, eisdem consensimus et presentibus consentimus. in quorum evidenciam et testimonium nostra videlicet .. episcopi et capituli predictorum sigilla presentibus sunt appensa.   actum in die beati Valentini anno domini prenotato.

B aus Straßb. Bes. A. G fasc. 119 or. mb. c 2 sig. pend. delaps.

433. *Das Straßburger Domcapitel beschließt mit Zustimmung des Bischofs, den Artikel 4 des Statuts vom Jahr 1299 aufzuheben. 1324 Februar 14.*

In dei nomine amen. noverint universi presentium inspectores, quod nos .. prepositus et capitulum ecclesie Argentinensis die beati Valentini sub anno domini millesimo trecentesimo vicesimo quarto super revocatione statuti subscripti quoad articulum infrascriptum assignata. presente reverendo in Christo patre ac domino nostro domino Johanne episcopo Argentinensi et in hoc una nobiscum consenciente, in capitulo ipsius ecclesie hujusmodi statutum quoad subscriptum articulum in enormem status ecclesie Argentinensis lesionem sine auctoritate et consensu episcopi et vacante ecclesia Argentinensi editum[a][1], licet ex hiis et aliis causis opus non sit revocationis ejusdem propter ejus nullitatem, ad cautelam tamen deliberavimus revocandum et ipsum statutum quoad eundem articulum, auctoritate reverendi in Christo patris ac domini predicti et consensu ad hoc plenius accedente, presentibus revocamus cassamus, ymmo verius irritum nunciamus. nos eciam Johannes dei gracia episcopus predictus revocationi predicte ex causis, ut premittitur, et aliis nos moventibus et ob evidentem necessitatem ecclesie nostre Argentinensis, quam in hac parte subesse cognovimus, nostrum consensum adhibuimus auctoritatemque nostram eidem revocationi presentibus adhibemus, ipsum quoad eundem articulum statutum revocantes cassantes, ymmo verius irritum nunciantes. statutum vero, de quo supra fit mencio, inter statuta alia ecclesie Argentinensis contentum incipit : pro conservatione status ecclesiastici jurisque honoris et libertatis etc. articuli vero revocati ejusdem statuti tenor est talis : quartum quod idem dominus episcopus vel ejus in perpetuum successores proventus vel redditus beneficiorum vacancium vel non vacancium, invitis eorum rectoribus et patronis, percipere non debeant ad usus suos qualescunque sine licencia sedis apostolice speciali[2]. in quorum omnium evi-

a) *B* eiditum

[1] *Vergl. nr. 221, Statut des Domcapitels von 1299 September 15.*
[2] *Vergl. S 175 Z. 37 ff.*

denciam et testimonium nostra Johannis dei gracia episcopi et capituli predictorum
sigilla presentibus sunt appense. actum die beati Valentini et anno domini prenotatis.

B aus Straßb. Bez. A. G fasc. 119 or. mb. c. 2 sig. pend. laesis, Auf der Rückseite von
gleichzeitiger Hand der Vermerk : littera revocacionis statuti, quod concessionem fruc-
tuum beneficiorum vacancium prohibebat. Unten in der Ecke links : cclii B[egistrata]
et coll[acionata].
B 1 coll. aus Straßb. Bez. A. G fasc. 2719 or. mb. c. 2 sig. pend.

434. *Bischof Johann von Straßburg und das Domcapitel geloben sich in der*
Sache, betreffend Abtretung der Pfründeneinkünfte und die dagegen von Konrad
von Kirkel eingelegte Appellation, gegenseitig Beistand. 1324 Februar 14.

In dei nomine amen. nos Johannes dei gracia episcopus Argentinensis recognoscimus per presentes, quod nos in negocio subsidii circa fructus biennales
ecclesie nostre per . . prepositum et capitulum ipsius canonice concessi[1], et specialiter
in causa appellationis ex parte Cônradi de Kirkele thesaurarii ecclesie nostre predicte contra dictam concessionem interjecte, ipsis . . preposito et capitulo fideliter
assistere et ipsius defensionem subire promisimus et ipsum negocium defendere pro
viribus bona fide. nos etiam prepositus et capitulum predicti eidem domino nostro pro
defensione ipsius negocii seu subsidii promisimus fideliter assistere verbo et opere
et id promittimus per presentes. in quorum testimonium nostra videlicet . . episcopi
et capituli predictorum sigilla presentibus sunt appensa. actum 16 kalendas marcii
anno domini 1324.

B aus Straßb. Bez. A. G fasc. 2726 or. mb. c. 2 sig. pend.

435. *Vor dem Straßburger bischöflichen Hofrichter verbürgen sich eidlich acht*
benannte Einwohner von Brumath, Vendenheim, Mommenheim und Kriegsheim für
einen von den Straßburgern gefangen gesetzten Freund. 1324 März 9.

Coram nobis . . judice curie Argentinensis constituti Cônradus dictus Meiger,
Hugo dictus Cleinhûgelin, Johannes natus Hûgelini de Criegesheim, Rûdolfus frater
dicti Johannis incole opidi Brûmat, Betschelinus dictus Hôbet de Vendenheim,
Nicolaus dictus Reisser de Mummenheim, Wernherus ejus frater et Cônradus sutor
de Criegesheim apud Scheffelingesheim per juramentum ab ipsis coram nobis corporaliter prestitum promiserunt in solidum, quod, si Nicolaus frater predicti Hugonis,
quem ceperunt cives Argentinenses, ratione ejusdem captionis seu detentionis aliquem
civem Argentinensem et spetialiter Petrum sutorem de Rinstelen occuparet vel
molestaret aut hoc fieri procuraret in juditio vel extra aut ipsis civibus et spetialiter
dicto Petro aliquod dampnum inferret seu inferri procuraret modo quovis occasione
ejusdem captionis, quod illud resartient eisdem civibus et spetialiter dicto Petro vel
se presentabunt per idem juramentum infra octo dies, postquam ex parte dictorum
civium et sepedicti Petri moniti fuerint, in civitatem Argentinensem nunquam ipsam

civitatem exituri, quousque civibus et Petro predictis hujusmodi dampnum fuerit
plenarie resarcitum; olioquin excommunicationis sentenlie, quam a nobis in se ferri
elegerunt, utique subjacebunt et perjuri denuntiabuntur et judilio seculari ᵃ et sine
auctoritale juditiaria persone et res ipsorum invadentur. et si quod dampnum ipsos
cives et dictum Petrum occasione premissorum sustinere contingeret, ipsis promise- 5
runt in solidum resarcire. renuntiaverunt insuper prescripte persone exceptioni divi-
dundarum actionum, epistole divi Adriani, constitutioni de duobus reis debendi vel
promittendi omnique juris auxilio canonici et civilis, consuetudinibus et statutis tam
publicis quam privatis, exceptionibus et defensionibus aliis quibuscumque, quibus
juvari possent ad veniendum contra premissa vel aliquid premissorum quoquo modo 10
in juditio vel extra, imposterum vel ad presens. insuper coram nobis .. judice predicto constitutus Nicolaus predictus frater Hugonis prescripti juravit, quod ratione
captivationis predicte facte in personam ipsius Nycolai per cives civitatis Argentinensis eosdem cives et spetialiter dictum Petrum nunquam occupabit vel perturbabit
aut hoc fieri procurabit per se vel per alios quoquo modo in juditio vel extra, 15
imposterum vel ad presens. et in omnium ac singulorum evidens testimonium premissorum sigillum curie Argentinensis ad petitionem personarum prescriptarum,
que se ad premissa obligaruut. presentibus est appensum. actum in curia predicta
7 idus marcii anno domini millesimo trecentesimo vicesimo quarto.

S aus Straßb. St. A. Verschl. Canzlei-Gew. Corp. K lad. 17 or. mb. c. sig. pend. 20

436. *Pabst Johann XXII lobt den Bischof Johann von Straßburg für seinen
Eifer in der Veröffentlichung der pähstlichen Procße gegen König Ludwig und
ermahnt ihn, auch die Stadt Straßburg dafür zu gewinnen. 1324 April 1 Acignon.*

[Johannes episcopus servus servorum dei] venerabili fratri Johanni episcopo
Argentinensi [salutem et apostolicam benedictionem] ¹. fraternitatis tue litteris con- 25
sueta benignitate receptis et earum serie diligenter inspecta circa publicationem
per nos pridem habitorum processuum super quibusdam excessibus viri magnifici
Ludovici ducis Bavarie discorditer in regem Romanorum, sicut fertur, electi, diligentiam et devotionem tuam, quam in nostris et sedis apostolice piis honestisque
preceptis probabiliter promptam esse supponimus. dignis in domino laudibus com- 30
mendamus², mirantes autem, magistri consulum et scabinorum Argentinensium esse

a) *S setulari.*

¹ *Die Eingangsformel wie das Datum sind ergänzt.*
² *Der erste Proceß gegen Ludwig von 1323 October 8 ist am 9. October dem Straßburger Bischof
mitgetheilt worden und durfte im December 1323 in seine Hände gekommen sein, wenigstens erhielt ihn* 35
*der Bischof von Basel erst am Sonntag vor Weihnachten, am 18. December (vergl. Oberbayer. Archiv I,
97 nr. 72). Die pähstliche Erklärung vom 7. Januar 1324 an die Gesandten Ludwigs wurde Bischof
Johann untern 13. Januar mitgetheilt, der zweite Proceß gegen Ludwig von 1324 März 23 wurde ihm
am 28. März übersandt. Schließlich wurde der Proceß gegen Ludwigs Bevollmächtigte in Italien von
1324 April 12 schon am folgenden Tage dem Bischof übermittelt. Der 1. und 2. Proceß gegen Ludwig* 40
*befinden sich in gleichzeitiger Abschrift auf sieben uneinander gehefteten Pergamentblättern im Straßb.
St. A. AA art. 74, ebenda die beiden andern erwähnten Schriftstücke in Copie auf zwei aneinander
gehefteten Pergamentblättern*

duriciam adeo renitentem, quod ipsi non in levem dei nostram et prefate sedis offensam in civitate predicta publicationem non permiserint fieri memoratam[1]. nec ex paterne pietatis affectu hanc pertinaciam ipsis expedire salubriter estimantes fraternitatem tuam rogamus et hortamur attente, quatinus pro nostra et dicte sedis reverentia ferventer instes et operanter adhibeas tue solicitudinis studium, unde cives hujusmodi velut quodam inductive salutis glutino attrahas ad veram devotionem nostram et sedis ejusdem ac debitam obedientiam mandatorum, nihilominus ipsarum partium nova seu conditiones et statum sepe nobis et fideliter tuis litteris relaturus[2], teque sic habiturus demum in his et aliis respicientibus nostrum et prefate sedis commodum ac honorem, quod, sicut diligentius illa prosequeris, sic preter divine retributionis premium benevolentiam nostram et sedis ejusdem uberius merearis. datum Avenione kalendis aprilis [pontificatus nostri] anno octavo.

Aus d. Oberbayerisch. Archiv I. 50 nr. 4. Auszug von Höfler aus den Regesten Pabst Johann XXII (Secret. an. VIII tom. VI p. LXXVII.

437. *Pabst Johann XXII ermahnt das Straßburger Domcapitel, den Bischof bei der Veröffentlichung und Durchführung der päbstlichen Proceße gegen König Ludwig kräftig zu unterstützen. 1324 Mai 31 Avignon.*

[Johannes episcopus servus servorum dei] decano preposito et capitulo [ecclesie] Argentinensis [salutem et apostolicam benedictionem][3]. si diligenti studio perpensa datis filii, quam sit magnum virtutes colere singulas, obedire pro certo invenietis per maximum, cum obedientie sola religio virtutes inserat universas. itaque universitatem vestram rogamus et monemus attente, quatenus circa publicationem et executionem processuum, quos adversus virum magnificum Ludovicum ducem Bavarie discorditer in regem Romanorum electum hucusque habuimus, venerabili fratri nostro Johanni episcopo Argentinensi ad requisitionem ipsius sic pro nostra et apostolice sedis reverentia obedienter ac celeriter pareatis et intendatis efficaciter, prout decet, quod nostra non censeamini et ejusdem sedis precepta contempnere et apud deum ac ipsam sedem possitis de obedientia prestita bene meriti apparere[4]. [datum Avinione pridie kalendas junii pontificatus nostri anno octavo].

Aus d. Oberbayerisch. Archiv I. 62 nr. 22. Undatirter Auszug von Höfler aus den Regesten Pabst Johann XXII (Litt. apostol. an. VIII tom. IV p. 69). — Regest in der Archivalischen Zeitschrift V, 256 nr. 209 mit Angabe des Tagesdatums, nach dem das Datum des Textes ergänzt ist.

[1] Vergl. nr. 438.
[2] Vergl. den undatirten Brief des Pabstes an den Bischof, der in den Sommer 1324 zu setzen sein dürfte i. Oberbayer. Archiv I, 72 nr. 42. In demselben wird ihm für seinen Eifer und seine guten Nachrichten gedankt und er gebeten, dabei zu beharren nobis statum partium illarum et rumores, qui tibi occurrerant, sepius rescripturus.
[3] Die Eingangsformel ist ergänzt.
[4] Von gleichem Wortlaut und wahrscheinlich von demselben Datum ist ein Schreiben des Pabstes adressirt filiis religiosis Argentinensis civitatis et diocesis exemptis et non exemptis. Vergl. Oberbayer. Archiv I, 73 nr. 45. Auf dies wie auf das oben mitgetheilte Schreiben wird hingewiesen in dem Briefe des Pabstes an Bischof Johann ebenfalls vom 31. Mai, in dem diesem der Beistand des Mainzer Erzbischofs und der Bischöfe von Basel, Konstanz, Metz und Speier gegen König Ludwig und seine Anhänger in Aussicht gestellt wird. Vergl. Oberbayer. Archiv I, 61 nr. 20 u. 21 sowie Archiv Zeitschrift V, 255 nr. 208 u. 210.

438. *Entwurf eines Schreibens der Stadt Straßburg an den Pabst Johann XXII.*
in dem sie die Gründe entwickelt, aus denen sie die Veröffentlichung der päbst-
lichen Processe gegen König Ludwig bisher verhindert habe, und um Rücksicht-
nahme bittet. [*1324 vor August*].

Sanctissimo in Christo patri ac piissimo universorum[a] domino domino Johanni 5
vicesimo secundo, divina providencia sacrosancte Romane et tocius militantis[b] ecclesie
summo pontifici, magister consules scabini ac universitas civitatis Argentinensis sui
devoti[c] cum omni humilitate devota pedum oscula beatorum.   paterna pietas merito
filiorum excusationem exaudiet, quam non ex superbie typo[d], sed evitandi necessitate
proprii periculi[e] et ob hominum corpora, que cunctis rebus preferuntur, conservanda 10
noverit processisse. hinc est quod ad vestre sanctissime in Christo paternitatis noticiam singnificando cum omni humilitate et reverencia deducimus, reverendum in Christo
patrem et dominum Johannem dei gracia Argentinensem episcopum voluisse quoddam
mandatum a vobis patre sanctissimo directum contra illustrem principem dominum
Ludewicum ducem Bauwarie in Romanorum regem electum in nostra civitate Argen- 15
tinensi publicasse[1]. cui publicacioni[f] ad nostras preces seriosissimas supersedit et
ob pericula infrascripta et adhuc graviora et periculosiora[g] evitanda ex parte nostra
proposita coram eo. periculorum autem tenor dinoscitur esse talis[2]: dictus enim
illustris princeps in Romanorum regem electus multas civitates et municiones
circumjacere habet pretextu imperii prope nostram civitatem predictam et circum- 20
circa eidem faventes et adherentes; item multos nobiles fortes et potentes habet
coadjutores et fautores habentes fortalicia et municiones circa nostram civitatem
predictam, de quibus ad mandatum dicti principis ob dicti mandati publicacionem
in nostra civitate faciendam procul dubio facerent nobis et nostris incolis tam in
rebus quam in personis infestaciones gravissimas et incomoda infinita. preterea si 25
aliquod mandatum de cetero in nostra civitate contra dictum principem publicaretur,
propter talem publicacionem cedes magna et inevitabilis accideret in nostra civitate
propter servitores hincinde potentes[h] utriusque electorum ad regnum Romanorum,
videlicet principis predicti et domini Friderici ducis Austrie[i], in eadem existentes,
cum quidam ex nostris concivibus uni electorum predictorum, quidam alteri adhe- 30
reant auxilio consilio et favore[k]. item nos erga ambos electos predictos hactenus
legaliter nos gessimus in communi, ut ipsa communitas non magis uni electorum
favebat quam alteri et in ipsorum gracia et amicicia existebat et in statu tranquillo.
quas nos, si aliquod mandatum in nostra civitate contra dictum principem publica-

a) piissimo universorum *übergeschrieben.* b) divina—militantis *übergeschrieben und universalis durchgestri-* 35
chen. c) sui devoti *übergeschrieben.* d) typo *übergeschrieben und contemptu ausgestrichen.* e) humilitatis radice *ausgestrichen und evitandi—periculi übergeschrieben.* f) publicato licet lavitus *durch-*
gestrichen und publicacioni *übergeschrieben.* g) et adhuc—periculosiora *übergeschrieben.* h) hincinde potentes *übergeschrieben.* i) videlicet—Austrie *übergeschrieben.* k) S *add.* preterea
durchgestrichen. 40

_____

[1] *Vergl. nr. 436.*
[2] *Vergl. nr. 439.*

retur, erga ipsum et ejus coadjutores et fautores, qui nobis gravia pericula et incomoda infinita inferre possunt, ut est prelibatum, amitteremus et ipsorum eciam indignacionem et hostile[a] hodium incurreremus, immno[b] nobis adversarios eosdem in perpetuum ordinaremus et constitueremus priucipaliter nec secure possemus vel
5 auderemus, sicut hactenus consuevimus, cum rebus nostris partes Alamanie pertransire. item si aliquod mandatum in nostra civitate predicta contra dictum principem publicaretur, ex hoc indignari posset et sibi sumere materiam et occasionem revocandi privilegia nobis nostris incolis ac civitati nostre predicte concessa a regibus Romanis et imperatoribus sumptuosis expensis, gravissimis laboribus et gratissimis
10 serviciis acquisita. item si alicujus mandati publicatio in nostra civitate Argentinensi predicta contra dictum principem facienda, nobis pre ceteris civitatibus et communitatibus valde esset periculosa et nociva, ut ex premissis liquide apparet, vestre tamen paternitati sanctissime parum vel nichil utilitatis procul dubio allatura[c]. quare vestre in Christo paternitati sanctissime devote et humiliter supplicamus, quatenus
15 dicta nostra pericula et multo graviora et periculosiora, que longum esset vestre in Christo paternitati piissime exponere, nobis inconbentia ob mandati alicujus publicacionem in nostra civitate faciendam contra principem predictum vestre sanctitatis animum mitigent et inclinent, si in aliquo, quod tamen non speramus. vestram sanctitatem piissimam offendimus ob[d] vestri mandati predicti[e] publicacionem non
20 aliqua temeritate vel contemptu, sed[f] propter nostras preces et causas predictas retardatam[g]. ad parcendum nobis in premissis et ad nostram excusationem premissam paterno suscipiendam favore exemplo illius, cujus vicem in terris geritis, cui proprium est misereri et parcere, et ad providendum nobis[h] vestra solita sanctitate piissima more patris piissimi ad avertenda a nobis pericula premissa, ne in civitate
25 nostra predicta alicujus mandati publicatio facienda contra principem predictum alicui inantes committatur, vestram sanctitatem incolomem letamque pater sanctissime evo tueatur longissimo, qui est in seculorum secula benedictus.

*S aus Straßb. St. A. AA art. 74 conc. mb. concr. Zwei Stücke groben Pergaments von länglichem
30 Format mit eingerissenen Rändern, das zweite kleinere zeigt am untern Rande Spuren einer Naht. Auf dem ersten ist in dorso am untern Raml in der Ecke wohl gleichzeitig vermerkt contra processum pape. Bezüglich der Datirung des Stücks kann zunächst darüber krin Zweifel herrschen, daß es in das Jahr 1324 zu setzen ist und zwar vor den 2. August, an dem Bischof Johann die Veröffentlichung der päbstlichen Mandate gegen Ludwig auf allen Kanzeln der Stadt und Diöcese Straßburg befiehlt. Vergl. nr. 440.
35 Vielleicht gehört es schon in den Anfang des Jahrs, bald nachdem Bischof Johann den ersten Proceß erhalten hatte, und das Schreiben des Pabstes von 1324 April 1 nimmt darauf Bezug. Vergl. nr. 436. So nehmen es C. Müller Kampf Ludwigs d. B. mit der römischen Curie I, 140 u. 367 Beilage 11 sowie Rosenkränzer Bischof Johann S. 55 Anmerk. 1 an Möglicher Weise ist es aber erst auf Grund des päbstlichen Schreibens
40 vom 1. April entstanden und die Rechtfertigung gegen die darin enthaltenen Vorwürfe.*

a) Zwischen hostile und hodium ein fast kreisrundes, grosses Loch im Pergament.   b) S imno.   c) Hier endet das erste Pergamentblatt.   d) ob übergeschrieben und propter ausgestrichen.   e) predicti übergeschrieben.   f) non—sed übergeschrieben.   g) S add. que alias tamen est notoria ausgestrichen.   h) nobis übergeschrieben.

439. *Entwurf eines Schreibens der Stadt Straßburg an Bischof Johann, in welchem demselben für eine Entschuldigungsschrift an den Pabst die Gründe auseinandergesetzt werden, weßhalb die Stadt sich der Veröffentlichung der Proceße gegen König Ludwig bisher widersetzt habe.* [1324 ror August].

Cause infrascripte sunt motive cause civium Argentinensium, quare in civitate Argentina publicacio processus per summum pontificem dominum Johannem vicesimum secundum papam directi reverendo in Christo patri ac domino nostro domino Johanni dei gracia episcopo Argentinensi ad publicandum ipsum per eundem contra illustrem principem dominum Ludewicum in Romanorum regem electum[a], et ne de cetero aliqua in dicta civitate Argentina contra cives ipsius in genere vel in specie processuum apostolicorum publicacio ab aliquo procuretur. dictus enim illustris princeps in regem Romanorum electus multas civitates et municiones circumjacere habet pretextu imperii prope civitatem Argentinam predictam et circumcirca, item multos nobiles potentes habet coadjutores et fautores habentes fortalicia et municiones circa dictam civitatem Argentinam [weiter wie in nr. 438 mit geringfügigen Abweichungen bis utilitatis allatura].

Premissa, pater reverende domine Johannes episcope Argentinensis, vestrum moveant animum et inclinent ad scribendum summo pontifici, excusando cives predictos apud ipsum, quare dictam publicacionem in dicta civitate Argentina propter causas predictas et ad evitanda dicta pericula obmisistis. cetera supleat vestra paternitas reverenda.

S aus Straßb. St. A. AA art. 74 conc. mb. coner. Länglicher Stück Pergament mit eingerissenen Rändern.

Gedruckt darnach bei Wencker App. et instr. arch. p. 170 nr. 27 mit unberechtigter Hinzunahme des Schlußes von nr. 438, der auf das zweite Pergamentblatt geschrieben ist. Das Stück steht offenbar im engsten Zusammenhang mit nr. 438 und ist wie dieses zeitlich zu fixiren. Vergl. Müller a. a. O. S. 368.

440. *Bischof Johann trägt der Geistlichkeit in der Stadt und Diöcese Straßburg bei Strafe der Amtsenthebung auf, die päbstlichen Erlaße gegen König Ludwig öffentlich zu verkünden. 1324 August 2 Schlettstadt.*

Johannes dei gracia episcopus Argentinensis, executor mandatorum apostolicorum contra magnificum principem dominum Ludewicum ducem Bawarie ejusque fautores directorum a sede apostolica deputatus, universis et singulis rectoribus seu vicariis parrochias regentibus necnon religiosis quibuscumque exemptis et non exemptis, cujuscunque condicionis status seu ordinis fuerint, per civitatem et dyocesim Argentinenses constitutis salutem et mandatis apostolicis firmiter obedire. auctoritate apostolica nobis in hac parte commissa vos omnes et singulos ex vobis requirimus et monemus et vobis et cuilibet in virtute sancte obediencie et sub pena suspensionis ab officio, quam vos et quemlibet vestrum incurrere volumus ipso facto, canonica

a) Zu ergänzen circa omissa est.

tamen monicione premissa, qui non fecerint, quod mandamus, injungimus, ut vos
rectores seu vicarii civitatis Argentinensis infra missarum sollempnia in cancellis
publice, vosque religiosi ejusdem civitatis et suburbii ipsius, qui sermones ad populum
feceritis, proxima die dominica post festum beati Laurentii martiris et deinde singulis
5 diebus dominicis et festivis hujusmodi mandata apostolica sollempniter publicetis[1]
scientes, quod, si secus feceritis, non solum ad publicationem penarum, quas ex
tali neglicntia seu inobedientia vos contingct incurrere, sed etiam contra vos, licet
inviti, alias procedemus juxta traditam a dicta sede apostolica nobis formam, dantes
Erboni de Kageneeke cellerario ecclesie sancti Petri Argentineusis clerico nostro
10 presentibus in mandatis, hoc nostrum mandatum sive processum presentem vobis
una cum mandatis apostolicis predictis presentandi et ad vestram notitiam perferendi.
datum apud Sletzstat 4 nonas augusti anno domini millesimo trecentesimo vicesimo
quarto.

Augusti 12

S aus Straßb. St. A. AA art. 74 cop. mb. coaeva.

15 **441.** *Die Stadt Straßburg schreibt dem Pabste, sie bestelle hiermit den Straß-*
burger Geistlichen Konrad von Geispolsheim als ihren Vertreter bei der Curie auf
zwei Jahre. 1324 September 12 Straßburg.

. . Sanctissimo in Christo patri ac domino sacrosancte Romane ecclesie summo
pontifici . . magistri consules ac universitas civitatis Argentinensis devota pedum
20 oscula beatorum. in curia vestre sanctitatis et audiencia magistrum Cûnradum de
Geispoltzheim clericum Argentinensem presentium exhibitorem nostrum nominamus
ordinamus et constituimus procuratorem ad impetrandum litteras simplices et legendas
gratiam et justitiam continentes, ad contradicendum et in judices communiter et
divisim et in loca congrua conveniendum recusandum et appellandum, dantes eidem
25 potestatem alium procuratorem substituendi eundemque revocandi, quando et quotiens
sibi visum fuerit expedire, ratum et gratum habituri, quicquid idem magister Cûnradus vel ab eo substitutus fecerit egerit seu ordinaverit nostro nomine in premissis.
volumus autem et speciali convencione in pactum deducimus, quod dictus magister
Cûnradus noster procurator annuatim duabus marcis argenti nomine sui salarii sit
30 contentus, presente procuratorio post bigennium minime valituro. et hec vobis,
pater sancte, et omnibus, quorum interest seu intererit, sub sigillo nostre civitatis
Argentinensis cupimus esse nota. actum Argentine 2 idus septembris anno
domini 1324.

S aus Straßb. St. A. Vorl. Dreizehn. Gew. lad. 88 cop. mb. coaeva.

---

35 [1] *Es ist fraglich, ob darunter der päbstliche Proceß von 1324 Juli 11, die Reichsentsetzung Ludwigs,*
die Excommunication seiner Anhänger, das Interdict ihrer Gebiete zu verstehen ist. Derselbe wurde am
19. Juli, wie es scheint, dem Straßburger Bischof übersandt. Vergl. Oberbayer. Archiv I, 77 nr. 51
und 52. Vielleicht erhielt er denselben erst Ende August und der Passus eines Schreibens von Bischof
und Domcapitel an den Archipresbyter in Neuweiler ist darauf zu beziehen: mandatum sedis apostolice
40 *novum et arduum universum clerum civitatis et diocesis Argentinensis contingens recepimus. Zur*
Berathung desselben wird ein allgemeines Capitel auf den 4. September berufen (feria 3 ante nativitatem
beate virginis hora prime in capitolo ecclesie Argentinensis). Vergl. Rosenkränzer Bischof Johann
S. 105 (aus Cod. ms. nr. 410 der Wiener Hofbibliothek).

442. *Das Straßburger St. Stephanskloster theilt dem Pabste mit, es bestelle den Magister Johannes Angeli auf zwei Jahre als seinen Vertreter bei der Curie. 1324 October 12.*

Sanctissimo in Christo patri ac domino sacrosancte Romane sedis summo pontifici . . divina clemencia . . abbatissa et conventus monasterii sancti Stephani Argentinensis devotum pedum oscula beatorum. in curia vestre sanctitatis et audiencia magistrum Johannem Angeli clericum exhibitorem presencium nostrum constituimus procuratorem ad impetraudum et contradicendum litteras simplices et legendas, in loca et judices communes conveniendum et recusandum, alium procuratorem, quandocunque voluerit, substituendum et revocandum et ad omnia alia et singula faciendum circa premissa, que verus et legittimus potest et debet facere procurator, ratum et gratum habituri, quicquid idem procurator vel ab eo substitutus nomine nostro fecerit in premissis. volumus eciam, ut duobus florenis pro sallario annuo sit contentus, et quod presens mandatum post biennium sit minime valiturum. et hec vestre sanctitati et omnibus et singulis, quorum interest aut intererit, sub sigillis nostris appensis presentibus intimamus. actum et datum 4 idus octobris anno domini 1324ᵃ.

5
10
15

B aus Straßb. Bez. A. H fasc. 2619 or. mb. c. 2 sig. pend. delapsis. Auf der Rückseite der Vermerk expiraverunt.

443. *Schiedsspruch der Straßburger Ritter Konrad Ripelin und Reinbold von Achenheim in dem Streite Johanns von Mombronn mit der Stadt Straßburg. 1324 November 10.*

20

In der miszehelle, so her Johannes von Monburne von sinre vrowen wegen hern Steinlins seligen wittewe von Winstein het gegen den burgern von Strezburg, do sprechent wir Cûnrat Ripelin und Reinbolt von Achenheim rittere von Strazburg, rÂtlûte der vorgenanten burgere in der vorgenanten miszehelle, uf unsern eit zû rechte: mûgent die burgere von Strazburg vûrbringen, daz der vorgenante herᵇ Steinlin selige von Winstein dez crieges were oder sin gesinde ritte oder schaden dette uf hern Walther herren von Geroltzecke oder uf den Heiden von Waszelnheim oder uf die burgere von Strazburg oder in dieᶜ sûne genomen wurde, die jungherre Claus von Lûtzelnstein hette mit hern Walther dem Heiden von Waszelnheim und mit den burgern von Strazburg den vorgenanten¹, dez sûllent die vorgenanten burgere genieszen und sûllent ime keinen schaden abetûn. mûgent sû aber daz nût vûrbringen, waz denne der vorgenante her Johannes von Monburnen vûrbringet mit biderben lûten, die ez an nût engat, untze an die zal zwenzig und hundert schaffe und uffe zwenzig geisze oder in der masze, die sins vorwarn warnt, und die selbe

25
30
35

a) Die Datirung hinter datum ist von andrer, gleichzeitiger Hand mit dunklerer Tinte geschrieben.
b) her übergeschrieben. c) die übergeschrieben.

¹ Vergl. nr. 342, 343 und 352.

zal ist vor uns erberlichen vůrbrachl, das unsern burgern und die von iren wegen
do warent, nůt me zů teile wurde denne die vorgeschriben zal, des sol er geniesgen *
mit solicher gedinge : kummet ieman, der besser recht het von hern Stenlins seligen
wegen des vorgenanten, denne die vorgenante hern Steinlins seligen wittewe oder
ꞏ her Johannes von Monburnen der vorgenante von iren wegen, gegen dem sol den
vorgenanten burgern von Strazburg ir recht behalten sin. und des zů eime urkunde
so hant wir die vorgenanten ratlůte unsere ingesigele an disen brief gehenket. der
wart gegeben an dem sammestage vor sante Martins tage in dem jare, do men
zalte von gotz geburte trůzehen hundert jar und vier und zwenzig jar.

10 *S aus Straßb. St. A.* Verschl. Canzlei-Gew. Corp. K Iad. 16 *or. mb. c. 2 sig. pend., quorum
1 delapsum. Gut erhaltenes Siegel des Ritters Konrad Ripelin. Das Stück hat längliches
Format und ist an der rechten Langseite unregelmäßig beschnitten, so daß die Zeilen
von oben nach unten in der Länge wachsen.*

444. *Der bischöfliche Hofrichter beurkundet, daß vor ihm der Magister Burchard
15 Treffese von Straßburg auf alle Forderungen gegen Straßburger Bürger, auch
seiner Gefangensetzung wegen, verzichtet hat. 1324 December 10 im Straßburger
Hofgericht.*

Coram nobis . . judice curie Argentinensis constitutus magister Burcardus dictus
Treffese de Argentina non vi nec metu coactus, sed sponte libere et ex certa, ut
20 asseruit, scientia juravit ad sancta dei ewangelia corporaliter a se tacta, quod sine
dolo Annam dictam Schöbin et Johannem fratrem ejus de Argentina vel bona
ipsorum occasione sententie per . . magistrum et . . consules civitatis Argentinensis
date, ut asseruit idem magister Burcardus, pro Johanne et Anna predictis ac contra
ipsum magistrum Burcardum super redditibus annuis octo quartalium siliginis in
25 banno ville Dúngensheim apud Criegesheim sitis nunquam impetat vel impeti procuret in judicio ecclesiastico ac etiam seculari vel extra judicium quoquo modo. item
idem magister Burcardus juravit ut supra, quod Nicolaum dictum Kempfe vel . .
magistrum et . . consules predicte civitatis aut quoslibet alios cives Argentinenses
seu bona ipsorum in judicio ecclesiastico aut seculari aut extra judicium non impetat
30 vel molestabit vel impeti aut molestari procurabit sine fraude pro eo, quod dictus
Nicolaus eundem magistrum Burcardum cepit et ipsum . . magistro et . . consulibus
predictis presentavit, qui eum captum detinuerunt tempore aliquali. renuntiavit
igitur sepedictus magister Burcardus exceptioni doli mali, actioni in factum, litteris
a sede apostolica vel aliunde impetratis vel impetrandis omnique juris auxilio cano-
35 nici et civilis, consuetudinibus et statulis tam publicis quam privatis, exceptionibus
et defensionibus aliis quibuscunque, quibus juvari posset ad veniendum contra premissa vel aliquid premissorum quoquo modo in judicio vel extra, imposterum vel ad
presens. et in hujus rei testimonium sigillum curie Argentinensis ad petitionem sepe-

a) *des—geniessen übergeschrieben*

fati magistri Burcardi presentibus est appensum.   actum in curia prescripta 4 idus
decembris anno domini 1324 [1].

445. *Schiedsspruch des Ritters Hartung von Rathsamhausen und des Schlett-
stadter Bürgers Walther Gebauer in dem Streite des Ritters Reinhard von Burg-*   ɜ
heim mit der Stadt Straßburg. 1324 December 29.

Wir Hartung von Rützenhusen ein ritter und Walther Gebure burgere zů Sletzstat,
rütlute des erberen ritters hern Reinhartes von Burgheim in der missehelle und
ansprâche, die er het gegen den erbern und den bescheiden lûten . . dem meistere
dem rāte . . den burgern und der stat zů Strazburg, tûnt kunt allen den, die disen   10
brief sehent oder horent lesen, daz wir gesprochen hant, als von des vorgenanten
ritters wegen an uns ist verlaszen, daz uns reht dunkent, sider der vorgenante
her Reinhart het gesprochen, daz er mit den von Wikersheim und von Bütenheim
nut habe zů dûnde denne gůt unde liep, daz die vorgenanten burger und die stat
zů Strazburg dem selben hern Reinharte von der wegen von Wikersheim und von   15
Bütenheim nůtesnůt sint schuldig uf zů richtende. wir sprechent ŏch, daz uns
dunket: ist her Reinhart sinre wirtin selgen, von der die vorgenante missehelle
dar rüret, von rehte zů erbe kommen und můz och ire schulde vur sie gelten und
hant denne die vorgenanten burgere von Strazburg[a] oder ire[b] soldenere oder iemon
von iren wegen des vorgenanten hern Reinhartes frowen seligen schaden getan,   20
als er claget, daz ime den schaden die vorgenanten burger und die stat von Strazburg sullent abelegen, die vorgenanten burgere wellent sich denne entslahen, daz
ire burgere noch ire soldenere noch nĵman von iren wegen den vorgenanten brant
tetent, als der selbe her Reinhart het geclaget [1]. und des zů eime urkunde hant
wir Hartung von Rützenhusen ein ritter und Walther Gebure die vorgenanten   25
unsere ingesigele [2] gehenket an disen brief. der wart gegeben an dem samestage
nach dem wihennacht tage, do men zalte von gotz geburte drůzehen hundert und
viere und zwentzig jor.

a] *S Strazbur.*   b] *Loch im Pergament verkleht.*

---

[1] *Vergl. UB. III, 289 nr. 959.*
[1] *Vergl. nr. 446.*
[2] *Walthers Siegel mit der Umschrift s. Waltheri Rustici de Sles… zeigt im Felde einen Mann,
der sich mit der rechten Hand, wie es scheint, auf ein Schwert stützt.*

    35

446. *Schiedsspruch der Straßburger Ritter Götz von Grostein und Johann
Zorn in dem Streit des Ritters Reinhard von Burgheim mit der Stadt Straßburg
um den Hüttenheimer Brand. 1324 December 29.*

Wir Gölze von Grozstein und Johannes Zorn rittere und burgere zů Strazburg,
rātlute der burgere und der stette zů Strazburg in der missehelle, die her Reinhart
von Burgheim ein ritter het gegen den vorgenanten burgern und der stat von
Strazburg von des brandes wegen, der do beschach zů Hittenheim, des ander site
rātlute sint von des vorgenanten hern Reinhartes wegen der erbere ritter her Hartung von Rātzenhusen und Walther Gebur ein burger zů Sletzstat [1], do sprechent
wir Gotze von Grozstein und Johannes Zorn die vorgenante: sider der vorgenante
her Reinhart von Burgheim der frowen zů den ziten nůt enhelte, der do der schade
von des brandes wegen solte beschehen sin, und ōch der schade von der selben
frowen wegen an die burgere von Strazburg nʒ gefordert wart bi irem lebetagen
und ōch wir nůt befunden hant, daz der vorgenante her Reinhart der selben frowen
von rehte ein erbe si, und ōch der crieg, do der selbe brant inne geschach, der
von Wikersheim und von Bůtenheim was [2], und ōch der brant nůt geschach uszer
der stat zů Strazburg noch drin, und ōch die burgere von Strazburg ire helfere
warent und die selben burgere von Strazburg die vorgenanten von Wikersheim
und von Bůtenheim, die den selben brant tatent, solich woltent han gehebet, daz
sů rātlute und obelute hettent gnomen gegen dem vorgenanten hern Reinharte von
des selben brandes wegen, und waz mit dem rehten uffe si gevallen were, daz sie
dem selben hern Reinhart durch reht ufrichten soltent unbe den schaden von des
vorgenanten brandes wegen, daz sů inne daz hettent ufgerichtet, als daz merre teil
von rātluten und von obeluten gesprochen hette, do sprechent wir Gotze von Grozstein und Johannes Zorn die vorgenanten: sider er daz von den burgern von
Strazburg het versprochen vor uns den vier rātluten vor . . herren . . rittern und
vor burgern und sprach also, er enhette noch enwolte mit den von Wikersheim
und von Butenheim nůt wande liep und gůt haben zů schaffende, so sprechent wir
Gotze von Grozstein und Johannes Zorn die vorgenanten rātlute nach wiser lute
rāte und dunket uns ōch selber reht uf unsern eit: sider der selbe her Reinhart
daz versprochen het von den burgern von Strazburg, als sie ime bultent von der
wegen von Wickersheim und von Butenheim, als do vor geschriben stat, daz die
vorgenanten burgere von Strazburg nůt mit hern Reinharte zů schaffende haben
von der wegen von Wikersheim und von Bůtenheim. wir sprechent ōch me, mugent
die burgere von Strazburg vurbringen, daz der crieg were der von Wickersheim
und von Bůtenheim, do der brant inne beschach und die burgere von Strazburg ire
helfere werent, wil denne der meister, der zů den ziten meister was zů Strazburg,
sich entslahen von der stette wegen, daz er den brant nůt hiesze tůn und ez ōch
der rāt nůt uberein kome, daz men den brant tůn solte, so dunket uns, daz die

---

[1] *Vergl. nr. 445.*
[2] *Vergl. nr. 418 und 422.*

Str. II.

vorgenanten burgere von Strazburg nût mit dem vorgenanten hern Reinharte von
des brandes wegen haben zů schaffende und sin entladen sint, sider daz er het
gesprochen, er enwelle noch enhabe mit den von Wickersheim und von Bûtenheim
nut denne liep und gůt zů schaffende, die den selben brant tatent, und ôch der
crieg ir was und nût der vorgenanten burgere von Strazburg. allez, daz do vor 5
statª geschriben, hant wir Gotze von Grozstein und Johannes Zorn die vorgenanten
rittere gesprochen nach wiser lute râte und dunket uns ôch selber reht und verstant nût beszers uf unsern eit one alle geverde. und des zů eime urkunde hant
wir unsere ingesigele gehenket an disen brief. der wart gegeben an dem samestage
nach dem wihennacht tage, do men von gotz geburte zalte drûzehen hundertᵇ und 10
viere und zwentzig jar.

S aus Straßb. St. A. Verschl. Canzlei-Gew. Corp. K lad. 16 or. mb. c. 2 sig. pend. delapsis.

447. *Das St. Peterscapitel schließt mit den Juden von Straßburg einen Vertrag
über die Ablösung der Rechte, welche den Schatzmeistern des Stifts bisher an dem
Judenkirchhof zustanden. 1325 Februar 12.* 15

Cum hucusque . . thesaurarii ecclesie sancti Petri Argentinensis, qui pro tempore fuerunt, in primordio sue creacionis ad ipsam thesaurariam eum universitate
judeorum Argentinensium pro certis peccuniarum summis convenciones facere consueverint, ut iidem judei pro tempore, quo ipse thesaurarius in eodem officio perdu-
raret, in cymiterio judeorum iufra limites parrochie dicte ecclesie sancti Petri, cujus 20
idem thesaurarius rector esse dinoscitur, constituto corpora defunctorum judeorum
possent tradere sepulture, quas summas peccunie thesaurarii ipsi suis privatis usibus
inbursantes nichil pro melioracione ipsius officii thesaurarie vel ad usus dicte ecclesie
contulerunt, nos . . prepositus decanus et capitulum ipsius ecclesie sancti Petri
ipsius officii et ecclesie evidenti utilitati volentes prospicere, consensu et voluntate 25
expressis Conradi de Mülnheim thesaurarii ipsius ecclesie accedentibus ad omnia
infrascripta, pro nobis et pro nostra ecclesia et pro nostris et ipsius thesaurarii
successoribus universis cum Davide seniore, Vögellino ejus filio, Jeckelino filio quondam Selmelini, Meiger precentore et procuratore ipsius cymiterii judeis Argentinensibus suo et universitatis judeorum Argentinensium nomine a nobis sollempniter 30
stipulantibus convenimus in hunc modum : quod iidem judei et universitas eorundem
atque alii judei, quicunque et undecunque fuerint, in dicto cymiterio liberam sepulturam habere nec aliquam cum quocunque thesaurario dicte ecclesie vel nobiscum
aut successoribus nostris innatea convencionem facere debeant super eo, et quod
areas domus et ortosᶜ cum suis attinenciis universa, quas nuper emisse dicuntur a 35
Rüdigero dicto de Wasenecke et Hedewige uxore sua legitima, sitas juxta Heinricum
dictum Kolin scolasticum dicte ecclesie sancti Petri ex una et ex alia parte apud
Erbonem dictum Weldelin militem et fratrem suum cellerarium Rynagensem, et ex

a) S stat.   b, S hundt.   c) B orti.

auteriori parte tendit super viam juxta aquam dictam die Hirtzelache[1], eodem jure
sicut ipsum cymiterium licite retinere et pacifice inantes valeant possidere, nostra
ac successorum nostrorum necnon thesaurarii cujuscunque contradictione qualibet
quiescente, ita tamen, quod ad alias areas predicto cymiterio in posterum attrahendas
⁵ hec convencio nullatenus se extendat, sed circa hoc contra judeos ipsos et universitatem ipsorum jus nostrum integrum nobis permaneat et illesum. remittimus eciam
per presentes predictis judeis et universitati eorum redditus viginti denariorum
Argentinensium dicte parrochie racione decimarum debitos ac alias decimas jura
acciones et requisiciones quascunque, si que de dictis cymiterio vel areis aut contra
¹⁰ ea ipsi ecclesie nostre vel parrochie deberentur, promittentes eisdem nomine quo
supra et in modum predictum stipulantibus, predictam convencionem ratam habere
nec contra eam venire per nos vel alios in judicio vel extra, in posterum vel ad
presens, ipsosque judeos et universitatem eorum defendere et indempnes servare contra
omnes et singulas personas dicte ecclesie nostre, quas occasione dicti cymiterii vel
¹⁵ jurium quorumcunque ecclesie nostre olim competencium in eodem ipsos judeos
inpetere contigerit vel aliquatenus molestare. in recompensam igitur juris predicti,
si quod thesaurariis in principio sue creacionis vel ecclesie nostre competiit contra
universitatem judeorum predictam occasione cymiterii antedicti, aeque pro decimis
vel aliis juribus quibuscunque de ipsis cymiterio vel areis debitis iidem judei tradi-
²⁰ derunt numeraverunt et assignaverunt prefato Conrado thesaurario centum et triginta
sex libras denariorum Argentinensium, quam peccuniam ipse thesaurarius nomine
ipsius thesaurarie nobis . . preposito et . . decano predictis promisit in nullos usus
suos privatos, sed in utilitatem ipsius thesaurarie convertere, ut ex ea redditus
comparentur, et ante conversionem hujusmodi peccunie in redditus eam sub custodia
²⁵ capituli dicte ecclesie derelinquere tam diu et lociens, donec in perpetuos et irrevocabiles redditus convertatur, fide super hoc ab ipso nobis prestita corporali. idem
eciam thesaurarius propter melioracionem officii sui predicti et in recompensam juris,
quod ipsi ecclesie in cymiterio et areis predictis conpetiit, nobis et capitulo nostro
promisit pro se et successoribus suis universis et ad hoc ipsam thesaurarium per-
³⁰ petuo obligavit. nobis . . preposito antedicto super hiis auctoritatem nostram prestante, quod ipse et quivis ejus successor de dicto officio thesaurarie capitulo nostro
singulis annis dare et assignare debeant tres libras denariorum Argentinensium,
medietate eorundem reddituum trium librarum in festo nativitatis domini et alia
medietate in festo nativitatis Johannis baptiste solvenda. recognoscimus igitur nos . . *Juni 14*
³⁵ prepositus . . decanus et capitulum antedicti, peccuniam predictam ipsum thesaurarium recepisse sibique numeratam esse traditam et solutam et in utilitatem ipsius
officii conversam, renunciantes quoad omnia et singula prescripta excepcioni non
numerate peccunie et in utilitatem dicti officii et ecclesie nostre non converse, actioni
in factum, beneficio restitucionis in integrum et quo decepti vel circumventi qua-
⁴⁰ litercunque poterit subveniri, litteris a sede apostolica vel aliunde inpetratis vel
inpetrandis, consuetudinibus privilegiis vel statutis publicis municipalibus vel privatis,

---

excepcionibus et defensionibus aliis quibuscunque, quibus contra premissa vel eorum aliqua venire possemus quomodolibet vel juvari, et specialiter juri dicenti, renunciationem factam in genere non valere. in quorum evidenciam nos . . prepositus . . decanus et capitulum memorati sigilla nostra una cum sigillis curie Argentinensis ac Conradi thesaurarii antedicti, que ad majorem rei geste fidem presentibus appendi ₅ rogavimus, presentibus duximus appendenda. et ego thesaurarius jam dictus, quia premissa omnia et singula de meo consensu et voluntate in modum predictum sunt acta, idcirco sigillum meum una cum aliis sigillis predictis huic instrumento appendi. nos eciam judex curie Argentinensis, quia premisse convenciones stipulaciones promissiones remissiones recongniciones et renunciaciones ac alia premissa in modum ₁₀ predictum coram nobis sunt acta, idcirco in evidenciam eorundem sigillum dicte curie una cum sigillis dominorum . . prepositi . . decani thesaurarii et capituli predictorum ad peticionem eorundem appendi fecimus ad presentes. hujus instrumenti tria sunt paria, unum quorum apud . . decanum et capitulum, aliud apud thesaurarium et tercium penes universitatem judeorum remanet antedictos. datum 2 idus ₁₅ februarii anno domini 1325.

B aus Straß. Bes. A. G fasc. 4725 2 or. mb. c. 5 sig. pend. delapsis. Auf der Rückseite Vermerk von gleichzeitiger Hand: instrumentum conposicionis facte inter me custodem ecclesie sancti Petri et judeos Argentinenses super sepultura cimiterii eorum.

448. *Schiedsspruch des Schlettstädter Schultheißen Heinrich Waffler von* ₂₀ *Eckerich in dem Streit der Stadt Straßburg mit Ritter Reinhard von Burgheim. 1325 März 14 Reickenberg.*

Ich Heinr[ich] Waffeler von Eckerich schultheisz[a] ze Sletzstat tûn kunt allen den, die disen brief sehent und hôrent lesen, umbe sôliche misschelle, alz da waz zwůschent den erbern wisen lûten dem meister und dem rat von Strasburg ein site ₂₅ und ander site umbe hern Reinher von Burkein, den er het von siner elichen wurtin seligen wegen von des brandes wegen, der da geschach ze Hittenheim, alz sie ze beiden siten an mich komen sint, so sprich ich nach wiser lûte rat, als ich von in ervaren han und ich mich och nût bessers fürsten: sit die vier ratlûte[1] des überein kumen sint von dez krieges wegen von Bůtenheim und von Wiggersheim, daz sie ₃₀ mir dez nût geentwurt hant, so sprich ich darumbe nût, wan sie überein kumen sint einhüllecklich und mirs och nût befulhent darumbe ze sprechende. ist aber dez her Reinher von Burkein die von Strasburg zihet und sprichet, ez sie nût geschehen von dez vorgenanten krieges wegen von Bůtenheim und von Wiggersheim, dez sont[b] sich die burgere von Strasburg entslahen und fürbringen, daz es von dez selben krieges ₃₅ wegen geschehen sie. mügent sie ez aber nût fürbringen, so dunket mich mügelich und recht, als verre als ich ervaren han und ich mich fürstande, daz sie dem vor-

---

a) S schultbi mit Abbürsungsstrich darüber.   b) Unter dem n in sont ein 1 radirt.

[1] Vergl. nr. 445 und 446.

genannten her Heinher von Burkein ein ritter sinen schaden sont abelegen, als her
Götze von Groszstein und her Johannes Zorn vormeln drumbe gesprochen hant,
und volge och dez den vorgenanten hern Götzen von Groszstein und hern Johannes
Zorn rittere, als sie davor hant gesprochen, ane alle geverde. daz diz war sie und
5 stete belibe, so han ich der vorgenante Heinr[ich] Waffeler disem brief besigelt zů
eim urkůnde der vorgeschriben dinge. dirre brief wart gegeben ze Richenberg
an dem dunrstag vor mittervasten dez jares, do man von gots gebůrte zalte drůzehen hundert jar und fůnf und zweinzig jar.

*S aus Straßb. St A. Verschl. Cauzlei-Ovw. Corp. K lad. 16 or. mb. c. sig. pend. Von der
Legende des Siegels zu erkennen: Waffel. m .. de Ecker. scultcti Slezat ... In der
Schrift dieses Stücks ist am Schluß der Worte s und z gar nicht zu unterscheiden.*

449. *Ritter Johann von Börsch schwört der Stadt Straßburg Urfehde und stellt
fünf genannte Bürgen dafür. 1325 März 16.*

Allen den si kunt, die disen brief gesehent und gehörent lesen, daz ich
15 Johannes von Berse ein ritter vůr mich alle mine frůnde und helffere gesworn habe,
urfehte und eine luter sůne ze habende und zů haltende mit den wisen und erbern
den burgern von Strazburg und allen iren helffern von der getede wegen, daz sů
mich viengent, und von aller sachen wegen, die ire burgere gegen mir und ich
gegen in haben möhtent untz uf disen hutigen tag. und daz die vorgenanten bur-
20 gere deste sicherre sint, so habe ich in gegeben zů bůrgen und zů rechten schuldenern unverscheidenlichen den edeln herren hern Heinrich herren von der Dicke
und die erbern rittere hern Peter von Andelahe, hern Walther Wepherman den
alten, hern Stehellin von Kertzevelt und hern Waltram dez vorgenanten hern Walther Wephermannes sun. geschehe, daz ich mine frůnt oder helffere von der vorge-
25 nanten getede wegen oder von andern sachen wegen, die geschehen werent vor dem
tage, daz dirre brief gegeben ist, die vorgenanten burgere von Strazburg oder ir
helffere oder ir gůt angriffent oder schadigetent oder schůssent angegriffen oder
geschadiget in deheinen weg, und erkante der råt von Strazburg oder daz merreteil
dez rates, daz ez von der vorgeschriben getede und sachen wegen geschehen were,
30 wanne die vorgenanten bůrgen danne gemant werdent von den vorgenanten burgern
von Strazburg iren gewissen botten mit iren brieven oder munt wider munde zů
iren hůsern oder hoven, so sullent sich die bůrgen danach in den nehsten achte
tagen unverscheidenlichen antworten in die stat zů Strazburg bi gůten truwen niemer
vůr die ringmure der selben stette ze kummende, meister und råt von Strazburg
35 erlöbetent ez in danne. sů hant danne den vorgenanten burgern von Strazburg iren
dienern und helffern ufgerihtet den schaden, der in danne geschehen were, in
welichen weg er in geschiht. detent sů dez nůt oder antwertent sů sich und brechent,
daz got wende, so hant die vorgenanten burgere von Strazburg und ire helffere
macht, der vorgenanten bůrgen gůt ir lůte und ir gůt unverscheidenlichen an ze

griffende mit geribte und aue geribte, wie ez in füget. und sol der angrif nût gan
an deheine friheit stette oder dez landes noch an deheinen lantfriden gemeinen oder
ungemein. nement ôch die vorgenanten burgere von Strazburg oder ire helffere dez
angriffes deheinen schaden, den schaden sûllent in die vorgenanten bûrgen unverscheidenlichen ufrihten und abelegen anc. alle geverde. und dez zû eime urkunde so   ʙ
habe ich Johannes der vorgenante ritter min ingesigel an disen brief gehenket. wir
Heinrich herre von der Dicke der vorgenante, Peter von Andelahe, Walther Wepherman, Stehellin von Kertzevelt und Waltram die vorgenanten rittere verjehent an
diseme gégenwertigen brieve, daz wir unverscheidenlichen schuldenere und wer sint
gegen den vorgenanten burgern von Strazburg in alle wise, alse do vor uns   ıₒ
geschriben stat, und globent ôch alle die artikele und iegelichen sunderlichen, alz
aû do vor uns geschriben stant, bi gûten truwen unverscheidenlichen stete ze
habende ane alle geverde. und dez zû eime urkunde so hant wir unsere ingesigele
mit dez vorgenanten hern Johanneses ingesigel an disen brief gehenket. der wart
gegeben an dem samestage nach sante Gregorien tage dez jarz, do man zalte von   ıₛ
gotz geburte trûzehen hundert jar danach in dem fünf und zwenzigesten jare.

S aus Straßb. St. A. Verschl. Canzlei-Gew. Corp. K lad. 15 or. mb. c. 6 sig. pend., quorum
2 delapsa. Abgefallen die Siegel Heinrichs von der Dicke und Peters von Andlau.

450. *Beschluß des St. Peterscapitels über die Verwendung der Pfründen-*
antheile abwesender Canoniker zu Stiftszwecken. 1325 März 19.   ᴅₒ

Cum ecclesia nostra Petri Argentinensis ex antecessorum nostrorum largitione
procuratione et industria multis pecuniarum summis et reddilibus locupletata in eum
statum per dei gratiam sit posita, ut granarium nostrum, quod vix pro quatuor
denariis[a] singulis canonicis cottidie distribuendis suffecit, jam octo denariorum distributionem pene possit inferre atque pro singulis prime tertie sexte et none horarum   ᴅₛ
officiis, in quibus antea nihil distribuebatur, ex dispositione pie memorie quondam
Hugonis Zornonis preposili dicte ecclesie nostre[1] duos denarios quilibet[b] canonicorum presentium obtineat[c], portionem tamen hujusmodi quoad personam cujuslibet
prepositus[d] ipsius ecclesie, qui nunc est vel pro tempore fuerit, cum in choro presens
extiterit, duplicatam[e], nos prepositus decanus et capitulum sancti Petri attendentes,   ᴈₒ
quod propter ampliationem distributionum hujusmodi, [cum][f] quilibet ex canonicis
nostris cum majori solicitudine et frequentia ad singulas horas et officia in ipsa
ecclesia accederent[g] et eisdem interessent, in tantum fructus reddituum ad dictas
distributiones deputatorum annuatim extenuant ipsique redditus, ad quorum pro
magna parte revendilionem tenemur pro aliqua reemptione aliquorum ex eis jam   ᴚ
factis et perficiendis ulterius, post quam irrevocabiles[h] redditus subrogabuntur eis-

a) *B per quatuor denarios.*   b) *B duo denariorum cuilibet.*   c) *B obtineant.*   d) *B prepositi.*
e) *B duplicata.*   f) *Wohl zu ergänzen.*   g) *B accedunt.*   h) *B inevocabiles.*

[1] *Vergl. UB. III, 259 nr. 853.*

dem, prout disposuimus, adeo minuuntur, ut, nisi per solertem provisionem nostram prescriptis, quam minus reputamus nobis onerosam, ipsius ecclesie nostre statui consulitur, redditus ipsi predictarum distributionum summam nequaquam amplius inferre valeant nec aliquid pro diversis debitis urgentibus per nos contractis vel con-
trahendis persolvendis [a], curiis nostris et bonis colendis necnon pro aliis usibus ecclesie nostre predicte necessariis valeat superesse, statuimus igitur et presentibus providemus, ut, quicunque canonicorum in matutiuis missis publicis vel vesperorum officiis absens fuerit, portio dictarum distributionum, quam ipse presens habiturus esset nec in absentia sua consuetudine vel statuto ecclesie nostre percipere potuerit,
recolligatur et conservetur in utilitatem communem dicte ecclesie nostre pro augmentatione panis prebendalis vel aliis usibus nostris communibus magis utilibus vel necessariis, prout capitulum nostrum disposuerit, convertenda. qui vero in aliqua dictarum prime tertie sexte vel none horarum abfuerit, ejus portio predictarum distributionum eisdem horis dandarum, quam in tali absentia non potuit capere, consimiliter conservetur et reponatur seorsim, ut ex tali pecunia recollata redditus irrevocabiles ad hujusmodi distributiones spectantes perpetuentur ac perpetualiter [b] de anno in annum redditus ampliores succrescant, ut sic ex nostra opera ad hoc data prenominati domini prepositi pia dispositio adunctur ac cultus divinus in anime ejus efficacius remedium augeatur. ceterum portiones hujusmodi absentium seorsum reposite in aliquos singulares sive privatos usus nostros vel successorum nostrorum nequaquam debent converti seu inter nos dividi quocunque quesito colore, sed communi utilitati nostre emptorum reddituum vel [ad][c] alios modos consimiles proficere, ut superius est expressum. et [quia][d] sic occasione portionum hujusmodi conservandarum vel alia ratione quacunque in summa totali octo denariorum, que in matutinis missa et vesperis
cuilibet canonicorum cotidie solet distribui, per annum integrum persisti non poterit, providendum est juxta valorem et estimationem annone communis et quantitatem pecunie eisdem distributionibus deputate, [e] ne canonicis ex toto retrahendi se a cultu divino detur materia, ut saltem ipsis sex denarii vel ad minus quatuor distributionis nomine pro quolibet canonico deputentur, [f] qua cum distributione [portiones] [g] absentium
similiter pro utilitate communi serventur. per premissa tamen vicarii seu prebendarii ecclesie distributionibus quotidianis unius denarii ex legato sepedicti domini prepositi eis debiti defraudari non debent, sed hujusmodi distributiones eorum, sicut et cetera pro festis vel defunctorum remediis per ipsum quondam dominum prepositum instituta, debent integraliter et sine interpellatione ministrari. insuper ut prenominati quondam
domini prepositi voluntati circa distributionem in predictis horis faciendam tanto plenius cooperemur, quanto amplius canonici quilibet [h] ad interessendum eisdem horis singulis invitantur [i], volumus et in hoc unanimiter consentimus, ut, in quacunque ex dictis horis prime tertie sexte vel none aliquis e nobis vel successoribus nostris abfuerit, absentia hujusmodi quantum ad distributiones in aliis horis, quibus presentes
fuerimus, percipiendas nullum nobis generet nocumentum nec unius hore negligentia nobis materiam prebeat nos ab aliarum horarum officiis retrahendi. nostre tamen

---

a) B persolvendisque.   b) B perpetuali.   c) B om. ad.   d) Wohl zu ergänzen.   e) B deputatos
f) B deputetur.   g) B partium.   h) B cuilibet.   i) B imitantur.

intentionis non existit, ut ex portionibus absentium deductis et denariis, qui in
matutinis missis et vesperis distribuuntur, colligendis[a] nos ulterius ad interessendum
eisdem vel aliis divinis officiis per ampliores distributiones arcessamus[b], sed, postquam
redditus, qui ad eorundem octo denariorum distributiouem pertinent, in tantum
augmentati fuerint, quod easdem distributiones tantum pro integro anno annuatim   5
inferre poterint, ipse portiones absentium in alios redditus pro augmentatione panis
prebendalis vel aliis nostris utilitatibus nobis cedant vel cedere debeant etiam manen-
tibus extra chorum. hoc autem presens statutum ordinationem nostram predictam
ad librum statutorum nostrorum aliis statutis nostris ecclesie decrevimus ascriben-
dam.   actum 14 kalendas aprilis anno domini 1325.   10

*B aus Straßb. Bez. A. G fasc. 4903 Statutenbuch v. St. Peter fol. 41. Schlechte Abschrift
des 16. Jahrhunderts [1].*

451. *Der Straßburger Ritter Hug Senftleben, Obmann in dem Streite der Stadt
Straßburg mit Ritter Johann von Mombronn, entscheidet sich für den Spruch der
Straßburger Schiedsrichter. 1325 April 22.*   15

Ich Hug Sefteleben ein ritter von Strazburg, ein obeman genomen von den
erbern und wisen dem.. meistre und dem râte von Strazburg ein site und ander
site von dem erbern rittere hern Johannese von Monburnen in der miszehelle, so
meister und rât und her Johannes von Monburnen die vorgenanten gegen einander
hant, spriche nach wiser lûte rât zû rehte und uf minen eit: sider der edel herre   20
her Heinrich herre zû Vinstingen und her Claus Zorn schultheisze zû Strazburg,
ratlute hern Johannes dez vorgenanten in der vorgeschriben miszehelle, in irme
sprechen entellen sint, daz her Cûnrat Ripelin und her Reinbold von Achenheim
ratlûte meisters und rates der vorgenanten in der vorgeschriben miszelle recht
gesprochen hant[2], und volgen in ôch allez dez, daz sû an irme sprechen gesprochen   25
hant. und dez zû eime urkunde so habe ich min ingesigel an disen brief gehenket.
der wart gegeben an sante Gerien abende dez jarz, do man zalte von gotz geburte
trûzehen hundert jar und fûnfe und zwenzig jar.

S aus Straßb. St. A. Verschl. Canzlei-Gew. Corp. K lad. 16 or. mb. c. sig. pend. delapso.

a) *B* colligende.   b) *B* arcemus.   30

---

[1] *Ebenda* fol. 44 *findet sich noch folgende Notiz:* nota quod anno domini 1325, 13 kalendas aprilis
declaratum fuit per omnes canonicos tunc presentes, quod ad hoc, quod ipsi distributioni horarum
prime tercie sexte vel none deserviant, perseverare debeant in choro, quousque preces et collecta
dicantur; si autem post psalmum Beati immaculati in via usque ad dominum cum tribularer vel
septem poenitentiales dicantur ad primam aut quindecim gradus ad terciam, et his aliquis canoni-   35
corum non interfuerit, distributiouem propter hoc non perdat.

[2] *Vergl. nr. 443.*

452. *Die Städte Mainz, Straßburg, Worms, Speier und Oppenheim schließen einen Landfrieden bis Martini übers Jahr. 1325 April 24.*

In gotz namen amen. wir die rehte und die gemeinburger der stetde von Meintze, von Strasburg *, von Wormzen b, von Spyr c und von Oppynheym d dun
kunt allen den, die disen brif sehent oder gehorent lesen, daz wir an haben gesehen groszen gebresten und fruhtberygen nütz und ansihtege notdorf der lute und des landes gemeinlichen und hant einen lantfriden gemaht, als hienach bescheiden ist: [*weiter wie in nr. 416 mit geringfügigen Abweichungen bis uf den eit ane alle gewerde* [1]]. ez ist auch gereth, daz dykein herre noch diekeine stad, die zu diseme
friden gehorent, niht gebunden noch schuldec sin zu helfen keime herren von diseme friden, sie endunt es danne gerne, ane gewerde. were auch daz ieman daruber dinte den herren, geschehe deme oder den kein schade, den sol man niht behulfen sin von diz friden wegen noch ist in niht gebunden, man du es danne gerne, ane alle gewerde. auch ist gereth und usgetragen, waz biz her geschehen ist und waz criege
die herren e bant oder hernach gewinnent, daz nit in diseme friden geschehen ist noch von diz friden wegen ist, daz wir dazu nit sin schuldig zu helfene. were ez aber f, daz ieman, ez were herren oder stetde, von des friden wegen nu oder hernach geschadyget worden, deme oder den sal man behulfen sin uf den eit also lange, untz daz ime widerdan werde, als vor geschriben stet, an alle gewerde. auch ist
gereth, daz ein iegeliche stat der vorgenanten stetden ein iegelichen guten man, er sie wer er sie, rytder kneht paffe oder orden, die in disen vorgenanten zilen gesessen sint, enphahen mogent zu disem friden mit allen den gedingen, als vorgeschriben stet, als sie uf iren eit wenent, daz ez deme friden nutze und gut sie, an alle gewerde, ane herren und stetde. abe die g enphahen wil, so mogent die von
Strasbure h ir landes herren und stetde enphahen zu diseme friden, die si wenent uf irn eit, daz sie deme friden nutze und gut sint, an alle gewerde. und mogent sie auch den friden ufbaz und breider gezihen, daz mogent sie dun, als sie uf irn eit wenent, daz ez deme friden nutze und gut sie. aber die nidern stette dy andern Meintze, Wormzen i, Spyr k und Oppynheim l, die sollent auch ir landes herren und
stette enphahen zu diseme friden, die sie wenent uf irn eit dem friden nutze und gut sin m. und wanne sie daz dun wollent, so sollent sie es dun mit gemeineme willen und verhengnisse ane alle gewerde. auch ist gereth, were ez, daz dikeine stad der vorgnanten stette geschadeget worde in disen vorgnanten zilen oder von diz friden wegen und daz der rat der stette oder daz merre teil under in sprechent
uf irn eit, daz sie geschadeget sint, den sol man behulfen sin uf den eit, als da

---

a) S *t* Strasburg. b) S *t* Wormzin. c) S *t* Spier. d) S *t* Oppinheim. e) S *t* add. nß.
f) S *t* were abir daz. g) S *t* ob dy. h) S *t* Strasburg. i) S *t* Wormziu. k) S *t* Spir.
l) S *t* Oppinhe*m.

---

[1] *Vergl. S. 364 Z. 2*

[2] *1325 Mai 1 tritt Bischof Emich von Speier diesem Landfrieden bei. Or. mb. c. sig. pend. delapso i. Speierer St. A. nr. 596, zuletzt gedruckt bei Hilgard Urk. z. Gesch d Stadt Speyer S. 292 nr 365.*

vor geschriben stat, un alle geverde. were auch daz ein herre ein ritter ein knelt
oder wer er sie, einre der vorgenante stette vigent were und sie geschadyget hette
und daz reht versprochen hette von in, und daz der rad der stette oder daz merre
deil under in sprechent uf irn eit, daz man reht verspreche von in, wo der herre
rytter knelt oder wer er sie oder ir dyner in der vorgnanten stette eine koment,   5
und in daz von genre stad verkundet ist oder verkundet wirt, den oder die sollent
sie anegrifen und halten uf den eit glicher wis, als ob in daz unreht widerfarn were,
an alle geverde. ez ist auch gereth, wer disen friden breche, er sie wer er sie,
oder schaden dut den, die zu diseme friden gehorent, wer den hellet huset oder
hofet, oder ieman redet oder hilfet mit worthen oder mit werken, den oder die,   10
wer sie sint, sol man anegrifen glicher wis als den, der den schaden gedan hat.
und sol man dazu behulfen sin uf den eit, als vorgeschriben stat, an alle geverde.
wer auch der ist, der disen friden also brichet, deme sal nieman diekeinen feilen
kauf geben in disen vorgnanten stetten an alle geverde. auch ist gereth, daz nieman
vou disen vorgnanten stetten keiner den andern bekummern noch beclagen sol, danne   15
sinen rehten schuldener unc alle geverde. were auch daz ein herre sin amtpman
oder sin diner, dy wir zu dysem friden euphaben, schaden dethe eime, der zu diseme
friden gehoret, und im verbotscheft worde, daz er widerdethe, wiederdete der niht,
man sal des herren geltes als vil vorhanden behalthen, als er geme geschadyget
hat, und sal gen damitte riethen ane alle geverde. zu diseme vorgeschriben friden   20
sollent dynen die von Meintzen mit virtzig gerietten mannen, dy von Strasbürc ^a mit
virtzegen, dy von Wormzen ^b mit fuuf und zwintzegen, dy vou Spyr ^c mit funf und
zwintziegen und die von Oppynheym ^d mit zehen. und geschiht es not, daz man me
helfe bedarf, so sol ie dy stad der vorgenanten helfen, als sie wenent, daz ez iren
eren wol anestad. unde daz dirre fride stete feste und hintliche verlibe, so hant   25
wir zu nutze zu friden und zu gemache den luten und deme lande eine gemeine
geleite ufgeriethel und ufgesetzet zu Meintze an deme höhle. do sol man nemen
von deme fuder wines Elseszers ^f und der obewendec Landauwen ^g gewaszen ist, zwene
und driszec schillinge hallere, und von deme fuder wines, daz in Spyrgau ^h niede-
wendec Landauwe ⁱ gewaszen ist, zehen schillenge hallere und von dem fuder wines,   30
daz in Wormzergau, Meintzergau ^k und Oppynheimerngau ^l gewahszen ist, ahte
schillinge haller, und von dem hundert kornes und weiszen zwei phunt hallere, und
von deme hundert saltzes vier phunt haller. und darnach von allerleie fruht und
kaufmanschatz sol man nemen nach der marzal, als darumbe geburet und gelieplich ^m
und gereht ⁿ ist. von den karren sol man nemen ie von deme perde dri schillinge   35
haller. und was fardeln oben herabe komcut in schiffen, do sol man ie von deme
lastekarren nemen zehen schillinge haller. disen vorgnanten friden und alle die
vorgeschriben artickel die geloben wir die vorgnanten stette uf unser eyde, die wir
gesworn hant ^o, ze halten ane alle geverde. und sol dirre fride anefahen an sante
Walpurg ^p tage, der nehste kummet, und sol weren biz zu sante Martines dage,   40

a) S f Straxburg.   b) S f Wormzin.   c) S f Spir.   d) S f Oppinbeim.   e) S f Mentze.   f) S f
Elsexers.   g) S f Landowen.   h) S f Spirer   i) S f Landowen.   k) S f Meutzer.
l) S f Oppinbeimer.   m) S f gelimplich.   n) S f rebt   o) S add. stete.   p) S f Walburg.

der darnach allerschirste * komet, und von deme selben sante Martyns[b] tag vorwerter biz uber ein gantz jar. und daz diz alles war und stete verlibe, so han wir
die vorgenanten stette unser ingesigele gehenket an disen brif, der gegeben ist an
der. mittewochen vor sante Marcus tag des ewangelisten, do man zalte von gottes
geburte druzehen hundert jar und darnach in deme funften und zwintzegesten jare.

S aus Straßb. St. A Gew. u. d. Pfalz lad. 44,15 or. mb. c 5 sig. pend luesis.

S 1 coll. aus Speierer St. A. nr. 587 or. mb. c. 5 sig pend. luesis. In dem Stücke sind th und ch oft kaum zu unterscheiden.

W in Wormser St. A. cart. 26 nr. 10 or. mb. c. 5 sig. pend., quorum 3 delapsa.

Gedruckt nach S 1 bei Lehmann Chron. d. fr. Reichsst. Speyer S. 675 = Lünig XIII. 6 nr. 7 = Du Mont Corps univ. diplom. I[b], 74; Hilgard Urk. z. Gesch. d. St. Speyer S. 289 nr. 361.

453. *Werner von Rädersdorf, Domherr zu Basel, die Ritter Werner von Meyen-heim, Jakob und Rudolf von Regisheim, Johann Schedeler von Colmar und der Edelknecht Hanemann von Rädersdorf verbürgen sich der Stadt Straßburg gegenüber für die Wittwe und die Kinder Ludwigs von Rädersdorf. 1325 April 24.*

Allen den si kunt, die disen brief gesehent und gehörent lesen, daz wir Wernher von Rodoltzdorf tümherre zů Basel, Wernher von Meigenheim, Jacob von
Regensheim der junge, Johannes Schedeler von Colmar, Růschin von Regensheim
rittere und Haneman hern Diethers seligen sun von Rodoltzdorf ein edelknecht
unverscheidenlichen schuldenere und sicher worden sint vůr hern Ludewiges seligen
wittewen von Rodoltzdorf und vůr alle ire kint gegen den erbern und wisen dem . .
meistre dem råte und den burgern gemeinlichen von Strazburg von der miszehelle
wegen und ansprache, so her Ludewig selige der vorgenante hette wider die vorgenanten burgere und die stat von Strazburg von der trissig marke silbers wegen,
die er gab hern Johannese seligen von Mulnheim, und von aller der sachen wegen,
die von den trissig marken der růrent. und globent ôch unverscheidenlichen bi
gůten truwen die vorgeschriben kinde solich ze haben, wenne sů zů iren tagen
koment, daz sů daz sprechen stete haben, so daz merreteil sprechende werdent in
der vorgeschriben miszehelle, die drie, die darzů geschicket werdent, der eiure von
den vorgenanten . . meister und rate darzů geschicket sol werden und einre von
hern Ludewiges seligen wittewen und irre kinde wegen der vorgenanten, do inne
zů heden siten her Claus Zorn schultheisze zů Strazburg zů eime tritte manne
genomen ist. mit solichen gedingen, welicher under den drien abegienge, daz man
einen alse gevelligen neme an dez stat, der danne abe ist gegangen, ane geverde[1].
geschehe ôch, daz die vorgenanten kint ire frůnde oder helffere oder ieman von iren
wegen den vorgenanten burgern von Strazburg oder iren helffern darüber deheinen
schaden detent, in welichen weg der geschehe, von der vorgeschriben trissig marke

a) S 1 allirnebeste.   b) S 1 Martins.

1 Vergl nr. 155 und 462.

wegen und von allen den sachen, die von den selben trissig marken dar rûrent, den schaden werdent wir die vorgenanten schuldenere in gar und gantz unverscheidenlichen bi gûten truwen schuldig und wer uf ze rihtende und abe ze legende ane alle geverde. und daz diz war und stête blibe, so hant wir Wernher der vorgenante tûmherre, Wernher von Meigenheim, Jacob von Regensheim[1], Johannes Schedeler, Rûschin von Regensheim die vorgenanten rittere unsere ingesigele zû eime waren urkunde der vorgeschriben dinge an disen brief gehenket. ich Haneman der vorgenante edelknecht, wand ich eigins ingesigels nût enhabe, so habe ich gebetten den erbern ritter hern Johannese Ulrich zûm Huse den alten, daz er sin ingesigel an disen brief het gehenket, und begnûget mich ôch domitte. ich Johans Ulrich der vorgenante rittere durch bette des vorgenanten Hanemannes habe ich min ingesigel zû eime urkunde der vorgeschriben dinge an disen brief gehenket. der wart gegeben an der nehsten mittewoche nach sante Gerien tage dez jarz, do man zalte von gotz gebûrte trûzehen hundert jar und fûnfe und zwenzig jar.

S aus Straßb. St. A. Verschl. Canzlei-Gew. Corp. K Ind. 16 or. mb. c. 6 sig. pend.   15

454. *Die Herren Walther und Burchard von Horburg, Heinrich und Johann von Rappoltstein sowie zwanzig genannte Ritter und sieben Edelknechte aus dem Ober-Elsaß schwören der Stadt Straßburg wegen der Gefangennahme Rudolfs von Regisheim Urfehde. 1325 April 24.*

Wir Walther[2] und Burkart herren zû Horburg, Heinrich herre zû Rapoltzstein[3], Johannes von Rapoltzstein herre in der obern stat, Heinrich Waßeler von Eckerich, Wernher von Berghein, Johannes Schultheisze der alte von Colmar[4], Syfrit sin sun[5], Johannes Ulrich von dem Huse, Diebalt Betscheler von Keiserzberg, Cûnrat von Wittenhein, Mathis von Meigenhein, Wernher von Meigenhein sin brûder, Johannes Schedeler von Colmar, Claus von Bebelnhein, Johannes Graf[6], Heinrich von Regenshein, Jacob von Regenshein der alte, Jacob von Regenshein der junge, Rûschin von Regenshein, Berchtold Waldener, Wilhelm Schultheisze zû Gewilre[7], Johannes von Phaffenhein der alte, Richart von Öngershein rittere[8], Heinrich von Regenshein, Peter von Regenshein, Johannes Tûmherre Schultheisze zû Colmar[9], Rûschin von Meigenhein, Rûdolf Phaffe von Rapoltzwilre[10], Philips Riche und Frantze von Bolsenhein edele knechte tûnt kunt allen den, die disen brief gesehent

[1] *Siegellegende s. Jacobi de Regensh[eim] militis junioris.*
[2] *Secretsiegel Walthers von Horburg, in der Legende Holberg?*
[3] *Secretsiegel Heinrichs von Rappoltstein.*
[4] *Siegellegende s. Johannis Sculteti Columbariensis militis.*
[5] *Siegellegende s. Siveridi Scoltetus militis.*
[6] *Siegellegende s. Johannis militis de Angret.*
[7] *Siegellegende s. Wilhelmi sc]ulteti in Gewilr militis.*
[8] *Siegellegende s. Richardi dicti Ongershein.*
[9] *Siegellegende s. Johannis dicti Tûmherre armigeri.*
[10] *Siegellegende s. Rûdolfi dicti . . aßen.*

und gehörent lesen, daz wir gesworn hant an den heiligen mit ufgehebeten handen mit dem erbern rittere hern Rüschin von Regensheim dem vorgenanten und er mit uns vûr uns alle unsere frûnde dienere und helffere, urfehte und eine lutere gûte und stete sûne ze habende und ze haltende mit den erbern und wisen dem meistre
5 dem râte und mit den burgern gemeinlich von Strazburg und allen iren helffern von der gelede wegen, daz sû den vorgenanten hern Rüschin von Regensheim viengent und in in irre stat gevangen enthieltent. wir die vorgenanten herren rittere und edele knechte sullent ôch bi den vorgeschriben unsern eiden, die wir darumbe
10 getan hant, wer daz wir befûndent, daz denheinre under uns oder unsere frûnde dienere oder helffere oder ieman anders von unnsern wegen die vorgeschriben sûne brechen wolte und die vorgenanten burgere von Strazburg oder ir helffere von der vorgeschriben gelede wegen an wolte griffen oder schadigen in deheinen weg, so sullent wir bi den vorgeschriben unsern eiden, die wir darumbe getan hant, meister
15 und rat und ire burgere und helffere dovor warn und in vûrbringen. geschehe ôch, daz wir die vorgenanten herren rittere und knechte unsere frûnde dienere oder helffere oder ieman anders von unsern wegen die vorgeschriben sûne verbrechent und die vorgenanten burgere von Strazburg oder ire helffere angriffent oder schadigetent in deheinen weg von der vorgeschriben gelede wegen, so sullent wir die
20 vorgenanten herren rittere und knechte bi den vorgeschriben unsern eiden, die wir darumbe getan hant, meistre und rate und den burgern von Strazburg den vorgenanten und iren helffern beholven sin uf den und uf die, die danne die vorgenanten burgere oder ire helffere von der vorgeschriben geleden wegen geschadiget und angegriffen hettent, unlz an die stunde, daz in und iren helffern gar und gantz
25 ufgerihtet und widertan wirt, waz in danne geschehen ist von der vorgeschriben gelede wegen, in alle wise. also gieng uns der crieg und die suche selber an, ane alle geverde. und daz diz war und stete blibe, so hant wir die vorgenanten herren rittere und knechte unsere ingesigele zû eime waren urkunde der vorgeschriben dinge an disen brief gehenkel. der wart gegeben an der nehsten mittewochen
30 nach sante Gerien tage dez jarz, do man zalte von gotz geburte trûzehen hundert jar und fûnfe und zwenzig jar.

S aus Straßb. St. A. Verschl. Canzlei-Gew. Corp. K lad. 15 or. mb. c. 31 sig. pend, quorum 1 delaps. Fast alle Siegel sind gut erhalten, es fehlt nur das Rudolfs von Meyenheim. Gedruckt nach dem Briefbuch A fol. 116b ibid, bei Schöpflin Als. dipl. II, 134 nr. 933.

455. *Heinrich der Schultheiß von Ensisheim beurkundet, daß vor seinem Gericht Sophie, die Wittwe Ludwigs von Rädersdorf, auf alle Ansprüche an die Stadt Straßburg verzichtet habe. 1325 April 26.*

Ich Heinrich der schulthesse von Einsisheim tûn kunt allen den, die disen brief sehent oder hôrent lesen, daz ich saz ze gerichte ze Einsisheim in der stat an dem fritag nach sant Georyen tag. do kam fûr mich in gerichte dû edelfrôwe vro Sophye
40 her Ludwiges seligen von Ratolzdorf elich wirten und verzech sich mûtwilleklich und unbetwungen und mit irs vogtes hant her Johans von Nûvar des ritters aller

der ansprache vordrunge und rechtes, so si untz har gehebt hat oder[a] hiuunt hin
iemer hau solte oder môchte mit geislichem oder mit weltlichem gerichte oder in
dekeinen weg gegen dien wisen und bescheidenen lûten dem meister dem rate und
den burgern gemeinlich von Strasburg umb die drisig march[b] silbers, die her
Ludwig selige ir wirt gab hern Johannes seligen von Mulnhein, und aller der sache
gemeinlich, so von den selben drisig marchen rûrent dar in dekein weg, ane alle
geverde, uf der driger manne usagunge, der zwen darzû geschikket werden, einer
von der vorgenanten wegen von Strasburg und der ander von ir und ir kinde
wege, da her Niclaus Zorn schulthesse ze Strasburg ein gemein obman ist, als
och der brief stat, der darumbe geben ist[1]. und waren hiebi her Johannes ze
Lôben, her Johannes von Ufholtz, her Johannes von Nûvar rittere, Chûnrat von
Krotzingen ein edelknecht, Johannes der lantschriber, Rûdeger von Steinbach,
Wernher Bochkschinde burger von Einsisheim und ander erber lûte genûge. und
ist darzû dur ir bette willen dirre offenne brief ze einem urkunde geben besigelt mit
dez lantgerichtes ingesigel in obern Elsaz.   der wart geben an dem vorgenanten
fritag, do man zalte von gottes gebûrte drûzen hundert jar und funf und zweintzig jar.

*S aus Straßb. St. A. Verschl. Canzlei-Gew. Corp. K lad. 16 or. mb. c. sig. pend. Das drei-
eckige Siegel mit der Legende: s. l. . . gravil superioris Alsacie zeigt einen fein gegitterten
Schild mit Punktchen in den Vierecken und mit wagrechtem Querbalken. Die Schrift
des Stückes ist stark verlaufen.*

456. *König Ludwig bestätigt den Städten Straßburg, Mainz, Worms, Speier
und Oppenheim ihren Landfriedensbund. 1325 Mai 5 München.*

Ludowicus dei gracia Romanorum rex semper augustus prudentibus viris . .
magistris . . consulibus . . et universis civibus Argentinensibus, Moguntinis, Wor-
matiensibus, Spirensibus et Oppenheimensibus fidelibus suis dilectis graciam suam
et omne bonum.   relacione Ulrici dicti Haspel vicedomini nostri in Reno didicimus,
quod vos pro pacifico statu terrarum et districtuum civitatum vestrarum et securitate
itinerancium[c] quandam ligam ejusdem pacificacionis firmaveritis[a], quam, dummodo
in prejudicium nostrum et sacri imperii non declinet aut nobis contra inimicos
nostros et rebelles nullum inferat nocumentum, et quod in adventu nostro nobis
una cum consilio nostro et vestro ipsam moderari liceat et in totum de ea disponere,
prout tunc pro meliori nobis visum fuerit, presentibus approbamus.   datum in
Monaco dominica Cantate domino, regni nostri anno undecimo.

W aus Wormser St. A. cart. 3 nr. 43 or. mb. c. sig. pend. delapso.
*Gedruckt darnach bei Schaab Gesch. d. Rhein. Städteb. II, 102 nr. 71 mit dem falschen
Datum Mai 17; Hilgard Urk. z. Gesch. d. St. Speyer S. 292 nr. 366. — Böhmer
R. Lud. nr. 814.*

a) oder vollig verlaufen.   b) In S ein Wort von etwa drei Buchstaben ausgestrichen, wohl irrea.
c) W itinanercium.

---

[1] *Vergl. nr. 453.*
[2] *Vergl. nr. 452.*

457. Pabst Johann XXII an den Bischof von Straszburg. Er hege gegen den Herzog Leopold von Oesterreich und Steiermark, welcher ihm und dem apostolischen Stuhl ergeben sei, ein väterliches Wohlwollen und er gewähre ihm gerne die Mittel, wodurch er sich einem andern gefällig machen könne. Eine solche Gelegenheit sei nun da. Ludwig von Lichtenberg nämlich, ein Straszburger Canonicus, wolle in Kürze öffentlich heirathen, und da werde Canonicat und Präbende vacant. Für die Wiederbesetzung des Canonicats und der Präbende, die er sich diesmal reserviere, gedenke er in der Art zu sorgen, dasz er ihn, den Bischof, ermächtige, beides demjenigen zu verleihen, welchen der Herzog Leopold von Oesterreich ihm nennen würde. Jede andre Provision durch das bischöfliche Capitel oder durch wen immer, der ein Recht zu haben glaube, inhibiere und verbiete er. Auch wenn die sonst geeignete Person, welche Leopold oder sein Bevollmächtigter in dieser Sache nominieren werde, schon mehrere Beneficien sine cura habe, oder eines mit cura und ein anderes ohne cura, so solle dies kein Hindernisz sein, dasz der Bischof derselben Canonicat und Präbende übertrage. Der Bischof solle auch diese Person wirklich Besitz ergreifen lassen und in allen canonischen Rechten schützen. Widersetzliche solle er mit kirchlicher Censur, ohne Appellation anzunehmen, zwingen. Statute und Gewohnheitsrechte oder frühere päbstliche Privilegien dürften dieser päbstlichen Reservation nicht im Wege sein. datum Avinione 2 kalendas junii pontificatus nostri anno nono. *1325 Mai 31 Avignon.*

Aus den Abhandl. der Hist. Classe der Bayer. Akademie d. W. XVII, 1, 177 nr. 235 Auszug von Reinkens a. d. Vatikan. Register. B. (Comm. A. IX. p. 2 f. 351ᵃ Ep. 2237.)

458. *Bischof Johann von Straßburg überweist die ihm überlassene Entscheidung des Streits zwischen der Stadt Straßburg und dem Ritter Johann von Mombronn einem Schiedsgericht zu Wasselnheim. 1325 Juli 26 Zabern.*

Wir Johannes von gotz gnaden bischof von Strazburg tůnt kunt allen den, die disen brief gesehent oder gehôrent lesen, daz die misschelle, die untze har gewesen ist zwůschent den wisen und den bescheiden mannen . . den burgern von Strazburg ein site und dem erbern rittere hern Johannese von Mombůrnen von fro Rilinde wegen von Zweimbrucken sinre elichen wirtinne ander site umbe die name und den schaden, die der selben frowen geschahent von den von Strazburg, alse sie seit, in den dôrfern Birsingen Kurzenroden unde Môchembůrnen, also ůbertragen ist vor uns: waz unsere unde unsere stifte man, die rittere sint, sie sint burgere oder niht, vor uns oder den, die wir darzů schickende wôrdent, ob uns libes nôt irrete, zů rehte sprechent nach des von Mambůrnen vorderunge und der burgere von Strazburg entwůrte, daz sol vůrgang haben. die burgere von Strazburg mugent ôch vůrlegen gegen . . dem von Mambůrnen, daz die egenante misschelle vormales an schidelůte unde an obelůte gelaszen wůrde [1], unde waz sie wenent, daz in nůtze si. dawidere mag ôch der von Mambůrnen reden alles, daz ime nůtze unde gůt ist. unde sůlent

[1] *Vergl. nr. 443 und nr. 451*

ôch sie zů beden siten umbe vorderunge unde ansprache liden, waz unsere man
erteilent. haruf het der egenante von Mambůrnen die burgere von Strazburg, die
er gevangen hette, lidig gelaszen und in versichert wider zů gebende alles, daz in
genummen wart. so haut aber die burgere von Strozburg ime hin widere versichert
fůnf hundert mark silbers mit ahte bůrgen, der namnen hie nach geschriben stânt,   5
stete zů habende, waz unsere man erteilent nach rehte. were ôch daz die burgere
von Strezburg sumig werent, daz reht zů vollevůrende gegen dem von Mambůrnen,
alse da vor geschriben stât, und daz unser vitzdům, der nu ist oder zů den ziten
were, erkante uf sinen eit, daz es an in breste, so sůlent die bůrgen sich darumbe
entwůrten zů Zabern in unsere stat in den ahte tagen darnach, so sie der umbe   10
gemanet werdent von dem egenanten von Mambůrnen oder sinen gewiszen botten
zů huse oder zů hofe oder munt wider munde, und da leisten nach rehter giselscheñe
alse lange, untze daz.. dem von Mambůrnen wůrt ufgerihtet aller der schade, der
ime unde sinen lůten geschehen ist, alse da vor geschriben stat, und den er unde
sine lůte vůrbringen mågent nach des landes reht unde gewonheite, da der schade   15
geschehen ist. were aber der von Mambůrnen daran sumig und daz ein vitzdům
daz erkante, so sol er unde sin frowe die vorgeschribene von aller vorderungen gevallen sin und die von Strazburg von in der vorderungen lidig sin. harumbe sol
man einen tag leisten zů Wasselnheim an der nehesten mittewochen nach unserre
August 21 frowen tag der èrren[1]. mohte es aber danne ein ende niht genemen, so sol man   20
September 19 einen andern tag daran machen also, daz ein ende daran gemaht werde uf sante
Michahels tag, der nu zů nehest kummet, oder davor. dis alles sol man verstân ane
alle geverde. dis sint der burgere von Strazburg bůrgen, von den da oben geschriben
stat: her Stebellin Kage, her Wilhelm Burcgrave der vitzdům, her Cůneman Vogel
von Wasselnheim, her Friderich der eltere von Wildesberg, her Cůnrat Hôier; her   25
Reimbolt von Achenheim, her Gôtze von Grostein unde her Růdolf von Vegersheim.
so sint dis des bůrgen von Mambůrnen, die er gegeben het, umbe daz er den gevangen widertů die name, die er in genummen het: her Heinrich herre von Vinstingen unde her Stehellin Kage. die sint schuldig worden unverscheidenliche den
gevangen zů widertůnde, daz in genummen ist. und des zů eime urkůnde so ist   30
unser ingesigele durch beder teile bète an disen brief gehenket. dis geschach zů
Zabern an dem fritage nach sante Jacobes tage des jares, do man zalte von gotz
geburte drůzehen hundert unde fůnf und zwenzig jar.

S aus Straßb. St A. Verschl. Canzlei-Gew. Corp. K lad. 16 or. mb. c. sig. pend. Schön
erhaltenes Bischofssiegel.   35

459. *Wilhelm Burggraf von Osthofen, Vitztum des Bischofs Johann von Straß-*
burg, fällt in dem Streite zwischen der Stadt Straßburg und dem Ritter Johann
von Mombronn sein Urtheil zu Ungunsten des letztern. 1325 August 21.

Ich Wilhelm Burcgrave von Osthoven, vitzdům des erwirdigen herren bischof
Johanneses von Strazburg, tůn kunt allen den, die disen brief geschent oder ge-   40

---

[1] Vergl. nr. 459.

hôrent lesen, daz in der miss-hellen, die untze har gewesen ist zwûschent den wisen
und den bescheiden mannen.. dem meistre dem râte und den burgern gemeinliche
von Strazburg ein site und dem erbern rittere hern Johannese von Mombûrnen von
fro Rilinde wegen von Zweimbrücken sinre elichen wirtinne ander site umbe die
name und den schaden, die der selben frowen geschehent von den vorgenanten
burgern von Strazburg, alse sie seit, in den dörfern Birsingen, Kurzenroden und
Mochembûrnen, und die vûr minen herren den vorgenanten bischof unde sine man
gezogen wart mit beder teile wille gegen Wasselnheim uf die neheste mittewoche
nach unserre frowen tag der êrren [1], ich gesprochen habe unde spriche bi mime
eide nach der vorgenanten manne urteil unde alse an mich vormales zû Zabern
gesetzet wart, daz der egenante von Mambûrnen sumig ist gewesen des vorgeschriben
tages an gerihte daz reht zû vollevûrende gegen den burgern von Strazburg, umbe
daz er vûr gerihte kom, und die man da erteiletent, daz man den brief solte hôren
lesen, wie der tag gegen Wasselnheim genummen were, und daz danach der von
Mambûrnen sicherheit solte geben den burgern von Strazburg vûr fûnf hundert
mark, wûrdent sin die von Strazburg enthladen uf dem selben tage, daz sie danne
der vorgenanten sinre frowen unde irre erben ôch enthladen werent umbe die selbe
vorderunge, unde er daz niht entêt unde von dem gerihte frevenliche vûr. und des
zû eim urkûnde ist min ingesigele an disen brief gehenket. diz geschach der vorgeschriben mittewochen des jares, da man zalte von gotz gebûrte drûzehen hundert
unde fûnf und zwenzig jar.

S aus Straßb. St. A. Verschl. Canzlei-Oew. Corp. K lad. 16 or. mb. c. sig. pend. delapso.

460. *Bischof Johann von Straßburg beurkundet den Wasselnheimer Schieds-*
spruch in dem Streite zwischen der Stadt Straßburg und dem Ritter Johann von
Mombronn. 1325 August 21.

In der missehellen, die untze har gewesen ist zwûschent den wisen und den
bescheiden mannen.. dem meistre dem râte und den burgern gemeinliche von
Strazburg ein site und dem erbern rittere hern Johannese von Mambûrnen von fro
Rilinde wegen von Zweimbrucken sinre elichen wirtinne ander site umbe die name und
den schaden, die der selben frowen geschehent von den vorgenanten burgern von
Strazburg, alse sie seit, in den dörfern Birsingen, Kurzenroden und Mochembûrnen,
und die vûr uns Johannese von gotz gnaden den bischof von Strazburg unde unsere
man mit beder teile willen gezogen wart gegen Wasselnheim uf die neheste mittewoche nach unserre frowen tag der êrren, tûn wir der vorgenante bischof kunt,
daz die selben unsere man vor uns an gerihte des vorgeschriben tages unde an der
selben stette erteiletent, sit der tag also dar genummen were, waz unsere man vor
uns darumbe nach ieweders teiles vorderunge und entwûrte erteiletent, daz daz
ieweder teil stete haben solte, alse der brief seit, der darûber vormales gemaht wart

[1] *Vergl. nr. 458.*

zů Zabern unde mit unserme ingesigele besigelt[1], unde sit daz brast an dem von Mömbůrnen, alse unser vitzdům, dem daz zů erkennende bevolhen waz, erkante nach der manne urteil, daz der vorgenante von Mombůrnen unde sin frowe unde alle der erben gevallen sint von irre vorderungen der vorgeschriben und daz die burgere von Strazburg unde ire bůrgen darumbe zů rehte lidig sůlent sin[2]. und des zů eime urkůnde ist unser ingesigele an disen brief gehenket. daz geschach der vorgeschriben mittewochen des jares, da man zalte von gotz gebůrte drůzehen hundert und fůnf und zwenzig jar.

S aus Straßb. St. A. Verschl. Canzlei-Gew. Corp. K lad. 16 or. mb. c. sig. pend. delapso.

461. *Markgraf Friedrich von Baden tritt dem Landfrieden der Städte Mainz, Straßburg, Worms, Speier und Oppenheim bei. 1325 August 27.*

Wir margrave Friderich herre von Baden tůnt kunt allen den, die disen brief gesehent und gehörent lesen, daz wir globent bi gůten truwen und uns darzů verbindent mit diseme gegenwertigen brieve, zů schirmende disen lantfriden gegen mengelicheme ane gegen allen unsern vettern den margraven von Baden, den die stelde von Meintze, von Strazburg, von Wormesz, von Spire und von Oppinhein gemaht hant und gesworn in alle wise, alse die brieve stant, die darüber gemaht sint und besigelt mit der vorgenanten stelde ingesigel[3]. von diseme tage, do dirre brief gegeben wart, untz zů sante Martins tage danach aller nehst und von dem selben sante Martins tage über ein jar ane alle geverde. und dez zů eime urkůnde so haben wir unser ingesigel an disen brief gehenket. der wart gegeben an dem zinstage vor sante Adolfes tage dez jarz, do man zalte von gotz gebůrte trůzehen hundert und fůnfe und zwenzig jar.

S aus Straßb. St. A. Verschl. Canzlei-Gew. Corp. K lad. 17 or. mb. c. sig. pend. Gedruckt aus dem Briefbuch A fol. 152ᵃ ibid. bei Schöpflin Als. dipl. II, 135 nr. 934 mit dem falschen Datum September 24; bei Schaab Gesch. d. Rhein. Städteb. II, 103 nr. 72 nach nicht zu bestimmender Vorlage mit dem unrichtigen Datum Juni 17.

462. *Werner von Rädersdorf, Domherr zu Basel, Vogt der Kinder des Ritters Ludwig von Rädersdorf, und ihre Mutter Sophie beurkunden, daß sie sich mit der Stadt Straßburg gegen eine Zahlung von 15 Mark Silber gütlich vereinbart haben. 1325 September 9 Basel.*

Allen den si kunt, die disen brief gesehent und gehörent lesen, das ich Wernher von Ratolzdorf ein tůmherre ze Basel, ein wissenthafter vogt hern Lůdewiges seligen kinde von Ratolzdorf eins ritters, und ich Sophie der vorgenanten kinde můter und des vorgenanten hern Lůdewiges seligen witewe von der vorgenanten kinde

---

[1] Vergl. nr. 458.
[2] Vergl. nr. 459.
[3] Vergl. nr. 452.

wegen verjehent an disem gegenwertigen briefe, das wir gerichtet und geslichtet
sint lieplich und göttlichen von der vorgenanten kinden wegen mit den erbern und
bescheidenen .. dem meistere dem .. råte und mit den burgern gemeinlichen von
Strasburg umb alle ausprache vorderunge und sache, die wir von der vorgenanten
5 kinde wegen oder die die selben kinde von iren wegen oder von des vorgenanten
hern Lüdewiges seligen irs vatter gegen in haben möchtent in deheinen weg untz
uf disen hütigen tag.[1] und ist üns darumbe worden von der vorgenanten kinde
wegen von den vorgenanten burgern von Strasburg fünfzehen marche silbers Inters
und lötiges des geweges von Strazburg und sint öch in der vorgenanten kinde nutz und
10 fromen komen. und geloben von der vorgenanten kinde wegen für üns und alle
ünsere erben, die vorgenanten slichtunge und disen brief stöte ze habende und nüt
dawider ze tünde noch schaffen getan in deheinen weg, aue alle geverde.   und
des ze einem urkünde und sicherheit so han ich Wernher von Retolzdorf tümherre
ze Basel der vorgenante für mich mine vogtkint und für die egenanten Sophien ir
15 müter min ingesigele gehenket an disen gegenwertigen brief, der gegeben wart ze
Basel des jares, do man zalte von gottes gebürte drüzehen hundert jar darnach in
dem fünf und zweinzigosten jare an dem nechsten mentage nach ünser fröwentage
ze herbste, der man sprichet der jungern.

S aus Straßb. St. A Verschl. Canzlei-Gew. Corp. K lad. 16 or. mb. c. sig. pend.

20   **463.** *Heinrich von Ettlingen, Pfarrer von St. Stephan zu Straßburg, verpflichtet*
sich eidlich dem St. Stephanskloster auf eine Reihe von Artikeln, die Verwaltung
seiner Kirche betreffend. 1325 November 18.

Noverint universi presentium inspectores, quod coram nobis judicibus curiarum
Argentinensium et .. thesaurario ecclesie Argentinensis constitutus Heinricus de
25 Etteningen, perpetuus vicarius ecclesie sancti Stephani Argentinensis, promisit per
juramentum ab ipso corporaliter tactis sacrosanctis dei ewangeliis prestitum et sub
pena privationis a vicaria sua predicta .. venerabili domine Brigide abbatisse monasterii sancti Stephani Argentinensis suo et ipsius monasterii et dicte ecclesie sancti
Stephani et nobis earundem nomine stipulantibus, quod eandem ecclesiam parrochielem
30 exnunc et inantea regat et regere debeat secundum articulos subscriptos et quod
eosdem articulos exnunc et inantea absque rationabili causa non negligat[a] sed cum
effectu fideliter adimpleat et observet, nisi legitima causa fuerit prepeditus, vel
licencia aut permissione .. domine abbatisse dicti monasterii, que pro tempore fuerit,
vel ejus persone, cui vices suas commiserit in hoc casu, sibi conceduntur, quod
35 observet eosdem, alioquin excommunicationis denunciationis perjurii et privationis
vicarie predicte ecclesie sententiis subjacebit, quas in se sponte a nobis ferri elegit,
renuncians quoad hec exceptioni fori, doli mali, actioni in factum, et de hiis, que

a) B negliat.

[1] Vergl. nr. 453 und 455.

vi metusve causa fuit, beneficio appellacionis et restitucionis in integrum ac omnibus
et singulis exceptionibus actionibus et defensionibus, quibus venire posset contra
premissa vel aliqua de premissis, subiciens se quoad hec jurisdicioni nostre et
specialiter domini. . thesaurarii predicti. tenor autem predictorum articulorum sequitur
in hunc modum: primo scilicet, quod omni die dominico per se vel alium celebrabit 5
de mane missam in cappella sancte crucis cum nota, item quod omni feria secunda
celebrabit missam pro defunctis in cappella sancti Mychahelis cum nota, item omni
feria tercia in cappella sancte crucis cum nota missam, item feria quarta missam in
altari sancti Nicolai cum nota, item omni feria quinta et omni feria sexta missam
in cappella sancte crucis cum nota, item omni sabbato missam in altari beate virginis 10
cum nota, item cottidie vesperas singulis diebus dominicis et festivis matutinas
cum nota in cappella sancte crucis predicta. item visitabit sepulcra defunctorum cum
socio et scolare decenter et personaliter, cum comode fieri poterit cum eisdem. item
visitabit infirmos cum corpore Christi, item cum sacro oleo personaliter, dum comode
poterit, vel per socium cum scolare. item quod debeat ipsam ecclesiam ac ejus 15
fabricam, in quantum poterit, utiliter et fideliter promovere, item quod chorum
monasterii et ejus altare, dum peraguntur inibi divina, non impediet cantando vel
legendo alta voce aut quolibet alio modo. item non intromittet se de funeribus chori,
videlicet dominarum et canonicorum, nec impediet eos in amministracione ecclesiasticorum sacramentorum ipsi facienda secundum consuetudinem hactenus in dicto 20
monasterio observatam. item de aliis funeribus chori dictis chorliche, prout hactenus
set observatum, nichil recipiat de publica missa oblatis, sed alia omnia jura sibi
debent esse salva. item de altaribus in ambone nullum jus sibi conpetere debebit.
item supplebit et celebrari procurabit omni septimana tres missas in cappella sancte
crucis juxta ordinationem ultime voluntatis quondam domine dicte Ingremin[1]. item 25
missam dictam primemesse omni die in altare beate virginis celebrabit. et hujusmodi
missas sic celebrabit et supplebit, quod alie misse per alios . . sacerdotes in dictis
ecclesia et cappella celebrande non subtrahantur aut negligantur vel minus celebrentur, fraude et dolo in omnibus premissis et subscriptis circumscriptis penitus et
amotis. item ipse . . vicarius vel socius suus ibunt in processione cum dominis et 30
dominabus ipsius monasterii extra parrochiam euntibus. item nullum processum vel
mandatum excommunicationis suspensionis vel interdicti se in prejudicium dicti
monasterii extendentes exequatur, nisi de scitu et consilio . . officialis curie Argentinensis et domine . . abbatisse et conventui monasterii predicti prius notificaverit.
item omnes census decimas et alios redditus predicte ecclesie sancti Stephani tempore 35
debito et, prout sibi constare poterit, in scriptis presentabit domine . . abbatisse et
conventui predictis. item omnia donata vel legata in quemcumque modum fabrice
ecclesie ipsius sancti Stephani, prout suis in registris continebitur, procuratori fabrice
ipsius ecclesie dabit in scriptis et fideliter presentabit. item nullum sine prejudicio
suo et ecclesie parrochialis predicte de novo missam vel altare apud dictam ecclesiam 40
sancti Stephani instituere volentem inpediat vel inpedire procurabit. item cum chorus

---

[1] *Vergl. UB. III.* 263 nr. 936.

dicti monasterii habet primam missam dictam frügemesse. non celebrabit missam cum nota, donec finiatur hujusmodi missa chori vel ad minus elevacio sit facta. in cujus rei testimonium sigilla dictarum curiarum presentibus sunt appensa. datum anno domini 1325, 14 kalendas decenbris.

R aus Straßb. Bez. A. H fasc. 2623 *cop. mb. c. sig. pend. ausgestellt sub sigillo curie domini Rüdolfi de Ohsenstein archidiaconi ecclesie Argentinensis 1339 Juli 16. In einem Transfix dieser Urkunde verpflichtet sich auf alle Artikel derselben Conradus dictus Vende perpetuus vicarius ecclesie s. Stephani Arg. 1328 Juli 5.*

464. «Rülin Rülenderlin ein ritter von Strasburg» thut kund, dasz er «daz teil des silbers, alse in angezübet zü gende, alse die anderen herren, Symûnd Fursten burgen», uberein komen sint mit dem meistere und dem rate von Hagenowe», geschworen hat «zü gende zü usgander ôbsterwochen, so nü nehest komet. und were es daz kein brüch oder breste daran were und daz die briefe und urfehte vur heru Symunde Fursten untze dem vorgenanten zile den selben burgeren nüt gevertiget wurdent», so soll er zu dem ziel sich oder einen edelknecht «zü Hagenowe in die leistunge antwurten». zur urkunde dessen hängt er sein siegel an den brief. «gegeben an dem ersten dunrestage vor sante Valentines tage 1326. *Februar 13.*   *März 13*

H aus Hagenauer St. A. EE fasc. 17 *or. mb. c. sig. pend. delapso.*

465. *Die Ritter Werner und Anselm Stroseil sowie die Edelknechte Werner und Johann, Werner Stroseils Söhne, schwören der Stadt Straßburg Urfehde wegen der Gefangennahme Werners durch den Straßburger Ritter Claus Maler. 1326 April 8.*

Allen den sie kunt, die disen brief gesehent oder gehôrent lesen, daz wir Wernher Stroseil und Anshelm sin brüder rittere, Wernher und Johans des vorgenanten hern Wernhers sûne edelknehte gesworn hant an den heiligen vor meister und rate zü Strazburg urfehte vür uns alle unser frünt und helfer darumbe, das her Claus Maler ein ritter und burger von Strazburg den vorgenanten hern Wernher vieng von der vorgenanten stette wegen von Strazburg und von der frowen wegen des closters zü sante Elsebete gelegen vor der ringmuren zü Strazburg, und globent bi dem selben eyde, die vorgenanten burger von Strazburg und alle ir helfer und die vorgenanten frowen und ir güt von der vorgenanten gelete wegen niemer zü schadigende oder ane zü griffende noch schaffin geschadiget oder ungegriffen in denheinen weg ân aller slaht geverde. und dez zü eim urkúnde so han wir unser ingesigel an disen brief gehenket. der wart gegen an dem ersten zinsdage nach sant Ambrosien dage in dem jare, da man zalte von gotz gebúrte drüczehen hundert jur und sehs und zwentzig jar.

S aus Straßb. St. A. Briefbuch A fol. 110b *mit der Ueberschrift* hern Wernher Stroseils sins brüders und sinre sune *urfehte.*

----

[1] 1325 *Marz 15 (an dem ersten fritage nach sante Gregorien tage) hatten sich 23 Herren, 16 Ritter und 7 Edelknechte, unter ihnen auch Rülin hern Rülenderlines sün von Strasburg, an der Spitze Graf Symund von Zweibrücken, bei der Stadt Hagenau fur die Freilassung des Ritters Symund Furst von Brumath um 1000 Mark Silber verbürgt. or. mb. c. 23 sig. pend. partim delaps. i. Hagenauer St. A. ibid.*

466. *Ottemann von Mombronn schwört der Stadt Straßburg für seine Gefangennahme Urfehde, wofür sich fünf genannte Herren verbürgen. 1326 April 16.*

Allen den si kunt, die disen brief gesehent und gehorent lesen, daz ich Otteman von Monburnen gesworn habe an den heiligen urfehte und daz ich niemer die burgere von Strazburg alle ire helffere und dienere angegriffe oder geschadige noch schaffe ⁵ angegriffen oder geschadiget in deheinen weg von der getede wegen, daz sie mich viengent, und daz ich in diseme criege, den her Johannes von Monburnen het mit der stat von Strazburg¹, dem selben hern Johannes niemer geraten oder beholffen wil sin in deheinen weg, die wil der selbe crieg wert, ane alle geverde. und daz die vorgenanten burgere alle ire helffere und dienere deste sicherre sint, so globent ¹⁰ wir Berhtold Münich², Friderich von Wildesberg der eltere, Friderich hern Behrtold Münichs bruder, Günther von Sweinhein rittere und Eberlin von Griffenstein der eltere ein edelkneht und sint schuldig worden unverscheidenlichen, wer daz der vorgenante Otteman sine fründe oder sine helffere die vorgeschriben ding brechent, dez wir nüt getruwent, oder schüffent gebrochen in deheinen weg, daz wir den vor- ¹⁵ genanten bürgern von Strazburg allen iren helffern und dienern eine güte süne ufrihtent vür den vorgenanten Otteman alle sine fründe und helflere von der vorgenanten getede wegen ane alle geverde und, wenne wir gemant werdent von den vorgenanten burgern von Strazburg mit iren brieven oder botten oder munt wider munde in unsern häsern oder höven, daz wir uns entwerten in den nehsten ahte ²⁰ tagen darnach in die stat zü Strazburg in rehte giselschaft niemer dannen uz ze komende, wir haben danne die vorgeschriben süne gentzlich und gar ufgerihtet, ane alle geverde. und dez zü eime urkunde so haben wir unsere ingesigele an disen brief gehenket. der wart gegeben an der mittewochen vor sante Georien tage dez jarz, do man zalte von gotz geburte trüzehen hundert jar zwenzig jar danach in ²⁵ dem sehsten jare.

S aus Straßb. St. A. Verschl. Canslei-Gew. Corp. K lad. 16 or. mb. c. 6 sig. pend.

467. *Bischof Johann von Straßburg, Markgraf Rudolf der ältere von Baden, Landvogt in der Ortenau, und Otto von Ochsenstein, Landvogt im Elsaß, beurkunden die Sühne der Städte Straßburg und Offenburg. 1326 August 22.* ³⁰

Wir . . Johannes von gottes gnaden byschof zü . . Strazburg, margrave . . Rüdolf von . . Baden der elter, lantvöt in . . Mortenowe, und . . Otte herre von . . Ohssenstein, lantvöt in . . Eilsaz, tün kunt allen den, die disen brief sehent oder hörent lesen, daz wir dobi waren und derzü geschicket wurdent von deme durchluhtenten herren kung . . Frid[erich] von . . Röme, daz die erbern und bescheiden ³⁵ der meister der rät und die burger gemeilich von . . Strozburg gerihtet wurdent und gesünet mit den bescheiden luten deme . . schultheissen deme . . räte und

---

¹ *Vergl. nr. 459 und 460.*
² *Siegellegende s.* Bertholdi dicti Münich militis de Borre.

den burgern gemeilich von . . Offenburg umbe die missehelle, so sù mit einander
helten, in alle wise, als hienach geschriben stat. dez ersten umbe die missehelle,
die die vorgenanten stetten mit einander helten von . . Heinrich Dundenheim wegen,
daz sù an ratlùte kummen sint und dez jungherre . . Heinrich von . . Swarzenberg
ein obeman ist, und umbe die missehelle, die sù helten von . . Berlins wegen, dez
sù ôch an rätlute kummen sint und dez der schultheisse von . . Gengenbach ein
obemann ist, daz sol stete bliben bede site, als ez do beret wart. es ist ôch beret,
daz men widertûn sol von der selben sache wegen zû beden siten uffe der ratlûte
und uffe der obelûte sprechen, als ez do beret wart zû . . Willesteten uffe deme
tage. es ist ôch beret umbe die missehelle von der Stûrme wegen burgere zû . .
Strazburg umbe die zwilf mark silbers, so sù in genummen hant von den burgern
von . . Offenburg, daz men darumbe irne eide gelôben sol, waz men in der schuldig
were, und sol ôch die burgere von . . Offenburg domitte begnûgen. were daz sù
minre behûben wenne die zweilf merg, daz solte den burgern von . . Offenburg
behalten sin. ez ist ôch beret, daz den burgern von . . Offenburg und den Stûrmen
von . . Strazburg ire reht zû beden siten sol behalten sin nach den brieven, so sù
habent zû beden siten[1]. ez ist ôch beret umbe den anegrif, der beschach vor . .
Offenburg von den burgern von . . Strazburg und irn helfern, und umbe die
gevangnis der burgere von Offenburg und umbe allen den schaden, der do geschach
von dez geschellez und kriegez wegen, der dovon uferstûnt und uferstanden ist bitze
an disen hûtigen tag zû beden siten[2], ez were an lûten an rossen an harnesche
oder an anderme gûten, welher hande daz were, der schade sol abe sin mit solicher
bescheidenheit, were daz die burgere von Strazburg me schaden genummen hetten,
denne sù lasetten von der vihe von . . Offenburg, daz sol stan an deme erwirdigen
herren . . byschove . . Johannesen von . . Strazburg und an deme edeln herren hern
Otten, herren von . . Ohssenstein den vorgenanten. waz die heissent tûn vùrbaz
den burgern von . . Strazburg umbe irn schaden, dez sollent die burgere von . .
Offenburg gehórsam sin zû lûnde ane alle geverde. ez ist ôch beret umbe den
bresten, der do ist zwischent hern . . Burkart Murnharte eime rittere eine site und
ander site zwischent den burgern von . . Offenburg, daz her Burkart Murnhart
darumbe nemen sol zwene erbere manne und die burgere von Offenburg ôch zwene
und einen gemeinen obeman, obe die viere entschlôgent, und wes dez merteil ûnder
in ûberein kumment, daz sol stete bliben mit solicher gedinge : were daz die von . .
Offenburg deme . . Murnharte schuldig wùrdent, darumbe er sù zû rede setzet, so
sol imme abegan daz gût, daz er irn burgern angewunnen het mit gerihte und
imme ôch wart. und waz denne darùber drifflet, daz sollent sù imme nach ziehen
und geben. werdent sù aber lidig, so sol er doch behaben und sol imme bliben,
waz er irn burgern angewunnen het mit gerihte, ane aller hande geverde. und
dez allez zû eime urkûnde so haben wir die vorgenanten herren unsere . . ingesigel
an disen brief gehenket zû der vorgenanten stete von Strazburg und von Offenburg

---

[1] *Vergl. nr. 319 und 320.*
[2] *Vergl. nr. 468.*

ingesigele. wir der meister und der rât von Strazburg verjehent offenliche, daz die
sûne und rihtunge, die beschehen ist zwischent ûns und den burgern von Offenburg
mit allen artikeln, die in diseme brieve beslossen sint und begriffen, beschehen ist
mit unserme gûten willen und wissende, und gelôben die stete zů habende vůr ûns
unser burgere und unsere helfere und alle, die von unsern wegen uffe der getât warn. 5
wir der schultheisse und der rât von . . Offenburg verjehent ôch offenliche, daz die
sûne und rihtûnge, die beschehen ist zwischent uns und den burgern von Strazburg
mit allen artikeln, die an diseme brieve beslossen und begriffen sint, beschehen ist
mit unserme gûten willen und wissende, und geloben die sûne stete zů habende
vôr ûns unser burgere unsere helfere und alle, die von unsern wegen uffe der getât 10
warn. und dez allez zů eime urkunde han wir die vorgenanten der meister und der
rât von . . Strazburg und wir der schult[heisse] und der rât von . . Offenburg
unserre stette . . ingesigele an disen brief gehenket. diz geschach an deme ahten
tage unserre vrowen der eren dez jares, do man zalte von . . gottez gebůrte drůzehen
hundert jare zwenzig und sehs jare. 15

S. aus Straßb. St. A. Gew. u. d. Pfalz lad. 265 nr. 1 or. mb. c. 5 sig. pend., quorum 1 delaps
Vier Siegel gut erhalten, abgefallen das Stadtsiegel von Offenburg. Das Stück zeichnet
sich durch eigenthümliche übergeschriebene Vokalzeichen, namentlich über n und o aus,
die hier durch Accentzeichen wiedergegeben sind.

468. *Schultheiß und Rath von Offenburg beurkunden, daß 23 benannte Offen-* 20
burger Bürger der Stadt Straßburg Urfehde für ihre Gefangennahme und ihren
Schaden geschworen haben. 1326 August 29.

Allen den si kunt, die disen brief gesehent unde gehôrent lesen, daz wir der
schultheisse unde der rât von Offenburg sprechent uffe unsere eide, daz Albreht
Mörlin, Cûnrad Schönberg, Heintzelin Dörselin, Henselin Ludewig, Claus Spörlin, 25
Albreht Mangoltz sun, Rûdiger Swertveger, Berhtold unde Stolle von Bühel, Sifrid
Studer, Claus Hůter, Rûdolf Huckerstolle, Fritze von Lutenbach, Albreht Dienewol,
Cûnrad Mûrsel, Johannes Smit, Heinrich Zimberman, Cûnrad Böscher, Heinrich
Hirtzeler, Johannes Mûnich, Ûlrich Geisser, Johannes Scherer unde Cûntzelin Heger[a]
von Offenburg vor uns hant gesworn urfehte unde eine luter stête sune ze habende 30
mit den wisen unde erbern den burgern von Strazburg unde allen iren helffern von
der getede wegen, daz die vorgenanten burgere von Strazburg sie viengent uffe
dem geschelle, daz die vorgenanten burgere von Strazburg unde wir mit einander
hettent zů Wilstette, unde umbe allen den schaden, der in widerfůr uffe dem selben
geschelle, ez si an rossen an hengesten, ez si daz si wunt wurdent, oder in welichen 35
weg sie geschadiget wurden von dez vorgenanten geschelles wegen, ane alle geverde.
unde dez zů eime urkunde so haben wir unserre stette ingesigel an disen brief gehenket. der wart gegeben an sante Adolphes tage dez jarz, do man zalte von gotz
geburte truzehen hundert jar unde sehs unde zwenzig jar.

S. aus Straßb. St. A. Verschl. Canzlei-Gew. Corp. K lad. 17 or. mb. c. sig. pend. 40

a) *oder* Heger.

469. *Peter Münich, Küster zu Lautenbach, verpflichtet sich der Stadt Straßburg seiner Gefangennahme wegen und stellt dafür sechs genannte Bürgen. 1326 October 3.*

Allen den si kunt, die disen brief sehent unde hôrent lesen, daz ich Peter Mûnich cûstor zû Lutenbach gesworn habe an den heiligen, daz ich nût sol kummen vûr die ringmûre der stette Strazburg untz an den sunentag nach sante Gallen tage, [October 13] der nu nehst kummet, unde sol mich ôch bi dem vorgenanten eide vor dem vorge-schriben sunnentage entwerten in die gevengnisse unde in die slosz, dannen uz ich bin genommen, obe ez da zwischent nût gerihtet wurde. ich sol ôch bi dem selben eide in dem vorgenanten zil nût werben noch schaffen geworben in denheinen weg, daz schade oder wider die stat unde burgere von Strozburg unde alle ire helfere si. unde wer daz ich die vorgeschriben ding oder denheins der selben dinge breche, obe ez in dem vorgenanten zil nût verrihtet wurde, so gibe ich den vorgenanten burgern von Strazburg zû merre sicherheit zû rehten schuldenern unverscheideu-lichen hern Huge Sefteleben [1], hern Syfride von Obernkirche, hern Haneman von Hadestat, hern Cûnrad Ranser von Landesberg, hern Friderich Kletten [2] unde hern Clause Zorn, schultheissen zû Strozburg [3], rittere. die hant gesworn an den heiligen, breche ich die vorgeschriben ding oder denheins under in, daz sie sich entwerten in die stat zû Strazburg in daz kirchspel zûm alten sante Peter, wenne sie darumbe gemant werden von den vorgenanten burgern von Strazburg zû iren husern oder hôven munt wider munde mit iren brieven oder mit iren gewissen botten, danach in den nehsten ahte tagen, niemer uzer dem vorgenanten kirchspel ze komende, untz daz sie den vorgenanten burgern von Strazburg gegeben hant zwei hundert marke silbers luters unde lôtiges dez geweges von Strazburg unde eine gûte sune ufgerihtet vûr mich alle mine frûnde unde helffere unde vûr die stat von Basel [4] alle ire burgere unde helfere von minre gevengnisse wegen, damitte die vorgenanten burgere von Strazburg begnûge. wer ôch daz die vorgenanten schuldenere ein vierteil jarz leistent umbe die vorgeschriben zwei hundert marke silbers unde sûne, so sûllent unde mûgent die vorgenanten burgere von Strazburg nach dem vierteil jarz daz vorgenanten silber lehen under juden uffe der vorgenanten schuldenere schaden. unde sûllent doch die selben schuldenere leisten untz an die stunde, daz sie den vorgenanten burgern von Strazburg schaden unde hôbgût gentzlich unde gar hant vergolten unde eine sûne ufgerihtet, alse da vor geschriben stat. geschehe ôch, daz die vorgenanten schuldenere alle oder denheire under in nach der vorgenanten manunge sich nût enentwertent in daz vorgenante kirchspel oder sich entwertent unde brechent, der, die danne brechent, der lib unde gût mûgent die vorgenanten burgere von Strazburg unde ir helfere angriffen mit gerihte unde ane gerihte, wie ez in danne fûget, untz daz in die vorgenanten schuldenere daz vorgenante silber unde schaden gentzlich unde gar vergolten hant unde eine sûne ufgerihtet,

---

[1] *Siegellegende:* Hugou[is] Seftelebe mil[itis] de Gesbolta[heim].

[2] *Siegellegende:* Friderici militis de Utenh[eim].

[3] *Im Zorn'schen Wappen der bellende Hund. Bruckenzorn.*

[4] *Vergl. nr. 471.*

alsc da vor geschriben stat. unde sol der angrif nůt gan an denhein gerihte, ez si geistlich oder welllich, noch an deheine friheit oder gewonheit stette oder des ⁎ landes noch an denheinen lantfriden, er si gemein oder ungemein. nement ôch die vorgenanten burgere von Strazburg oder ir helfere dez angriffes denheinen schaden, den schaden sůllent in die vorgenanten schuldenere ufrihten unde abelegen alsc daz ⁵ hôbgůt. wer ôch, daz der vorgenante schuldenere denheinre abegienge, daz gut wende, so sullent die andern, die da lebende blibent, einen alse gůten geben an dez stat, der da abegegangen ist, damitte die vorgenanten burgere von Strazburg begnůge, dunach in dem nehsten manode, so sie darumbe gemant werden, alse da vor geschriben stat, der sich verbinde in alle wise, alse da vor geschriben stat. ¹⁰ wer ôch daz ich Peter der vorgenante castor sturbe in dem vorgenanten zil, daz gut wende, so sullent die vorgenanten schuldenere aller der vorgenanten verbuntnisse lidig sin. unde dez zů eime urkunde so habe ich Peter der vorgenante castor min ingesigel an disen brief gehenket. wir Hug, Syfrid, Haneman, Cůnrad, Friderich unde Claus die vorgenanten rittere unde schuldeuere verjehent, daz wir gesworn hant, ¹⁵ alse da vor geschriben stat, unde gelobent bi dem selben eide, alle die vorgeschriben ding unde disen gegeuwertigen brief stête ze habende in alle wise, alz er da vor von uns geschriben stat, ane alle geverde. unde dez zů eime urkunde so haben wir unsere ingesigele mit dez vorgenanten Peters ingesigel an disen brief gehenket.   der wart gegeben an dem fritage nach sante Michels tage dez jarz, da man zalte von ²⁰ gotz gebúrte trůzehen hundert unde sehs unde zwenzig jar.

S aus Straßb. St. A. Verschl. Canalei-Gew. Corp. K lad. 15 or. mb. c. 7 sig. pend., quorum 1 delaps. Abgefallen das Siegel Peter Munichs.

470. *Die Städte Straßburg, Basel und Freiburg schließen ein Bündniß, das bis zur Lichtmeß 1329 währen soll. 1326 November 22.*   ²⁵

In gottes nammen amen.   wir die rête und die burgere gemeinlichen der stête Strazburg, Basel und Friburg tůnt kunt allen den, die disen brief sehent und gehören lesen, daz wir durch nutz notdorft friden und fromen unsere, unserre stête und burgere gemeinlichen uns zesamene hant gemaht und gebunden mit dem eide, *1327* den wir darumbe getan hant, untz zů der liehtmesse, so nu zenehst komet, und ³⁰ *Februar 2* von der selben liehtmesse ane underlaz zwei gantzů jar mit solicher bescheidenheit, alse hienach geschriben stat, daz wir einander getruwelichen geraten und beholfen sullent sin zů allen den criegen, die wir in dem vorgenanten zil gewinnent oder uns anvallent, von dem Howenstein untz an Burnentrut und dannen untz an Rotenberg die slihte herabe untz uffe die Selsze, und ander site dez Rynes von der obern ³⁵ Murge untz uffe die nidern Murge und da zwischent von eime gebirge untz an daz andere, alse die snesleiffe gant wider den Ryn, ane alle geverde. geschehe aber, daz wir die vorgenanten stette in den vorgenanten ziln iemanne angriffent, der uns alle oder dekeine stat under uns vor dirre verbúntnisse geschadiget hette, und wir alle

a) S der.

⁴⁰

die vorgenanten stelle oder dekeine under uns von dez selben angriffes wegen
widerumbe angegriffen wurdent von den, die uns vor der vorgeschriben verbûntnisse
geschadiget heltent, oder ane daz die vorgenanten stelle angegriffen wurdent in dem
vorgenanten zil von den, die sie von dirre verbûntnisse geschadiget hant, uffe den
5 und uffe die sûllent die vorgenanten stêtte uffe den eit beholfen sin in alle wise
alse zû den criegen, die sie in den vorgenanten ziln gewinnent. und ensol noch
enmag sich keine stat damitte geschirmen, daz sie spreche, ez si von eins alten
crieges wegen, ane alle geverde. so ist ôch berêt und überein kommen, wer daz
dekeine stat under uns geschadiget wurde in den vorgenanten ziln oder uzwendig
10 den ziln von iemanne, der innewendig den vorgenanten ziln gesessen weri, und daz
der rât der stêtte oder daz merreteil in dem râte uffe den eit erkantent. daz sie
geschadiget weri wider dem rehten und daz man ir unreht dête und daz reht von in
verspreche, der sûllent die andern stelle beholfen sin uffe den eit gelicher wise,
alse in daz unreht oder schade widervarn weri ; doch sol die stat, die da geschadiget
15 ist, verbotscheften der nehsten stette, da der schade geschehen ist, daz sie
geschadiget sie, und sol danne die stat, der ez verbotscheft wirt, alse da vor geschriben
stat, vûrderlichen und ane vûrzog uffe den eit die angriffen, die den schaden hant
getan, daz es gerihtet werde, ane alle geverde. und sol ôch die stat, der ez verbotscheft wirt, alse da vor geschriben stat, dekeine der andern stette darzû manen, sie
20 erkenne danne uffe den eit, daz sie ez alleine nût betwingen enmüge. und wenne
sie daz erkennet, weliche stat sie danne manet, die sol darzû uffe den eit beholfen
sin, alse da vor geschriben stat, ane alle geverde. wer ôch daz iman der vorgenanten stelle dekeinre schaden dête in den vorgenanten ziln, dem sol man in den
vorgenanten stetten keinen veilen kôf geben. und keime ôch einre in der vorge-
25 nanten stette dekeine, der eine der selben stette geschadiget hette, den sol die stat
angriffen, da er in kommet, in alle wise, alse in der schade geschehen weri,
danach so ez ir verkundet wirt von der stat, die da geschadiget ist. geschehe ôch,
daz iman, er si ritter herre oder kneht, oder wer er ist, der vorgenanten stelle
einre schaden dête in dem vorgenanten zil und im verbotscheft wurde von der stat,
30 die er geschadiget het, daz er widerdete, widerdete er danne nût, uffe den und uffe
die sol man beholfen sin, alse da vor geschriben stat. und wer in enthaltet huset
oder hovet oder im râtet oder hilfet mit worten oder mit werggen, uffe den und
uffe die sûllent die vorgenanten stette beholfen sin uffe den eit in alle wise alse
uffe den, der den schaden het getan. und uffe alle die, so die stat erkennet, der
35 der schade geschehen ist, zû den sie reht hant. waz crieges ôch in den vorgenanten
ziln uferstûnde und die wile dise verbûntnisse wert und von einre der vorgenanten
stelle angevangen oder begriffen wurde, der stêtte sol man beholfen sin alse lange,
untz der crieg versûnet wirt. ez ist ôch neumelichen berêt, daz dekeine stat der
vorgenanten stelle dekeime künige noch herren beholfen sol sin von dirre verbûnt-
40 nisse wegen, sie tûnt ez danne gerne. wer aber daz dekeine stat der vorgenanten
stêtte dekeime künige oder herren dienen wolte, waz der stat in dem dienste
geschehe, darzû sûllent die andern stette nût beholfen sin, sie tûnt ez danne gerne.
man ensol ôch dekeinen herren noch stat in dise verbûntnisse enpfahen, die vorge-

nanteu stelle sint ez danne einhelleclichen überein kommen und truwent, daz ez
nütze und güt si. wurde ôch eine stat der vorgenanten die andern manen, daz sie
ir ein gesinde lühe zû lantwere, der sol man nût me liben denne vierzig helme,
man tûge ez denne gerne. umbe minre mag sie ôch wol manen. und weliche stat
die andern also manti umbe ein gesinde, die sol dem gesinde halben kosten und   ₅
schaden geben, die wil ez in irme dienste ist, obe dem gesinde dekein schade
geschit an sinre habe, die ez darbringet. und sol ôch der, der da geschadiget ist,
den schaden mit sines einges hant beheben und sol man dem ôch darumbe geloben
ane alle geverde. wurde man aber ze felde ligen, so sol ie die stat iren sundern
kosten haben ane geverde. weliche stat die andern manet zû eime sesze eine vesten ₁₀
ze gewinnende oder ze schadende, den kosten, den man vor der vesten habende
wirt mit grebern mit dumbeleru mit werggen mit werglüten oder mit anderm buwe,
der darzû gehört, sol die stat liden, die da gemant[a] het. doch wurde ein sesz an
den stetten, daz einre stat gelegen weri, die nût gemant hette, so sol doch die stat,
die dem sesze gelegen ist, alse da vor geschriben stat, irû werg und andern iren ₁₅
gezûg dar schicken, obe man sin bedarf, alse iren eren wol anstat, ane geverde.
mante ôch eine stat die andern zû eime uszoge oder zû eime sesze, da sol die stat,
die da gemant wirt. erkennen uffe iren eit nach den dingen und an die stette, dar
sie hin gemant ist, wie ir daz gelegen si, daz sie darnach diene, alse iren eren wol
onstat, ane geverde. weliche stat ôch gemant wirt, alse da vor geschriben stat, und ₂₀
die selbe stat, die da gemant wirt, sprichet, ez si von einre parten wegen, und
erkennet danne der rât oder daz merreteil dez rätes der stette, die da gemant het,
uffe den eit, daz ez von einre parten wegen nût enist, so sol man ir beholfen siu
ane alle geverde. ôch ist beret, daz diekeine stat der vorgenanten stette uffe die
andern spise sol geben. und wer daz ieman der vorgenanten stette dekeine schadigete ₂₅
oder spise wolte schicken den, die uffe sie zogetent oder schaden detent, daz
sullent die andern stette wêren und wenden uffe den eit, alse verre si können oder
mûgent, und sullent ôch die herren hinderwert angriffen, die uffe der stette schaden
gezoget sint. ez ensol ôch den von Strazburg nût schaden an dirre verbüntnisse, obe
sie den nidern lantfriden lengerent[1] und in haltent oder ôbe sie iezunt iemanne keine ₃₀
helfe schuldig werent ze tûnde oder hernoch schuldig wurdent von dez selben lantfriden wegen. wurdent sie ôch von der vorgenanten stette dekeine oder von dez nidern
lantfriden wegen zû eime uszoge gemant, von wêdern sie danne ê gemant werdent,
den süllent sie zû dem uszoge beholfen sin. wenne sie aber des uszoges entbladen
werdent, so süllent sie vörderlichen und ane vürzog den, die die andern manunge ₃₅
hant getan, beholfen sin ane alle geverde. so haben wir die von Strazburg unsern
herren . . den bischof von Strazburg, wir die von Basel unsern herren . . den
bischof von Basel, und wir die von Friburg unsern herren . . den graven von Friburg in dirre verbüntnisse uzgenommen mit solicher bescheidenheit, daz ie die stat
wider iren herren nût beholfen wil sin, ez wer danne, daz die vorgenanten herren ₄₀

a) F gemat.

_____

[1] Vergl. nr. 452.

alle oder ettelicher uuder in helfer wolte sin wider eine oder wider alle die vorgenanten stette. unde welich herre helfer wolte sin, alse da vor geschriben stat, uffe
den süllent die vorgenanten stette beholfen sin uffe den eit, alse da vor geschriben
stat, ane alle geverde. an disen dingen hant die von Friburg iren herren den graven
von Friburg uzgenommen mit solicher bescheidenheit, wer daz der vorgenante herre
und grave sines eides gemant wurde von dez lantfriden wegen, den er gesworn
het, uffe die von Strazburg oder uffe die von Basel, daz er uffe sie zogende wurde,
so sol im dekein burger von Friburg oder den sie ze gebietende hant, darzü beholfen
sin. und süllent ôch die von Friburg daz verwarten uffe den eit, alse verre sie
künnen oder mügent, ane geverde. unde süllent doch die von Friburg den von
Strazburg oder den von Basel beholfen sin uffe die, die uffe sie zogent. wenne aber
der vorgenante herre von Friburg von dez lantfrides gezoge wider heinkomet, darumbe süllent in die von Friburg nüt angriffen. wolte aber der vorgenante herre
sünderlingen getete tün uffe die von Strazburg oder uffe die von Basel die vorgenanten, so süllent in die von Friburg uffe in beholfen sin an ze griffende ane alle
geverde. daz öch wir die vorgenanten stette deste fridelicher und fröntlicher geleben
mügent, so haben wir mit gemeinen müte gemaht und beret, daz dekein burger der
vorgenanten stette den andern bekümbern sol danne den waren schuldener. wolte
aber dekein burger der vorgenanten stette den andern zü rede setzen in der stat,
da der schuldener inne gesessen ist, umbe denheire hande schulde, die er im
schuldig ist, dem sol man rihten unverzôgenlichen. löckent aber der schuldener der
schulde und wil in der eleger erzögen, daz sol er tün mit biderben lüten, die dabi
sint gewesen, da die schulde gemaht wart, oder mit brieven, die billiche helfen
süllent und mügent. und sol man die ôch hören und dem eleger darnach rihten
ane alle geverde. und daz die vorgeschriben verbüntnisse und dirre gegenwertige
brief gantz stête unde vêste verlibe, so haben wir die vorgenanten rête von Strazburg, von Basel und von Friburg unserre stette ingesigele an disen brief gehenket.
der wart gegeben an dem sammestage vor sant Katherinen tage dez jarz, da man
zalte von gotz gebürte drüzehen hundert und zwenzig jar danach in dem
sehsten jor.

*F aus Freiburger St. A lad. b nr. 4 or. mb. c. 3 sig. pend. Auf der Rückseite der Vermerk
von einer Hand des 14. Jahrh. dis ist der erste buntbrief.
Gedruckt darnach bei Schreiber Urkundenbuch der Stadt Freiburg I, 264 nr. 133.*

471. *Die Stadt Basel verbürgt sich der Stadt Straßburg für die Urfehde ihrer
beiden Bürger Peter Münich und Johann Froweler. 1326 November 22.*

Wir der meister der rât unde die burgere gemeinlichen von Basel tûnt kunt
allen den, die disen brief sehent und gehôrent lesen, daz wir reht schuldig und
wer sint vûr uns alle unsere burgere unde helfere, unde mit nammen vûr hern
Peter Münich den custor von Lutenbach[1] unde vûr Johannese Froweler, dem man

[1] *Vergl. nr 469.*

sprichet Rützener, burgere von Basel, und vůr alle ire frůnde unde helfere einre
steten sůne und einre urfehte gegen den erbern und bescheiden dem meistere dem
râte den burgern gemeinlichen von Strazburg und allen iren frůnden unde helfern
von dez gevengnis wegen, so her Johannes Markx ein ritter und ein burger von
Strazburg vieng hern Peter den cůstor und Johannese Frowler die vorgenanten von
hern Hetzel Markx wegen sines brůders, und ôch von dez entheltnis wegen, so die
vorgenanten burgere von Strazburg enthieltent in irre stat gevangen hern Peter und
Johannese die vorgenanten. wer ôch daz die vorgenanten burgere von Strazburg ir
frůnde oder ir helfere nu oder hernach dekeinen schaden nement von dez vorgenanten gevengnis oder getête wegen, den schaden sin wir in schuldig us ze rihtende
ane alle geverde. und dez zů eime urkůnde so haben wir unserre stette ingesigel
an disen brief gehenket.   der wart gegeben an dem sammestage vor sant Katherinen tage dez jarz, da man zalte von gotz gebůrte trůzehen hundert und zwenzig
jar danach in dem sehsten jar.

S aus Straßb. St. A. Verschl. Canzlei-Gew. Corp. K lad. 17 *or. mb. c. sig. pend. delapso.*   15

472. *Die Ritter Heinrich von Andlau und Burchard von Hohenstein versprechen
der Stadt Straßburg Sicherheit vor den Herren von Landsberg bis zum St. Agnes-
tage. 1327 Januar 4.*

Allen den si kunt, die disen brief sehent und gehôrent lesen, daz wir
Heinrich von Andelahe und Burkard von Hohemstein rittere trôstent die erbern
und bescheiden den meister den rât und die burgere gemeinlichen von Strazburg
und alle ire helfere vůr alle die von Landesberg und alle ire helfere untz an
den mentag vor sante Agnese tage nu ze nehst und denselben tag allen ane alle
geverde. in dirre trostunge ist uzgenommen mit nammen her Walther von Landesberg und alle sine helfere. vůr die trôsten wir nůt und sôllent dirre trostunge nůt
geniessen ane alle geverde. wir trôstent ôch, daz alle die von Landesberg die vorgenanten ane her Walther von Landesberg der vorgenante ire vestenen nůt vesten
noch spisen in denheinen weg in dem vorgenanten zil und daz ôch sie noch ire
helfere hie zwischent deheine branschetze sullent tůn. ist ôch in deheine geschehen
von den von Strazburg und iren helfern untze her, die sol bliben stan, alse sie
iezunt stat, untze zů dem vorgenanten zil ane alle geverde. und dez zů eime
urkunde so haben wir Heinrich und Burkard die vorgenanten unsere ingesigele an
disen brief gehenket.   der wart gegeben an dem sunnentage vor dem zwelften
tage dez jarz, do man zalte von gotz gebůrte trůzehen hundert und sibene und
zwenzig jar.   35

S aus Straßb St. A. Gew. n. d. Pfalz lad. 168 *or. mb. c. 2 sig. pend. delapsis.*

473. *Beschluß des St. Peterscapitels über die Verwendung von Einkünften aus Gütern, die aus den Geldmitteln der eingezogenen Pfründenantheile abwesender Canoniker bebaut sind. 1327 vor Februar 2.*

Notandum quod, ex quo pecunia absentium portionum seorsum ad truncum
5 posita tantum[a] debet ecclesie bonis et redditibus comparandis et non commodis
singularum[b] personarum proficere[1], quod, si aliquo casu cultura bonorum ecclesie,
que alias remanere oporteret inculta, imminet facienda, talis modus impendendi ad
hoc dictam pecuniam servandus est, qualem servamus, dum vineas in Kestenholtz
et Stertzwiler[c] ad legatum prepositi tunc spectantes exolvimus, videlicet quod,
10 quicquid de dicta pecunia ex absentium portione cedente circa tales culturas impensum
fuerit, id ex fructibus proventuris de bonis sic cultis ante omnia deducatur totiens
et tam diu, donec hujusmodi pecunia impensa aut omnes fructus[d] in singulari canonicis profuturi[e] ad dictum truncum[f] totaliter reponantur, et quicquid de fructibus
cultorum bonorum sic deductis superfuerit, primo de culturis eorundem bonorum,
15 juxta moderationem impensarum ad hoc necessariarum ad culturas anni cujuslibet[g]
occurrentis diligenter servetur, et [quicquid][h] deinde deductis culture expensis residuum fuerit, ad quotidianas distributiones, festa vel anniversaria vel alias causas,
ad quas talia bona deputata sunt, debet converti. super quibus, videlicet de pecunia
erogata ante omnia reponenda, deinde residuo pro cultura reservando et, quod
20 postea superfuerit, in modum predictum convertendo procurator noster, qui pro
tempore fuerit, aut is, cui hoc specialiter commissum extiterit, vel decanus de
legato prepositi capitulo nostro singulis annis faciet rationem. acta deliberata et
ordinata sunt hec anno domini 1327 ante purificationem, presentibus nobis Nicolao
preposito, Getzone decano et toto capitulo sancti Petri.

25   *B aus Straßb. Bez. A. G fasc. 4903 Statutenbuch von St. Peter fol. 43. Schlechte Abschrift*
     des 16. Jahrhunderts.

474. *Bischof Johann. von Straßburg beurkundet die zwischen ihm, seinem Vogt
zu Bernstein und der Stadt Rheinau einer- und der Stadt Straßburg andrerseits
auf den Schiedsspruch des Landvogts Otto von Ochsenstein und des Schultheißen
30 Nicolaus Zorn geschloßene Sühne. 1327 April 4.*

Wir Johannes von gotz gnaden bischof von Strasburg tůnt kunt allen den, die
disen brief ansehent lesent oder hôrent lesen, das umbe soliche missehel, alse ufgestanden ist zwůschent uns Johannese, unserme . . vogete zů Bernestein, unde unserre
stat unde allen unsern burgern zů Rinowe ein site unde den bescheidenen wisen

35   a, *B* tamen.   b) *B* singularium.   c) Wohl *verlesen für* Scherwilre.   d) *B* omne fructum.
     e) *B* in canonicis profuturis, *sehr verderbte Stelle.*   f) *B* triticum.   g) *B* cuilibet.   h) Wohl
     zu ergänzen.

    1 Vergl nr. 450.

unde erbern deme . . meistere deme rate unde deu burgern unde der stétte zů
Strasburg ander site, gewillecliche unde bedehtliche komen sint an den edeln herren
hern Otten herren zů Ohssenstein, lantvoget in Elsasze unde in Spirgőwe, unde hern
Clawesen Zorn einen ritter, schultheissen zů Strasburg, die sich öch des durch
unser aller bette an hant genomen, also das si mit rehte oder mit minnen die selbe ₅
missebel sůnen unde scheiden mőgent unde sőllent, wie si truwent, das es allerbest
si. unde uf ir sprechen beider sament so han wir der vorgenante bischof Johannes
eine lutere gůte sůne für uns unde alle, die geschadiget sint zů Epfiche unde ᵃ zů
Rinowe, es si mit brande röbe totslage, oder wie sů geschadiget sint von den vorgenanten burgern unde der stétte von Strasburg unde iren helfern, gelobet.' unde ₁₀
het sů der selbe unser . . vogel gesworn zů dén heiligen mit ufgebebeter hant für sich
unde alle sine frůnt. unde het uns harwider unde deme vorgenanten . . vogete
unde der egenanten unserre stétte zů Rinowe her Hetzel Markes der stéttemeister
von Strasburg für sich unde den rat unde alle ire . . burgere von Strasburg unde
helfere eine rehte gantze sůne gelobet one alle geverde. unde des zů eime rehten ₁₅
urkůnde so han wir der vorgenante bischof unser ingesigel mit der vorgenanten
stétte von Strasburg ingesigel unde des vorgenanten herren Otten von Ohssenstein
unde des égenanten her Claweses des schultheissen unde unserre stat von Rinowe
ingesigeln gebenket an disen brief. ich öch Hetzel Markes der burgermeister von
Strasburg fürgyhe, das ich von geheisse des rates unde der . . burgere von Stras- ₂₀
burg die vorgeschribene sůne gelobet habe in alle wis, alse do vor geschriben stat,
one alle geverde. unde des zů eime urkůnde so ist unserre stétte ingesigel an
disen brief gehenket. wir aber herre Otte zů Ohssenstein unde Clawes Zorn der
schultheisse die vorgenanten fürjehent, das wir durch bette unsers herren des vorgenanten bischoves, der stétte von Strasburg, der stétte von Rinowe unde des . . ₂₅
vogetes von Bernestein der egenanten sůnen unde schidungen uns angenomen hant
unde es rihten unde sůnen mőgent unde sőllent, alse do vor geschriben stat. unde
des zů eime urkůnde so han wir unsere ingesigele gehenket an disen brief. unde
wir öch der . . schultheisse der rat unde die burgere von Rinowe fürjehent, das
wir mit willen unde gehelle unsers herren bischof Johanneses des vorgenanten ₃₀
unde öch von unserme gůten willen die vorgeschribene sůne lobent unde stete
wellent haben one alle geverde. unde des zů eime urkůnde so han wir der selben
stette ingesigel von Rinowe öch gehenket an disen brief. der wart gegeben an
sante Ambrosien tag in deme jare, do man zalte von gotz gebůrte drützehen hundert unde siben unde zwentzig jar. dirre brieve sint zwene gelich, unde blibet ₃₅
einre bi uns deme vorgenanten . . bischove unde der andere bi der vorgeschribenen
stat von Strasburg.

S aus Straßb. St. A. AA art. 1896 or. mb. c. 5 sig. pend., quorum 2 delapa. Abgefallen die
Siegel des Bischofs und des Ochsensteiners.
R coll. aus Straßb. Bez. A. G fasc. 120 or. mb. c. 5 sig. pend., quorum 3 delaps. Abge- ᵃ⁰
fallen die Siegel des Ochsensteiners und Zorns.

ᵃ) *S zů Epfiche unde auf Rinow.*

475. *Die Städte Mainz, Straßburg, Worms, Speier und Oppenheim verlängern
ihr Bündniß und ihren Landfrieden bis zum St. Georgstag übers Jahr. 1327 April 8.*

Wir die . . rette unde die burgere gemeinlichen der stede von Mentze, von
Strazburg a, von Wormesze, von Spire unde von Oppinheim dünt kunt allen den,
5 die disen brief iemer sehent oder hörent lesen, daz wir den ersten lantvriden, den
wir gemaht bestellet unde verbriefet unde mit unser der vorgenanten stede ingesigele besigelt haldent ¹, erleugert habent von nu sant Georgien tage, der ze nehst   April 8:
kumet, uber ein jar ² unde gelopt ze haltenne in aller der wise unde mit aller der
verbintnisze gelûbeden unde eiden, alse wir in vormales gemaht unde mit unsern
10 der vorgenanten stede ingesigeln besigelt hant, unde in alle die wise, alse die
briefe besagent, die daruber gemaht sint. unde were ez daz die obern herren der
hertzog von Osterich b unde der byschof von Strazburg mit woltent fûrbaz in dem
vriden sin alse biz her, so sôllent unde mögent die von Strazburg uf ir eide unde
ere ander herren stede oder diener zû dem lantvriden gewinnen unde enpfahen,
15 die sie truwent, die darzû aller nutzlicheste sin, mit dem selben gelte, daz man
den vorgenanten herren vor an dem zolle pflag ze gebenne gelicher wise. daz
selbe sôllent unde mogent ouch dûn bi irm eide unde irn eren die nidern stede
von Mentze, von Wormesze, von Spire unde von Oppinheim, obe die nidern herren,
die biz her in dem lantvriden gewesen sint, nit me darinne sin woltent, mit dem
20 gelte, daz den nidern herren an dem zolle viel. ouch hant wir darzû geleit: were
ez daz wir die vorgenanten stede eine gemeinen uzverte mitenander ze vart werdent, so sôllent die, die denne die verresten sint, dez ersten uzzogen unde sôllent
zû den nehesten zogen, die zû dem lantvriden hörent, unde sôllent ouch denne die
mit in zogen, biz daz sie alle bienander kument, daz sie alle denne mitenander
25 zogent. unde were ez ouch, daz etzliche stat, die zû dem lantvriden höret, unver-
sehens dinges fûr ein vesten viel unde ein uzvart delde, die mag aber die nehesten
herren unde stede danne, die zû dem lantvriden hörent, manen, daz sie ir
beholfen sint. unde sôllent ouch die, die darzû gemant werdent, uf den eit unverzogenlichen zû in zogen unde in darzû beholfen sin ane alle geverde. doch sol
30 dehein stat, die zû dem lantvriden höret, die andern manen, sie erkennen sich
denne vor sie alle in irm rate oder daz merre teil under in uf den eit, daz sie die
getat, die si danne dûn wollent, alleine nit zû mögen bringen unde daz sie der,
die sie darzû gemant hant, darzû notdûrftig sint. welch stat ouch die andern, die

a) S t Straspurg.   b) S t Österich.

───────────

¹ Vergl. nr 416 und nr. 452.
35 ² In der Verlängerung des Landfriedens bis zur Lichtmeß 1330, welche Erzbischof Matthias von
Mainz und die Städte Mainz, Worms, Speier und Oppenheim 1327 December 21 eingehen, ist Straßburg nicht mehr mit inbegriffen. Schon in der Urkunde von 1327 August 30, in der Graf Johann von
Sponheim den vier zuerst genannten Städten seinen Beistand zur Gewinnung und Zerstörung der Burg
Rheingrafenstein verspricht, fehlt Straßburg im Bunde, während es in der Urkunde von 1328 Juni 27,
40 wo zu Oppenheim der Rheingrafenstein als offenes Haus den Landfriedensmitgliedern übergeben wird,
wieder genannt wird Vergl Hilgard Urk z. Gesch d St. Speyer S 299 ff., 304 nr. 371, 376 u. 378.

zů dem lantvriden hôret, manet, die sol in dem selben irin manebriefe schriben,
waz schaden oder gedeide unde wie vil ir geschehen si, darumbe sie sie gemant
hat uf den eit. ez ist ouch bereid, waz schaden geschehen ist den, die zů dem
lantvriden hôrent, von dem zil, daz der erste lantvride gemaht wart, biz her unde
fûrbaz me geschiht. biz daz dirre lantvride ein ende nimet, daz man darzů beholfen   5
sol sin. daz ez geriht werde biz zů eim ende uz. unde zů eim warn urkûnde aller
der dinge, die hie vor geschriben stant, so hant wir die vorgenanten steide alle von
Mentze, von Strazburg, von Wormesze, von Spire unde von Oppinheim unserre
steide ingesigele gehenket an disen brief.   der wart geben, do man zalte von
Cristez gebûrte drizehen hundert jar unde darnach in dem siben unde zweintzigistin   10
jare an der nehesten mittewochen nach dem palmtage.

*S aus Straßb. St. A. Gew. u. d. Pfalz lad. 44/45 or. mb. c. 5 sig. pend. laenis, quorum
1 delaps. Abgefallen das Straßburger Siegel. Auf dem Buge linke Vermerk von etwa
gleichzeitiger Hand prima prorogatio infer. lant.*

S 1 coll. aus Speierer St. A. nr. 589 or. mb. c. 5 sig. pend. laenis.   15

Gedruckt nach S 1 bei Hilgard Urk. z. Gesch. d. Stadt Speier S. 297 nr. 372.

476. *Landvogt Otto von Ochsenstein und Schultheiß Nicolaus Zorn fällen ihren
Schiedsspruch in dem Streite zwischen Bischof Johann, der Stadt Rheinau und dem
Vogte von Bernstein einer- und der Stadt Straßburg andrerseits. 1327 April 11.*

In gotz namen amen.   wir Otte herre zů Ohssenstein, lantvogel in Elsasze   20
unde in Spirgôwe, unde Claus Zorn ein ritter . . schultheisse zů Strazburg, schi-
delôte einhelleclichen genomen von dem erwirdigen herren . . bischove Johanne
von Strazburg ein site unde den erbern unde wisen . . dem meistere . . dem rête
den burgern unde der stette gemeinlichen Strazburg ander site in der missehelle,
so uferstanden ist zwischent dem vorgenanten unserme herren . . bischof Johannese   25
der stette unde den burgern gemeinlichen von Rynôwe unde dem vogele von
Bernstein ein site unde dem . . meistere . . dem rête den burgern unde der stette
Strazburg gemeinlichen ander site, sie si an brande an rôbe an totslegen, oder wie
die schaden oder wen sie geschehen sint zů beden siten, alse der sûnebrief unde
anlaszbrief stat, der darûber gemaht unde versigelt ist mit dez vorgenanten unsers   30
herren . . bischof Johanneses, der stette Strazburg unde unseren unde der stette
Rynôwe ingesigelen [1], tůnt kunt allen den, die disen brief sehent unde gehorent
lesen, daz wir gesprochen hant unde sprechent an diseme gegenwertigen brieve
einhelleclichen mit gûtem rête unde mit bedahtem mûte in dirre missehelle, daz
alle ding unde alle schaden, so bêder site geschehen sint, abe sûllent unde eine   35
gûte luter stête sûne sol sin, alse der sûnebrief unde anlaszbrief stat der vorgenante. wir jehent ôch an diseme selben brieve, daz wir in den vorgeschriben
dingen gentzlichen uzgesprochen hant unde nût maht hant in den selben sachen
me ze sprechende. unde zů eime waren urkûnde aller der vorgeschriben dinge so

---

[1] *Vergl. nr. 474.*   40

haben wir unsern ingesigele an disen brief gehenket.   der wart gegeben an dem ahten tage sante Ambrosien dez jarz, do man zalte von gotz geburte trützehen hundert jar zwenzig jar danach in dem sibenden jar. dirre brieve sint zwene, der verlibet einre bi userme herren dem . . bischove unde der ander bi der stette
5 Strazburg den vorgenanten.

S aus Strassb. St. A AA art. 1398 or. mb c. 2 sig. pend. Gut erhaltenes Zorn'schen Siegel. Gedruckt aus dem Briefbuch A fol. 107 * *ibid bei Schöpflin Als dipl. II, 136 nr. 936.*

477. *Ritter Johann Beger schwört der Stadt Strassburg für seine Gefangennahme Urfehde und stellt drei benannte Bürgen dafür. 1327 Mai 7.*

10 Allen den si kunt, die disen brief sehent und gehörent lesen, daz ich Johannes Beger ein ritter gesworn habe an den heiligen urfehte umbe daz, daz mich die burgere von Strazburg viengent uud gevangen hieltent, uud daz ich von der getede wegen niemer die burgere von Strazburg oder ire helfere angrifen noch schadigen wil noch schaffen angrifen oder schedigen in denheinen weg ane geverde. und daz
15 die vorgenanten burgere von Strazburg und ire helfere deste sicherre sint, so gibe ich in zu rehten schuldenern unverscheidenlichen hern Ludold Beger minen bruder, hern Johannese Burgraven und hern Burkard Murnhard rittere. wer daz ich die vorgenante urfehte in denheinen weg breche oder schüffe, daz sie gebrochen wurde. und daz erkante der rat zu Strazburg oder daz merre teil dez rates zu Strazburg,
20 der danne zu den zitten rat ist, uffe den eit, wenne sie danne gemant werdent von meister und rate zu* Strazburg munt wider munde mit iren brieven oder gewissen botten zu iren hüsern oder höven, so süllent sie sich darnach in den aht tagen entwerten in die stat Strazburg niemer vur die uzer ringmure der selben stette ze komende, untze daz den burgern von Strazburg und iren helfern uf wirt gerihtet,
25 daz ich denne von der vorgenanten getede wegen zu schaden han getan oder schaffen getan. und geschehe, daz die vorgenanten schuldenere gemant wurdent, alse da vor geschriben stat, sich nut entwertent in die stat Strazburg, alse da vor geschriben stat, oder sich entwertent und brechent, der also brichet oder sich nut entwertet, dez lib und gut mügent die burgere von Strazburg und ire helfere angrifen mit
30 gerihte und ane gerihte, wie ez in danne füget, untze daz in ufgerihtet wirt, daz ich in zu schaden han getan oder schafen getan von der vorgenanten getede wegen. und sol der angrif gan an dekein gerihte, ez si geistlich oder weltlich, noch an denheinen lantfriden, er si gemein oder ungemein. nement öch die burgere von Strazburg oder ire helfere dez angriffes denheinen schaden und erkante den schaden
35 . . meister und rat zu Strazburg oder daz merre teil dez rates uffe den eit, den schaden sullent sie ufrihten und abelegen und darumbe leisten, wenne sie darumbe gemant werdent, alse da vor geschriben stat. die vorgeschriben ding, alse sie von uns geschriben sint, han wir Ludold, Johannes und Burkard die vorgenanten rittere und schuldenere gesworn an den heiligen stete ze habende ane alle geverde. und

40   a *S rep. zu.*

dez zů einne urkůnde so haben wir unserů ingesigele an disen brief gehencgel. wer
öch daz der vorgenante schuldener denheinre stúrbe, daz got wende, wenne ich
danne gemant wurde von den vorgenanten burgern von Strazburg, alse da vor
geschriben stat, so globe ich bi dem vorgeschriben eide in dem nehsten manode
danach in einen alse gůten ze gebende, alse der waz, der da vervarn ist, der sich   5
verbinde in alle wise, alse der verbunden waz, der da vervarn ist, ane geverde.
ich Johannes Beger der vorgenante han gesworn an den heiligen, daz ich niemer
wil getůn noch schaffen getan wider die burgere von Strazburg und ire helfere in
denheinen weg, da sie der crieg selber angat und da sie höbetlůte inne sint. ich
habe öch gesworn an den heiligen, gienge ein reise durch lant oder ein gemein   10
gezog, daz ich sůnderlingen denheinen schaden sol tůn noch schaffen getan in denheinen weg den burgern von Strazburg und iren helfern ane aller slahte geverde.
und dez zů eine urkůnde so habe ich min ingesigel zů der vorgenanten minre
schuldener ingesigel an disen brief gehencgel.   der wart gegeben an dem dunrstage
nach dez heiligen crútzes tage in dem meien dez jarz, da man zalte von gotz gebůrte   15
trúzehen hundert jar zwenzig jar danach in dem sibenden jare.

S aus Straßb. St. A. Verschl. Canzlei-Gew. Corp K lad. 15 or. mb. c 4 sig. pend.

478. *Die Städte Mainz, Worms, Speier, Straßburg, Basel, Freiburg, Konstanz,
Zürich, Lindau, Ueberlingen, Bern und Graf Eberhard von Kiburg schließen ein
Bündniß, das bis zum 23. April 1329 währen soll. 1327 Mai 20.*   20

In gottes namen amen.   wir die rête und die burgere gemeinlichen der stette
Meintze, Wormesz, Spire, Strazburg, Basel, Friburg, Costůntze, Zůriche, Lindowe,
Überlingen und grave Eberhart von Kiburg, lantgrave zů Burgunden und der von
Berne[a], tůnt kunt allen den, die disen brief sehent lesent oder hörent lesen, daz
wir durch nůtz und friden unsere, unserre burgere und lůte gemeinlichen und dez   25
landes uns zesamene hant gemaht und gebunden mit dem eide, den wir darumbe
getan hant, einander getruwelichen ze ratende und ze helfende hinnan furder untze
zů sante Gerien tage, so nu ze nehst komet, und von dannen ane underlaz ein
gantz jar zů allen den criegen, so uns angevallent oder gewinnent, wo oder in
welichen weg uns die anfallent, ane daz, waz iemanne, die zů dirre verbůntnisz   30
hörent, ez sint herren oder stette oder wer die sint, in den alten criegen untz her
geschehen ist, darzů sol man nůt beholfen sin, man tůge ez danne gerne, mit
solicher bescheidenheit, alse hienach geschriben stat: wer daz denhein herre oder
stat oder wer der ist, die nu in dirre verbůntnisse sint oder hernach darin komet,
mit der bescheidenheit, alse hienach geschriben stat, von iemanne geschadiget   35
wurdent in den vorgenanten[b] zilu und daz der rat der stette oder daz merre teil
dez rátes uffe den eit erkantent, daz sie geschadiget werint wider dem rehten und
daz man in unreht deti und daz reht von in verspreche, den sullent die andern
herren und stette oder wer sie sint, die zů dirre verbůntnisse hörent, beholfen sin

a) G add. und die burger der stat ze sant Gallen   b) Hier wie im ganzen Stück die Abkürzung vorgen   40

uſle den eil gelicher wise, alse in daz unrelt oder schade widerfarn weri. doch sol
der herre oder stat oder wer er ist, die zů dirre verbůntnisz hôrent, die da geschadiget
werdent, verbotscheſten den nehsten herren stetten oder wer sie sint, die zů dirre
verbůntnisz hôrent, da der schade geschehen ist, und ôch den herren stetten oder
wer sie sint, die zů dirre verbůntnisz hôrent, da die allernehst geseszen sint, die
den schadeu hant getan, daz sie geschadiget sint. und sullent danne die herren
stelle und die andern, die in dirre verbůntnisz sint und den ez verbotscheſtet wurt,
alse da vor geschriben stat, vůrderlichen und ane vůrzog uſſe den eil die, ir dienere
und ir helfere angrifen, die den schaden hant getan, daz ez geribtet werdi danach,
alse ez in gelegelichen ist, ane alle geverde. und sullent ôch die herren stelle oder
wer sie sint. die zů dirre verbůntnisz hôrent, den ez verbotscheſte wirt, alse da vor
geschriben stat, denheinen der andern, die zů dirre verbůntnisse hôrent, es sint
herren stelle oder wer sie sint, darzů manen, sie erkennent danne uſſe den eit,
daz sie ez alleine nût betwingen enmügen. und wenne sie daz erkennent, so sůllent
sie ie die nehsten herren stelle und wer sie sint, die zů dirre verbůntnisz hôrent,
darzů manen. und sullent die ôch vůrderlichen und ane vůrzog darzů uſſe den eit
beholfen ein, alse da vor geschriben stat, ane alle geverde. wer ôch daz ieman der
vorgenanten herren stetten oder wer sie sint, die zů dirre verbůntnisse gehôrent,
denheinen schaden deti, den sol man in den vorgenanten stetten noch in den vestinen
der herren oder wer sie sint. die zů dirre verbůntnisz gehôrent, keinen veilen kôf
geben. kein ôch deheiner in gewalt herren stelle oder wer sie werent, die in dirre
verbůntnisz sint. der deheine der selben herren stelle oder wer sie sint, die in dise
verbůntnisse hôrent, geschadiget helte, den, sine dieuere und sine helfere sol der
herre die stat oder wer er ist. die in dirre verbuntnisse sint, in dez gewalt sie
koment, angrifen in alle wise, alse in der schade geschehen weri. ane geverde
danach, so ez in verbotscheſtet* wirt von den, die da geschadiget sint. geschebi ôch,
daz ieman, er si herre ritter oder kneht oder wer er ist, deheinem schaden deti,
die in dirre verbůntnisz sint, ez sint herren stelle oder wer sie sint, und in verbotscheſtet
wurde, daz sie widerdetin, von den, die sie geschadiget hant, oder von den, den es
verbotscheſtet wirt, widerdetin sie danne niht, uſſe den und uf die und uf alle ir
dienere und helfere sol man beholfen sin, alse da vor geschriben stat. und wer sie
entballet huset oder hovet oder in ratet oder hilfet mit worten oder mit weregen,
uſſe den und uf die sol man beholfen sin uſſe den eit gelicher wise, als uf den,
der den schaden het getan. und uſſe alle die, so der rât erkennet, der ez billichen
erkennen sol, als dirre brief stat, zů den sie relit hant. wuz crieges ôch in den
vorgenanten ziln uferstůnde und die wile dise verbůntnisz wert und von deheime,
der zů dirre verbůntnisz hôret, er si herre stat oder wer er ist, angegrifen oder
bevangen wurde, den sol man als lange beholfen sin, untz der crieg versûnet wirt.
ez ist ôch nemelichen beret, daz dehein herre stat oder wer er ist, die zů dirre verbůntnisz gehôrent, deheinem kůnige noch herren beholfen sullent sin von dirre verbůntnisz wegen, sie tûnt ez danne gerne. wer aber, daz dehein herre stat oder wer

sie sint, die in dirre verbúntnisz sint, deheinem . . kúnige oder herren dienen wolte,
waz den in dem dienste geschehi, darzú sol man nút beholfen sin, man tů ez danne
gerne. ez mûgent ôch die von Meintze, von Wormesz und von Spire zů in enphaben
in dise verbúntnisz herren und stelle oder wer sie sint, die in gesessen sint ª, die
sie erkennent uf ir eide alle in iren reten oder daz merre teil under in, daz sie zů ₅
dirre verbúntnisz nútze und gůt sint. daz selbe mûgent und sullent ôch tůn in
gelicher wise die von Strazburg, von Basel und die von Friburg. daz selbe mûgent
ôch tůn gelicher wise die von Costûntze, von Zúriche, von Lindowe und von Überlingen. daz selbe mûgent ôch tůn gelicher wise die von Zuriche ᵇ und die von Berne
die vorgenanten. ᶜ ôch ist beret, daz deheine, die zů dirre verbúntnisz gehôrent, ez ₁₀
sin herren stelle oder wer sie sint, uffe die andern, die in dirre verbúntnisse sint,
spise sol geben. und wer daz ieman deheinem, die zů dirre verbúntnisz hôrent, ez
sin herren stelle oder wer sie sint, schadigeti oder spise wolti schiegen den, die uf
sie zogtent oder schaden detint, daz sullent die andern, die zů dirre verbúntnisz
hôrent, weren und wenden uffe den eit, alse verre sie kúnnent oder mûgent, ane ₁₅
geverde. und sullent ôch die herren und stette oder wer sie sint hinderwert angrifen,
die uffe sie gezogel sint oder spise hant geschieget. ez ensol ôch den von Strazburg
nút schaden in dirre verbúntnisz, obe sie den nidern lantfriden lengernt ¹ und in
haltent oder obe sie iezent iemanne keine helfe schuldig werint ze tůnde oder hernach schuldig wurdent ze tůnde von dez selben lantfriden wegen. in dirre ver- ₂₀
búntnisz ist ein rich usgenomen. doch mit der bescheidenheit, wer daz deheinre,
die zů dirre verbúntnisse hôrent, ez sin herren stelle oder wer sie sint, geschadiget
wurden von herren stetten oder von iemanne, wer die werent, und daz der rät der
stette oder daz merre teil dez rútes, der ez billichen erkennen sol, uffe den eit
erkennent, daz sie geschadiget sin wider dem rehten oder daz man sie trenge an ₂₅
iren rehten, den sol man uf den eit beholfen sin in alle wise. alse ez in geschehin
weri, und sol sie dawider niht schirmen denheines der vorgeschriben oder nachge-
schriben dinge. den von Strazburg, den von Basel und den von Friburg sol ôch
in dirre verbúntnisz nút schaden, obe sie in den obern lantfriden in Elsasze koment.
so habent die von Meintze, von Wormesz, die von Spire, die von Strazburg, die ₃₀
von Basel und die von Costûntz ire herren die bischôve und die von Friburg iren
herren den graven von Friburg ᵈ usgenomen mit solicher bescheidenheit, daz iedie
stat wider iren herren nút beholven wil sin, ez wer danne, daz die selben herren
alle oder ettelicher under in helfer wolti sin wider die, die zů dirre verbúntnisz
hôrent. und welicher der selben herren helfer wolte sin, als da vor geschriben stat, ₃₅
uffe den sol man beholfen sin, als da vor geschriben stat, ane alle geverde. die
von Friburg hant ôch iren herren súnderlichen in disen dingen usgenomen mit
solicher bescheidenheit, wer daz der selbe herre sines eides gemant wurde von
dez lantfriden wegen in Elsasze, den er gesworn het, uffe deheine, die in dirre

---

ª) G om. die—sint.　　b) G Kiburg　　c) G add. und die von sant Gallen.　　d) G add. und die ₄₀
von sant Gallen ir herren den abt.

---

¹ Vergl. nr. 473.

verbûntnisz sint, ez sint herren stelle oder wer sie sint, daz er ulle sie zogende
wurde, so sol im dehein burger von Friburg oder den sie ze gebiedende
hant. darzû beholfen sin. und sullent daz die von Friburg verwarten und versehen
uf den eit, alse verre sie kônnent unde mûgent, ane geverde. und sullent doch die
5 von Friburg den, die in dirre verbûntnisz sint, beholfen sin uf die, die uf sie zogent.
wenne aber der vorgenante herre von Friburg von dez lantfrides gezoge wider heinkomet, darumbe sullent in die von Friburg nût angrifen. wolti aber der selbe herre
sunderlichen geteti tûn uf deheine, die zû dirre verbûntnisz hôrent, so sullent in
die von Friburg uf in beholfen sin an ze grifende ane alle geverde. die von Berne
10 hant ôch ir eitgenoszen vorbehebet, alse sie inen mit eiden vor dirre verbûntnisz
gebunden warent, ane geverde¹. waz herren oder stelle oder wer sie sint, hinnanfûr
in dise verbûntnisz enpfangen werdent, die sullent brieve und ingesigele geben und
ôch sweren, dise verbûntnisz stete ze haltende in alle wise, alse hie vor geschriben
stat. und sol man in ôch beholfen sin, alse die selbe verbûntnisz stat, ane geverde.
15 beschehi ôch, daz den vorgenanten graven von Kiburg dehein schade oder crieg
anvieli in dirre verbûntnisz, als da vor geschriben stat, daz sol er dem râte von
Berne verbotscheften. und erkennet sich danne der selbe rât oder der merre teil dez
râtes uf den eit, daz im unreht si geschehen und wider dem rehten geschadiget.
so sol man im beholfen sin in alle wise, als da vor geschriben stat. waz herren
20 ôch hinnanfûr in dise verbûntnisz genomen werdent, da sol der rât oder der merre
teil dez râtes der stelle, die in dirre verbûntnisse sint, die im danne aller nehst
gelegen ist, erkennen in alle wise, als der rât von Berne umbe den graven von
Kyburg erkennet und erkennen sol, als da vor geschriben stat. daz ôch wir die
vorgenanten herren und stelle deste fridelicher und frûntlicher geleben mûgent, so
25 haben wir mit gemeinem mûte gemaht und sint überein komen, daz dehein burger
der vorgenanten stelle den andern bekumbern sol danne den waren schuldener.
wolti aber dehein burger der vorgenanten stelle den andern ze rede setzen in der
stat, da der schuldener inne gesessen ist, umbe denheine hande schulde, die er
im schuldig ist, dem sol man rihten unverzôgenlichen. lôegent aber der schuldener
30 der schulde und wil in der eleger erzûgen, daz sol er tûn mit biderben lûten, die
dabi sint gewesen, da die schulde gemaht wart, oder mit brieven, die billichen
helfen sullent und mûgent. und sol man ôch die darumbe hôren und dem cleger
darnach rihten ane alle geverde. und durch daz, daz diz alles stête gantz und
unzerbrochen blibe, han wir die rête und burgere der egenanten stelle und der grave
35 von Kyburg vorgeseiten* unserû ingesigele vûr uns gehenegel an disen brief.   und

a) G der vorgenanten stelle ze Kostentz, Zurich, ze Lindouve, ze Uberlingen und ze sant Gallen

---

¹ 1327 Juni 5 (Freitag in der Pfingstwoche) verpflichten sich die Landleute von Uri, Schwyz und
Unterwalden den Städten Zürich und Bern, nachdem sie von diesen in das große Bündniß vom 20. Mai
aufgenommen sind, alle Bedingungen desselben zu erfüllen. Nur die monatliche Kündigung des Friedens,
40 den sie mit den Herren von Oesterreich haben, nehmen sie besonders aus. Or. mb. c. 3 sig. pend. i.
Berner Cantons-A. u im Zuricher Staats-A. nr. 1348. gedruckt bei Tschudi Chron. Helvet. I. 306 b;
Kopp Gesch. d. Eidgen. Bünde V, 1, 187 nr. 14 und Eidgenössische Abschiede I, 253 nr. 16.

geschach diz und wart ôch dirre brief gegeben an unsers herren gotz uffart abende, da man zalte von siner gebûrte trůzehen hundert jar und siben und zwenzig jar.

F aus Freiburger St. A. lad. 5 nr. 5 or. mb. c. 12 sig. pend., quorum 5 delapsa Es fehlen die Siegel von Worms, Speier, Freiburg, Konstanz und Lindau.
G coll. aus St. Gallener Cantons-A. lad. 19 nr. 2 or. mb. c. 5 sig. pend., quorum 1 delapsum. Es fehlt das Stadtsiegel von St. Gallen. Vortrefflich erhalten die Siegel der Städte Konstanz, Zürich, Lindau und Ueberlingen. Diese vier Städte hatten 1325 Mai 13 einen besonderen Landfriedensbund geschloßen, sie nehmen selbständig St. Gallen in den großen Bund auf.
B im Berner Cantons-A. Fach Deutschland or. mb. c. 12 sig. pend.
Gedruckt nach G bei Lünig XIII. 8 nr. 8 und bei Wartmann UB. der Abtei St. Gallen III. 463 nr. 1314. — Die Eidgenößischen Abschiede I. 399 nr. 138 und W. Vischer Gesch. d. Schwäbischen Städtebundes Reg. nr. 2.

479. *Urfehde und Sühne des Ritters Johann Geyr mit der Stadt Straßburg. 1327 Juni 4.*

Allen den si kunt, die disen brief sehent und hôrent lesen, daz ich Johannes der junge Gyer ein ritter gesworn habe an den heiligen urfehte und eine gůte stête sûne ze habende mit den burgern von Strazburg und mit iren helfern vůr mich und alle mine helfere von allen getêden wegen, die ich und mine helfere den vorgenanten burgern getan hant, und von aller missehelle und criege wegen, die ich und sie mit in gehebet hant untz uf disen hutigen tag. und gelobe bi dem selben eide, daz ich die vorgenanten burgere von Strazburg und ir helfere und ir gůt niemer angrife noch schaffe angegrifen oder schadige oder schale geschadigen in deheinen weg in gerihtes wise oder ane gerihte von den vorgenanten geteden criegen oder missehelle wegen ane alle geverde. und dez zů eime urkunde so hau ich min ingesigel [1] an disen brief gehencget. der wart gegeben an dem dunrstage nach dem heiligen phingestage dez jarz, da man zalte von gotz gebûrte trůzehen hundert und siben und zwenzig jar.

S aus Straßb. St. A. Verschl. Canzlei-Oew Corp. K lad. 15 or. mb. c. sig. pend.

480. *Drei benannte Mitglieder des Straßburger Domcapitels, von demselben bevollmächtigt, bestimmen, welchen Ersatz Probst, Dekan und Canoniker für Vernachläßigung ihrer Verpflichtungen und Dienstleistungen zu geben haben. 1327 Juli 5.*

Nos Johannes de Ohsenstein scolasticus, Cûnradus de Kirkel thesurarius, Johannes de Swartzenberg dapifer canonici ecclesie Argentinensis, arbitri arbitratores seu conpromissarii in negocio infrascripto, ad universorum noticiam deducimus per presentes, quod ex potestate nobis tradita in conpromisso per honorandos dominos Gebehardum de Friburgo prepositum, Walramum de Veldentze decanum totumque

---

[1] *Das Siegel zeigt einen Kelch im Wappen, Legende s. Johannis dicti Gir militis de [U]llenburg.*

capitulum ecclesie Argentinensis predicte in loco capitulari super defectibus amini-
stracionum obmissarum seu super aministracionibus et serviciis hactenus in dicta
nostra ecclesia per quoscumque dominorum et canonicorum nostre ecclesie antedicte
obmissis et neglectis pronunciamus diffinimus laudamus et arbitramur, quod idem
5 dominus prepositus redditus annuos quadringentorum quartalium siliginis et ordei
obligare teneatur nobis et ecclesie nostre predicte pro serviciis et aministracionibus
per ipsum hactenus obmissis et neglectis, prout eciam prefatus dominus prepositus
se obligavit per instrumentum sigillo curie Argentinensis sigillatum, ita tamen, quod,
si ex dictis redditibus servicia per ipsum neglecta ecclesia nostra plene consequi non
10 posset, quod extunc decano et capitulo dicte nostre ecclesie licitum sit invadere omnia
bona fructus seu redditus eidem domino preposito occasione sue prepositure obvenientia
et obvenire valentia in futurum usque ad integram satisfaccionem serviciorum per ipsum
neglectorum. item pronunciamus diffinimus laudamus et arbitramur, quod dominus Walramus decanus predictus debeat prestare caucionem sufficientem capitulo nostro et ecclesie
15 nostre predicte infra quindenam a data presencium numerandam super serviciis seu
aministracionibus per ipsum occasione decanatus sui in natalibus domini obmissis et
neglectis necnon super serviciis inantea, quam diu tenuerit eundem decanatum, predicte
nostre et sanctorum Thome et Petri ecclesiis in dicto festo prestandis[1], ita tamen,
quod, quandocumque et qualitercumque inter capitulum ecclesie nostre et capitula
20 predictarum ecclesiarum sanctorum Thome et Petri conposicio intervenerit, quod
tunc prefatus dominus Walramus decanus super omnibus serviciis usque ad tempus
dicte conposicionis per ipsum neglectis satisfacere teneatur dictis ecclesiis sanctorum
Thome et Petri pro nostro capitulo et ecclesia pro rata ipsum contingente, nostre
vero ecclesie et capitulo quoad omnia neglecta per ipsum racione serviciorum predic-
25 torum nichilominus remaneat obligatus et satisfacere de ipsis teneatur. item pronunciamus diffinimus laudamus et arbitramur, quod singuli canonici predicte nostre
ecclesie, qui tenentur ad servicia seu aministraciones, similiter super serviciis et
aministracionibus per ipsos occasione feuodorum suorum vel alias qualicunque causa
debitis hactenus obmissis et neglectis necnon super decem marcis, ad quarum
30 solucionem racione redempcionis prebendarum suarum, et super debito sex marcarum,
ad quarum solucionem occasione capparum tenentur, prestare debeant capitulo nostro
et ecclesie nostre predicte sufficientem caucionem infra quindenam ut supra numerandam. item pronunciamus diffinimus laudamus et arbitramur, quod omnia predicta
servicia obmissa et neglecta solvi et prestari debeant usque ad festum beati Martini
35 proxime venturum per dominos et canonicos predictos, quod, si quis dominorum vel   *November 11*
canonicorum dicte ecclesie nostre caucionem, ut premittitur, sive solucionem seu
satisfaccionem non fecerit infra tempora predicta, quod extunc liceat decano et
capitulo nostre ecclesie nomine ejusdem fructus redditus et proventus universos
prebendarum officiorum et feuodorum claustralium ipsius negligentis, que ab ecclesia
40 nostra Argentinensi obtinet, invadere occupare distrahere et vendere auctoritate
propria usque ad integram satisfaccionem predictorum serviciorum et debitorum neglec-

[1] *Vergl. nr. 189 und nr. 373.*

torum. addicimus eciam, quod, si quis dominorum seu canonicorum predictorum infra quindenam predictam asseruerit vel proposuerit coram decano et capitulo dicte nostre ecclesie, se in toto vel in parte de serviciis et predictis debitis decem marcarum et sex marcarum satisfecisse et in nullo vel in parte teneri capitulo et ecclesie nostre predictis, quod extunc idem proponens infra mensem a data presencium numerandum   5 inducias tantum habeat hoc probandi, quod si non probaverit, obligatus remaneat sub penis modis et condicionibus antedictis. volumus eciam et ex potestate nobis trudita antedicta expresse diffinimus et dicimus, quod domini prepositus et decanus predicti et qui pro tempore fuerint, non possint quemquam predictorum dominorum et canonicorum a predictis diffinicionibus absolvere induciare vel eciam supportare in toto vel   10 in parte, sed quod omnis diffinicio nostra in premissis et circa premissa rata et firma permaneat ac inviolabiliter observetur per dominos canonicos et capitulum ecclesie nostre predicte. cauciones vero premissas prestari volumus . . procuratori ecclesie nostre nomine capituli et ecclesie nostre predictorum, presentibus decano et tribus vel duobus canonicis ecclesie nostre predicte. in quorum omnium et singulorum   15 premissorum testimonium sigilla nostri . . scolastici . . thesaurarii et . . dapiferi presentibus duximus appendenda. si qua vero dubia orta fuerint in premissis vel circa ea, nostre declaracioni penitus reservamus. datum 3 nonas julii anno domini 1327.

B aus Straßb. Bes. A. O fasc. 2719 or. mb. c. 3 sig. pend. partim laesis.   20

481. *Sühne des Ritters Johann von Epfig mit der Stadt Straßburg. 1327 Juli 24.*

Ich Johannes von Epfiche ein ritter tûn kunt allen den, die disen brief ansehent lesent oder hôrent lesen, das ich liepliche und gûtliche gestihtet und gerihtet bin mit den wisen und bescheiden deme . . meistere deme rate und der stat gemein-   25 liche zû Strasburg ume allen den schaden und totslege, die mir und den minen geschahent zû Epfiche in dem dorf von des angriffes wegen, der do geschoch von der vorgenanten stat zû Strasburg an Johannes Keller, der vogel ist zû Bernestein des erwûrdigen und mins genedigen herren bischof Johannes von Strasburg [1], und fûrzihe mich fûr mich und alle mine erben und nachkomen und öch von minen   30 wegeú und der minen und öch minre helfere aller ansprache und atzunge, die ich gegen der egenanten stat oder gegen den burgern gemeiulichen oder keime oder keinen sunderlichen oder iren helfern, wer die werent, han oder haben möhte von der selben schaden und totslege wegen in keine wis, sus noch so, nu oder harnach, ane geverde. unde des zû eime rehten urkûnde so han ich der egenante Johannes   35 min ingesigel gehenket an disen brief. der wart gegeben an sante Jacobes abent in den ernen in deme jare, do man zalte von gotz gebûrte drûtzehen hundert und sibeu und zwenzig jar.

S aus Straßb. St. A. Verschl. Canzlei-Gew. Corp. K Ind. 18 or. mb. c. sig. pend.

---

1 *Vergl. nr. 471 und 476.*   40

482. *Herr Heinrichs von Finstingen Fehdeerklärung an die Stadt Straßburg.*
1327 August 28 Lützelstein.

Ich Heinrich herre zů Vinstingen enbute den erbern und den biescheiden dem
meistere und dem rate von Strazburg allez lieb und gůt. ich důn uch kůnt, das
5 ich dise vierzehen tage, die da an sulent gan an dem nebesten vritage nach sante *August 24*
Bartholomeus tage, der nu zů nehest was, gegen uch stete haben wil und wil ǒch
damitte entladen sin der trostungen, alse wir mit einander hant, vierzehen tage vor
ze sagene. alse ir mir ǒch enbotten hant. und nach disen vierzehen tagen wil ich
uch dekeinen schaden důn, ich sage es uch danne vor alse eberliche, das es minen
10 eren wol anste. und dez zů einem ůrkunde han ich min ingesigel an disen brief zů
rucke gedrucket. datum apud Lutzelstein feria sexta ante Adelphi anno domini 1327.

8 aus Straßb. St A. Verschl. Canzlei-Gew. Corp. K lad. 15 or. mb. lit. pat. c. sig. in verso
impr. defic.

483. *Merkelin, Ritter Markwarts von Ensisheim Sohn, schwört der Stadt*
15 *Straßburg für seine Gefangennahme Urfehde und stellt Ritter Egenolf von Gundols-*
heim und Edelknecht Philipp Reich von Kientzheim dafür als Bürgen. 1327 Sep-
tember 17.

Allen den si kůnt, die disen brief gesehent unde gehorent lesen, daz ich
Merckelin, hern Margwardez selgen sůn eins ritters von Ensensheim, gesworn habe
20 an den heiligen urvehde unde ein gůt sůne vůr mich alle min frunde unde helfer
ze habende mit den burgern von Strazburg unde mit irn helfern von der geteile
wegen, doz sie mich viengent unde mich gevangen hieltent, unde daz ich von der
geteile wegen die vorgenanten burger unde ir gůt unde ir helfer unde ir gůt niemer
wil angriffen noch geschadigen oder schaffen angegriffen oder geschadiget in
25 dekeinen weg ane alle geverde von der vorgenanten gedeile wegen. were aber, daz
ich von andern sachen oder nůt von der vorgenanten gedeile wegen herren oder
minen frůnden helfen wolte wider die vorgenanten burger von Strazburg, daz sol
ich nůt tůn bi dem vorgescriben eide, ich sage es in danne vor aht duge. unde
sol ouch daz tůn one alle geverde. unde daz die vorgenanten burger von Strazburg
30 unde ir helfer dest sicher sint, so habe ich in gegeben hern Egenolf von Gůndoltz-
heim einen ritter unde Philippes den Richen von Kůnsheim einen edeln knebt
unverscheidenlich zů schuldenern. were daz ich der vorgenanten dinge dekeins
breche unde meister unde rat oder der merre teil des rates, die danne zů den ziten
meister unde . . rat sint ze Strazburg, erkantent uf irn eit, daz ich gebrochen
35 hette. so sollent sich her Egenolf unde Phylippes die vorgenanten unverscheidenlich
bi irm eide, den si darumbe gesworn hant an den heiligen, entwurten ze Strazburg
in die stat darnach in den aht dagen, wenne sie gemant werdent von den vorgenanten burgern můnt wider můnt oder von irm gewissen botten zů irn husern oder
zů irn hoven, niemer vůr die ringmůren ze komen, untze den vorgenanten burgern
40 ufgerilt vůrt, daz ich danne verbrochen habe. were ouch daz die vorgenanten her

Egenolf unde Philippes sich nüt entwurtent in die stat ze Strazburg, so sie
gemant worden, als do vor gescriben stat, oder sich entwurtent unde brechent, so
mügent die vorgenanten burger von Strazburg unde ir helfer ir lip unde ir gůt
angriffen mit geriht unde ane geriht, wie es in daune fůget, unde gat der
angriffe an kein geriht, es si geislich oder welrtelich, oder an dekeinen lant-   5
friden, er si gemen oder ungemen. nement ouch die burger von Strazburg oder
ir helfer des angriffes dekenen schaden, den sint die vorgenanten herr Egenolf
unde Philippes unde ich in schuldig uf ze rihten unde abe ze legen. unde
mügent sie unde ir gůt mich unde min gůt angriffen mit allen den gedingen, als
vorgescriben stat. wir Egenolf unde Philippes die vorgenanten verjehent alle die   10
vorgescribeu ding, als von uns do vor gescriben stat, unde gelobent sie unverscheidenlich bi unserm eide, den wir darumbe gesworn hant an den heiligen, stete ze
habende und disen brief in gůten truwen ane alle geverde. unde der vorgescriben
dinge zů einem urkunde han wir unsere insigele mit dez vorgenanten Merckelins
insigel[1] an disen brief gehencket. ich Merckelin der vorgenante vergihe, daz ich   15
gesworn habe au den heiligen alle die vorgescriben ding, die von mir gescriben
stant, unde disen brief stěte ze habende ane alle geverde. unde des zů einem
urkunde han ich min insigel mit der vorgenanten hern Egenolfes unde Phylippes
insigel an disen brief gehencket. der wart geben an dem ersten dûrnstag vor
sant Mauricius dag in dem jare, do man zalt von gotz geburte drûzehen hundert   20
jare unde siben unde zwentzig jare.

S aus Straßb. St. A. Verschl. Canzlei-Gew. Corp. K. lad. 15 or. mb. c. 3 sig. pend., quorum
1 delaps. Abgefallen das Siegel Egenolfs von Gundolsheim.

484. *Drei Herren von Laubgassen und Ludwig von Staufen schwören der Stadt
Straßburg und besonders vier benannten Bürgern derselben Urfehde für die   25
Gefangennahme Rudolfs von Laubgassen. 1327 October 28.*

Allen den si kunt, die disen brief geschent unde gehorent lesen, daz wir
Růdolf von Lôbegassen ein ritter, Johans sin brůder, Henrich von Lôbegassen unde
Ludewig von Stôfen edele knchte gesworn hont an den heiligen urvehte unde ene
stete sůne ze habende vůr uns alle unser frunt unde helfere mit den erbern unde   30
bescheiden dem meister dem . . rat unde den burgern gemeulich von Strazburg
unde irn helfern, unde sunderlich mit hern Claus Maler, hern Johans Mulnecke
sinen brůder ritter, Hůg Wissebrotelin unde Henselin Maler dez vorgenanten hern
Claus Molers sůn burger von Strazburg, unde mit allen irn frunden unde helfern
von der geteile wegen, daz die vorgenanten burger von Strazburg den vorgenanten   35
hern Růdolf von Lôbegassen viengent. unde gelobent bi dem selben eide vůr uns
alle unser frunde unde helfere, daz wir von der vorgenanthen getele wegen die
vorgenanten burger von Strazburg unde ir helfer unde ir gůt unde hern Clausen,

1 Nach der Siegellegende Markwart de Naivar. Vergl. Kindler v. Knobloch Der alte Adel im Ober-
elsaß S. 23 u 62.   40

hern Johansen, Hugen unde Henselin die vorgenanten ir fruude unde ir helfere
unde ir gût niemer angriffent oder geschadigent noch schaffen angegriffen noch
geschadiget in dekenen weg ane alle geverde. unde dez zû einem urkunde han
wir unsere insigele an disen brief gehencket. der wart geben an der zweier
5 zweilfbotten dag Symonis et Jude in dem jar, do man zalte von gottez geburte
drûzehen hundert jar unde syben unde zwentzig jar.

S aus Straßb. St. A. Verschl. Canzlei-Gew. Corp. K lad. 15 or. mb. c. 4 sig. pend.

485. *Beschluß des St. Peterscapitels, alle Capitelsstatuten und Vorschriften
jährlich am Tage nach dem Sonntag Reminiscere vor allen Angehörigen der Kirche
10 verlesen zu laßen. 1327.*

Cum quilibet canonicus ecclesie nostre sancti Petri in prima sua creatione inter
alia astringat se juramento statuta et consuetudines ipsius ecclesie servaturum juxta
formam juramenti statuto super hoc concepto⁰ insertam¹, ne quis occasionem igno-
randi ea pretendere valeat, nos Nicolaus prepositus, Getzo decanus totumque capitulum
15 providemus in hunc modum, ut consuetudines observantie et statuta, prout recognita
sunt in hoc libro pastorali vel instrumentorum aut breviario nostro² vel alibi, et
maxime illa, in quibus major vel frequentior transgressio committitur, annis singulis in crastina dominice, qua cantatur Reminiscere, omnibus canonicis capitula-

a) *B statuta—concepta.*

1 *Wahrscheinlich in die ersten Jahrzehnte des 14. Jahrhunderts fällt wenigstens in den Grundzügen*
20 *die Formulirung dieses Eides, die in einem undatirten Capitelsbeschluß, consensu expresso domini Hugonis preposita plenius accedente, uberliefert ist. Der Eid lautet:* Ego N. juro statuta et consuetudines ac honorem et utilitatem ecclesie sancti Petri junioris Argentinensis et capituli ejusdem in
licitis honestis possibilibus et ecclesiastice libertati non obviantibus, et specialiter circa absentium
25 portiones seorsim ponendas nec in alios quam in ipsorum, [ut] exprimitur, usus convertendas necnon
primam personalem residentiam apud ipsam ecclesiam ac solutionem quadraginta florenorum loco
computationis fructuum pro singulis gratie et bienniorum annis ecclesie prefate debitis faciendam,
per capitulum dicte ecclesie edita, dispositiones statuta et ordinationes, atque inter sancti Thome et
supradicte sancti Petri junioris atque sanctorum Petri et Michaelis Argentinensium ecclesiarum
30 canonicos capitula et beneficiatos fraternitatem noviter factam, necnon ejusdem sancti Petri junioris
circa futuros inibidem nominandos canonicos factam ordinationem fideliter observare et adimplere,
oneribusque beneficii mei juxta illius orationem satisfacere, nec quicquam contra premissa a sanctissimo domino nostro N. papa aut sede apostolica vel sacro generali concilio seu legato eorundem
aliove potestatem obtinente impetrare aut impetratis vel impetrandis quomodolibet uti, etiamsi motu
35 proprio aut ex certa scientia mihi concessa fuissent aut concederentur, etiamsi singulis premissis
per eundem Romanum pontificem, sedem apostolicam, sacrum generale concilium, legatum eorundem
aut aliam potestatem obtinentem, motu aut scientia similibus expresse derogaretur, secreta quoque
ipsius capituli sancti Petri junioris minime revelare. sic me deus adjuvet et quatuor conditores sanctorum evangeliorum. *Spätere Zuthaten des 14. und 15. Jahrhunderts sind bei der vorliegenden schlechten*
40 *Ueberlieferung kaum zu bezweifeln. Statutenbuch von St. Peter fol. 2 b. Vorangeht forma juramenti*
prepositi et decani, *wie es scheint, aus der zweiten Hälfte des 14. Jahrhunderts stammend.*

² *Nach einem undatirten Statut war es Pflicht des Dekans,* quod quolibet triennio ad triennium
statuta prius in hoc pastorali posita et statuta de calendario hic inserta et superaddita et totam
ipsum kalendarium conferri faciat et procuret, ad illum finem, ut, si aliquo casu nostrum in choro
45 kalendarium vel hunc librum pastoralem perdi contigerit, eorum copia in cista reposita salva permaneat. *Statutenbuch fol. 19 b.*

ribus prebendalis ecclesie nostre ob hoc specialiter in capitulo nostro convenientibus
plene et expliciter. prout preposito vel decano, qui pro tempore fuerint ᵃ, videbitur,
recitentur et hoc ᵇ etiam sic, in quantum opus fuerit, ad vicariorum notitiam deducantur et ob hoc cuilibet canonico post pulsam prime ad minus, ipsius prime officio
in choro nondum expleto, in capitulo tunc presenti et usque ad finem perseveranti ₅
vel ex aliqua causa de licentia decani citius recedenti dentur duodecim denarii. si
qui vero abfuerunt, ab illorum statutorum scientia tanquam affectatores ignorantie
minime excusantur.   actum anno domini 1327 ¹.

B aus Straßb. Bez. A. G fasc. 4903 Statutenbuch v. St. Peter v. 1560 fol. 20 ᵃ.

486. *Ritter Johann Ulrich vom Haus und seine beiden Söhne Friedrich und* ₁₀
Johann Ulrich geloben für sich und ihre Brüder, Dietrich und Hanemann, der
Stadt Straßburg Sicherheit während der Fehde mit Fritzemann zu Rhein. 1328
Februar 16.

Allen den si kůnt, die disen brief gesehent unde gehörent lesen nu
oder hernach, daz wir Johannes Ůlrich der alte vom Hus, Friderich unde ₁₅
Johannes Ůlrich der junge des vorgenanten hern Johannes Ůlriches dez alten
sůne rittere verjehent, daz wir vůr uns unde Dyetherich unde Haneman, unsere
Frideriches, Johannes Ůlriches der vorgenanten brüder, des vorgenanten hern
Johannes Ůlriches des alten sůne, vůr unsere unde ir dyenere gedröstet hant
unde dröstent mit disem gegenwertigen briefe die erbern unde bescheiden den .. ₂₀
meister ·den .. rate unde die burgere gemeinlich von Strazburg unde alle ir
helfere unde gelobent in gůten truwen, daz wir, Dyetherich unde Haneman
die vorgenanten, unsere unde ir dyener von unsern wegen niemer sollent angriffen
noch geschadigen noch schaffen angegriffen noch geschadiget in deheinen weg
die vorgenanten, burgere von Strazburg unde ir helfere von dez crieges wegen, den ₂₅
Fritzeman zů Ryne unser mâg het mit den vorgenanten burgern von Strazburg,
wir sagent unde verkundent es danne den vorgenanten burgern von Strazburg vier
wochen vor, âne alle geverde. unde dez zů einem urkunde han wir Johannes Ůlrich
der alte vom Hus, Friderich unde Johannes Ůlrich der junge dez vorgenanten hern
Johannes Ůlriches dez alten sůne die vorgenanten unsere ingesigele an disen brief ₃₀

       ᵃ) *B* fuerunt.   ᵇ) *B* hoc.

¹ *Aus dem gleichen Jahre stammt wohl das Statut des Capitels, betreffend Aenderung oder Zurück-*
nahme von Capitelsbeschlüßen: In hoc unanimiter concordavimus, ut, si in posterum ab anno domini
1327 aliquas ordinationes pro ecclesia nostra fecerimus ipsius ecclesie ac personarum statum qualitercunque tangentes, ob aliquas causas vel necessitates, que nobis videntur anhesse, si postea ₃₅
saniori usu consilio omnibus canonicis prebendatis consentientibus minime discrepantibus tales
ordinationes revocande vel alterande fuerint, licite fieri valeat absque cujusvis transgressionis nota,
nisi ordinationes alique fierent, in quibus contineretur, ·quod eas inter alia statuta nostra jurata
vellemus reponi, aut si super ipsis ordinationibus servandis astringeremus nos specialiter juramento.
tunc enim, sicut jurarentur vel inter statuta collocarentur, ita deberent perpetuo observari, nisi eis ₄₀
alias ex qualitate temporis vel aliis justis causis de jure vel ex juris tolerantia contingeret derogari.
Statutenbuch fol. 30 ᵃ.

gebencket. der wart geben an dem ersten zinstag nach sant Valentins dage in
dem jare, do man zalte von gottes geburte drůzehen huudert jar durnach in dem
ahten unde zwentzigestem jare.

S aus Straßb. St. A. Verschl. Canzlei-Gew. Corp. K lad. 17 or. mb. c. 3 sig pend.

487. *Zwei Beschlüsse des St. Peterscapitels über die Bedingungen für Präben-
denstiftungen und die Wahl von Persönlichkeiten für gewisse gottesdienstliche
Verrichtungen. 1328 April 5 und Mai 15.*

In anno domini 1328 nonis aprilis prepositus decanus et thesaurarius et omnes
canonici in hoc concorditer convenerunt, quod capitulum nostrum et quecunque
seculares persone de capitulo impedire non debeant neque possint fundationes prebendarum sacerdotalium in ecclesia nostra ad missas ibidem celebrandas, dumtamen
earundem prebendarum jus patronatus et presentandi ad capitulum nostrum vel
aliquem officiatum ecclesie nostre vel personas de capitulo nostro existentes finaliter
perpetuo pertineat ª, nullumque ex hoc thesaurarie vel parrochie in oblatione cere,
libris calicibus atque aliis ornamentis, juribus vel obventibus prejudicium ᵇ generetur
nec aliquas presentias chori percipiant nisi eas, que chori clericis dari solent,
exceptis tamen prebendis, que jus chori et continuo divinis interessendi ibidem
habere deberent. ad quas prebendas hoc statutum non debet extendi, quin canonici
talium prebendarum creationem ex causis legitimis valeant reclamare.

Nota. anno domini 1328 idus maji convenerunt omnes canonici de capitulo,
quod senior subdiaconus inter canonicos, qui ad epistolam intitulatur ᶜ, ministrum
pro epistola legenda et senior, qui ad evangelium intitulatur, ministrum ad evangelium inantea assumere habeat et creare. et minister hujusmodi ad epistolam in
subdiaconatus, ad evangelium vero in diaconatus ordine esse et manere debebunt,
si inveniri non possunt. et tales esse debent, quod tempore collationis vel postea
decano vel majori parti capituli in lectura cantu ᵈ et alia sua conversatione ᵉ non
displiceant ᶠ.

B aus Straßb. Bez. A. G fasc. 4903 Statutenbuch von St. Peter von 1560 fol. 30 ª.

488. *Die Herren von Staufenberg quittiren der Stadt Straßburg über richtige
Zahlung der wegen der Burg Staufenberg fälligen Summe. 1328 Juni 28.*

Den erbern unde bescheiden dem . . meister unde dem . . rat unde den
burgern gemeenlich von Strazburg embietent wir Renbolt von Stöffenberg ein ritter,
Heinrich Brůne unde Johannes Humbel unsern gewilligen dienst zů aller zit bereit.
wir verjehen offenlich an disem briefe, daz ir uns gegeben hant unde gewert sin
von uch gentzeclich unde gar aller der pfenninge, die ir uns schuldig wörent ze

a) *B pertineant.* b) *B prejuditz.* c) *B intitulari.* d) *B cantri.* e) *B conservatione.*
f) *displiceatur.*

gebende von unserre burge wegen zů Stôffenberg, als ir unde wir mit enander
uberein koment. unde daz diz wore steite unde kůntlich blibe, so han wir die vorgenanten her Renbolt, Heinrich Brûne[1] unde Johannes Hûmbel[2] die vorgenanten
unsere ingesigel gehencket an disen brief. der wart gegeben an der zweier zweilfbotten abent Petri und Pauli in dem jare, do man zalte von gottes geburte drûzeheu
hundert jar unde ahtů unde zwentzig jare.

S aus Straßb. St. A. Verschl. Canzlei-Gew. Corp. K lad. 17 or. mb. c. 3 sig. pend.

489. *Dreizehn benannte Schwestern des Stiftes von St. Stephau verpflichten sich,
die vom Capitel beschloßene Verwendung von Kirchengütern für Vermehrung der
Pfründen und für die Feier des Jahrgedächtnisses der Aebtissin Brigitta aufrecht
zu erhalten und für ihre Bestätigung zu wirken. 1328 August 17.*

Noverint universi presencium inspectores, quod nos Greda dicta Burggreviu,
Agnes de Valkenstein, Adelheidis de Lôbegasse, Greda de Landesberg, Gisela de
Luphfenstein, Clara de Landesberg, Belyma de Wasichenstein, Adelheidis dicta
Begerin, Greda dicta Rôderin, Agnes de Schônôwe, Adelheidis de Valkenstein,
Irmengardis de Kirkel et Brigida de Wasselnheim canonice ecclesie sancti Stephani
Argentinensis fide o nobis et qualibet nostrum corporaliter prestita promisimus et
promittimus per presentes, quod applicacionem et deputacionem bonorum ad ecclesiam uostram predictam spectancium de consensu nostro unanimi ac canonicorum
ejusdem ecclesie tociusque capituli factas per nos et ipsum capitulum in augmentum
prebendarum canonicalium ecclesie prefate et pro anniversario pie memorie domine
Brigide olim diale ecclesie nostre abbatisse[a] annis singulis celebrando[3], prout in
littera sigillo dicti capituli nostri sigillata plenius continetur, ratas habebimus atque
firmas, et quecumque ex nobis ad abbatissam dicte ecclesie assumetur et eidem
ecclesie ut abbatissa preficietur, quod illa specialiter prefatas applicacionem et
deputacionem approbabit et apul reverendum in Christo patrem et dominum
dominum . . episcopum Argentinensem inpetret et procuret, quod et ipse auctoritatem suam hujusmodi applicacioni et deputacioni interponet, et quod omnia fiant,
que ad firmitatem perpetuam hujusmodi applicacionis et deputacionis necessaria
fuerint vel eciam opportuna, fraude et dolo penitus circumscriptis. in cujus rei evidens testimonium sigillum capituli ecclesie sancti Stephani predicte presentibus est
appensum. actum anno domini millesimo tricentesimo vicesimo octavo, feria quarta
proxima post festum assumpcionis beate Marie virginis.

B aus Straßb. Bez. A. H fasc. 2613 or. mb. c. sig. pend. delapso.

a) *B abbatiam die letzte Silbe auf Rasur.*

---

[1] *Siegellegende s.* Heinrici armigeri . . . en . . . *Im Wappen ein Kelch.*
[2] *Siegellegende s.* Johannis dicti Humbel de Stofsberg. *Im Wappen ebenfalls der Kelch. Vergl.*
Kindler v. Knobloch Das goldene Buch von Straßburg S. 354.
[3] *Vergl UB. III, 379 nr 1258.*

490. *Kaiser Ludwig bestätigt der Stadt Straßburg alle früher bewilligten Privilegien. 1328 November 1 Pisa.*

In nomine sancte et individue trinitatis. Ludowicus dei gracia Romanorum imperator semper augustus. augustalis pietatis inmensa clemencia [*weiter wie in* 5 *nr. 47 bis* servicia animentur]. notum sit igitur omnibus tam presentibus quam futuris, quod nos ad instar imperatorum et regum Romanorum predecessorum nostrorum sepedictam civitatem Argentinensem cum omnibus ejus incolis sub specialem defensionis nostre graciam recipientes de liberalitate nostri culminis ipsi civitati indulgemus et in evum confirmamus, ut, ubicumque ipsius civitatis burgenses pro-
10 prietates aliquas sive quascumque possessiones habuerint, nulli licitum sit de ipsis proprietatibus sive possessionibus vel eciam hominibus ipsorum servicium aliquid accipere aut exigere vel eciam cujusquam precarie sive exaccionis imponere ipsis onus. preterea constituimus tradimus et auctoritate imperiali confirmamus institutum et jus quoddam [1], quod cives iidem habuerunt a divis augustis predecessoribus nostris
15 Lothario et Philippo Romanis regibus memorie recolende, ut nunquam in loco aliquo per aliquam personam ecclesiasticam vel secularem eorum aliquis impediatur aut molestetur vel in judicium trahatur extra civitatem Argentinam vel prorsus cogatur ab aliquo pro sua proprietate seu possessione ibi cuiquam respondere, sed, si aliquis adversus aliquem eorum aliquid questionis habuerit, infra civitatem predictam coram
20 ipsius civitatis judicibus eum impetat ibique ei satisfaciat et respondeat, addicientes predicto instituto divorum augustorum predictorum nostrorum predecessorum dive memorie ipsumque de nostra munificencia imperiali graciose declarantes et ampliantes, ut non solum dictum institutum in accionibus intelligatur realibus, immo ipsum extendi volumus et extendimus ad acciones quaslibet personales. presertim eadem
25 imperiali auctoritate concedimus et indulgemus, quod mercatores eorum per aquarum decursus cum mercimoniis suis euntes, quocunque locorum navigia perveniant, si quo casu contingente rupta fuerint vel ad terram venerint, ne periculum naufragii cum rerum suarum dimersione perpessi aliquid in bonis suis idcirco dispendium sustineant vel jacturam et racione naufragii, quod vulgariter dicitur gruntrûre, nichil
30 penitus teneantur solvere, sed tam navigia quam navigancium bona illis reserventur, ad quos prius [a] spectabant, antequam navigium [b] hujusmodi periculum incurrisset, sublata penitus omni consuetudine locorum. dilectis eciam civibus Argentineusibus indulgemus et imperiali auctoritate confirmamus, ut ipsi ab omnibus injustis theoloneis a quibuscumque institutis, exceptis theoloneis, que a nobis descendunt et
35 imperio, sint liberi et inmunes et quod se defendant contra injuriaciones et turbaciones suos tam in aqua quam in terris, ex hoc, quod se defendunt contra offensores suos hujusmodi, indignacionem nostram incurrent nullatenus vel offensam [2]. insuper omnia jura et privilegia sub quacunque forma verborum expressa a Romanis

a) *S t om. prius.* b) *S t navigia.*

40 [1] *Vergl. nr. 326.*
[2] *Vergl. nr. 283.*

imperatoribus et regibus nostris predecessoribus dicte civitati Argentine et ejus·
incolis concessa et indulta et ipsorum honorem ac eorundem ᵇ civium Argentinensium
consuetudines a retroactis temporibus Romanorum imperatorum et regum predecessorum nostrorum per eosdem cives et eorum predecessores obtentas et observatas
auctoritate imperiali presentibus confirmamus. volumus itaque fideles nostros cives ₅
Argentinenses consistere in omni jure et honore atque constitucione, sicut a divis
Romanis imperatoribus et regibus nostris predecessoribus eorum fuerunt temporibus
sublimati, statuentes et edicto imperiali districte precipientes, quatenus nulli umquam
hominum sublimi vel humili ecclesiastico vel seculari hanc nostre donacionis seu
confirmacionis paginam licitum sit infringere vel ei ausu temerario contraire. quod ₁₀
si quis presumpserit, triginta libras auri componat, quarum medietas camere nostre,
reliqua vero passis injuriam persolvatur. in cujus rei testimonium presentes litteras
fieri jussimus et nostre majestatis bulla aurea conmuniri.   data Pisis prima die
mensis novembris anno domini millesimo trecentesimo vigesimo octavo, regni nostri
anno quartodecimo, imperii vero primo. et ego Hermannus de Lichtemberg scolas- ₁₅
ticus Spirensis prepositus sancti Germani extra muros ejusdem nomine et vice
domini Heinrici Coloniensis archiepiscopi per Italiam archicancellarii cancellarius
recognovi et propria manu subscripsi.

S aus Straßb. St. A. AA art. 2 nr. 9 Vidim. mb. c. sig. pend. ausgestellt 1425 September 18
vom Bischof Johann von Basel an Johannes Lumbart magister scabinorum und Johannes ₂₀
Sturme magister civium Argentinensium vor den Zeugen Reinaldus Veuer licenciatus
in decretis, Caspar Sürze prebendarius chori ecclesie Argentinensis et Wernher Zeller
notarius curie judicialis ecclesiastice episcopalis Argentinensis. Als Notar fungirt
Wernherus Petri Wentzel de Lutern.

S 1 coll. ibid. cop. mb. fere coaeva, am obern Rande angebrannt und eingerissen. ₂₅
Gedruckt aus dem Briefbuch A fol. 25 b ibid. bei Schöpflin Als. dipl. II, 138 nr. 937 im
Auszug. — Böhmer R. Lud. nr. 1006.

491. *Die Städte Straßburg, Basel und Freiburg schließen ein Bündniß, das bis*
zur Lichtmeß 1331 währen soll. 1329 Januar 12.

In gotz namen amen.   wir die reite uude die burgere gemenlich der stette von ₃₀
Strazburg, Basel uude Friburg tûnt kûnt allen den, die disen brief geschent uude
gehôrent lesen, das wir durch nutz ᶜ fride unde fromen unsere, userre stette uude
burgere gemenlichen uns zesamenne hant gemaht unde gebunden mit deme eyde, den
wir darumbe getan hant, untze zû der lichtmesse, so nû ze nehst komet, und von
der selben lichtmesse ane underlaz dwz gantzu jare mit solicher bescheidenheit, alse ₃₅
hienach gescriben stat [weiter wie in nr. 470 bis so sollent in die von Friburg uf
in beholfen sin an ze griffende ane alle geverde].¹ so hant ôch die von Strazburg
in dirre verbuntnisze usgenomen ieren herren den bischoffe von Strazburg. geschehe
daz er iemannes helfer wurde wider uns die vorgenanten stette alle oder eine oder zwo

a) *S eis.*   b) *S t et conmodum.*   c) *F add. notdurft.* ₄₀

¹ *Vergl. S. 421 Z. 15.*

under uns unde ze felde lege oder nit ze felde lege, so sollent die burger von Strazburg ze helfe komen der stette, die danne under uns gemant het oder uffe die man
zogete, unde sullent ir beholfen sin obwendig des Eckenbaches des besten des sie
mögent, alse dise verbuntnisze stat. die burger von Strazburg sint ôch uns den von
Basel unde von Friburg den vorgenanten nit schuldig von dirre verbuntnisze wegen
iren herren den bischof von Strazburg an ze griffende oder ze schadigende nyder-
halp des Eckenbaches ª, sie dûgent es danne gerne. doch sollent wir die von Basel
unde von Friburg schuldig sin ze helfende von dirre verbuntnisze wegen den burgern
von Strazburg an allen stetten, alse dirre verbuntnisze brief stat. ôch ist beret unde
usgetragen, were daz eine stat under uns eine ander stat ôch under uns manende
wurde, daz sie angriffe unde schadigete iemanne, der eine stat under uns angegriffen
hette oder geschadiget, den mag die stat, die alsus gemant wirt, angriffen unde
schadigen unverbotscheftet, obe sie wil. wil aber sie es im vurbotscheften, e sie in
angegriffet, das mag sie wol tûn. unde sol ir das an irme eyde noch an dirre ver-
bintnizze ᵇ nit schaden, das er widertû ane vûrzog, das er getan het der stat, die
er geschadiget oder angegriffen het. deite er des nit, so sol in die stat, die also
gemant ist, angriffen unde schadigen ane vûrzog glicher wis, alse were ir der schade
geschehen. es ist ôch berette, were das die burgere von Strazburg eine verbuntnisze ᶜ
mahtent mit irme herren dem bischof von Strazburg, wurdent sie danne e gemant
umbe einen uszog von dem vorgenanten irme herren dem bischof von Strazburg,
danne von uns den vorgenanten stetten, so sollent sie im beholfen sin. unde sol in
daz an irme eide noch an dirre verbuntnisze nit schaden. wenne sie aber von der
helfe wider heimkoment, hen wir die von Basel oder von Friburg danach sie gemant oder manent sie umbe helfe, so sollent sie uns beholfen sin, alse dise verbintnisze stat, ane alle geverde. gelicher wis sol man disen artickel verstane, obe die
von Basel eine verbuntnisze ᵈ deitent mit irme herren dem bischof von Basel
unde die von Friburg mit irme herren dem graven von Friburg. das ôch
wir die vorgenanten stette dest fridelicher unde fruntlicher geleben mögent, so haben
wir mit gemenem mûte gemaht unde berette, das dekein burger oder burgerin der
vorgenanten stette die andern bekumern sollent, danne die waren schuldener.
wolte aber dekeine burger oder burgerin der vorgenanten stette die andern zû rede
setzen in der stat, da die schuldener inne gesezen sint, umbe dehenre hande schulde
oder umbe dehein ander sache, die sie mit in ze schaffende hant, den sol man
rihten unverzogenlichen. lockent aber ᵉ der schuldener der schulde oder der clage,
darumbe er angesprochen wirt, unde wil in der cleger erzûgen, das sol er tûn mit
biderben luten, die dobi sint gewesen, die umbe die schulde oder umbe die ansprache
wissent, oder mit briefen, die billichen helfen sollent unde mögent. unde sol man
die ôch hören unde dem cleger darnach rihten ane alle geverde. es ist ôch berette,
das dekeine stat under uns den vorgenanten stetten noch dekein burger oder burgerin dirre vorgenanten stette dekeine stat noch burger oder burgerin under uns
angriffen sol noch bekumbern ane gerihte. wande het ieman under uns den vorge-

---

a) F Eckebaches.　　b) F verbentnisze.　　c) F buntnisze.　　d) F buntnisze.　　e) F om. aber.

nanten stellen burger oder burgerin mit dem andern ût ze schaffende oder an ze
sprechende, in welichen weg das were, das sollent sie tûn mit gerihte an den
stellen, do in genre, den sie do ansprechent, ze rehte sollent stan. unde sol man
in do rihten unverzogenlich, alse do vor geschriben stat. doch ensol sich dekeine
stat unnemen dekeinen iren burger oder burgerin ze schirmende wider die andern
die vorgenanten stette burger oder burgerin von dekeines crieges noch angriffes
wegen, der ieren burger oder burgerin geschehe, e sie ir burger oder burgerin
wurdent. geschche ôch dekein angriffe under uns den vorgenanten stellen ane gerihte, den sol die stat, der burger oder burgerin den angriffe getan hant, solich
haben, das sie widertûn, das sie ane gerihte getan hant, wande ieder burger oder
burgerin under uns den vorgenanten stellen sollent von den andern reht nemen an
den stellen, do sie es ze reht tûn sollent, alse do vor geschriben stat. unde
harûber so het dekein stat under uns den vorgenanten stellen meht uber die andern
ze erkennende von irs burgers oder burgerin wegen anders, wande do vor gescriben
stat. wir globent ôch bi unsern eiden, wenne eine . . rat abegat under uns drin
stellen den vorgenanten, das ie der alte . . rat dem nuwen . . rat in den eit sol
geben dise verbuntnisze und disen brief stette ze habende untz zû dem vorgenanten
zil ane alle geverde. unde daz die vorgescriben verbuntnisse unde dirre gegenwertige brief gantz stette unde veste verlibe, so haben wir die vorgenanten reite von
Strazburg, von Basel unde von Friburg unserre stette ingesigele an disen brief gehenket. der wart gegeben an dem durnstag vor dem zwentzigesten dage zû wihen-
naht des jares, do man zalte von gottes geburte drûzehen hundert jar unde zwentzig
jare danach in dem nûnden jare.

*S aus Straßb. St. A. Gew. u. d. Pfalz lad. 44/45 or. mb. c. 3 sig. pend., quorum 2 delapsa.
Nur das Straßburger Stadtsiegel hängt noch.*
*F coll. aus Freiburger St. A. lad. 5 nr. 7 or. mb. c. 3 sig. pend. Dorsualcermerk von einer
Hand des 14. Jahrhunderts dis ist der andere buntbrief.*
Gedruckt nach S bei Wencker Disqu. de usuburg. p. 47 = Lünig XIV, 731 nr. 13.

492. *Münzordnung der Stadt Straßburg über den Werth ihrer Pfenninge. 1329
Februar 13.*

Wir Michel Rûlenderlin der meister unde der . . rat von Strazburg unde
ich Gotze von Grosten münzemeister der vorgenanten stette zû Strazburg tûnt kûnt
allen den, die disen brief gesehent unde gehôrent lesen, daz wir erlôbent unde erlôbet hant Goszelin Klobelôch dem Hûter unserme hûtere zû Strazburg, daz er
pfenninge hûten sol, do drittehalp schilling bi der marck si unde drithalp schillinge
unde zwei pfûnt eine marck wegent,[1] ane alle geverde bi sime eide, so er beste
kan unde mag. were es aber, das die pfenninge ieman angriffe, funde man sie danne
ohte pfenninge lihter an der swere unde nûn pfenninge erger an dem silber, denne
alse hie vor geschriben stat, daz sol im nût schaden in keine wis. er sol ôch ver-

---

[1] *Vergl. D. St. Chron. IX, 995 und Hanauer Etudes économiques sur l'Alsace I, 369.*

suchen die pfenninge [*weiter wie in nr. 386 bis* der gemeude von Strazburg ane
alle geverde]. unde sol dirre brief weren sehs jar. unde nach den sehs jaren sol
die mûusze in Irme rehte sin unde sol ôch unsere stat in irme rehte bliben ane alle
geverde. unde daz diz ware si unde stcite blibe, so ist unserre stette insigel au
5 disen brief gehencket. darzû habe ich Gotze von Grosten der vorgenante ôch min
insigel zû der vorgenanten stette insigel von Strazburg gehencket an disen brief.
der wart gegeben an dem mendag vor sant Valentinez dage in dem jare, do man
zalte von gottez gebôrte drûzehen hundert jar unde nûn unde zwentzig jare. haran
warent wir Hanseler von Schonecke, her Michel Rûlenderlin, her Rûlin Loselin
10 unde her Burckart Renboldelin die vier meistere *u. s. w. folgt der Rath.*

S aus Straßb. St. A. Münzsachen art. 23 nr. 15 or. mb. c. 2 sig. pend.

493. *Münzordnung der Stadt Straßburg. 1329 Februar [13].*

Wir Michel Rûlenderlin der meister und der rat von Strazburg tûnt kunt allen
den, die disen brief gesehent und gehôrent lesen, daz wir überein komen sint mit
15 hern Gôtzen von Grostein unserm mûnszemeister [*weiter wie in nr. 379 bis* davor
bescheiden ist]. waz silbers ôch der hûter und die geswornen, die hienach geschriben
stânt, bûrnent, daz sûllent sie nût erlôben noch darüber sprechen, ez sûllent zwene
ander gesworne oder me, die hienach geschriben stânt, tûn und weliche zwene der
gesworner, die daz silber nût gebrant hant, erlôben. daz silber sol ôch nieman von
20 der hant geben, ez sie danne e gezeichent. und sint diz die gesworuen, die darüber
gesetzet sint und darüber gesworn hant: Gôszelin Clôlelôch der hûter, Syx, Peterman Rebestog, Henselin Vôltzsche, Brune, Henselin Mansze und Cûntze Merswin.
und were daz den vorgeuanten gesworuen ein silber vûrkôme und daz sprechent
uffe iren eyt, daz sie zwifel hettent, daz daz silber nût volle gût were, daz silber
25 sol men anderwerbe ufsetzen. und sol dirre brief wern von der lichtmesze uuserre
frowen, die nû zû nehste waz, sehs jar ân underlâsz. und daz diz war sie und
stete blibe, so ist unserre stette ingesigel an disen brief gehencket. der wart
geben an[a] vor sant Valentins dage in dem jare, da man zalte von gottes gebûrte
drúczehen hundert jar und nûn und zwentzig jare. haran warent wir Hanseler von
30 Schônecke, her Michel Rûlenderlin, her Rûlin Lôselin und her Burckart Reimbol-
delin die vier meistere *u. s. w. folgt der Rath.* .

1329
Februar 2

S aus Straßb. St. A. Briefbuch A fol. 206 b mit der Ueberschrift aber ein brief uber die
mûnze.

a) *Wohl zu ergänzen nach nr. 492 dem mendag.*

494. *Die Städte Straßburg, Basel, Freiburg, Konstanz, Zürich, Bern, Lindau, Ueberlingen, Ravensburg und St. Gallen schließen ein Bündniß, das bis zum St. Georgstag 1331 währen soll. 1329 März 16.*

1329
April 23

In gotz namen amen. wir die reite unde die burgere gemenlichen der stette Strasburg ᵃ, Basel, Friburg, Costuntz ᵇ, Zurich, Berne, Lindôwe, Überlingen, Rafens- ₅ burg unde von sant Gallen tûnt kûnt allen den, die disen brief sehent lesent oder horent lesen, das wir durch nûtz unde friden unseri, unserre burgere unde lute unde des landes gemenlichen ᶜ uns zesamenne hant gemaht unde gebunden mit dem eide, den wir darumbe getan hant, einander getruwelichen ze ratende unde ze helfende hinnenfurder untz zû sant Gerien dag, so nû ze nehst komet, unde von dannen ᵈ ₁₀ ane underlas zwei gantz jare zû allen den criegen, so uns angevallent oder ᵉ gewinnent, wo oder in welichen weg uns die angevallent, ane das, was iemanne, die nû zû dirre verbuntnisze gehôrent oder hernach darin kement, es sint herren oder stette oder wer die sint, in den alten kriegen untz har geschehen ist. darzû sol man nit beholfen sin, man tuge es denne gerne. aber was krieges under uns uferstanden ₁₅ ist sider dem male, das wir zûm ersten uns zû einander verbunden unde die ersten verbuntnisze mahtent ¹, darzû sollent wir einander geraten unde beholfen sin mit solicher bescheidenheit, alse hienach gescriben stat [*weiter wie in nr. 478 bis* als es in gelegenlich ist ane alle geverde]². doch mag der herre oder die stat jenem vûrbotscheften, uf die sie gemant sint, der den schaden getan hette, das er wider- ₂₀ tûge den, die er geschadiget het, obe sie wellent, unde sol in das an irem eide noch an dirre verbuntnisze nit schaden. widerdeite er denne nit, so sullent sie uffe in beholfen sin, als do vor gescriben stat. unde sullent ôch die herren stette oder wer sie sint [*weiter wie in nr. 478 bis* darzû sol man nit beholfen sin, man tûge es danne gerne]³. es môgent ôch die von Strasburg, von Basel unde von Friburg ₂₅ zû in eupfahen in dise verbuntnisze herren unde stette oder wer sie sint, die in gesessen sint, die sie erkennent uffe ir eide alle in iren reiten oder das merre teil under in, das sie zû dirre verbuntnisze nûtz unde gût sint. das selbe môgent unde sullent ᶠ ôch tûn in ᵍ gelicher wis die von Costuntz, von Zurich, von Lindôwe unde ʰ von Überlingen. das selbe môgent ôch tûn gelicher wis ⁱ die von Zurich unde ₃₀ die von Berne die vorgenanten. ôch ist berette, das denheinen, die zû dirre verbunt- nisze gehôrent, es sint herren stette oder wer sie sint, uffe die andern, die in dirre verbuntnisze sint, spise sol geben. und wer, das ieman denheinen, die zû dirre bunt- nisze gehôrent, es sint herren stette oder wer sie sint, schadigete oder spise wolt schicken den, die uffe sie zogetent oder schaden deitent, das sullent die andern, ₃₅

a) *S* von Strasburg.   b) *S* Contentze hier wie im gantzen Stück.   c) *S* gemeinlichen und des landes.
d) *S* add. bin.   e) *S* add. wir.   f) *S om.* und sullent.   g) *S om.* in.   h) *S add.* die.
i) *S om.* gelicher wis.

¹ Vergl. nr. 478.
² Vergl. S. 429 Z. 10.
³ Vergl. S. 430 Z. 2.

₄₅

die zû dirre verbuntnisze gehôrent, weren unde wendeu uffe den eit, als verre sie
kônnent unde mogent, ane geverde. unde sullent ôch die herren unde stette oder
wer sie sint, hinderwert angriffen, die uffe sie gezoget sint oder spise hant geschicket.
doch sint die von Strasburg nit schuldig von dirre verbuntnisze wegen iren herren
5 den bischof von Strasburg an ze griffende oder ze schadigende niderthalp des Eckenbaches in denheinen weg von dirre verbuntnisze wegen, sie tûgent es danne gerne.
doch sullent wir die vorgenanten stette oder herren unde stette wer sie sint, die
hienach in dise verbuntnisze koment, schuldig sin ze helfende den von Strasburg
den vorgenanten an allen stetten. als dise verbuntnisze und dirre brief stant. es
10 eusol ôch den von Strasburg nôt schaden in dirre verbuntnisze [weiter wie in nr.
478 bis der vorgescriben oder nachgescriben dinge] [1]. den von Strasburg, den von
Basel unde den von Friburg sol ôch in dirre verbuntnisze nit schaden, obe sie in
den obern lantfriden [b] in Elsasze kement. so habent die von Strazburg, die von
Basel, die von Costuntz ire herren die bischoffe unde die von Friburg ieren herren
15 den graven von Friburg usgenommen mit solicher bescheidenheit [weiter wie in nr.
478 bis vor dirre verbuntnisze gebunden warent ane alle geverde] [2]. die von Strasburg, von Basel unde von Friburg hant nemmelich unde mit rehter gedinge usgenommen an dirre verbuntnisze, das ir drier stette vorder verbuntnisze [3] vúrgang
sol haben unde steite beliben mit allen [c] den artickeln, alse die selbe buntnisze
20 gescriben stat, unde sol dise verbuntnisze ir in deheinen weg schade sin. was herren
oder stette oder wer sie sint hinnenfurder in dise verbuntnisze enpfangen werdent.
die sullent brieve unde insigel geben unde ôch sweren, dise verbuntnisze steite ze
habende in alle wis, als hie [d] vor gescriben stat, unde sol man in ôch beholfen sin,
alse dise selbe verbuntnisze stat, ane [e] geverde. geschehe ôch, das deheinen herren,
25 die in dise verbuntnisze enpfangen wurdent, dehein schade oder criek anfiel in dirre
verbuntnisze, als do vor gescriben stat, das sol er dem . . rate der nehsten stette,
der er gesessen ist, die in dirre verbuntnisze ist, die maht het in ze enpfahende
oder enpfangen het, vúrbotscheften. unde erkennet sich denne der selbe . . rate oder
der merre teil des . . rates uf den eit, das im unreht si geschehen unde wider dem
30 rehten geschadiget, so sol man im beholfen sin in alle wis, alse do vor gescriben
stat. es ist ôch berette, were das die burgere von Strasburg eine buntnisze mahtent
mit irme herren dem bischoffe von Strasburg, wurdent sie danne e gemant umbe
einen uszog von dem vorgenanten irem herren dem bischoffe von Strasburg, danne
von uns den vorgenanten herren unde stetten, so sullent sie im beholfen sin unde
35 sol in das an irme eide noch an dirre verbuntnisze nit schaden. unde sint ôch uns [f]
die von Strazburg von dirre verbuntnisze wegen nôt schuldig an ze griffende oder
ze schadigende die, es sint herren ritter oder kneht oder wer sie sint, die bi irne

a) Z om. von.　b) Z om. lantfriden.　c) S om. allen.　d) S da.　e) S add. alle.　f) S om. uns.

herren dem bischof von Strazburg oder bi in uſſe dem velde ligent, alle die wile
sie uſſe dem velde bi einander ligent. wenne sie aber von dem velde wider heimkoment, han wir herren oder stelle oder wer sie sint, die in dirre verbuntnisse nů
oder hienach sint, danach sie gemanent oder manent sie umbe helfe, so sollent sie
uns beholfen sin, alse dise verbuntnisze stat, ane alle geverde. gelicher wis sol   **5**
man disen artickel verstane, obe die von Basel unde die von Costuntz eine biutuisze
deilent mit iren herren den bischoffen, die von Friburg mit irem herren dem graven
von Friburg. das öch wir die vorgenanten herren unde stelle dest fridelicher unde
fruntlicher geleben mogent, so haben wir mit gemenem můt gemäht unde beret,
das dekein burger oder burgerin der vorgenanten herren unde stelle die andern   **10**
bekumbern sullent, danne die waren schuldener [1]. wolt aber dekein burger oder
burgerin der vorgenanten herren unde stelle die andern zů rede setzen in der stat
oder under den herren, da die schuldener gesessen sint, umbe denheinre hande
schulde oder umbe denhein ander sache, die sie mit in ze schaffende hant, den sol
man rihten unverzogenlichen. lockent aber der schuldener der schulde oder der clage,   **15**
darumbe er angesprochen wirt, unde wil in der cleger erzugen, das sol er tůn
mit biderben luten, die dobi sint gewesen, die umbe die schulde oder umbe die
ansprach wissent, oder mit brieven, die billichen helfen sullent unde mugent. unde
sol man die öch horen unde dem cleger darnach rihten ane alle geverde. es ist öch
berette, das dekein herre noch stat under uns den vorgenanten herren unde stelten dehein   **20**
herre noch [a] stat noch burger oder [b] burgerin under uns angriffen sol noch bekumbern
ane geribte. wande het ieman under uns herren unde stelten burger oder burgerin
mit dem andern ůt ze schaffende oder an ze sprechende, in welichen weg das
were, das sullent sie tůn mit geribte an den stelten, do in jenre, den sie do
ansprechent, ze reht sol stan. unde sol man in do rihten unverzogenlich, alse do   **25**
vor gescriben stat; doch ensol sich dekeine herre noch stat oder wer er ist, der in
dirre verbuntnisze ist, annemen iren burger oder burgerin ze schirmende wider die
andern die vorgenanten herren unde stelle burger oder burgerin von dekeines crieges
noch [c] angriffes wegen, der ieren burger oder burgerin geschehe, e [d] sie ir burger
oder burgerin wurdent. geschehe öch dehein angriffe under uns den vorgenanten   **30**
herren unde stelten ane gerihte, den sol der herre oder die stat, der burger oder
burgerin den angriffe getan hant, solich haben, das sie widertůn, das sie ane
geribte getan hant, wande ieder burger oder [e] burgerin under uns herren unde
stelten sollent von den andern rebt nemen an den stelten, do sie es ze reht tůn
sullent, alse do vor gescriben stat [f]. unde haruber so het dehein herre noch stat   **35**
under uns herren unde stelten dirre verbuntnisze maht uber die andern ze erkennende
von irs burgers oder burgerin wegen anders, wande do vor gescriben stat. wir
gelobent öch bi unsern eiden [h], wenne ein . . rat abegat under uns den vorgenanten
stelten, das ie der alte . . rat dem nuwen . . rat in den eit sol geben, dise verbunt-

a) *S* unde   b) *S* noch.   c) *S* oder.   d) *Von hier ab eine grosse Rasurstelle zwei Zeilen tief.*   **40**
e) *S* und.   f) *S* om. gescriben stat.   g) *S* om. dirre verbuntnisze.   h) *Hier redet die Rasur.*

[1] *Vergl. nr. 491.*

nisze unde disen brief steile ze habende untz zů dem vorgenanten zil ane alle geverde. unde durch das* diz alles steile unde* gantze unde unzerbrochen blibe, so* han wir die.. reite unde burgere der egenanten stetten unser insigel vôr uus gehencket an disen brief. unde geschach dis unde wart ôch dirre brief gegeben an dem důrnstag nach sant Gregorien dag in der vasten, do man zalte von gottes geburte drůzehen hundert jar darnach in dem nunden unde zwentzigestern jare.

Z aus Zurscher Staats-Archie Stadt u Landschaft Zürich nr. 1349 or. mb, c. 10 sig pend.
Alle Siegel an Pergamentstreifen gut erhalten mit Ausnahme desjenigen der Stadt Straßburg
S call. aus Straßb. St. A. Gew. u. d. Pfalz lad. 73 cop. mb. coneca.
G im St Gollener Staats-A. lad. 19 nr. 4 or. mb. c 10 sig pend.
B im Berner Cantons-A. Fach Deutschland or. mb c. 10 sig. pend. partim lacris.
Gedruckt nach Z bei Tschudi Chron Helc. I, 310 a-313 a; nach G bei Wurtmann U.B. d. Abtei St. Gallen III, 466 die Abweichungen und Zusätze von nr. 478. — W. Vischer Gesch. d. Schweiz. Städte-Bundes Reg. nr. 5.

495. *Grethe von Landsberg, zur Aebtissin von St. Stephan gewählt, bestellt Johann Arleberg zu ihrem und des Klosters Sachwalter. 1329 April 8.*

Coram nobis.. judice curie Argentinensis constituta.. domina Greda de Landesberg, electa et confirmata in abbatissam monasterii sancti Stephani Argentinensis, in omnibus causis sibi motis vel movendis a personis quibuscunque, sive quas ipsa movet vel movere intendit personis quibuscunque super.. abbatia predicta vel ejus occasione, aut aliis causis vel negociis quibuscunque.. discretum virum Johannem dictum Arleberg suum fecit et constituit procuratorem ad impetrandum in loca et judices conveniendum, contradicendum et recusandum alium vel alios procuratores substituendum et eundem vel eosdem revocandum, quando et quociens sibi visum fuerit expedire, ac alia omnia et singula faciendum, que circa premissa fuerint necessaria vel eciam oportuna, ratum et gratum habitura, quicquid dictus suus procurator aut ab eo substitutus vel substituti egerint in premissis[1]. et in hujus rei testimonium sigillum curie Argentinensis ad peticionem prefate domine Grede presentibus litteris est appensum. actum 6 idus aprilis anno domini 1329.

B aus Straßb. Bez. A. H fasc. 2619 or. mb. c. sig. pend. delapsu

a) S om. das. b) S om. unde. c) S om. so.

[1] *Der Straßburger Hofrichter besiegelt auch unterm 13. Februar 1330, daß die Abtei St. Stephan den Cleriker Johannes dictus Arleyberg zu ihrem Procurator bei der päbstlichen Curie bestellt habe, nach Form der Bestallung vom 1324 October 12, vergl. nr. 442. Straßb. Bez. A. H fasc. 2684 or. mb. c. sig. pend*

496. *Sühne der Herren Heinrich, Hugelmann und Friedrich von Finstingen, des Grafen Friedrich von Saarwerden und des Ritters Wilhelm von Dorsweiler mit der Stadt Straßburg. 1329 April 8.*

Wir Heinrich, Hugelman unde Friderich herren zů Viustingen, Friderich grave zů Sarwerde unde Wilhelme von Dorneswilre ein ritter tůnt kůnt allen den, die disen brief geschent unde gehörent lesen, das wir gelobent bi gůten truwen eine luter steite sůne ze habende vůr uns alle unser frůnde unde helfere mit den erbern unde bescheiden dem . . meister deme . . rate unde den burgern gemeinlich von Strazburg unde allen iren helfern von dez widersagendez wegen, daz uns datent die vorgenanten burgere von Strazburg von dez crieges wegen, den do hette her Johannes von Moburne mit den vorgenanten burgern von Strazburg[1], unde gelobent öch die vorgenante sůne steite ze habende vůr uns alle unsere frůnde unde helfere bi gůten truwen ane alle geverde. unde dez zů einem waren steiten urkunde so han wir unsere insigele an disen brief gehencket. der wart gegeben an dem samesdag nach sant Ambrosien dag in dem jar, do man zalte von gottez geburte drůzehen hundert jar unde nůn unde zwentzig jare.

S *aus Straßb. St. A. Verschl. Canzlei-Gew. Corp. K lad. 16 or. mb. c 5. sig. pend., quorum 1 delaps. Abgefallen das Siegel Heinrichs von Finstingen.*

497. *Probst und Capitel von St. Arbogast setzen fest, wer von den Angehörigen dieser Kirche berechtigt sein soll, Antheil an der Geldvertheilung aus Legaten und Seelgeräthen zu haben. 1329 April 22.*

Nos Hermannus prepositus totumque capitulum ecclesie sancti Arbogasti extra muros Argentinenses ad noticiam omnium et singulorum presens scriptum intuencium volumus pervenire, quod, cum juvenes seu scolares nostri monasterii, qui per parentum preces contra nostram voluntatem interdum a scolis seu disciplinis eripiuntur, equalem[a] partem seu porcionem in omnibus legatis et remediis a Christi fidelibus nobis factis, que dantur in vigiliis missis et sepulchrorum visitacione seu alias nobis in promta pecunia distribuuntur, una nobiscum recipere velint et opinentur[a] quemadmodum sacerdotes, nos igitur attendentes hoc et considerantes minime fore consonum racioni, volentes nobis ac[b] sacerdotibus in divinis cultibus pre ceteris maxime pondera gerentibus super hoc salubri remedio subvenire, statuimus et ordinavimus ordinamus[c] et statuimus per presentes de communi consensu et deliberacione inter nos prehabita diligenti, ut nullus fratrum seu canonicorum nostrorum, nisi sit actu sacerdos et suam ebdomadam in missis et alias in divinis cultibus per se vel per alium faciat, sicut decet, aut a nostro capitulo racione sue infirmitatis seu debilitatis vel alias habeat ex racionabili causa graciam specialem, in omnibus remediis nobis

a) *B* volunt et opinantur. b) *B* a c) *B* ordinavimus.

1 *Vergl. nr 459-460*

a Christi fidelibus legatis seu in posterum legandis, nisi sit aut fiat in aministracione
communis mense, debeat seu habeat partem vel porcionem recipere aliquam, promittentes omnes et singuli per juramentum a nobis prestitum corporale tacto libro,
nos premissa omnia et singula in perpetuum servaturos nec contravenire quoquomodo,
s fraude et dolo penitus circumscriptis. insuper per idem juramentum promittimus,
quod futuro nostro preposito, qui pro tempore post nunc prepositum nostrum a nobis
electus vel alius a superiore nostro nobis datus fuerit, nullam obedienciam exhibemus
vel faciemus, nisi prius juraverit, se servaturum ordinacionem nostram antedictam,
[neque] a aliquem in nostro choro instellabimus seu aliquem ad professionem in
10 nostro monasterio faciendam recipiemus, nisi prius juraverit, se predicta nostra
statuta servaturum, quemadmodum est prescriptum b. in cujus rei evidens testimonium
sigilla nostra videlicet prepositi et capituli predictorum presentibus sunt appense.
actum vigilia Georgii anno domini 1329.

*B aus Straßb Bes. A. G fasc 1700 cop. chart. sec. XV aus dem Privilegienbuch von
15 St. Arbogast fol. 22.*

498. *Pabst Johann XXII gibt dem Probst, dem Dekan und dem Thesaurar
von St. Peter zu Straßburg den Auftrag, die Aufnahme Dilias, der Tochter Eberhards von Mülnheim, in das St. Stephanskloster daselbst zu bewirken. 1329 Mai 8
Avignon.*

20 Johannes episcopus servus servorum dei dilectis filiis . . preposito ac . . decano
et . . thesaurario ecclesie sancti Petri Argentinensis salutem et apostolicam benedictionem. prudencium virginum votis, que spreto mortalis viri thoro ei, qui specio-
sius est pre filiis hominum, desponsari desiderant, volumus et debemus favorabiles
inveniri. cum itaque, sicut accepimus, dilecta in Christo filia Dilia, nata dilecti filii
25 nobilis viri Eberhardi de Mülnheim, puella litterata Argentinensis, cupiat una cum
dilectis in Christo filiabus . . abbatissa et conventu monasterii sancti Stephani Argentinensis ordinis sancti Augustini in eodem monasterio sub regulari habitu virginum c
domino famulari, nos pium ejus desiderium in hac parte favore benivolo prosequentes discrecioni vestre per apostolica scripta mandamus, quatenus vos vel duo
30 aut unus vestrum per vos vel alium seu alios eandem Diliam, si sit ydonea et aliud
canonicum non obsistat, in dicto monasterio faciatis auctoritate nostra in monacham
recipi et sororem sibique exhiberi juxta consuetudinem ipsius monasterii habitum
regularem, et eidem de ipsius monasterii communibus proventibus sicut uni ex
aliis ejusdem monasterii monialibus integre provideri et eam sincera in domino
35 caritate tractari, non obstantibus quibuscunque statutis et consuetudinibus monasterii et ordinis predictorum contrariis, juramento confirmacione apostolica vel
quacunque firmitate d alia roboratis, aut si pro aliis in dicto monasterio scripta
apostolica sint directa, quibus per hoc ullum prejudicium generetur, seu si eisdem

a) *B per.* b) *Am Rande ist von andrer Hand vermerkt* nota de consensu et auctoritate dyocesani.
40 c) *H virtutum.* d) firmate.

. . abbatisse et conventui vel quibusvis aliis communiter vel divisim a sede apostolica sit indultum, quod ad recepcionem vel provisionem alicujus minime teneantur et ad id compelli, aut quod interdici suspendi vel excommunicari non possint per litteras apostolicas non facientes plenam et expressam ac de verbo ad verbum de indulto hujusmodi mencionem, et qualibet alia dicte sedis indulgencia generali vel speciali, cujuscunque tenoris existant, per quam presentibus non expressam vel totaliter non insertam effectus earum impediri valeat quomodolibet vel differri, et de quo cujusque toto tenore habenda sit in nostris litteris mencio specialis, contradictores per censuram ecclesiasticam appellatione postposita compescendo.　datum Avinione 8 idus maji pontificatus nostri anno tercio decimo.

B aus Straßb. Bez. A. II fasc. 2017 cop. mb. c. sig. pend. delaps. inserirt einem com judex curie Argentinensis 1330 Februar 17 aufgenommenen Protokoll über die Appellation des Stifts St. Stephan gegen diesen pabstliche Mandat [1].

499. *Sühne des Ritters Johann von Mombronn und seiner Frau Rilind mit der Stadt Straßburg. 1329 Mai 11.*

Allen den si kunt, die disen brief gesehent unde gehörent lesen, daz ich Johannes von Monburne ein ritter gelobet habe bi güten truwen unde vrowe Rylint

---

[1] *Gegen dies Mandat und dessen Ausführung durch den Thesaurur von St. Peter verwahrt sich das Capitel von St. Stephan und legt durch den dafur angenommenen Procurator, den bischöflichen Notar Johannes Wagener, in Gegenwart des bischöflichen Hofrichters und mehrerer Zeugen — darunter magister Mathyas clericus Berhtoldi episcopi — sowie vor dem Thesaurur selbst Appellation ein, die so begründet ist :* «in eodem monasterio non sunt moniales, sed sunt . . abbatissa et canonice regulares et tempore date dictarum litterarum apostolicarum fuerunt, que nec propriis renunciant nec professionem faciunt regularem nerque vivunt sub aliqua de religionibus approbatis, sed vivunt ut in secularibus ecclesia canonici seculares. sunt eciam in eodem monasterio seculares canonici et tempore dicte date litterarum apostolicarum fuerunt concurrentes in prebendis et in voce capitulari cum canonicabus monasterii prenotati. patet igitur predictum monasterium sancti Stephani non esse monasterium monialium seu monacharum religiosarum, sed esse monasterium canonicarum et canonicorum secularium et tempore date dictarum litterarum apostolicarum fuisse, pro quali est eciam habitum a tempore, cujus contrarium memoria non existit. ipsi eciam . . abbatissa canonice et canonici de bonis communibus communiter non vivunt, immo separatim et distinctim ministrantur eis prebende et habent proprium, sicut alii canonici seculares, et tempore date dictarum litterarum et nunc habuerunt. preterea in eodem monasterio tempore date predictarum litterarum apostolicarum et ante fuit et adhuc est statutus certus canonicarum et canonicorum numerus juratus et juramento firmatus, de quo in eisdem litteris nulla fit mencio, videlicet sedecim canonicarum et quatuor canonicorum, ita videlicet, quod ad canonicatum et prebendam in eodem monasterio non vacantes, obstante statuto et juramento hujusmodi, per ipsos canonicas et canonicos nemo assumitur, sed dumtaxat aliquo de canonicatibus predictis vacante, persona ydonea in locum ejus, qui hujusmodi canonicatum tenuit, eligitur per capitulum canonicarum et canonicorum monasterii prenotati, ex quo manifestum est predictas litteras apostolicas pro receptione in monacham seu monialem dicte Dilie, exhibicione habitus regularis, et ut sibi sicut moniali de communibus dicti monasterii proventibus provideatur, directas se ad monasterium seculare sancti Stephani predictam extendere non posse. — Dilia eciam predicta tempore date dictarum litterarum fuit et adhuc est etatis infra annos septem, scilicet in infancia constituta, nec tempore date ipsarum litterarum fuerat litterata, prout predicte littere apostolice exigunt et requirunt. constat igitur prefatum thesaurarium per suum processum fines sepefati mandati apostolici sibi directi pro dicta Dilia, si eam ydoneam inveniret, excessisse, cum ipsa Dilia juxta litteras apostolicas propter etatem infantilem nec votum fatere nec cum discrecione et ratione capere deo sub regulari habitu famulari tempore date earum potuerit vel nunc possit, sed infans non puella nec litterata dicto tempore fuerit et adhuc sit» *Die Appellation fand am 11. Februar 1330 statt.*

min eliche wirtin gesworn het an den heiligen vur uns alle unsere erben frůnde
unde helfere eine gůte stete sůne zů habende mit den erbern unde bescheiden dem
meistere dem råte unde den burgern gemeinliche von Strazburg unde allen iren
helfern umbe allen den schaden, der uns oder unsern helfern geschehen ist alle
5 disen hůtigen tag, ez si an luten an gůte, oder in welichen weg der geschehen ist,
von der name wegen. die do geschach hern Steinline seligen von Winstein der
vorgenanten miare vrowen Rilinde ersten elichen wirte, darumbe ich der vorgenant Johannes von Monburne die vorgenanten burgere von Strazburg gecrieget
habe, unde verzihent uns beide unverscheidenlich Johannes von Monburne unde
10 vrowe Rilind die vorgenante min eliche wirtin vur uns alle unser erben frůnde unde
helfere des vorgenanten schaden ane alle geverde. ich der vorgenante Johannes
habe ôch globet unde vrowe Rilind min eliche wirtin gesworn an den heiligen mit
inime willen unde gehelle schuldig unde wer zů sinde unverscheidenliche vur uns
alle unsere erben frůnde unde helfere von der ansprachen wegen, die wir hettent
15 an die burgere von Strazburg von der name wegen, die do geschach den vorgenanten hern Steinlin seligen unde vrowen Rilinde miure elichen wirtin in dem
criege, do jungherre Niclaus selige grave von Lutzelnstein criegete mit den vorgenanten burgern von Strazburg[1], daz wir die selben burgere unde ire helfere nyemer
sollent angegriffen noch geschadigen noch geschaffen angegriffen noch geschadiget
20 in deheinen weg, heimelichen oder offenlichen, mit gerichte oder ane gerichte, nu
oder hernach, von der vorgenanten gelte wegen ane alle geverde. unde daz alle
die vorgescribene ding stete unde war bliben, darumbe habe ich der vorgenante
Johannes von Monburne min ingesigel gehenket an disen gegenwertigen brief unde
han ich der vorgenante Johannes von Monburne unde vro Rilind min eliche wirtin
25 die vorgenanten gebetten des bisschoves von Strazburg hoverichter, daz er des
selben hoves ingesigel het an disen brief gehenket. wir der richter des vorgenanten
hoves zů Strazburg verjehent unde gebent urkunde, daz allez, daz do vor gescriben
stat, vor uns ist geschehen. und des zů eime urkunde han wir durch bette des
vorgenanten hern Johanneses von Monburne unde vrowen Rilinde sinre elichen
30 wirtin des vorgenanten hoves ingesigel gehenket an disen brief. der wart geben
an dem dunrestage nach sante Sophien tag in dem jore, do men zalte von gotz
geburte druzehen hundert unde nune unde zwentzig jor.

S aus Strußb. St. A. Verschl. Canzlei-Gew. Corp. K lad. 16 or mb. c. 2 sig. pend.

---

500. *Pabst Johann XXII bewilligt der Stadt Straßburg auf ihre Bitte, daß*
35 *an ihrem Altar im Münster, falls sie mit dem Interdict belegt werde, einmal am*
Tage die Messe gefeiert werden dürfe. 1329 Mai 18 Avignon.

Johannes episcopus servus servorum dei dilectis filiis . . magistro consulibus et
universitati civitatis Argentinensis salutem et apostolicam benedictionem. dum fidei

---

[1] *Vergl. nr. 352.*

constantiam et sincere devotionis affectum, quos vos et predecessores vestri ad Romanam gessistis hactenus ecclesiam et immobiliter tanquam filii benedictionis et gratie gerere non cessatis, attendimus, dignum reputamus et congruum, ut vos et civitatem vestram oportunis prosequentes favoribus vestris petitionibus hiis presertim, que animarum salutem respiciunt, favorabiliter, quantum cum deo possumus, annua- 5
mus. sane lecta coram nobis vestra petitio continebat, quod, cum frequenter contingat propter excessum alicujus seu aliquorum singularium personarum ecclesiasticarum et secularium civitatem vestram Argentinensem preter communem communitatis et universitatis ipsius culpam tam per provincialia quam synodalia statuta quam per ordinarios vel delegatos auctoritate apostolica, interdum metas eis impositas 10
excedentes, subici generaliter ecclesiastico interdicto, ex quo populi minuitur devotio et sepius scandala generantur, providere vobis et eidem civitati de oportuno in hac parte remedio dignaremur. nos autem, qui vos et civitatem ipsam premissorum consideratione sincere dilectionis et caritatis favore prosequimur, vestris supplicationibus benignius inclinati, ut, quotiens per ordinarios vel delegatos auctoritate predicta sive 15
per statuta provincialia vel synodalia ex premissis causis eadem civitas generaliter supposita fuerit ecclesiastico interdicto, possitis in altari sito in ecclesia Argentinensi inter duos gradus, quibus itur ad chorum ipsius ecclesie, per vos fundato et dotato[1], ut asseritis, semel diebus singulis januis clausis, excommunicatis et interdictis nominatim ac hiis, qui eidem causam dederint interdicto, exclusis, non 20
pulsatis campanis, private summissa voce missam per presbiterum dicti altaris vel alium ydoneum vobis facere celebrari, quacunque constitutione contraria non obstante. vobis et eidem civitati de speciali gratia indulgemus. nulli ergo omnino hominum liceat hanc paginam nostre concessionis infringere vel ei ausu temerario contraire. si quis autem hoc attemptare presumpserit, indignationem omnipotentis dei et 25
beatorum Petri et Pauli apostolorum ejus se noverit incursurum. datum Avinione 15 kalendas junii pontificatus nostri anno tercio decimo.

501. *Pabst Johann XXII gibt Berthold, dem erwählten Bischof, und den Prioren der Prediger- und Minderbrüder von Straßburg den Auftrag, das Privileg 35 Innocenz IV für die Stadt Straßburg auf seine Echtheit zu prüfen und ihm Abschrift zum Zwecke der Bestätigung zu senden. 1329 Mai 18 Avignon.*

Johannes episcopus servus servorum dei dilectis filiis Berchtoldo electo Argentinensi et . . priori predicatorum ac . . guardiano minorum fratrum ordinum Argentinensium salutem et apostolicam benedictionem. exhibita nobis dilectorum filiorum . . magistri consulum et universitatis civitatis Argentinensis petitio continebat, quod 40

[1] Vergl. UB. I, 278 nr. 363, S. 395 nr. 519 und D. St. Chron. IX, 1017.

olim felicis recordationis Innocentius papa IV predecessor noster volens civitatem et cives Argentinenses suis claris exigentibus meritis prosequi gratiose nonnullas libertates et immunitates eisdem a quondam imperatoribus et regibus Romanorum concessas, sicut in quodam transsumpto quondam Frederici tunc Romanorum imperatoris continebantur, plenius per litteras apostolicas, tenore dicti transsumpti de verbo ad verbum in eisdem inserto litteris, confirmavit[1]. cumque nobis pro parte ipsorum magistri consulum et universitatis extiterit humiliter supplicatum, ut privilegia dictorum predecessoris et Frederici imperatoris libertates et immunitates continentia supradictas examinari per discretos aliquos in eis partibus, cum ea destinare ad sedem apostolicam eisdem periculosum propter discrimina viarum existeret, uobisque transsumpta illorum transmitti de verbo ad[a] verbum sub manu mandaremus publica, et deinde ipsa privilegia totis eorum tenoribus in nostris insertis litteris confirmare auctoritate apostolica dignaremur, nos predictorum magistri consulum et universitatis fidem ac devotionem sinceras, quas erga Romanam ecclesiam gesserunt hactenus et gerere continue non desistunt, ad memoriam revocantes et propterea volentes annuere, quantum cum deo possumus, votis suis discretioni vestre per apostolica scripta mandamus, quatinus predicta privilegia vobis exhibenda per ipsos, adhibitis notariis publicis, an[b] bullis seu sigillis veris et integris communita, rasuris et cancellaturis aliisque viciis et suspitionibus careant veraque debeant et autentica merito reputari, videre palpare ac examinare fideliter et solerter, eorumque transsumpta manibus notariorum predictorum conscripta fideliter et in publicam formam redacta vestrisque roborata sigillis nobis destinare curetis, de predictis omnibus et singulis eorumque circumstantiis universis, ut videre possimus clarius, quid super hujusmodi confirmatione petita nos deceat agere, reddituri nos nichilomiuus per vestras litteras certiores, non obstante indulgentia, qua, filii prior et guardiane, ordinibus vestris a sede prefata dicitur esse concessum, quod ipsorum ordinum fratres non teneantur se intromittere de quibuscuuque negociis, que ipsis per ejusdem sedis litteras committuntur, nisi in eis de concessione hujusmodi plena et expressa mentio habeatur. datum Avinione 15 kalendas junii pontificatus nostri anno tercio decimo.

S aus Strußb. St. A. AA art. 2 nr. 10 or. mb. Bulle abgefallen. Vom Bug ist rechts ein größeres Stuck abgeschnitten. Kostenvermerk XXIV, darunter ..A. de Villa. Auf der Rückseite R und tiefer der Vermerk littera civitatis Argentinensis.

Regest i. d. Abhandlungen der Histor. Klasse der Bayer. Akademie d. W. XVII, 1, 277 nr. 486 aus den Vatikan. Registern (Comm. A. XIII p. 3 f. 56 b Ep. 2143).

502. *Sühne des Ritters Walther und der Edelknechte Wilhelm und Hänselein von Schäffolsheim mit der Stadt Straßburg und den Johannitern von Dorlisheim.* *1329 Mai 24.*

Allen den si künt, die disen brief gesehent unde gehörent lesen, daz wir Welther von Schaftdoltzheim ein ritter, Wilhelme unde Henselin gebrüdere edelkneht

a) S rep. verbo ad.   b) Folgt ein Schnörkel auf Rasur.

1 Vergl. UB. I, 237 nr. 316.

von Schaftdoltzheim gesworne hant an den heiligen vůr uns alle unser frůnde unde
helfere ein luter steit süne ze habende mit den erbern unde bescheiden dem . .
meister dem . . rat unde den burgern gemeinlich von Strazburg unde allen íren
helfern unde ŏch mit den erbern geiszlichen herren dem . . comentůre den brůdern
unde dem . . convente des huses zů Doroltzheim sant Johannes ordens unde allen íren
nachkomen unde helfern umbe allen den schaden unde bresten, der uns von in   5
unde íren helfern geschehen ist uffe disen hutigen dag, in welichen weg der geschehen ist von der geleite unde dez crieges wegen, daz die vorgenanten herren
von Doroltzheim rantent in unsere hove zů Schaftdoltzheim, unde ŏch von der ge-
lette wegen, daz sie den vorgenanten Wilhelme viengent unde wuntent, unde umbe
allen den bresten unde schaden, der von des vorgenanten crieges wegen uferstanden   10
ist uf disen hutigen dag, unde globent ŏch unde schuldig worden unverscheidenlich
vůr uns alle unser frůnde unde helfere die vorgenante süne bi dem selben eide, den
wir darumbe gesworne hant, steit ze habende unde nit dowider ze tůnde noch
schaffen getan hemelich oder offenlich in deheinen weg ane ollerslaht geverde. wir
hant ŏch gelopt unde sint schuldig worden unverscheidenlich vůr uns alle unser   15
frůnde unde helfere bi dem selben eide, geschehe daz unser deheiner oder unser
frůnde unde helfere deheiner die vorgenante süne brechent, da vor got si, daz wir
daz sullent ufrihten in den nehsten aht dagen, so wir darumbe gemant werdent
můnt wider můnt oder ze huse oder ze hove, gar unde gentzeclich bi den selben
eiden. deiten wir des nit, do vor got si, so sollent sie uns unsere libe unde unsere   20
gůter angriffen mit gerihte oder ane gerihte, wie ez in dunne fůget. und sol ŏch
der angriffe gan an kein geriht, es si geiszlich oder welrtelich, noch an deheinen
lautvriden, er si gemene oder sunder, ane geverde. geschehe ŏch, daz die vorgenanten burger von Strazburg oder ir helfere des angriffes deheinen schaden nemen,
den sint wir in schuldig gentzeclich unde gar uf ze rihtende ane alle geverde. unde daz   25
dis ware unde steit blibe, so han wir unsere insigele gehencket an disen brief.   der
wart gegeben an der mittewochen vor sant Urbanes dag in dem jore, do man zalte
von gottes geburte drůzehen hundert jar unde nůn unde zwentzig jare.

S aus Straßb. St. A. Verschl. Canzlei-Gew. Corp. K lad. 17 or. mb. c. 3 sig. pend.

503. Pabst Johann XXII an die Behörden der Stadt Straszburg.   Er habe ihre   30
Nuntien Konrad den Schatzmeister von St. Peter in Straszburg und die Ritter Reimbold Sohn des Reinboldelinus und Eberlinus[a] von Mulnheim[1] wohlwollend aufgenommen. Die Gesandtschaft sei länger aufgehalten worden, weil er ihre Sache in
einem Konsistorium habe vortragen müssen. Von ihren Bitten werde er das Mög-

.

    a) *Reinbene liest* Cherlinus.   35

---

    [1] *1329 April 13 (Donnerstag vor Palmtag) wird der Straßburger Ritter Eberlin von Mulnheim als
Obmann bezeichnet in einem Streite Wallers von Geudertheim, der zu Brumath seine Sühne findet.
Rudolf von Feyersheim ist ein Rathsmann Wallers. or. mb. c. 2 sig. pend. delapsis i. Hagenauer St. A.
FF art. 59.*

liche erfüllen, sie möchten in ihrer Ergebenheit und Treue ausharren. datum
Avinione 2 kalendas junii pontificatus nostri anno tercio decimo. *1329 Mai 31
Avignon.*

*Regest i. d Abhandl. d Histor. Klasse der Bayer Akademie d W. XVII, 1, 277 nr. 487
nach Auszügen von Reinkens a. d. Vatikan Registern (Secr. t. VII a. XIII f 94-128
a. Ep. 565).*

504. *Bürgermeister und Rath der Stadt Freiburg beurkunden, daß ihr Bürger
Walther der Waser von Burgheim mit Familie und der Straßburger Ritter Peter
von Regisheim ihren Zwist mit einander vertragen haben. 1329 August 19.*

Wir Johannes Sneweli, dem man sprichet der Grässer*, ein ritter burgermeister
und der rat von Friburg tûn kunt allen den, die disen brief sehent oder hörent
lesen, das Walther der Waser von Burghein unser burger vor uns verjehen het,
das er und sin mûter und sinû geswistergide unser burgere und burgerin und her
Peter von Regenshein ein ritter burger ze Strasburg. was sû ietwedrunthalp mit
einander ze tûnde hatten sus oder so, lützel oder vil, mit gerrihte oder ane gerrihte,
in deheinen weg sit dem male, das die vorgenanten Walther der Waser und sin
mûter und sinû geswistergide burgere ze Friburg wurden, unzint hûte an disen
tag, do dirre brief gegeben wart, das das allessament ze beiden siten sol abe sin
von der getâte wegen und sol sin verrihtet und geslihtet luterlich und lideklich
zwischent dem vorgenanten Walthere dem Waser und allen sinen frûnden und
helferen und dem vorgenanten hern Petere von Regenshein und den sinen mit
gûten trûwen ane alle geverde, das ôch das ze beiden siten gegen einander niemer
sol werden geandet mit gerrihte noch ane gerrihte in dekeine wis. und sol ze
beiden siten ein luter ganzû frûntschaft und liebi sin von der getâte wegen ane
alle geverde. und dirre vorgeschribenen dinge aller so han wir unserre stette ingesigel an disen brief ze ruggen gedrucket. der wart gegeben an dem samesdage
nach unserre frôwen tage, alse si ze himmel fûr, in dem jare, do man zalte von
gottes gebûrte drûzehen hundert jar und nûn und zwenzig jare.

*S aus Straßb. St. A. Verschl. Canzlei-Gew. Corp. K lad. 16 or. mb. ht. pat. c. sig. in cera
impr. laeso.*

505. *Der Edelknecht Albrecht Brune von Stauffenberg schließt mit Bischof
Berthold und der Stadt Straßburg eine Sühne wegen des Schadens, den er an seiner
Burg erlitten hat und erleidet. 1329 August 31 vor Stauffenberg.*

Ich Albreht Brune von Stöffemberg ein edelkneht tûn kunt allen den, die
disen brief sehent oder hörent lesen, das ich han gesworn an den heilgen eine
luter stête sûne ze habende mit dem erwûrdigen herren bischof Berhtolde von
Strazburg unde allen sinen lûten dieuern unde helfern unde mit den erwûrdigen

a) Ueber dem colummirten e noch ein spitzes dachförmiges Zeichen.
Str. H.   58

deme meistere deme rate und den burgern gemeinliche von Strazburg und allen
iren helfern umbe allen den schaden, der mir geschehen ist oder geschiht an der
bürge zů Stöffemberg an lüten oder an gůtern, da ich geschadiget bin beide uszewendig
unde indewendig der selben bürge [1]. unde verzihe mich harüber bi deme
selben eyde aller der ansproche unde vorderunge, die ich nu habe oder harnach
gewinnen möhte von der vorgenanten getöte wegen in deheine wis auc alle geverde
gegen den vorgenanten mime herren dem bischove unde den burgern von Strazburg
irn dienern unde helfern. unde des zů eime urkůnde so habe ich min ingesigele
au disen brief gehencket, der geben wart in deme sesze vor Stöffemberg [2] an deme
nehesten dunrestage nach sante Adolfes tage des jares, do man zalte von gotz
gebůrte drůzehen hundert und nůn und zweinzig jar [3].

S aus Straßb. St. A. Verschl. Canzlei-Gew. Corp. K lad. 15 or. mb. c. sig. pend.

506. *Ritter Egenolf von Rathsamhausen leistet der Stadt Straßburg Sicherheit
für Hänselein Biergesser, welchen städtische Söldner gefangen nahmen. 1329 September
30.*

Allen den si kůnt, die disen brief gesehent uude gehörent lesen, das ich
Egenolf von Rotzenhusen ein ritter dröste mit disem briefe die erbern unde
bescheiden den .. meister den .. rat unde die burger von Strazburg unde alle ir
helfere vůr Henselin Biergesser von der geteite wegen, das der vorgenante burgere
von Strazburg soldenere in viengent, das der vorgenante Henslin die vorgenanten
burgere von Strazburg unde ir helfere unde ir gůt niemer angegriffet noch geschadiget
noch geschaffet angegriffen noch geschadiget in deheinen weg umbe die getät.
wer aber das der vorgenante Henslin dis breche unde das kuntlich wirt gemaht,
was schaden von den burgern von Strazburg unde iren helfern geschehe, den
globe ich in uf ze rihtende unde abe ze legende ane alle geverde. unde des zů
einem urkunde hon ich min insigel gehencket an disen brief. der wart gegeben
an dem samesdag nach sant Michahels dag in dem jar, do man zalte von gottes
geburte drůzehen hundert jar unde nůne unde zweintzig jare.

S aus Straßb. St. A. Verschl. Canzlei-Gew. Corp. K lad. 15 or. mb. c. sig. pend.

---

[1] *Vergl. über die Belagerung von Stauffenberg die Berichte des Matthias von Neuenburg in den
Gesta Bertholdi (Böhmer Fontes rer. germ. IV, 303) sowie Closeners und Königshofens (D. St. Chron.
VIII, 97 u. IX, 796).*

[2] *Closener a. a. O. erzählt: do man zalt 1329 jor, do für bischof Berhtolt von Büchecke und die
stat ze Strosburg an sant Bartholomeustag us für Stoufenberg die burg. und do sů darvor gelegent
aht tage, do gewunnen sů sů und zerbrochent sů.*

[3] *Am Tage darauf, am Freitag vor St. Adolfstag, schließt Heinrich Brune von Stauffenberg eine
gleichlautende Sühne mit dem Bischof, der Stadt Straßburg und mit Herrn Hanemann von Lichtenberg
or. mb. c. sig. pend. i. Straßb. St. A. ebenda.*

507. Johannes XXII papa episcopo Argentinensi mandat, quatinus Wolterum Rerenderlinum de Argentina ordinis fratrum minorum humiliter supplicantem, qui olim quorundam persuasionibus venenosis adherentium Ludowico de Bavaria et Petro de Corbario heresiarche ac scismatico manifesto adheserit et a dicto Petro
5 penitenciarie receperit officium illudque per dies aliquos exercuerit, nunc reversus ad cor ab heretico et heresiarcha recesserit et officio abrenunciaverit suaque sponte redire cupiat ad graciam et sancte ecclesie unitatem, juxta formam ecclesie absolvat a sententiis excommunicationum, injuncta pro modo culpe penitencia salutari. « pia et clemens sancta Romana ecclesia.» datum Avinione idus octobris ponti-
10 ficatus nostri anno quarto decimo. *1329 October 15 Avignon.*

L aus Lucerner Cant. A. Franciskaner-A. III nr. 83 or. mb. c. bulla pend. Kustenvermerk xxiv A. de Villa. Auf dem Buge Schreibervermerk B mit Schleife und Eustachius. Auf dem Rucken Radulphus dictus de Brouke, darunter B mxli. Nach gutiger Mittheilung des H. Staatsarchivars Dr. v. Liebenau.

15 **508.** *Berthold Stolle und seine Brüder, Edelknechte von Staufenberg geloben der Stadt Straßburg Sicherheit unter achttägiger Kündigung und stellen zwei Bürgen dafür. 1329 December 30 Baden.*

Den erbern und den wisen dem meister und dem rat von Strazburg enbůt ich Berhtolt Stolle guant und miue brůder edelknehte von Stöffenberg, swaz wir ern
20 und wirdekeit mögen. als ir uns enbotten hant mit ůwerm diener Hug Zänden von unsers erbes wegen zů Stöffenberg, des wir verwiset sin und entffremedet ane unser schulde von unsurm herren dem bischove unde von uch sinen helfern [1], wie diz geschehen si, so geben wir unserm herre dem bischove unde allen sinen die-nern unde sinen helfern, uch den burgern von Strozburg, allen uwern dienern
25 unde ůwern helfern eine gůte unde wâre troslunge und einen getrůwen friden für uns unser frůnde für unser helfer unde diener ane alle geverde, bitz wir aht tage vor widersaget. und han wir darnber zů troster gegeben, die für uns trösten söllen unde wöllen, hern Heinrichen von Selbachen einen ritter und unsern dener Wernhern von Tieffenowe einen edeln kneht. wir Heinrich ein ritter von Selbach
30 und Wernher ein edelkneht von Tieffenowe verjehen, daz wir durch bete dez vor-gnanten Berhtoltes Stollen und siner brůder tröster sint wuorden gegen dem erwir-digen herren . . den bischofe und den bůrgern von Strazburg in alle wise, als hie vor geret ist, ane alle geverde. und han wir darumbe zů eim warn urkůnde durch ir bete unserů ingesigel gehenket an disen brief [2]. der wart geben zů Baden an
35 dem samestage nach dem wihennahtage, do men zalt von gotz geburt drůzehen hundert jar und drizzig jar.

S aus Straßb. St. A. Verschl. Canzlei-Gew. Corp. K lad. 1b or. mb. c. 2 sig. pend. Der Jahresanfang ist hier wohl auf Weihnachten zu setzen, da 1330 Juni 3 schon der ganze Stauffenberger Handel geschlichtet erscheint, vergl. nr. 516.

_____

40 [1] *Vergl. nr 505.*
[2] *Das eine Siegel mit der Legende s. Heinrici de Selbach militis zeigt im Querbalken auf gegittertem Feld drei Krüge, das andre mit der Legende s. Wernheri de Diefenowe im Feld einen aufrecht schrei-tenden Löwen.*

509. *Schreiben Walther Hezzels von Neuenburg an die Stadt Straßburg über das von ihm verlangte Sicherheitsversprechen.* [1329—1330].

Den erberen bescheidenen hern Rûdolf Stûbenweg einen ritter dem meister und dem rate von Strasburg enbûte ich Walther Hezzel von Nûnburg minen bereiten willigen dienest ze allen dingen. alse ir mir enbotten hant an ûwer   5
briefe, das ich ûch trôsten sôlte in der sache von Hezzels mines ôheimes seiligen wegen, darumbe sol wissen ûwer bescheidenheit, das ich ieze nût haben mag minen herren von Friburg und ôch ander mine frûnde, die ich gerne bi der selben sache hette. aber doch so trôste ich ûch uud ûwer burger und ûwer soldener fûr mich in der selben sache. und were das ich zû der selben ût tûn wôlte, des ich noch   10
enkeinen mût han, das wolt ich ûch also erberlich vor sagen, das ir es wol von mir fûr gût hettent.

in verso hern Rûdolf Stûbenweg dem
       meister und dem rate von Stras-
       burg.   15

S aus Straßb. St. A. Verschl. Canzlei-Gew. Corp. K Ind. 1b or. mb. lit. cl. c. sig. in verso impr. defic. Die Datirung des Stucks ergibt sich aus dem Namen des Stadtmeisters, vergl. UB. III, 432. Der Schriftcharacter ist zeitgemäß.

510. *Das Straßburger Domcapitel gestattet Bischof Berthold, zur Deckung der Schulden des Bisthums eine Anleihe bis zur Höhe von 2000 Mark aufzunehmen,* 20 *die durch die Einkünfte erledigter Pfründen getilgt werden soll. 1330 Januar 2 Straßburg.*

In dei nomine amen. cum nos Berhtoldus dei gracia episcopus, Gebehardus de Friburg prepositus, Johannes de Ohsenstein scolasticus, Ludewicus de Strazberg cantor, Rûdolfus de Ohsenstein, Conradus de Kirkel thesaurarius meo et honora- 25
bilium virorum domini Waltheri de Arberg, Walrammi de Vinstinga et Friderici de Stralenberg, canonicorum ecclesie Argentinensis nomine et mandato, Hermannus de Geroltzecke pincerna, Johannes de Sworzenberg dapifer, Conradus de Furstenberg, Ûlricus de Rapoltzsteine, Berhtoldus de Lupfen, Waltherus de Schowenburg canonici et capitulum ecclesie Argentinensis pluries congregati in capitulo, consideratis ipsius 30
ecclesie debitorum oneribus ex justis causis et necessariis contractorum et ex emptione partis dominii in Horburg[1], pluribus tractatibus et sollempnibus non semel sed pluries intervenientibus, deliberatione matura ob evidentem utilitatem et urgentem necessitatem ecclesie nostre et ad irrecuperabilia ipsius pericula preca-
venda, cum nobis nullus succurrendi modus alius apareret eidem ecclesie nostre, 35
ad hujusmodi debitorum et necessitatum onera supportanda fructus omnium beue-

---

[1] *Nach der Richtung zwischen Bischof Berthold und dem Grafen Ulrich von Würtenberg von 1329 October 14 erhielt der letztere 600 Mark Silber als Entschädigung dafür, daß die Lehen des verstorbenen Walther von Horburg an das Bisthum Straßburg fielen. Vergl. Matthias von Neuenburg Gesta Bertholdi (Böhmer Fontes rer. germ. IV, 302) und Leupold Berthold v. Buchegg S. 64 ff.*   40

liciorum vacantium et vacaturorum qualitercumque exnunc ad quinquennium in festo
purificationis beate virginis inchoandum per nos predictum . . episcopum in eorundem
solutionem debitorum et necessitates ecclesie convertendos assignaverimus concesse-
rimus et decreverimus. prout in instrumento desuper confecto plenius continetur[1],
precii autem predicti dominii et aliorum innumerabilium quodammodo debitorum
solutio statim immineat facienda, que si non fieret, expense, obsidum et fidejussorum
pignorationes captiones et devastationes bonorum ecclesie, usure et alia ecclesie
pericula imminerent, ideireo hiis et aliis pejoribus ex fide, qua tenemur ecclesie,
occurrere affectantes, prospicientes ecclesie, utilia et inutilia precaventes, concordi
consilio et communi assensu deliberavimus et in hoc convenimus, melius esse nos
predictum episcopum alicujus obligationis bonorum jurium seu reddituum ecclesie
vel alium perpetuam alienationem non continentem ad summam duorum milium
marcarum argenti inire contractum, quam sinere ecclesiam hujusmodi subjacere
ruinis. quapropter nos . . prepositus et capitulum predicti eidem domino nostro
episcopo hujusmodi iniendi contractum vel contractus ad dictam summam concedimus
tenore presencium facultatem, quibus contractibus annuere et consentire promittimus
et eosdem in scripta redactos sigillo nostri capituli sigillare et canonice comprobare.
et eisdem exnunc presentibus consentimus. et ut hujusmodi nostra salubris et
concors subventionis et relevationis ecclesie ordinatio et decretum optato et feliciter
disposito non frustrentur effectu, communi et concordi consilio et tractatu ordinavimus disposuimus et presentibus ordinamus pro recollectione dictorum fructuum
biennalium procuratorem seu yconomum per nos ordinandum et constituendum
fidelem sollicitum ydoneum et expertum, qui juramento super hoc prestando fructus
eosdem in solutionem eorundem duorum milium marcarum convertendos colligat
fideliter et conservet ac super receptis et solutis nobis episcopo et tribus per nos
capitulum deputatis, videlicet . . preposito . . scolastico et pincerne, predictis exhibeat
rationem. quodsi ante lapsum dicti quinquennii dicta duo milia marcarum fuerint
persoluta, reliqui fructus quinquennio durante cedentes per nos predictum episcopum
in alias evidentes utilitates et urgentes necessitates ecclesie convertentur. verum si
per dictum quinquennium dicta duo milia marcarum ex fructibus hujusmodi exte-
nuari non poterunt et persolvi, statuimus decrevimus et presentibus ordinamus,
dictam concessionem fructuum biennalium tam diu, etiam finito quinquennio, durare
debere, quousque dicta debita integraliter fuerint persoluta. sin autem nos predictum
episcopum, quod absit, ante lapsum idem quinquennii vel nondum predictis debitis
integraliter persolutis non esse contingat, predicti fructus per ipsum capitulum seu
yconomum ejus nomine per dictum quinquennium vel ultra, si nondum plena solutio
acciderit, quousque totum debitum extenuatum fuerit, colligentur et in solutionem
ipsorum debitorum et obligatorum luitionem et liberationem provide convertentur.
et hec omnia disponimus decrevimus statuimus et etiam ordinamus ipsaque sine
contradictione qualibet in civitate et dyocesi Argentinensi precipimus observari. in

---

[1] *Die bezügliche Urkunde, die sich ebenda im Bezirks-Archiv im Original findet, ist vom gleichen
Datum und zeigt dieselben Aussteller wie nr. 510. Sie ist in ähnlichen Wendungen abgefaßt wie nr. 432.*

quorum evidentiam testimonium sigilla nostra, . . . episcopi videlicet et capituli, appendi fecimus ad presentes.   datum et actum Argentine anno domini 1330 crastino circumcisionis dominice.

B aus Straßb. Bez. A. G fasc. 120 or. mb. c. 2 sig. pend. delaps.

511. *Die Capitel von St. Thomas und St. Peter verwahren sich gegen den Beschluß des Domcapitels, die Pfründeneinkünfte zur Schuldendeckung des Bisthums abzuführen. 1330 Januar 9.*

Nos . . decani et . . capitula sancti Thome et sancti Petri ecclesiarum Argentinensium attendentes, nuper videlicet in crastino circumcisionis domini proxime preterito, quod erat sub anno domini millesimo trecentesimo tricesimo, per dominos . . canonicos majoris ecclesie Argentinensis tunc presentes et, ut dicebatur, tamquam capitulum congregatos, prelaturis dignitatibus ecclesiis et collegiis civilatis et diocesis Argentinensis atque personis hujusmodi titulos adepturis, postquam aliquos de ipsis titulis vacare contigerit, tallias et exactiones esse impositas, ut fructus ipsarum prelaturarum dignitatum ecclesiarum et beneficiorum ecclesiasticorum vacaturorum tamdiu ex parte dicti capituli majoris per biennium percipiantur, donec duo milia marcharum argenti ex eisdem fructibus colligantur[1], dictis . . capitulis nostris et ecclesiis atque clero civitatis et diocesis predictarum super hiis minime requisitis, nec causa aliqua interveniente rationabili et manifesta aut nobis vel ipsi clero quomodolibet patefacta, contra dictorum capitulorum nostrorum jus et interesse ac ipsarum ecclesiarum nostrarum statum et observantiam ab antiquo ex debito dictis ecclesiis nostris per nos omnes et singulos prestiti sacramenti, quo earundem injuriis prejudiciis et gravaminibus obviare astringimur, inter nos communi tractatu et consilio prehabitis, nos et capitula nostra predicta presentibus mutuo obligamus ad defendendum nos contra exactiones et tallias supradictas, in quantum a jure nobis permittitur et jus nobis competit et competere potest, usque ad decisionem juris ejusdem communibus et equalibus utriusque ecclesie nostre sumptibus et expensis, et ut unum capitulum preter consensum alterius aliquos tractatus amicabiles, quibus ab hujusmodi juris prosecucione possit averti, non debeat admittere vel in ipsos quomodolibet consentire, fraude dolo et capcione in hiis penitus circumscriptis[2]. in quorum evidenciam has litteras sigillis dictorum capitulorum nostrorum fecimus sigillari.   datum 5 idus januarii anno domini millesimo trecentesimo tricesimo. hujus instrumenti duo sunt paria ad cautelam.

T aus Straßb. Thom. A. Docum. hist. Iad. 9 or. mb. c. 2 sig. pend. laesis.
Gedruckt darnach bei Ch. Schmidt Hist. du chap. de s. Thom. p. 353 nr. 66.

[1] *Vergl. nr. 510. Ausgenommen von der Auflage waren nur prebende officia et feuda claustralia ecclesie Argentinensis et monasteria civitatis et diocesis Argentinensis personarum religiosarum.*
[2] *Vergl. Ch. Schmidt a. a. O. p. 23.*

512. *Nicolaus Probst von St. Peter zu Straßburg bewilligt im Auftrage der Aebtissin von St. Stephan dem derzeitigen Vikar dieser Kirche Konrad Vende einige Erleichterungen seiner eidlichen Amtsverpflichtungen. 1330 März 17.*

Cum discretus et magne circumspeccionis vir Conradus dictus Vende, perpetuus vicarius ecclesie sancti Stephani in Argentina, in prima adepcione ipsius vicarie juramentum prestiterit de certis articulis antecessori suo inpositis observandis [1], salva tamen remissione vel mitigacione ipsius juramenti venerabili domine abbatisse dicti monasterii vel ei, cui eadem domina hoc duxerit committendum, nec dictum juramentum ipsum vicarium ad eosdem articulos observandos simpliciter, sed in quantum commode et absque fraude possit, astringat et civiliter intelligi debeat, ne sibi per illud laqueus inponatur, quia tamen de perjurii reatu hic agitur merito, quanto in hoc majus periculum vertitur, tanto caucius est agendum, ex commissione venerabilis domine . . Margarethe nunc . . abbatisse monasterii prelibati michi Nicolao preposito ecclesie sancti Petri Argentinensis specialiter facta, obligacionem per dictum juramentum in hunc modum quoad personam ipsius vicarii mitigavi [a]: primo quod si propter divina in choro ecclesie sancti Stephani continuata usque vel ultra tempus misse per dictum vicarium cum nota celebrande tardentur, aut propter alium casum inopinatum vel inpedimentum legittimum in ecclesia sancti Stephani vel in cappella sancte crucis missa cum nota peragi non potuerit, aut propter librorum carenciam vel socii et scolaris sui legittimam absentiam matutinas festivis diebus vel vesperas omni die cum nota non celebraverit, reus ex hoc perjurii non notetur. item eodem reatu minime teneatur, si ter in septimana missas institutas a quondam dicta Ingremin eo, quod redditus ad hoc deputatos consequi non poterit, vel ex alia causa legittima non procuraverit celebrari. item si aliqua sibi culpa vel negligencia quomodolibet inponitur vel ascribitur, quod sepulcra defunctorum cum socio et scolare personaliter non visitaverit aut infirmos cum corpore Christi vel oleo sacro per se vel per socium cum scolare non accesserit, vel quod missam dictam primemesse in altari beate virginis omni die non celebraverit aut ex hac missa vel aliis in ecclesia vel cappella predictis agendis missas per alios sacerdotes ibidem celebrandas negligi vel subtrahi procuraverit, vel processum aut mandatum aliquod in prejudicium dicti monasterii se extendens ante ejus execucionem toti conventui non notificaverit, dum tamen de scitu et consilio officialis curie Argentinensis, si super hoc commode requiri poterit, ejus execucionem fecerit, aut quod census decimas vel redditus ecclesie sancti Stephani domine abbatisse et conventui in scriptis non presentaverit, non propter hoc statim perjurii crimen contrahat vel incurrat; sed super hoc vel transgressione cujuslibet articuli supradicti primo ex parte dicte domine abbatisse dictus vicarius interpellari debebit, ut, si in aliquo ex ipsis culpabilis repertus fuerit vel se de ipsis expurgare nequierit, se de illis corrigat et ea emendet, in quibus si negligens fuerit, extunc demum censeatur et fiat juramenti transgressor. per premissam autem mitigacionem ipsum vicarium non relevo ab om-

a) quoad—mitigavi *vel Besur.*

[1] *Vergl. nr. 463.*

nibus et singulis articulis in juramento comprehensis servandis, sed quoad hoc
ipsum, ne statim perjurium incidat, supportavi, tali tamen mitigacione quoad personam predicti Conradi nunc vicarii et, quam diu domina abbatissa premissa non
revocaverit, tantummodo duratura. in cujus commissionis per dictam dominam abbatissam michi facte ac mitigacionis et subportacionis predictarum testimonium sigil- *
lum meum de consensu ejusdem domine abbatisse presentibus appendi mundavi.
datum 10 kalendas aprilis anno domini 1330. hujus instrumenti duo sunt paria ad
cautelam.

Januar 21

513. *Nicolaus Probst von St. Peter zu Straßburg schlichtet den Streit zwischen der Aebtissin von St. Stephan und ihrem Kellermeister Burchard Jöche und setzt dabei Rechte und Pflichten des Kellermeisters von St. Stephan fest. 1330 März 17.*

Quia super officio cellerarie monasterii sancti Stephani Argentinensis, quod
magister Burcardus dictus Jöche cellerarius ibidem obtinere dinoscitur, inter eundem 15
magistrum Burcardum ex una et pie memorie quondam dominam Brigidam de
Wangen abbatissam dicti monasterii et venerabilem dominam Margaretam nunc
abbatissam ibidem ex parte altera multiplices dissensiones sunt habite, dicto magistro
Burcardo pretendente, se ex causa probabili videlicet studiorum fuisse absentem et
ob hoc ab oneribus dicti officii in persona propria subeundis medio tempore merito 20
subportatum, seque eciam obtulisse dicte quondam domine abbatisse ante octo annorum spacium ad deserviendum officium ipsum nec per ipsum stetisse, quominus hoc
faceret, dum tamen ad fructus et jura ejusdem officii sibi subtractos restitutus vel
saltim sibi inautea de eisdem responsum fuisset, dicta domina nunc . . abbatissa e
contrario asserente, predictam causam absencie ipsum cellerarium eo, quod laicale 25
esset officium, ab ipsius oneribus minime subportare seque et . . abbatissam
defunctam semper fuisse paratas, postquam servicia ipsi officio incumbeucia subiisset,
sibi de ejusdem juribus respoudisse nec per ipsas stetisse, quominus hec facerent
vel fecissent, maxime si de percipiendis dicto tempore absencie, prout juris esse
dicebant, eas inquietare cessasset, ad has itaque discordias sopiendas dicte partes in 30
me Nicolaum prepositum ecclesie sancti Petri Argentinensis omnem questionem hujusmodi compromittere curaverunt, promittentes in invicem et sollempniter quelibet
pars ob alia stipulantes decisionem meam super premissis se ratificare et concorditer approbare. ego igitur, assumpto in me compromisso hujusmodi, jura et redditus dicti officii, quid emolumenti vel oneris cuilibet . . cellerario, qui pro tem- 35
pore fuerit, cedere vel incumbere habeat, ne posteris in oblivionem transeant, in
hunc modum de consensu dictarum partium registravi : in primis ipsi . . cellerario
septem panes claustrales sicut aliis canonicabus et canonicis septimanatim debentur.
item omni anno sibi debentur viginti et una ama vini, quas in cellario dicti monasterii ad mensuram sicut alie domine cauonice tenetur recipere, nisi domina . . 40

abbatissa eas insimul sibi dederit graciose.. item domina . . abbatissa annuatim sibi
tenetur ad viginti et duas amas vini et ob hoc cellerarius ipse equum unum suis
expensis semper ad usus ipsius domine . . abbatisse pro visitacionibus curiarum
suarum et aliis ipsius monasterii necessitatibus debet habere paratum. in cujus
reversione, si eadem die reductus non fuerit, domina . . abbatissa unum sextarium
avene ipsi cellerario presentabit ipsumque equum interim, quamdiu sic abfuerit
domina . . abbatissa, suis sumptibus procurabit. item de omnibus vinis monasterii ad
cellarium ipsum repositis, quando primo doluntur vel ex propinacione dominarum
canonicarum exhauriuntur, cedunt et cedere debent ipsi cellerario feces. item ipsi
cellerario tociens et eisdem vicibus in anno, quibus et aliis canonicabus et canonicis, cedunt panis unus dictus ein leip et mensura vini dicta ein stof. item singulis
annis sibi dantur in capite quadragesime viginti cunei de duobus sextariis siliginis
facti sicut et pistori et sacristis, item in quadragesima quatuor cum dimidio sextaria
fabarum. item annis singulis in festis Martini, palmarum et diebus rogacionum November 11
dantur sibi denarii ad summam octo uncearum. item in festo omnium sanctorum November 1
unum quartale synapii, item in festo purificacionis candela una de dimidia libra Februar 2
cere facta. item in festo palmarum una palma sibi sicut aliis canonicabus et canonicis ministratur. item in certis festis anni, si voluerit, cellerarius poterit eodem
modo sicut alii officiati monasterii apud ipsam dominam abbatissam in mensa sua
procurari. item si quem ex quatuor canonicis mori contigerit, ipse cellerarius . . pistor
et duo sacriste debent corpus ejus aptare et vestire et ad sepulturam deferre. et ob
hoc cedit illis melius vestimentum defuncti uno excepto. item notandum, quod hec
sunt onera et servicia, ad que . . cellerarius est astrictus: primo quod omni die per
totum annum duabus vicibus, videlicet post missam publicam et completorium, debet
per se ipsum vinum de vase extractum cuilibet prebendato ad mensuram sibi
debitam in cellario presentare. item in autumpno quolibet anno cellerarius debet ire
in Wangen et collectioni vini censualis interesse et intendere juxta posse. et ob hoc
ipse cum equo suo et preco ipsius opidi per ipsum autumpnum debent expensis . .
sculteti ejusdem opidi procurari. item ipse cellerarius in diebus rogacionum, palmarum et aliis processionibus, quascumque extra septa monasterii fieri contigerit,
cum baculo debet ire et dominam . . abbatissam comitari. premissis igitur de consensu ipsius domine . . abbatisse et magistri Burcardi predicti descriptis, ego . .
prepositus antedictus arbitrando pronuncio, dictum magistrum Burcardum ab
impeticione domine . . abbatisse et monasterii omnium fructuum et jurium dicti officii
sibi, ut conquestus est, hactenus subtractorum cessare debere sibique super hoc
silencium impono. in recompensam autem hujusmodi imposicionis silencii ipsum pro
tempore vite sue ab omnibus serviciis et oneribus supradictis, ne invitus illa faciat
vel subeat, eximo et subporto quodque omnes fructus et emolumenta predicti officii,
prout superius exprimuntur, nichilominus percipere debeat, quamdiu vixerit. ac si
ipsa servicia et onera adimpleret, hoc tamen adjecto, ut nec ipse magister Burcardus in modum predictum equum tenere nec ipsa domina . . abbatissa viginti et duas
amas vini sibi solvere teneatur. qua pronunciacione sic facta, dicta domina . .
abbatissa consilio et assensu dominarum canonicarum et canonicorum dicti monasterii

prehabitis ac ipse magister Burcardus in eandem concorditer consenserunt. in quorum evidenciam sigillum meum una cum sigillis domine . . abbatisse et magistri Burcardi eorundem presentibus sunt appensa. nos Margareta abbatissa predicta et magister Burcardus prefatus, quia premissa de nostro consensu in modum predictum sunt acta, idcirco has litteras sigillorum nostrorum cum dicti domini . . prepositi sigilli appensione fecimus communiri. actum et datum 16 kalendas aprilis anno domini millesimo trecentesimo tricesimo. hujus instrumenti sunt duo. quorum unum apud dictum magistrum Burcardum, aliud vero apud dominam . . abbatissam remanet antedictam.

· *B aus Straßb. Bez. A. II fasc. 2613 or mb. c. 3 sig pend. incsis.* ₁₀

514. *Vereinbarung der Carmeliter mit dem St. Thomascapitel über die Verlegung ihres Hauses und ihre Verpflichtungen gegen die St. Magdalenenkirche. 1330 April 25.*

In nomine sancte et individue trinitatis amen. quoniam facti temporalis memoria solet nonnumquam litterarum testimonio perhennari, noverint igitur universi presentes litteras inspecturi, quod inter nos . . priorem et conventum ordinis gloriose virginis Marie de monte Carmeli domus Argentinensis, site in parrochia ecclesie sancte Marie Magdalene, alias sancti Nicolai nuncupate ad ecclesiam sancti Thome Argentinensis spectantis et eidem unite, in via tendente ad monasterium sancti Marci ex una et honorabiles viros . . decanum et capitulum ecclesie sancti Thome predicte ex parte altera, super erectione [a] domus nostre prefate et ipsius translacione de loco vulgariter an der Bünden appellato [1] infra limites parrochie ecclesie sancte Marie Magdalene prefate constituto ad viam prenotatam orta materia questionis, novi operis nunliacione nobis per dictos . . decanum et capitulum facta, litibusque et causis super hoc inter nos et eosdem . . decanum et capitulum coram diversis judicibus motis, tandem accedente ad hoc auctoritate reverendi in Christo patris ac domini domini Berhtoldi dei et apostolice sedis gratia electi, confirmati ecclesie Argentinensis, necnon reverendi patris domini Syberhti sacre theologie [b], magistri ordinis nostri, per Alamaniam prioris provincialis. tociusque capituli provincialis, de consensu et voluntate nostra dominorum . . decani . . thesaurarii et capituli ecclesie sancti Thome prefate et dicte ecclesie sancte Marie Magdalene perpetui vicarii, hujusmodi questiones discensiones lites et cause concordate sunt penitus et sopite sub forma pactis modis et condicionibus subnotatis, sub quibus eciam dicti domini et vicarius erectioni et translacioni domus nostre prefate suum adhibuerunt assensum, ita videlicet, quod, si qua bona immobilia ecclesiis beate Marie Magdalene et sancti Thome predictis vel alteri ipsarum decimalia et, de quibus eedem ecclesie de jure decimas recipere debent, ad nos seu domum nostram predictam devenerint titulo qualicumque,

a) erectione *auf Rasur.* b) *T* theolie.

---

[1] *Vergl. nr. 346 und die Notiz bei Closener (D. St. Chron. VIII, 131) zum Jahr 1326.*

de ipsis, quamdiu possessores hujusmodi bonorum fuerimus, prenotatis ecclesiis
decimas persolvamus, et quod nullum parrochianum ecclesie sancte Marie Magdalene
suprascripte nisi de voluntate et consensu perpetui vicarii ejusdem ecclesie recipiamus
ad ecclesiasticam sepulturam. et cum de jure ad observacionem interdictorum, a
divinis cessacionum, auctoritate sedis apostolice vel a locorum ordinariis positorum
vel per concilia provincialia indictarum, cum ea et eas kathedralem vel matricem
ecclesiam observare viderimus, astringamur, nichilominus tamen et ex certa sciencia
promittimus, quod in observacione hujusmodi interdictorum et cessacionum nos
conformabimus sine fraude parrochiali ecclesie sancte Marie Magdalene prenotate.
promittimus eciam et ad id nos nostrosque successores perpetuo obligamus, quod
singulis annis dabimus et solvemus eidem ecclesie sancte Marie Magdalene quinque
libras denariorum Argentinensium, medietatem videlicet festo nativitatis domini
et medietatem aliam festo pasche, in recompensam porcionis oblacionum in dicta
nostra domo nobis et nostris successoribus faciendarum distribuendarum,
dandarum vel assignandarum ecclesie sancte Marie Magdalene sepedicte, salva tamen
quarta et canonica porcione funeralium parrochianorum dicte ecclesie sancte Marie
Magdalene apud domum nostram predictam defunctorum vel funerum ad eandem
delatorum ipsi ecclesie sancte Marie Magdalene, ad quam porcionem solvendam
memorate ecclesie sine fraude nos et nostros in dicta domo successores presentibus
obligamus. neque inter parrochianos ipsius ecclesie sancte Marie Magdalene matri-
monia sollempnizabimus vel eisdem extremam unccionem concedemus vel sacram
eucaristiam contra voluntatem dicti vicarii porrigemus, astringentes nichilominus
nos et successores nostros, quod, si occasione premissorum vel alias inter nos et
eosdem . . decanum et capitulum questio aliqua oriretur, quod in hoc casu, non
obstantibus exempcionibus vel privilegiis quibuscumque nobis vel ordini nostro a
sede apostolica vel aliunde concessis vel in posterum concedendis, quibus in hac
parte renunciamus in hiis scriptis, coram . . officiali curie Argentinensis juri stabimus
et justiciam faciemus. et promittimus per juramentum corporaliter tactis ewangeliis
per me . . priorem predictum in animam meam et in animas nostri de conventu
per eundem . . priorem prestitum, quod omnia et singula premissa rata et firma
habebimus nec contra ea per nos vel alios veniemus vel veniri procurabimus in
judicio vel extra in posterum vel ad presens, fraude et dolo penitus circumscriptis,
et quod efficiemus, quod quilibet prior dicte nostre domus in posterum ad hujusmodi
prioratum assumendus, postquam assumptus fuerit et domum nostram predictam
accesserit, simile in animas suam et conventus dicte domus prestet juramentum in
presencia . . decani dicte ecclesie sancti Thome vel certi nuncii ad hoc missi infra
mensem, postquam interpellatus fuerit ex parte . . decani et capituli predictorum.
si vero in observacione premissorum vel aliquorum de premissis negligentes essemus
vel contra premissa vel aliqua eorum, quod absit, veniremus, extunc eligimus
per . . officialem curie Argentinensis in . . priorem dicte nostre domus excommunicationis, in conventum suspensionis et in ecclesiam nostram interdicti sententias
proferri et ad denunciacionem perjurii procedi usque ad plenam satisfactionem
eorum, in quibus negligentes fuimus vel contra que venimus modo quovis. renun-

tiamus insuper pro nobis et nostris successoribus in dicta domo universis ac pro eadem domo excepcioni doli mali, actioni in factum, beneficio restitutionis in integrum. quo ecclesiis monasteriis aut lesis domibus subvenitur, litteris exempcionibus libertatibus et privilegiis a sede apostolica vel aliunde sub quacunque forma nobis et nostro ordini concessis vel concedendis impetratis vel in posterum impetrandis, omnique juris auxilio canonici et civilis, consuetudinibus et statutis tam publicis quam privatis, excepcionibus et defensionibus aliis quibuscunque, quibus juvari possemus ad veniendum contra premissa vel aliquod premissorum quoquomodo in judicio vel extra in posterum vel ad presens, et specialiter dicenti legi, renunciacionem factam in genere non valere. et in omnium ac singulorum evidens testimonium premissorum sigilla reverendi in Christo patris ac domini domini Berhtoldi electi, confirmati ecclesie Argentinensis, capituli nostre provincie et capituli ecclesie sancti Thome predicte ad peticionem nostram, nostra quoque . . prioris et conventus dicte domus sigilla presentibus sunt appensa. nos Berhtoldus dei et apostolice sedis gratia electus, confirmatus ecclesie Argentinensis predictus, quia premissis nostram auctoritatem et consensum adhibuimus, idcirco sigillum nostrum ad peticionem . . prioris et conventus domus predicte appendi fecimus ad presentes. nos eciam magister Syberhtus prior provincialis prefatus, quia premissis in capitulo provinciali una cum capitulo nostrum consensum adhibuimus ipsisque . . priori et conventui, ut hujusmodi ordinacionem cum omnibus suis clausulis firmiter observarent, injunximus et mandavimus, in hujus rei testimonium sigillum capituli nostri predicti presentibus duximus appendendum. nos etiam . . decanus et capitulum ecclesie sancti Thome sepefate in premissorum robur et testimonium sigillum nostri capituli appendi fecimus huic scripto. actum et datum [a] in die beati Marci ewangeliste anno domini millesimo trecentesimo tricesimo.

T aus Straßb. Thom. A. Docum. hist. lad. 13 or. mb. c. 5 sig. pend., quorum 2 delapsa. Abgefallen das Capitelssiegel von St. Thomas und das Siegel der Provinz. Gedruckt darnach bei Ch. Schmidt Hist. du chap. de s. Thom. p. 351 nr. 67.

515. *Sühne Dietmars von Epfig genannt von Erstein mit der Stadt Straßburg. 1330 Mai 21.*

Allen den si kûnt, die disen brief geschent unde gehôrent lesen, das ich Dyetmar von Eppiche, dem man sprichet von Erstheim, gesworne han an den heiligen eine luter steite sûne zû habende vûr mich alle mine frûnde unde helfere mit den erbern unde bescheiden deme . . meister deme . . rate unde den burgern gemenlich von Strazburg unde allen iren helferu von der geteile wegen, das ich Hugelin Swap einen burger von Strazburg vieng, unde gelobe bi dem selben eide, das ich niemer getûn noch schaffe getane in deheinen weg wider die vorgenanten burger von Strazburg unde ire helfere noch sie niemer geeriege noch angriffe, ich sage es in danne zû iegelichen criege e vor viertzehen nuht zitlich. unde das die vorgeschriben

a) Die folgende Datierung ist von derselben Hand aber mit blässerer Tinte hinzugefügt.

burgere von Strazburg unde ire helfere dest sicherre sint, so gibe ich in unverscheidenlichen zů burgen die erbern unde bescheiden hern Johannes von Eppiche
einen ritter unde Dietschelin von Eppiche einen edeln knecht, were das ich die
vorgeschriben ding breche in dehenen weg, das sie das schuldig sint uf ze rihtende
ane alle geverde. geschehe ôch das under den vorgenauten hern Johannes unde
Dietzelin von Eppiche einre sturbe, so sol ich unde der, der do lebende blibet, in
den aht dagen, so ich unde er gemant werdent zů unsern husern oder zů unsern
hoven von den vorgenanten burgern von Strazburg mit iren gewissen botten oder
můnt wider mûnt, einen als gůten geben an des stat, der do verfarn ist, der sich
verbinde in alle wis, als der verbunden was, der do verfarn ist. deitent wir des nit,
so sullent wir uns entwurten in die stat zů Strazburg niemer darus zů komende,
untz wir einen als gůten hant gesetzet, als der was, der do verfarn ist, als do
vor geschriben stat. unde geschehe, das ich sturbe, e ich die vorgenanten burger
von Strazburg angegriffe, so sullent sie lidig sin. wir Johannes von Eppiche ein
ritter unde Dietzelin von Eppiche verjehent unverscheidenlich unde globent alle die
vorgeschriben ding, die von uns geschriben sint, steite zů habende uf ze rihtende
unde volle zů fürende in alle wis, als von uns do vor geschriben stat, ane alle
geverde. unde des zů einem waren urkunde han wir Johannes, Dietzelin unde
Dietmar[1] die vorgenanten unsere insigele gehencket an disen brief. der wart
gegeben an dem mentag nach dem schön nontage in dem jar, do man zalte von
gottes gebürte drúzehen hundert jar unde driszig jare.

S aus Straßb. St. A. Verschl. Cauzlei-Gew Corp. K Iad. 17 or mb. c 3 sig. pend.

516. *Herzog Otto von Oesterreich schlichtet den Streit zwischen Bischof Berthold
und der Stadt Straßburg einerseits und den Markgrafen von Baden, Graf Ulrich
von Würtemberg und den Herren von Stauffenberg andrerseits. 1330 Juni 2
Bischofsheim in der Ortenau.*

Wir Otte von goez gnaden herzoge zů Österrich und zů Styre tůnt kunt allen
den, die disen brief ansehent lesent oder hörent lesen, daz wir alle die missehelle
unde atzunge, die unez an disen hütigen tag sint gewesen zwüschent dem erwürdigen
herren bischof Berhtolde von Strazburg, den wisen und den bescheiden deme . . meistere
deme . . rate und den . . burgern gemeinliche von Strazburg iren dienern unde
helfern ein site und den edeln mannen . . marggrave Rûdolfe von Baden dem alten,
. . marggrave Rûdolfe von Baden deme jungen, deme man sprichet von Pforezheim,
grove Ulriche von Wirtemberg unsern lieben öheimen, Reinbolte eime rittere,
Johannese Humbel von Stöffemberg und Cůnrate von Strubenhart irn helfern dienern
frinden unde mâgen under sitte, ez si von röbe brande totslegen schaczungen oder
andern schaden, welre hande der si, der von dis krieges wegen uferstanden ist, der
sů gewillecliche und bedehtecliche zů beiden siten an uns komen sint und an uns
gelaszen hant, gerihtet und geslihtet hant mit unserme ussprechende nach wiser

---

40 [1] *Siegellegende* s Dietmars armigeri de Erstheim

lûte rate, alse hienuch geschriben stat[1]: zû dem ersten so sprechen wir unde heissent, daz alle der schade, der von totslegen von brande von rôbe oder in welichen weg anders geschehen ist zû beiden siten, der sol abe sin genczliche und gerwe. und die gevangen, die zû beiden siten gevangen sint, ez si in sicherheite burgschefte oder in gevengnisze oder in welichen weg sû gevangen sint, sôllent lidig sin ane alle geverde. aber die lûte von Sahsbach, die us verbûrget sint vûr vierhundert phund Strazburgere von deme vorgenanten . . marggrave Rûdolfe von Pforczheim, die und ire bûrgen sôllent haft bliben[a] vûr zweihundert phund Strazburgere und nût me. unde wenne die vorgenanten zweihundert phund vergolten werdent, so sôllent sû und ire bûrgen lidig sin ane alle geverde. wir sprechent ôch, daz alle gedinge und brantscheczunge, ez si mit burgscheften oder gelûbede geschehen, und alles daz, daz in burgscheften stat untze an disen hûtigen tag von dis krieges wegen und nût geben ist, daz sol abe sin zû beiden siten ane alle geverde. hat ôch . . marggrave Rûdolf von Pforczheim oder Ülrich der kirchherre des brûder von Wirtemberg, der . . Hovewart oder der . . Rûsze oder andere des dienere von Wirtemberg, wer die sint, dekeine ansprache oder vorderunge an den vorgenanten . . bischof Berhtolten von Strazburg, die nût in diseme kriege ist ufgestanden, darumbe sol er in ein unverzogen reht tûn, so sû ez an in vorderent. dazselbe sôllent sû imme ôch harwidere tûn zû glicher wiz ane alle geverde unde sol sû ôch damitte beide site begnûgen. ôch sprechen wir, were es, daz der vorge- naute . . marggrave Rûdolf von Pforczheim deme vorgenanten . . bischof Berhtolde iht mit rehte angewûnne oder erkoberte, da sôllent imme die zweihundert phund abegan, die die von Sahsbach gebent. wir sprechent ôch, daz . . marggrave Rûdolf der alte dez erbern mannes abbet Huges von Selsze gût frûnd sol sin ane alle geverde und sol imme laszen alle sines goczhuses reht und gûtere unde in nût daran irren in denheinen weg, er noch sine ambahtlûte noch die sinen ane alle geverde. und sol imme ôch tûn alles, daz sine brieve sagent, die er von dem vor- genanten . . marggraven hat mit sinem ingesigele versigelt. danne also verre hatte der abbet decheinen schaden von des . . marggraven wegen gehebet uncz an disen tag, der sol abe sin. darnach sprechen wir unde heissent, daz die vorgenanten von Stôffemberg unde Cûnrat von Strubenhart sôllent und môgent sich underziehen irre bûrge lûte unde gûtere, daz ir ist und des tagez ir was, da man vûr sû zogete[2], und da sû reht zû habent aue der vorgenanten des bischoves und der stat von Strazburg irrunge. sû môgent ôch die burg zû Stôffemberg mit helfe irre herren unde irre frûnde wider buwen, alse verre sû reht zû der selben bûrge hant und ir ist, und sol sû daran nût irren die vorgenanten der . . bischof und die stat von Strazburg von der missehelle unde krieges wegen, die sû mittenander gehebet hant untze an disen hûtigen tag. und daz sû irs schaden, den sû gelitten hant an der selben burg unde gûtern, deste baz irgôczet werdent, so geloben wir der vorgenante . .

a) Ü sin.

---

[1] Vergl. die Erzählung des Matthias von Neuenburg in den Gesta Bertholdi (Böhmer Fontes rer. germ. IV, 303).

[2] Vergl. nr. 505.

herzoge den vorgenanten von Stöffemberg unde Cûnrate von Strubenhart ze gebende
anderhalb hundert mark silbers luters unde lötiges des geweges von Strazburg, alse
wir mit in überein sint kommen. harûber sprechen wir der vorgenante . . herzoge.
daz zwôschent den vorgenanten teiln allen eine stête unde gancze sûne sol sin unde
sû die stete haben söllent beide site getruweliche ane alle geverde. und des zû
eime urkûnde [b] hân wir . . herzoge Otte der vorgenante unser ingesigel gehencket
an disen brief. wir ôch die vorgenanten . . bischof Berhtolt, der . . meister der . .
rât und die burgere von Strazburg einsite , . . marggrave Rûdolf der alte, . .
marggrave Rûdolf genant von Pforczheim unde grave Ûlrich von Wirtemberg ander
site verjehent, daz der vorgeschriben anlaz geschehen si von uns und vûr die unsern,
alse da vor geschriben stat. und darumbe so hant wir gelobet und gelobent mit
disem gegenwertigen briefe unverscheidenliche bi unsern truwen, die wir darumbe
geben hant, vûr uns unsere frûnde unde helfere unde vûr hern Reinholten, Johannesen
Humbel von Stöffemberg und Cûnraten von Strubenhart, dise vor unde nach geschribene sûne mit allen stücken, alse sû in disme briefe stat, stete ze habende
unde nôt dawidere ze tônde in deheinen wiz ane alle geverde. wir ôch . . marggrave
Friderich unde . . marggrave Rûdolf, deme man sprichet . . marggrave Hesse von
Baden, verjehent an disme gegenwertigen briefe. daz dise vorgeschribene sûne mit
allen stücken mit unserme gûten willen geschehen ist, unde verzihent uns darumbe
vûr uns unde unsere erben alles dez schaden, der uns und den unsern geschehen
ist, und gelobent ôch die vorgenante sûne stete ze habende bi gûten truwen ane
alle geverde. ich Reinbolt ein ritter, Johannes Humbel von Stöffemberg unde Cûnrat
von Strubenhart die vorgenanten verjehent, daz der vorgeschriben anlaz und dise sûne
mit unserme gûten willen geschehen sie, unde gelobent ôch vûr uns unsere erben helfere
und dienere bi dem eide, den wir darumbe getan hant, alle die vorgeschribene ding
unde iegliches sûnderliche stete ze habende unde niemer dawidere ze tônde in denheinen
wiz ane alle geverde. und diz alles zû eime urkûnde unde zû eine bestetigungen dirre
vorgeschriben dinge hân wir . . bischof Berhtolt, der . . meister und der . . rât von
Strazburg, . . marggrave Rûdolf der alte, . . marggrave Friderich, . . marggrave Rûdolf
genant von Pforczheim, . . marggrave Rûdolf, deme man sprichet marggrave Hesse von
Baden, grave Ûlrich von Wirtemberg, Reinbolt. Johannes Humbel von Stöffemberg
unde Cûnrat von Strubenhart die vorgenanten unsere ingesigele gehencket an disen
brief zû des vorgenanten unsers herren dez . . herzogen ingesigele. der wart geben zû
Bischovesheim in Mortenôwe an dem ersten sammestage nach deme . . phingesttage des
jarez, da man zalte von gocz gebûrte drizehen hundert und drissig jar.

S aus Straß. St. A. Verschl. Canzlei-Gew. Corp. K lad. 16 or. mb. c. 11 sig. pend., quo-
rum 4 delapsa. Gut erhaltene Siegel des Bischofs, der Stadt Straßburg, Reinholds und
Johanns von Stouffemberg sowie Konrads Strubenhart.
S 1 ibid. or. mb. c. 11 sig. pend., quorum 4 delapsa. Vorzüglich erhaltenes Siegel Ulrichs
von Würtemberg.
U coll. aus Heidelberger Unir. Bibl. 1 nr. 231 or. mb. c. 11 sig. pend., quorum 3 delapsa.
Vorzüglich erhaltenes Siegel des Herzogs Otto von Oesterreich.
Regest nach U i. d. Zeitschr. f. Gesch. d. Oberrh. XXIV, 169.

a) U add. so.

517. *Vor dem Straßburger Hofrichter verpflichtet sich Billung als Schaffner des Thomascapitels.* *1330 Juni 3.*

Noverint universi presencium inspectores, quod in ᵃ nostri . . judicis curie Argentinensis presencia constitutus Billungus, procurator honorabilium dominorum . . decani et capituli ecclesie sancti Thome Argentinensis, procurationem eorundem dominorum . . decani et capituli subiit et omnia ac singula subscripta promisit et ea observare tactis sacrosanctis dei ewangeliis juravit in formam et modum subnotatos: ego Billungus procurator . . decani et capituli ecclesie sancti Thome Argentinensis ab eisdem meis dominis ad unum annum integrum et continuum, qui a festo beati Johannis baptiste proxime venturo incipiet, bona fide promitto, generaliter curam et administracionem omnium negociorum capituli antedicti in judicio et extra fideliter agere inutilia pretermittendo et utilia procurando, sicut ad bonum et legalem procuratorem pertinet et hactenus fieri consuevit. promitto eciam specialiter, quod in locacionibus decimacionum et aliarum quarumlibet obvencionum et fructuum dicte ecclesie debitarum et earundem taxacionibus faciendis utilitatem ipsius ecclesie, in quantum potero, procurabo nec cum contrahentibus aliquam societatem sine scitu et consensu dicti capituli habebo publice vel occulte. item promitto circa exaccionem debite solucionis et satisfaccionis quarumlibet obvencionum reddituum et fructuum ipsius ecclesie ac eciam ecclesie sancti Nicolai ultra Brüschom Argentinensis et earundem ad singulos et debitos usus tam canonicis et prebendariis quam etiam ad pistrinum sive chorum et alios qualitercumque et ad quoscunque usus distribucionem, diligenciam debitam facere et etiam circa eandem distribucionem equalitatem et mandatum . . decani et majoris partis dicti capituli attendere et servare; item negligentes solvere debita per capcionem pignorum, si comode fieri poterit, alias per censuram ecclesiasticam procurabo, quantum in me esse poterit, ad solucionem compelli, ita quod contra non solventes inveniatur ante festum purificacionis nunc venturum esse processum usque ad sentenciam interdicti, alioquin mee negligencie imputetur. item promitto, quod in locacionibus et aliis contractibus si qui fiant, nullum vinicopium recipiam vel exigam, quod quinque solidos denariorum Argentinensis monete usualis transcendat, nec annonam aliquam nomine dicti capituli vendendam cum mea propria vel aliena pecunia michi vel aliis emam nec eciam aliquam annonam, que dicto capitulo non attinet, ad grauarium capituli in deposito servabo, annonam vero capituli predicti in granario repositam tribus vicibus oportunis in anno et pluries, si necessitas exigit, ventilabo. item promitto duabus vicibus in anno me offerre ad computacionem et illam facere requisitus et obligo me ad exigendum et conquirendum neglecta post annum finitum. et si non contingat me in officio procuracionis manere, quod officium finito anno resignare promitto, promittens nichilominus, quod, cum resignavero hujusmodi procuracionem et in eadem ulterius manere non intendo vel absolutus ab ipsa procuracione per dictos meos dominos fuero, ipsis dominis meis in eadem procuracione me ulterius habere nolentibus, quod tunc omnes litteras dictam ecclesiam sancti Thome tangentes necnon

Juni 11
1331 Februar 2

ᵃ) *T rep. in.*

cartas, in quibus raciones mee occasione dicte procuracionis et colonorum ac debitorum ipsius ecclesie nomina continentur et summe debitorum, quas teneo, dictis dominis presentabo et nomina debitorum et colonorum et summas non scriptas ipsis dominis specificabo, in quantum michi constare poterit sine fraude. ceterum in satis-
5 factione pensionis michi nomine procuracionis debite recognosco michi detrahendum esse, quantum in annona reddituum neglectorum eandem pensionem pro rata contigit. igitur omnia et singula suprascripta ego Billungus predictus juro ad sancta dei ewangelia fideliter et simpliciter attendere et servare. et insuper pro observacione eorundem dictis dominis meis obligo me et omnia bona mea, ubicunque locorum
10 sita vel reperta fuerint in futurum. et in hujus rei testimonium nos . . judex curie Argentinensis sigillum ejusdem curie ad peticionem dicti procuratoris appendi fecimus ad presentes. actum 3 nonas junii anno domini millesimo trecentesimo tricesimo.

T aus Straßb. Thom. A. lad. 6 (Person.) or. mb. c. sig. pend. laeso.

518. *Die Städte Straßburg, Basel und Freiburg schließen ein Bündniß, das*
15 *bis zur Lichtmeß des Jahrs 1333 währen soll. 1330 October 4.*

In gotz nammen amen. wir die . . reite unde die burgere gemenlich der stette von Strazburg. Basel unde Friburg . . tünt künt allen den, die disen brief gesehent unde gehörent lesen, daz wir durch nütz notdurft fride unde frömen unsere, uuserre stette unde burgere gemenlichen uns zesamene hant gemaht unde gebunden mit dem
20 eide, den wir darumbe getane hant, untz zů der lichtmesse, so nů ze nehst komet, unde von der selben lichtmesse ane underlas zwei gantzu jare mit solicher bescheidenheit, als hienach geschriben stůt [*weiter wie in nr. 491 bis* unserre stette insigele an disen brief gehenket].[1] der wart gegeben an dem dunrstag nach sant Michahels dag des jares, do man zalte von gottes geburte drůzehen hundert jar unde
25 driszig jare.

S aus Straßb. St. A. Gew. u. d. Pfalz lad. 44/45 or. mb. c. 3 sig pend
F im Freiburger St. A. lad. 5 nr. 8 or. mb. c. 3 sig. pend.

519. *Zwölf benannte Straßburger Schöffen beurkunden ein Rathsurtheil über die*
Theilnahme der Frauen am Dienst der Weber. 1330 October 22.

30 Wir Reinbolt Huffelin, Reinbolt von Achenheim, Clawes Maler, Johannes Zorn, Růdolf von Vegersheim, Bilgerin, Clawes Ottefriderich, Růlin Löselin, Clawes von Groslein, Clawes Zorn dem man sprichet der Lappe ritter, Johannes Clobelôch, Ůlrich Swarber scheffel zů Strazburg thůn künt allen den, die disen brief sehent oder hörent lesen, daz wir dabi warent unde ez sahent unde hôrtent nach der clage unde nach der en-
35 tewûrte, alse die weber dattent an die weberin, daz sie mit in dienen solten, da komme meister unde rat ůberein an offemme gerihte unde sprachent ez ouch zů

[1] *Vergl. S. 444 Z. 20.*

rehte: welhe vrowen würketent linnin důch, ez were thisschelachen, hantqueheln
oder sidins unde ander linnin důch, welher hande daz were, die ensolltent mit den
webern nit dienen. welhe aber under den vrowen woltent wullins oder serigen oder
stůlachen würken oder knelte setzen, die solten dienen mit den webern[1]. unde zů
einem waren ůrkunde, daz wir dabi warent unde ez geschen unde gehorte haben.
was da vor geschriben stat, so han wir die vorgenanten ritter unde scheffel von der
weber unde der weberin beider belte wegen ieteweder site ůnserů insigel gehenket
an disen brief.   der wart geben an dem neihisten mendage vor der zwelfbotten
dage Symonis unde Jude, do man zalte von gottes gebůrte drizehen hůndert jare
unde driszig jare. dirre briefe der sint zwene geliche. der sol einer beliben bi den
webern unde der ander bi den weberin.

S aus Straßb. St. A. Gew. u. d. Pfalz lad. 10 fasc. 10 or. mb. c. 12 sig. pend. Verletzt
sind die Siegel von Claus Maier, Johann Zorn und Rudolf von Fegersheim.
Gedruckt darnach bei Schmoller Die Straßb. Tucher- u. Weberzunft S. 3 nr. 2.

520. *Kaiser Ludwig nimmt die Juden zu Straßburg in seinen Schutz. 1330*
November 3 München.

Wir Lud[owich][a] von gotz gnaden . . romischer . . keyser zů allen ziten ein merrer
des riches verjehent unde tůnt kunt allen den, die disen brief sehent oder hörent
lesen, das wir die juden, die zů Strazburg gesessen sint, in unser besunder gnade
schirm fride und geleite beide ir lip unde gůt genomen hant unde nement nu
unde hernach. wir gebent und gunnent in alle die gnade unde vriheit, die ander
juden hant unde gehept hant beide von kunigen unde von . . keisern bis an uns,
beide die sie hant in unsers dez riches stette unde ouch anderswa, unde wellent
ouch, das in die mengelich stette habe[b]. wir jehent ouch, das umbe alle vorderunge unde ansprach, die wir hettent uf die vorgenanten[b] juden von Strazburg
umbe die sehtzig marck silbers, die sie uns verseszen hattent von irs gewerfes
wegen, die sie uns jergelich geben soltent han, sit dez dages und[c] wir zů dem riche
erwelt wůrdent, als ir gewonheit ist ze gebende, unde ouch obe wir iemanne an
sie gewiset hettent sunderlich oder gemenlich uf die selben gewerf von den sehtzig
marcken[3], wellent wir, das die selben brieve furbas kein kraft deheine maht
haben, unde sagent ouch die selben juden von Strazburg unde die stat gemenlich

a) S Lud mit Abkürzungsstrich.   b) vorg. hier wie im ganzen Stück.   c) S uũ.

[1] *Vergl. Schmoller a. a. O. S. 412.*

[2] *Vergl. den in den Formeln gleichlautenden Schirmbrief König Karls IV für die Straßburger*
Juden 1347 November 25 Nürnberg. or. mb. c. sig. pend. i. Straßb. St. A. Gew. u. d. Pfalz lad. 174
fasc. 1 gedruckt bei Hegel D. St. Chron. IX, 977.

[3] *Den Grafen Ludwig und Friedrich von Oettingen, seinen lieben secretariis, soll Kaiser Ludwig*
700 Mark Silber auf des Reichs Juden zu Straßburg verschafft haben, wovon sie jährlich 60 Mark
genießen sollen. Er gibt ihnen dies zur Steuer an der Landgrafschaft Elsaß, die sie erkauft haben.
1331 August 20 Nürnberg. Regest von Lang nach einem alten Urkunden-Repertorium in den Neuen
hist. Abhandl. d. Baier. Akad. d. Wissensch 1, 512 Anmerk. 47. — Böhmer R. Lud. nr 1347.

da selber von der juden wegen für uns unde für mengelichen ledig unde loz umbe
daz obgnant gůt, das uns die juden verseszen habent, wande sie uns willeclich unde
gentzlich daran unsern willen getane habent biz uf disen hutigen dag. wir wellent
ouch, das sie bliben in allen den rehten unde gewonheiten, als sie harkomen sint.

5 unde wenne sie hinnan hin uns oder unsern nachkomen oder unsern ambtluten ir
gewerf jergelich gebent, als ir gewonheit ist, so sullent sie lidig sin beide lebendes
gebendes varnlaszendes unde aller hande getrangnisze von uns unde allen unsern
pflegern. und were das sie ieman daruber trengen wolte, so heiszent wir allen-
wegent meister unde . . rat zů Strazburg, daz sie sů dafür schirment. wir wellent

10 häszen unde gebieten allen unsern lantvogeten pflegern amptluten unde allen rihtern,
das man den vorgenanten juden rihte von schulde unde in beholfen si nach ir
brieve unde nach ir warheit umbe hőptgůt unde umbe wůcher. unde sol man dez nit
laszen durch deheinen ban oder durch kein frevel, die wider sie gegeben sint, das
in an dem wůcher geschaden mag, ez si von Jacobes von Chartuncke, der sich

15 babest nennet, wegen oder von andern gerihten nů oder hernach. unde daruber
zů urkunde geben wir in disen brief mit unserm . . keiserlichen ingesigel besigelt,
der geben ist zů Munichen an dem samesdag nach aller heiligen dag, do man zalt
von Cristes geburte drůzehen hundert jar in dem drissigistem jar in dem sehtzenden
jare unsers riches unde in dem dritten dez . . keisertůmes.

20 *S aus Straßb. St. A. Gew. u. d. Pfalz lad. 174 fasc. 1 cop. mb. contea Das Stück hat ein
so kanzleigemäßes Aussehen, daß man es für eine nicht besiegelte Ausfertigung der kaiserlichen Kanzlei halten möchte.*

521. *Bischof Berthold und die Stadt Straßburg verlängern ihr ablaufendes
Bundniß bis 1331 Januar 13.* 1330 December 9.

25 Wir Berhtolt von gotz gnaden bischof zů Strazburg unde wir Johannes Lüselin
der . . meister unde der . . rat von Strazburg tůnt kůnt allen den, die disen brief geseheut
unde gehőreut lesen, das wir durch nutz frommen unde gůt der stette zů Strazburg
unde des landes unsere vůrbuntnisze, die do besigelt ist mit unsers des vorgenanten
bischof Berhtoltz von Strazburg insigel unde mit der stette insigel von Strazburg, die

30 do usgieng an sant Martins dag des bischoffes, der nů ze nehst was [1], unde erlenget
wart mit unserre beider wille untz an den ersten sunnendag nach sant Nycolauwes
dag des bischoffes durnach allernehst, ander werbe hant erlenget mit allen gedingen
unde artickeln, als an der selben vůrbuntnisze brief stat, ane alle geverde von but
dis dages, das ist an dem ersten sunnendag nach sant Nycolauwes dag des vorge-

35 nanten, untz an den ersten sůnnendag vor der zweier marteler dag Fabiani et
Sebastiani unde den selben sůnnendag allen ane alle geverde, unde globent hi unsern
eiden dise erlengerunge stete zů habende untz zů dem vorgenanten zil in alle wis,
als der vorgescriben vůrbuntnisze brief stat, ane alle geverde. unde des zů einem
urkunde ban wir bischof Berhtolt von Strazburg der vorgenante unser insigel unde

November 11
December 9

1331
Januar 13

40 *[1] Nicht erhalten.*

wir der . . meister unde der . . rat von Strazburg die vorgescriben unserre stelle
insigel von Strazburg an disen brief gehencket.　diz geschach au dem ersten
sunnendag nach sant Nycolauwes dag des bischoffes des vorgescriben in dem jare,
do man zalte von gottes geburte drüzchen hundert unde driszig jare.

S aus Straßb. St. A. AA art. 1399 or. mb. c. 2 sig. pend. delapsis.　　　　　　5

522. *In dem Sühnebriefe der vierzehn zu Schiedsrichtern erbetenen Rathsmitgliedern von Mainz, Straßburg, Worms, Frankfurt und Oppenheim über den Seve-
rinsaufruhr zu Speier werden als Vertreter Straßburgs genannt:* Rüdolf von
Vegersheim, Claus von Graestein [1].　wir ouch die vorgenanten stetde von Mentze,
von Strazburg, von Wormezen, von Frankenvord unde von Oppenheim verjehen　10
offenlich an disem gegenwurtigen briefe, daz wir durch betde der vorgenanten ratlûte von den stetden die vorgenanten sûne, die sie gesprochen hant, besigelt han
ouch zû einre ewigen gezûgnisse aller der dinge, die da vor geschrieben stent.
an dem nehesten fritage nach des heiligen Cristes dage 1330. *December 28.*

Aus Hilgard Urk. z. Gesch. d. Stadt Speyer S. 323 nr. 397 nach dem Or. i. Speierer St. A.　15
nr. 239.

523. *Beschluß des St. Thomascapitels über die Theilung seiner Weinberge
nach den einzelnen Präbenden. 1330.*

Ad rei memoriam sempiternam.　olim cum quondam reverendus in Christo
pater dominus Fridericus Argentinensis episcopus ad ecclesiam saucti Thome Argen-　20
tinensis descendisset et in ea autoritate ordinaria visitacionis officium [a] peregisset,
invenit, quod cultura vinearum ipsius ecclesie, que usque nunc consuevit fieri de
communi, neglecta fuit et negliebatur frequenter in eo, quod non fiebat tempore
debito nec ad plenum, unde contigit actenus, quod ipsa ecclesia modicum valde et
plerumque nullum emolimentum seu fructum de illis percepit. invenit etiam, quod　25
fructus, quos ecclesia de prebendis mortuorum consuevit percipere et percepit ad
culturam eandem, dum aliunde ad hoc, quod frequenter contingit, facultates ecclesie
non suppetunt, inpenduntur [b] et semper hactenus sunt inpensi. cum tamen iidem
fructus ex statuto ecclesie non tantummodo ad presentium [c], sed etiam ad futurorum
utilitatem essent in comparationem et emptionem prediorum fideliter convertendi. et　30
quia idem dominus episcopus recte ex hoc prospiciebat, non solum ipsi ecclesie
dampna sed etiam animabus pericula evenire, ipse ad obviandum hujusmodi periculis atque dampnis decano et capitulo ecclesie sepedicte precipiendo demandavit,

a) officium auf Rasur. Am Rande offm, wohl die Abkürzung des Originals.　b) T inpediuntur.　c) presentium auf Rasur.　　　　　　　　　　　　　　　　　　　　　　　　　　　　　　　　　　　　35

---

[1] *Dieselben vierzehn Schiedsrichter erlaßen auch Bestimmungen über die Stellung der Hausgenoßen
in Speier gegenüber den Zünften und der Bürgerschaft. 1330 December 31. Vergl. Hilgard a. a. O.
S. 331 nr. 398.*

ut cum deliberatione et diligenti tractatu de modo congruo et ecclesie, quantum ipsi prospicere possent, magis utili concordarent [a], quo inantea dicte vinee colerentur. igitur canonici ipsius ecclesie in capitulo, sicut moris est, ad hoc specialiter convocati predicto mandato satisfacere cupientes, diligenti deliberatione habita et tractatu,
5 recte consideraverunt premissa, que de visitatione domini episcopi dicta sunt, omnia esse vera. ad hoc quod naturaliter major cura rebus privatis quam communibus ab hominibus adhiberi consuevit, quodque boni homines [b], quibus dicta ecclesia per gratiam dei hactenus fuit et est ac etiam inantea excellenter honorabilis mensura [c] speratur, semper student res suas et maxime privatas meliorare et etiam ampliare.
10 omnes et singuli, nullo penitus discrepante, concordi consilio invenerunt utilius et salubrius esse ecclesie et personis, quod vinee predicte juxta numerum prebendarum in distinctas partes dividantur a singulis prebendarum detentoribus excolende, quam quod sicut hactenus remaneant in communi. et ideo decreverunt vineas omnes in villis et bannis Mutziche, Düngesheim, Wege, Mollesheim, Ergersheim, Wolfgangesheim et
15 Avelsheim sitas et ad dictam ecclesiam pertinentes esse in tot partes, quot sunt in ecclesia canonicorum prebendariorum et officiorum prebende, distinguendas et rationabiliter dividendas et hoc fore utile ecclesie et personis. quapropter qualis et que pars dictarum vinearum quamlibet prebendam et quodlibet officium ipsius ecclesie contingat ac ad eam et ad illud perpetuo pertinere debeat, distinxerunt et distinctionem seu divisionem ean-
20 dem una cum statuto capituli super hoc edito jusserunt conscribi et scripturam eandem inseri et annecti libro ecclesie, qui regula nuncupatur. tenor autem statuti talis est:

In dei nomine amen [d]. nos canonici ecclesie sancti Thome Argentinensis communiter omnes in capitulo ecclesie nostre predicte ad hoc specialiter convocati, diligenti tractatu cum deliberatione prehabito, considerata quoque utilitate ipsius
25 ecclesie et prospecta, unanimi consensu omnium statuimus, ut juxta distinctionem et divisionem vinearum ecclesie nostre predicte in ipsius ecclesie libro, qui regula nuncupatur, scriptam et expressam sint et perpetuo maneant ejusdem ecclesie quantum ad vineas tantum distincte prebende, item ut singuli canonici et prebendarii ipsius ecclesie presentes et posteri vineis [e], quas ratione singularum prebben-
30 darum vel officiorum ipsius ecclesie assecuntur, semper adhibeant seu adhiberi procurent debitam culturam suis laboris expensis, et prebendarum ac officiorum suorum nomine fructus universos, qui deductis expensis percipi poterunt, percipiant de eisdem. si quis autem ullo umquam tempore in adhibenda cultura negliens inventus fuerit, debite correctioni subiceat per decanum et capitulum ipsius ecclesie
35 faciende [f] secundum jus et consuetudinem, que in aliis, quorum correctio ad ipsos pertinet, observatur. volumus etiam statuimus et ordinamus, quod officium pincerne in ecclesia nostra, sicut hactenus ante divisionem et distinctionem hujusmodi vinearum fuit et esse debuit, deinceps perpetuo maneat. eidemque officio prestacionem candelarum sibi debitam a custode ecclesie nostre a festo beate Aurelie usque ad [g]
40 ac omnia alia jura, que usque ad tempus presentis divisionis vinearum

October 15

---

a) T concordarunt. b) T honores. c) T mensura. d) Am Rande mitrother Tinte von gleicher Hand, wie es scheint: divisio vinearum. e) T vineas. f) T facienda. g) Leerer Raum für etwa zwei Worte gelassen. Schmidt ergänzt cenam domini.

ordinationis et statuti pincerna in ecclesia nostra ratione officii sui habere consuevit, reservamus et [a] eadem jura omnia eidem officio illesa volumus et statuimus perpetuo remanere, divisione seu distinctione vinearum supradictarum et statuto super hoc a nobis edito non obstantibus, per que dicto officio pincerne nullum volumus prejudicium quomodolibet generari, ita tamen, quod pincerna, qui pro tempore fuerit in   5 vinis, que quocunque modo capitulo nostro obveniunt in communi, ecclesie et capitulo serviat et ministret, sicut hactenus facere consuevit, quodque [b] alia obsequia ecclesie et capitulo faciat, que pincerna ecclesie facere consuevit et debet. ad hec statuimus, quod quilibet custos ecclesie nostre, qui creabitur in futurum, teneatur expresse et specialiter jurare observationem statuti et ordinationis hujusmodi, ante-   10 quam sibi respondeatur in toto vel in parte de hiis, que sibi tamquam custodi a capitulo debebuntur, de quibus etiam pro eodem custode, qui predictam ordinationem nostram et statutum expresse et specialiter jurare et servare recusaverit, pincerne de prestatione candelarum debita aut aliis juribus officio suo a custode debitis capitulum ecclesie nostre tenebitur ex statuto hujusmodi satisfacere et integraliter   15 respondere. quia vero in aliis ecclesiis distinctas vinearum prebendas habentibus per experigentiam didicimus, quod in anno gratie, quod decedentibus conceditur, et in aliis annis, que deinde in vacantibus prebendis ecclesiis conceduntur, cultura vinearum, ubi distincte sunt prebende, plerumque negligitur, dum hii, ad quos momentanea perceptio pertinet, curam non habent nec prospiciunt de futuris, statuimus, ut, quicunque inantea   20 prebendam canonicalem in ecclesia nostra consequitur sine lite, statim post finitum annum gratie decedentis se de vineis prebende sue debito modo, ut supradictum est, excolendis intromittat, si velit et fructus universos percipiat de eisdem, ita tamen, quod ipse per duos annos, quibus capitulum alios fructus sue prebende percipit, solvat capitulo de vineis prebende sue annis singulis 20 solidos denariorum Argentinensium usualium.   25 idem etiam in anno gratie, in quo decedens nullas vel modicas ad culturam vinearum fecit expensas, et de duobus annis in prebendis prebendariorum non canonicorum, cum vacaverint, cedentibus capitulo statuimus observandum [c]. modicas autem expensas esse intelligimus, ubi tempore decedentis vinee nondum sunt pro cultura, que autumpnum proxime futurum respicit, fimo modo debito impinguate. culturam vero vinearum in   30 lite existentium prebendarum et earum, quarum pacifici possessores illas per primos duos vel tres annos [d] recusaverint colere, quemadmodum est prescriptum, statuimus esse ad procurationem capituli modo debito faciendum [e] et fructus [f] earundem universos interim, dum coluntur, a capitulo sine diminutione qualibet in utilitatem ecclesie colligendos.   uctum et cetera. anno domini 1330 [g]. [*sequitur specificatio vinearum*] [1].   35

T aus Straßb. Thom. A. Registrande C fol. 72 cop. mb. sec. XIV. Die Datirung scheint mir nicht ohne Bedenken, da der Capitelsbeschluß erst 24 Jahre nach dem Tode des Bischofs Friedrich von Lichtenberg gefaßt wäre.
Gedruckt darnach bei Ch. Schmidt Hist. du chap. de s. Thom. p. 356 nr. 68.

a) *T* ut.   b) *T* quis.   c) *T* observandam.   d) *T* anno.   e) *T* faciendum.   f) *T* fructum.   g) *Das*   40
Datum ist erst von einer späteren Hand von 1400 etwa, vielleicht von Königshofen hinzugefügt.

---

[1] *Bei der Aufzählung der Weinberge, geschieden nach den einzelnen Prabenden, im Ganzen 28 Posten, sind am Rande die Namen der spateren Präbendeninhaber vermerkt.*

524. *Ritter Walther von Giersberg gelobt der Stadt Straßburg Sicherheit unter achttägiger Kündigung. 1331 Januar 10.*

Ich Walther von Gyrsberg ein ritter tůn kůnt allen den, die disen brief gesehent unde gehörent lesen, das ich vůr mich troste die erbern unde bescheiden den meister den . . rat unde die burgere gemenlich von Strazburg unde alle ire helfere, untz das ich es in aht dage vor widersage, ane alle geverde von der geteile wegen, das sie miner swester sůn, hern Symunt Fursten sůne von Brůmat, gefangen hant. unde des zů einem urkunde han ich min insigel an disen brief gehencket. datum feria quinta post epiphaniam domini anno domini 1331.

10   S aus Straßb. St. A. Verschl. Canzlei-Gew. Corp. K lad. 15 or. mb. c. sig. pend.

525. *Bischof Berthold und die Stadt Straßburg verlängern ihr ablaufendes Bündniß bis zum 3ten März. 1331 Februar 17.*

Wir Berhtolt von gotz gnaden bischof zů Strazburg unde wir Clauwes Zorne, dem man sprichet der Lappe, der meister unde der . . rat von Strazburg tůnt kůnt 15 allen den, die disen brief gesehent unde gehorent lesen, das wir durch nutz vromen unde gůt der stifte der stette zů Strazburg unde des landes unsere vůrbuntnisze, die do besigelt ist mit unsers des vorgenanten bischoffes Berhtoltz von Strazburg insigel unde mit der vorgenanten stette insigel von Strazburg, die do usgieng an sant Martins dag des bischoffes, der nů ze nehst was, die untz har allentwegent 20 erlengert ist gewesen mit unserre beider wille unde gehelle[1], aber erlengernt mit diseme brieve mit allen gedingen unde artickeln, als an der selben vurbuntnisze brief stat, ane alle geverde von hut dis dages, das ist an der groszen vahsenaht in dem jare, do man zalte von gottes geburte drizehen hundert jare unde eins unde drizig jare, untz an den ersten sunnendag nach sant Mathis dag des zweilfbotten, 25 der nů ze nehst kemet, unde den selben sunnendag allen ane alle geverde. unde globent bi unsern eiden dise erlengerunge steite ze habende untz zů dem vorgenanten zil in alle wise, als der vorgeschriben vurbuntnisze brief stat, ane alle geverde[2]. unde des zů einem urkunde hant wir bischof Berhtolt von Strazburg der vorgenante unser insigel unde wir der meister unde der . . rat von Strazburg die 30 vorgenanten unserre stette insigel von Strazburg an disen brief gehencket. dis geschach an der vorgeschriben groszen vahsenaht in dem vorgeschriben jare.

1330 November 11

März 3

      S aus Straßb. St. A. AA art. 1399 or. mb. c. 2 sig. pend. delapsis.

     1 Vergl. nr. 521.
     2 Genau in den gleichen Wendungen wird dies Bündniß von beiden Contrahenten verlängert bis 35 zum 7. April (den ersten sunnendag zů nagondet osterwochen) 1331 März 10 (an dem sunnendag Letare). or. mb c. 2 sig. pend. delaps. i. Straßb. St. A ebenda.

526. *Die Ritter Johann und Eberhard Puller bitten die Stadt Straßburg, ihre gefangen genommenen Knechte freizulassen. 1331 Februar 27.*

Den erbern und bescheiden . . dem meistere und dem rate von Strasburg enbiete wir Johannes Pullere und Eberhard Pullere rittere unseren gewilligen dienst. wir tunt uch kûnt, daz Andres und Wolf von Gûtramesheim, die uwere . . soldenere gevangen hant, mit hern Symunde Fursten noch mit anderen uweren vienden niht zû schaffende hant, und sprechent bi unserem eide, daz sie unsere knehte sint. darumbe bitte wir uch mit allem flisze, daz ir die selben unsere knehte lidig laszent durch iemer unseren dienst, wanne sie urfehte vor uns geswôren hant, und gelobent vur sie, daz sie uch oder uweren burgeren noch soldeneren von der gevengnusse wegen niemer leid getûnt bi gûten trûwen ane alle geverde. und des zû eime urkunde han wir unsere ingesigele gehencket an disen brief.   der wart gegeben an der ersten mittewochen nach sante Mathias tage des zwelfboten in dem jare, da man zalte von gotz geburte drûcehen hundert jar und ein und driszig jar.

S aus Straßb. St. A. Verschl. Canzlei-Gew. Corp. K lad. 17 or. mb. c. 2 sig. pend.

527. *Johann Herr von Hoh-Rappoltstein spricht die bei Colmar gefangen genommenen Straßburger aller ihrer Verpflichtungen frei und ledig. 1331 März 8.*

Wir Johans herre von der hohen Ropoltzstene embietent den erbern und bescheiden dem meister und dem . . rat von Strazburg unsern grûz und alles gût. wir dûnt uch kunt, das wir uwer burger und dienere, die wir viengent uf dem gestosze, das do geschach von des wegen von Arburg, do sie von Kolmer fûrent[1], lidig sagent vûr uns alle uusere dienere uud helfere aller sicherheit und gelupde, die sie uns oder unsern dienern getone hant von der selben geteile wegen, one alle geverde. unde des zû einem urkunde hont wir unser insigel gehencket an disen brief. der wart gegeben an dem fritag vor dem sunnendag, so man singet Letare zû mittervasten in dem jor, do man zalte von gottes geburte drûzehen hundert jar und eins und driszig jare.

S aus Straßb. St. A. Verschl. Canzlei-Gew. Corp. K lad. 15 or. mb. c. sig. pend. delapso.

528. *Wernher und Hermann von Hohenfels leisten der Stadt Straßburg Sicherheit für Berthold von Drachenfels. 1331 Mai 2.*

Wir Wernher und Herman gebrûdere herren von Hohenvels enbietent den erbern bescheiden dem . . meister und dem rate von Strazburg unsern grûs und

---

[1] *Damit steht wohl der Bericht des Matthias von Neuenburg in den Gesta Bertholdi im Zusammenhang:* obiit dominus Burkardus de Horburg (1331) et advocatus Rubiacensis castrum Zellenberg obsidens ipsum et opidum cum villa Bebelnheim et omnibus attinenciis apprehendit. nam dominus alte Rapolzsteine, cujus sororem habuit dictus Burkardus, predicta omnia nomine infantis predicte sororis detinere volebat. *Vergl. Böhmer Fontes rer. germ. IV, 305.*

alles gůt. wir tůnt ûch kunt, daz wir ûch alle uwer burgere und helfere trôstent
vûr hern Berhtolde von Drachenvels pastor zů Knntzekirche, untze daz wir ûch
dise trostunge von sinen wegen wider bietent ahte dage vor, one alle geverde. und
dez zů eime urkůnde so hon wir unsere ingesigele an disen brief gehencket.
₅ datum feria quinta post Philippi et Jacobi apostolorum anno domini 1331.

S aus Straßb. St. A. Verschl. Canzlei-Gew. Corp. K lad. 16 or. mb. Der untere Rand des
Stückes ist abgeschnitten.

529. *Erzbischof Balduin von Trier schreibt der Stadt Straßburg, daß er bei*
den Landauern gern ihre Forderungen vertreten werde, u. A. [1331 Juni] Trier.

₁₀   Baldewinus dei gracia sancte Treverensis ecclesie archiepiscopus, sacri imperii
per Galliam archicancellarius, sancte Moguntine sedis et Spirensis ecclesie provisor,
prudentibus viris . . sculthelo et . . consulibus civitatis Argentinensis amicis suis dilectis salutem et plenitudinem omnis boni.   de eo, quod nobis scripsistis de
Landowe et Symone de Mulenhoven milite ¹, sciatis, quod nobis nondum constat
₁₅ nec amici nostri nobis scripserunt quidquam de obedientia dictorum de Landowe,
unde eis scribere comode nequimus super eo. qui si ad obedientiam nostram venerint, libenter pro vobis faciemus certa petita, sicut decuerit et in quantum poterimus, bono modo. de famulo quoque vestro captivato, pro quo scribitis, de quo, ut
accepimus, plures mote sunt graves querimonie. ad preces vestras libenter scribere
₂₀ curabimus . . offic[iatis] nostris *, quod ipsi circa eum, in quantum cum conveniencia
poterunt, faciant graciose.   datum Treveri.

[in verso] prudentibus viris . . sculthelo et
        . . consulibus civitatis Argentinensis
        amicis nostris dilectis.

₂₅   *S aus Straßb. St. A. Gew. u. d. Pfalz lad. 168 or. mb. kl. cl. c. sig. in verso impr. defic.*
Spuren des grünen Siegels sichtbar. Nach Dominicus Forschung ² erscheint Baldewin
1331 Mai 30 zum ersten Male urkundlich als Pfleger der Speierer Kirche. Da derselbe
nun bereits 1331 Juni 28 zu Trier der Stadt Landau ihre Freiheiten bestätigt ³, also
ihr Gehorsam damit offenkundig ist, so dürfte der Brief in jene Zwischenzeit fallen.
₃₀ *Für Differenzen des Landauer Ritters Symon von Mühlhofen mit den Straßburgern im*
Jahre 1331 vergl. die Anmerk. 1.

a) offic[iatis] nostris übergeschrieben.

¹ *1331 August 2 (am ersten Freitag vor Sixtentage) erklärt Fritzemann von Wasichenstein, daß*
der Brand zu Steinweiler, Herrn Symund von Mühlhofen zugefügt, in offener Fehde von ihm und seinem
₃₅ *Bruder veranlaßt sei und daz Johans von Schönecke uf der getait min und minre brüdere helfer*
was. or. mb. c. sig. pend. i. Straßb. St. A. Verschl. Canzlei-Gew. Corp. K lad. 16.
² *A. Dominicus Baldewein von Lützelburg S. 299 Anmerk. 2.*
³ *Lehmann Urkundl. Geschichte von Landau S. 40.*

530. *Erzbischof Balduin von Trier bittet die Stadt Straßburg, sie möge Bischof Walram von Speier gewiße Einkünfte nicht vorenthalten.* [1331] *October 3 Bacharach.*

Baldewinus dei gracia sancte Treverensis ecclesie archiepiscopus, sacri imperii per Galliam archicancellarius, sancte Moguntine sedis et Spirensis ecclesie provisor, prudentibus viris . . sculteto . . scabinis et . . consulibus civitatis Argentinensis 5 amicis suis dilectis salutem cum plenitudine omnis boni.   venerabilis in Christo pater dominus Walramus electus Spirensis[1] nobis sua conquestione monstravit, quod vos sibi in quibusdam certis reddilibus, quos in ipsa vestra civitate obtinet, injuriam facialis et quod super hoc a vobis justiciam consequi non valeat, quamvis vos tam per se quam per . . officiatum nostrum requiri fecerit, sicut asserit, super eo. 10 rogamus igitur et requirimus prudenciam vestram precibus affectionis, quatenus prefato . . electo nostri contemplacione amoris, cum ipse eciam in nostra sit protectione rebus et corpore speciali, super premissis justiciam facialis, voluntatem vestram nobis super hiis rescribentes presencium per . . latorem.   datum Bacher[aci] 5 nonas octobris. 15

[in verso] prudentibus viris . . sculteto
        . . scabinis et . . consulibus civitatis
        Argentinensis amicis nostris dilectis.

S aus Straßb. St. A. Gew. u. d. Pfalz lad. 168 or. mb. lit. cl. c. sig. in verso impr. defic. Bezüglich der Datirung vergl. nr. 529. Für die Annahme des Jahrs 1331 auch hier 20 spricht die große Aehnlichkeit beider Briefe und das Itinerar Balduins schließt diese Zeitbestimmung wenigstens nicht aus[2].

---

[1] *Vergl. Leupold Berthold von Buchegg S. 63 Anmerk. 1.*
[2] *Goerz Regesten der Erzbischöfe zu Trier S. 74.*

Strassburg, Universitäts-Buchdruckerei von J. H. Ed. Heitz (Heitz & Mündel).

Baumgarten, Herm. Vor der Bartholomäusnacht. 8. XIX. 263 S. 1882. _ℳ 5 —_

— — Ueber Sleidans Leben und Briefwechsel. 8. 118 S. 1878. Mit 1 Facsimile. _ℳ 2 50_

— — **Sleidans Briefwechsel,** herausgegeben von **Herm Baumgarten.** 8. XXXI, 335 S. 1881. _ℳ 6 —_

— — Jacob Sturm. 8. 34 S. 1876. _ℳ — 80_

— — Ignatius von Loyola. 8. 34 S. 1880. _ℳ — 80_

— — Die religiöse Entwickelung Spaniens. 8. 34 S 1875. _ℳ 1 —_

— — Treitschkes Deutsche Geschichte. 3., durch einen Nachtrag vermehrte Auflage 8. 1883. _ℳ 1 —_

Ebrard, Dr. Fr. Der erste Annäherungsversuch Königs Wenzels an den Schwäbisch-Rheinischen Städtebund. 1384-85. Mit ungedr. Actenstücken. 4. 37 S. 1877. _ℳ 2 —_

(Festschrift zur 400jährigen Jubelfeier der Universität Tübingen.)

Geschichtsquellen, ungedruckte, Anglonormannische. Herausg. v. F. Liebermann. 8. VI u. 359 S. 1879. _ℳ 7 —_

Glatz, Dr. Karl J. Geschichte des Klosters Alpirsbach auf dem Schwarzwalde. 8. IX, 442 S. 1877. _ℳ 8 —_

Henning, Rud. Das deutsche Haus in seiner historischen Entwickelung. Mit 64 Holzschnitten. 8. XI. 164 S. 1882. _ℳ 5 —_

    Inhalt : Einleitung. — Die fränkisch-oberdeutsche Bauart. — Die sächsische Bauart. — Die friesische Bauart. — Die anglo-dänische Bauart. — Die nordische Bauart. — Die ostdeutsche Bauart. — Das arische Haus. — Zur Geschichte des deutschen Hauses.

Hollaender, Alcuin. Strassburg im Schmalkaldischen Kriege. 8. VII, 94 S. 1881. _ℳ 2 —_

Katterfeld, A. Roger Ascham, sein Leben und seine Werke Mit besonderer Berücksichtigung seiner Berichte über Deutschland aus den Jahren 1550-53. 8. XI, 369 S. 1880. _ℳ 8 —_

Lehmann, J. G. Dreizehn Burgen des Unter-Elsasses u. Bad Niederbronn. Nach histor. Urkunden. 8. VI, 243 S. 1878. _ℳ 3 50_

Löning, Dr. Edgar. Die Verwaltung des Generalgouvernements im Elsass. Ein Beitrag zur Geschichte des Völkerrechts. 8. 265 S. 1874. _ℳ 5 —_

— — Geschichte des deutschen Kirchenrechts. I u. II. Bd. 8. XIX, 579 S.; XII, 758 S. 1878. _ℳ 25 —_

Lüper, Carl. Zur Geschichte des Verkehrs in Elsass-Lothringen, mit besonderer Berücksichtigung der Schifffahrt, des Post-, Eisenbahn- und Telegraphenwesens nach archivalischen und anderen Quellen, nebst 32 auf das Verkehrsleben bezügl. Urkunden von 1350-1779. 8. 11, 284 S. 1873. _ℳ 4 —_

— — Die Rheinschifffahrt Strassburgs in früherer Zeit und die Strassburger Schiffleutzunft. Nach archivalischen u. anderen Quellen bearbeitet. 8. V, 310 S. 1877. _ℳ 2 —_

Rocholl, Dr. Heinr. Der grosse Kurfürst von Brandenburg im Elsass 1674-75. Mit einer Karte zum Gefecht von Türkheim 8. VIII, 98 S. 1877. _ℳ 2 —_

Scheffer-Boichorst, Paul. Die Neuordnung der Papstwahl durch Nicolaus II. Texte u. Forschungen zur Gesch. d. Papstthums im XI. Jahrh. 8. VI, 146 S. 1879. _ℳ 3 50_

— — Aus Dantes Verbannung. Litterarhistorische Studien. 8. VIII, 254 S. 1882. _ℳ 6 —_

    Inhalt : 1. Die letzten Jahre des Dichters (Wünsche, Sorgen und Trost — Dante und die Herren von Polenta — das Leben in Ravenna — Correspondenzen und Reisen, politische u. litterarische Thätigkeit). 2. Die Abfassungszeit d. Monarchie. 3. Der Brief an Cangrande della Scala. 4. Eine Frage der Echtheit und der Chronologie. 5. Boccaccios Vita di Dante. 6. Der Brief des Bruders Hilarius.

Scherer, Wilh. Geschichte der deutschen Dichtung im XI. und XII. Jahrhundert. 8. X, 146 S. 1875. _ℳ 3 50_

Schmoller, Gustav. Strassburgs Blüte und die volkswirthschaftliche Revolution im XIII. Jahrhundert. 8. 35 S. 1875. _ℳ 1 —_

— Strassburg zur Zeit der Zunftkämpfe und die Reform seiner Verfassung und Verwaltung im XV. Jahrhundert Mit einem Anhang, enthaltend die Reformation der Stadtordnung von 1405 und die Ordnung der Fünfzehner von 1433. 8. IX, 164 S. 1875. _ℳ 3 —_

— Die Strassburger Tucher- und Weberzunft. Urkunden und Darstellung, nebst Regesten und Glossar. Ein Beitrag zur Geschichte der deutschen Weberei und des deutschen Gewerberechts vom XIII. bis XVII. Jahrh. 4. XXI, 588 S. 1879. _ℳ 25 —_

von Schubert, H. Die Unterwerfung der Alamannen unter die Franken. Kritische Untersuchung. 8. 222 S. 1884. _ℳ 5 —_

Spach, Ludwig. Moderne Culturzustände im Elsass. 3 Bde. 8. 1873-74. _ℳ 13 —_

Wiegand, Wilh. Bellum Waltherianum. Strassburger Habilitationsschrift. 8. 94 S. 1878. _ℳ 2 —_

Historischer Verlag von **Karl J. Trübner** in Strassburg.

Urkunden und Akten der Stadt Strassburg. Herausgegeben mit Unterstützung der Landes- und Stadtverwaltung.

I. Abtheilung : **Urkundenbuch der Stadt Strassburg.**

> I. Band : Urkunden und Stadtrechte bis zum Jahre 1266. Bearbeitet von W. Wiegand. 4. XV, 585 S. 1879. *M* 30 —
> II. Band : Politische Urkunden von 1266-1332. Bearbeitet v. W. Wiegand.
> III. Band : Privatrechtliche Urkunden und Amtslisten von 1266-1322. Bearb. v. A. Schulte. 4. XLVII, 451 S. 1884. *M* 24 —

II. Abtheilung : **Politische Correspondenz der Stadt Strassburg in der Reformationszeit.**

> I. Band : 1517-1530. Bearbeitet von H. Virck. Lex. 8. XIII, 698 S. *M* 14 —
> II. Band : Bearbeitet von O. Winckelmann.　(Unter der Presse.)

Strassburger Studien. Zeitschrift für Geschichte, Sprache und Litteratur des Elsasses, hrsgb. von Ernst Martin u. Wilh. Wiegand.

> I. Band. 8. 1883.　*M* 12 —
> II. Band. 8. mit 4 Karten. 1884/85.　*M* 15 —
> > Inhalt : I. Band : Preuss. R., Stilist Untersuchungen über Gottfried von Strassburg. — Urkundliches über die Meistersinger zu Strassburg v. E. M. — Abwechselnd bewirthschafteter Gemeindeacker v. E. M. — Meister Hesse der Schreiber von Strassburg v. E. M. — Ein Minnelied v. E. M. — Die althochdeutsche Sprache im Elsass vor Otfried von Weissenburg von Dr. A. Socin. — Closener und Königshofen. Beiträge zur Geschichte ihres Lebens u. d. Entstehung ihrer Chroniken v. Dr. A. Schulte. — Ein Urbar des Strassburger Bisthums aus dem XIV. Jahrh. v. W. W. — Jacob von Mainz. Matthias von Neuenburg oder Albertus Argentinensis v. W. Soltau. — Wolfhart Spangenberg v. Wilh. Scherer. — Nachtrag zu den Ortsbestimmungen in den Weissenburger Urkunden v. A. Socin. — Gritic v. E. M. — Litterarhistorische Notizen v. E. M. — Verzeichniss der in den Jahren 1870—1882 erschienenen Litteratur über das Elsass v. E. M. u. W. W.
> > Inhalt : II. Band : Thomas Morners Mühle von Schwindelsheim, hrsgb. v. Albrecht. — Ministerialität und Stadtregiment in Strassburg bis zum Jahre 1266 v. Martin Baltzer. — Strassburger Adel in der Mortenau. I. die Erbin von Rorburg v. Ruppert. — Pabst Leo IX. und die classischen Kirchen v. Dr. A. Schulte. — Albert von Hohenberg als Chronist. Eine Entgegnung v. W. Soltau. — Der Strassburger Electenprocess vor dem Konstanzer Concil v. Dr. H. Finke. I. II. III. — Die Mundart des Münsterthales v. W. Mankel. — Aelteste Grenzen und Gaue im Elsass. Ein Beitrag zur Urgeschichte des Landes v. Dr. Aug. Schricker. — Zur Schlettstadter Schulgeschichte v. Dr. G. Knod. — Briefe von Schöpflin u. anderen Strassburger Gelehrten an Bodmer und Breitinger v. Dr. Joh. Crüger. — Strassburger Adel in der Mortenau v. Ruppert. — Zum heiligen Namenbuch von Konr. Dangkrotzheim v. E. M.
> III. Band. I. Heft. 8. 164 S. 1886.　*M* 3 —
> > Inhalt : Deutsche Glossen in dem Vocabular Niger Abloas (Metzer Hs. 203) von M. Flohr. — Eine in Strassburg 1720 erschienene Anekdotensammlung in Versen von A. Socin. — Miscellen von E. Martin.

Urkunden zur Geschichte der Stadt Speyer. Dem historischen Verein der Pfalz zu Speyer gewidmet von Heinrich Hilgard-Villard. Gesammelt und herausgegeben von Alfred Hilgard.

> 4. XII. 565 S. mit 3 Tafeln. 1885.　*M* 25 —